纪念中国共产党成立90周年献礼图书
纪念西藏和平解放60周年献礼图书

学者视野下的西藏发展探讨

主　　　编：白玛朗杰　孙　勇

执 行 主 编：孙　勇

执行副主编：苟　灵　王学阳

西藏藏文古籍出版社

主　　　　编：白玛朗杰　孙　勇

执 行 主 编：孙　勇

执行副主编：苟　灵　王　学　阳

编　　　　委：云丹次仁　丁　勇　卓玛拉姆　王　代　远
　　　　　　　倪　邦　贵　次仁加布　多　庆　何　纲
　　　　　　　肖　小　康　徐伍达　张　佳　丽　陈　朴
　　　　　　　杨　亚　波　顿珠丹增

编　　　　务：保　罗　徐伍达　杨　亚　波　刘　红　娟

目　录

前　言 1

上　篇

"中国特色、西藏特点"发展路子 1

一、认知"中国特色、西藏特点"发展路子的理论前提 4
　（一）中国特色社会主义理论体系 4
　（二）中国特色社会主义理论体系是一个开放的理论体系 9
　（三）认识把握"中国特色、西藏特点"发展路子 10

二、关于"西藏特点"问题 16
　（一）自然环境特点及其对发展的影响作用 17
　（二）社会文化特点及其对发展的影响作用 26
　（三）经济社会发展水平特点及其对未来发展的影响 32

三、"中国特色、西藏特点"发展路子的系统构建 44
　（一）发展路子的基本性质 46
　（二）发展的目标与任务 51
　（三）推进发展的基本方式——跨越式发展 57
　（四）实现顺利发展的保障机制 70

中　篇

大力实施"一产上水平、二产抓重点、三产大发展"经济发展战略 76

一、"十二五"时期以及到2020年的经济发展目标 80
　（一）西藏自治区截至"十一五"期间奠定的经济发展基础 80
　（二）当前西藏经济发展面临的机遇和挑战 86
　（三）"十二五"时期以及到2020年的经济社会发展目标 88

二、持续深入推进新农村建设，围绕农牧业增效、农牧民增收的中心任务，取得"一产上水平"的重大突破 98
　（一）大力加强农牧区基础设施建设，全面改善农村居民的生产生活条件 99
　（二）推进有西藏高原特色的现代农牧业体系建设，真正体现"一产上水平"发展

战略的目标要求……………………………………………………………101
　　（三）构建农牧民持续增收的长效机制，切实提高农牧民生活水平……102
　　（四）加快发展农村社会事业，推动农村经济社会全面协调发展………103
三、按照新型工业化道路的基本要求，建设完善有西藏特色的工业经济体系，取得"二产抓重点"的重大突破………………………………………………104
　　（一）有选择地适度超前发展资金密集型基础工业……………………107
　　（二）大力发展有突出资源优势的工业行业……………………………110
　　（三）有选择、有重点地培育发展高新技术产业………………………114
四、以旅游业为龙头，大力发展西藏服务业，取得"三产大发展"的重大突破……116
　　（一）第三产业在西藏地方经济中的重要地位…………………………117
　　（二）对当前第三产业发展水平的评价…………………………………119
　　（三）第三产业进一步发展面临的主要问题……………………………121
　　（四）以旅游业为龙头，带动实现"三产大发展"………………………123
五、深入学习实践科学发展观，积极推进西藏经济发展方式的转变……………129
　　（一）控制人口过快增长，大力提高劳动者素质，充分挖掘人力资源潜力……129
　　（二）以实现共同富裕、社会和谐为目标，努力消除贫困问题…………133
　　（三）强化资源环境管理，加快生态屏障建设步伐………………………135
　　（四）加大科技投入，提升科技水平，增强科技对经济发展的促进作用……138

下　篇

西藏"三农"问题的调研报告……………………………………………………143
一、当前西藏农牧区基本情况……………………………………………………143
　　（一）以安居乐业为突破口的新农村建设…………………………………144
　　（二）扶贫开发为农牧区发展注入新的动力………………………………146
　　（三）农牧区社会事业发展现状……………………………………………147
　　（四）农牧区生态环境的脆弱性……………………………………………150
　　（五）农牧区存在的一些不和谐现象………………………………………151
二、当前全区农牧业的基本情况…………………………………………………151
　　（一）农牧业发展形势………………………………………………………151
　　（二）农牧业特色产业………………………………………………………157
　　（三）农牧民专业合作经济组织快速发展…………………………………157
三、当前西藏农牧民生活水平基本情况…………………………………………158

（一）农牧民生活水平明显改善 …………………………………………… 158
　　（二）农牧民持续稳定增收困难仍然突出 ………………………………… 164
　　（三）农牧区人口分散 ……………………………………………………… 165
四、主要对策建议 ……………………………………………………………… 166
　　（一）始终高度重视和做好调查研究工作 ………………………………… 166
　　（二）深入持久推进社会主义新农村建设 ………………………………… 167
　　（三）积极推进全区城镇化进程 …………………………………………… 169
　　（四）完善和优化产业结构，建立农牧区产业支撑体系 ………………… 170
　　（五）创新农牧民专业合作经济组织，探索集体经济工作新机制 ……… 173
　　（六）瞄准贫困人口，加大帮扶力度 ……………………………………… 174
　　（七）加大对农牧民的科技推广运用和培训力度 ………………………… 174

西藏社会主义新农村建设研究 …………………………………………………… 176
一、新时期的西藏社会主义新农村建设 ……………………………………… 181
　　（一）西藏社会主义新农村建设的意义 …………………………………… 181
　　（二）西藏社会主义新农村建设的内容 …………………………………… 185
　　（三）西藏社会主义新农村建设的方向 …………………………………… 190
二、西藏农村发展现状 ………………………………………………………… 195
　　（一）西藏的城乡关系 ……………………………………………………… 195
　　（二）农牧业经济发展水平 ………………………………………………… 206
　　（三）农牧区居民生活状况 ………………………………………………… 215
　　（四）农牧区工作的主要成就 ……………………………………………… 223
三、西藏社会主义新农村建设的基本要求 …………………………………… 228
　　（一）西藏社会主义新农村建设的目标体系 ……………………………… 229
　　（二）"十二五"时期西藏新农村建设的目标与总体思路 ……………… 232
四、西藏社会主义新农村建设的政策建议 …………………………………… 238
　　（一）西藏新农村建设中的安居乐业 ……………………………………… 238
　　（二）西藏新农村安居乐业的基础设施建设 ……………………………… 247
　　（三）西藏新农村建设安居乐业的培训领域方案 ………………………… 258
　　（四）促进农牧民稳定增收的建议 ………………………………………… 266

附　篇

论文选编 …………………………………………………………………………… 270

西藏社会变迁中的经济发展考略 …………………………………………… 270
从制度理论角度解析中央西藏工作座谈会内涵 ………………………… 282
西藏"一江两河"流域近半个世纪的社会变迁 …………………………… 292
西藏发展的认识问题 ……………………………………………………… 303
西藏可持续发展与相关政策问题 ………………………………………… 321
西藏人口结构现状的描述性研究 ………………………………………… 329
全球气候变化对青藏高原水资源的影响 ………………………………… 341
西藏教育的深刻变革与转折 ……………………………………………… 352
构建西藏和四省藏区长治久安体制、机制的思考 ……………………… 358
论农牧区妇女在西藏新农村建设中的角色和作用 ……………………… 366

调研报告选编 …………………………………………………………… 373

西藏第三产业发展研究 …………………………………………………… 373
一、第三产业理论与西藏第三产业 …………………………………… 373
二、西藏第三产业发展现状 …………………………………………… 390
三、西藏第三产业发展中存在的问题 ………………………………… 405
四、西藏第三产业发展的战略选择 …………………………………… 413

西藏自治区"十一五"回顾及"十二五"发展思路 ……………………… 430
一、西藏自治区"十一五"规划执行情况简要回顾 …………………… 430
二、当前西藏自治区经济社会发展中存在的主要问题 ……………… 436
三、西藏自治区"十二五"发展思路研究 ……………………………… 438
四、"十二五"时期西藏经济社会发展的宏观政策保障 ……………… 445

西藏文化产业发展调研报告 ……………………………………………… 447
一、文化产业相关的几个概念 ………………………………………… 447
二、西藏发展文化产业的特殊重要意义 ……………………………… 449
三、西藏文化产业发展呈现的主要特征 ……………………………… 450
四、西藏发展文化产业应处理好的几个关系 ………………………… 455
五、大力发展西藏文化产业的对策建议 ……………………………… 458

加快藏东地区农村经济发展的调研报告 ………………………………… 461
一、藏东地区农村经济建设取得的主要成绩 ………………………… 461
二、当前制约藏东地区农村经济发展的主要因素 …………………… 462
三、加快藏东地区农村经济发展的几点建议 ………………………… 464

后 记 …………………………………………………………………… 468

前　言

和平解放前的西藏,长期处于政教合一的封建农奴制社会,社会经济发展几乎处于停滞状态,广大农奴和奴隶的生活极其悲惨。进入近代以来,伴随着我国社会性质的变化,西藏的社会性质也发生了根本变化,成为半殖民地半封建农奴制社会。这样的社会性质决定:一方面,西藏遭到了帝国主义势力的入侵;另一方面,西藏的广大人民群众还要遭受三大领主的残酷剥削和压迫。摆脱殖民、变革社会、解放人民势在必行。

1949年10月1日,中华人民共和国宣告成立,为西藏的解放奠定了政权基础。鉴于当时国内外形势和西藏的情况,中央决定采取和平的方式解放西藏。1951年5月23日,中央人民政府和当时的西藏地方政府签订了《关于和平解放西藏办法的协议》,宣告西藏和平解放,西藏的发展从此揭开了崭新的一页。西藏的和平解放是西藏地方历史上一个划时代的转折点,也是中国现代史和中国革命史上的一个重大历史事件。和平解放使西藏摆脱了帝国主义势力的侵略及其政治、经济羁绊,维护了我国的国家主权、统一和领土完整,实现了中华民族的团结和西藏内部的团结,为西藏与全国一起实现共同进步和发展创造了前提条件。

和平解放60年来,在中央的特殊关怀下,在全国各兄弟省市的无私支援下,在西藏各族群众的不懈努力下,西藏在各个方面都发生了天翻地覆的变化。经过1959年的民主革命,西藏的社会制度发生了根本性变革;1965年西藏自治区成立,为西藏实现与全国共同发展提供了制度保证;1978年,西藏同全国一道迈入改革开放的新时代,加快了发展步伐;之后,又经过"一个转折点,两个里程碑"以及新的里程碑的伟大实践,西藏经济建设快速发展,社会局势持续稳定,文化事业不断繁荣,社会事业不断进步,民主法制建设取得新进展,农牧民生产生活条件得到显著改善,各族群众最关心、最直接、最现实的问题得到了有效解决,开辟了有中国特色、西藏特点的发展新局面。据统计,2010年底西藏完成生产总值507.46亿元,连续18年保持两位数增长;农牧民人均纯收入达到4139元,城镇居民人均可支配收入达到14980元;以安居工程为突破口的社会主义新农村建设取得重大进展;全区73个县全部普及九年义务教育,小学适龄儿童入学率达到99.2%;养老、医疗、工伤、失业、生育五大保险和社会救助、救济等为主的社会保障体系逐步完善;建立健全农村最低生活保障制度,从2007年开始将年人均纯收入低于800元的23万农牧民全部纳入保障范围,率先实现新型农村社会养老保险全覆盖。启动文化信息资源共享工程建设,大力实施广播电视"西新工程"、"村村通"、县乡综合文化馆站、"农家书屋"等文化惠民工程,基层文化事业快速发展,广播电视人口覆盖率分别提高到90.3%和91.4%。

西藏60年的发展历程成为哲学社会科学研究者的新视角,西藏经济、政治、文化、社会方方面面的变迁成为学者视野中的重要内容。为了充分发挥社科院作为自治区党委、政府"思想库"、"服务部"的职能,自2008年下半年以来,按照自治区主要领导在社科院调研时提出的要求,自治区社会科学院成立了重大课题研究组,积极组织经济、社会、民族、宗教、马克思主义研究等各领域的专家学者,在全区开展了区情大调研活动,并形成了相关的调研报告。2010年初,中央第五次西藏工作座谈会召开,成为在新时期推进西藏跨越式发展和长治久安的新的里程碑。以这次会议召开为标志,西藏的发展又站在了新的历史起点上。在深入学习贯彻落实这次会议精神的基础上,专家学者对研究报告做了进一步的修改完善。整体而言,这些报告对事关西藏发展稳定的重大理论和现实问题进行了深入地分析和探讨,并提出了积极的对策建议,对自治区党委政府和相关职能部门做好各项工作具有重要的参考价值。当然,其中的一些观点、认识以及对策建议,还有待于进一步完善。

在专家学者充分调查与研究的基础上,形成了《学者视野下的西藏发展探讨》一书。该书主要收录了调研报告中有关西藏发展路子、发展战略以及"三农"问题的内容,以学者的视角对西藏当前经济社会发展中的热点难点问题进行了深入分析。其中,《"中国特色、西藏特点"发展路子》调研报告在中国特色社会主义理论体系的指导下,特别是在中央第五次西藏工作座谈会精神的指引下,紧密联系西藏区情实际,对"中国特色、西藏特点"发展路子的理论认识问题做了一个较为深入的分析和阐述。《大力实施"一产上水平、二产抓重点、三产大发展"经济发展战略的调研报告》通过对西藏已有发展基础的回顾与分析,进一步指出,在当前形势下,西藏要实施好这个经济发展战略,必须明确"十二五"期间以及到2020年西藏经济社会发展的目标,在"一产上水平"、"二产抓重点"和"三产大发展"三个方面实现重大突破,推进经济发展方式的转变。《西藏"三农"问题的调研报告》在对西藏农牧区、农牧业、农牧民发展呈现的基本特征分析的基础上,对进一步加强"三农"工作提出了具有实践性的对策建议。《西藏社会主义新农村建设研究》以社会主义新农村建设的背景、意义、内涵和方向为理论指导,紧密结合西藏农牧区发展实际,对西藏社会主义新农村建设的基本要求做了深入分析,并对进一步深入推进西藏社会主义新农村建设提出了可行的政策建议。

我们将专家学者调研形成的研究成果在编辑整理的基础上汇编成书,公开出版,向中国共产党成立90周年、西藏和平解放60周年献礼。

上 篇

"中国特色、西藏特点"发展路子[*]

改革开放30多年来,我国走出了一条具有中国特色的社会主义发展道路,这条发展道路,就是"在中国共产党的领导下,立足基本国情,以经济建设为中心,坚持四项基本原则,坚持改革开放,解放和发展社会生产力,巩固和完善社会主义制度,建设社会主义市场经济、社会主义民主政治、社会主义先进文化、社会主义和谐社会,建设富强民主文明和谐的社会主义现代化国家。"中国特色社会主义发展道路,继承和发展了马克思主义关于社会主义建设的思想,借鉴了其他社会主义国家兴衰成败的历史经验,适应了和平与发展的时代要求,既充分展现了社会主义制度的优越性,又完全融入到全球化、现代化、市场化的国际潮流和趋势之中。党的十七大报告指出,我国改革开放取得成功的根本原因,就是"开辟了中国特色社会主义道路,形成了中国特色社会主义理论体系";并强调,"高举中国特色社会主义伟大旗帜,最根本的就是要坚持这条道路和这个理论体系"。

"中国特色、西藏特点"发展路子,就是在中国特色社会主义理论体系的指导下,充分考虑到西藏自治区的区情环境与社会文化特征,按照科学发展观的总体要求,推进建设社会主义新西藏。"中国特色、西藏特点"发展路子,本质上是社会主义社会的建设与发展道路,是中国特色的社会主义发展道路在西藏自治区这个特定区域环境中的具体实践形式。作为一个客观事实,"中国特色、西藏特点"发展路子不是最近才产生的,而是有一个较长的形成和发展过程,是伴随着中国特色社会主义理论体系的不断演进而获得持续的补充与完善。

1989年10月,针对当时西藏反分裂斗争和经济社会发展面临的严峻形势,江泽民主持召开中共中央政治局常委会议专门研究西藏问题,听取了时任自治区党委书记胡

---

[*] 系2008年西藏自治区社会科学院重大课题的总报告。

锦涛代表自治区党委所作的工作汇报,形成了关于西藏工作的十条意见,从根本上扭转了西藏的局势,成为新时期西藏工作的转折点,使西藏工作步入了快速发展的轨道。这也标志着"中国特色、西藏特点"发展路子的确立。此后形成的"一个中心、两件大事、三个确保"的新时期西藏工作的指导思想被一以贯之,从未改变,成为了"中国特色、西藏特点"发展路子的基本方略。1994年7月,在中央第三次西藏工作座谈会上,江泽民强调:"决不能让西藏从祖国分裂出去,也决不能让西藏长期处于落后状态",要求全党从战略全局的高度关心、重视和支持西藏工作。此次会议把1990年胡锦涛在西藏自治区第四次党代会报告中提出的"一个中心、两件大事、三个确保"确定为新时期西藏工作的指导方针。同时,进一步明确了对达赖集团斗争的方针,作出了加快西藏发展、实施对口援藏的重大决策,出台了一系列重大特殊优惠政策。这次会议成为新时期西藏工作的一个重要里程碑。进入新世纪,为了进一步研究解决关系西藏发展稳定的重大问题,2001年6月,中央召开第四次西藏工作座谈会。会议科学分析了新世纪初西藏工作面临的新形势,提出了"一加强、两促进"的历史任务,并制定了相关政策措施,加大了对口援藏力度,确定了扶持西藏发展的投资、财政等政策和基础建设重点项目。特别是在西藏发展的问题上强调,在关系党和国家工作全局的战略地区和战略部门,通过国家和各地的支持,直接引进、吸收和应用先进技术和适用技术,集中力量推动跨越式发展,是我们必须采取的一种发展战略。对西藏这样的地区,就可以而且应该采取这样的战略。推动西藏实现跨越式发展,不仅是一个重大的经济问题,也是一个重大的政治问题。明确提出了跨越式发展的战略。这次会议是新时期西藏工作的又一个重要里程碑。被称为两个"里程碑"的第三、第四次西藏工作座谈会使得"中国特色、西藏特点"发展路子在政策措施体系上更加完备,并在实现跨越式发展目标上取得重大进展。

党的十六大以来,以胡锦涛同志为总书记的新一届中央领导集体,情系西藏、关心西藏,要求西藏工作必须始终坚持中国共产党的领导,坚持社会主义制度,坚持民族区域自治制度,十分珍惜大好形势,十分珍惜历史经验,十分珍惜宝贵机遇,努力实现科学发展、加快发展、跨越式发展。2005年,胡锦涛主持中央政治局会议专门研究新世纪新阶段的西藏工作,制定了关于进一步做好西藏发展稳定工作的重要文件。要求"要继续贯彻落实中央第四次西藏工作座谈会精神,坚持用科学发展观统领经济社会发展的全局,坚持中央关心西藏、全国支援和西藏艰苦奋斗相结合,在保持经济社会较快发展的同时,不断优化经济结构,提高经济发展的质量和效益,注重发展社会事业,走出一条符合西藏实际、具有区域特色的生产发展、生活改善、生态良好、资源节约、全面协调可持续的发展道路"。这是在新的发展形势下,对"中国特色、西藏特点"发展路子所进行的高度概括与全新阐述,融入了科学发展观的崭新思想,进一步丰富了"中国特色、西藏特点"发展路子的科学内涵,体现了与时俱进的创新精神。

2010年1月,中央在北京召开了第五次西藏工作座谈会。会议全面贯彻党的十七大和十七届三中、四中全会精神,认真总结中央第四次西藏工作座谈会以来西藏发展稳定取得的成绩和经验,全面分析西藏工作面临的形势和任务,明确了当前和今后一个时期西藏工作的指导思想、目标任务和工作重点。中央第五次西藏工作座谈会,是在我国全面建设小康社会进入关键时期、西部大开发战略实施10周年、西藏跨越式发展进入关键阶段、反分裂斗争尖锐复杂的形势下,党中央、国务院召开的专题研究西藏工作和对加快四川、云南、甘肃、青海四省藏区经济社会发展作出全面部署的一次十分重要的会议,充分体现了党中央、国务院对西藏工作的高度重视和对西藏各族人民的特殊关怀。中央第五次西藏工作座谈会的召开有着十分重大的意义,正如贾庆林在会议结束时指出的:"中央第五次西藏工作座谈会成果丰硕、意义重大,是确保西藏实现全面建设小康社会奋斗目标的一次重要会议,是突出解决西藏民生问题的一次重要会议,是谋长久之策、行固本之举的一次重要会议"。这次会议必将以其系统的理论性、高度的战略性、全面的政策性和很强的指导性、针对性、可操作性,在建设社会主义新西藏进程中起到伟大的历史性作用,成为一个具有划时代意义的新的里程碑。中央第五次西藏工作座谈会形成的一系列成果,为西藏再次明确在今后一段时期切实走好"有中国特色、西藏特点"的发展路子,指明了前进的方向,提供了强大的动力和强有力的政策措施保障。"有中国特色、西藏特点"的发展路子,在这次重要会议精神的指引下,必定会有一个更加光明的前景。

在建设和发展社会主义新西藏的过程中,我们已经解决了许多重大实践和理论问题,积累了许多重要经验,获得了许多新的认识,实践的思路更加明确,理论的视野更加开阔,对"中国特色、西藏特点"发展路子的基本规律的把握已经达到了一个新的高度。实践无止境,西藏仍然面临着艰巨的发展任务和严峻的反分裂斗争形势的考验,理论也要与时俱进,不断创新和发展。本报告[①]试图在中国特色社会主义理论体系的指导下,特别是在中央第五次西藏工作座谈会精神的指引下,在充分学习、借鉴各方面研究成果与智慧的基础上,紧密联系西藏区情实际,努力把握新情况、新特点、新动向,对"中国特色、西藏特点"发展路子的理论认识问题作一个较为深入的分析和阐述。

---

① "本报告"在该篇中,特指《"中国特色、西藏特点"发展路子》。

一、认知"中国特色、西藏特点"发展路子的理论前提

(一)中国特色社会主义理论体系

党的十七大指出:中国特色社会主义理体系,就是包括邓小平理论、"三个代表"重要思想以及科学发展观等重大战略思想在内的科学理论体系。这个理论体系,坚持和发展了马克思列宁主义、毛泽东思想,凝结了几代中国共产党人带领人民不懈探索实践的智慧和心血,是马克思主义中国化最新成果,是党最可宝贵的政治和精神财富,是全国各族人民团结奋斗的共同思想基础。

1. 邓小平理论:中国特色社会主义理论的创立

党的十一届三中全会以后,邓小平同志领导我们党科学分析基本国情,正确把握马克思主义关于社会主义的基本原理,不断总结实践经验,创立了建设中国特色社会主义的一系列科学理论观点,并在实践中不断丰富发展,使这一理论日臻完善,形成一个博大精深的科学体系。

1992年党的十四大着重从理论的角度,首次对邓小平理论作了比较全面的概括,把邓小平理论的主要内容概括为发展道路、发展阶段、根本任务、发展动力、外部条件、政治保证、战略步骤、领导力量和依靠力量、"一国两制"实现祖国统一的构想等九个方面,首次明确地把建立社会主义市场经济体制作为我国经济体制改革的目标而列入社会主义的发展动力问题之中,从而使邓小平理论更加全面、系统和严密。这标志着邓小平理论已升华到了一个新的高度,形成了一个完整的科学体系。

1995年5月,中宣部编写的《邓小平同志建设有中国特色的社会主义理论学习纲要》在党的十四大概括的基础上又从社会主义的思想战线、社会主义本质和发展道路、发展阶段、根本任务、发展战略、发展动力、对外开放、经济体制改革、政治体制改革、精神文明建设、政治保证、外交战略、祖国统一、依靠力量、军队和国防建设、领导核心等16个方面,分100条内容对邓小平理论的科学体系和主要内容作了新的概括,这是对党的十四大概括的进一步发展。

1997年9月,党的十五大对邓小平理论作了最完备的论述,明确指出,邓小平理论"是在和平与发展成为时代主题的历史条件下,在我国改革开放和现代化建设的实践中,在总结我国社会主义胜利和挫折的历史经验并借鉴其他社会主义国家兴衰成败历史经验的基础上,逐步形成和发展起来的。它是第一次比较系统地初步回答了中国社会主义的发展道路、发展阶段、根本任务、发展动力、外部条件、政治保证、战略步骤、党

的领导和依靠力量以及祖国统一等一系列基本问题,指导我们党制定了在社会主义初级阶段的基本路线。它是贯通哲学、政治经济学、科学社会主义等领域,涵盖经济、政治、科技、教育、文化、民族、军事、外交、统一战线、党的建设等方面比较完备的科学体系,又是需要从各方面进一步丰富发展的科学体系。"①并把邓小平理论确立为党的指导思想,指出"这是我们党经过近二十年改革开放和社会主义建设的成功实践作出的历史性决策。作出这个决策,表明中央领导集体和全党把邓小平开创的建设中国特色社会主义事业全面推向新世纪的决心和信念,也反映了全国人民的共识和心愿。"②"在社会主义改革开放和现代化建设的新时期,在跨越新世纪的新征途上,一定要高举邓小平理论的伟大旗帜,用邓小平理论来指导我们整个事业和各项工作。这是党从历史和实践中得出的不可动摇的结论。"③

党的十五大报告还对这一由邓小平创立的中国特色社会主义理论体系作了高度评价:邓小平理论坚持解放思想、实事求是,在新的实践基础上继承前人又突破陈规,开拓了马克思主义的新境界;邓小平理论坚持科学社会主义理论和实践的基本成果,抓住"什么是社会主义、怎样建设社会主义"这个根本问题,深刻地揭示社会主义的本质,把对社会主义的认识提高到新的科学水平;邓小平理论坚持用马克思主义的宽广眼界观察世界,对当今时代特征和总体国际形势,对世界上其他社会主义国家的成败,发展中国家谋求发展的得失,发达国家发展的态势和矛盾,进行正确分析,作出了新的科学判断。"作为毛泽东思想的继承和发展的邓小平理论,是指导中国人民在改革开放中胜利实现社会主义现代化的正确理论。在当代中国,只有把马克思主义同当代中国实践和时代特征结合起来的邓小平理论,而没有别的理论能够解决社会主义的前途和命运问题。邓小平理论是当代中国的马克思主义,是马克思主义在中国发展的新阶段。"④

2."三个代表"重要思想:中国特色社会主义理论的继续发展

新世纪的中国在国内外形势的新变化中,进入全面建设小康社会、加快推进社会主义现代化建设的新的发展阶段。国际上,经济全球化、世界多极化的趋势日益明显,科学技术的发展日新月异;在国内,随着改革开放和社会主义市场经济的发展,经济成分、

---

① 江泽民. 高举邓小平理论伟大旗帜,把建设有中国特色社会主义事业去全面推向二十一世纪[N]. 人民日报,1997-9-13.
② 同上。
③ 同上。
④ 同上。

组织形式、就业方式、利益关系和分配方式日益呈现多样化。这既给我国经济社会的发展带来了新的活力,又带来了新的问题。面对这样的特定历史条件,要想抓住机遇,回应挑战,实现民族振兴、国家富强和人民幸福,就要丰富和发展马克思主义。

在这样的形势下,江泽民同志以宽广的世界视角和深邃的历史眼光,认真总结历史经验和现实经验,提出了"三个代表"重要思想,即中国共产党必须始终成为中国先进社会生产力的发展要求、中国先进文化的前进方向和中国最广大人民的根本利益的忠实代表。这是对马克思主义建党学说的新发展,是新时期加强党的建设的指导方针和行动纲领,是对"建设一个什么样的党和怎样建设党"这一关系到党和国家命运的最根本问题的科学、全面、系统地回答。它的提出,反映了当代世界和中国的发展变化对党和国家工作的新要求,是加强和改进党的建设、推进我国社会主义自我完善和发展的强大理论武器,是党必须长期坚持的指导思想,是在建设中国特色社会主义的过程中,我们党在实践的基础上总结、提炼而形成的又一科学理论体系。

从中国共产党80多年的奋斗历史和中华人民共和国60年来的建设历程中,广大党员和各族人民群众深切地感受到,办好中国的事情关键在党,在于大力加强党的自身建设,在于坚持、坚强和改善党的领导。因此,"三个代表"重要思想一经由江泽民同志提出,就在全党和全国人民中引起强烈的共鸣和热烈的反响。从2000年2月25日江泽民在广东省考察工作时首次提出"三个代表"重要思想这一概念,到他在中国共产党成立80周年大会上发表重要讲话的短短一年半的时间里,"三个代表"重要思想已渗入党心民心军心,成为全党和全国各项工作的指导思想。在这一过程中,我国广大干部、群众和理论工作者在用"三个代表"重要思想武装自己的头脑的同时,也以具体的行动在各自的岗位上对"三个代表"重要思想作出详尽的阐释,极大地丰富和完善了这一重要思想的内容。

2001年7月1日,江泽民同志在集中全党智慧和经验的基础上发表的"七一"讲话,坚持以马克思列宁主义、毛泽东思想、邓小平理论为指导,贯彻党的解放思想、实事求是的思想路线,系统总结了我们党80年的光辉历程和基本经验,全面分析了"三个代表"重要思想提出的历史依据和现实依据,阐明了"三个代表"重要思想的科学内涵,论述了"三个代表"之间的相互关系,阐释了"三个代表"重要思想的实践要求,指明了如何以"三个代表"要求切实加强和改进党的建设,以及加强贯彻"三个代表"重要思想的历史任务,全面、系统、深入地阐述了这一新的理论,比较完整地建构了"三个代表"重要思想的理论框架。

在党的十六大上,江泽民明确指出:"'三个代表'重要思想,是在科学判断党的历史方位的基础上提出来的"①,"是对马克思列宁主义、毛泽东思想和邓小平理论的继承和发展,反映了当代世界和中国的发展变化对党和国家工作的新要求,是加强和改进党的建设、推进我国社会主义自我完善和发展的强大理论武器,是全党集体智慧的结晶,是党必须长期坚持的指导思想。"②并强调指出,为开创中国特色社会主义事业的新局面,必须高举邓小平理论伟大旗帜,坚持贯彻"三个代表"重要思想。贯彻"三个代表"重要思想,关键在坚持与时俱进,核心在坚持党的先进性,本质在坚持执政为民。全党同志要牢牢把握这个根本要求,不断增强贯彻"三个代表"重要思想的自觉性和坚定性。2003年7月1日,胡锦涛在"三个代表"研讨会上的重要讲话中代表全党对"三个代表"重要思想这一理论体系进行了精炼概括。他指出:"'三个代表'重要思想同马克思列宁主义、毛泽东思想和邓小平理论是一脉相承而又与时俱进的科学体系,是马克思主义在中国发展的最新成果"③,"十三届四中全会以来,以江泽民同志为主要代表的当代中国共产党人,高举邓小平理论伟大旗帜,准确把握时代特征,科学判断我们党所处的历史地位,围绕建设中国特色社会主义这个主题,集中全党智慧,以马克思主义的巨大理论勇气进行理论创新,逐步形成了'三个代表'重要思想这一系统的科学理论。"④"这一科学理论在建设中国特色社会主义的思想路线、发展道路、发展阶段和发展战略、根本任务、发展动力、依靠力量、国际战略、领导力量和根本目的等重大问题上取得了丰硕成果,用一系列紧密联系、相互贯通的新思想、新观点、新论断,进一步回答了什么是社会主义、怎样建社会主义的问题,创造性地回答了建设什么样的党、怎样建设党的问题。"⑤这样,"三个代表"重要思想的主题就非常鲜明,体系就非常完整,内容就非常突出而清晰,成为在新的时期,适应新的形势的需要而形成的中国特色社会主义理论体系中的重要组成部分,发挥着并将继续发挥其重要作用。

3. 科学发展观:中国特色社会主义理论的新发展

在我国的改革开放不断向纵深方向深入推进的形势下,为了适应经济社会发展的新要求,以胡锦涛同志为总书记的中央领导集体立足我国社会主义初级阶段的基本国情,结合我国经济社会不断深入发展的具体实践,借鉴世界其他国家发展中的经验,适

---

① 江泽民. 全面建设小康社会,开创中国特色社会主义事业新局面[N]. 人民日报,2002 - 11 - 14.
② 同①。
③ 胡锦涛. 在"三个代表"重要思想理论研讨会上的讲话[N]. 人民日报,2003 - 7 - 2.
④ 同③。
⑤ 同③。

时而又及时地提出了科学发展观,把中国特色的社会主义理论推向到了一个新的发展阶段。

科学发展观,是对党的三代中央领导集体关于发展的重要思想的继承和发展,是马克思主义关于发展的世界观和方法论的集中体现,是同马克思列宁主义、毛泽东思想、邓小平理论和"三个代表"重要思想既一脉相承又与时俱进的科学理论,是我国经济社会发展的重要指导方针,是发展中国特色社会主义必须坚持和贯彻的重大战略思想。

科学发展观,第一要义是发展,核心是以人为本,基本要求是全面协调可持续,根本方法是统筹兼顾。要牢牢扭住经济建设这个中心,必须坚持把发展作为党执政兴国的第一要务,坚持聚精会神搞建设、一心一意谋发展,不断解放和发展社会生产力。按照中国特色社会主义事业总体布局,全面推进经济建设、政治建设、社会建设,促进现代化建设各个环节、各个方面相协调,促进生产关系与生产力、上层建筑与经济基础相协调。同时,要努力实现以人为本、全面协调可持续的科学发展,实现各方面事业有机统一、社会成员团结和睦的和谐发展,实现既通过维护世界和平发展自己、又通过自身发展维护世界和平的和平发展。

在新的发展阶段继续全面建设小康社会、发展中国特色社会主义,必须坚持以邓小平理论和"三个代表"重要思想为指导,深入贯彻落实科学发展观。

深入贯彻落实科学发展观,要求我们始终坚持"一个中心、两个基本点"的基本路线,坚持把以经济建设为中心同四项基本原则、改革开放这两个基本点统一于发展中国特色社会主义的伟大实践,任何时候都决不能动摇;要求我们积极构建社会主义和谐社会,按照民主法治、公平正义、诚信友爱、充满活力、安定有序、人与自然和谐相处的总要求和共同建设、共同享有的原则,着力解决人民最关心、最直接、最现实的利益问题,努力形成全体人民各尽其能、各得其所而又和谐相处的局面,为发展提供良好的社会环境;要求我们继续深化改革开放,把改革创新精神贯彻到治国理政的各个环节,毫不动摇地坚持改革方向,提高改革决策的科学性,增强改革措施的协调性,把改善人民生活作为正确处理改革发展稳定关系的结合点,使改革始终得到人民拥护和支持;要求我们切实加强和改进党的建设,站在完成党执政兴国使命的高度,把提高党的执政能力、保持和发展党的先进性,体现到领导科学发展、促进社会和谐上来,落实到引领中国发展进步、更好代表和实现最广大人民的根本利益上来,使党的工作和党的建设更加符合科学发展观的要求,为科学发展提供可靠的政治和组织保障。全党同志要全面把握科学发展观的科学内涵和精神实质,增强贯彻落实科学发展观的自觉性和坚定性,着力转变不适应不符合科学发展观的思想观念,着力解决影响和制约科学发展的突出问题,把全社会的发展积极性引导到科学发展上来,把科学发展观贯彻落实到经济社会发展的各个方面。

(二)中国特色社会主义理论体系是一个开放的理论体系

正如胡锦涛同志在党的十七大报告中所讲的那样,"中国特色社会主义理论体系是不断发展的开放的理论体系"。① 这一特性是属于马克思主义理论体系范畴的中国特色社会主义理论的特质。从马克思主义的本质看,马克思主义理论本身就是一个开放的理论体系。马克思主义理论不管是从其产生的理论来源看,还是就其发展的实践过程看,都是一个开放的理论体系。它着眼人类历史上形成的一系列理论成果,对其进行分析研究,吸取其合理的成分,剔除其糟粕,加上自己的深入探究和理性思考,形成了融科学性、革命性、严整性等特点为一体的理论体系。马克思明确表明自己的理论是为了适应无产阶级同资产阶级斗争的需要而产生的,但是他并不排斥汲取非无产阶级理论中的精华;他坚持唯物论,在研究问题、分析问题、观察世界的过程中始终贯穿着辩证的思维方法,但是他并不一概否定别的学说和理论;它将自然知识、社会知识和思维知识都纳入自己的理论体系,实现了世界观和方法论的统一。从不同的角度和侧面都可以看出马克思理论本身的开放性。而属于马克思主义理论范畴,将马克思主义的基本原理与中国社会主义新时期建设的实践相结合的中国特色的社会主义理论同样具有开放性这一马克思主义的理论品质,用中国特色社会主义理论创立者邓小平的话来说,那就是,"社会主义要赢得与资本主义相比较的优势,就必须大胆吸收和借鉴人类社会创造的一切文明成果,吸收和借鉴当今世界各国包括资本主义发达国家的一切反映现代社会化生产规律的先进经营方式、管理方法。"② 在这一思想的指导下,中国特色社会主义理论就是一个开放的理论体系,永远不会因为这样那样的原因和变故而改变这一理论的这一特有品质。

从这个理论的形成发展看,中国特色社会主义理论体系是一个在实践中不断发展的理论体系。中国特色社会主义理论是在实践中产生,又是在我国建设社会主义现代化强国的实践中不断发展的。这一理论的首创者邓小平亲历了新中国成立后在很长一段时间里经历的波折和失误,深切地认识到,要使我们的社会主义建设少遭受或不遭受挫折,就必须搞清楚"什么是社会主义,如何建设社会主义"这个大问题。他大刀阔斧

---

① 胡锦涛.高举中国特色社会主义伟大旗帜,为夺取全面建设小康社会新胜利而奋斗[N].人民日报,2007-10-25.
② 《邓小平文选》第三卷[M].北京:人民出版社,1993:373.

地把"文化大革命"造成的乱,返到以经济建设为中心的正确轨道上来,实现了马克思主义与中国实践相结合的第二次飞跃,产生了邓小平理论。这一理论为马克思主义理论增添了鲜活的内容,也丰富了马克思主义的理论宝库。在这一理论指导下,我国的改革开放取得了巨大成就。

党的十三届四中全会以来,面对新的任务,迎接新的挑战,为了使我国的长远发展有个坚强的领导核心,为了打造一个能经受得住各种风险和考验的执政党,为了更充分地代表好、实现好、维护好最广大人民的根本利益,江泽民代表我们党实现了马克思主义的基本原理与中国特色社会主义建设实践的又一次结合,形成了"三个代表"重要思想这一中国特色的马克思主义的基本理论,在新的形势下进一步发展了马克思主义,使我们党的指导思想更加丰富和充盈。

从实践发展看,随着全面建设小康社会、加快推进社会主义现代化的新的实践,这个理论体系得到进一步丰富和发展。党的十六大以来,以胡锦涛为总书记的党中央在领导我国社会主义改革和建设的进程中,正确总结历史经验,深入进行理论思考,提出了科学发展观等一系列富有创见的战略思想和理论观点。在党的十七大上报告中,胡锦涛总书记对科学发展观作了进一步的深化和凝炼。科学发展观体现了对党既有的三大理论成果的提炼和综合,并且在新的实践基础上实现了重大的发展和创新,继续丰富和发展了中国特色的社会主义理论:科学发展观作为社会主义建设的核心理念,构建和谐社会作为社会主义建设的长期奋斗目标,执政为民作为共产党人的根本价值准则,求真务实作为党的思想路线和工作作风的高度概括,自主创新作为民族振兴的根本之策,"八荣八耻"作为社会主义思想道德建设的基本内容等,已经构成了中国特色社会主义理论新框架的重要支柱。这些理论观点的提出,既为社会主义理论的发展提供了生长点,也为社会主义理论的创新奠定了坚实的基础。沿着这一思路推进马克思主义的中国化,一个兼具总结历史、概括当代、指导未来的中国特色社会主义理论新体系又将在新的实践中不断得到丰富和发展。

(三)认识把握"中国特色、西藏特点"发展路子

1. 必须要坚持实事求是的思想路线

在我国革命和社会主义建设的过程中,是一切从实际出发,还是一切从本本出发,是两种根本对立的认识路线在实际工作中的具体体现。执行哪种认识路线,在实际工作中会导致两种截然不同的结果。20世纪20年代末30年代初,党内"左"倾教条主义者脱离中国的国情和中国革命的实际,照抄照搬苏联革命的经验和共产国际的决议,靠死记硬背马克思列宁主义的本本来解决半殖民地半封建的中国怎样进行革命这一极为复杂的问题,使中国的革命陷于绝境。以毛泽东为代表的中国共产党人坚持实事求是的思想路线,遵循一切从实际出发的认识路线,反对离开中国的实际去研究马克思主义,反对在中国革命的实践中生搬硬套地应用马克思主义,强调调查研究是一切工作的第一步,没有调查就没有发言权。1930年5月,他在《反对本本主义》中指出:本本主义"是完全错误的,完全不是共产党人从斗争中创造新局面的思想路线"。1938年10月,毛泽东在党的六届六中全会上所作的政治报告中,在提出"马克思主义中国化"任务的同时,借用我国历史上在做学问时推崇的"实事求是"的良好风尚和信条,提出了中国共产党在革命的实践中要有把马克思主义同中国革命实际相结合的科学态度,明确指出:"共产党员应该是实事求是的模范","因为只有实事求是,才能完成确定的任务"。为了统一全党思想并为制定新民主主义革命的总路线奠定思想基础,延安整风期间,毛主席从思想路线的角度系统地阐述了坚持实事求是的重要性。1941年5月,他在《改造我们的学习》的报告中,对实事求是的科学含义作了明确的解释:"'实事'就是客观存在的一切事务,'是'就是客观事物的内部联系,即规律性,'求'就是我们去研究。我们要从国内外、省内外、县内外、区内外的实际情况出发,从其中引出固有的而不是臆造的规律性,即找出周围事变的内部联系,作为我们行动的向导。而要这样做,就需不凭主观想象,不凭一时的热情,不凭死的书本,而凭客观存在的事实,详细地占有材料,在马克思列宁主义一般原理的指导下,从这些材料中引出正确的结论。"而且将能否坚持实事求是提到了有没有党性或党性纯不纯的高度。这就赋予了实事求是新的内容,使其成了一个包含唯物论、认识论和辩证法思想为一体的哲学命题,成了共产党人科学的世界观和方法论。其核心内容是要求人们在认识世界和改造世界的活动中,在我国特定的民主革命和将来的社会主义革命、社会主义建设的过程中,必须从客观实际出发,按照事物的本来面貌认识事物,而不被一些假象所迷惑,真正把握事物内在的联系和发展规律,用对事物发展规律的认识来指导自己的行动,自觉实现主观与客观、理论与实践的历史的统一。

随后,毛泽东将"实事求是"确定为中共中央党校的校训,意在时刻提醒党的领导干部在实际工作中一定要做到实事求是。经过延安整风和党的七大,实事求是的思想路线在全党得到了确立。

这一思想路线的形成和确立过程,也就是毛泽东思想由开始萌芽、初步形成、走向成熟以至于后来继续发展的过程,而毛泽东思想由开始萌芽到最终成熟、继续发展,就是得益于实事求是这一思想路线的确立,实事求是的思想也就贯穿于毛泽东思想的始终,并体现在这一理论体系的每一个基本观点中,成为其最本质的东西。同样,在社会主义中国的大家庭中,西藏自治区是有着十分特殊区情的少数民族自治地方。区内不仅自然环境特殊,社会人文环境也有自身显著的特点,与国内其它地区有明显的不同。特殊的区情对西藏发展问题的影响也十分复杂,有的是明显的制约因素、有的是体现一定优势的发展资源、有的是潜在的制约或有利条件。西藏社会的发展基础、社会发展阶段的演进,也有自身的特点与规律,不能简单地照抄照搬其他地方的做法。所以,在中国特色社会主义理论科学体系的指导下认识西藏问题,思考把握西藏的发展路子,一定要坚持实事求是的认识路线,立足客观事实,认真探寻规律,摆脱教条思路、本本主义的影响,真正构建起与西藏区情实际相吻合的战略策略体系。

2. 必须要坚持解放思想

在改革开放和现代化建设的过程中,以邓小平为代表的中国共产党第二代领导集体,领导全党和全国人民在进行中国特色社会主义建设的过程中为了剔除个人崇拜、两个"凡是"对人们思想的禁锢,为了更好地坚持、贯彻实事求是的思想路线,又适时地补充了"解放思想"这一适合中国实际情况的马克思主义思想路线,提出了"建设有中国特色的社会主义"的命题,形成了社会主义本质论、社会主义初级阶段论、社会主义改革开放理论和社会主义市场经济等理论,规划了现代化建设三步走的发展战略和一系列以"两手抓"为重要内容的经济社会发展战略,确立了党在社会主义初级阶段的基本路线,使中国特色社会主义的理论更为丰富和完善,也使中国特色社会主义理论科学体系的精髓更为丰富和完整。

关于解放思想的内涵,邓小平有过多次论述,最清晰明确的概括是1980年2月29日他在中共十一届五中全会第三次会议上的讲话《坚持党的路线,改进工作方法》中的表述:"我们讲解放思想,是指在马克思主义指导下打破习惯势力和主观偏见的束缚,研究新情况,解决新问题。"由此表述可以看出,解放思想由5个不可分割、紧密联系的内容构成:第一,解放思想的前提必须是以马克思主义为指导。如果不以马克思主义为指导,而是以非马克思主义甚至是以反马克思主义为指导,这不是解放思想,而是搞思想混乱。这样的话会造成众人之心偏离我国社会主义建设的主题和方向,是要坚决反对的。第二,解放思想的对象是习惯势力和主观偏见。如果解放思想连习惯势力和主观偏见都打不破,那就不叫解放思想。当时全党和全国人民解放思想非常明确,即我们"一定要适应实践的发展,以实践来检验一切,自觉地把思想认识从那些不合时宜的观念、做法和体制的束缚中解放出来,从主观主义和形而上学的桎梏中解放出来"。第三,解放思想的目的是研究新情况、解决新问题。如果解放思想的目的不是针对我国社会主义建设中出现的新问题、新情况,而是脱离改革开放的现实,那就不是解放思想,也不能真正做到解放思想。第四,解放思想的落脚是实事求是。解放思想始终是停留在思想层面上的,其最终目的是要讲思想落实在行动上,而且尽量避免出现失误,要将主观的思想与客观的现实很好的结合起来,这才是解放思想的真正落脚点,即实事求是。第五,解放思想的保证是与时俱进。解放思想的内涵中就蕴含了与时俱进的品质。要使思想不僵化,时时根据形势的发展修正自己的主观认识,处处参照事情的变化更新自己的思想观点,这才是真正的解放思想、与时俱进,也是我们事业发展的无穷活力和不竭动力。所以,解放思想有了与时俱进作保证,才更具有实效性,才会发挥更大的作用。

西藏的现代化发展直接脱胎于封建农奴制社会,旧的社会形态的残留问题还十分突出。社会中许多人的思想观念还不同程度地受到封建剥削阶级意识、各种迷信观念和陈规陋习的影响,不能跟上时代潮流,不能很好地研究新情况,解决新问题。受历史上长期的环境闭塞的影响,一些人眼光短浅,固步自封,甚至形成了狭隘的地方民族主义思想,盲目排外,抱残守缺,难以适应不断发展进步的时代要求。和平解放以来,西藏社会的各个发展时期都取得了不同的发展成就,完成了不同的历史性任务。在这个过程中,也积累了众多的工作经验,有的经验被转化提升,成为了党和政府有关政策和制度、措施等。但是从另外一方面来看,我们总结经验,继承好的思想与工作方法的同时,也容易形成一些条条框框,往往会因此丧失掉大好的发展机遇。与实事求是一样,解放思想也是中国特色社会主义理论的思想精髓,在思考"中国特色、西藏特点"发展路子问题时,一定要解放思想,努力消除各种封建迷信思想和陈规陋习的不良影响,放眼世界,放眼未来,打破各种条条框框的束缚。只有这样,西藏的发展才有希望摆脱一直落后的宿命。

3. 必须要坚持与时俱进

党的十三届四中全会以来,以江泽民为代表的中国共产党人继续坚持了解放思想和实事求是这一精髓,在改革发展稳定、经济政治文化、内政国防外交、治党治国治军各个方面制定了一系列新的发展战略,同时,在总结新的实践经验的基础上,构建了社会主义初级阶段的基本经济理论,提出了建设社会主义政治文明和依法治国的治国方略,提出了新安全观,提倡国际关系民主化和发展模式多样化,提出"三个代表"要求并把它同党的先进性联系在一起,进一步丰富和发展了中国特色社会主义理论。而且,在这一过程中,以江泽民为代表的中国共产党人根据形势发展的需要,又赋予中国特色社会主义理论"与时俱进"的思想精髓,使得中国特色社会主义理论的科学体系成为一个开放的理论体系,拥有了厚实强劲的发展动力。

对于与时俱进的内涵,江泽民在党的十六大政治报告中曾明确指出:"与时俱进,就是党的全部理论和工作要体现时代性,把握规律性,富于创造性。"他强调说:"贯彻'三个代表'重要思想,关键在坚持与时俱进","必须使全党始终保持与时俱进的精神状态,不断开拓马克思主义理论发展的新境界","坚持党的思想路线,解放思想、实事求是、与时俱进,是我们党坚持先进性和增强创造力的决定性因素。"可见,与时俱进的内涵主要体现在以下三个方面:第一,"体现时代性",就是党的全部理论和工作要紧跟时代的步伐,用马克思主义既深远又面对世界全局的宽广眼界观察世界,更深刻更全面地认识当代中国和当今世界,总结政权兴衰存亡的规律,思考社会主义和资本主义的发展进程,把握时代主题的不变与国际政治趋势深刻变化的关系,以及经济全球化的趋势与利弊,把握科技革命日新月异的趋势,为我们实施科教兴国战略和可持续发展战略提供依据。第二,"把握规律性",就是党的全部理论和工作要更加符合实践发展的客观规律,把尊重社会发展的规律与尊重人民的历史主体地位统一起来,把坚持为崇高理想奋斗与根据实际制定和实施推动我国社会主义发展的科学战略统一起来,把坚持完成党的各项工作与实现人民利益统一起来,深化对共产党执政的规律、对社会主义建设的规律、对人类社会发展的规律的认识。第三,"富于创造性",就是党的全部理论和工作要更加开拓创新,在实践的基础上或是过程中,要直面现实,从中揭露矛盾,发现问题,总结规律;在理论上共同研究,超前思维,提前预测,并善于不断总结、提炼、拔高,以变成全党和全国人民的共识,并反过来用以指导实践,趋利避害,使我国的社会主义建设事业少遭受或不遭受来自于各方面的损失。这里,体现时代性、把握规律性、富于创造性是三位一体、有机统一的:体现时代性,是与时俱进的最鲜明的标志;把握规律性,是与时俱进最本质的要求;富于创造性,是与时俱进最生动的体现。

1990年7月,中国共产党西藏自治区第四次代表大会在拉萨召开,胡锦涛在报告中提出:"遵循党在社会主义初级阶段的基本路线,结合我区实际,从这次代表大会到下次代表大会的五年间,我区工作的基本指导思想是:在党的领导下,团结全区各族人民,凝聚各方面力量,以经济建设为中心,紧紧抓住稳定局势和发展经济两件大事,确保我区社会的长治久安,确保经济持续、稳定、协调地发展,确保人民群众生活水平有明显提高。概括起来,就是'一个中心,两件大事,三个确保'"。这个指导思想的确立,标志着西藏开辟"中国特色、西藏特点"发展路子迈出了关键性的步伐。但是,西藏的发展大业不是一劳永逸的事情,国际国内形势在不断发生变化,西藏自身的发展条件也在不断演化,为了确保"中国特色、西藏特点"发展路子适应新形势和新的发展目标的要求,中央不失时机地于1994年和2001年召开第三、第四次西藏工作座谈会,为西藏发展制定了大量的优惠政策,提供了更为强劲的发展动力。在这个阶段,"中国特色、西藏特点"发展路子的具体实践,充分体现了与时俱进的思想特色。2010年1月,中央又召开了第五次西藏工作座谈会。这次会议全面贯彻党的十七大和十七届三中、四中全会精神,从各个方面丰富、发展、完善了党的治藏方略,开辟了党的西藏工作理论的新境界。当前,我们正努力学习、实践科学发展观,要用科学发展观的思想精神统领西藏经济社会发展全局。在新的发展形势和更加宏伟的发展目标面前,需要大力发扬创新精神,坚持与时俱进,在中央第五次西藏工作座谈会精神的指引下,沿着"中国特色、西藏特点"发展路子奋勇前进,取得更加辉煌的成就。

4. 必须要坚持求真务实的态度

党的十六大以来,以胡锦涛为代表的党中央进一步贯彻了中国特色社会主义理论的精髓,紧密结合新世纪新阶段国际国内形势发展的变化,以科学发展观统领经济社会发展的全局,推动经济社会又好又快发展;坚持以搞好党的先进性教育为重点,进一步加强和改进党的建设,全面推进党的建设新的伟大工程;坚持以解决人民群众最关心、最直接、最现实的利益为着力点,高瞻远瞩地提出了构建社会主义和谐社会、和谐世界,建设社会主义新农村,全面建设小康社会等宏伟目标,在新的形势下,又与时俱进地发展了中国特色社会主义的理论,把中国特色的社会主义理论提升到了新境界,把中国特色社会主义理论的精髓贯彻到理论创新的每一个方面和具体工作的每一个环节,使这一理论精髓的内涵更丰富,更具有时代感和现实性。

所以,在党的十七大报告中,胡锦涛代表新一代领导集体反复向全党和全国人民强调说,不管在思想上,还是在行动上,不管是在实际工作中,还是在理论宣传上,全党必须"以求真务实作风推进各项工作,多干打基础、利长远的事。加强调查研究,改进学风和文风,精简会议和文件,反对形式主义、官僚主义,反对弄虚作假。倡导勤俭节约、勤俭办一切事业,反对奢侈浪费。全党同志特别是领导干部都要讲党性、重品行、作表率。深入开展党风党纪教育,积极进行批评和自我批评,使领导干部自觉遵守党纪国法,继承优良传统,弘扬新风正气,以优良的党风促政风带民风。""全党必须坚定不移地高举中国特色社会主义伟大旗帜,带领人民从新的历史起点出发,抓住和用好重要战略机遇期,求真务实,锐意进取,继续全面建设小康社会、加快推进社会主义现代化,完成时代赋予的崇高使命。"全党一定要"以邓小平理论和'三个代表'重要思想为指导,顺应国内外形势发展变化,抓住重要战略机遇期,发扬求真务实、开拓进取精神,坚持理论创新和实践创新,着力推动科学发展、促进社会和谐,完善社会主义市场经济体制,在全面建设小康社会实践中坚定不移地把改革开放伟大事业继续推向前进。"这既是胡锦涛紧密联系党和国家的工作实际,为求真务实赋予了新的时代内涵,又是他对全党同志和全国人民如何在实际工作中真正做到求真务实提出了高的要求,也表露了新一代领导集体的工作作风、价值取向和目标追求,那就是求真不作假、务实不搞虚。

无论是从理论上认识"中国特色、西藏特点"发展路子,还是在实践中推进"中国特色、西藏特点"发展路子不断拓展,我们都要坚持求真务实的工作态度。西藏是一个面积十分广阔的少数民族自治地方,作为省级行政区域,虽然人口不多,但地处边疆、环境特殊、地方民族文化特色十分浓厚,长期面临反分裂斗争的严峻挑战,可以说区情错综复杂,发展与稳定的工作千头万绪。做好西藏工作,必须坚持求真务实的工作态度,加强调查研究,多做打基础、利长远的事情。任何官僚主义、形式主义东西,都有可能给西藏的发展与稳定造成巨大的危害,甚至可能会造成长期的、难以弥合的危害,并最终危及到整个中华民族的根本利益。可以说,没有求真务实的态度,在"中国特色、西藏特点"发展路子上的实践活动就会遭遇挫折;思想上对于"中国特色、西藏特点"发展路子的认识与把握也会产生偏差。

二、关于"西藏特点"问题

在"中国特色、西藏特点"发展路子这个理论性概念中,中国特色指的是中国特色社会主义。如何理解"西藏特点"呢?我们认为,应该从两个层次来进行把握。第一个层次的"西藏特点"指的是西藏的区情特征,也就是对西藏社会作具体分析时梳理出来的反映各个社会层面本质属性的种种特点,是西藏区别于国内其他省区的特殊性之所在。第二个层次的"西藏特点"指的是中国特色社会主义在西藏自治区的具体化。在这个层次上,"中国特色、西藏特点"是一个完整的、不可拆分的整体性概念,"西藏特点"承载的社会本质属性就是中国特色社会主义社会,是中国特色社会主义社会整体发展格局中西藏自治区范围内的具体实践形式。因此,"中国特色"与"西藏特点"决不是两个分立对等的概念,更不能想当然地认为同时存在两条发展道路,即"中国特色社会主义发展道路"和"西藏特点社会主义发展道路"。在中国范围之内,我们只有一条行得通的发展道路,那就是中国特色社会主义社会的发展道路;当着眼于西藏自治区这个局部时,我们就把这条发展道路具体化为"中国特色、西藏特点"发展路子。

在具体阐述"中国特色、西藏特点"发展路子的系统化构造之前,本报告需要首先分析第一个层次的"西藏特点"问题。西藏位于我国的西南边疆,面积 120 多万平方公里,约占全国总面积的八分之一,2008 年总人口 287.08 万人,平均每平方公里 2.33 人。国土面积仅次于新疆维吾尔自治区,居全国第二位,西藏与印度、尼泊尔、不丹、缅甸等国家和克什米尔地区接壤,国境线长达 4000 多公里。特殊的地理位置使西藏在政治、经济和军事等方面都处在对敌斗争的前沿,反蚕食、反渗透的斗争十分尖锐。而从经济地理角度看,与西藏接壤的国家或地区属于南亚贫困地带,与西藏毗邻的国内省份多为我国老、少、边、穷地区。这样,一方面,地理环境的特殊性使西藏担负着维护国家领土完整、保证国家安全的重任,另一方面,经济地理的特殊性使西藏虽属边境地区,但外部经济对西藏发展的辐射能力极低。区情特征主要表现在以下这些方面:

(一)自然环境特点及其对发展的影响作用

1. 地貌环境特征

西藏高原在其漫长的地质发育过程中,既经历了多次强烈的造山运动,同时又遭受强烈的外营力作用,形成既有高亢高原、高大山脉,又有高原湖盆、宽谷盆地和高山深谷等复杂特殊的地貌环境,根据西藏境内地势变化、地貌形态和地貌类型组合特点,可将西藏地貌环境特征划分为以下四大单元:

(1)**高亢辽阔的高原**。西藏高原是由许多起伏和缓的山地和湖盆宽谷所构成的波状起伏的原面。高原面地势由西北向东南倾斜,海拔从 5500 米递减到 4000 米左右。高原面大致可分为两级:高一级高原面由中生代三迭系、侏罗系、白垩系砂页岩、灰岩、火山岩及新生代第三系砂岩、泥岩和砾岩组成的起伏和缓的山地剥蚀夷平而成,海拔 5000~5200 米,形成时代为第三纪;低一级高原面由盆地和宽谷所组成,自晚第三纪上新世以来,高原内部的内流区受到轻微的切割,高原面形态保存完整,海拔为 4500~5000 米。

(2)**巍峨高峻的群山**。在巨大的高原面上及其边缘分布有一系列的绵延耸立的巨大高山山脉。根据山脉走向,大体可分为两组:一组为东西向山脉,另一组为南北向山脉。东西向山脉占据了西藏高原的大部分地区,从北到南有昆仑山、喀喇昆仑山、唐古拉山、冈底斯山—念青唐古拉山和喜马拉雅山。这些山脉的山顶都在海波 6000 米以上。昆仑山,是西藏和新疆的界山,东西长约 2500 公里,南北宽约 150 公里。唐古拉山,北起小唐古拉山,南至安多,南北宽约 160 公里。喀喇昆仑山,是连接帕米尔高原、喜马拉雅山和唐古拉山的链环,是仅次于喜马拉雅山的第二位高山。冈底斯山—念青唐古拉山,山体东西长1400公里(其中冈底斯山长1040公里),南北平均宽约80公里。喜马拉雅山,东西长约2400公里,南北宽200～300公里,是最年轻的山脉。南北向山脉主要分布于西藏东南部的横断山地区,自西向东有伯舒拉岭—高黎贡山、他念他翁山—怒山和宁静山—云岭。这些山脉山顶海拔多在4500米以上。南北向山脉与南北向谷地相间排列,南北向谷地自西向东分别为怒江谷地、澜沧江谷地和金沙江谷地。高山深谷相间排列纵贯南北,构成西藏地貌的一大特色。

(3)**长而宽广的山间平原(平地)**。西藏的平原,实际上是山间宽广谷地,具有海拔高(一般高于3000米)和成因复杂(含冲积、洪积、湖积、冰碛等)的特点,其形状多呈长条带状。其中长度较长和宽度较大的山间平原主要分布于雅鲁藏布江干流中游及其支流的拉萨河、年楚河、尼洋河等中下游河段。其次为朋曲、隆子河、狮泉河、噶尔藏布、麻格藏布等中游河段。此外,还有较大面积的湖滨平原,其主要分布于藏南湖群和藏北高原湖群等大湖泊沿岸。

(4)**幽深狭窄的峡谷**。西藏著名的峡谷有雅鲁藏布大峡谷,峡谷地区群山对峙,峡谷顶端以南的南迦巴瓦峰(海拔7782米)雄踞南侧,海拔7151米的加拉贝垒峰高耸于北岸,山峰高出雅鲁藏布江水面5000～6000米,河谷底部最窄处江面不到80米,坡降由米林派区海拔2800米到海拔只有500米的墨脱希让,长约200公里的河段内,河床落差2300米,平均坡降达10.3‰,最大达62‰,成为世界最大最著名的峡谷区。另外,西藏东部的南北向高山深谷区,河谷切割深度达2000～2500米,谷底海拔一般为1000～2000米,而三江之间的分水岭则高达4000～5000米,人们称之为"三江峡谷"区,也是世界上少有的峡谷分布区。西藏高原南部和东部为高大山脉所环绕,一般以2500～4000米相对高差与外部平原或谷地相连接,这种特殊的地貌形态形成西藏高原所特有的高原生态环境边缘效应,这种效应表现在高原边缘山地生态系统垂直结构的复杂性和山地生态系统类型和生物物种的多样性与特殊性。

总体来看,西藏自治区的区域是由几条山脉界定的。闻名全世界的"世界第三极"实质上被围困在高山之中。巨大的喜马拉雅山脉像一堵巨型屏障,绵延数千里横直于西藏自治区南部边缘,不但阻碍了向南通向海洋的道路,同时也阻碍了印度洋热气流向腹地的对流;喀喇昆仑山—唐古拉山脉则雄跨于北部边缘,阻碍了西藏与祖国内地的联系,并使西藏远离交通要道;这还不够,在东西走向上还高高筑起了另一道屏障冈底斯—念青唐古拉山脉。三条东西走向的山脉呈弧形在西藏西部交汇,形成一个"山结",封住了西去的道路;而其在东部又被横断山脉拦腰截断形成"山束",又堵死了东去的道路。这一切给西藏带来的只有封闭。尽管航道、公路、铁路和输油管道的开通和现代通讯业的发展,正在逐步地克服封闭带来的负作用,但这毕竟是有限的,封闭仍严重地阻碍着信息、技术和文化的传播,阻碍着物资、矿产和人口的运输,从而也成为产业起步和发展的巨大困难。西藏为此已付出了巨大的代价。

2. 气候与水文环境特征

(1)气候环境特征。高亢辽阔的高原对大气环境产生深刻的影响,形成特殊的高原季风气候。夏季,由于高原热力作用,气流辐合上升,高原为热低压中心,积云多,易出现阵性降水和雷雨天气。在其上空,西风带北移和东南部盛行风向偏南的环境影响下,印度洋暖湿气流得以北进,除部分气流沿南北向谷地深入高原腹地外,大多被喜马拉雅高大山脉所阻挡,因而高原内部温凉少雨,东南部则温暖多雨。冬季,高原主要为干冷的西风带所控制,气候寒冷,干燥少雨,并多大风。在高大的东西向山脉的影响下,高原地区的纬度地带性得到了明显的加强,因此,西藏高原具有自己的气候地带性特征。在纬度地带性基础上,受到高原地势水平变化和高山地貌垂直变化的深刻影响。在水平变化上,从南往北可以划分出热带、亚热带、高原温带、高原亚寒带和高原寒带等气候带;在垂直变化上,不同地区又可分出以当地气候基带为基础的气候垂直分带。可见,西藏高原地区气候环境相当复杂,为生态系统多样性的形成与发育奠定了良好的基础。

高原动力与热力作用是造成该高原气候独特性的重要原因,其中太阳辐射是高原动力与热力作用的主要能量来源。它不仅对高原地区气温、气候和天气类型有重要的影响,而且是形成高原特有生态现象的主要能量来源。西藏高原太阳辐射量是全国太阳辐射量最高的地区。

西藏高原地域辽阔,地面气温地域差异十分显著。总的说来,高原边缘气温较高,而且具有明显的垂直梯度变化。温度最高的地方分布于雅鲁藏布江大拐弯以南地区和横断山地区的三江流域区,年均温度分别在18℃和12℃以上;温度最低的地方分布于高原内部,如藏北高原是青藏高原的低温中心之一。西藏高原温度年内变化很大,不同地区这种变化的差异显著。如1月平均气温,藏北高原低于-12℃,极端最低温度达-41℃,除雅鲁藏布江大拐弯以南和横断山地区河谷气温在0℃以上,其余地域都在0℃以下。寒冷的冬季给高原农牧业的发展带来严重的影响;7月平均气温,藏北高原多数地方低于10℃,与同纬度的东部平原相比,温度要低20℃左右。这期间,藏东南气温可达20℃以上,有利于多种植物的生长和农牧业的发展。

西藏高原降水主要受暖湿西南季风所支配,形成年降水量的空间变化规律如下:藏东南部低山河谷区的年降水量在4000毫米以上,是我国降水量最多的中心之一。由此向高原西北地区逐渐减少,藏北高原为300~500毫米,最少地区不足100毫米,如阿里地区只有60~180毫米。西藏高原降水的季节分配极不均匀,雨季和旱季分异非常明显,喜马拉雅山南坡雨季(6~9月)降水量占年降水量50%以上,高原内部雨季降水量占年降水量的90%左右,如拉萨5~9月降水量占年降水量的95%,阿里区的噶尔仅8月份降水量就占全年降水量的37%。此外,西藏降水的日变化非常明显,夜雨率达50%以上。夜雨有利于各种植物和作物的生长发育。降水的区域差异,对自然生态系统的分布有重要影响,即以水分为主导因素的植被纬向地带性规律明显。

西藏高原地区不仅大风多、强度大,而且连续出现的时间长。西藏地区年平均大风(≥8级)日数0~200天之间,其中狮泉河、那曲、申扎、改则均在100天以上,在阿里地区的噶尔,大风连续出现的持续时间多达31天。西藏大风季节变化明显,主要出现在12月至次年的5月。在此期间,大风日数占全年大风日数的75%左右,其中以2~4月大风日数最为集中,占全年大风日数的50%左右。连续大风日数以藏北的那曲、班戈,西部的改则、狮泉河一带最长。高原大风集中于冬、春两季的分布特征,对农牧业生产极为不利。这期间,本来降雨就少,气候干燥,大风起到了"雪上加霜"的作用。如在地势高亢的高原和干燥少雨的河谷,由于植被生长的水热条件较差,地面覆盖一般较稀疏,在不合理的人为利用下(如过度放牧),极易出现风沙侵蚀,造成严重的荒漠化现象。

(2)水文环境特征。西藏是我国河流与湖泊最多的省区之一,同时又是冰川分布最多的地方。据不完全统计,流域面积大于1万平方公里的河流有20多条。亚洲著名的长江、萨尔温江、湄公河、印度河、布拉马普特拉河都发源或流经西藏。我国约1/3的湖泊面积分布在西藏,与我国长江中下游的外流湖泊相遥望,构成我国东西两大湖群。西藏冰川面积约2.74万平方公里,占全国冰川面积的46.7%。西藏水资源十分丰富,河流水资源总量为4482亿立方米,占全国16.53%,居全国第一位,水能资源占全国的30%,为全国省区之首。

流入太平洋的水系由金沙江和澜沧江流域组成,该水系总面积约占西藏总面积5.1%。流入印度洋水系的主要河流有雅鲁藏布江、怒江、吉大曲、察隅曲、丹龙曲、朋曲、狮泉河等20多条。这些河流除怒江、吉大曲流经云南到邻国外,其他河流均直接流入邻国。该水系总面积约占西藏总面积的43.91%,为太平洋水系面积的8.6倍。其中雅鲁藏布江流域面积242004平方公里,约占西藏面积20%,水能资源总量近1亿千瓦,仅次于长江流域,居全国第二位;怒江流域面积106462平方公里,它在西藏境内的支流众多,其中伟曲支流最长,素曲支流流域面积最大;狮泉河是印度河最大支流的上游,也是阿里地区最主要的河流之一,流域面积22698平方公里。藏北内流水系:该水系位于西藏北部,水系总面积占西藏总面积的48.76%。该水系因远离海洋,加上高山阻隔,是西藏降水量最少的地区。河流一般短小,大部分为季节性河流。藏南内流水系:该水系零星分布于藏南外流水系之中,主要分布在喜马拉雅山以北、雅鲁藏布江以南地区。水系总面积占西藏总面积2.22%,是西藏四大水系中面积最小的。

西藏湖泊星罗棋布,其中面积大于1平方公里的湖泊612个,大小湖泊多达1500余个,总面积2.4万平方公里,约占全国湖泊面积30%,是世界上海拔最高、范围最大、数量最多的高原湖区。其中较为著名的湖泊有纳木错、羊卓雍错、色林错、扎日南木错、易贡错和班公错等。区内绝大多数湖泊处于藏北内流区,约占西藏湖泊88.5%,是众多内陆河流的归宿地。受气候影响,西藏湖泊湖水的矿化度由东南向西北、由南向北增高,呈现淡水——微咸水——咸水——盐湖——干盐湖的变化趋势。根据水系和湖泊分布的特点,区内湖泊可划分为3个区,即藏东南外流湖区,藏南外流——内陆湖区,藏北内陆湖区。

区内冰川包含大陆型冰川和海洋型冰川两大类。75%的冰川分布于外流水系,25%分布于藏北内陆水系。两者的分界大致以唐古拉山东段的主峰布加岗日向南经嘉黎、工布江达至措美,此线以东为海洋型冰川,以西为大陆型冰川。海洋型冰川具有气候温和,降水丰沛,消融强烈等特点,念青唐古拉山东段是我国海洋型冰川主要分布区,雅鲁藏布江大拐弯处的帕隆藏布的易贡藏布和波堆藏布两支流发育的冰川,是我国最大的海洋型冰川作用中心。大陆型冰川具有降水少、气温低、雪线高、消融弱的特点,在西藏分布较广,主要分布于喜马拉雅山、冈底斯山、念青唐古拉山西段和喀喇昆仑山等高山的上部。西藏冰川融水量为325亿立方米,约占全国冰川融水径流量的85%,是西藏河流的重要补给水源。近几十年来,受全球气候变化的影响,西藏冰川出现消融和退缩加快及雪线上升等现象。

西藏地下水较丰富,估计全区地表径流有近1/3由地下水补给。地下水补给模数的高值区分布于雅鲁藏布江下游及附近的藏南诸河流,补给量高达53万立方米/平方公里以上,低值区分布于藏西诸河及藏北羌塘内流水系区。区内地下水的成因和类型多样,有松散岩类孔隙水、碳酸盐岩裂隙溶洞水、基岩裂隙水、温泉等。西藏有较多的温泉分布,温泉涌水量可达1~20升/秒,羊八井温泉涌水量约达1000升/秒。有重要的开发利用价值。外流水系的浅层地下水矿化度小,水质好,其中绝大部分流出地表补给河流。内流水系地下水矿化度较高,不同程度地含有一定数量的盐类或硼、氟、砷等微量元素。这些盐类和微量元素随地下水的活动而迁移、积累,参与表生地球化学作用和成土过程,并使部分地区土壤出现盐渍化现象。

总的说来,高原彻底改变了西藏应该具有的亚热带气候,使广阔的面积优势受到强烈的扼制,降低了土地、生物资源、矿物资源及水资源的利用价值。实质上,在占西藏总面积近一半的土地(即海拔5000米以上)上,一切生物的存在都很艰难,因而也很难建成产业体系。

高原气候的一个主要特征是缺氧,西藏大部分地区的大气氧含量只及内地的60%左右,仅此就使汽车的耗油量增高30%以上。而缺氧对生产的最大威胁在于其对劳动力的制约,它不但影响劳动者体力的发挥,也限制了脑力的发挥,还严重影响人的健康。

西藏灾害性气候对产业的影响主要是农牧业和运输业,其中尤以寒冷、雪灾、风灾为最,其次是旱灾、雹灾等。由于寒冷延长了动植物的生长发育时间,在藏北那曲(海拔4507米)一带和其他一些高海拔地区,实质上没有绝对的无霜期,5月底冒芽的小草不等长高,8月份便被冷霜杀得枯黄。西藏的牲畜生长发育时间要比内地长两年左右时间。在海拔4000米左右的地方种植粮食作物,从9月上旬或更早时间开始,农民就提心吊胆,不定哪一天一场大霜或突然飞来的冰雹便使产量减少30%或更多,甚至颗粒无收。为了努力适应自然,人们不得不随季节变化经营农牧业。特别是畜牧业,牧民把草场划分为冬春草场和夏秋草场,并充分利用夏秋草场以减轻冬春草场的压力。在牧区,大部分牲畜在一年中有一半以上时间处于饥饿半饥饿状态,它们用舌头舔食或用蹄刨食草皮或草根,在漫长的冬春季节里,它们唯一的任务便是维持生命。

雪灾对西藏畜牧业的打击是毁灭性的,可以称之为"白色恐怖"。实际上每年都有小型雪灾,每隔五年便有一次大雪灾。畜群在经受一次打击后,用五年的时间得到恢复,接着便要承受又一次打击,然后再恢复,再接受打击,如此往复循环。

雨季和大雪使西藏交通运输业同农牧业一样变成了季节性产业。由于雨季的泥石流和洪水毁坏公路及大雪封路,阻断了地区间的交通往来,有的县为了应付长期的大雪封山,不得不提前储备半年或更长时间的物资。另外,西藏的粮食产量和牲畜存栏数实质上与自然灾害有一种内在的相关关系。

3. 土壤、植被与生态环境特征

西藏土壤类型、分布、性状及其变化比较复杂,其形成受地形、气候、生物、母质和时间五大因素所制约。西藏地形及其气候和生物变化,在经历较长时期的地质演化,形成了相对稳定和有一定规律可循的空间分布格局。全区可分为以下几个土壤生态区：Ⅰ区，山地热带、亚热带湿润森林土壤生态区。主要分布于东喜马拉雅南翼及其邻近的察隅一带。基带土壤为砖红壤、赤红壤和黄壤，往上相应为黄棕壤、暗棕壤、漂灰土、黑毡土、草毡土和寒漠土。森林土壤上限可达海拔3900~4100米。Ⅱ区，高原温带湿润、半湿润森林灌丛土壤生态区。主要分布于藏东昌都地区的三江流域。基带土壤为褐土或棕壤，从褐土基带以上，依次发育了棕壤、暗棕壤、漂灰土（湿润的湿坡）、黑毡土、草毡土和寒漠土。Ⅲ区，高原温带半干旱灌丛草原土壤生态区。主要分布于喜马拉雅山北坡的雨影区和泽当以上的雅鲁藏布江谷地。基带土壤为巴嘎土或寒毡土，有些地方基带土壤为寒毡土。巴嘎土分布区大部分被用于牧业，在沙性较重的巴嘎土分布区，风沙侵蚀比较严重。Ⅳ区，高原亚寒带半湿润、湿润灌丛草甸土壤生态区。主要分布在于藏北的那曲东部地区，为丘状高原向山地河谷的过渡地带。土壤垂直结构简单，基带土壤为寒毡土（原称亚高山草甸土）、其上为寒冻毡土（原称高山草甸土）和永冻薄层土（原称高山寒漠土）。Ⅴ区，高原亚寒带、半干旱草原土壤生态区。主要分布于西藏北部高原，包括那曲的中西部和阿里地区的东部。土壤垂直结构简单。寒冻毡土直接过渡为永冻薄层土。前者为牧业用地，后者成土年龄短，土层浅薄，植被盖度不足20%。Ⅵ区，高原寒带干旱荒漠土壤生态区。主要分布于藏北昆仑山、喀喇昆仑山和羌塘高原的西北部，土壤类型从下往上为高寒雏漠土、永冻薄层土和冷漠土。这些土类土层浅薄，砾石含量高。

西藏自治区植物不仅种类丰富，而且植物区系地理分布区类型也是多种多样，地理成分相当复杂。西藏高原处于旧热带植物区向泛北植物区过渡的区域，植物区系主要由温带、热带、世界广布和中国特有成分组成，温带成分属的种类分化强烈，热带分布属多为少种属，并在古老的植物区系基础上发生进化和特化，产生大量的特有种，从而形成了比较年轻的西藏高原植物区系单元。

(1)**森林生态系统**。西藏森林生态系统以寒温性的针叶林为主，主要分布于西藏的东南部，在喜马拉雅山南坡和藏东南低山河谷，还分布有少量热带雨林、季雨林和亚热带常绿阔叶林。西藏森林生态系统类型主要有亚高山暗针叶林和落叶针叶林、山地柏林、山地温性针叶林、针阔叶混交林、硬叶常绿阔叶林、山地落叶阔叶林、山地亚热带常绿阔叶林、热带雨林和季雨林。

(2)**高寒灌丛生态系统**。该类型是指由5米以下，不具明显直立主干而多分枝成簇的耐旱中生、旱生灌木为建群层片所组成的植被类型。它是西藏高原上的一种广布类型。根据立地条件和群落结构与物种组成的差异，可分为如下几种类型：高寒常绿针叶灌丛、高寒常绿阔叶灌丛、高寒落叶灌丛。

(3) 高寒草甸生态系统。该类型是指由耐寒的多年生中生地面芽和地下芽草本植物为优势种所形成的植物群落。主要分布于藏东亚高山针叶林带以上，高山流石滩植被以下以及辽阔高原面的东部。由于分布地域辽阔，生境条件多样，可分出三种主要类型：高寒蒿草草甸、高寒苔草草甸和高寒杂类草草甸。

(4) 草原生态系统。该类型是指由耐旱、耐寒旱生丛生禾草为建群层片所形成的群落类型，是西藏广泛分布的类型之一。根据立地条件的差异，可分出温性草原和高寒草原两大类。

(5) 荒漠生态系统。该类型是指那些降水稀少，而蒸发又强烈的干旱地段，其植被十分稀疏、甚至没有，土壤中富含可溶性盐分。根据立地条件的差异，一般可分出温性荒漠和高寒荒漠，在西藏前者分布面积很小，而以后者占优势，主要分布于西藏的昆仑山与喀喇昆仑山之间，海拔4600～5500米的高原湖盆、宽谷和高山下部的石质坡地。

西藏是我国植物最富集的省区之一，也是我国森林资源和药用植物资源的大宝库。目前已知，西藏拥有高等植物达6400多种（其中维管束植物5700多种，苔藓植物700多种），隶属270多科，1510余属。西藏是全球最丰富、最独特的野生植物宝库。已有资料表明，野生植物达6897种，其中苔藓植物62科，254属，754种；蕨类植物44科，123属，386种；裸子植物7科，16属，56种；被子植物163科，1164属，5701种。在这些野生植物中既有药用植物、树脂树胶类植物、纤维植物和淀粉植物，又有不少珍稀和特有植物。已知药用植物达1000多种，其中常用中草药400多种，具特殊用途的藏药300多种。西藏被列为国家重点保护的野生珍稀植物有39种，其中国家重点保护植物桫椤为西藏所独有。西藏动物种类也极为丰富。野生脊椎动物799种，已有125种被列为国家重点保护动物，占全国动物的1/3以上。其中西藏野驴、野牦牛、孟加拉虎、黑颈鹤、云豹、雪豹等45种是濒危灭绝或我国特有的珍稀保护动物。此外，西藏还有多种特殊的裂腹鱼类，其种类和数量均占世界裂腹鱼类的90%以上；鸟类488种中，有22种为西藏所特有。据初步资料统计，西藏水生生物中的浮游动物有760多种，其中原生动物458种，昆虫208种，鳃足类56种；水生植物中的硅藻类共计340种。西藏有陆生无脊椎动物昆虫类共计2307种，其中有益昆虫繁多，计有103种，但也有不少有害昆虫，对农作物、果树及森林林木带来危害。

西藏植被受地理位置、地貌和水热条件的影响，区域差异十分明显。在纬向地带性、经向地带性和垂直地带性的综合作用下，形成西藏所特有的植被分布规律，从藏东往西和藏南往北形成如下各具特色的植被分区。Ⅰ区，喜马拉雅山南翼热带雨林、季雨林区。Ⅱ区,藏东山地针叶林区。主要分布于藏东南的三江流域和念青唐古拉山南翼。Ⅲ区,藏东北高山灌丛草甸区。本区的东部为高山灌丛草甸亚区,海拔4500米以下为高山灌丛与草甸带,海拔4500~5300米为高山草甸带;本区的西部是高山草甸亚区,在海拔5300米以下为高山草甸带,其上为高山冰缘植被带。Ⅳ区,藏南山地灌丛草原区。该区分布于朗县以西、冈底斯山以南的地区。本区内海拔4000米以下为草原、灌丛带,海拔4400~5200米为灌丛带,海拔5200米以上至雪线为高山冰缘植被带。Ⅴ区,藏北高原草原区。本区东部为半干旱草原,在海拔4500~5100米为草原带,其上为高山冰缘植被带。西部为半干旱荒漠,海拔4600~4900米间为荒漠草原带,海拔4900~5300米为高山草原带,再上为高山冰缘植被带。Ⅵ区,藏西北高原荒漠与荒漠草原区。本区气候高寒干旱,在海拔5000~5100米多为湖盆荒漠,海拔5100~5300米为高山草原,其上为高山冰缘植被。本区南部为荒漠化草原。

西藏的生态环境系统极度脆弱。西藏地质历史年轻,新构造隆升活动十分强烈,第四纪以来的200多万年时间,西藏高原上升幅度达3500~4000米,目前仍处于强烈隆升时期。观测资料表明,西藏高原近20年来,平均上升速度为5.8毫米/年,其中拉萨—邦达段最高达10毫米/年。高原山脉的快速隆升,带来河流侵蚀基准面的降低,进而加大河流的下切侵蚀作用,带来经流侵蚀作用的加强。西藏高山地区,特别是南部和东部高大山区和高山深谷区,山体坡度较大,多数山地坡度都在35°以上,坡面松散物质在这种坡度下是处于一种不稳定状态,在人为的干扰下,特别是地表植被破坏以后,极易出现坡面物质移动,产生严重的水土流失或出现崩塌、滑坡和泥石流等山地灾害。

高寒的自然条件决定了西藏生态系统非常脆弱。西藏生态环境的脆弱性,主要表现在高原高寒环境下形成的植被生态系统具有生长期短和生态安全阈值幅度窄的特点。外界环境变化,如生长季干旱低温的出现、霜冻冰雹的发生或者降雪的提前,对植被生长便可产生严重的影响、损伤和破坏。高原高寒气候出现上述的变化比较频繁,因此西藏生态环境脆弱性特征十分突出。生态环境脆弱性还表现在陡坡植被破坏后,坡面土壤侵蚀速率远大于成土速率,土层易于丧失,一旦土壤丧失殆尽,生态系统难以恢复重建,甚至不可能。此外,高原干旱、半干旱地区,降水量少,而光照强烈,地面升温蒸发量大,加之高原多大风,加大地面的蒸发,致使土壤表层含水量很低,经过长期生存适应而残留下来的深根系乡土植物一旦遭到破坏,新的植被生态系统难于恢复,成为无法利用的荒漠沙地。西藏生态环境十分敏感,土地沙化敏感性面积较大,其中中度以上敏感区面积占全区国土面积的56%,藏东、藏东北海拔4000米以上及藏西、藏南海拔4400米以上区域为冰川消融、冻融侵蚀极敏感区和生态系统极脆弱区。冻土、冰川和脆弱生态系统对环境变化表现出极高的敏感性。

寒冷、干旱、多风的气候和强烈的太阳辐射使地表寒冻风化和风蚀作用强烈。高原的多年冻土区在周期性的冻融作用下,地表形态处于不断变化之中。20世纪80年代以来,受全球气候变化影响,高原气候更是处于异常的剧烈波动之中,气候向偏暖、干旱方向发展,造成冰川后退、湖泊萎缩、河流径流量下降。这种气候特征使高原生态环境更加脆弱、敏感,自然生态系统的自我调节和修复能力差,生态环境遭到人为破坏后,极易造成生态环境的迅速恶化。

(二)社会文化特点及其对发展的影响作用

西藏是以藏族为主体的民族聚居区,藏族是中国具有悠久历史的民族之一。据考古发现和史籍记载,早在4000多年前,藏族先民就繁衍、生息在西藏高原。7世纪上半叶,松赞干布统一诸部,建立了多元一体的吐蕃政权,为中国各民族的大统一做出了贡献,此后,元、明、清、民国政权中央政府直接治理西藏,藏族人民成为大家庭中的重要成员之一。除了藏族以外,在西藏定居的还有汉族、门巴族、珞巴族、蒙古族、回族、纳西族、僜人、夏尔巴人等44个民族成分的居民。

1. 绚丽多彩的民族文化

在漫长的历史发展过程中,勤劳智慧的西藏人民创造了绚丽多彩的民族文化,据现存岩画推断和史书记载,早在3000多年前,藏族人的祖先就学会了使用文字。当时狮泉河畔的象雄和雅隆河谷的吐蕃,就是两个古文化的聚集地带。不仅有了象雄文字,而且医药、历算、歌谣、舞蹈和绘画等,也都有了一定的发展。后来象雄文化和吐蕃文化互相交融,便形成藏族文化最古老的源流。

吐蕃政权统一全藏后,积极进行文化开发,并加强与中原唐王朝及邻近的印度等地的文化交流,使藏族文化发展到一个昌盛时期,松赞干布曾派大臣吞弥·桑布扎等人到印度去学习梵文,然后参照梵文和西域诸国文字对早先的象雄文字加以改造创新,形成现行的藏族拼音文字。藏文的创新与推广,是西藏文化发展史上一个重要里程碑。藏文推广使用1000多年来,传世的藏文著作和译述十分丰富,除大量佛教经典外,文学、哲学、医学和天文历算等各个方面,都有许多专著传世。藏文版的佛教经典在全国占首要地位。在藏族文学艺术方面也涌现出许多巨匠和巨著,如在漫长的历史年代里陆续创作的民间说唱体英雄史诗《格萨尔王传》,是世界上篇幅最宏大的巨型史诗,它不仅是一部战争故事集成,而且是一部古代藏族生活的百科全书式的作品,具有重要的历史价值和学术价值。11世纪以后相继问世的文学作品,有著名的《萨迦格言》、《水树格言》等,有米拉日巴的《十万道歌》、六世达赖仓央嘉措的诗歌,以及长篇小说《勋努达美》和历史文学《红史》、《青史》等。此外,在西藏民间还有大量的神话传说和民间故事,如《阿库登巴的故事》、《聂局桑布的故事》等。这些都是西藏宝贵的文化遗产。

藏医药和天文历算,作为西藏传统文化的组成部分,已有2000多年的历史。在漫长的历史年代里,世居西藏高原的人们,不断总结与疾病作斗争的经验,同时学习和吸收邻近地区特别是汉族地区的医学理论和医疗经验,逐步形成了具有西藏特色的医疗理论体系,积累了丰富的临床经验。历代名医辈出,医学著述很多,杰出的古代藏医学家宇妥·云丹贡布在8世纪就写出著名的《四部医典》以及《实践明灯》、《经验明灯》等30多部医学论著,至今仍被认为是藏医学的经典和理论基石。藏医学还有一个特点,就是把天文历算和藏医治疗、药物采集紧密结合在一起,每个有成就的藏医学家,同时也就是历算学家。在天文历算方面,西藏人民同样积累了许多宝贵的经验和知识,并留下了有关史料和著作。

藏族是一个能歌善舞的民族,藏族人民几乎人人爱唱歌,个个会跳舞。而且各地有着多种多样风格的歌舞,有顿足为节、连臂踏歌、热烈欢腾的"果谐"(圆圈歌舞)、有踏步为节、重脚下节奏点子变化的藏族"堆谐"(踢踏舞);有以歌为主、歌舞结合、雍容典雅的"朗玛谐"(宫廷歌舞);有豪迈奔放、热情欢快的"果卓"(锅庄);有长袖翩翩、秀丽抒情的"谐"(弦子舞);有击鼓飞旋、摇铃腾跃的"热巴"(铃鼓舞)等等,真是绚丽多彩,五光十色。纵情欢歌、且歌且舞,已成为藏族人民群众的生活习俗,所以人们把西藏称为"歌舞的海洋"。

在民间歌舞、说唱艺术基础上产生和发展起来的藏戏艺术,更具有浓厚的民族特色和地方特色。相传藏戏是15世纪噶举派高僧汤东杰布创始的。当时他为了募捐财物修建索桥,组织"仙女七姐妹"演出班子,利用民间艺术和宗教活动中某些形式,到处演出募捐,深受群众欢迎,随着西藏各地几十座铁索桥的建成,藏戏也就在民间流行和发展起来。后来藏戏逐渐发展为多种流派,并在表演上形成以唱为主,唱、舞、表、白、技、艺浑为一体的程式。以及面具表演、广场表演等独特的演剧体制。演出的剧目也不断丰富,经常演出的有《文成公主》、《诺桑王子》、《卓瓦桑姆》、《苏吉尼玛》、《朗萨雯波》等8大传统藏戏。这些传统藏戏反映了藏族人民的善良必定战胜邪恶的道德观和美好愿望,揭示了藏族社会的现实,又富于浪漫主义色彩和传奇性,是藏族文化的优秀组成部分。当然其中也有一些反映神鬼和封建迷信的内容,需要扬弃。

西藏的传统美术也是丰富多彩。首先西藏的许多寺庙在建筑艺术上很有特点,如布达拉宫、大昭寺、扎什伦布寺等,都是建筑艺术上杰出的作品。在西藏各地的寺院和民间,保存有大量的壁画、唐卡、雕塑等艺术作品。这些传统的美术作品历史悠久,风格独特,充分显示了西藏人民的聪明才智。其中壁画构成了各寺庙、宫殿中艺术画廊,题材广泛,构图严谨丰满,不仅有美的价值,而且勾勒出西藏社会发展的轮廓。唐卡,是刺绣或绘画在布、绸或纸上的彩色画轴,既有多姿多态的佛像,也有反映西藏历史和民族风情的画面。山南昌珠寺保存有一幅用珍珠镶嵌的珍珠唐卡,被认为是稀世之珍。西藏的雕塑更是多姿多彩,既有用各种质料雕塑的小佛像,也有世界第一大铜佛——扎什伦布寺的强巴佛像,还有大量刻在崖壁、经板、骨器、铁器和古建筑物上的古雕和浮雕。除了大量美术作品,历代的画师和学者还写有不少美术理论著作,如《色彩学》、《比例学》、《轴画学》等,建立了藏族古代的美术理论。所有这些,都大大丰富了祖国的文化宝库。这些优秀传统文化,是未来西藏发展的重要优势资源之一。

2. 影响广泛的西藏宗教

西藏是一个宗教盛行的地方。宗教同西藏政治、经济文化的关系极为密切,对西藏社会的发展有着深刻的影响。翻开西藏的历史,差不多每个阶段都贯穿着教派的演变和斗争,宗教的影响渗透到社会生活的各个方面。这是西藏社会历史的一个重要特点。

远古时期,藏族的先民们信仰的是一种万物有灵的原始宗教,名叫"苯教"。7世纪佛教传入西藏后,经过同苯教的长期斗争,同时又吸收了苯教的某些内容,后来逐渐形成和发展为具有西藏特色的藏传佛教。藏传佛教在形成和发展过程中,又分为宁玛、萨迦、噶举、格鲁4大教派。在这几个教派中,格鲁派形成的晚,但发展很快,成为藏传佛教中最大的教派。

格鲁派是15世纪初由宗喀巴实行宗教改革建立起来的。宗喀巴法名罗桑扎巴,遍学佛教各派显密宗教法,知识渊博,造诣很深,是一个很有作为的宗教活动家。他针对当时各教派日益腐败的情况,积极进行宗教改革,提倡僧人严守戒律,规定了学经制度和寺庙管理制度,并写出许多重要的佛教理论著作,在佛教界声望很高,影响很大。在帕竹政权统治者的支持下,宗喀巴于1409年在拉萨创办"祈祷大法会"(即传召大会),同年又兴建甘丹寺作为宗教活动基地,从此格鲁派便正式创立起来。因为格鲁派僧人戴黄色僧帽,故被称为黄教。甘丹寺寺主藏语称为甘丹赤巴,实际上就是黄教的教主,宗喀巴被认为是甘丹赤巴的始祖,后来历任甘丹赤巴都作为宗喀巴的传人,在宗教界有着崇高的地位。1419年宗喀巴逝世后,格鲁派继续发展。继甘丹寺之后,又修建了哲蚌寺、色拉寺和扎什伦布寺,逐渐形成寺庙集团。宗喀巴的弟子根敦朱巴被追认为第一世达赖喇嘛,另一个弟子克珠·格勒白桑被追认为第一世班禅额尔德尼。达赖喇嘛和班禅额尔德尼的名称,都是清朝皇帝正式册封的,他们被认为是神的化身,是最大的活佛,也是藏传佛教的两大领袖。西藏活佛采取转世的办法解决继承人问题,达赖、班禅一代一代继承下来,现在已转世到第十四世达赖喇嘛和第十一世班禅额尔德尼。

佛教传入西藏,对西藏社会的进步起到过积极的作用,推动了西藏文化的蓬勃发展,从而推动形成了具有浓厚宗教色彩的藏族传统文化。在意识形态领域里,它却起着麻痹人民思想的作用,在后来相当长的历史时期里,它对西藏社会生产力的发展起了消极的作用,特别是在"政教合一"的社会制度下,佛教更直接成为农奴主阶级统治维护封建农奴制的工具。在长达几百年的时间里,西藏的宗教领袖既掌握神权,又掌握政权,神权和政权紧密结合在一起,形成宗教领袖至高无上、主宰一切的局面。这种特殊的社会现象是全世界少有的。

3. 宗教文化的消极作用

西藏境内现有4种宗教,分别是苯教、佛教、伊斯兰教和天主教,其中藏传佛教是影响最为广泛的宗教,且流派众多。就西藏社会发展史而言,作为被统治阶级利用的一种政治工具,藏传佛教对于西藏政治的统一、经济的发展有过巨大的历史功绩;作为一种文化凝聚体,苯教尤其是藏传佛教推动了藏民族的形成与发展,维护了藏民族内部的团结与统一,并一度成为藏、满、汉、蒙、回等中国境内民族互相联系以及藏区与中央联系的纽带之一(清朝统治者"兴黄教以安众蒙古"、以藏传佛教治藏等著名史例),这些积极、进步的历史作用应予以充分肯定。但是宗教在西藏社会中所起到的负面影响是客观存在的,藏传佛教对于西藏社会的消极作用不容忽视。本报告认为宗教文化的负面作用至少应包括了以下这些方面:

(1)重来生,轻现世,弱化了藏民族生存和发展的能力。出世观念是藏传佛教对藏民族心态产生影响最深厚、最典型的观念。作为佛教的一支,藏传佛教宣扬的"四谛说"、"三科五阴论"以及"六道轮回"、"因果报应"等,都将人生视为苦难充斥的。因而,现世人生的苦难使得信众产生对来世的关注和对现世的漠视,追求来世幸福成了藏传佛教的根本目的。这种出世观念成为藏民族心态的重要组成部分,它的"彼岸性"特点,强调信众专修来世而轻视现世生活中的物质主义和事功主义,弱化了藏民族生存和发展的能力。

(2)重信仰,轻理性,禁锢了思想,阻碍了社会发展。自从14世纪宗喀巴(1357~1419)宗教改革以来,藏传佛教变得更为"中世纪化",不但没有起到欧洲宗教改革解放人类本性的作用,反而更加抑制了人的本性,最终使得藏民族对于宗教的信仰更加坚定。由于对信仰执着不疑,总是在信仰藏传佛教的前提下去领悟而非在观察的前提下去思考问题,信仰压倒了理性,藏民族精神中的理性程度大为降低。其最严重的后果之一就是藏民族心态上对藏传佛教首领的完全、彻底的盲目信仰。这种重信仰高于理性的心态严重禁锢了藏民族的思想,是西藏社会发展缓慢的原因之一。

(3)忍耐、知足,导致了不思进取或不愿进取。绝大多数宗教均宣扬禁欲苦行,藏传佛教更是突出。它宣扬的克己利他精神、在苦难中苟且的生活态度,使藏族过度节制物质欲望,以多余的财富为罪孽,以供奉施舍为上善,由此使藏族产生了克制、忍耐、服从、知足的心态,把对物质的需求降低到生命体所能承受的最低限度,这就压抑了藏族的强悍性格,淡化了藏族的求索、进取意识,削弱了藏族的面对现实的勇气和敢于创造的激情。这样做有两种不同的社会适应功能,即在较为艰苦的自然环境中,重视一草一木以及每一生灵,有效抑制了对有限社会财富的恶性竞争,与当今世界的"绿色运动"、生态环保并不是一个层面上的认识和作为,而是一种简单地生态平衡型的初级认识和自发行为;与之相伴的另一结果则是由于不愿过多获取,得过且过,西藏经济发展与社会变化由此变得十分缓慢,1904年入侵西藏的英国侵略军描述当时西藏社会的常见形容词是"中世纪的"、"古老的"、"具有浪漫色彩的",由此,整个藏族也付出了长期贫困的沉重代价。

另外,忍耐、知足心态还导致了藏族普遍形成了不能容纳更多新文化、新事物的保守思想。特别是藏传佛教发展的后期,它已蜕变成一个典型的保守、僵化、封闭、落后、排他性极强的文化系统,它的上层僧侣奉行的是惟利是图的功利主义政治态度,抵制新思想的传播,这就导致了近代以来藏传佛教的日益衰落,而这对藏民族保守心态的形成也有很大关系。

(4)抑制了人口的增长。在政教合一制度下,执政者大肆传播宗教,规定"家有三男,必有一人专支僧差",实际上出家当僧侣的还远远大于这个比例。康熙三十三年(1694年),西藏地区的寺庙数已达到1807座,僧侣总数达9.7538万人,占当时西藏总人口的11%左右;至雍正十一年(1772年),仅仅40年间寺庙数已增至3548座,仅达赖、班禅系统的僧侣总数就达35.623万人,占当时总人数的38%左右。大量的人口充当僧侣,不仅直接影响了农牧业生产,形成了社会"寄生"阶层,阻碍了经济的发展,而且还抑制了西藏人口数量的增长。元朝统一中国后,西藏人口为56万;从17世纪到18世纪,西藏人口增至94万,450年间仅增长38万;而从18世纪80年代的94万人到1951年西藏和平解放时的105万人,200多年仅增加11万人,基本上限于停滞状态,之所以出现停滞状态,政教合一体制是重要原因之一。

(5)**强烈扼制了社会再生产,影响了生产规模和生产水平的提高**。在政教合一制度下,大批的社会财富被寺庙僧侣阶层掌握着,用于修建装饰寺庙,供养僧侣。寺庙还占有大量的生产资料,民主改革前,寺庙占有土地约达118.5万亩,占西藏实有耕地的39%;占有约30%的牧场和牲畜,而其产品的绝大部分被消费或被变成寺庙的法器等,仅有少部分被用于维持简单再生产。寺庙与贵族、官家对生产资料的占有是制约西藏经济发展的主要因素之一。

与政教合一统治制度相伴随的经济制度,是农区的庄园经济和牧区的部落经济。这两种经济制度下强烈的人身依附关系,使劳动者失去了生产的兴趣和动力,遏制了生产的发展,也遏制了社会产业的进步。庄园经济下自给自足的自然经济体系同时还阻碍了生产的专业化、商品化和社会化,除了简单的农牧产品交换外,基本上不存在大的商业贸易,不存在庄园间的交换,使社会分工丧失了基本的动力——市场。除了庄园经济对农奴的残酷剥削外,导致社会经济萧条的原因还有地租、高利贷和乌拉差役等。

(6)**加剧了西藏社会文化腐朽没落的发展趋势**。政教合一制度使藏传佛教本身被束缚、亵渎。而到了藏传佛教发展的后期,它已蜕变成一个典型的保守、僵化、封闭、落后、排他性极强的文化系统,它的上层僧侣抵制新思想的传播,奉行的是惟利是图的功利主义政治态度,将藏传佛教当作统治人民的手段和争夺权利的敲门砖。僧侣也娶妻生子,和贵族联姻,出现世袭贵族。这些人僧不僧,俗不俗,惟欲攫取私利。在上层各个集团之间,不断地诉诸于武力争斗,互相侵掠与兼并,乃至饿殍载道,民不聊生,这些都加速了藏传佛教的走向腐朽。

政教合一体制,代表了西藏政治的宗教化,可谓是西藏的政权呈现出一种特殊的和不完善的形态,其实质就是一种在宗教作用下发育极不充分并缺乏成熟性的政治形态。作为一种专制制度,政教合一不仅进一步强化了藏传佛教的社会性,将全体人民纳入到一个共同的宗教体系,影响及决定了西藏的社会生活,而且使藏传佛教不断地恶性膨胀,并成为了主宰西藏政治生活的权力象征,将权力渗透到经济、教育、艺术乃至于社会生活的各个方面。在政教合一体制下,藏传佛教无条件地维护封建领主的统治,封建领主则将藏传佛教推至登峰造极、无以复加的地步,对传统的社会产生了巨大的影响,尤其是对西藏社会文明创新与发展产生了较大的负面影响。

总之,作为宗教的藏传佛教在特定的历史条件下,在一定范围内,当它与社会的根本利益及社会发展水平相适应时,它的积极作用会显现出来;否则,负面影响大于正面影响,甚至破坏社会稳定、阻碍经济的发展,严重制约了西藏社会的进步。旧西藏的"政教合一"制度,既是藏传佛教的一大历史特征,又是一种以法律、教律、传统和习惯的方式固定下来的专制制度,给西藏社会各方面造成极大伤害,严重阻碍了西藏社会的进步,它虽然在1959年民主改革后已经灭亡了,但对当今西藏社会的发展仍有残余影响,在交通不便的地区影响更大,这就比较严重地制约着西藏的发展,是我们认识把握"中国特色、西藏特点"发展路子必须要考虑的历史因素。

(三)经济社会发展水平特点及其对未来发展的影响

近20年来,西藏经济社会保持了平稳较快的发展势头。经济规模不断扩大,经济结构不断调整优化,城乡面貌日新月异,人民群众的生活福利状况不断改善,全社会的文明程度不断提高。西藏经济社会的快速发展,主要受益于国家西部大开发战略的实施,以及中央对西藏投入力度的持续加大。认识西藏经济社会的发展特点,需要从正反两个方面加以分析和总结。

1. 发展成就及其主要特点

在一段时间里,西藏经济社会发展所取得的成就,正如胡锦涛总书记在第五次西藏工作座谈会上讲话中所指出的:"中央第四次西藏工作座谈会以来,在党中央、国务院正确领导下,在全国各族人民特别是对口援藏省市、中央和国家机关以及有关单位大力支援下,西藏自治区党委和政府团结带领全区各族干部群众顽强奋斗,西藏经济持续快速发展,综合交通和能源体系建设成效明显,文化建设富有成效,社会事业全面进步,生态环境保护加快实施,各族群众生活显著改善,民族团结不断加强,民族区域自治制度得到坚持和完善,反分裂斗争取得重大胜利,经济建设、政治建设、文化建设、社会建设以及生态文明建设和党的建设取得显著成就。"本报告重点从宏观经济运行演化态势的角度,对西藏发展的特点进行分析和阐述。

(1)经济总量持续增长,结构调整取得实质性成效,"三二一"产业格局已经形成并保持良性发展态势。中央于1994年7月召开的第三次西藏工作座谈会作出了"全国支援西藏"的重大决策,确定了"分片负责、对口支援、定期轮换"(对口支援时间为10年,每三年轮换一次)的援藏方式,是西藏发展史上具有里程碑意义的一次极为重要的会议,为开创西藏现代化建设的新局面指明了方向,对西藏的社会稳定、经济发展与繁荣产生了重大而深远的影响。特别是会议确定为西藏援建62项工程,总投资达48.62亿元,大大增强了西藏的物质基础和经济实力,对改变西藏交通、能源、通信等基础设施落后面貌,在促进西藏经济健康快速发展、选择优势产业、提高人民生活水平方面都发挥了重要作用。1994~2008年,西藏生产总值年均增长达到12.8%,高于全国同期年均增长水平。

图1　1999~2008年西藏自治区生产总值及其构成

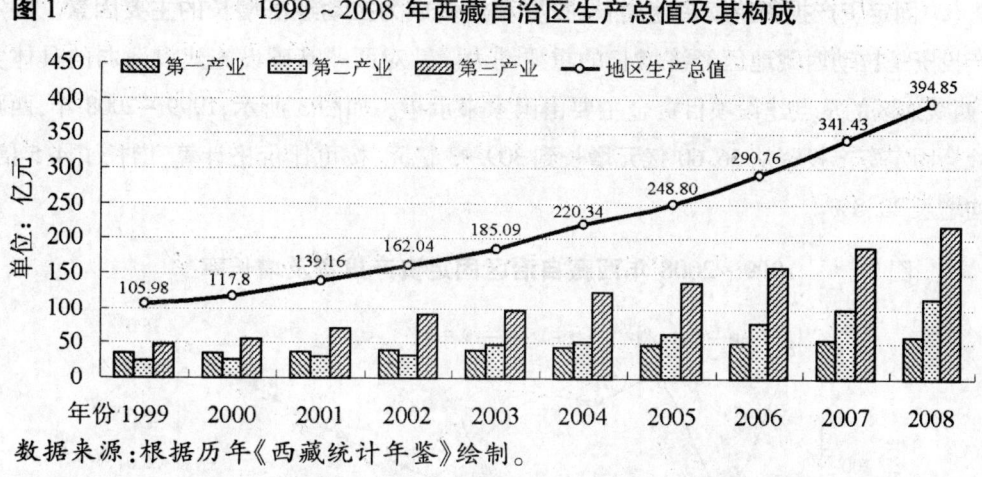

数据来源:根据历年《西藏统计年鉴》绘制。

图2　1999~2008年西藏自治区三次产业比重

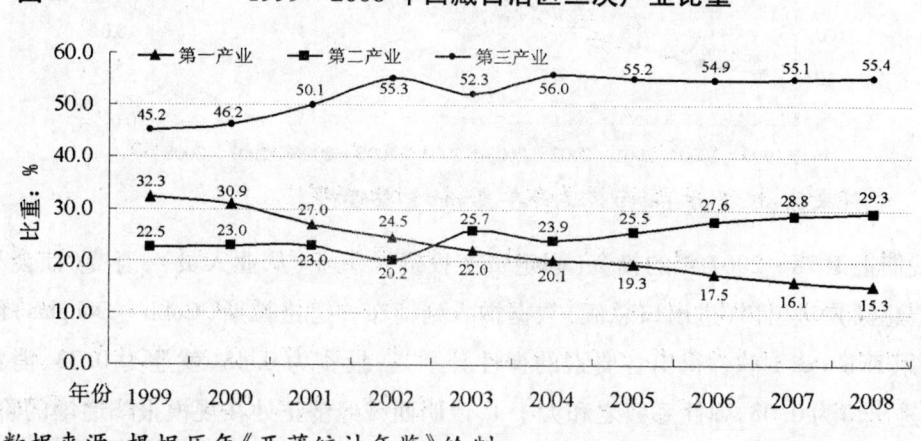

数据来源:根据历年《西藏统计年鉴》绘制。

从1999年到2008年的10年间,西藏生产总值由105.98亿元增长到395.91亿元,按可比价格计算,增长了1.8倍。除了绝对产值的不断增加,三次产业结构也在不断优化。自1997年西藏第三产业比重超过第一产业后,2003年,第二产业比重首次超过第一产业,第一产业的主导地位逐步被第二、三产业取代,完成国民经济三次产业的"三二一"型结构演进。由图1和图2可以看出,虽然构成西藏生产总值的三次产业绝对值都在逐年上升,但第一产业增加值所占比重逐年下降,第二、三产业比重稳步上升;2008年,西藏三次产业的比重为15.3∶29.2∶55.5,与1999年相比,第一产业的比重大幅度下降了17个百分点,第二、三产业的比重则平稳上升,10年间分别上涨了6.7和10.3个百分点,说明结构调整取得实质性成效,三次产业保持了健康稳定的良性发展态势。

(2)固定资产投资持续快速增长,投资和消费成为拉动经济增长的主要因素。 固定资产投资是拉动西藏地区经济增长的重要动力。针对西藏基础设施建设薄弱的具体实际,西藏地区的重点建设项目资金主要由国家来承担。如图3所示,1999～2008年,西藏全社会固定资产投资从56.60亿元增长到309.93亿元,按可比价格计算,增长了4.5倍,年均增长20.8%。

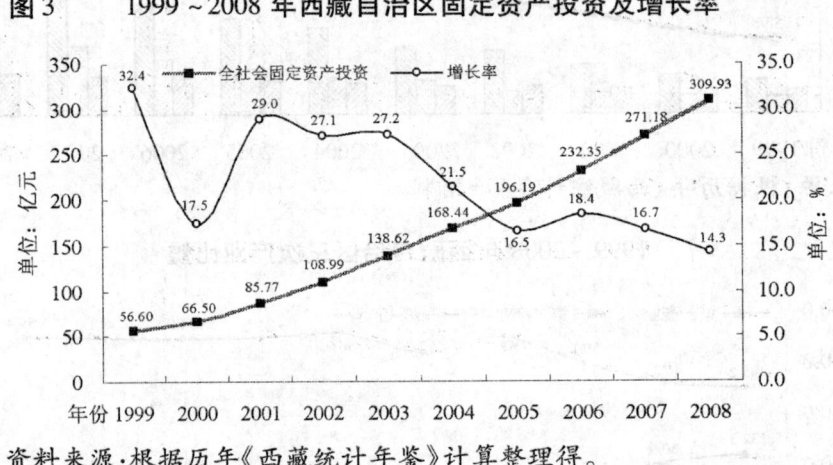

图3　1999～2008年西藏自治区固定资产投资及增长率

资料来源:根据历年《西藏统计年鉴》计算整理得。

我们把1978～2007年的投资(固定资产投资)、就业(从业人员)、消费(社会消费品零售总额)、进出口(进出口总额)数据纳入到柯布—道格拉斯(Cobb – Douglas)函数中,利用Eviews3.1软件得出各要素的弹性分别是:投资为0.48、就业为0.33、消费为0.27、进出口为0.03,弹性系数之和大于1,说明西藏经济正处在规模报酬递增的阶段。再按照索洛"余值法"计算出各要素从1999～2008年增长率对西藏经济增长的贡献,从图4可以看出,投资和消费对经济增长的贡献较大,尤其是投资的贡献更大。先看投资,1999～2003年,投资的贡献在一个较高区位上运行,这主要是西部大开发政策的出台尤其是2001年中央第四次西藏工作座谈会确定了国家直接投资的建设项目117个,总投资约312亿元;确定各省市对口支援建设项目70个,总投资约10.6亿元。到2003年这些投资的滞后效果显现,贡献达到较大的92.46%。2003年之后,投资的贡献保持在一个较为平稳的状态下,到2008年达到最低点,究其原因主要是受拉萨"3·14"事件的影响,一些建设项目不得不停止,导致对西藏经济增长的影响达到近十年来最小的47.57%。

再看消费,消费增长对经济增长的贡献由1999年的14.31%提高到2008年的28.18%,提高了13.9个百分点。尤其是2005年以来,对经济增长的贡献增幅较大。

这可归结于三个方面的原因:一是城乡居民的收入大幅增加,极大地提高了城镇居民和农牧民的消费能力;二是近年来呈现的一些消费热点如通信、汽车、住房等在2005年以来持续升温,带动了大量城市消费;三是青藏铁路建成通车后给西藏带来了大量人流,进藏旅游人数逐年增加,区外流动消费群体的增加,也扩大了区内的消费需求。此外,国家实施西部大开发战略以来,政府一般公共支出也大幅度增加,投资偏向于"三农"和关系民生的公共产品领域,使得政府消费贡献也得以提高。

图4 1999~2008年西藏各要素增长率对经济增长的贡献率

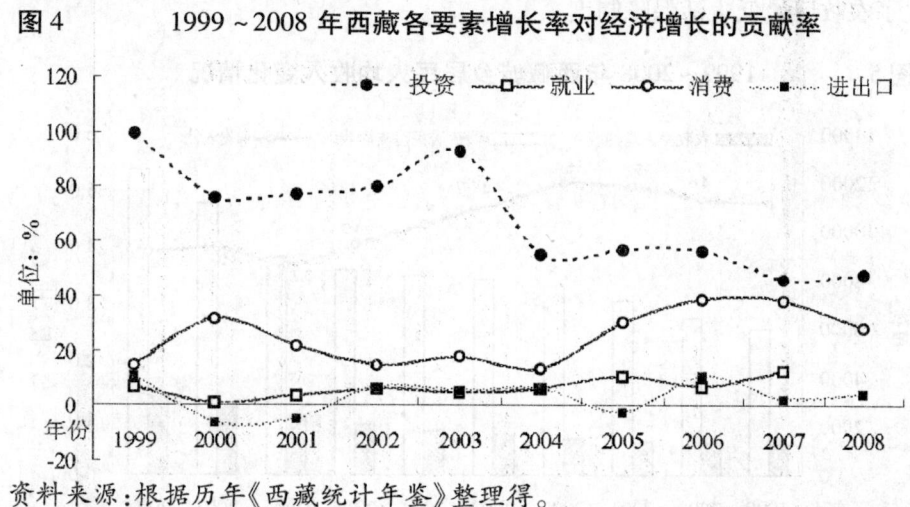

资料来源:根据历年《西藏统计年鉴》整理得。

由于西藏对外贸易一直停留在一些民族手工艺品、畜产品、中药材、藏毯等初级产品状态,对经济增长的贡献一直不高。就业的变化也不是很明显,主要是西藏从业人员较少。

从图4可以看出,1999~2008年的10年间,西藏经济增长的运行机理主要靠投资和消费双拉动,当然最主要仍是国家的大规模投资,但从2005年以来,消费也逐渐成为拉动经济增长的主要因素之一,说明西藏经济正在逐步改变供给型、依赖性的增长模式,形成投资与消费双拉动模式,市场经济的自身活力进一步加强,走中国特色、西藏特点发展路子的条件正日益成熟。

(3)人民生活水平稳步提高,生活质量进一步改善,城乡差距逐步缩小。西部大开发战略实施以来,自治区党委、政府高度关注民生,针对农牧民和城镇低收入家庭,不断实施积极的就业政策,大力开展就业服务,城镇登记失业率一直控制在一个较低的范围内。从图5来看,西藏农牧民人均纯收入由1999年的1258元增加到2008年的3176元,增长了1.5倍,年均增长10.8%,其中2003年以来年均增长达到13.4%;城镇居民人均可支配收入由1999年的5998元增加到2008年的12482元,增长了1.1倍,年均增长8.5%。城乡居民收入差距进一步缩小,由1999年的4.8∶1缩小到2008年的3.9∶1。尤其是近几年来随着西藏社会主义新农村建设战略的大力推进,积极推进农牧民安居工程,已有20万户、百万农牧民住进了安全适用的新房。到2008年,农村居民人均居住面积达到22.83平方米,城镇居民人均居住面积达到33.00平方米。目前,从城市到农村都已初步建立起社会保障体系。2008年西藏"五保户"的供养标准达到1600元。2006年西藏人均收入低于800元的农牧民全部纳入最低生活保障,在全国率先建立了农牧区最低生活保障制度。

图5　　　　1999～2008年西藏城乡居民人均收入变化情况

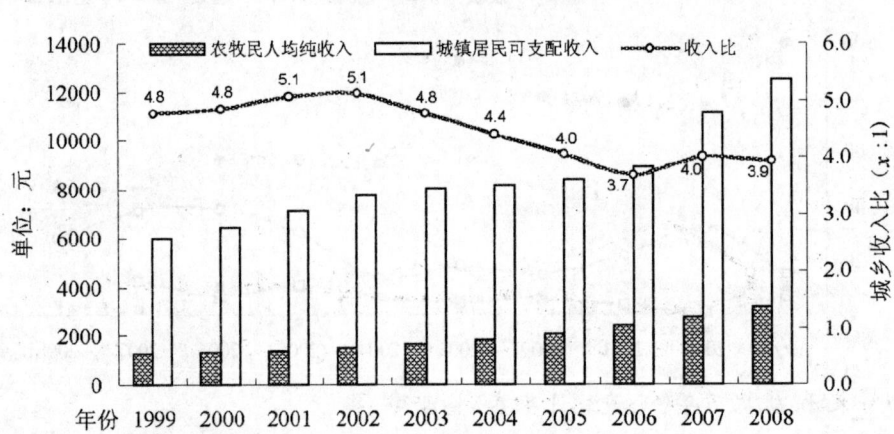

数据来源:根据2009年《西藏统计年鉴》整理得。

(4)基础设施建设实现重大突破,经济发展的瓶颈得到很大程度的缓解,环境保护成效显著。由于复杂的高原地理条件,和平解放半个多世纪来,西藏是全国唯一没有通铁路的省级行政区,公路和民航是人流和物流进出西藏的主要形式。而民航运力小、公路受自然和气候影响大,长期以来,除了青藏公路能保持常年通车,川藏、滇藏、新藏公路和中尼公路等每逢雨雪季节,道路塌方、泥石流、雪灾冰冻等自然灾害频繁发生,给交通运输造成很大影响。交通不便是长期制约西藏经济跨越式发展的最大瓶颈。1999年,全区公路通车总里程仅为2.25万公里,客运量为297.88万人次,货运量为204.69万吨。

西部大开发战略实施以来,为进一步加强西藏与祖国内地的经济联系,为西藏的跨越式发展创造条件,国家投资330.9亿元,于2001年6月29日正式开工建设西部大开发的标志性工程——全长1142公里的青藏铁路二期工程格尔木至拉萨段,历时5年,于2006年7月1日建成通车。同时,实施了林芝机场建设和川藏、新藏、滇藏等干线公路和中尼国际公路改扩建工程,加大通县油路、农村公路建设力度。到2008年,西藏公路通车里程达到 5.13 万公里,是 1999 年的 2.3 倍,全区基本实现了县县通公路,形成了以公路建设为重点,航空、铁路、管道运输协调发展和以拉萨为中心的四通八达的交通运输网络。全年完成货运量 331.63 万吨,是 1999 年的 1.6 倍。

能源方面,西藏以水电开发为主,形成了地热、风能、太阳能等多能互补、点多面广的能源体系。到 2008 年,西藏发电量达到 18.45 亿千瓦时,已有近 210 万人用上了电,占总人口的 73.2%。在农村推广清洁能源,4.3 万户农牧民用上了沼气。交通和能源条件的极大改善,很大程度上缓解了西藏经济发展的瓶颈制约。"十五"以来,西藏经济保持了跨越式发展的势头。

青藏高原自然条件相对恶劣,生态系统脆弱,又是许多大江大河的发源地,素有"江河源"、"生态源"之称,国家和自治区一贯重视西藏高原的国家生态安全屏障构建工作,重大工程和建设项目的实施,都非常注重环境评价。如青藏铁路建设工程共安排和落实了环保投资 15.4 亿元,占总投资的 4.65%。同时,积极推进自然保护区建设、建立生态补偿机制等,到 2008 年,西藏共有自治区级以上自然保护区 20 个,其中国家级自然保护区 9 个。自然保护区面积 4126.3 万公顷,占西藏总面积的 34.8%。

(5) 区域经济格局发生改变,以产业关联和产业集中为主要特点的经济功能区正在形成,经济发展方式初步实现优化升级。 西部大开发战略实施以来,尤其是 2001 中央第四次西藏工作座谈会以来,在中央和全国兄弟省市的大力支持下,西藏的基础设施得到极大改善,特别是青藏铁路的建设和运营给西藏区域经济格局带来两个方面的变化:一是提升了西藏在全国的区位,使西藏自治区由最落后封闭的省区变为西部对南亚开放的前沿;二是促使了区内的经济要素合理流动和资源优化配置,经济极化过程加速。青藏铁路使那曲地区由纯牧业地区转为藏北和藏西重要的物资集散地,将成为西藏最大的物流中心地,原有的北部经济区与中部经济区逐渐融为一体。"十一五"期间,随着国家投资 778.8 亿元在西藏建设包括拉萨至日喀则铁路在内的 180 个项目的实施,以拉萨市、日喀则地区、山南地区、林芝地区、那曲地区为主的西藏中部经济区雏形开始显现。该区域集中了全区近 80% 的人口,聚集了全区绝大部分优势矿产、能源电力、建筑建材、藏医藏药、绿色食(饮)品和民族手工业及以旅游业为龙头的第三产业,各产业间以科技、市场、龙头企业、中介组织为导向的关联度日益加强,有望建成为全区特色农牧业产业带、精品旅游走廊、加工业核心区和对外开放的前沿,形成核心经济圈。而东部的昌都地区在传统上主要依靠商贸优势建立的与中部经济区的经济关系在青藏铁路建成通车后有减弱的趋势,今后的发展将按照"靠西朝东、接轨东南"的原则,积极融入成渝经济圈。密切与周边省份的联系与合作,在保护好藏东南高原边缘森林生态功能区的同时,以特色资源开发为重点,发挥旅游、生物、水能和矿产资源优势,逐渐打造成"大香格里拉生态旅游经济区"和重要的水资源、有色金属矿产开发基地。以阿里地区为主的藏西北,由于交通相对闭塞、生态环境脆弱,社会发育水平较低,从科学发展、可持续发展战略角度考虑,应主要实施好退牧还草生态保护工程,尽量减少人类活动的干扰,切实保护好藏北羌塘高原荒漠生态功能区。随着219国道、通县沥青公路建设步伐的加快和阿里昆莎机场建成通航后,密切与中部地区的联系,将形成以畜牧业为主的西部经济区,依托龙头企业带动特色畜产品加工业,同时,发挥该区域所具有的连接新疆、毗邻边境对外开放区位优势,积极实施商贸兴边战略,促进外向发展。

到2008年,西藏已有2个中国名牌产品、12个西藏名牌产品,5100矿泉水、甘露藏药、奇正藏药、高争水泥、雪域圣毯、拉萨啤酒等本土品牌市场前景趋好。

2. 经济社会发展不利的一面及其种种表现

和平解放以来,在中央关心和全国人民的支持下,西藏取得了举世瞩目的发展成就,特别是国家实施西部大开发战略以来,西藏经济更是保持了跨越式发展的势头。由于区位因素,加之社会主义新西藏脱胎于封建农奴制社会,经济基础薄弱,社会发育程度低,达赖分裂集团半个多世纪以来不断的干扰和破坏,西藏各族人民在努力建设美好家园的同时,还承担着繁重的维护祖国统一和反对分裂的历史任务,也客观上影响到西藏全面建设小康社会的进程,时至今日,西藏自治区仍是全国最落后的省级行政区,西藏的经济发展的艰巨性具有以下几个方面的特点:

(1) **经济总量小,与兄弟省市区的发展速度相比,西藏呈现出先升后降的趋势。** 由于人口稀少,工业不发达,西藏自治区的生产总值(GDP)一直处于全国末位,而且所占比重极小。如表1所示,1999～2008年,西藏的GDP占全国的比重均在0.2%以下;1999～2004年,西藏的GDP占全国的比重处于上升阶段,最高达到0.138%,但2004年以后又出现下降的趋势,到2008年下降到0.132%。

人均GDP情况也是一样,西藏人均GDP在全国也始终处于靠后的位置,除在"十五"时期前三年稳定在第24、25位外,从2004年开始逐年下降,2006年滑落到第26位。2007年西藏人均GDP为12109元,处于第27位,与排在全国第22位的湖南省相比,有2383元的差距。再看农牧民人均纯收入,2006年和2007年西藏农牧民人均纯收入分别增长17.2%和14.5%,增速分别位于全国第1和第16位。从全国的情况来看,"十一五"的头两年,全国各地的农民人均纯收入增速都很快,除青海、甘肃、西藏以外的其他西部省(市)农民人均纯收入均达到15%以上,其中农民人均纯收入排在西藏之后的云南、贵州、陕西三省的增速亦超过了17%。

表1　　　　　1999~2008年西藏GDP占全国GDP的比重　　　　单位:亿元

年份	全国	西藏	西藏占全国的比重(%)
1999	89677.10	105.98	0.118
2000	99214.60	117.80	0.119
2001	109655.20	139.16	0.127
2002	120332.70	162.04	0.135
2003	135822.80	185.09	0.136
2004	159878.30	220.34	0.138
2005	183217.50	251.21	0.137
2006	211923.50	291.01	0.137
2007	257305.60	342.19	0.133
2008	300670.00	395.91	0.132

数据来源:根据2009年《中国统计年鉴》和《西藏统计年鉴》计算整理得。

2007年,西藏农牧民人均纯收入在全国排第26位,与排第27位和28位的青海、陕西相差不到150元,而与排第24位的新疆和第25位的宁夏相比则有400多元的差距,另与处于全国中游的安徽省相比更是有近800元的差距。说明在经济结构调整过程中,西藏自治区由于自身产业链的短缺,与兄弟省份相比,经济发展的潜力和农牧民增收的空间都相对较小。

(2)由于区位和交通的限制,西藏工业发展滞后,建筑业占第二产业60%以上的格局保持较稳定呈上升态势。西藏自治区拥有丰富的矿产资源,但长期以来,鉴于高原的地理气候环境、交通条件和技术开发的可行性,没有进行大规模的工业开采。从2003年起,西藏的产业结构演化为"三二一"型,第三产业从2001年起就占到地区生产总值的50%以上,但主要是由于人口规模小、政府公共服务支出比重较大,加之西藏独特的旅游资源优势,"十五"以来旅游业的快速发展更进一步提升了第三产业的比重。从图6可以看出,建筑业在西藏第二产业的比重一直占到60%以上,并保持比较稳定的上升趋势,从1999年的60.2%上升到2008年的74.4%。究其原因,由于西藏的基础设施建设滞后,国家实施西部大开发战略以来,尤其是2001年中央第四次西藏工作座谈会以来,中央和对口援藏省市的大量建设项目投资直接带动了建筑业的比重上升。

图6　1999~2008年西藏自治区第二产业构成

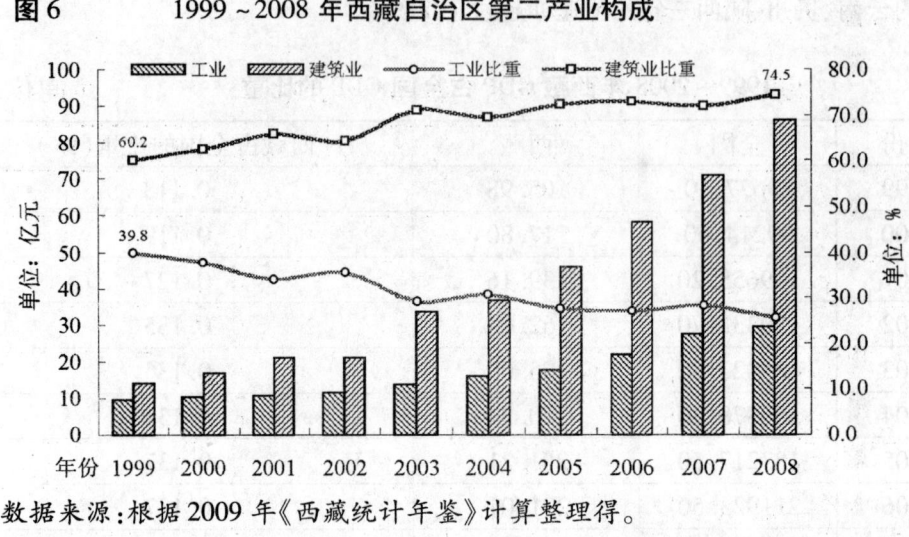

数据来源:根据2009年《西藏统计年鉴》计算整理得。

(3)**城镇居民人均可支配收入占全国平均水平的比重逐年下滑,农牧民人均纯收入缓慢上升,城乡居民收入差距逐渐缩小,但仍是我国城乡差距最大的省份之一**。从图7可以看出,西藏自治区城镇居民可支配收入在2003年以前略高于全国平均水平,但从2004年开始逐年下降,当年仅相当于全国平均水平的87%,2008年更是下降到全国平均水平的79%;西藏农牧民人均纯收入在2001年前的大部分年份里都在全国平均水平的60%以下,2001年中央第四次西藏工作座谈会以来,随着建设项目投资增多,加之自治区对增加农牧民现金收入十分重视,通过组织农牧民技能培训、劳务输出等措施,2002~2008年,农牧民收入水平缓慢上升,但仍达不到全国平均水平的70%。可见,进入21世纪以来,与全国的发展速度相比,西藏人民生活水平提高幅度相对较慢。

图7　1999~2008年西藏城乡居民收入占全国城乡居民收入的比重

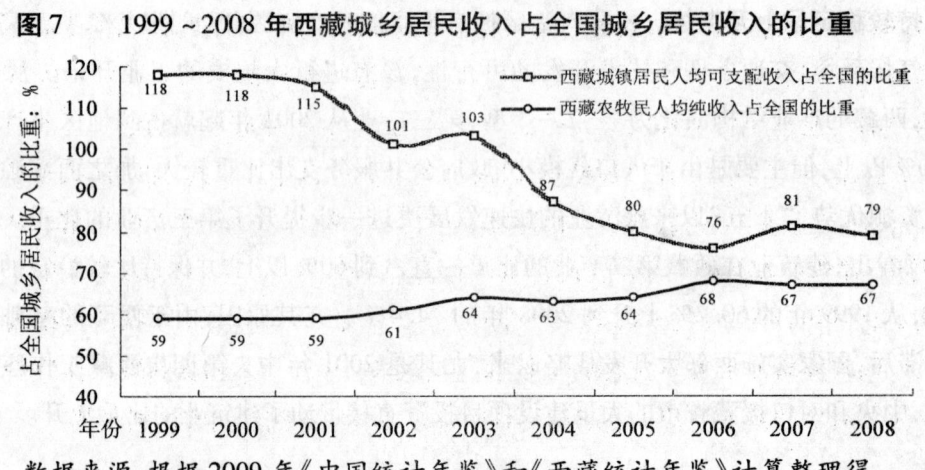

数据来源:根据2009年《中国统计年鉴》和《西藏统计年鉴》计算整理得。

表2　　　　　　　　1999~2007年西部12省区城乡收入比

年份 省区	1999	2000	2001	2002	2003	2004	2005	2006	2007
重庆	3.4	3.3	3.4	3.5	3.7	3.7	3.6	4.0	3.6
四川	3.0	3.1	3.2	3.1	3.2	3.1	3.0	3.1	3.1
贵州	3.6	3.7	3.9	4.0	4.2	4.3	4.3	4.6	4.5
云南	4.3	4.3	4.4	4.5	4.5	4.8	4.5	4.5	4.4
西藏	4.8	4.8	5.1	5.1	4.8	4.4	4.0	3.7	4.0
陕西	3.2	3.5	3.7	4.0	4.1	4.0	4.0	4.1	4.1
甘肃	3.3	3.4	3.6	3.9	4.0	4.0	4.1	4.2	4.3
青海	3.2	3.5	3.8	3.7	3.8	3.7	3.7	3.8	3.8
宁夏	2.6	2.8	3.0	3.2	3.2	3.1	3.2	3.3	3.4
新疆	3.6	3.5	3.7	3.7	3.4	3.3	3.2	3.2	3.2
内蒙古	2.4	2.5	2.8	2.9	3.1	3.1	3.1	3.1	3.1
广西	2.7	3.1	3.4	3.6	3.7	3.8	3.7	3.6	3.8

数据来源：根据历年《中国统计年鉴》和《西藏统计年鉴》计算整理得。

自2003年以来，西藏农牧民人均纯收入一直保持两位数的增长速度，高于同期城镇居民人均可支配收入的增长速度，西藏的城乡收入差距逐步缩小。如图5、表2所示，2003年以前，西藏城乡居民收入比一直在5.0左右，城乡差距为全国之最；从2004年以后，城乡差距逐步缩小，稳定在4.0左右。在西部12省市区中，西藏与贵州、云南、陕西、甘肃、青海等省区相接近，是我国城乡收入差距最大的省份之一。

（4）反分裂任务重，经济发展受社会局势影响较大。与全国其他省份相比，西藏自治区面临着维护祖国统一和民族团结，反对分裂的任务繁重。达赖分裂主义集团自1959年叛乱失败出逃后，时刻不忘恢复其政教合一的封建农奴制度特权，与西方敌对势力互相勾结，在国际上打着"宗教"和"人权"的幌子，对西藏的发展横加指责，并通过境外分裂分子的渗透活动，千方百计地干扰和破坏西藏的经济建设。如20世纪80年代中后期达赖集团在拉萨煽动策划的一系列严重骚乱事件，给西藏经济建设带来巨大损失。到2008年，达赖集团再次策划、煽动和制造了拉萨"3·14"打砸抢烧严重暴力犯罪事件，造成2008年上半年全区经济比2007年同期降低了7.4个百分点，回落到近年来的最低点。

（5）过小的经济总量和过大的城乡收入差距，使西藏要与全国同步建设全面小康

社会面临较为严峻的挑战。《西藏自治区"十一五"时期国民经济和社会发展规划纲要》提出了"十一五"时期西藏经济社会发展的总体思路和战略目标是:到 2010 年力争使人均地区生产总值和农牧民人均纯收入进入全国中等行列,到 2020 年与全国一道步入全面小康社会。通过前面的分析,从 1999 年至 2008 年,西藏的生产总值占全国的比重均在 0.2% 以下,城镇居民可支配收入仅相当于全国平均水平的 80% 左右,而农牧民人均纯收入一直处在全国平均水平的 70% 以下,城乡收入比一直在 4.0 左右,高于全国 3.0 左右的平均水平。2008 年西藏人均 GDP 为 13861 元,当年全国人均 GDP 为 22698 元,西藏仅为全国人均水平的 61.1%。显然,要实现预定的规划目标,仅靠"十一五"最后两年,难度非常大,必须在下一步工作中尤其是在"十一五"之后,在"十二五"规划之中,须结合西藏实际对中远期目标予以适当调整。同样,在起点较低,目标却不低的要求下,要在 2020 年与全国一道实现全面小康,西藏也面临着较为严峻的挑战。

(6)**农牧区基础薄弱,促进农牧民持续增收的难度越来越大**。近年来,虽然自治区各级党政部门把政策、资金、精力全方位向农牧区、农牧民倾斜,通过扎实推进社会主义新农村建设,农牧民的生产生活条件得到极大程度的改善,但是农牧区一些深层次的问题依然存在。随着收入基数的不断提高,农牧民增收的难度越来越大。而且西藏农牧民文化水平和劳动技能普遍偏低,商品意识也比较淡薄,培训工作亟待进一步加强。由于西藏的乡镇企业发展不充分,吸纳农牧区富余劳动力的能力十分有限,仅仅依靠政策性增收途径、通过国家投资和援建项目组织劳务输出作为农牧民收入增长的支撑条件,其提升空间越来越小,在一定程度上制约了农牧民收入的持续较快增长;虽然近几年西藏特色农牧业取得了长足发展,但产业化水平不高,龙头企业规模小、档次低,带动作用弱;农牧民专业合作组织相对缺乏,影响了农牧民组织化程度的提高,也降低了农牧业抵御自然灾害的能力;农牧区基础设施滞后和区域发展不平衡的问题仍然存在,生产生活方式还比较落后,科技贡献率低,农业综合生产能力亟待提高等问题,都不同程度地制约着西藏农牧民生活水平和生活质量的提高。

(7)**经济结构调整优化的难度大**。从经济结构看,西藏的产业结构也不尽合理。西藏的第一产业比重偏大,1999~2001 年第一产业产值占 GDP 的比重仍接近 1/3。从 2003 年之前的"三一二"演变成"三二一",到 2008 年三次产业增加值比重分别为 15.3%、29.2% 和 55.5%。尽管第二产业从 2003 年首次超过第一产业而跃居第二,但是西藏的工业体系不健全、第二产业总体不发达的局面仍没有得到根本转变,第二产业比重上升的原因主要是中央加大了投资规模从而使建筑业的增加值大幅上升。统计资料表明,2008 年西藏建筑业增加值 86.08 亿元,约占到第二产业增加值的 74% 以上。

从第三产业来看,西藏第三产业占地区生产总值的比重较大。特别是1985年以来第三产业发展一直占GDP的40%左右,这一比例虽高于全国平均水平,但不能以此来反映西藏实际水平。西藏第三产业比重偏高,主要是其教育、广播电视、文化、卫生、社会福利、党政机关以及社会团体等部门(属三、四层次)统计的产值占第三产业的比重较高(达40%左右)所引起的,而这些部门主要是由财政支出来支撑的。总体而言,西藏的产业结构不断趋向合理,但从其自身的内在动力看,西藏经济粗放型增长的格局并未因此而发生根本转变。无论投资规模的扩大还是第三产业中的三、四层次的比重过大,都离不开财政支出的巨大支持。即使是在第三产业中,现代服务业的发展也受制于经济社会的发育程度。

(8)基础设施、公用事业供给不足,市场发育不充分,限制了丰富的资源转化为经济优势。基础设施建设是一个国家或地区经济快速发展的必要保障,在西藏,基础设施滞后是制约其经济发展的"瓶颈"。和平解放后,西藏开发了以水电为主,地热、风能、太阳能等多能互补的新能源。近年来,西藏电力建设步伐不断加快,到2008年底,西藏电力装机容量达72万千瓦,全区用电人口达到210万,但全区还有70多万农牧民用不上电,电力人口比率还不到75%。通过实施国道整治,建设重要经济干线等工程,2002年底公路通车里程超过4.1万公里,等外级公路占了31404公里,而且除青藏公路等国道和部分省道外,其他公路只能季节性通车。2006年7月1日,青藏铁路正式通车运营,结束了全国只有西藏没通火车的历史。到2008底西藏公路通车里程虽然达到51314公里,次高级以上路面4807公里,占9.37%;73个县中45个县通了沥青公路,占61.6%;全区682个乡镇、5261个建制村中有649个乡镇、4009个建制村通了次等级的公路,通达率分别达到95.2%和76.2%。但还有28个县不通沥青公路,33个乡镇、1252个建制村不通公路。

从教育、医疗等与社会发展相关的公用事业看,随着西藏自治区"普六"的基本实现和"普九"步伐的加快,对高中阶段教育的需求将迅速增加,据统计,2008年西藏高中阶段入学率为51.2%,远低于全国的平均水平。西藏公共卫生建设滞后,农牧区医疗卫生投入不足,三级医疗网不健全,基础设施落后,卫生人员短缺,农牧民即使在国家公共财政逐年提高覆盖面的情况下,就医难的问题仍较为严重。

基础设施和公用事业的建设投入不足是问题的一个方面,更重要的是由于西藏特殊的地理、气候环境因素的影响,已建成的基础设施的运行和维护成本也比其他省区高。

此外,西藏的市场化程度较低,市场容量小、层次低、市场发育不足,劳动力市场、技术市场、生产资料市场处于部门分割状态,各种生产要素不能合理流动。一些潜在的资源优势难以转化为经济优势。虽然西藏的整体经济发展水平较为落后,但是其物价水平却处于全国高位。据统计,西藏的居民消费价格指数和商品零售价格指数的排位,分别居于全国的第四位和第五位,可以肯定地说西藏较高的物价水平并不是其居民收入水平提高或经济发展水平加快造成的,而是由于交通不便、路途遥远等成本原因造成的,以及"一产"未上水平所影响的,而且这种由客观原因决定的物价水平还将保持较强的刚性。

受这些不利因素的制约,虽然西藏拥有非常丰富的矿产资源、旅游资源、能源资源以及独具特色的高原生物资源等,但资源优势转化为经济优势的难度较大。这是因为,资源的利用现状与当地自然条件、生产力水平和长期的生产活动紧密相关。西藏地域封闭、自然环境恶劣、经济基础差、开发能力弱等现实状况在短期内难以根本上改观,直接导致了丰富的自然资源和旅游资源很难转化为真正的经济优势。

三、"中国特色、西藏特点"发展路子的系统构建

"中国特色、西藏特点"发展路子,是中国特色社会主义建设事业的有机组成部分,是中国特色社会主义理论伟大思想在西藏自治区的具体实践。"中国特色、西藏特点"发展路子,作为一个理论概念,也是中国特色社会主义理论科学体系中富于实践现实意义的理论构成,是在这个大的理论科学体系指导下形成的一个具体思想。当前和今后一个时期,按照科学发展观的总体要求,切实走好"中国特色、西藏特点"发展路子,需要具备两个前提条件:一是真正学习、领会中国特色社会主义理论,并把握住理论的思想精髓;二是深入调查研究,全面掌握西藏区情,特别是要深刻认识西藏社会各个层面的深层次问题,发现影响发展的主要矛盾。对此,本报告,已经进行了一定程度的分析研究。而且,关于如何准确把握西藏经济社会发展的阶段性特征,中央第五次西藏工作座谈会进行了系统化的高度概括与总结。会议形成的文件中指出:"经过民主改革50多年特别是改革开放30多年来的不懈努力,西藏已经实现了基本小康,西藏发展已经站在新的历史起点上。同时,也要清醒地看到,西藏发展稳定仍然面临不少困难和挑战,也出现了许多新情况新问题,呈现出一些阶段性特征。一是在经济发展方面,经济总量稳步提升,但起步晚、底子薄、积累少、实力弱状况依然没有根本改变;二是民生改善方面,人民生活明显改善,但部分城乡居民特别是一些农牧民生活还比较困难,社会事业总体水平相对滞后,农牧区公共服务基础差、社会保障能力低等问题比较突出,经

济社会发展不协调、城乡发展不平衡状况依然存在;三是在思想文化方面,健康文明的生活方式逐步形成,但市场经济意识和商品意识还很薄弱,封建农奴制残余思想在有的社会成员头脑中依然存在;四是生态环境方面,环境保护成效显著,但生态和发展的矛盾日益显现,生态安全形势依然严峻;五是在社会稳定方面,社会大局保持稳定,但反分裂斗争依然尖锐复杂。这五个方面的阶段性特征,是谋划西藏工作的历史方位和现实依据,推进西藏的发展进步,不能脱离这些特征。"按照中央第五次西藏工作座谈会的重要精神,在全面研究的基础上,本报告将就"中国特色、西藏特点"发展路子的系统构建问题,提出探讨性的观点和看法。

如何走好"中国特色、西藏特点"发展路子,党和国家已经提出了明确的要求。中央关于新时期西藏工作的指导思想指出,要以邓小平理论和江泽民关于"三个代表"的重要思想为指导,深入学习践行科学发展观,继续坚持以经济建设为中心,紧紧抓住发展经济和稳定局势两件大事,确保西藏经济加快发展和社会全面进步,确保国家安全和西藏长治久安,确保西藏各族人民生活水平不断提高。2005 年,胡锦涛总书记主持中央政治局会议专门研究新世纪新阶段的西藏工作,制定了关于进一步做好西藏发展稳定工作的重要文件。要求"要继续贯彻落实中央第四次西藏工作座谈会精神,坚持用科学发展观统领经济社会发展的全局,坚持中央关心西藏、全国支援和西藏艰苦奋斗相结合,在保持经济社会较快发展的同时,不断优化经济结构,提高经济发展的质量和效益,注重发展社会事业,走出一条符合西藏实际、具有区域特色的生产发展、生活改善、生态良好、资源节约、全面协调可持续的发展道路"。2010 年 1 月,中央第五次西藏工作座谈会进一步完善了西藏工作的指导思想:高举中国特色社会主义伟大旗帜,以邓小平理论和"三个代表"重要思想为指导,深入贯彻落实科学发展观,坚持中国共产党的领导,坚持社会主义制度,坚持民族区域自治制度,坚持走有中国特色、西藏特点的发展路子,以经济建设为中心,以民族团结为保障,以改善民生为出发点和落脚点,紧紧抓住发展和稳定两件大事,确保经济社会跨越式发展,确保国家安全和西藏长治久安,确保各族人民物质文化生活水平不断提高,确保生态环境良好,努力建设团结、民主、富裕、文明、和谐的社会主义新西藏。进一步研究"有中国特色、西藏特点"发展路子的具体形式,是希望有益于实践工作的需要。通过哲学社会科学工作者的系统研究,本报告关于"有中国特色、西藏特点"发展路子系统构建的理论探讨至少包括四个方面的内容:一是发展道路的基本性质;二是发展的目标与任务;三是推进发展的基本方式;四是实现顺利发展的保障机制。

（一）发展路子的基本性质

"中国特色、西藏特点"发展路子是中国特色社会主义道路的有机组成部分，两者的基本性质是一致的。中国特色社会主义道路，符合中国国情和时代特点，反映了中国社会主义建设的规律，反映了当代中国最广大人民的利益愿望和要求，是中国发展进步的必由之路。"中国特色社会主义道路，就是在中国共产党领导下，立足基本国情，以经济建设为中心，坚持四项基本原则，坚持改革开放，解放和发展社会生产力，巩固和完善社会主义制度，建设社会主义市场经济、社会主义民主政治、社会主义先进文化、社会主义和谐社会、建设富强民主文明和谐的社会主义现代化国家。"相应地"中国特色、西藏特点"发展路子的基本性质主要包含以下这些方面：

1."中国特色、西藏特点"发展路子是以经济建设为中心，努力建设小康西藏、富裕西藏的发展道路

邓小平指出："坚持社会主义的发展方向，就要肯定社会主义的根本任务是发展生产力，逐步摆脱贫穷，使国家富强起来，使人民生活得到改善。"他认为，我国社会主义建设中一个重要教训，就是始终没有把我们的工作着重点转到社会主义建设这方面来。所以，社会主义优越性发挥得太少，社会生产力的发展不快、不稳、不协调，人民的生活没有得到多大的改善。把发展生产力作为社会主义的根本任务，落实到党和国家的各项工作上，就是要始终坚持以经济建设为中心。邓小平说："现代化建设的任务是多方面的，各个方面需要综合平衡，不能单打一。但是说到最后，还是要把经济建设当作中心。离开了经济建设这个中心，就有丧失物质基础的危险。其他一切任务都要服从这个中心，围绕这个中心，决不能干扰它，冲击它。"他强调说，现在要横下心来，除了爆发大规模战争外，就要始终如一地、贯彻始终地搞这件事，一切围绕这件事，不受任何干扰。就是爆发大规模战争，打仗以后也要继续干，或者重新干。我们全党全民要把这个雄心壮志牢固地树立起来，扭住不放，毫不动摇。在坚持以经济建设为中心这个问题上，以江泽民为核心的党的第三代领导集体和以胡锦涛为总书记的党中央都始终如一，毫不含糊。江泽民指出："坚持党的基本路线不动摇，关键是坚持以经济建设为中心不动摇。"党的十七大强调："以经济建设为中心是兴国之要，是我们党、我们国家兴旺发达和长治久安的根本要求"。

坚持以经济建设为中心，才能从根本上解决西藏现阶段社会主要矛盾，并有助于各种社会矛盾和社会问题的解决。西藏正处于并将长期处于社会主义初级阶段。这是西藏最基本的区情，也是西藏最大的实际。西藏的一切事情都要从这个实际出发。社会

主义初级阶段的主要矛盾,始终是人民日益增长的物质文化需要同落后的社会生产之间的矛盾。这个矛盾贯穿于西藏社会主义初级阶段的整个过程和社会生活的各个方面。坚持以经济建设为中心,解放和发展生产力,是解决社会主义初级阶段主要矛盾,不断满足人民群众日益增长的物质文化需要,提高人民群众物质文化生活水平,巩固和发展社会主义的根本途径。在这个阶段,经济总量的增长,始终是发展最核心、最基本的内容。没有经济总量的快速增长,各种矛盾和问题的解决都要受到制约。党领导人民建设和发展中国特色社会主义的主要任务,就是以经济建设为中心,不断解放和发展生产力,满足人民群众日益增长的物质文化需求。

坚持以经济建设为中心,才能增强综合实力,应对各方面挑战。经济是基础,是推动社会发展和进步的前提条件。发展经济是解决一切社会问题的前提,没有经济的发展,没有社会生产的发展和物质财富的增长,就谈不上其他方面的发展,就不可能有社会的全面发展和进步。西藏解决各种社会问题,也必须要以经济为后盾、为依托。经济发展在很大程度上是加快社会发展和保障本地区长治久安的基础性工程。对西藏这样一个欠发达的落后地区来说,意义十分重大。以经济建设为中心,大力发展社会生产力,才能尽快缩短西藏同发达地区在经济发展程度上的差距,使全区各族人民过上更加幸福、富裕的生活。当前,在西方敌对势力的支持下,达赖集团不遗余力地破坏西藏安定团结的社会局面,妄图实现分裂中国、西藏独立的罪恶目的。我们只有坚持以经济建设为中心,不断壮大经济实力,不断满足和实现西藏各族人民的根本利益,才能更有效、更彻底地战胜敌对分裂主义势力的阴谋与破坏。

坚持以经济建设为中心,才能落实好科学发展、社会和谐的要求。实现科学发展、社会和谐,必须要坚持以经济建设为中心。全面推进经济、政治、文化和社会建设,实现经济发展和社会全面进步,都必须依赖于坚实的物质基础。只有经济发展了,才能使全面协调可持续发展有可靠的基础,才能使科学发展、社会和谐具有坚实的依托。偏离了经济建设这个中心,科学发展、社会和谐就会落空。贯彻落实科学发展、社会和谐的要求,当然要重视解决经济社会发展中出现的不全面、不协调问题,但决不能动摇经济建设这个中心。因此,党的十七大特别强调:"要牢牢扭住经济建设这个中心,坚持聚精会神搞建设、一心一意谋发展,不断解放和发展社会生产力。"

2."中国特色、西藏特点"发展路子是始终坚持改革开放,努力建设开放型新西藏的发展道路

对全国而言,实行改革开放是社会主义中国的强国之路,是决定当代中国命运的历

史性决策。改革开放,是新时期中国最鲜明的特征。没有改革开放,就没有中国特色社会主义。改革是社会主义社会发展的动力,是社会主义制度的自我完善和发展。要立足本国国情,总结实践经验,根据社会生产力的现实水平和进一步发展的客观要求,自觉调整生产关系中与生产力不相适应的部分,调整上层建筑中与经济基础不相适应的部分。如果不进行改革,就会窒息社会主义内在的活力和生机,就会严重阻碍社会主义优越性的发挥。改革本质上是一个体制创新问题。通过经济体制改革,完善以公有制为主体、多种所有制经济共同发展的基本经济制度,完善按劳分配为主体、多种分配方式并存的分配制度,建立健全社会主义市场经济体制,充分发挥市场经济在国家宏观调控下对资源配置的基础性作用。改革是一个不断推进的动态过程。在社会主义社会,生产关系和生产力的矛盾、上层建筑与经济基础的矛盾,总是不断解决又不断产生。为了解放和发展生产力,促进经济社会发展,就必须不断进行改革。在社会主义的各个历史阶段,都需要根据经济社会发展的要求,适时地通过改革推进社会主义制度自我完善和发展,使社会主义制度充满蓬勃生机和旺盛的活力。当今世界是开放的世界,中国的发展离不开世界。在经济全球化时代,作为最大的发展中国家,要吸收、利用人类文明的优秀成果,实现跨越式发展,必须实行对外开放,引进国外的资金、科技、管理经验;为了保证我国经济持续健康稳定发展,必须利用好国内和国外两个资源、两个市场,必须与其他国家进行经济、技术等诸多领域的竞争与合作。实行对外开放,顺应当今时代世界经济发展潮流,符合我国社会主义现代化建设的需要,是我们必须长期坚持的一项基本国策。

对西藏来说,改革开放同样十分重要,基本要求与全国也是一致的,决不能因为西藏的区情较为特殊,而在改革开放方面有任何的动摇与放松。西藏的经济体制改革要力求与全国同步。经济体制是上层建筑的重要组成部分,涉及社会经济制度。全国搞社会主义市场经济,西藏不可能仍搞计划经济或半计划经济。与全国市场经济体制力求保持一致,有利于西藏经济的运行。本着积极稳妥、循序渐进、全面推行、结合实际、适当变通的原则,贯彻执行中央出台的一些具体改革措施,使西藏的各项改革措施有利于西藏经济的发展,有利于社会稳定,有利于在全国统一的大市场环境下,扩大经济文化交流,优化资源配置,维护祖国统一,增强民族团结,有利于提高人民生活水平。在开放问题上,要切实认识到,西藏诸多弊端都与封闭有关,必须进一步解放思想,克服封闭观念,加大开放力度,形成多渠道、多层次、全方位开放的格局。要加大对内地各省区的开放力度,鼓励与支持内地经济实体及个人进藏兴办各类实业。要以优惠的政策、丰富的资源,积极扩大与内地多种形式的经济协作与交流,优势互补,实现西藏经济与全国大市场的接轨,建立西藏经济与全国经济密不可分的有机联系。在西藏的改革开放中要积极稳妥地扩大对外开放。加强对外友好往来和经济合作,扩大对外贸易。西藏对外开放还要注意以稳定为前提,既要考虑经济效益,又要顾及西藏的稳定和国家安全利益,防止达赖集团和国际敌对势力的渗透。

总之,改革开放是促进经济社会发展的强大动力。目前西藏正处于改革的攻坚阶段,必须以更大决心加快推进改革,使关系经济社会发展全局的重大体制改革取得突破性进展。要着力推进行政管理体制改革,坚持和完善基本经济制度;要推进财政税收体制改革,加快金融体制改革;要加强现代化市场体系建设,形成有利于转变经济发展方式、促进全面协调可持续发展的机制,完善落实科学发展观的体制保障。对外开放是我国的基本国策,在国内市场和国际市场联系日益紧密的情况下,要有宽广的世界观,着力提高对外开放水平,加快转变对外贸易增长方式,继续积极有效利用外资,支持有条件的企业"走出去",实施互利共赢的开放战略。

3."中国特色、西藏特点"发展路子是中国共产党领导下的,以马克思主义为指导的,人民民主专政的社会主义发展道路

这条基本性质体现了坚持"四项基本原则"的精神实质。1979年3月,邓小平在党的理论务虚会上作了题为《坚持四项基本原则》的重要讲话,首次提出和系统阐述了四项基本原则。他指出:"我们要在中国实现四个现代化,必须在思想政治上坚持四项基本原则。这是实现四个现代化的根本前提。"这四项基本原则,就是必须坚持社会主义道路,必须坚持无产阶级专政,必须坚持共产党的领导,必须坚持马列主义、毛泽东思想。1982年,四项基本原则正式写入党章和宪法,成为全党和全国人民的共同意志。党的十三大使坚持四项基本原则成为党在社会主义初级阶段基本路线的一个基本点。四项基本原则规定了我国社会性质、国家体制、党的领导地位、革命和建设事业的指导思想,是党领导人民进行革命和建设的长期实践经验的科学总结,是全党团结和全国各族人民团结的共同政治基础。

坚持社会主义道路,就是要坚持社会主义的基本制度、理想信念和价值追求,坚定不移地走中国特色社会主义的伟大道路,建设富强民主文明和谐的社会主义现代化国家。坚持人民民主专政,就是要发展社会主义民主政治,建设社会主义法治国家,实现社会主义民主政治的制度化、规范化和程序化,最广泛地动员和组织人民群众依法管理国家和社会事务,管理经济和文化事业,维护和实现人民群众的根本利益,维护国家的主权、安全、统一与稳定。坚持共产党领导,就是要坚持党在建设中国特色社会主义事

业中的领导核心地位,发挥党总揽全局、协调各方的作用。党的领导主要是政治、思想和组织领导,通过制定大政方针,提出立法建议,推荐重要干部,进行思想宣传,发挥党组织和党员的作用,坚持依法执政,实施党对国家和社会的领导。而要加强党的领导,必须加强党的执政能力建设和先进性建设,改革和完善党的领导方式和执政方式,坚持依法执政、科学执政和民主执政。坚持马克思列宁主义、毛泽东思想,就是要在实践中不断丰富和发展马克思主义,用马克思主义中国化的最新理论成果——中国特色社会主义理论体系指导新的实践。科学发展观作为中国特色社会主义理论体系的新内容,是对党的三代领导集体关于发展思想的继承和发展,是马克思主义关于发展的世界观和方法论的集中体现,是与马克思列宁主义、毛泽东思想、邓小平理论和"三个代表"重要思想既一脉相承又与时俱进的科学理论,是我国经济社会发展的重要指导方针,是发展中国特色社会主义必须长期坚持和贯彻的重大战略思想。在当代中国,坚持中国特色社会主义理论体系,就是真正坚持马克思主义。

四项基本原则是我们立党立国的根本。坚持党的基本路线,就要坚持四项基本原则不动摇。邓小平指出:"如果动摇了这四项基本原则中的任何一项,那就动摇了整个社会主义事业,整个现代化建设事业。"只有坚持四项基本原则,才能使我们的改革和发展事业具有坚定正确的政治方向、团结稳定的环境以及统一的意志和统一的行动,才能为坚持和发展中国特色社会主义提供可靠的保证。改革开放30年来,在复杂多变的国际形势下,我们之所以能够始终沿着中国特色社会主义道路前进,就是因为我们在坚持四项基本原则的前提下,大力发展经济,不断增强综合国力、改善人民生活。同时也坚持改革开放,使社会主义焕发出蓬勃生机和旺盛活力。改革开放和现代化建设的伟大实践,又使我们党不断进行理论创新、制度创新,不断发展四项基本原则,赋予四项基本原则新的时代内涵。

"中国特色、西藏特点"发展路子,尤为重要的是要坚持党的领导。办好西藏的事情,关键在党。半个多世纪以来,西藏各族人民在中国共产党的正确领导下,开创了西藏在社会主义祖国大家庭中从黑暗走向光明、从落后走向进步、从贫穷走向富裕、从专制走向民主、从封闭走向开放的光辉历程,走上了中国特色的社会主义康庄大道,实现了社会制度的伟大历史性变革,开创了建设富裕、民主、文明的社会主义新西藏的历史纪元。这是中国共产党在西藏以马克思主义、毛泽东思想为指导,贯彻邓小平理论和"三个代表"重要思想根本要求的光辉典范,是中国共产党治藏方略的成功实践。西藏50多年革命、建设与改革发展稳定的实践雄辩地证明,中国共产党是西藏改革开放和社会主义现代化建设事业的领导核心,是推动西藏先进生产力发展和先进文化前进的领导者和组织者,是西藏各族人民根本利益的忠实代表。新世纪新阶段,在西藏这样一个地广人稀,情况极其特殊的边疆民族地区,要把西藏各族人民的意志和力量凝聚起来,实现"一加强、两促进"的历史任务,全面建设小康社会,必须始终毫不动摇地坚持党的领导,毫不放松地加强和改进党的建设,全面推进党的建设新的伟大工程。

(二)发展的目标与任务

走好"中国特色、西藏特点"发展路子,最终是要实现什么样的发展目标?回答这个问题,需要从区情实际出发。本报告在前面已经详细阐述了"西藏特点"问题,从自然环境、社会文化、发展水平三个领域、正反两方面所表现出来的区情特征,基本可以判定:在具有革命性的社会制度变革因素的直接推动下,西藏的发展是跨越式的,不仅表现为在社会政治层面建立了人民民主专政的社会主义制度,民族文化也表现出日新月异的加快发展、传统与现代化双重特征日益显现的趋势,更为突出的是经济建设成就的伟大与人民生活水平的持续、快速提升;但是西藏经济社会发展受自然地理条件差、社会发育程度低、生产力水平低下、地方财政严重不足等诸多因素的制约,使得西藏经济具有基本上处于自然经济状态和"供给型"经济的两大特征,西藏仍是全国发展最为落后的地区之一。由此,我们认为"中国特色、西藏特点"发展路子的目标任务必须涵盖四个方面的基本要求:第一,必须保持国民经济持续快速的增长势头,不断壮大本地区的经济实力,逐渐缩小与国内发达地区发展水平的差距,使西藏各族人民最终享有发达社会的物质文化生活;第二,必须调整优化经济结构,转变发展方式,增强西藏的自我发展能力,把西藏经济由"输血型"经济转变为"造血型"经济;第三,必须在经济社会发展进步的同时,保持优良的生态环境质量,努力建设好国家生态屏障;第四,必须实现社会更加和谐、民族更加团结,为中华民族从多元走向一体做出重大贡献。对此,中央第五次西藏工作座谈会明确规定了西藏经济社会发展的主要目标:到2015年,保持经济社会跨越式发展势头,农牧民人均纯收入与全国平均水平的差距显著缩小,基本公共服务能力显著提高,生态环境进一步改善,基础设施建设取得重大进展,各民族团结和谐,社会持续稳定,全面建设小康社会的基础更加扎实;到2020年,农牧民人均纯收入接近全国平均水平,人民生活水平全面提升,基本公共服务能力接近全国平均水平,基础设施条件全面改善,生态安全屏障建设取得明显成效,自我发展能力明显增强,社会更加和谐稳定,确保实现全面建设小康社会的奋斗目标。中央第五次西藏工作座谈会提出的西藏工作的主要目标,与我们党确立的到建党100周年时建成惠及十几亿人口的全面小康社会的宏伟目标、到建国100周年基本实现现代化的宏伟目标紧紧相联,是中央根据西藏目前发展的实际水平,经有关部门测算后确定的,非常科学。走"有中国特色、西藏特点"的发展路子,就是要努力实现这一重大发展目标。

很显然,以上提出的目标任务是综合性的,涵盖了西藏社会的各个方面。为了使目标任务的设想更具有实践应用价值,以下从经济建设、生态建设、社会建设三个主要方面分别加以说明。

1. 经济建设的目标任务

经过"十一五"时期的发展,西藏经济已形成更加坚实的基础。"十一五"时期,青藏铁路建成通车,林芝机场投入运营,公路网络化程度明显改善,一批能源、通信、水利工程已建成启用。国家已投资建设青藏铁路延伸线、阿里机场等工程,从发展的历史进程看,这个时期是夯实发展基础的关键时期。"十一五"期间,特色经济明显加快发展,开始形成一批有市场竞争力、有合理规模的优势行业。立足当前的发展基础,"十二五"以及更长的一段发展时期,西藏经济要有一个更大的发展。

(1)**经济发展速度**。"十二五"时期以及到2020年,地区生产总值年平均增长12%以上;2020年以后,直到本世纪中叶,经济总量增长保持略高于全国平均水平的增速。人均生产总值是否达到全国平均水平,是衡量2020年实现全面小康目标的重要指标,保持12%以上的增长速度将确保西藏人均生产总值达到全国中等水平。

(2)**经济总量规模**。到"十二五"期末,全区生产总值达到890亿元以上;到2020年,全区生产总值达到1700亿元以上;到本世纪中叶,全区生产总值达到4000亿元以上。

(3)**经济结构调整优化**。在全区生产总值中,到2020年,第三次产业增加值的比重由2008年的15.3:29.2:55.5,调整为10:30:60。从数值上看,实现这个调整并不难,按照"十一五"的发展势头,很快就可以达到。关键是西藏的特色优势产业要发展壮大起来,到2020年,旅游业要从全区的主导产业发展壮大成为全区的首要支柱产业;水电开发、矿产资源开发也要发展成为重要的支柱行业,具有西藏特色的优势资源型的产业也应当发展为支柱产业。

(4)**人民生活水平提升**。当前西藏的农牧民人均纯收入和城镇居民人均可支配收入两项指标均低于全国平均水平,但是差距不大。"十二五"期间,要力争使两项指标达到全国平均水平的80%左右。考虑到西藏地区经济发展基础薄弱,商品自给率较低,大量工业品和消费品需由内地供给,对区外商品依存度较高,区内商品价格受内地物价波动的影响大。由于交通运输线路长、交通不便而导致运输成本高,加上特殊的高原环境,使西藏消费价格总体水平大大高于内地,降低了西藏人民同等收入水平的购买力和生活水平。到2020年时,西藏农牧民人均纯收入突破10000元达到全国平均水平,城镇居民人均可支配收入应比同期全国平均水平高5%以上。

(5)**城镇化发展水平**。根据联合国关于城市化的指标,人均生产总值达到1000美元,城市人口占总人口比重应达到62%。我国目前人均生产总值已达到1000美元,但城市化率远没达到这一标准所对应的指标。西藏的情况特殊,即便在"十一五"前后人均生产总值达到2000美元时,城镇化水平也达不到上述标准,要达到目前全国的平均水平也存在极大的困难。预计西藏2010年前后城镇化率达到25%。"十二五"及以后发展时期,要利用交通基础设施加快发展、交通线路不断延展、能矿资源开发建设的有利条件,加快沿线及辐射区域城镇和依附能矿项目的新型小城镇的建设,进一步提高城镇化水平,力争到2020年时,西藏城镇化率达到60%。鉴于西藏地广人稀,产业发展缓慢的实际,到本世纪中叶,西藏城镇化率达到60%以上的难度不小,但应当有这样的一个目标任务,以提升西藏的城镇化率。

(6)**劳动就业**。就业是民生之本,减少失业人口、实现劳动者充分就业,是保持社会稳定的基础。尽管西藏人口总量小,但西藏未来面临的就业压力并不小。西藏虽然地广人稀,人均占有土地面积大,但生态环境脆弱,土地承载能力低,宜农宜牧土地资源少,而80%以上人口居住于农牧区,68.8%的从业人员滞留于第一产业,隐性失业问题相当严重,不仅导致农牧民增收困难,对生态环境也产生极大压力,加快农牧区剩余劳动力向非农产业、城镇转化已是当务之急。"十二五"及以后发展时期,必须把扩大就业、控制失业率放在西藏经济社会发展更加突出的位置,努力增加就业岗位。"十二五"时期,力争城镇新增就业和转移农牧区劳动力分别达到5万人和10万人,城镇登记失业率控制在5%以内。到2020年,城镇登记失业率控制在4%以内。到本世纪中叶,基本实现全社会充分就业。

2. 生态环境建设的目标任务

由于西藏在自然生态和环境气候上具有极其重要的地位,环境保护工作不仅关系西藏自身的建设,更关系到我国和南亚地区的可持续发展。因此,与祖国内地一些地方不同,中央很早就比较重视西藏的环境保护工作,加之西藏开发较晚、污染工业较少,所以,西藏并没有走先污染后治理的老路子,相反,环境保护与建设工作不仅起步较早,而且在党的政策推动下取得了相当的成绩。西藏的国土面积约为120多万平方公里,约占全国总面积的八分之一,既是我国的五大牧区之一,又有全国最大的原始森林和位居全国第2位的水能资源,自然条件复杂,生态环境十分独特。因此,西藏的环境保护与建设工作内容相当广泛,不仅包括天然林资源保护、草场建设和草原生态保护、水土流失综合治理和生物多样性保护,而且包括自然保护区建设、生态农业建设、防治工业污染等诸多内容,环境保护与建设工作十分艰巨。

西藏生态环境保护与建设,总的战略目标是切实建设好国家生态安全屏障。西藏特殊的自然地理条件导致生态环境十分脆弱,保护生态系统、防治水土流失和荒漠化,是一项长期而艰巨的任务。未来西藏的发展,必须建立在生态环境不断改善的基础上。落实科学发展观,坚持"保护第一,合理开发"的方针,把可持续发展战略贯穿于经济社会发展的各个领域、各个阶段,努力实现人与自然和谐发展,是西藏"十二五"及以后发展时期必须坚持的发展路线。

"建设好国家生态安全屏障"这个总目标之下的具体任务主要包括:在解决好工程性缺水以及安全用水的前提下,坚决控制住因人为因素而产生新的水土流失和草地退化,全面遏制荒漠化的加剧;加大环境建设投入力度,使重点区域的水土流失和荒漠化治理初见成效。加快农村现代生活能源建设,逐步减少薪草燃料使用量;以江河整治为基础,以小流域治理和草场荒漠化治理为重点;实施"宜林则林,宜草则草"、"乔、灌、草"相结合的方式,大规模开展植树种草的植被恢复工作。到2020年,农村家庭生活能源薪草替代率达到20%以上;林(草)覆盖率达到80%;在2010年的基础上新增治理荒漠化土地面积3000亩。

3. 社会发展方面的目标任务

西藏社会发展方面的目标任务,要从对内和对外两个层面来加以说明。对内主要指的是发展社会公益事业,提高人口素质,提升社会保障水平,保证安定团结的社会局面。对外指的是与国家稳定发展大局相关的目标要求,主要指的是,西藏作为我国主要的少数民族聚居区之一,要为中华民族从多元走向一体作出重要贡献。

教育、科技落后,劳动力素质低下,人才奇缺,是制约西藏经济自主发展的重要因素。"十二五"及以后发展时期,应坚持"以人为本"的发展观和"科教兴藏"战略,把加强人力资源开发、提高劳动力素质,置于确保西藏发展与繁荣、民族团结与社会稳定、增强自我发展能力的战略高度予以重视。通过加快政府职能转变、调整与优化财政支出结构,加大公共产品和公共服务的投入力度,大力发展教育和文化卫生事业,尤其是农牧区基础教育与医疗卫生体系建设,消除经济贫困、教育贫困、健康贫困、生活设施贫困的现象,努力改善城乡居民生活质量,提高人口素质。

(1)劳动力平均受教育年限。教育是人力资源开发的重要形式,是积累人力资本的重要途径,也是消除贫困的主要手段。目前西藏教育水平总体落后,劳动力受教育年限少、素质不高,青壮年文盲率高于全国平均水平,2008年劳动力平均受教育年限为5.11年,还不到1990年全国农村劳动力平均6.01年的受教育年限,落后全国平均水平近20年。到"十一五"末,西藏人口受教育平均年限上升为7.1年,但劳动力平均受教育年限仍然在6年以下的水平。"十二五"期间,应加大对教育尤其是农牧区基础教育的投入,努力实现"两基"达标巩固,力争到2015年劳动力平均受教育年限超过2000年全国农村劳动力7.33年的平均受教育年限。到2020年时,力争达到2000年全国城市劳动力10.2年的平均受教育年限。

(2)高中阶段入学率。接受高中阶段教育,是培养熟练劳动力,向更高阶段输送优质生源的基础。增加高中教育投入,提高高中阶段入学率,是提高西藏劳动力素质、增强西藏自我发展能力的重要保证。随着西藏自治区"普六"的基本实现和"普九"步伐的加快,"十二五"期间对高中阶段教育的需求将急剧增加。2008年西藏高中阶段入学率为51.2%,低于2006年全国59.8%的平均水平。在"十二五"时期及至2020年间,切实把科技兴藏、优先发展教育放在突出地位,必须扩大高中教育设施建设,扩大高中教育规模。力争到2015年高中阶段入学率达到70%,到2020年时达到90%。

(3)千人拥有职业医生数。目前西藏存在公共卫生建设滞后,农牧区医疗卫生投入不足、三级医疗网络不健全、基础设施极为落后、卫生技术人员短缺等问题。到"十一五"末,西藏千人拥有职业医生数3.48人,远不能满足社会发展的需要,也不能充分保障人民群众就医的需求。"十二五"期间必须加大医疗卫生事业的投入力度,重点加强农牧区医疗卫生基础设施建设,提高千人执业医生拥有量,完善农牧民健康体系,消除农牧民就医难问题。在医疗基础设施得到明显改善的基础上,力争2020年每千人拥有执业医生数由2008年的3.05人提高到4人以上。

(4)社会保障。社会保障是保证全体社会成员基本生存需要的手段,通过对社会成员特别是弱势群体提供经济资助和生活帮助,维护社会安定、促进社会公平,是促进经济社会持续协调发展的有效工具,也是衡量社会进步和文明程度的重要标志。西藏具有特殊的战略地位,建立和健全社会保障体系,对于确保国家安全和西藏长治久安、不断提高西藏各族人民的生活水平具有重要作用。目前西藏全区社会保障覆盖率不高、保障水平比较低,2008年全区社会保障覆盖率仅78.5%。"十二五"期间,应在继续推进和完善城镇社会保障体系建设、做到应保尽保的基础上,加快农牧区社会保障体系的建设步伐,重点是农牧区医疗保险和贫困户"低保"体系建设。力争2020年全区社会保障覆盖率达到95%以上。

（5）社会安定。坚定不移地同达赖集团和国际反华势力分裂中国、搞"西藏独立"的图谋进行斗争，维护西藏稳定和发展，维护祖国统一和安全，是西藏工作的一项重要政治任务。当前和今后一个时期，要加强基层、基础工作，加强意识形态领域的工作，逐步铲除达赖集团分裂活动的社会基础，实现长治久安。要进一步加强政法机关和基层政法队伍的建设，加强隐蔽战线的工作，加强边境管理工作。对敌斗争，反应要迅速，处置要果断，把问题解决在当地，解决在基层，解决在萌芽状态，坚决维护正常的社会秩序、生产秩序、生活秩序和宗教活动秩序。与此同时，切实做好社会治安综合治理工作，打击各种犯罪活动，为全区各族人民创造一个安居乐业的优良社会环境。中央第五次西藏工作座谈会明确指出了，西藏还存在着各族人民同达赖集团为代表的分裂势力之间的矛盾，西藏工作的主题必须推进跨越式发展和长治久安。

中华民族从多元走向一体，是中国民族和民族关系发展的大趋势，也是世界民族关系史上一个具有趋势性的历史文化大景观。自古以来，中华大地上的古代各民族都是向往和努力追求国家最终的统一，在出现分裂的情况下都努力想方设法、采取一切措施来恢复或重建全国的统一。这就为今天巩固、加强中华民族团结，维护和捍卫国家的统一、领土主权的完整，提供了极好的历史借鉴和依据。这就雄辩地说明，无论存在什么样的障碍，也不管时间的长短，中华民族的大一统都是历史发展的必然，这是任何民族分裂主义者所无法阻挡的！在21世纪多极世界的进一步发展中，欧洲以欧盟的身份面对世界、面对全球化，东盟正在向一体化推进，这种极具战略眼光的身份认同，对中国以整个中华民族的身份面对世界、面对全球化是有重大启发的。因此，面对全球化，以及"9·11"事件后世界民族关系更加错综复杂的态势，中国各民族要和平、要生存、要繁荣，必须更紧密地团结起来，共同团结奋斗、共同繁荣发展，必须把对中国56个民族的民族意识升华为中华民族的民族意识，必须把对56个民族的民族认同提升为对中华民族的民族认同，整合出一个适应21世纪全球化的挑战，适应世界民族关系错综复杂变化的、民族认同与国家建构相匹配的民族认同平台，这就是中华民族。从这个意义上来说，几千年来坚持不懈地从多元走向一体的中华民族，是中国各民族面对全球化挑战最佳的民族认同。

历史上西藏的发展较为封闭，各民族之间的交流、交往与交融不如国内其他地区充分。但是，新中国建立以后，西藏地区各民族的互动经过半个多世纪的磨合、认同和整合，从多元走向一体的趋势越来越强。在建设社会主义新西藏的新征途中，本地区的各民族要以更加紧密的友好合作、更加真诚的平等互助、更加主动的相互适应，促进各民族从多元走向一体的趋势发展。所以,为中华民族从多元走向一体做出重要贡献,是西藏自治区"中国特色、西藏特点"发展路子的一个重大发展目标。

(三)推进发展的基本方式——跨越式发展

中央第五次西藏工作座谈会立足我国国情和西藏区情明确提出,当前西藏的社会主要矛盾仍然是人民日益增长的物质文化需要同落后的社会生产之间的矛盾。同时,西藏还存在着各族人民同达赖集团为代表的分裂势力之间的特殊矛盾。西藏存在的社会主要矛盾和特殊矛盾决定了西藏工作的主题必须是推进跨越式发展和长治久安。本报告讨论的正是如何选择发展路子的问题,第五次西藏工作座谈会在这个问题上给了我们重大启示。由此,跨越式发展,就是"有中国特色、西藏特点"发展路子推进发展的基本方式。

在当前经济全球化的背景下,跨越式发展是指现代化的一种特定的战略选择。这就是,在现代化已经成为了一种全球性的存在的条件下,为了使后发国家和地区在比较短的时间内完成发达国家和地区在比较长的时间内走过的历程,迅速实现现代化,他们可以从处于高位生产力发展水平的国家和地区引进先进的生产力,在跨越生产力发展的一些具体阶段的同时,获得更为高新的生产力技术,来缩短自己与发达国家和地区的发展差距,使自身在发展的梯度上得以跃迁和提升。在目前的条件下,跨越式发展主要是指,还没有完全实现工业化的国家和地区,可以通过移植信息化的成果来缩短工业化的进程,进而在实现信息化的同时迅速实现自己的现代化。

2001年召开的中央第四次西藏工作座谈会认为:西藏实行跨越式发展,不仅是可行的,也是必须的。江泽民同志对此进行了深刻的阐述:"在关系党和国家工作全局的战略地区和战略部门,通过国家和各地的支持,直接引进、吸收和应用先进技术和适用技术,集中力量推动跨越式发展,是我们必须采取的一种发展战略。对西藏这样的地区,就可以而且应该采取这样的战略。这不仅对西藏的发展进步具有重要意义,对全国的社会主义现代化建设也具有重要意义。对全国的社会主义现代化建设也具有重要意义。"

2001年9月,中共西藏自治区第六次代表大会的报告明确提出:"推动西藏实现跨越式发展,不仅是一个重大的经济问题,也是一个重大的政治问题。我区必须从这样的战略高度认识跨越式发展的重大意义。只有实现跨越式发展,才能不断提高人民群众的生活水平,满足人民群众日益增长的物质文化生活需要,实践我们党的根本宗旨,增强党组织的凝聚力和号召力;只有实现跨越式发展,才能巩固和发展平等、团结、互助的社会主义民族关系,巩固和增强民族大团结;只有实现跨越式发展,才能为深入开展反分裂斗争、维护祖国统一、保持社会局势稳定提供更加坚实的基础。"

在国家推进实施西部大开发战略的背景下,一段时期以来我国西部各省区都提出要实施"跨越式发展"。但是,由于各省区的发展基础、资源状况、环境状况、经济区位、政策条件等诸多方面均不同程度地存在着较大差异,因而各自推进跨越式发展的具体目标、路径和政策措施也必然会有所差异。必须充分结合西藏自治区的区情实际并借鉴有关发展理论来合理设定"西藏经济社会跨越式发展"的具体内涵。

本报告认为"西藏经济社会跨越式发展"是指:基于西藏自治区在国内民族团结、政治稳定和国防安全等方面所处的重要战略地位,不能使西藏长期处于贫困落后的经济面貌,而必须超越西藏自治区现有的薄弱经济基础及其建立在薄弱经济基础上的社会经济发展的自然演化过程,在国家和全国人民的大力支持下,按照非均衡的发展思想,积极提高人口素质、开发人力资源,大量引进和运用现代科学技术,以信息化带动工业化,同时解决农业产业化问题,缩短发展历程,以超常规的经济增长速度带动非均衡经济结构不断走向高级化,迅速摆脱现存非典型二元经济结构的种种阻碍,在全面建设小康社会、富裕社会和实现中华民族振兴的伟大号召之下,最终实现西藏经济高级形式的一元经济结构,最终完成现代化发展任务。关于如何才能有效推进跨越式发展,中央第五次西藏工作座谈确立的基本思路是:要在科学发展的轨道上实现跨越式发展,要更加注重改善农牧民生产生活条件,更加注重经济社会协调发展,更加注重增强自我发展能力,更加注重提高基本公共服务能力和均等化水平,更加注重保护高原生态环境,更加注重扩大同内地的交流合作,更加注重建立促进经济社会发展的体制机制,实现经济增长、生活宽裕、生态良好、社会稳定、文明进步的统一。按照这一基本思路的要求,全面、深刻认识"西藏经济社会跨越式发展"内涵不可或缺的重要内容。

1. 经济社会跨越式发展,不仅是西藏各族人民的迫切愿望,也是维护国家总体战略利益的要求

和平解放以来,西藏人民摆脱了封建农奴制统治的残酷剥削与压榨,生存状况得到极大改善,生产与经济建设的积极性也空前高涨,在各级党委和政府的正确领导下,各族人民创造了西藏经济史上一个又一个的伟大成就与奇迹。改革开放前的1979年,西藏粮食产量达84649万斤,牲畜存栏2349万头(只、匹),建立了果园、茶园30多个,水果产量130多万斤;工矿企业增加到218个,包括电力、煤炭、建材、森工、纺织、皮革、印刷、食品等行业,主要工业产品有70余种,交通、邮电通信、科技事业、商业等方面也得

到极大发展。改革开放以后,西藏经济持续快速发展。但是受一个时期国家区域经济总体发展格局的影响,西藏作为西部省份与东部较发达地区的发展差距逐渐拉大。与东、中部的先发展省份相比较,西藏自治区的人均收入水平低下且增长缓慢,大量人口还处于相对贫困的境地,人口中的一部分健康状况欠佳,文盲率高、辍学率高。相对低下的生活水平和低下的社会生产率相互影响,已成为西藏自我强化的社会经济现象,从而使其摆脱不发达的状态更为艰难。社会经济中存在较严重的劳动力浪费现象,对农业生产和初级产品的依赖程度很高。还由于处在高寒的生态脆弱区域,自然环境不仅使劳动者感到不适,而且还有损于他们的健康状况,使他们不愿参加紧张的体力劳动,生产力水平和经济效益普遍降低。西藏与其他省区经济发展水平的过分悬殊,直接影响了居民消费水平的相对差距和绝对差距,使这种差距也不断扩大。在全面建设小康社会的新的历史发展时期,西藏各族人民迫切希望摆脱相对贫困的生活状态,缩小与我国经济较发达地区生活水平的差距,充分享受现代物质文明的成果。

  地区差距过大不仅会带来经济方面的负面影响,还会带来政治方面的负面影响。尽管中国所有的地区比20多年前绝对地前进了,但是由于各地区经济增长率差异甚大,很多地区特别是相当部分的欠发达地区相对地落后,人均收入绝对差距迅速扩大。这将不可避免地产生一系列的经济社会政治后果。世界上的一些经验教训,值得汲取,即在不少的国家中发展的地区差异。对于落后地区来说,他们会形成三种想法:第一,本地区的落后和贫困是由于采取歧视性政策造成的结果。这种情绪在原料输出地最为常见,当地的领导人认为,一方面由于不等价交换,中央或者发达地区以廉价方式剥夺了自己的资源,另一方面由于本地区使用的工业品又是以高价形式从发达地区购买的。低价卖出能源或原材料,高价买进工业制成品,这一买一卖之间实际上是落后地区在补贴发达地区的发展。由于这些地区认为中央政策不公平,是"损不足补有余",他们的不满情绪就会出现,并且弥散开来。第二,即使政府实行的政策并没有歧视贫困地区或欠发达地区,但是这些地区的领导人也可能认为,目前持续存在(或不断扩大)的地区差距是政府失职的表现。第三,既然留在一个国家内,得不到经济援助,不能改善本地区的经济地位,那么成为一个独立实体,可能经济发展得更快一些。上述情况已经在不少国家中出现。例如英国的苏格兰、威尔士、北爱尔兰地区,比利时的沃伦斯(Walloonns)和弗拉明斯(Flemings)地区,意大利的卡拉比尼亚地区(Calabria),前南斯拉夫的科索沃(Kosovo)地区和墨西哥的齐亚帕斯地区(Chiapas)都表现得较为强烈。

  地区差距过大会直接影响一个国家的统一问题。联合国《1994年人文发展报告》中指出,地区差距扩大是导致国家分裂的重要原因。他们预测,目前世界上有17个国家有解体的危险(1994)。最有意思的是,在他们起草报告时,已指出卢旺达可能会出现问题,墨西哥的吉巴斯地区可能会有麻烦。果不出所料,报告还没问世,这两个地方便出了乱子。该报告的主要作者、前巴基斯坦财政部长马尔·哈奇说:"地区差距是一项特别有力的指标,因为贫困本身并不能解释国家解体。但是,如果穷人集中在一个地区,他们就很容易被组织起来,正如发生在墨西哥吉巴斯地区的农民起义那样。在我们研究墨西哥时,吉巴斯地区的数据总是格外引人注目。尽管墨西哥政府十分不快,我们还是预测吉巴斯地区是个麻烦点,结果我们不幸而言中"(Intet Press service,June11,1994)。中东的不少国家其实一直潜伏着这个危险因素,所缺乏的可能是引爆的事件。国际历史经验表明,在地区差距十分严重的情况下,一个国家的政治稳定、国家统一是难以维持的。因此,即使在经济效率上作点牺牲,也应设法缩小地区差距。更何况,如前面已指出的,缩小地区差距并不一定与提高经济效率有什么必然的矛盾。

从社会主义原则看,共同富裕是社会主义最本质的特征之一。这一点邓小平也反复作了论述。江泽民在1990年12月的中共十三届七中全会讲到:"我们既要允许和鼓励一部分人、一部分地区通过诚实劳动、合法经营先富起来,又要提倡先富起来的帮助还没有富起来的,逐步实现共同富裕。贫穷不是社会主义,少数人富起来,大部分人穷,也不是社会主义。社会主义制度最大的优越性就在于共同富裕,防止两极分化。社会主义的本质也主要体现在这里。"当然共同富裕并不等于同步富裕和现在各地区都能够达到共同富裕。这是社会主义国家一个最终的社会发展目标。社会主义原则应当包括三个含义:贫穷不是社会主义;少数人富裕、少数地区发达、少数城市繁荣也不是社会主义;只有共同发展、共同繁荣、共同富裕才是真正的社会主义。如果地区差距过大,落后地区与发达地区之间人民生活水平和经济发展水平差距过分悬殊的话,任其发展,不仅违反正义原则,而且也违反社会主义原则。

实现社会公平、共同富裕的目标不仅仅是一个社会主义信仰的理论问题,而且还是一个广大社会公众强烈需求的现实问题。平等不仅意味着社会各个集团之间的平等,也意味着各个地区之间的平等;平等不仅意味着他们之间的政治平等,也意味着其经济平等;平等当然不是也不应是绝对平均。但是地区收入差距过大以及不同人群的收入差距过大,都肯定不符合社会主义的平等原则,任这一差距持续扩大更是违背社会主义的平等原则。

由此可见,西藏经济的跨越式发展不仅是西藏各族人民的迫切愿望,也是国家总体发展战略的必然选择。正如江泽民同志所说:"决不能让西藏从祖国分裂出来,也绝不能让西藏长期处于落后状态。只有社会主义才能救中国和发展中国,也只有社会主义才能救西藏和发展西藏。"

2.西藏必须在国家和全国人民的大力支持下,才能超越自身的经济基础,缩短发展时间,获得跨越式发展

民主改革以后,西藏区域社会既体现了新型社会机制的一面,又保留了原有社会经济机制的诸多形态,形成了一种特殊的双重二元结构。主体的社会主义制度已经建立,并在政治、经济、文化生活中占据了主导地位;但不能忽略西藏原有社会机制的作用,西藏区域社会中仍在起作用的旧有社会机制的外部表现是,在经济上以分散为特征并派生出自然、自行、自给、自立的种种形态,微观经济主体各行其是的意向很强。在政治上,旧有的氏族制、宗教领袖裁决制仍是部分地区群众的习惯和认可的方式。在意识形态上,宗教以感情、潜意识为媒介,强烈地左右着人们的信仰,除了少数先进分子,有神论在群众中影响甚深甚广。如果说在党和政府的坚强领导和特殊关怀下形成的西藏新型社会机制,以及在原来混沌一元型经济基础上嵌入现代产业经济部门而形成颇有区域特点的非典型二元经济结构,是西藏近现代史上社会经济发展的第一次跨越式发展,那么目前我们所期望的再一次的跨越式发展同样离不开党和政府的特殊关怀。因为在西藏现有的经济基础上,实现非典型二元经济结构——典型二元经济结构——现代经济——一元结构的自然演化,是一个漫长的时间过程。跨越式发展必然意味着国家的特殊扶持。

首先需要中央加大对西藏的财政转移支付力度。国务院从1994年起实行分税制,这是中国税制改革的第一步,其目的是要提高中央政府财力,加强和改善宏观调控。税制改革的第二步是要建立合理的财政转移制度。其目的就是由中央财政援助欠发达地区,缩小地区间过分悬殊的经济发展差距。合理的财政转移支付制度应真正成为中央政府对地方政府、对低收入阶层公众提供无偿支出的一种制度。分税制应坚持"统一税率,公平税赋"的原则。同时,应实行"财政贡献与经济贡献成正比"的原则,即经济贡献越大,对国家财政贡献也越大。目前,中央政府对地方的转移支付主要是采取基数法来确定,这一办法实际上是根据过去的历史状况和地方的谈判能力来确定返还和补助数额,而不是根据地方财政能力和需要程度来确定。财政转移支付原则上应是人均生产总值水平越低的地区,人均中央财政援助额就越高,同时应考虑少数民族地区的特殊需要。因此中央应加大对西藏财政支持力度,更好地满足社会各项事业的发展需要。更重要的是,改变中央对欠发达地区财政援助方式,由无条件援助向有条件援助过渡,由"输血"机能向"造血"机能转变。在计划经济体制下,中央财政援助基本是无条件

的,直接拨给地方,由地方自行支配。迄今为止,这一传统援助方式尚未根本改变。这种计划经济的"输血"方式,血输得愈多,流失得愈快,地方愈是"贫血",钱愈是不够花。为此,应实行有条件的财政援助,设立专项援助基金,专款专用,中央财政援助资金不得用于各地方政府行政事业单位的经费支出,不得用于楼堂馆所建设,也不得弥补地方政府预算支出缺口。中央财政转移支付制度的任务是缩小地区差距,主要用于两个方面,一是援助欠发达地区基础设施建设,有的被指定为修公路、修铁路、建通信、治污染;二是援助欠发达地区开发人力资源,有的为补助教育、卫生、计划生育等。中央应严禁地方随意开支,挪为他用。参照世界银行项目管理办法,分期拨款,实施监督,有条件使用,由国家审计署审计,主管部门管理监督。一旦地方违反规定,挪用专项资金,则采取惩罚手段,包括停止拨款、减少拨款,甚至追回拨款等。

其次,国家投资布局的调整,应充分考虑对西藏开发的倾斜。建国以后直至2000年的50年间,国家区域发展战略的两次倾斜是合理的。第一次是前30年往中、西部倾斜,客观上把大部分尚处在混沌一元经济结构的区域造就成二元经济结构区域,用10~20年的时间走完了南美、东非、西亚的落后地区约55~80年的历程;第二次是后20年往东倾斜,则把典型二元经济结构区域推向多元结构,释放出东部蓄积已久的生产潜能,用不到10年的时间走过了亚太一些经济起飞地区(或国家)10~15年的发展历程。然而客观地讲,国家区域发展战略的这两次倾斜与西藏经济发展的关联并不很大,国家在西藏的开发规模远远小于西部的其他任何省区。在当前国家投资布局的调整中,国家应对西藏有计划、有重点地安排一些有利于开发利用当地资源和带动地区经济发展的骨干项目,并在项目审批权、地方的配套资金比例、贷款利率及偿还期限方面给予优惠的政策。国家西部大开发战略确定的西部优先发展的领域是:农牧业、能源原材料、交通通信和水利基础设施、生态危急区生态环境建设等重大基础产业和公共基础设施建设;高水准的机电工业、石化、旅游业;高技术战略产业;非国有经济和乡镇企业的迅速壮大、国有经济尤其是三线军工的尽快振兴;坚持不懈地优先发展文化教育事业;区域中心城市及其周围地区,资源富集的开发区;高新技术开发区是区域生产力宏观布局的战略重点;广大老少边穷的农牧区是重点扶持的对象。这些优先发展的战略重点,有相当一部分也是西藏自治区急需发展的,由此可见西藏的发展需要与国家投资的重点方向是一致的。国家在当前对中西部倾斜点的布局中,应把西藏置于比较重要的位置,进行较大规模的开发。过去西藏与其他省区的沟通一直不够,除了确无多少东西可以协作、串换、拆借外,与着眼点总是向上(中央)也有很大关系。20世纪80年代以来的开放搞活政策使西藏向外沟通,开始改变自身很强的封闭性,与四川、青海、陕西、甘肃、新疆、云南等西部省区有了许多经济联系。尤其是1994年中央第三次西藏工作座谈会以后，全国大部分省（区、市）都纳入了对口支援西藏的行列，全国人民对西藏发展的支持力度空前加大。

今后，西藏经济社会的跨越式发展需要全国人民更多的支持，不止是简单的生产要素上的给予，而要不断拓深交流、合作的层次，借助发达地区的发展经验和先进技术实施跨越式发展。更为重要的是，这种支援与合作有利于在广泛的经济文化交往中改造微观经济主体，使当地居民较快地成为理性经济人。这是促成西藏经济跨越式发展的重要条件之一，因为一种经济结构，说到底是那个社会内人的经济行为的结构。

3. 西藏经济社会跨越式发展必须立足于大力提高人口素质，开发人力资源

人是经济增长和结构转变过程中最重要的投入。与全国其他省区相比，西藏人口文化教育素质较低乃是有目共睹的客观事实。据统计，西藏就业劳动力中文盲率较高；小学文化程度的在从业人口中占绝大部分。近年来西藏基础教育虽有显著进步，儿童入学率已由1985年的46.0%提高到2008年98.5%，但是由于西藏特别是农牧区居住极为分散，气候严寒，交通不便，师资匮乏，儿童入学后往往辍学率很高，农牧区居民受出世型藏传佛教价值观的影响至深至大。因此，培训当地居民成为理性经济人的过程将是一个较长期的、艰巨的、渐进的过程。这一过程的最终完成固然有赖地域的开放，交通运输的发展，以及信息不断输入等外部环境条件的改善，但更重要则是通过教育、培训和医疗保健的投入，进行人力资本投资，从根本上提高居民的文化和健康素质，即实施以人力资源开发为主导的区域发展战略。

重点开发人力资源，将未来西藏发展战略的基点由过去"以物为主"转到"以人为本"，是西藏经济跨越式发展的内在要求。从现状看，西藏人力资源开发难点在藏族人口基础教育的普及，西藏人力资本投资的重点应放在普及九年制义务教育；同时减少辍学率，下大力气铲除产生新文盲的土壤。在未来10年内通过切实有效的措施，应当使西藏成人文盲率降至5%以内。除教育投入外，政府主导的人力资本投资重点还应放在对现有从业人员的职业技术培训，在公共卫生等人力资本投资的重点应放在农牧区，重点是降低婴儿死亡率和产妇死亡率。

边远农牧区农牧民群众目前还很缺乏商品意识，在西藏现存的自然—人文条件下，通过经济市场化培育有经济理性的人也极为困难。面对西藏特殊区情，未来该区域人力资源开发最有效的途径是通过农牧区人口城镇化，使极为分散的人力资源集

中起来,以便使教育、培训、公共卫生等人力资本投资的经济——社会效益有显著的增长。因为西藏基础教育事业发展相对薄弱,文盲下降幅度不尽人意,人力资本投资的效益差,究其原因,主要是西藏地域广袤,人口特别是农牧区人口居住极为分散,加之气候恶劣、交通不便等不利因素的影响。此外,城镇化的另一大好处是有利于市场经济的建立与发展。设想未来西藏基本对策思路是:以人口城镇化,促进经济市场化和人力资源的开发与利用。通过人口城镇化可以形成:人口城镇化→(人力资本集中投资引起的)人力资源有效开发、利用→经济结构演化→经济快速增长→人口城镇化加速→人力资源更有效的开发利用→经济结构演化与经济增长进一步加速的良性循环圈。这种良性循环的结果,势必最终瓦解西藏当前的非典型二元经济结构,开创西藏改革与发展的新局面。

4.西藏经济社会跨越式发展,必须以营造特色经济优势为战略目标来组织实施产业经济的非均衡发展

在传统工业产品全球性过剩的买方市场条件下,西部地区在市场上具有竞争优势的是独具特色的农业、特色旅游业、医药、民族手工业、能源、优势矿产品、特色资源加工品等。企业到西部地区投资发展,这些产业将是企业投资中首选的领域。西藏要根据自身的地理和气候条件、区内的资源和物种特点,以市场为导向,立足发挥自身优势,调整和优化产业结构,建立具有发展前景的特色经济和优势产业,培育和形成新的经济增长点。

西藏有条件大力发展特色高效的商品性畜牧业。西藏牦牛肉为绿色食品,在内地和海外深受欢迎。我国牛羊肉价格比国际市场便宜50~80%,我国加入WTO后,为牛羊肉出口带来机遇。青藏铁路建成通车为牦牛肉的外运提供了条件。配合小城镇建设,在青藏铁路沿线较大的拉萨、那曲、当雄等城镇,建设适当吨位的牛羊屠宰、冷冻加工企业,生产绿色牦牛肉、绵羊肉的小包分割肉外销,将带动西藏中东部地区牦牛业和季节畜牧业的发展,使适时屠宰成为可能,有利于提高牦牛和羊的出栏率、商品率,促进牦牛、黄牛肥犊和肥羔羊生产,大大提高西藏畜产品商品率和附加值。酥油、奶制品是城乡居民仅次于青稞的必需食品,长期以来供不应求。可结合产业结构调整,在人口较密集的城郊和"一江两河"流域农区公路沿线的村镇,大力发展奶牛业和奶制品加工业,提高酥油、鲜奶和奶制品的供给。克什米尔绒山羊原产于阿里地区,白山羊绒品质优良,早已闻名于世。山羊绒成为当地农牧民的主要经济收入来源和外贸出口的传统拳头产品。在阿里地区和日喀则地区西部县大力发展白绒山羊,建设山羊绒生产基地,

有利于维持西部畜牧业的繁荣。大力发展与尼泊尔、巴基斯坦、印度等国际边境畜产品贸易,通过转口国外的港口通道,直接向国外销售牛羊分割肉、羊绒等特色产品,充分发挥地域优势,减少绕道内地形成的超长运输距离所增加的相应的运输费用,尽快拓展出一片稳定的国际市场。在国内市场方面,应打破常规,抛开周围的低物价市场,以绿色、优质、地域名牌产品,直接进军北京、上海等消费高、畜产品加工业发达的地区,逐步扩大西藏特色、绿色畜产品市场份额,提高经济收益。

旅游资源是西藏最具比较优势的资源,巨大的高差形成了多样化的自然景观、典型的垂直分布和丰富的气候类型,有世界第一高峰、世界第一大峡谷,大面积的冰川,众多的高原湖泊和珍稀野生动物;加之历史悠久的佛教文化、独特的生产和生活方式,构成了极具魅力的人文景观。西藏自然景观和人文景观是世界上任何地区都无法复制的。旅游业将成为西藏实现产业结构调整和升级的关键性产业。由于基础设施等制约,虽经过10多年发展,但总体规模有限,国际和国内旅游接待人数仍居全国后几位。消除制约旅游业发展的瓶颈因素,加快旅游资源开发速度,使旅游业真正成为带动西藏经济跨越式发展的龙头产业,是西藏旅游业发展的基本目标。

西藏矿产资源从总体上看,具有总量丰富、分布广泛、储量有待勘察、开发前景不可预测因素较多的特点。但从中远期看,西藏无疑是我国资源安全保障的重要储备区和开发的接替区。矿业可作为西藏经济跨越式发展非均衡产业结构的一个重要组成部分,但立足于生态环境脆弱和经济基础落后的现实,西藏矿业势必要走一条新型的在西藏高原发展矿业之路,即:加大改革和开放力度,运用先进科学技术和市场经济体制,坚持在保护中开发和在开发中保护的原则,逐步在西藏建立起有地区特色和优势的、矿业开发与环境保护协调发展的新型矿业(清洁高效矿业)。"特色"是指在"世界屋脊"薄弱的经济基础上建立现代化矿业,实行跨越式发展。"优势"是指充分利用西藏优越成矿条件所形成的比较优势矿产(盐湖、地热、铜、金、铬、锑和建材等),运用先进科技和管理将资源优势转化为市场优势。除此之外,还应大力发展水电业、藏医药业、民族手工业等特色优势产业。

当前,信息化浪潮席卷全球,正在改变人类社会的生产和生活方式。信息网络把全球人类的社会经济活动紧密地联系在一起,全球信息化的浪潮进一步推动了经济全球化的进程。在这场全球信息化的浪潮中,任何国家与地区行动滞后,都会给自身的竞争力和社会经济活动带来不可弥补的损失。党的十五届五中全会提出:"以信息化带动工业化,发挥后发优势,实现社会生产力的跨越式发展"。这是中国共产党总结我国改革开放的丰富实践,抓住世界新技术革命的机遇,为实施邓小平同志提出的第三步战略目标而作出的重大抉择,党的十六大再次强调:"信息化是我国加快实现工业化和现代化的必然选择"。西藏经济跨越式发展必须要高度重视信息产业在现代经济结构中的地位及其作用的发挥。目前,西藏信息化程度很低,电视、电话覆盖率远低于全国其他省区,虽然网络覆盖不断扩大,但全区长途光缆总长度也只有 2.3 万公里,政府机关和企事业单位还未能有效地开展信息化工作。在看到落后现状的同时,应当认识到,信息化技术具有核心技术先进复杂,但公众应用却可以非常简单的特点,所需信息网络基础设施造价也相对低廉。同时,信息产品的传输和交易与传统的工农业产品不同,基本不受传输距离的影响。这就为地处边远地区,交通基础设施较差的西藏通过加快信息化进程,带动全区社会经济实现跨越式发展提供了一个难得的历史机遇。只要紧紧抓住信息化带来的机遇,顺应世界信息技术的发展潮流,大力推进国民经济和社会信息化,并通过信息技术的广泛应用,带动工业化的快速发展,同时解决农业产业化问题,充分发挥后发优势,西藏的社会生产力就一定能实现历史性的跨越。

5. 西藏经济社会跨越式发展,必须以促进产业聚集和提升产业竞争力为核心实施经济建设的地区非均衡布局

西藏地域辽阔,地形地势及气候条件十分复杂,大多数地域不适合人类居住和从事经济建设活动,西藏必须实行投资与发展的地区非均衡布局。关于怎样培育发展极,从而形成一个本地区的经济中心,本报告认为可采取以下策略:

(1)把"一江两河"流域以及北面的当雄、那曲所构成的三角形地带,作为西藏经济的一个大发展极。因为这一区域拥有相对便利的交通运输,比较集中和多样消费的人口等条件,在这一区域附近还存在着偏在性资源,如铬、硼等。就西藏广袤的地域来说,这一区域具有明显的工业区位优势,发展加工业可与自然资源开发、能源建设等匹配进行,劳动密集型和资金密集型的工业企业都比较容易形成。这个三角地带内的农业增长潜力也较大,且较其它地区更容易得到发展。另外非常关键的条件是,这个三角带内几乎囊括了西藏的全部科研单位,有人估计平均每万人中有专业技术人员 120~130 人,加上软科学人员,平均每万人中科技人员在 130 人以上。如果能够按系统工程、价值工程原理予以充分的组织和安排,对于建设西藏的发展极与增长点是有利的。

(2)划定三角形地带发展极的目的,是要促进西藏特色优势产业的聚集,通过聚集提升西藏特色经济的竞争力。产业集聚是市场经济条件下工业化进行到一定阶段后的必然产物,是现阶段产业竞争力的重要来源和集中体现。从国际范围看,产业集聚是工

业化进程中的普遍现象,在工业化国家竞争力强的产业通常采取集聚的方式,某类产品往往与某个城市的名字联系在一起。从国内一些产业集聚区的历史看,在起步阶段也曾经历过"村村点火,处处冒烟",到一定阶段后,才向特定区域集中,分工协作体系逐步深化。目前已经可以观察到这样的趋势:就同类产品而言,采取产业集聚方式的那些地方的竞争力,显著地强于没有采取这种方式的地方,而且出现了其他地区的企业向产业集聚地区转移的势头。如果说以前产业集聚与产业竞争力相关度还不高的话,现在和今后一个时期,这种关联度已经并将进一步增强。对大多数产业特别是制造业而言,在具有产业竞争力的地方,总是存在着一定形态的产业集聚;而没有形成产业集聚的地方,或者没有产业竞争力,或者曾经有过也会衰落下来。西藏经济跨越式发展,必须要充分借鉴国内外较发达地区的发展经验,本报告认为划定区域性增长极的目的,就是要在增长极范围内促成特色产业的集聚,以提高西藏特色经济在国内外市场的竞争力。如果不是这样,发展极的确定就没有多大的现实意义,也难以有效改变区内资金(特别是民间资本)、人才、自然资源等生产要素长期持续外流的趋势。区域性发展极内特色优势产业的有效集聚,将充分体现非均衡发展两个方面,即地区非均衡与部门非均衡的有机结合,讲产业发展一定要有产业集聚的概念。

(3)把拉萨市建成具有强大吸引和辐射效应的经济中心。拉萨市位置在三角形发展极之中,距泽当最近,至日喀则和那曲等距。"一江两河"经济区的18个主要县市有十几个分布在以拉萨为圆心,以110公里为半径的范围内,拉萨市不但是西藏政治、文化、科技中心,而且还是工业、商业中心和交通枢纽。其工业总产值占全区的50%以上,货物转运量占45%以上,电能状况较好,装机容量占全区50%以上(包括羊湖电站一期4.5万千瓦),人口素质也较高。根据国内外经验,一个区域中的某个城市有25~30万人口,即可形成一个经济自我滚动、投入比较合算的、具有吸引和辐射效应的经济中心。2008年拉萨城区人口为18.64万人,加上两个近郊县(堆龙德庆、达孜)为26.22万人,已经达到25~30万人口的区阶。考虑到人口与经济建设的匹配需求,输入高素质劳动人口是缩短进入人口合理区阶时限的可行方案。这样可促使自治区首府率先实现经济滚动,产生比现实大得多的吸引和辐射力。在大三角形发展极中,拉萨市的产业结构应向工业、交通、商业、服务业侧重。如果按照投资的密集程度进行全区经济布局的梯度划分,拉萨市是区内经济布局的第一梯度;除拉萨以外的三角地带发展极的其余地区,以及林芝、昌都地区是经济建设的第二梯度;以广大藏西北高原为主的其余地区是西藏经济布局的第三梯度,在这一梯度上以发挥生态环保效益为主来安排投资项目。

6. 作为跨越式发展目标的高级形式一元经济结构,必须是城乡一体化、农村城镇化、生活现代化的社会经济形态

二元经济结构中现代工业部门的扩大和传统农业部门的改造,产业结构的高度化,向更高层次的一元经济结构转换,是历史发展的必然趋势。典型和非典型二元经济结构都面临着一个共同的现实选择,即实现社会产值工业化的同时实现人口就业的工业化,这意味着二元经济结构必须通过农业人口的转移,推进产业结构的改变,推进城市化水平而改为三元或多元的现代化经济结构。

西藏虽然也曾采取过相同于全国优先发展重工业的作法,建立了成体系的现代部门,但不同于全国那样从农业中提取积累以支撑工业。而是由中央提供的财力、物力、人力来加以支持,是总体供给模式的一部分。时至今日,西藏的现代部门若无中央的支持,仅靠地区积累进行支撑也是不可能的。西藏经济结构的二元之间的关联度很低,哪一元在一定时间里增长或者萎缩对另一元的影响都不大。工业经济主要依靠中央和兄弟省市的供给,农牧业年成好坏不影响工业生产,工业生产好坏也于农牧业发展无直接关系。由于发展工业的资金由总体供给模式来解决,从而极大的缓解了积累源(一般形态是农业为工业提供积累)方面的诸多问题,从经济上调和了社会机制的二元矛盾。但是,无论是缓解还是调和,实际上最终形成了具有西藏特点的城镇、农村发展机制的二分局面。其后果是,传统部门长期徘徊于低水平均衡状态,农业人口非均质性扩散,现代部门对农业劳动力的转移起不到拉动作用。两大经济部门的"绝缘",使城乡差距持续扩大,城乡矛盾对立不断加剧。这是西藏社会现代化进程不可忽视的严重问题。西藏跨越式发展的最大战略性目标,就是要打破工与农,城与乡之间的两分局面,形成良性互动机制。

无论怎样,农业发展和农业人口转移在很长时间内都是西藏产业结构演化所必须首先考虑的问题,也是实现更高层的一元为主、多元化经济发展格局的关键问题。在很大程度上,西藏经济跨越式发展的实质就是西藏农村经济社会的跨越式发展。对此,本报告认为西藏农村经济社会需要走过一条种养科技化、农业机械化、经营产业化、结构非农化,乡村城镇化和生活现代化的循序推进的发展道路。西藏传统农业的增长主要靠土地量的扩张来实现,这造成生产技术进步缓慢,劳动生产率和土地产出率低下。随着整个社会经济的发展,在对农产品量的需求和质的追求愈来愈高,而土地、草场等农业资源日益紧缺的情况下,转向以技术进步为主要特征的集约型增长方式,就成为农业进一步发展的必然选择。因此,在种植和养殖中提高科学技术的应用水平,是西藏农村提高农牧业生产率的重要举措。在追求种养科技化的同时,农村经济还应努力推进农业机械化。

马克思曾指出:"各种经济时代的区别,不在于生产什么,而在于怎样生产,用什么劳动资料生产",足见生产工具在社会生产和社会发展中的重要作用。毛泽东同志也曾说过"农业的根本出路在于机械化"。而西藏目前分散的小农经济以传统的手工工具和人畜力为基础,不仅效率低下,而且无法做到社会化,毫无规模可言,在社会主义市场经济条件下必将遇到与农业市场化的矛盾。另外从提高农民生活水平的要求看,众多的农民挤在耕地上是不可能真正富裕起来的。因此必须要用现代装备改造农业,实现农业机械化,推动农业集约经营,扩大生产规模。农业械化是农村劳动力结构调整和产业结构调整的基本条件,是农业生产组织现代化的内在要求,是农业发展不可逾越的阶段。

西藏各地农业机械化的进程是缓慢而曲折的,受自然条件和人文因素的影响,目前西藏的农业机械化水平还非常低。但必须认识到,实现农业机械化是农村社会发展的客观规律,不以人的意志为转移。要及早纠正认识上的偏差,积极探寻适合西藏农业经济实际的农业机械化路子。种养科技化和农业机械化在西藏农业经济中是相辅相成、互为依托的两个方面,它们共同解决农牧业的生产效率问题。但是,要实现农业产品向农业商品的顺利过渡,提高农牧业经济效益,推动区内经济的产业结构调整,还必须要依靠经营产业化。实现经营产业化,是提升西藏农业经济发展水平的关键环节,西藏农业问题的实质,就在于农业的产业化水平太低,产业结构不合理,没有与国民经济其它部门形成良好的互动关系,在市场经济条件下农业的市场风险与管理难度都比以往明显增大。目前区内各地都还没有一个健全的农业产业体系,大多结构单一、布局不合理、规模小而分散,缺乏区域分工,产业内部没有形成良性循环,大量农业资源没有充分利用,生产、加工、销售不能很好地衔接。因此,积极推进农业产业化经营已成为西藏经济发展的紧迫任务。随着经营产业化的深入发展,农村经济必将迎来结构非农化的崭新发展阶段。

在本报告中,强调农牧业的基础性地位,并不意味着农业将永远是西藏经济的支柱,按照现代经济演进的规律,农业经济走向非农业化是必然的趋势。尽管西藏各地大多还是农牧业一元经济的简单结构形态,但随着经营产业化的深入,各地区将逐步形成种养加、产供销、贸工农、农工商一体化的生产经营体系,由此将带来加工业与流通服务业的极大发展,实现一元经济结构向二元经济结构的转化。随着整体经济生产效率的提升,在比较收益的拉动下,将有越来越多的劳动力从农牧业经济中转移出来,以本地资源为基础,从事其它特色优势的非农产业。在各种生产要素不断优化组合的过程中,西藏经济的产业结构与就业结构将总体上呈非农化趋势,二元经济经构逐渐又演化为以非农产业为主体的新的一元结构。结构非农化趋势与农村经济的乡村城镇化是同步进行、互为条件的。新兴产业的建立是城市化进程的核心动力,没有新兴产业的发展,城市化将只是人为地建造了没有"灵魂"的空壳城镇;反过来,适宜的城镇化进程又为新兴产业的发展提供了更为优越的发展条件,将促进西藏经济结构的非农化趋势加快演进。在稳定农业的基础上,全区经济农村非农化、城镇化发展的直接结果,就是广大农牧民收入极大增加基础上的生活的现代化。这意味着西藏最终按照跨越式发展的要求,实现了预期的发展目标,标志着西部大开发战略在西藏的成功实践。

(四)实现跨越式发展的保障机制

稳定是改革和发展的重要前提。在当代西藏,加快推进经济社会的跨越式发展,维护祖国统一、民族团结和社会稳定,实现社会局势的长治久安,是西藏最广大人民群众的根本利益所在。只有真正实现了社会的长治久安,才能不断开辟西藏发展生产力的前进道路,才能不断推动全社会的文明进步,才能实现好、维护好、发展好最广大人民的根本利益。所以,"有中国特色、西藏特点"发展路子实现顺利发展的保障机制,就是要创建并不断完善一个社会稳定的环境。必须把维护稳定作为硬任务和第一责任。建立起这个保障机制,真正实现西藏社会局势的长治久安,关键是做好以下四个方面的工作:

1. 加强国防建设

西藏自治区地处中国西南边疆,边境线漫长。长期以来,西藏边境不安宁因素较多,边防对敌任务繁重,蚕食与反蚕食、控制与反控制的斗争从未停止过。没有稳固的国防,就不可能有西藏社会的稳定。从和平解放时期以来,中国人民解放军驻藏部队牢固树立敌情观念和忧患意识,始终保持做好边防工作的紧迫感和使命感,大力加强军事训练,不断提高边防工作的水平,树立了驻藏部队威武之师的形象,使西藏边防成为显示国威、军威的"窗口"。

在长期的反分裂斗争中,驻藏人民解放军、武警边防部队始终站在反分裂斗争的前列,时刻保持高度警惕,忠实地履行着宪法赋予的神圣职责。驻藏部队坚强柱石的作用,严厉打击了分裂主义势力分裂中国、策划"西藏独立"的阴谋活动,鼓舞了西藏人民反对分裂、维护国家统一的士气,为西藏和全国的社会主义现代化建设创造了一个和平安定的环境。

改革开放以来,特别是进入 21 世纪以后,国家的经济实力显著增强,人民生活极大改善。经济发展的巨大成就为国防建设提供了必要的物质基础,国防现代化建设步伐要进一步加快。在新的历史时期,人民解放军驻藏部队坚决贯彻中央军委提出的"在军事准备上,由应付一般条件下局部战争向打赢现代条件特别是高技术条件下局部战争转变;在军队建设上,由数量规模型向质量效能型、由人力密集型向科技密集型转变"的战略方针,认真研究边防工作方法,不断开拓边防工作的新路子,必定是一项重要而长期的任务。在新时期,西藏人民武装、人民防空以及预备役部队建设也要有新的进展,各方面形成合力,把西藏边防建设成任何情况下都牢不可破的铜墙铁壁。

2. 深入开展反分裂斗争

西藏作为中国一个重要的边疆民族地区,自古以来就是祖国不可分割的一部分,西藏人民素有光荣的爱国传统。近代以来,由于帝国主义插手,西藏分裂主义形成一股势力。新中国成立以来,以美国为首的西方敌对势力,始终没有放弃敌视中国、遏制中国的基本政策。冷战结束后,他们把所谓的"西藏问题"作为西化、分化我国的战略突破口,把十四世达赖作为遏制我国的一张牌,支持并怂恿达赖分裂主义集团的分裂破坏活动。达赖分裂主义集团在国际反华势力支持下,从未停止其分裂祖国的活动。1989年以来,在中央的领导下,西藏党政军警民旗帜鲜明地反对分裂,针锋相对地与达赖分裂主义集团做坚决斗争,以实际行动维护了祖国统一,维护了民族团结,维护了社会稳定。20世纪80年代中后期,拉萨多次发生的骚乱闹事事件,以及2008年发生的"3·14"事件,都是境内外分裂主义分子在外国敌对势力的支持下,有计划、有组织、有预谋的活动。其实质是分裂祖国、反对共产党的领导、颠覆社会主义制度的严重政治斗争,是西藏长期存在的分裂与反分裂斗争的继续,也是国际敌对势力同社会主义国家之间的渗透与反渗透、颠覆与反颠覆、"和平演变"与"反和平演变"斗争的组成部分。大量事实表明,达赖集团丝毫没有改变他们分裂祖国的立场,成为国际敌对势力的反华工具,必须与其进行针锋相对的斗争。要采取揭露事实和充分说理相结合的办法,理直气壮地揭露达赖集团破坏祖国统一、破坏民族团结、破坏社会安定的种种罪行,使广大群众认清达赖集团的反动面目。

中央第五次西藏工作座谈会明确指出:达赖集团是代表旧西藏政教合一封建农奴主阶级残余势力、受国际敌对势力支持和利用、破坏西藏和四省藏区发展稳定、图谋"西藏独立"的分裂主义政治集团。西藏的党员、干部职工,特别是各级领导干部,必须思想明确,立场坚定,旗帜鲜明,坚定不移地带领群众把反分裂斗争进行到底。坚定不移地同达赖集团和国际反华势力分裂中国、搞"西藏独立"的图谋进行斗争,维护西藏稳定和发展,维护祖国统一和安全,是西藏工作的一项重要政治任务。当前和今后一个时期,要按照中央第五次西藏工作座谈会确定的"旗帜鲜明、针锋相对、掌握主动、争取人心、强基固本"的对达赖集团斗争的基本方针,紧紧依靠各族干部群众,坚持以两手对两手,立足长期斗争,讲究斗争策略,谋长久之策、行固本之举,下好先手棋、打好主动仗,牢牢掌握反分裂斗争主动权。坚持标本兼治,重在治本。在绝不放松坚决依法打击的同时,要加强基层、基础工作,加强意识形态领域的工作,逐步铲除达赖集团分裂活动的社会基础,实现长治久安。政治与经济、军队与地方、内政与外交等各条战线要紧密配合,协同作战,形成合力。

要始终坚持露头就打、果断处置的斗争原则,严密防范和坚决打击达赖集团的分裂活动,重点防范和打击达赖集团在境内制造的暴力恐怖活动,做到常备不懈,万无一失。加紧侦破地下分裂组织,及时打掉分裂势力的掩护据点。进一步加强政法机关和基层政法队伍的建设,加强隐蔽战线的工作,加强边境管理工作。反应要迅速,处置要果断,把问题解决在当地,解决在基层,解决在萌芽状态,坚决维护正常的社会秩序、生产秩序、生活秩序和宗教活动秩序。

3. 正确贯彻执行党和国家的民族政策,促进西藏各民族共同发展进步

中国共产党历来以实现国家的独立富强和中华民族的伟大复兴为己任,一直非常重视正确处理民族问题。在探索中国革命道路的过程中,以毛泽东为代表的中国共产党人,坚持把马克思主义民族理论的基本原理,与中国民族问题的具体实际相结合,正确观察、处理我国的民族问题,创造性地提出了一整套解决我国民族问题的纲领、方针和政策。全国解放以后,中国共产党坚持从国情出发,实行中国特色的国家结构形式,也就是在实行单一制的大前提下,同时实行民族区域自治。

1965年,西藏自治区成立。40多年来,西藏各族人民在中国共产党的领导下,在社会主义祖国大家庭中和各兄弟民族共同团结奋斗、共同繁荣发展,创造了在封建农奴制废墟上建设社会主义新西藏的伟大奇迹,谱写了从黑暗走向光明、从落后走向进步、从贫穷走向富裕、从专制走向民主、从封闭走向开放的辉煌篇章。特别是1989年以来,中国共产党在西藏进一步全面贯彻马克思主义民族理论指导下的新时期民族政策,坚持和完善民族区域自治制度,强调和坚持各兄弟民族"共同团结奋斗、共同繁荣发展"的民族工作主题,进一步巩固了平等、团结、互助、和谐的社会主义民族关系。

长期来看,要经常不断地开展马克思主义"四观"、"两论"教育,使全区各族干部群众牢固树立"三个离不开"的思想,珍惜长期形成的、彼此不可分离的亲密团结关系。无论哪个民族的干部,都要站在党和人民的立场上,摆脱民族偏见和地方偏见,坚持互相关心,互相尊重,互相学习,互相帮助,互相支持。各民族同志之间产生了意见分歧或

矛盾,要具体问题具体分析,是什么问题就按什么问题处理,切忌把什么问题都扯到民族问题上。对于蓄意破坏民族团结的言行,要及时予以揭露和批判,触犯刑律的必须依法制裁。随着社会主义市场经济的发展,藏族同汉族及其他民族之间的交流与合作必然越来越多。藏汉民族之间以及其他民族之间,相互帮助,相互依存,共同进步,谁也离不开谁的关系必然日益增强。这是经济社会发展和民族进步的客观需要和必然趋势,我们应该欢迎并促进这种趋势。同时,也要清醒地看到,由于利益关系、文化背景和风俗习惯不同,在交往中也难免会产生这样那样的纠纷和磨擦。对于这些人民内部矛盾,是什么问题就按什么问题处理,不要都扯到民族问题上去。总的原则,是要通过正确处理这些矛盾,达到增强团结,共同发展的目的。决不能用官僚主义的态度去对待,致使矛盾激化,更要严防分裂主义分子和封建复辟势力乘机蛊惑利用,混水摸鱼。

全面正确地贯彻执行党和国家的民族政策,最重要的就是必须按照宪法和《民族区域自治法》的规定,结合西藏的实际,进一步完善民族区域自治制度,保证西藏各族人民充分行使民族区域自治权利;同时,必须旗帜鲜明地维护祖国统一,坚决抵制和反对独立、半独立或变相独立的一切主张和行为。特别要对达赖集团鼓吹的所谓"西藏独立"、"高度自治"等主张保持高度的警惕,绝不能偏离宪法和《民族区域自治法》去另搞一套。否则,很容易被帝国主义和分裂势力所利用。为了更好地完善民族区域自治制度,落实好民族政策,当前要着重抓好以下具体工作:一要继续制定地方性法规。以四项基本原则为指导,以宪法为依据,根据西藏民族地区政治、经济和文化的特点,制定自治条例和单行条例,使宪法和《民族区域自治法》的有关条款具体化。二是要进一步完善自治区内各级人民代表大会制度,让人民充分行使当家作主的权利。自治区党委关于《进一步加强人大工作的意见》要认真贯彻执行,并要求各级党委、人大加强督促检查。三要大力培养具有共产主义觉悟的民族干部,包括党政干部和专业技术干部,这是执行民族政策和《民族区域自治法》的一个重要方面。四要进行民族团结教育,加强西藏各民族成员的国民意识培育。五要重视藏语文的学习和使用,自治区已有规定,各地区、各部门、各单位一定要狠抓落实。六要进一步加强西藏与内地的社会经济文化交流。进一步保护和开发各民族的文化资源,继承和发展各民族的优秀传统文化,并促进相互学习和借鉴,吸取新知识、树立新观念,增加各民族间的共同因素和社会主义的一致性,以不断巩固各民族的大团结。

4. 正确贯彻执行党和国家的宗教政策,确保正常的宗教活动秩序

藏传佛教在我国现有宗教中有着明显的自身特点,研究和认识这些特点,对于做好

藏传佛教工作是十分必要的。第一，藏传佛教主要是藏族等少数民族群众信仰的宗教，宗教问题往往和民族问题交织在一起。第二，藏传佛教信教群众聚居地区，大都是边远和经济文化不发达的地区。群众的宗教信仰对当地经济文化发展有着广泛而深刻的影响。第三，在藏族等信仰藏传佛教的少数民族中，信教群众占本民族人口总数的比例大，信仰虔诚。第四，在藏传佛教的两大活佛中，坚持爱国主义的十世班禅大师不幸圆寂，坚持分裂主义的十四世达赖流亡国外。达赖集团的分裂主义活动往往打着民族、宗教的旗号，对境内藏区进行渗透和破坏，欺骗性、危害性很大。藏传佛教的这些特殊性，决定了正确处理好宗教问题、做好宗教工作在藏区有着特殊重要的意义。它关系到藏区的稳定，关系到祖国的统一和民族的团结，关系到藏族以及信仰这个宗教的其他民族的发展和繁荣，归根结底也关系到国家的长治久安。实践证明，西藏的宗教工作做好了，可以促进藏区的稳定和发展，反之就会造成不良的影响，甚至可能引起矛盾和冲突，造成社会动荡不安。中央第五次西藏工作座谈会同时召集了西藏、四川、青海、甘肃、云南五省区的党政领导同志同时参加，说明在新形势下实行五省区联动反分裂反渗透的重要性。应当高度重视这一工作在各个层面，尤其是在宗教问题上对五省区的联动关系，探讨和建立在中央统一部署下的工作机制，可以在理论界、政策研究部门开展研究，提供决策咨询。

2002年，自治区党委回顾了和平解放50年来西藏宗教工作正反两方面的经验，总结了20世纪90年代以来特别是全区深入开展寺庙爱国主义教育的经验后，提出了"划清正常宗教活动和利用宗教从事分裂活动的界限，各级党政组织、广大党员干部要积极承担起引导群众崇尚科学文明，追求社会进步的责任"的政策原则和工作要求（简称为"划清两个界限，尽到一个责任"）。这既是西藏宗教工作必须坚持的政策原则，也是对各级党政组织和广大党员干部的工作要求。"划清两个界限，尽到一个责任"说到底，就是保护合法，打击非法，尊重信仰，严肃纪律，履行职责。对"划清两个界限，尽到一个责任"，要完整理解，全面把握：保护正常宗教活动，打击利用宗教从事分裂活动，尊重群众有宗教信仰的自由，共产党员不得信仰宗教，引导群众崇尚科学文明、追求社会进步，是一个有机的整体。对于普通群众，不能按照党员的标准去要求，但当今社会，崇尚科学文明、追求社会进步已经成为人类的共识和世界的潮流，西藏经济社会的发展也要依靠科学文明的进步，各级党政组织和广大党员、干部必须带领群众顺应历史发展的趋势，尽到引导群众崇尚科学文明、追求社会进步的责任。

要清醒地认识到，在西藏全面贯彻党的宗教信仰自由政策，保护合法的宗教活动，并不是要扩大宗教阵地，甚至助长宗教狂热，一定要把握好这个度。要看到，现在经济发展了,生活改善了,交通方便了,在这种情况下,尤其是在西藏这样一个宗教氛围很浓的地方,参与宗教活动的人很有可能增多。一定要保持清醒头脑,对工作有所预见。西藏宗教活动场所、宗教职业人员已经满足了信教群众的需要,不得乱建滥招;尊重传统的宗教活动,不得搞新花样。各级党政组织一定要按照这"两条底线",尽到责任,做好工作,在经济发展群众富裕后,引导好社会资源的合理流向和配置,始终以跨越式发展和全面建设小康社会这个宏伟目标,以"三个文明"建设来引导广大人民群众。还要认真抓好寺庙管理工作。寺庙是藏传佛教的活动场所,又是特殊的社会实体,要认真调查研究,加强分类指导,本着"团结、教育、引导、帮助"的原则,把管理工作切实落到实处。管理的目的是为了保证党的宗教信仰自由政策的真正落实,更好地依法保护寺庙的合法权益,保护僧尼的正常教务活动和信教群众正常的宗教生活;防止不法分子利用宗教活动制造混乱,违法犯罪;抵制境外分裂主义分子利用宗教进行渗透和破坏活动。

在西藏,意识形态领域是反分裂反渗透长期的一个主战场,"四观"、"两论"的教育应该覆盖到各个层面,长期不懈地抓实抓好。除了党员干部、机关公职人员要不断学习,掌握"四观"、"两论"的基本内容外,还应当在广大基层干部、群众中通过通俗的大众化"四观"进行不间断教育和引导,特别是对学生、青少年这个事关未来的特殊人群,要从小就抓"四观"、"两论"的教育。应当组织一定的力量,有针对性编写适合于各个不同人群阅读的读物,潜移默化,润物无声地指导、帮助人们树立正确的"四观",持之以恒,引导更多的干部、群众、青少年从浓烈的宗教氛围中选择正确的思想认识,选择正确的人生道路。那种认为在西藏不宜普及马克思主义的说法是不对的,事实上自西藏和平解放以来,我们党通过各种形式已经培养了越来越多认知马克思主义,选择正确思想认识的干部职工以及许多的青少年。各有关部门、各级党政组织,在长期错综复杂的情况下,决不能放弃在意识形态领域中我们的阵地,而是应当占领、巩固、扩大我们的阵地。

"中国特色,西藏特点"的发展路子,其本质是中国共产党理论创新的一个组成部分,是马克思主义中国化在新世纪的一个体现,是做好西藏工作从理论到实践的一项活动。站在党和国家全局的战略高度上,把握这个认识的精髓,充分认识其理论指导的价值,并在实践中结合工作实际不断探索创新,创造新的业绩,应当成为西藏广大党员干部的共识。

(执笔:孙 勇 王代远 肖小康)

中 篇

大力实施"一产上水平、二产抓重点、三产大发展"经济发展战略[*]

迄今为止,经济发展战略在理论上仍是一个不十分清晰的范畴,这一范畴首先是在经济实践中借用军事术语而形成的一个概念,在经济理论上对它的认识尚不一致。这主要是由于两方面的原因,一方面,经济发展战略在理论上被明确提出是不长时间的事情,在经济学中虽已被广泛引用,但却仍是一个较新的学术用语;另一方面,经济发展战略概念自军事学引入经济学领域之后,迅速形成了一个"泛战略"热潮,几乎经济学的各领域,经济实践中的各部门,从宏观到微观,均大量使用经济发展战略概念。从宏观上可以有一国经济发展战略,从微观上可以有企业发展战略,从开放性上可以有国际发展战略,从内部结构上又可以有种种部门、行业、地区发展战略等等,从而使人们往往忽视或淡化了经济发展战略本身的基本含义。

本报告[①]认为,经济发展战略是指对一个国家或地区的社会经济从不发达到发达整个发展过程的全局的、重大的、根本性的谋划。对于这一定义需要特别说明两点:第一,经济发展战略核心是指经济生活领域的发展战略,但作为长期的发展,必然包含丰富的非经济生活变化,因此,人们有时也称其为"社会经济发展战略"。其实只要明确经济发展战略的核心地位,同时承认经济发展的社会整体进步性,使用"经济发展战略"或"社会经济发展战略"两个概念均无大的差别,前者突出了社会发展战略的关键

---

[*] 原名《大力实施"一产上水平、二产抓重点、三产大发展"经济发展战略的调研报告》,系2008年西藏自治区社会科学院重大课题的子课题。

[①] "本报告"在该篇中特指《大力实施"一产上水平、二产抓重点、三产大发展"经济发展战略的调研报告》。

性,后者表明了社会发展战略内容的全面性。第二,"经济发展战略"既然是指社会经济实现发展的战略,因此,必须以社会为运动主体。这里的"社会"既可以指整个社会,整个国民经济,也可以按不同经济领域、不同地区加以分类,划分为不同的社会子系统,制定不同经济领域、不同地区的社会经济发展战略。

西藏作为我国最不发达的地区之一,确定适宜的经济发展战略,有着非常重要的现实意义。经济的现代化是整个社会现代化的基础,而在经济现代化的发展中,经济发展战略又有着决定性的作用,因为经济发展战略是关系到经济发展全局的根本性的谋划。对于一个经济落后的发展中地区来说,实现经济现代化,其特殊的历史内涵便是尽快实现经济赶超。在这种从不发达的落后经济向较发达的经济状态转换的过程中,从国民经济全局及整个发展的历史要求出发,从战略上明确发展目标和措施,有着生死攸关的意义。因此,确定适宜的经济发展战略是实现西藏经济社会现代化的关键。

西藏经济发展战略的主要内容应当包括两大方面,一方面是关于经济发展战略目标的选择,具体又可进一步分解为:对实现发展的条件及可行性的分析;对经济发展战略指导思想的明确;对一定时期经济所要达到的基本目标的确定;对总体目标的逐段分解以及把分解目标有机地衔接;对所制定的目标的不断调整等等。另一方面是关于实现经济发展战略目标的途径、措施的制定,具体又可分解为:为实现发展所创立的体制条件;实现发展所采取的不同步骤;不同阶段所要强调的不同重点;为保证战略目标、重点、步骤的实现需要制定的主要宏观、微观经济政策等等。

2007年以来,通过自治区党委书记张庆黎的报告,西藏自治区确立了"一产上水平、二产抓重点、三产大发展"的经济发展战略。这个经济发展战略是本着实事求是的思想路线,根据西藏的区情实际提出来的,它的确立是西藏深入学习实践科学发展观的重大成果。

首先,这个经济发展战略牢牢抓住了经济发展问题的核心,即产业建设三大要素以及产业建设的目标任务。产业是介于企业和国民经济之间的经济主体,是一个国家或地区调控经济发展方向和方式的重要关注对象之一,产业发展的规模和水平对于国家或地区经济实力的增强、经济地位的提高以及人民生活水平的提高具有十分重要的影响。经济发展包含数量扩张、结构转换和水平提高三方面的内容,这三方面是相互联系、相互依存、相互促进的,而且产业结构转换在其中起到决定性的关健作用。一般认为,产业结构转换必然带来生产要素按比较利益原则在各产业间流动,使生产要素的利用效率得到不断提高,从而促进整个社会生产力的进步和经济发展水平的提高。从历史上看,凡是产业结构转换较快的国家和地区,如英国、美国、日本,都曾经通过产业结构的快速转换,促进了本国经济迅速发展。中国自改革开放以来,通过产业结构转换和制度创新,经济发展也取得了举世瞩目的成就。很明显,由自治区党委书记张庆黎提出,自治区确立的"一产上水平、二产抓重点、三产大发展"的经济发展战略十分准确地抓住了"产业建设"这个发展经济的关键问题,而且通过目标任务充分表达了积极推进产业结构转换的战略意图。

其次,这个经济发展战略准确地把握了西藏现阶段社会生产力的发展水平,与西藏经济跨越式发展关于"以营造特色经济优势为战略目标来组织实施产业经济非均衡发展"的基本要求相吻合。"一产上水平、二产抓重点、三产大发展"的经济发展战略首先表达了对西藏当前社会生产力水平的一个基本判断:西藏农牧业经济十分落后,传统的自给自足的自然经济特征仍然十分突出,农牧业生产的基础条件薄弱,农牧业增效、农牧民增收面临很大的困难,农牧业经济需要尽快提升发展水平;工业经济是西藏国民经济的薄弱环节,从区位环境和经济发展基础来看,西藏在相当长的时期内不可能建立起实力雄厚、市场竞争力强大和门类齐全的工业经济体系,而只能立足资源优势,集中有限的力量,有选择的重点发展一些工业行业;西藏第三产业的发展速度较快,占国民经济的份额也比较大,但是发展水平比较低,目前也面临着增长速度逐渐放缓的问题,急需提升发展水平、优化产业结构、拓宽新的发展空间。国家西部大开发战略认为,在传统工业类产品全球性过剩的买方市场条件下,西部地区在市场上具有竞争优势的是独具特色的农业、特色旅游业、医药、民族手工业、能源、优势矿产品、特色资源加工品等。企业到西部地区投资发展,这些产业将是企业投资中首选的领域。按照西部大开发战略的要求,按照中央第四次西藏工作座谈会推进经济社会跨越式发展的总要求,西藏自治区必须以营造特色经济优势为战略目标来组织实施产业经济的非均衡发展。而"一产上水平、二产抓重点、三产大发展"经济发展战略,就是要根据自身的地理和气候条件、区内的资源和物种特点,以市场为导向,立足发挥自身优势,调整和优化产业结构,建立具有发展前景的特色经济和优势产业,培育和形成新的经济增长点。这是与国家西部大开发战略基本要求相吻合,体现了尊重客观发展规律的科学决策。

再次,这个经济发展战略明确展示了今后一段时期西藏经济发展所要实现的目标任务,也明确规定了现阶段推进西藏经济现代化进程的具体方式。从长远来看,西藏经济社会跨越式发展的最终目标是实现城乡一体化、农村城镇化、生活现代化的社会经济形态。但是,现阶段的发展目标还只能定位于:围绕农牧业增效和农牧民增收这个中心,提升农牧业经济的发展水平;立足资源优势,有选择地发展壮大若干个工业经济门类,形成有西藏特色的工业经济体系;拓宽服务业发展空间,提升服务业发展水平,在旅游服务业这个龙头的带动下实现第三产业大发展。经济发展战略对于经济发展方式的规定,至少体现在两方面:一方面,一定社会的经济发展战略从经济发展的内在要求上集中体现着对经济体制的要求,也就是说,规定着实现经济发展的体制方式和政策方式。另一方面,一定社会的经济发展战略规定着物质文明现代化进程的经济增长方式和发展方式。就经济增长方式而言,是采取外延式的以规模扩张为特征,进而以粗放增长为代价的增长方式为主,还是采取内含式的以集约化为特征,进而以技术进步为条件的增长方式,从根本上说,取决于一定经济发展战略目标的要求和经济发展战略步骤的规定;就经济发展方式而言,是采取均衡发展还是采取非均衡发展方式,是采取基本内向型发展还是采取基本外向型发展,或是采取两者相结合的发展方式,是采取进口替代战略还是采取出口替代战略,等等,事实上都直接取决于经济发展战略的要求。"一产上水平、二产抓重点、三产大发展"的经济发展战略不仅抓住了产业建设这些个重点,明确规定了现阶段经济建设的具体目标,而且也规定了阶段性的经济发展的体制方式、政策方式,包含了在适当时机积极转换经济发展方式的战略诉求。因此,这个经济发展战略在构成的内容体系上是完备的。

综上所述,用"一产上水平、二产抓重点、三产大发展"来指称当前西藏构建设定的经济发展战略,是一种让人民群众易于理解、各级政府易于把握的经济战略要素的概括与凝练。

2010年1月召开的中央第五次西藏工作座谈会进一步完善了当前和今后一个时期西藏工作的指导思想。胡锦涛强调,这个指导思想,突出强调要推进西藏跨越式发展。西藏要实现全面建设小康社会的奋斗目标,必须推动经济社会更好更快更大发展,夯实建设社会主义新西藏的物质基础,同时必须把中央关于西藏发展的决策部署同西藏实际紧密结合起来,转变发展观念、创新发展模式、提高发展质量,充分发挥自身优势和潜力,使跨越式发展建立在科学发展的基础之上。按照第五次西藏工作座谈会的精神要求,本报告认为,在当前和一个时期内,要实施好"一产上水平、二产抓重点、三产大发展"的经济发展战略,必须明确一个目标、进行三大突破、推进一个转变。明确一个目标指的是,要明确"十二五"期间以及到2020年西藏经济的发展目标。进行三大突破是指:持续深入推进社会主义新农村建设,取得"一产上水平"的重大突破;按照新型工业化道路的基本要求,建立有西藏特色的工业经济体系,取得"二产抓重点"的重大突破;以旅游业为龙头,大力发展服务业,取得"三产大发展"的重大突破。推进一个转变,指的是按照科学发展观的总体要求,积极推进西藏经济发展方式的转变。

一、"十二五"时期以及到2020年的经济发展目标

(一)西藏自治区截至"十一五"期间奠定的经济发展基础

1. 西藏"十一五"前三年的发展历程与成就

"十一五"时期的国民经济和社会发展自2006年以来经历了开局的喜人景象,到2007年西藏经济社会各方面都取得了前所未有的成绩。到2008年受"3·14"事件、仲巴地震、当雄地震、山南等地罕见暴雪以及国际金融危机、国内罕见特大自然灾害等多重因素交织影响,西藏经济发展面临较大困难。但是西藏经济社会各方面在"十一五"前三年总体上保持了卓有成效的发展势头。

(1)全区经济保持了跨越式发展的良好势头,产业结构日趋合理。如图1所示,2006年西藏实现生产总值(GDP)290.05亿元,2008年全区实现生产总值395.91亿元,年均增长17%。其中:2006年三次产业增加值分别为51.04亿元、80.03亿元、158.98亿元,2008年三次产业增加值分别为60.51亿元、115.76亿元、219.64亿元,年均增长分别为9%、20.4%、17%。2006年人均GDP为10396元,到2008年人均GDP为13861元,年均增长15%,高于全国平均增长速度。

图1 2006~2008年西藏地区生产总值增长图

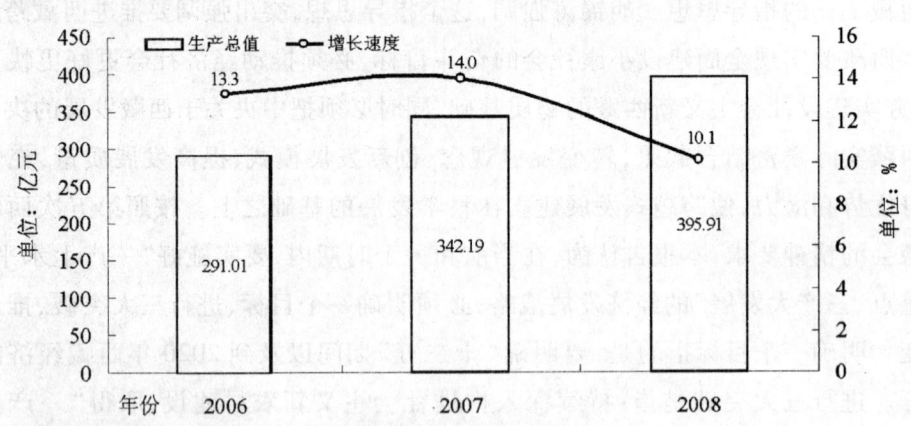

注:生产总值为当年价,增长速度为可比价。

资料来源:根据2009年《西藏统计年鉴》绘制。

如图2所示,在全区生产总值中,2006年三次产业增加值比重分别为17.5%、27.5%、55.0%,2008年三次产业增加值所占比重分别为15.3%、29.2%、55.5%,与

2006年相比,第一产业所占比重下降2.2个百分点,第二产业提高1.7个百分点,第三产业提高0.5个百分点。第二产业比重日益提高,第一产业继续下降,结构日趋合理。

图2　　　　2006～2008年西藏三次产业比重图

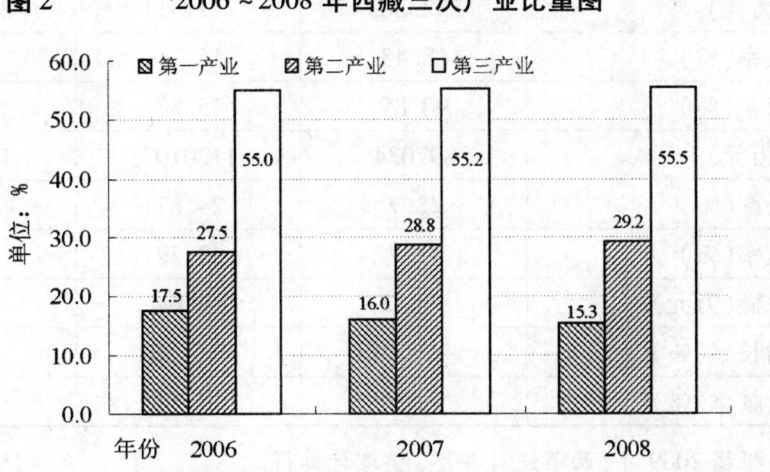

(2)西藏农牧业经济得到了大发展,新农村建设扎实推进。农牧区建设取得巨大成就。"十一五"前三年,全区完成了农牧民安居工程新建和改扩建任务分别为4.7万户、5.6万户、5.78万户,年均增加5.36万户,农牧民居住条件显著改善。农村配套设施建设取得重大进展,"十一五"前三年,累计解决了138个乡和1394个行政村通公路问题,年均解决46个乡、465个村;解决56.7万农牧民用电问题,年均解决18.9万人;解决了90.28万人的饮水安全问题,年均解决30万人;新增2445个行政村通电话,年均新增815个。

农林牧渔业生产总值2006年为704765万元,2008年为884518万元,绝对值增加179753万元,年均增长8.4%。农作物种植结构不断完善,粮食作物种植面积由2006年的171.66千公顷减少到2008年的170.63千公顷;油料作物和蔬菜种植面积不断提高,分别由2006年的24.12千公顷和18.99千公顷增加到2008年的24.73千公顷和20.14千公顷。

(3)"三驾马车"中投资和消费成为拉动经济增长的重要因素。根据测算,在拉动经济增长的"三驾马车"中,投资和消费是拉动西藏经济增长的重要力量,且消费对经济增长的贡献作用呈现稳中有升的态势。

表 1　　　　　　2006～2008 年西藏经济增长的"三驾马车"

项目 \ 年份	2006	2007	2008
投资额(万元)	2323503	2711811	3099304
投资增长率(%)	18.43	16.71	14.29
投资贡献率(%)	90.85	75.87	72.13
消费额(万元)	897034	1120107	1290825
消费增长率(%)	22.7	24.87	15.24
消费贡献率(%)	41.7	43.59	31.78
净出口总额(万元)	90512	189394	450898
净出口增长率(%)	-10.48	109.25	138.07
净出口贡献率(%)	-2.75	19.32	48.68

数据来源:根据 2009 年《西藏统计年鉴》整理计算得。

从表 1 可以看出,从绝对额来看,2006 年投资总额为 2323503 万元,2008 年为 3099304 万元,绝对值增加 775801 万元,增长了 1.3 倍,年均增长 16.48%。2006 年消费为 897034 万元,2008 年为 1290825 万元,绝对值增加 393791 万元,增长了 1.4 倍,年均增长 20.94%。2006 年净出口总额为 90512 万元,2008 年为 450898 万元,绝对值增加 360386 万元,增长了 4.98 倍,年均增长 123%。"三驾马车"绝对额都大幅增加,其中,净出口总额的年均增速较快,投资和消费增加值增长较快。

图 3　　　2006～2008 年"三驾马车"贡献率趋势图

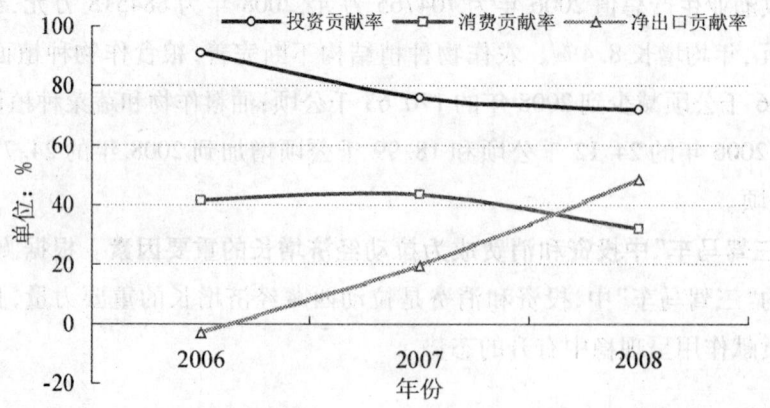

数据来源:根据表 1 绘制。

从贡献率来看,投资对经济增长的贡献率最大(见表1、图3),"十一五"前三年一直保持高位运行,消费对经济增长的贡献率比较平稳,但小于投资贡献率大于净出口总额贡献率,净出口对经济增长的贡献率波动较大。从总体上看投资和消费贡献率较大。从以上两个方面看,"十一五"前三年投资和消费成为拉动经济增长的重要因素,这完全得益于"十一五"规划的安排。

(4)**人民生活水平稳步提高,生活质量进一步改善**。西部大开发战略实施以来,自治区党委、政府高度关注民生,针对农牧民和城镇低收入家庭,不断实施积极的就业政策,大力开展就业服务,城镇登记失业率一直控制在一个较低的范围内。

表2　　　　　　　　　　2006~2008年西藏城乡居民人均收入表

项目 年份	农牧民人均纯收入		城镇居民人均可支配收入	
	绝对数(元)	增长率(%)	绝对数(元)	增长率(%)
2006	2435	17.2	8941	6.3
2007	2788	14.5	11131	24.5
2008	3176	13.9	12482	12.1

数据来源:根据2009年《西藏统计年鉴》整理得。

从表2看,西藏农牧民人均纯收入由2006年的2435元增加到2008年的3176元,增长了1.3倍,年均增长15.2%;城镇居民人均可支配收入由2006年的8941元增加到2008年的12482元,增长了1.4倍,年均增长18%。尤其是近三年来随着西藏社会主义新农村建设的大力推进,积极推进农牧民安居工程,已有20万户、百万农牧民住进了安全适用的新房。到2008年,农村居民人均居住面积达到22.83平方米,城镇居民人均居住面积达到33.00平方米。目前,从城镇到农村都已初步建立起社会保障体系。2008年西藏农牧区"五保户"的供养标准达到1600元。2006年西藏人均收入低于800元的农牧民全部纳入最低生活保障,在全国率先建立了农牧区最低生活保障制度。

(5)**区域经济格局发生改变,以产业关联和产业集中为主要特点的经济功能区正在形成,经济发展方式初步实现优化升级**。2006年青藏铁路的建成运营给西藏区域经济格局带来两个方面的变化:一是提升了西藏在全国的区位,使西藏自治区由最落后封闭的省区变为西部对南亚开放的前沿;二是促使了区内的经济要素合理流动和资源优化配置,经济极化过程加速。青藏铁路使那曲地区由纯牧业地区转为藏北和藏西重要的物资集散地,将成为西藏最大的物流中心地,原有的北部经济区与中部经济区逐渐融为一体。"十一五"前三年,随着国家投资778.8亿元在西藏建设包括拉萨至日喀则铁路在内的180个项目的实施,以拉萨市、日喀则地区、山南地区、林芝地区、那曲地区为主的西藏中部经济区雏形开始显现。该区域集中了全区近80%的人口,聚集了全区绝大部分优势矿产、能源电力、建筑建材、藏医藏药、绿色食(饮)品和民族手工业及以旅游业为龙头的第三产业,各产业间以科技、市场、龙头企业、中介组织为导向的关联度日益加强,有望建成为全区特色农牧业产业带、精品旅游走廊、加工业核心区和对外开放的前沿,形成核心经济区。而东部的昌都地区在传统上主要依靠商贸优势建立的与中部经济区的经济关系在青藏铁路建成通车后有减弱的趋势,今后的发展将按照"靠西朝东、接轨东南"的原则,积极融入成渝经济圈。密切与周边省份的联系与合作,在保护好藏东南高原边缘森林生态功能区的同时,以特色资源开发为重点,发挥旅游、生物、水能和矿产资源优势,逐渐打造成"大香格里拉生态旅游经济区"和重要的水资源、有色金属矿产开发基地。以阿里地区为主的藏西北,由于交通相对闭塞、生态环境脆弱,社会发育水平较低,从科学发展、可持续发展战略角度考虑,应主要实施好退牧还草生态保护工程,尽量减少人类活动的干扰,切实保护好藏北羌塘高原荒漠生态功能区。随着219国道、通县油路建设步伐的加快和阿里昆莎机场建成通航后,密切与中部地区的联系,将形成以畜牧业为主的西部经济区,依托龙头企业带动特色畜产品加工业,同时,发挥该区域所具有的连接新疆、毗邻边境对外开放区位优势,积极实施商贸兴边战略,促进外向发展。

(6)社会事业发展步伐明显加快。"十一五"前三年,自治区把更多的精力、更多的资金向社会发展领域倾斜,到2008年投向教科文卫事业的资金达到80亿元,促进了社会事业的快速发展。教育得到优先发展。不断改善办学条件,认真落实"三包"政策,全面实现"普六",全面扫除青壮年文盲,又有7个县完成"普九"。高度重视学前教育,大部分县实现了有幼儿园的目标。大骨节病区学生异地集中就学任务基本完成。内地办学高中招生规模进一步扩大。职业教育快速发展。高等教育质量进一步提高,西藏大学进入全国"211工程"重点建设行列。公共卫生事业加快发展。投资1.2亿元,改扩建地区妇幼保健医院和人民医院各5所,建设了20个县藏医院、2个县卫生服务中心、6个县级疾控中心。农牧民免费医疗补助标准提高到140元。进一步充实了基层医疗卫生队伍。积极实施大骨节病区群众搬迁和"碘盐入户行动",传染病、地方病的防治工作得到加强。公共卫生应急能力明显提高。人口和优生优育工作进一步加强。科技支撑能力进一步增强。实施"金牦牛、金太阳科技工程"等科技项目,加速科技成果向现实生产力转化,为发展特色产业、改善农牧民生产生活条件发挥了重要作用。科技特派员工作继续推进。科普工作不断深入。知识产权保护工作得到加强。文化事业蓬勃发展。基层文化设施建设力度进一步加大,建设了11个县综合文化活动中心、30个乡镇综合文化站和20个农家书屋。西新工程、广播电视"村村通"工程和文化信息资源共享工程进展顺利。以展现西藏改革开放30周年、喜迎奥运为主题,推出了一批优秀文化产品。文化事业稳步发展。"三大文物"保护维修工程基本完成,"十一五"重点文物保护工程不断推进,第三次全国文物普查和非物质文化遗产普查保护工作全面展开。完成了119个农村体育健身工程项目建设。生态环境保护与建设不断加强,完成了《西藏生态安全屏障保护与建设规划》的评估上报工作和西藏生态补偿研究,天然林保护工程、自然保护区建设和湿地保护工程稳步实施,森林生态效益补偿扩面工作加快推进,节能减排工作扎实开展,饮用水水源环境保护不断加强,农牧区环境保护得到重视,环境保护执法监管力度不断加大,全区第一次污染源普查工作基本完成,第二次土地调查工作稳步推进,可持续发展能力进一步增强。

表3　　"十一五"末西藏经济社会各项发展指标结果预期表

	2008年实现值	2006~2008年实际年均增长率	2010年预期值	"十一五"期间年均增长目标	预期目标完成状况
地区生产总值(亿元)	395.91	12.50%	440	12%	超额完成
人均地区生产总值(元)	13861	11.20%	15100	10.70%	超额完成
地方财政一般预算收入(亿元)	24.88	–	24	15%	已完成
第二产业增加值占GDP比重(%)	29.2	5.00%	30	–	超额完成
城镇居民人均可支配收入(元)	12482	14.30%	12000	7.50%	超额完成
农牧民人均纯收入(元)	3176	15.20%	3820	13%	超额完成
千人拥有卫生技术人员(人)	3.05	-2%	3.48	–	接近完成
城镇登记失业率(%)	4.3	0	5	–	可完成
全区总人口(万人)	279.23	14‰	293	11‰	–

数据来源:2008实现值来自于2009年的《西藏统计年鉴》;2010年预期值、"十一五"期间年均增长目标均来自《西藏自治区"十一五"时期国民经济和社会发展规划纲要》;其他数据由报告执笔人计算得出。

2."十一五"期间的发展结果预期

西藏经济自"十五"时期以来进入平稳持续高增长阶段。我们以2008年的数据为基数,以2006~2008年年均增长变化趋势为基数,分别对地区生产总值、人均地区生产总值、地方财政一般预算收入、第二产业增加值占 GDP 比重、城镇居民人均可支配收入、农牧民人均纯收入、千人拥有卫生技术人员、城镇登记失业率、全区总人口等项按照"可能"的预测值进行了到2010年的预测,并与"十一五"规划中的2010年的目标进行了对比,对比的结果为这些指标都可以超额完成"十一五"规划中的2010年的目标,地方财政一般预算收入到2008年已经完成"十一五"规划中2010年的目标,千人拥有卫生技术人员、全区总人口要低于"十一五"规划中的2010年的目标(见表3)。

(二)当前西藏经济发展面临的机遇和挑战

"十二五"时期是西藏继续推进经济社会跨越式发展,实现全面建设小康社会目标的关键时期。在这个时期,需要战略性基础设施建设继续迈出实质性步伐,为跨越式发展夯实基础;需要继续加快发展优势产业和特色经济,培育跨越式发展持续动力;需要继续加快改革开放进程,为跨越式发展创造良好外部环境和体制条件。要紧紧抓住这一关键时期,实施好"一产上水平、二产抓重点、三产大发展"的经济发展战略,必须充分把握发展的机遇和有利条件,也要继续克服挑战和不利条件。

1. 西藏经济发展面临的机遇

(1)国家转移支付力度将会继续加大,特殊的优惠政策将会继续执行。针对西藏经济发展的特殊情况,中央第四次西藏工作座谈会制定了一系列扶持政策并落实了重大项目安排,这是西藏近十年经济快速发展的重要条件之一。2010年1月,中央第五次西藏工作座谈会明确:继续保持中央对西藏特殊优惠政策的连续性和稳定性,进一步加大政策支持和资金投入力度。继续执行并完善"收入全留、补助递增、专项扶持"的财政政策,加大专项转移支付力度,对特殊民生问题实行特殊政策并加大支持。继续实行"税制一致、适当变通"的税收政策。加大金融支持力度,继续维持西藏金融机构优惠贷款利率和利差补贴等政策。加大中央投资力度,继续扩大专项投资规模,中央投资要向民生领域倾斜,向社会事业倾斜,向农牧业倾斜,向基础设施倾斜。加大人才培养力度,培养更多当地急需的各类专业人才。落实西藏干部职工特殊工资政策,完善津贴实施办法,并按全国规划津贴补贴的平均水平相应调整西藏特殊津贴标准。加大对口支援力度,继续坚持分片负责、对口支援、定期轮换的办法,进一步完善干部援藏和经济援藏、人才援藏、技术援藏相结合的工作格局。随着中央第五次工座谈会的召开以及相关优惠政策的落实,对西藏"十二五"期间以及到2020年的西藏经济发展将会产生更大的积极影响。

(2)深入学习实践科学发展观,贫困人口和重点环保地区将得到更多的关注。全国和西藏目前正在深入贯彻落实科学发展观,这将为西藏"十二五"期间以及到2020年经济社会发展奠定思想基础。科学发展观是以人为本和全面协调的可持续发展,比以往更加强调满足人全面发展的需要,更加强调贫困人口、落后地区的发展问题,更加强调环境保护和人与自然的和谐发展问题,更加强调政府对于解决上述问题的责任和作用。由于西藏贫困人口比重较高和环境保护地位突出,科学发展观所要求的国家战略和体制的调整,将对西藏的发展更为有利。特别是中央第五次西藏工作座谈会明确提出,要更加注重改善农牧民生产生活条件,更加注重提高基本公共服务能力和均等化水平,更加注重保护高原生态环境,这非常有利于缩小城乡差距和促进西藏的可持续发展,使各族人民充分享有改革发展的成果。

(3) **国内经济结构发生阶段性变化,有助于强化西藏资源禀赋的比较优势**。我国经济正在步入消费结构升级带动的重化工业发展阶段。国内消费结构升级,对于绿色生态产品的需求增加。重化工业加快,加大了对能源和矿产资源的需求。旅游业迅速发展,凸显了西藏的自然和人文资源优势。进入新世纪以来,西藏农牧业连年丰收,以特色资源为基础的特色产业发展已经具备一定基础,旅游业发展方兴未艾。只要这些方面的发展能够与内地的经济发展态势和市场结构变化形成互动,就可以加快西藏经济社会的发展,带动规模不大的人口较快地进入全面小康社会。

(4) **以交通为核心的基础设施明显改善,发展条件更加有利**。经过多年来基础设施的大规模建设,特别是"十一五"期间,青藏铁路支线已开工建设,阿里机场已建成启用,这将给西藏交通带来革命性变革,能源和通信等基础设施也初具规模。"十二五"期间,西藏将进一步加大开放力度,加强西藏与内地的经济联系,增强投资者的信心,提升西藏自我发展能力,将会促进西藏经济从供给型、输血型向市场型、造血型转变,实现跨越式发展。

(5) **优势产业和特色经济发展步伐加快,产业基础更加坚实**。西藏拥有丰富的自然资源,旅游、藏药、绿色饮品等特色产业呈现良好发展势头,内在增长动力和自我发展能力增强,有条件和基础发展多样化的特色产品,培育具有青藏高原内涵的特色品牌。到"十一五"末,西藏将实施若干布局,在"三大经济区"整合上下游企业,形成若干产业供应链,将为"十二五"加快形成以特色经济为主体的经济体系,为经济社会发展注入更大活力。

2. 西藏经济发展面临的挑战

西藏要实现跨越式发展也面临着许多不利因素和巨大挑战。具体表现为:

(1) **自然和交通条件差,运输成本高,制约经济发展。** 西藏地理位置偏远,海拔高,幅员辽阔,虽然目前交通基础设施已有很大改善,但与内地的联系仍然薄弱,成本仍然偏高,而且内部交通线路里程短,通达深度不够,远低于全国平均水平,这一状况成为制约西藏发展的重要"瓶颈"。西藏内部各地区自然、经济条件差异大,发展不平衡,人口居住分散,社会管理成本高。外部毗邻省区经济不发达,远离国内经济中心区,接受国内外经济辐射能力不强。因此,西藏依托周边发展将受到一定限制,而加强与其他发达省市的合作,又会因为空间距离遥远而增加交通成本。

(2) **经济基础薄弱,收入水平不高,内部市场狭小。** 由于工业不发达,生产力低下,西藏缺乏自我积累和发展能力,经济社会发展仍然严重依赖于中央和内地的支持。西藏人口少,人均收入水平不高,限制了内部市场的容量。近几年,随着流动人口的增加,一定程度上带动了西藏区内市场的扩大,但在现有的经济结构条件下,要显著地扩大内部市场,也是很困难的。与此同时,随着全国市场经济的发展和生产能力过剩的普遍存在,无论是内部还是外部都会面临日益激烈的市场竞争压力。市场是发展经济最稀缺的资源,也是西藏实现跨越式发展必须解决的突出问题。

(3) **社会发育不成熟,商品观念落后,市场化程度低。** 由于特殊的地理和历史原因,西藏商品化和市场化的程度远远低于国内其他地区。一方面,西藏的农牧业很大程度上还在自然经济状态徘徊,而且受到传统宗教和文化的影响,农牧民普遍缺乏商品交换意识,对发展市场经济产生了很大制约。另一方面,由于长期依赖于中央财政投资和转移支付以及内地发达省市的对口援助,形成了政府主导型的经济发展模式,某些方面不可避免地带有计划经济的痕迹。

(4) **科技教育落后,人力资本奇缺,经济发展和社会管理缺乏配套能力。** 西藏要实现跨越式发展必须依靠科技进步和人力资本的积累,但在这方面的差距是巨大的。发展特色经济和解决农牧民增收问题,首先要解决的是科技推广和人的素质问题。目前,中央和内地省市对口支援遇到的最大的问题也是管理能力和人力资源的配套问题。相对于基础设施"硬环境"的"瓶颈"制约,科技、管理和人才等"软环境"配套能力的"瓶颈"制约,将会成为西藏"十二五"时期发展更加突出的问题。

(三)"十二五"时期以及到2020年的经济社会发展目标

本报告分析了西藏自治区截至"十一五"期间奠定的经济发展基础和"十二五"时期以及到2020年西藏经济发展面临的机遇和挑战。中央第五次西藏工作座谈会明确提出了西藏跨越式发展的目标:到2015年,保持经济跨越式发展势头,农牧民人均纯收入与全国平均水平的差距显著缩小,基本公共服务能力显著提高,生态环境进一步改善,基础设施建设取得重大进展,各民族团结和谐,社会持续稳定,全面建设小康社会的基础更加扎实;到2020年,农牧民人均纯收入接近全国平均水平,人民生活水平全面提升,基本公共服务能力接近全国平均水平,基础设施建设条件全面改善,生态安全屏障建设取得明显成效,自我发展能力明显增强,社会更加和谐稳定,确保实现全面建设小康社会的奋斗目标。按照这一总体目标的要求,并基于以上两个方面分析,报告对西藏自治区"十二五"时期以及到2020年的经济社会发展若干具体目标进行研判。

1. 地区生产总值和人均地区生产总值

西藏经济从"十五"以来进入平稳增长阶段。"十五"时期全区生产总值都保持12%左右的增幅,从各个五年计划期的地区生产总值增速看,"八五"期间年均增长11.3%,"九五"期间年均增长11.96%,"十五"时期年均增长12.4%,即各五年计划期的年均增长幅度呈不断提高的趋势。以2008年地区生产总值395.91亿元和2001~2008年间的增长变化趋势为基础,预测到2015年时,地区生产总值可达到897亿元,2009~2015年年均增长12%。同样的,从各个五年计划期的人均地区生产总值增速看,"八五"期间年均增长9.6%,"九五"期间年均增长10.2%,"十五"时期年均增长10.9%,"十一五"前三年年均增长11%,即各五年计划期的年均增长幅度呈不断提高的趋势。根据2008年人均地区生产总值13861元和2001~2008年间的增长变化趋势为基础,预测到2015年时,人均地区生产总值可达到28778元,2009~2015年年均增长11%。以此人均地区生产总值和11‰的人口自然增长率计算,则2015年时,西藏地区生产总值可达到884亿左右甚至超过这一数值。这一预测目标在中央加大投入和各省市支援力度加大的前提下,在"十二五"时期是能够实现的。

如果按照同样的标准和方法,我们对2020年的地区生产总值和人均生产总值进行预测,到2020年西藏地区生产总值和人均生产总值分别为1610亿元左右和48492元左右。

2. 拉动西藏经济增长的"三驾马车"

(1) 投资。西藏特殊的自然、地理条件,以及物质、技术基础薄弱的现实,使投资需求成为西藏经济增长的主导因素,依靠中央以及社会的投资拉动成为西藏经济增长的典型特征。"八五"以来,全区固定资产投资总额由1991年的10.6亿元增加到2008年的309.9亿元,增长了29倍,年均增长24%,其中"八五"期间年均增长38%,"九五"期间年均增长13.9%,"十五"期间年均增长24%。"十一五"前三年年均增长16%,西藏在能源交通等基础设施建设,城市污水处理和垃圾处理等公共设施建设,小城镇建设和新农村建设,生态环境建设等方面的建设"欠账"还比较多,建设任务仍然很重。西藏投资效果系数和经济增长速度之间相关性很高,因此按照2001~2008年的经济增长趋势,以2008年全区固定资产投资总额为基础,预测到2015年固定资产投资总额可达到703.47亿元以上。

图4　"八五"以来西藏"三驾马车"与GDP关系趋势图

资料来源:根据2009年《西藏统计年鉴》整理得。

图5　"八五"以来西藏经济增长率与投资增长率变化图

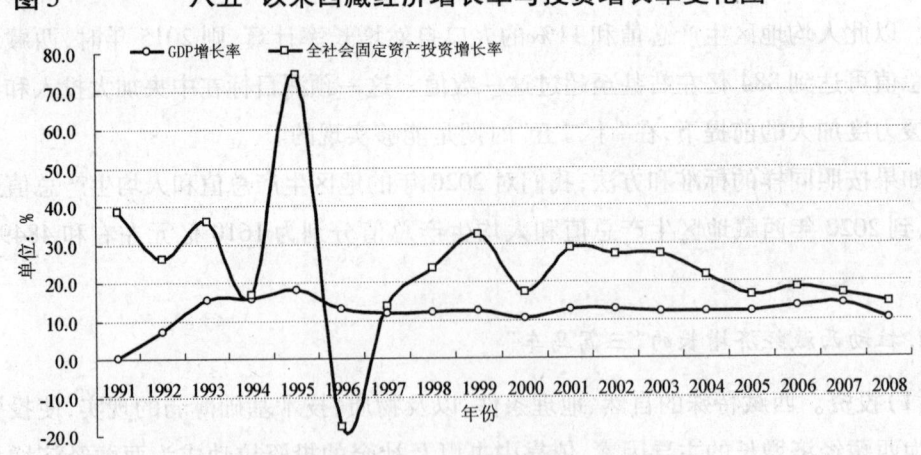

数据来源:根据2009年《西藏统计年鉴》整理得。

图5中反映了1991年以来西藏经济增长与投资增长变化的对应关系。除个别年份外,一般投资增长快则经济增长也快,投资减少则经济增长速度也减缓,而且投资增

长速度高于经济增长速度,经济增长与投资增长表现出很强的正相关关系。近年来经济增速与投资增速同升同降的趋势表现得更为明显。利用1978~2008年的投资(固定资产投资)、就业(从业人员)、消费(社会消费品零售总额)、进出口(进出口总额)数据纳入到柯布—道格拉斯(Cobb – Douglas)函数中,利用 Eviews3.1 软件得出各要素的弹性分别是:投资为0.48、就业为0.33、消费为0.27、进出口为0.03,弹性系数之和大于1,说明西藏经济正处在规模报酬递增的阶段。再按照索洛"余值法"计算出各要素从1999~2008年增长率对西藏经济增长的贡献。

图6　　　1999~2008 年西藏各要素增长率对经济增长的贡献率

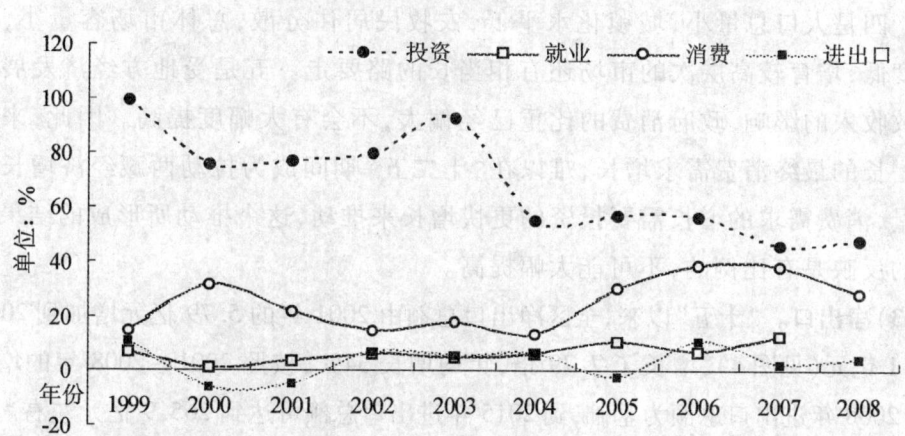

资料来源:根据历年《西藏统计年鉴》整理得。

从图6中看到,投资对经济增长的贡献最大,其次是消费,最后才是进出口。在西藏特殊的自然地理环境、经济发展基础和中央的大力支援下,西藏经济增长的投资拉动型特征短期内不会有根本改变,"十二五"期间主要来自于中央的固定资产投资仍将是拉动西藏经济增长的主导力量。

(2)消费。西藏投资规模的不断扩大,也是促进最终消费规模持续扩大的重要因素,投资通过刺激消费增长对西藏经济增长的间接贡献不可低估。由于多年来中央对西藏的大量投资和承担援藏任务的省市的对口援藏投资,为西藏城乡居民提供了更多的就业和增收机会,也为流动人口进藏消费提供了必要的基础设施,从而使消费成为经济增长的重要力量之一。从图4看出,全区社会消费品零售总额由1991年的13.85亿元增加到2008年的129.08亿元,增长了29倍,年均增长13.8%,其中"十五"以来年均增长15%,按照2001~2008年的增长趋势,以2008年社会消费品零售总额为基础,到2015年社会消费品零售总额可达到343.36亿元。

"十二五"期间,最终消费将成为拉动西藏经济的重要力量,但不可能成为主导力量的原因:一是尽管农牧业多年丰收,但基本稳定在一定发展水平的情况下,以"靠天吃饭"为主要特征的自然种养生存型农牧业,只能解决农牧民的温饱与小康问题,而不可能大幅度提高农牧民收入,因而来自于农牧民收入提高基础上的消费需求较快增长将极为有限。二是现代工业经济发展严重滞后,除拉萨与林芝等一些中心城市外,许多中小城镇基本无工业可言,工业还不足以成为城乡居民收入提高的主渠道。三是第三产业仍以传统服务业为主,经营规模小,经营方式落后,旅游资源优势难以很快转化为经济优势,因而来自第三产业的收入增长空间受到限制。四是人口总量小,城镇化水平低,农牧民居住分散,总体市场容量小,市场化程度低,培育较高层次的市场还有相当长的路要走。五是受地方经济发展和地方财政收入的影响,政府消费的比重已经偏大,不会有大幅度提高。因此,来自自主性增长的最终消费需求增长,难以在"十二五"期间成为拉动西藏经济增长的主导力量,消费需求的增长需要投资的更快增长来推动,这个推动所形成的结果在消费上的反映是有比例的,不可能大幅提高。

(3)净出口。"十五"以来,全区净出口总额由 2001 年的 5.79 亿元增加到 2008 年的 45.1 亿元(见图4),增长了 7.79 倍,年均增长 34%,按照 2001~2008 年的增长趋势,以 2008 年进出口总额为基础,到 2015 年进出口总额可达到 265.9 亿元左右。作为拉动经济增长"三驾马车"中的净出口,在"十二五"期间对经济增长的拉动作用将极为有限。目前西藏外贸、边贸和内贸规模均较小,净出口对经济增长的贡献小。"十二五"期间,受制于交通运输成本高、交通运输基础条件差、货物运输不畅等因素影响,以及短期内不可能形成在国内外市场上具有竞争力的优势企业和产品,因而无论国际贸易,还是国内省际贸易,都不可能迅速扩大。

但是,强调推动经济增长的投资主导地位,并非意味着三大动力中的消费与净出口在"十二五"期间对西藏经济增长的作用会减弱。随着"十二五"时期中央和各地对西藏投资扶持力度的进一步加大,制约西藏经济发展的瓶颈会得到进一步缓解,城乡居民收入将得到较大提高,居民消费意愿与消费能力将有所提高,市场容量将继续扩大。中央财政转移支付力度的加大,政府为全区提供公共服务等的政府消费支出也将逐渐提高。特色产业的发展与附加值的提高、运输条件改善下的销售成本降低,将有助于增强产品出口竞争力,而区内企业发展和自生能力的逐渐增强,也有助于减弱区内生产、生活产品对区外的依赖程度。因而,最终消费与净出口对经济增长的推动作用,将随投资的快速增长而有所增强。

3. 经济结构调整

按照"一产上水平、二产抓重点、三产大发展"的经济发展战略要求,加快特色产业建设步伐,培育新的经济增长点,不断调整和优化经济结构,努力转变经济发展方式,提高经济增长的质量和效益,增强自主经济增长能力,是确保西藏经济社会持续稳定协调发展、实现跨越式发展的重大举措。根据西藏所处经济发展阶段和当前经济结构的特点,"十二五"期间,结构调整仍然应在提高以下"两个比重"上有所突破。

(1)第二产业增加值占生产总值的比重。 尽管近年来西藏产业结构有了很大改善,从2003年开始,第二产业增加值占生产总值的比重超过第一产业,但西藏现有产业结构仍是一种低水平的产业结构,这一产业结构难以支撑经济快速增长和满足未来大量农牧区剩余劳动力向非农产业转移的需要,必须在发展第一产业上水平、第三产业大发展的基础上,继续充分发挥在能源、藏医药、旅游、特色农产品等方面的资源优势,大力发展特色经济,适度地、有选择地发展加工业,使第二产业逐步成为新的经济增长点,提高第二产业对经济增长的贡献度和就业吸纳能力。"十二五"期间能源工业的比重将在第二产业中有比较明显的提高,按全区生产总值增速与电力工业的相关弹性系数,西藏的电力建设应保持一个较快的增长速,如果用硬性指标来概括,"十二五"末,西藏电力装机容量需达到270万千瓦。如果按2001~2008年间每年平均提高的百分点和增长变化趋势,到2015年,第二产业比重在2008年29.2%的基础上可以提高6~9个百分点,达到38%左右。在"十二五"时期除了要提高在生产总值中的比重,还要注重提高第二产业的质量,优化第二产业内部结构。在"十二五"时期提高质量和优化内部结构的基础上适度加快发展第二产业,进一步增强经济自主增长能力,力争到2020年第二产业增加值占生产总值的比重达到45%左右。

(2)第二、三产业从业人员比重。 提高非农产业从业人员比重,是西藏经济社会发展的必然趋势,也是促进游牧民定居、人口适度集聚和加快推进城镇化、缩小城乡差别的有效途径。目前西藏的就业结构以第一产业为主,第二、三产业就业人口占全部就业人口的比重低,2008年三次产业就业人口占全部就业人口比重分别为54.6%、10.5%、34.9%,与2007年全国平均水平40.8%、26.8%、32.4%相比差距有一定差距,尤其是第二产业的就业人数。

从就业结构变化看,1996年至2008年间,第二、三产业从业人员占全部从业人员的比重分别每年平均提高0.4个百分点和1.4百分点;2001~2008年间(见表4),每年提高0.6个百分点和1.8百分点。"十二五"期间,通过加快发展第二、三产业,努力扩大就业岗位,力争从目前在"十二五"期间,第二、三产业从业人员比每年提高1个百分点和1.6个百分点,到2010年时达到18%和46%左右。在2016~2020年间,通过大力发展就业吸纳能力强的非农产业,进一步增加就业岗位,力争到2020年时非农产业从业人员比重达到全国本世纪初的水平。

表4　　　　　　　　　三次产业就业人员比例表　　　　　　　　　单位:%

年份	第一产业比重	第二产业比重	第三产业比重
2001	71.0	6.5	22.5
2002	68.8	6.2	25.0
2003	64.1	9.3	26.6
2004	62.6	9.6	27.8
2005	60.1	9.5	30.4
2006	58.9	9.6	31.4
2007	56.0	10.8	33.2
2008	54.6	10.5	34.9

数据来源:根据2009年《西藏统计年鉴》整理得。

4. 生活质量

提高居民生活质量,是人类历史发展的客观要求,也是经济社会发展的最终目的。近年来,随着西藏经济社会发展的步伐加快,各族人民生活水平不断提高,生活质量得到明显改善,社会安定、和谐。但是,由于经济社会发展的基础和环境条件的特殊性,与全国其他省区相比,与西藏各族人民不断增长的物质文化需要相比,目前在进一步提高和改善城乡居民生活质量方面还存在较大差距,突出表现在农牧民人均纯收入水平较低、增收困难,相当数量的人口没有用上电,到2008年底还有两个地区和28个县没有通沥青公路,至今还有部分乡镇和相当数量的行政村不通公路,农牧区电话覆盖率低,大量人口尤其是农牧区人口还缺乏安全卫生的饮用水,等等。"十二五"时期要认真贯彻落实党中央提出"以人为本"的科学发展观,突出关心群众生产、生活,把不断提高西藏各族人民的生活水平,进一步改善生活质量,努力构建更加和谐的社会,作为一切工作的出发点和落脚点。

(1)**农牧民人均纯收入。**西藏地处我国西南边陲,是我国主要的藏族集聚区,农牧民占全区人口的80%以上,统筹城乡发展,提高农牧民收入水平,是西藏全面建设小康社会的重中之重,是跨越式发展的中心任务之一,也是反对达赖分裂集团与国际敌对势力的有力武器,对于稳固边疆具有特别重要的意义。

尽管西藏农牧业生产连续多年获得丰收,农牧民已基本解决了温饱问题,但农牧民的收入水平还很低,增收的基础很不牢固。2006年,全区农牧民人均纯收入为2435元,是当年全国人均水平3587元的67.9%;2008年全区农牧民人均纯收入为3176元,是全国人均水平4761元的66.7%。西藏农牧民人均纯收入与全国平均水平的还存在较大差距。"十二五"时期,西藏要把提高农牧民收入水平作为一项战略任务,通过加大农牧民脱贫致富的步伐,力争从2008年开始每年与全国平均水平的相对差距缩小两个百分点,到2015年农牧民收入达到全国平均水平的80%左右。

2001~2008年,西藏农牧民人均纯收入年均增长率为12%,高于全国年均增长9.9%的速度;2006~2008年,西藏农牧民人均纯收入年均增长15%,高于全国年均增长13.5%的速度。以西藏2001~2008年和2006~2008年的年均增长率预测,2015年西藏农牧民人均收入要达到7706元,则2009~2015年间年均增长速度须达到13.5%。如果考虑到全国农民人均纯收入在"十二五"时期是加速增长的态势,西藏农牧民人均纯收入增幅还应加大。

在2015~2020年间,落实以人为本科学发展观、建设全面小康社会,必须紧紧围绕农牧民增收这一关键环节。通过加大农村富余劳动力向非农产业转移的力度,推进农牧业产业化经营,拓宽农牧民增收渠道,力争到2020年时农牧民人均纯收入突破10000元,达到全国平均水平。

(2)**农牧区通公路行政村比重**。由于独特的高原自然环境,基础设施尤其是交通设施落后一直是制约西藏农牧区发展的"瓶颈",相当部分农牧民因公路不通而被自然隔离于高山峻岭之中,生产生活条件极为艰苦。到2008年底,还有33个乡镇和1252个行政村不通公路,占全区乡镇、行政村的比重分别为4.8%和23.8%。拓宽农牧民增收渠道,提高农牧民收入水平,一个基本的重要保证就是要解决因交通"不通"而阻隔人、物的流动,使农牧区经济融入整个西藏和全国的经济大循环中。

"十二五"时期,必须切实加大对广大农牧区交通基础设施建设的投入力度,继续加快乡村道路建设,重点解决一批自然条件相对不好的行政村的交通问题,使农牧区通公路行政村比重在现有基础上每年提高1.5~2个百分点,力争到2015年基本解决乡镇通公路问题和所有县公路通沥青路面。"十二五"后期,在交通基础设施建设投入上继续向农牧区、边境地区倾斜,力争到2020年时农村通公路行政村比重达到90%以上。

(3)**电力覆盖人口比率**。加快电力事业发展,为广大农牧民群众提供清洁能源,是提高广大农牧民生产生活水平、改善生活质量的基本条件,也有利于改善农牧区消费环境。近年来,西藏电力建设步伐不断加快,送电到乡工程取得巨大成就,实现了县县有电,用电人口不断增加。西藏拥有丰富的水能、太阳能、地热等资源,"十二五"时期应进一步加大农牧区电力建设力度,切实抓好电网改造和"光明工程"。力争到2015年基本消除不通电乡镇、行政村,电力覆盖人口比率达到95%以上。到2020年时基本实现户户通电。

5. 人口素质

教育、科技落后,劳动力素质低,人才缺乏,是制约西藏经济自主发展的重要因素。"十二五"期间,应坚持"科学发展观"和"科教兴藏"战略,把加强人力资源开发、提高劳动力素质,置于确保西藏发展与繁荣、民族团结与社会稳定、增强自我发展能力的战略高度予以重视。通过加快政府职能转变、调整与优化财政支出结构,加大公共产品和公共服务的投入力度,大力发展教育和文化卫生事业,尤其是农牧区基础教育与医疗卫生体系建设,消除经济贫困、教育贫困、健康贫困、生活设施贫困的现象,努力改善城乡居民生活质量,提高人口素质。

(1)劳动力平均受教育年限。 教育是人力资源开发的重要形式,是积累人力资本的重要途径,也是消除贫困的主要手段。目前西藏总体教育水平落后,劳动力受教育年限少、素质不高,青壮年文盲率高于全国平均水平,全区15周岁以上人口(劳动力)平均受教育年限仅为6.3年,还不到2000年全国农村劳动力7.33年的平均受教育年限,落后全国平均水平10多年。"十二五"期间,应加大对教育尤其是农牧区基础教育的投入,努力实现"两基"达标,力争到2015年劳动力平均受教育年限超过2000年全国农村劳动力7.33年的平均受教育年限。到2020年时,力争达到2000年全国城市劳动力10.2年的平均受教育年限。

(2)高中阶段入学率。 接受高中教育,是培养熟练劳动力,向更高阶段输送优质生源的基础。增加高中教育投入,提高高中阶段入学率,是提高西藏劳动力素质、增强自我发展能力的重要保证。随着西藏自治区"普六"的实现和"普九"人口覆盖率的提高,"十二五"期间对高中阶段教育的需求将急剧增加。2008年西藏高中阶段入学率为51.2%,低于全国2006年高中阶段毛入学率59.8%的平均水平。从"十二五"时期到2020年间,切实把科教兴藏、优先发展教育放在突出地位,必须扩大高中教育设施建设,扩大高中教育规模,力争到2015年高中阶段入学率达到70%,到2020年时达到90%。

(3)千人拥有执业医生数。 目前西藏存在公共卫生建设滞后,农牧区医疗卫生投入不足、三级医疗网不健全、基础设施极为落后、卫生技术人口短缺等问题。"十二五"期间必须继续加大医疗卫生事业的投入力度,重点加强农牧区医疗卫生基础设施建设,提高千人执业医生拥有量,完善农牧民健康保障体系,消除农牧民就医难问题。在医疗基础设施得到明显改善的基础上,力争2020年每千人拥有执业医生数由2008年的3.05人提高到5人以上。

6. 社会保障

社会保障是保证全体社会成员基本生存需要的手段,通过对社会成员特别是弱势群体提供经济资助和生活帮助,维护社会安定、促进社会公平,是促进经济社会持续协调发展的有效工具,也是衡量社会进步和文明程度的重要标志。西藏具有特殊的战略地位,建立和健全社会保障体系,对于确保国家安全和西藏长治久安、不断提高西藏各族人民的生活水平具有重要作用。目前西藏从制度建设看,虽然社会保险制度在政策层面上基本实现了全覆盖,但与党的十七大和自治区党委、政府提出健全覆盖城乡的社会保障体系的要求还有一定差距,部分群体还未纳入覆盖范围;从统筹层次看,除养老和城镇居民基本医疗保险外,其它各项社会保险还存在统筹层次较低,互济功能不强。"十二五"期间,应在继续推进和完善城镇社会保障体系建设、做到应保尽保的基础上,加快农牧区社会保障体系的建设步伐,重点是农牧区医疗保险和贫困户"低保"体系建设。力争2015年全区社会保障覆盖率达到90%,到2020年达到95%以上。

7. 生态环境保护建设

西藏特殊的自然地理条件导致生态环境十分脆弱,保护生态系统、防治水土流失和荒漠化,是一项长期而艰巨的任务。未来西藏的发展,必须建立在生态环境不断改善的基础上。深入贯彻落实科学发展观,大力倡导生态文明,以保持和改善环境质量、增强可持续发展能力和保障群众健康为目标,以构建西藏高原国家生态安全屏障为核心,紧紧围绕"推动科学发展、促进社会和谐"这一主题,大力加强生态文明建设,努力实施科学发展促进战略和生态安全保障战略,使环境保护工作更好地服务于中国特色、西藏特点的发展路子,推进经济社会又好又快发展,是西藏今后必须坚持的发展路线。

"十二五"时期应按照《西藏生态安全屏障保护与建设规划》要求,继续加强西藏生态环境保护与建设,重点是坚决控制住因人为因素而产生的新的水土流失和草地退化,全面遏制荒漠化的加剧;加大环境建设投入力度,使重点区域的水土流失和荒漠化治理初见成效。加快农村现代生活能源建设,逐步减少薪草燃料使用量;以江河整治为基础,以小流域治理和草场荒漠化治理为重点等措施。

二、持续深入推进新农村建设,围绕农牧业增效、农牧民增收的中心任务,取得"一产上水平"的重大突破

改革开放以来,中央针对西藏经济发展实际,对农牧区实行了休养生息的特殊优惠政策。在农区实行"土地归户使用,自主经营,长期不变",在牧区实行"牲畜归户,私有私养,自主经营,长期不变"。"两个长期不变"政策的实施,以及统分结合的双层经营体制的逐步建立与完善,符合西藏农村经济发展的实际情况,极大地调动了农牧民群众的生产积极性。在中央关心和全国人民的大力支援下,到20世纪末,西藏基本实现了粮油肉自给,解决了农牧民的温饱问题,部分群众生活达到小康。正当西藏农村发展面临若干深层次的矛盾与问题、急需实现发展突破的关键时刻,党提出了建设社会主义新农村的重大战略举措,为西藏农村社会的改革与发展指明了前进的方向。中央提出社会主义新农村建设的"生产发展、生活宽裕、乡风文明、村容整洁、管理民主"的总体要求,既包含了物质文明、精神文明和政治文明建设方面的丰富内涵,也囊括了农村经济建设、政治建设、文化建设、社会建设和党的建设等各项任务。建设社会主义新农村是宏大的系统工程,是贯彻落实科学发展观的重大实践,是长期的战略举措。

西藏自治区党委根据中央关于新世纪新阶段西藏工作的指导思想,在正确认识和把握西藏农村发展规律的基础上,制定了以实现"安居乐业"为突破口扎实推进新农村建设的行动路线。近年来,在自治区的正确领导和部署下,通过精心组织和周密安排,全区迅速掀起了实施农牧民安居工程的建设高潮,并取得了阶段性的重大胜利。安居工程的实施,极大地改善了农牧民的生产生活条件,并直接带动农牧民增收。特别是安居的牧民,结束了千百年来逐水草而居、逐水草而牧的传统落后的生产生活方式,住上了宽敞明亮的新房,迈向了现代文明的新生活。然而,实施农牧民安居工程只是西藏建设新农村的突破口,并非新农村建设的全部。在未来的较长时期中,西藏要努力发展农村生产力,促进农牧民收入持续增长;要大力加强农村基础设施建设,进一步改善农牧民的生产生活条件;要加快发展农村教育、医疗卫生和公共文化等社会事业,加强农村环境卫生整治,形成家庭和睦、民风纯朴、社区安宁的良好社会氛围,使村容村貌明显改善;还要有效推进农村民主政治建设,使农牧民的法制意识、民主意识和自主意识进一步提高。总之,建设新农村的后续任务十分繁重而艰巨。2008年以来,西方敌对势力

和达赖集团策划了拉萨"3·14"事件,严重破坏了西藏社会的稳定局势;仲巴、当雄等地又发生强烈地震,灾区人民群众的生命财产遭受重大损失。这些情况,使得西藏农村的改革与发展事业面临更大的困难与压力。

在改革开放30周年之际,为了系统回顾和总结我国农村改革发展的光辉历程和宝贵经验,进一步统一全党全社会认识,加快推进新农村建设,大力推动城乡统筹发展,中国共产党召开十七届三中全会,并讨论通过了《中共中央关于推进农村改革发展若干重大问题的决定》(以下简称《决定》)。《决定》指出:"农业是安天下、稳民心的战略产业,没有农业的现代化就没有国家的现代化,没有农村繁荣稳定就没有全国繁荣稳定,没有农民全面小康就没有全国人民全面小康。我国总体上已进入以工促农、以城带乡的发展阶段,进入加快改造传统农业、走中国特色农业现代化道路的关键时刻,进入着力破除城乡二元结构、形成城乡经济社会发展一体化新格局的重要时期。我们要牢牢把握我国社会主义初级阶段的基本国情和当前发展的阶段性特征,适应农村改革发展新形势,顺应亿万农民过上美好生活新期望,抓住时机、乘势而上,努力开辟中国特色农业现代化的广阔道路,奋力开创社会主义新农村建设的崭新局面。"党的十七届三中全会通过的《决定》是对建设新农村重大战略决策的进一步肯定与强调,并确立了更为完备、更加贴近当前实际的政策指导体系。《决定》对西藏农村的改革与发展事业无疑将注入强大的动力,给西藏应对挑战、战胜困难创造了又一次难得的机遇。中共西藏自治区党委七届四次全委会议以中央《决定》精神为指导,全面客观地分析了全区农村工作的当前形势,对今后一个时期的主要工作进行了安排部署。按照自治区党委的工作部署,贯彻落实中央《决定》精神,持续深入推进建设新农村伟大工程,安居工程之后需要尽快在以下这些方面进行重点突破。

(一)大力加强农牧区基础设施建设,全面改善农村居民的生产生活条件

农牧区基础设施是指从事农牧业生产的全过程中所必需的物质条件和社会条件,是在农牧业生产完成的各个环节中所使用的劳动资料、劳动对象等生产要素的总和。按其内容可分为物质基础设施和社会基础设施两大类型,只有这两大类型协调发展,有机统一,农牧区基础设施配置水平才能获得全面、有效提升,真正发挥出基础支撑的作用。加强农牧区基础设施建设,有利于农牧区经济发展,有利于扩大内需,有利于改善农牧区的生产生活条件,让农牧民充分享受现代文明,促进生活方式和思想观念的改变,对建设社会主义新农村具有示范和扩散效应。农牧区基础设施建设是建设社会主义新农村复杂系统工程中的一项基础性工作,是推动农牧区经济发展、促进农牧业和农

牧区现代化的重要措施。

目前,西藏农牧区基础设施仍然较为滞后,影响了农牧业的进一步发展,也制约了新农村建设的持续进程。因此,应切实突出农牧区基础设施建设这个重点,采取倾斜政策,加大农牧区基础设施建设的投资力度。

首先,要大力加强农田水利与草场基本建设。强化耕地、草场的保护与建设,对西藏保证粮食安全、生态安全,实现农牧业经济的可持续发展,具有不可替代的重要作用。对西藏耕地、草场的保护与建设,需要坚持"两手抓,两手都要硬",即一手抓数量,强化对耕地、草场利用的宏观调控,从时间和空间上对耕地、草场进行合理布局;一手抓质量,依靠科技进步,大力推广农牧业先进适用技术,稳步提高耕地、草场的土壤肥力。要严把土地"闸门"不动摇,严格保护耕地和认真落实耕地保护责任制,进一步规范土地市场,努力提高土地节约集约利用水平。农田草场水利基本建设对土地资源利用起着特别重大的作用,且其外部经济效益十分显著,西藏农牧业在一定意义上可以说是"收多收少在于水"。要通过基础设施建设,发挥出西藏水资源的优势,更好地为农牧业生产服务。

其次,要加强以农村能源、交通、人畜饮水工程、生态环境为主要内容的乡村基础设施建设。目前西藏县乡村的通电率还比较低,尚有70多万人的用电问题没有根本解决。要把解决农牧区、农牧业、农牧民的用电问题放到突出位置,力争到2015年基本消灭无电村镇。西藏农村公路网络正在形成,至2008年,全区公路通车总里程51314公里,次高级以上路面4807公里,占9.37%;73个县中45个县通了油路,占61.6%;全区682个乡镇、5261个建制村中有649个乡镇、4009个建制村通了公路,通达率分别达到95.2%和76.2%。但还有28个县没有通沥青公路、33个乡镇和1252个建制村没有通公路。要积极落实农牧区公路建设投资,稳步推进农牧区公路养护管理,积极发展农牧区道路运输业。据统计,西藏农牧区目前还有20多万人和500多万头(只)牲畜饮水困难。由于农牧民居住分散,交通不便,改水难度大,建设农牧区安全饮水工程还需要加大投入和全社会的共同努力。西藏是全球生态环境十分脆弱的地区之一,大部分地区土地的土壤层薄、沙性大,"十一五"中期全区受沙漠化危害的耕地已增至约50万亩,遭受风沙危害的草地已增至25482万亩。要切实提高全民环保意识,合理开发利用资源,完善以工补农制度,积极发展生态型农业。西藏宜农土地约730万亩,近年来实耕土地保持在400万亩左右的水平上,通过解决工程性缺水问题,在发展生态型农业的进程中,结合"一产上水平"的产业建设,可考虑适当增加实耕土地。

（二）推进有西藏高原特色的现代农牧业体系建设，真正体现"一产上水平"发展战略的目标要求

发挥特色资源优势，是建立有西藏高原特色的现代农牧业体系的立足点和突破口。在开放的市场经济环境中，只有以特色介入交流，才能为市场所确认，获得市场准入并占有市场。发展特色农牧业，是西藏农牧业经济现代化发展的必由之路和战略选择。中央第五次西藏工作座谈会确定，要把西藏建设成为重要的高原特色农产品基地。根据西藏区内的资源环境特征，可以选择以"一江两河"中部流域为基地，集中开发青稞产品；以藏北草原为基地，开发牦牛产品；以藏东南雅鲁藏布江及尼洋河一带为基地，建立藏药材生产基地。同时，在条件适宜的地区，均可进行蔬菜、花卉的种植，林、果、茶产品的开发等，利用西藏独特的资源培育特色产品、特色品牌、特色产业，形成有竞争力和生命力的特色经济。要按照发展特色农牧业的要求，以经济效益为中心，大力推进农牧业种养结构的调整，形成保障现代农牧业经济规模化生产需求的物质基础。

立足资源优势，建设有西藏高原特色的现代农牧业经济体系，还需要大力提高农牧业科技创新与转化的能力。多年来，依靠科技进步和创新，西藏农牧业的增长方式发生了积极的转变。在主要农畜产品产量不断提高的基础上，产品品质的改善与提升日益明显，农畜产品的加工增值水平也不断提高。提高农牧业的科技创新与转化能力，其本质就是要使高新技术扩散和渗透到传统农业当中去，使劳动对象不断扩大，劳动手段不断更新，劳动者素质不断提高，从而增强农业综合生产能力、夯实农业经济基础。进一步提高西藏农牧业科技创新与转化的能力，将会逐步打破传统经济与现代经济、夕阳产业与朝阳产业之间似乎不可逾越的分界线，使作为西藏传统产业的农牧业转变为西藏经济"王牌"产业的梦想成为可能。科技创新支撑西藏现代农牧业经济体系建设，关键是要明确目标、突出重点，有所为、有所不为。在技术方面应以生物技术、有机技术领域为重点，在产业方面应以传统产业的产业化改造为重点，在区域方面应以西藏农业、牧业的主产区为重点。

建设有西藏高原特色的现代农牧业经济体系，还必须要依靠农牧业产业化经营这个有效载体。现代农业要求把农产品的生产、加工、流通等环节有机连接起来，形成完整高效、相互促进的农业产业体系——农业产业化经营形式。在改革发展的历程中，西藏农牧业逐渐地从自给自足的封闭型农业经济向市场化、开放型的农业经济转变。在这种背景条件下，农牧业产业化经营就在西藏应运而生，并在区内一些地方进行了较长时间的试点和探索，总结出了一些有益的经验和做法，为持续、深入推进农牧业产业化经营奠定了良好的基础。但是，西藏农牧业产业化经营的水平还处于初期阶段，组织形式还主要是以松散型为主。龙头企业的规模小、实力弱，经营管理较为困难，在农牧业产业化经营中发挥的龙头带动作用十分有限。工业化是农业产业化经营的核心。成熟阶段的农业产业化经营结束了农业仅仅提供初级产品的历史,它把现代工业、商业乃至运输、金融、保险等产业同农业紧密结合,构建起了一种涉及范围广泛、利益共享、风险共担的经营者共同体。在"十二五"时期,在建立和完善各类专业合作组织的基础上,应当在西藏深入推进农牧业产业化经营,要在家庭承包经营的基础上实现农牧业生产经营的专业化、一体化和社会化,把农业的产前、产中、产后融为一体,并形成一套从生产初级产品到最终产品的营销管理体制和公平合理的利润分配制度。从而促进资源合理配置,有效开拓市场空间,提高资源的利用率和产出率。当前,关键是要培育扶持龙头企业的发展壮大,以及大力发展各种专业化合作组织。

(三)构建农牧民持续增收的长效机制,切实提高农牧民生活水平

提高农牧民的消费水平和生活质量,真正体现出农牧民生活宽裕,是建设社会主义新农村的主要目标之一。收入状况直接决定农牧民生活的改善程度,能否有效达成这个主要目标,关键就看农牧民收入能不能保持持续快速增长。西藏地势高亢,全区平均海拔4500米,农业资源条件总体上相对不利,在没有新增土地的情况下,农村人口与土地资源的矛盾日益突出。在农业生产中,农牧民人均占有生产性土地资源较少、农牧业生产效率低下、农牧民就业不充分等深层次问题也日益凸现。在这样的条件下促进农牧民增收,不是一件简单容易的事情,构建农牧民持续增收的长效机制必须多管齐下,采取综合性的措施与办法。

首先,要充分挖掘农牧业内部的增收潜力。农牧业是农牧民从业的主体产业,较长时期内农牧业收入仍将是农牧民收入的主要来源。当前,西藏农牧业资源的开发利用仍很粗放,土地生产率和劳动生产率均较低,通过增加投入,改善生产条件,加大科技推广力度,提高肥料、饲料和灌溉水的利用效率,可使农牧业单产水平和牲畜个体生产能力得到明显提高,进而提高农畜产品总量和品质,为农牧民增收创造条件。从发展潜力来看,在纬度偏南,水热条件较之青海、甘肃要好的西藏农牧业自然资源具有一定的比较优势,为增产增收提供了资源基础条件,既可以发展现代化的高新技术的设施农牧业,又可继续发展传统的自然农牧业,收入来源将呈现农牧业内部的多样性特征。具体措施主要包括:实施优质粮食产业工程,促进种粮农民增加收入;适应市场需求,推进农牧业结构战略性调整,依靠调整优化农牧业生产结构和农牧区产业结构实现增收;加快发展农牧业产业化经营,让农牧民从农畜产品生产、加工、流通各环节中受益增收;加快农牧业科技创新,大力发展设施农牧业依靠科技的力量提升农牧业的生产经营水平和促进农牧民增收;拓宽流通渠道,提高生产经营的组织化程度,使农牧民在农畜产品的销售环节中实现增收。

其次,大力发展农村非农产业。目前西藏农牧民收入的主要来源是第一产业,城镇居民收入的主要来源则是第二、三产业,区内城乡居民收入的差距实质上是第一产业与第二、三产业效益的差别。虽然农牧业内部还有相当的增收潜力可挖,但要显著提高农牧民收入,缩小城乡居民收入的差距,单纯依靠农牧业生产经营是很不现实的。必须大力发展农村非农产业,调整农村产业结构,促进农村产业非农化。乡镇企业和多种经营是农村非农产业发展的有效载体。根据西藏的区情实际,应以农畜产品、矿产品、药材、林副产品和林下产品等具有较大市场潜力和增值能力的特色资源型产品为主导,充分发挥乡镇企业贴近农牧区、贴近农牧民的优势,在西藏农村大力发展资源开发型、劳动密集型、城乡互补性等非农产业。同时,进一步加大西藏农村多种经营的发展力度,引导农牧民广泛开展采集业、家庭副业以及庭院经济为主的多种经营。特别是要鼓励农牧民投入到服务业的发展中,重点开发农村旅游服务业。最后,在其他社会发展的政策措施中,也要充分关注到农牧民增收这个中心任务。建立农牧民增收的长效机制,是一项艰巨复杂的社会系统工程,最根本的是要统筹城乡经济社会发展,贯彻落实中央各项扶持政策。要打破农民务农、工人务工,农民在农村谋生、居民在城镇就业的二元格局。既要从"三农"本身考虑问题、寻找出路,又要跳出"三农",从经济社会发展全局思考问题,研究对策;既要大力挖掘农业和农村内部的增收潜力,又要寻求解决农牧民增收问题的治本之策;既要着眼于发展,培育新的增长点,又要加快改革步伐,解决深层次的矛盾和问题,使推动经济社会发展的各项工作形成合力,共同服务于农牧民增收这个中心任务。例如,劳动就业工作要高度重视农牧区剩余劳动力的转移,在促进全社会充分就业的同时,切实增加农牧民收入。发展教育事业要抓住塑造新型农牧民这个重点,通过提高农牧民素质来促进农牧民增收。开展扶贫开发工作,要致力于为贫困农牧民脱贫增收创造有利条件。小城镇的建设与发展工作,要高度重视在转移和减少农牧民的进程中实现农牧民有效增收。总之,构建农牧民增收的长效机制不单是农业部门的事情,需要全社会各方面协调行动、共同努力。

(四)加快发展农村社会事业,推动农村经济社会全面协调发展

西藏的城乡发展差距,突出地体现为城乡社会事业的发展差距。长期以来,农牧区社会事业就一直是西藏社会发展中最为薄弱的环节之一。与城镇相比,广大农牧区的教育、卫生、文化和社会保障等社会事业发展滞后,公共服务供给不足,农牧民的生活质量较低。这种状况既不符合科学发展观以人为本的基本要求,而且逐渐成为了广大农牧区促进发展、维护稳定工作面临严峻挑战的主要原因之一。近年来,西藏自治区逐渐加大了农村社会事业的建设力度,采取了不少措施,投入了大量经费,成效明显。由于西藏经济社会发展的基础差、底子薄、实力弱,农村社会事业的供需矛盾依然十分突出。加之西藏农牧区基础条件差,发展社会事业的成本极高,使得农村社会事业的发展进步相对缓慢,目前还远不能满足广大农牧民群众的实际需求。按照中央关于建设社会主义新农村的总体要求,发展农村社会事业,既是建设社会主义新农村的重要内容,也是新农村建设的重要保证。

贯彻落实科学发展观,统筹城乡经济社会发展,必须加快农牧区包括教育、医疗卫生、文化和社会保障等领域在内的各项社会事业建设。教育方面,要加快发展农村义务教育,完善农村教育体系,大规模开展农村劳动力技能培训,着力培养新型农牧民;医疗卫生方面,要在农牧民自愿的基础上,加快推进建立新型农村合作医疗制度,扩大覆盖范围,同时积极健全农村三级医疗卫生服务和医疗救助体系;文化方面,要加快构建农村公共文化服务体系的步伐,维护国家统一、增进民族团结,强化中华民族一体教育,同时保护和弘扬民族优秀传统文化,构建和谐文化;社会保障方面,应进一步完善农村社会救助体系,稳步推进建立农村养老保险和最低生活保障制度。

要实现以上四个方面的重点突破,开创西藏社会主义新农村建设的崭新局面,就必须坚持社会主义市场经济的改革方向,不断推进体制机制创新。对此,中共中央十七届三中全会审议通过的《决定》指出了努力的方向,要大胆探索,加快改革步伐,建立和完善与西藏区情实际相适应、符合农村经济社会发展需要的体制与机制。总之,推进社会主义新农村建设,是当前和今后一个时期西藏经济和社会发展的重大任务,是着眼全局统筹谋划西藏经济社会发展的战略性布局,是新时期"三农"工作的重要目标。只有抓紧推进社会主义新农村建设,促进西藏农村经济、政治、社会和文化的全面发展,才能加快农村全面小康社会的建设进程,构建起西藏农村和谐社会崭新局面。

三、按照新型工业化道路的基本要求,建设完善有西藏特色的工业经济体系,取得"二产抓重点"的重大突破

在现代社会复杂的经济体系中,制造业、采掘业、建筑业、电力、供水等产业部门构成整个经济活动的主体,并在一定条件下这些产业部门的发展成为整个经济发展水平

的主要标志。在过去半个多世纪的时间里西藏的工业从无到有,得到了巨大的发展,实现了历史性的突破。但同时也应看到,西藏的工业基础至今仍很差,工业仍是本区域产业结构中最为薄弱的环节,与其他地区相比存在巨大差距。

西藏工业经济发展面临多方面的制约。一是投资制约。资金的匮乏和不利的投资环境,使西藏公共设施的配套性较低,产业之间的协作度低,自身积累能力差,大多数产业起步不久就只能停滞在弱小状态,严重阻碍了新兴产业的兴起。二是交通的制约。以区域内市场为目标的产业只能是小规模的,而将眼光投向区外,现代产业的兴起和规模经济的形成,就必然要受到交通的制约。高额的流通费用将产业(或企业)囿于一个狭小的天地里,竞争能力大为减弱。三是经济规模小的制约。西藏的绝大多数企业规模小,而内部生产机构却不得不求全,这样只能导致设备利用率低,投入产出率低,因而工业投资项目大多成本高,效益低,竞争能力差。四是技术水平落后的制约。西藏的许多工业企业,目前还有不少20世纪70年代的设备在使用,手工技术操作多。据有关调查统计,目前西藏自治区现代工业企业的设备中,自动化生产设备占11.5%,机械化半机械化设备占60%,手工操作占28.5%。由于以上制约的存在,2008年西藏的工业总产值仅为全国同期工业总产值的0.08%。西藏工业产值仅占地区生产总值的29.2%,比全国48.6%的水平低19.4个百分点。西藏工业发展相对落后,不仅表现在产值方面,在产业内部结构与工业经济效益上表现得更为突出。西藏的工业过多依赖于自然资源的开采和加工,忽视了以农、林、牧、副、渔资源为主的加工业,轻重工业比例失调,更为明显的是西藏工业的产业链都很短,上中下游链条被分割,高增值段一般在区外。2001年,全国工业百元资金的利税率为15.33元,而西藏仅为6.8元;当年西藏工业的全员劳动生产率约为17000元/人,仅相当于全国平均水平的四分之一;虽有4500万元的利润,如扣除国家对西藏的诸多无偿投入,其效益为负数。

西藏工业的长期发展落后以及为此付出的昂贵代价,使人们对该地区发展工业经济产生怀疑和得出较为悲观的结论。但是,从该区域的资源条件、政策条件等方面考察,西藏大力发展第二产业的潜力和优势还远没有发挥出来。更为重要的是,西藏经济跨越式发展必然意味着一定形式的工业化局面。推进经济社会的跨越式发展,目的是以超常规的方式和速度实现现代化发展目标。"现代化"的含义及其内容,包含非常广泛。概括地说,所谓现代化,首要的也是最本质的,必须包括工业化的基本内容;更确切地讲,是落后国家和地区实现工业化的进程,以及由"工业化"来推进的现代社会变迁。因此,工业化是西藏经济社会发展不可逾越、不可回避的历史性任务,不仅不能忽视工业化进程,而且还要考虑如何率先推动工业经济跨越式发展。

根据"走新型工业化道路"的基本要求,建设有西藏特色的工业经济体系,必须充分发挥文化与资源优势以及"后发展优势"。西藏文化的一个显著特点是有很强的吸纳力和辐射力,这种最少保守、接纳外来的一面,正是产业"嵌入"的希望所在。西藏宗教固然有消极的一面,但它也曾传播科学,其经书既记载了天文历算、医学等方面的知识,也记载了生态、绘画、乃至农业技术方面的知识。藏族人民在与自然的长期斗争和劳动实践中,在与各民族的互相交往中,创造形成了许多具有鲜明民族特色的技能,构成西藏的民族技能优势,这种优势主要体现在民族手工艺、藏医药等领域。西藏文化所促成的集体凝聚力是非常强大的,这使人们善于通过互助合作和集体力量去战胜困难,给社会主义制度下合理产业组织的形成提供了坚实的文化基础。还值得注意的是,西藏文化在世界上的独特性和吸引力,使得任何产品只要打上西藏文化的印记便可增值,这是区内产品打开销路、增强竞争力的有利条件。西藏在自然资源方面也同时具有很多优势。在关于西藏的许多著述中,以及前面的《"中国特色、西藏特点"发展道路》报告中,已有大量的文字篇章详细描述西藏自然资源丰盈的状况,这里不再重复。但需强调的是,自然资源作为社会生产发展最重要的经济和政治因素,它的结构、储量、质量、已知程度以及经济开发方向,都对产业潜力有直接的影响,这正是在研究西藏经济工业化发展策略时把"非均衡发展"作为认知前提的根源。

所谓的"后发展优势"是指在国内其他地区相对发达的背景下,对后发展地区的西藏产生的一种特殊效应——后发展效应,后发展效应既给西藏带来很多困难,也给西藏带来赶超先进的希望。如何看待西藏具有的后发展优势?第一,由于西藏区内产业总体发展的低水平,先发展地区给西藏提供了可以借鉴的经验,提供了可以比较选择的模式,可以使博采众家之长,节省大量人力、物力、财力,大大缩短探索的时间,找到发展的捷径,以最快的速度达到成功。第二,西藏后发展,意味着可以大量借助发达地区的先进文化、先进科技和新生产力,打破固步自封的迷梦,克服落后、消极心态,缩短文化更新过程,加快技术更新的步伐,促使经济社会更快发展。第三,后发展说明西藏资源开发的初始性,巨大的资源潜力将引导人才、资金、技术的集中,使一部分地区、一部分产业部门先发展起来,形成发展极,带动和促进其他地区和其他产业部门的发展。总之,后来居上本身就是一个普遍规律。

西藏寻求第二产业的"重点"突破,目标是建立有西藏特色的工业经济体系。因此,"抓重点"不应该是散乱的、随机的,而应当体现产业部门的关联性,是体系化的若干个重点。本报告认为,"二产抓重点"应在三个不同的层面有序展开。

（一）有选择地适度超前发展资金密集型基础工业

一般认为，劳动力丰富而资本短缺的国家和地区应大量发展劳动密集型产业，从而充分利用本地区的资源优势。考虑到西藏劳动力较为丰富而资本不足的实际情况，这种理论主张是有一定道理的，但如果把它绝对化，变成一种机械式的产业结构和资源匹配理论，那就很难适应现代市场经济中从市场到生产到资源的市场中心原则。所谓资本不足的逻辑含义，是资本的总需求大于总供给，这只是一个相对的概念。在我国预算软约束的体制下，国有企业固有的扩张冲动成为投资饥渴的重要原因。在扭曲的价格下，计划外投资也大量涌向"短、平、快"的加工行业，更导致了原本不足的资本并非首先投向生产率较高的部门，因而不能促成产业结构的资本密集。这种情况在西藏也是明显存在的，可见以西藏资本不足为理由否定资本密集型产业的发展，显然是缺乏说服力的。所谓资本不足，问题实际出在投资需求的过度膨胀上。另外，缓解劳动就业压力的途径，不外乎限制劳动力供给和增加劳动力需求，劳动力供给在人口自然增长率给定的情况下，几乎没有可调节的余地，解决劳动就业问题只能从增加劳动力需求上想办法。而劳动力需求的增加，要求有一个稳定的、较快的经济增长速度，主要依靠劳动力的投入，是不可能维持这个速度的。在经济效益不高，劳动力需求没有大量增加的情况下解决就业问题，就带有一种非经济目的，不得不将大量劳动力投入资本和技术装备水平很低的产业。而这种被动性措施又是以降低整个经济效益为代价的，一旦采用这种战略，就将造成劳动力供求、技术装备和经济增长的恶性循环。可以说，这是一种劳动就业政策上的"短期行为"。从长远看，西藏只有充分依靠投入产出效率高的产业部门的充分发展，特别是积极发展资本密集型产业，才能保证整个国民经济稳定快速增长，从而带动国民经济其它部门的迅速发展，才能大量增加劳动需求，从根本上解决就业问题。从中国人民解放军进军西藏建立现代工厂和修通青藏、川藏公路为起始，西藏经过50多年的现代化建设与发展，特别是改革开放30年来的经济积累，资本状况已今非昔比。国家西部大开发战略的确立，以及中央第四次西藏工作座谈会确定的对西藏自治区的全方位扶持发展措施，使西藏在资本利用方面的潜力大大增长。本报告认为：西藏发展第二产业必须积极地、有选择地适度超前发展资金密集型投资项目，而且在当前和今后一段时期内要重点向基础性建设项目倾斜。西藏产业结构存在的主要矛盾，表现为基础产业一直短缺，严重制约了其它加工产业特别是高水平加工产业的发展，因此产业政策的重点应放在能源、原材料、交通运输、邮电通讯等基础产业上，以消除基础性产业对整个第二产业发展的制约。其中，最应当优先发展的是交通和能源两个部门。

1. 交通基础设施建设

西藏地处祖国西南边陲，地域辽阔，交通运输一直是其十分重要的产业部门。在很长一段时间里区内外交通以公路为主，尽管公路通车里程不断地增长，但在广阔的土地上仍显得力量单薄。西藏不少城镇和物资集散地存在着商品短缺与运力利用低的矛盾，广大农牧区也存在着大量农畜产品不能及时运出与生活、生产资料不能及时运进的矛盾。边远地区还有些地方不通公路，自然灾害又造成有的干线不能保证常年通车，公路路况较差，黑色路面较少，还不能满足经济发展的需要。

展望未来，西藏高原是 21 世纪资源开发的重点区域之一，这对西藏的交通运输提出了一定要求。针对目前西藏综合运输网对经济社会发展的承载力极低的现状，优先发展高原交通运输是实施西藏高原资源转化战略的前提条件。因此，随着国家经济建设重点的西移和政策倾斜，西藏缺乏发达交通的状况将会有所缓解，交通运输建设将获得更多的发展机遇。而且，随着世界经济的一体化发展，敏捷的信息、闲置的资本和交通建设领域的先进技术、人才等将进一步为我所用。当今世界正面临一场"交通革命"，无论是汽车还是航空技术，都将有新的突破，特别是世界铁路正进入新的兴盛时期，重载铁路运输增强了铁路运送大宗货物的固有优势，高速铁路正开创"铁路的第二大时代"等等。西藏交通运输建设可以借鉴、吸收、利用国内外先进适用的技术，同时还可以获得一定的资金、人才来源，这对充实和加强西藏交通建设力量是十分有利的。

西藏未来的交通运输建设项目还应以公路建设为主，这是由青藏高原复杂的地质地理条件和特殊的自然环境所决定的，公路交通对西藏经济社会发展的促进作用更具有现实性。在今后的几十年中，应以穿越青藏地区的 9 条国道干线为主骨架，完成"四纵四横、多个通道"的整治、改造、提高、新建的任务。力争全部省道和主要边防公路上等级，实现国道、省道、边防、国防通道及县乡公路的网络化建设，并建立健全公路养护体系。在青藏高原修一条公路不易，养一条公路更难，必须要加强养护力量，增加养护经费，修养并重。

在青藏高原修筑铁路也具有突出的现实意义和战略意义。中外铁路修筑的历史证明，铁路延伸到哪里，哪里就会出现新城镇，哪里的经济就迅速发展。目前西藏的资源开发利用尚不充分，丰富的资源只能作为经济的巨大潜在优势而存在，高原铁路的建成，无疑能极大促进西藏资源转化战略的实施，铁路的运营也将给西藏各族人民带来交通上的便利，造福百姓。现在，青藏铁路格拉段已投入运营，虽然运营时间还不长，但对西藏经济发展的带动作用已经显现。根据青藏高原区域经济地理特征及生产力布局的要求，还应尽快修筑青新铁路、兰青铁路复线、西成铁路、西张铁路和川藏、滇藏铁路。这几条铁路沿线资源储藏都极其丰富，而且从战略意义上看，它们将使青藏高原与内地的联系更为广泛而紧密，同时也将促进西藏的对外开放，增强民族团结，巩固国家边防。特别是川藏、滇藏铁路，将横贯青藏高原东南部，为青藏高原东南部地区打开连接东向的铁路通道，并为将来青藏高原通向南亚及欧亚大陆桥连接南亚各国创造有利条件。

西藏发展航空运输有着特殊的意义。自从航空运输建设在青藏高原打破"空中禁区"的历史以来，飞机成了人们生活中重要的交通工具。航空作为现代化的交通运输方式，具有见效快、效率高等优势，因此在未来交通运输建设项目的布局中，航空运输应列为重点。在广阔的西藏土地上，现有的航空布局是极其有限的，要进一步拓展通往国内外重要城市的国内国际航线。

管道运输和水运是西藏交通建设的重要补充。管道运输具有费用低、损耗小、低污染及安全、灵活的优点，长达1080公里的青藏输油管线于1977年建成后，一直在保障西藏人民生产生活用油方面起着重要的作用。今后，管道运输仍将是西藏的重要运输方式之一。根据资源开发利用需要，在新建管线的同时还应充分发挥现有管线的作用，提高防凝、防腐蚀技术和运送能力。水运开发建设应主要集中在青藏高原南部西藏境内，这里具有一定的水运便利条件，对改变西藏自治区交通落后状况，促进其交通运输综合发展，以及充分利用水利资源有重大意义。

2. 能源基础设施建设

曾有学者论证，西藏现代经济发展尚处于初级阶段，现代工业也处于起步阶段，而且与其经济发展水平相对应的能源结构是以传统能源为主体的结构，如畜粪、薪柴、草皮等占能源供给总量的75%左右；从用能结构上看，生活用能占到了80%以上，因此西藏的能源问题，仅只是一个"广口瓶颈"，生产的发展并没有形成对能源的强烈需求。这一观点符合西藏自治区现时的情况。但是较少从长远的立场上看问题，没有清楚地意识到一旦大规模开发利用西藏资源可能会出现的对能源的爆发性需求，届时将出现西藏经济发展因能源"窄口瓶颈"而受到很大制约的情况，那种认为西藏能源建设慢一点也不影响经济的说法，更缺乏青藏高原可持续发展内在要求的思想意识。国家西部大开发战略实施以来，已使人们意识到西藏即将迎来一个建设与发展的高潮时期，而且随着可持续发展思想的深入人心和有关方面对青藏高原生态环境问题的重视，也使人们认识到必须尽快改变传统的能源结构，减少对柴薪、草皮、畜粪等的消耗，代之以可再生的、无污染的新能源。所以，西藏的能源建设在现时必须适度超前发展，相信国家的有效投资和全国的大力支援将使西藏资金密集型的能源工业的较快发展得到保证。

西藏有丰富的水力、地热、太阳能、风能等能源资源。现已探明：西藏自治区就有水力资源理论蕴藏量2亿多千瓦，占到全国的29.17%。西藏是中国地热最多的地区，全区已发现的地热显示点600多处，发电潜力约为80万千瓦。西藏大部分地方年日照时数为3000多小时，太阳辐射总量为6000~8000兆焦尔/平方米，太阳能资源居全国首位。藏北地区的风能较丰富，年有效风速时数在4000小时以上。可见西藏发展能源工业的潜力十分巨大。现在和今后一定时期内，西藏能源建设应走"以水电为主，多能互补"的道路。西藏水电建设在布局上的重点，仍应坚持以"一江三河"地区（雅鲁藏布江、拉萨河、年楚河、尼洋河）为重点。这一地区人口相对集中，矿产资源、森林资源、旅游资源都比较丰富，教育和科技事业相对发展，西藏的工业和民族手工业也都集中在这一地区。根据自治区的发展规划，这一地区的农牧业、加工业、开采业、旅游业都将有较大发展，因此对能源的需求更为紧迫。雅鲁藏布江下游大拐弯处水电蕴藏量最大，河湾长213公里，直线距离仅36公里，落差达2190米，具有修建大型水电站的有利条件。有关方面应加强研究论证工作，力争使其纳入"西电东送"开发序列之中。在西藏的广大农牧区可以大量兴建小水电，这对解决当地农牧产品加工、脱粒扬场、电力提灌、人畜饮水、照明以及改善农村居民生活质量具有重大现实意义。西藏地热资源开发，除可用于发电外，还可用于房屋取暖和温室种植等方面。目前地热资源开发中还存在利用率较低、结垢和单位投资成本较高等问题，有待于逐步解决。太阳能的应用重点应放在那些技术上比较成熟、经济效益较好的项目上。

（二）大力发展有突出资源优势的工业行业

积极开发利用丰富的资源，把资源优势转化为经济优势，是国家对西部地区经济社会发展的总体性要求，也是包括西藏在内的西部地区自身推进发展的基本策略。但如何运用资源优势，则需要具体分析。西藏区域面积巨大，至今还有不少有待开发的处女地，要使自然资源的开发利用更有效，就必须突破区内需求的限制，对资源的评价要与资源的短缺状况充分结合。在更广泛的市场上，资源越短缺就说明这种资源的不可替代性越强，开发价值就越大。而西藏的运输和能源是制约自然资源开发的最大困难：运价太高削弱了自然资源及其制成品竞争力，而能源短缺又限制了通过加工增值再运输的可能性。我们对西藏资源优势的已知程度目前还比较有限，而许多已知丰富资源的优势又因其区位条件而大打折扣，因而西藏资源开发的投资项目必须集中在重要资源开发领域和极具特色的资源开发利用领域。所谓重要资源,是指在整个国家的资源分布格局占据显著位置,关系国计民生、具有战略意义的基础性资源。这种资源因其战略性、基础性及储量在整个国家范围内的突出地位,而具有很强的不可替代性。极具特色的资源,是指特殊性十分突出,为本地区所独有的资源;是依托本地区特殊的环境条件而生成或由特殊的地域民族文化所蕴含,不为其他地区所模仿、类同的特色资源。这种资源同样具有很强的不可替代性,对其稀缺性的把握有利于确立市场竞争优势。基于上述思路,西藏可以积极投资于矿产资源开发和藏医药业的发展。

1. 矿产资源开发

多年的勘探表明,西藏并不是矿产资源贫乏的地区,相反,潜在的矿产资源优势为西藏第二产业的发展展示了光明的前景。目前区域内已探明100多个矿种,矿产点200余处,其中许多矿产的储量位居全国前列。而多年来,由于我国的经济增长在相当程度上是依靠过量消耗自然资源来支撑的,如1953~1985年间国民收入增长6.25倍,而同期生铁消耗量增长20.6倍,铜、铝、铅、锌4种有色金属消耗量增长32.5倍,致使人均国民生产总值的矿产品消耗量高出世界平均水平的2.2到4.8倍。据有关材料论证,20世纪80年代以来,我国不可再生的矿产资源形势日趋严重,对国民经济和社会发展的保证程度较低,到2010年,45种主矿产中能够满足需要的仅有一半,其他则要依靠进口来弥补国内的需求缺口,前景堪忧。因此,西藏矿业开发能够较好地实现自身资源优势,并能贡献于整个国家经济的持续发展。中央第五次西藏工作座谈会提出,西藏要成为国家"重要的战略资源储备基地"。对西藏自身发展更具深意的是,矿业的主要特点和优势在于其能在短时期内利用自然的恩赐,迅速地积累资金,为其它产业的发展奠定雄厚的物质基础,从而成为带动产业结构高度化、冲破旧格局的重要产业。铬铁矿是国家紧缺的矿产之一。国内年产量仅10万吨左右,而年需要量近50万吨,国家每年要花大量外汇进口铬矿石,以保持需求平衡。因此西藏只要发挥优势,瞄准市场,大力开采,不但能支援国家建设,而且能增加区内收入。如果能逐步发展加工业,所带来的经济收益会更大。目前我国的有色金属只能满足国内消费量的60%,尤其是铜、铅、锌的缺口很大。稀有金属和贵金属无论在国内还是在国外,都是长期紧缺的。只要抓紧勘探和开发,不愁没有市场。

近年来,国内外印染业、漂染业的蓬勃发展,对化工原料和产品的需求也日趋扩大,如元明粉、纯碱、烧碱、碳酸锂、硝酸锂、铬酸、硫酸等等,市场将出现供不应求的局面。而生产这些产品的原料又是西藏的优势,其市场十分广阔。目前我国有近20个厂家生产硼酸盐,其中大部分是以东北硼镁矿为原料进行加工生产,仅有少数几家用卤水提硼。当前的硼酸生产量基本上能满足国内需要。预计几年之后需求量将会有大的增长,特别是建材部门对无碱玻璃纤维的需求量将大幅度增加,其消费比例将从现在的10%左右上升到33%,将成为我国硼酸市场的最大用户。盐湖硼酸在轻工、化工建材、电子等工业部门存在着广阔的市场。芒硝是盐湖的重要矿物原料。现在生产规模在万吨以上的厂家有20余个,主要产地是山西、甘肃、四川、新疆和湖南。目前无水芒硝(包括元明粉)的需要量为150万吨左右,在国内主要用作生产硫化钠原料和洗衣粉添加剂,以及造纸、玻璃、制革等工业。元明粉也是我国大宗出口商品,主要销往巴基斯坦、新西兰、印度尼西亚等市场。从西藏的资源条件来看,国家完全可以在西藏兴建大型无水芒硝生产基地。

从远景看,盐湖的锂盐资源将会给西藏带来无穷的财富,对全国乃至世界来讲,都有巨大的经济意义。锂盐是冶金、轻工、电子及新能源等工业必不可少的原材料,可作为氢弹、火箭、核潜艇和新型喷气飞机的重要燃料,在现代科技中占有重要地位。我国目前的需求量在6000吨左右。另外,世界锂的需求量在稳定增长,尤其在制钴工业、高性能润滑剂、陶瓷、空调、火箭等方面的用量继续增长。在锂电池方面的用量增长最快,现在,世界锂盐的生产几乎控制在美国手中,美国两个锂盐公司的碳酸锂生产能力占全世界的75%。西藏的锂矿储量接近世界总储量的一半,开发的前景是无限的。

当然,限于信息和资料,以上的分析和推论只是局部的和有限的。西藏矿业开发能否取得突破性进展,关键还在于对"后发展优势"的运用,即必须要扩大开放,大量借助区外富集而本地区缺乏的资金、技术、人才等生产要素,使矿业开发尽快上规模、上档次及走上可持续发展的轨道。在对矿产资源的开发利用中,应当有总体指导思想、总体规划,坚决杜绝"小、杂、乱";要与环境保护与建设结合起来,开一方矿藏,美一方土地。要与国内大中型企业联合,禁止私企乱挖乱采,尤其应防止"战略资源储藏矿藏"不当转移到境外企业手里,将中央第五次西藏工作座谈会提出的西藏要成为国家"重要的战略资源储备基地"的要求落到具体工作的环节中。

2. 藏医药业的发展

藏医药是祖国医学宝库中的一颗璀璨的明珠。自古以来,藏族人民在与自然界和各种疾病的抗争中积累了各种治疗经验,最终形成了颇具特色的藏医学体系。藏医药作为先祖们代代相传下来的宝贵的民族文化遗产,历史之悠久、典籍之浩瀚、临床经验之丰富、理论体系之独特,是继承和弘扬这一民族传统医药学的重要基础,也是培育和发展藏医药这一特色产业和支柱产业的主要优势。近年来尽管西藏藏医药事业有了长足的发展，但从继承传统到科技创新、从生产经营到结构调整、从市场管理到政策扶持、从基础工作到人才队伍诸多方面，都存在着不少困难和问题。特别是在藏药制药工艺上固步自封，重传统轻创新。有相当一部分企业至今尚处于落后的工艺方法和剂型阶段，不但不想方设法寻求突破，反而以"正宗"自居，将一些采用藏药材为主要原料，利用现代科技和加工工艺制成的新产品，以不是"正宗藏药"的说法排斥在藏药之处。藏医科学研究工作薄弱，主要偏重于文献资料的研究，实验性、开发性和创新研究不够；科研手段单调、落后，研究成果也往往局限于文献著作，能转化为现实生产力的研究成果少而且研究内容多有重复。藏药的科技含量低，产品的有效性和安全性缺乏规范的、可靠的数据证明。在藏药的作用机理、物理基础、应用理论及新技术、新方法的应用等方面的研究还不够深入。藏医药标准化研究工作严重滞后，目前藏药的制作工艺、藏成药的质量标准、药效研究、安全性评价、临床试验等基本以传统的经验为主，还没有形成一个国内、国际共同认可的且符合藏医药理论体系的规范化标准。其主要原因除了基础性的科学研究比较薄弱外，还有在产业化的过程中对现代工程技术研究应用不够，在实施专业标准 GMP、GLP、GCP、GAP 等方面基本上还处于空白。

西藏必须尽快加强藏医药的基础研究，加强藏医药科研机构及队伍建设，在现有藏医药研究机构、人员基础上，加快扩建研究基地，改善装备、完善功能，充分发挥科技进步对藏医药发展的推动作用。可以争取在拉萨建立国家级的藏医药现代化研究开发中心、藏药临床药理研究基地等专门机构，特别是建设一批由重点项目形成的不同专业分工的重点实验室和实验基地，开展实验工作，加强应用研究，并通过产学研相结合加快科技成果向现实生产力的转化。针对藏医药行业的重大理论问题，当前发展的关键技术问题，科学发展的重点领域，积极组织科技攻关。比如，高效优质复方药物研究、药材保护和综合开发利用、藏药新药及新剂型开发研究、藏药质量标准及有效成分研究、藏药工程技术研究、藏药基础理论的研究、防治重大疾病的研究等。还可以争取在国家支持下设立藏医药基础研究基金，专门用于藏医药基础研究，特别是倾斜于野生藏药材的种植基地化、藏成药质量标准的研究制定和修订以及藏药临床技术指导的研究等方面。藏药的研究既要坚持以藏医药学理论为指导，更重要的是要采取"扬弃"的态度，积极吸收现代药物研究开发的思路，充分利用先进科学技术，借鉴新药标准和现代药剂学、药理学的理论，同时立足藏药的优势和丰富的资源，加快产品研发步伐，要有组织、有计划、有步骤、有针对性地进行研究，努力开发具有新颖性和适应市场需求的安全、高效的新产品。

从发展的眼光来看,根据藏药生产企业发展的实际需要,集中有限的资金和技术力量,打造带动全区藏医药业乘风破浪的"航空母舰"是一个立足长远的战略性构想。企业集团应以合理配置资源优势、着力开拓市场营销渠道为己任,充分发挥西藏藏药企业的整体优势,加快资源转化。总之,藏医药产业必须十分注重提高资源的配置效益和结构优化效应,解决低水平重复建设、生产问题,集中力量发展优势产品,创名优品牌,最大限度地占有国内外医药市场。西藏具有自成体系的藏医药学和十分丰富的藏药材资源两大优势,这是加快发展藏医药产业的巨大潜力。在藏医药产业发展的总体思路上,应该始终坚持把传统优势与现代科技、生产工艺结合起来,吸收先进的管理和营销经验,提高藏医药走向国内外市场的整体实力。与此同时,加强政策引导和扶持,合理配置藏医药资源,促进藏医药生产、经营和服务的集团化发展,真正把藏医药产业做大做强,使藏医药产业成为西藏经济社会发展的一个作用强劲的增长极。

(三)有选择、有重点地培育发展高新技术产业

高科技产业是现今世界经济、贸易活动中起主导和核心作用的产业,这个产业由从事或主要从事高技术、知识密集型的产品的研究、开发、生产、经营、服务等活动的企业群及相关部门组成。它的基本特征是高科技研究与开发的投入和高附加值的产出、活跃的市场开拓意识和较强的竞争能力、稳定的高劳动生产率和较高的经济增长率。过去人们通常把包括西藏在内的西部地区看作"传统技术地带"。并按照所谓"梯度推移"理论关于我国经济发展空间时序选择的基本假定而认为:大力开拓新兴产业,发展知识密集型产业,使产品向高、精、尖、新方向发展,是东部沿海地区的事;西部则只要"大力提高各族人民的科学文化水平,为进一步开发建设做好人才准备",以便等待国内第一、第二梯度的技术转移。这一思想的付诸实践,对西藏高科技产业的发展客观上形成了严重的滞缓作用,也是近年来区域经济发展不平衡问题日渐突出的根源之一。

随着国家西部大开发战略的持续推进,西部地区自然资源极为富集而经济资源极为贫乏的格局才逐渐开始被打破,不仅中央的投资重心有所西移,西部地区也充分认识到凭借自身拥有的丰富资源,可以从国际国内引入大量资金、技术和人才以使自身的经济技术跨越式发展,而不必仅仅等待接受国内第一、二梯度的技术转移。因此,西藏从自身实际情况出发,有选择、有重点地积极发展高科技产业,是其总体发展战略中不可或缺的重要组成部分。为此,要统筹兼顾,既要大力推广普及适用和实用技术,也要在某些具有广阔前景的高新科技项目上打提前量,为推进高科技产业打下基础,可以说,高科技产业是西藏跨越式发展以实现现代化目标的重要标志。同时,也只有在一系列

具有"蛙跳"效应的高新技术产品开发的支撑下,西藏经济的跨越式增长才是具有实质性意义的,"后来居上"的愿望也才有变为现实的可能。西藏发展高新技术产业的优先领域:

1. 生物资源开发

西藏自治区红景天等生物资源的研究、开发,为发展高新技术产业开了一个好头。红景天的开发利用已形成了产业规模,年产值已超过1亿元;雪莲花、乌头、菌类等资源的开发研究工作也正在进行之中;红豆杉是世界稀有树种,在西藏南部有大面积分布,科研人员已从中提取出抗癌活性物质——紫杉醇及其合成品,极具药用和经济价值;藏红花也已回到"故乡",在拉萨大面积人工栽培成功,形成了一个药用植物繁育基地。在这些成绩的基础上,西藏生物资源开发利用的潜力还相当大,今后应当大量利用现代生物技术的成果,以开发绿色食品、保健品、新特药品等为终端目标,促使其向规范化、标准化、系列化方向发展,形成具有西藏特色的高技术、高附加值的生物资源产业。

2. 太阳能产业

许多科学家都认为,在不久的将来发展前景最光明的是太阳能技术,太阳能的利用具有投资少、见效快、适应性强等优点,而且开发利用太阳能的高新技术已日趋成熟,目前正处于广泛应用的产业化阶段。太阳能产业,主要是指开发生产各种太阳能跟踪、捕获、转换、传输和储存装置的行业。西藏是离太阳最近的地方,拉萨有"日光城"的美誉,一直以来西藏太阳能的应用成就在全国是比较突出的。至2008年,已推广太阳灶15万多台,太阳能热水器20万平方米以上,太阳能采暖房和太阳能牛羊圈25万平方米,建成5座以上太阳能光电站,推广太阳能灯3万余套,用太阳能供电的地面卫星电视接收站1000多座等,并实施了太阳能开水系统和太阳能煮饭系统示范工程。西藏太阳能高新技术产业的发展奠定了良好的基础,积累了一定的经验和知识、技术手段。

当前太阳能开发利用的高新技术有三大类:一是太阳能光热转换的新技术。即通过各种集热部件把太阳辐射转换为热能后用于工业用热、制冷、空调、热发电、材料高温处理等,真空管集热器就是其代表性的产品。二是太阳能光电转换技术。这是基于光伏效应的一种新技术,各种类型的太阳能电池、砷化锌电池等,是其技术应用的主要产品。三是光化学转换技术。光化学是研究光和物质相互作用引起的化学反应的一个化学分支,利用其新技术可以生产出高效能的光化学电池。

西藏有太阳能资源的优势,区内太阳能应用研究已有一定的基础,国内相关实验室也已达到国际先进水平。今后应当进一步加大研发投入并大量引进当前已比较成熟的产品新技术,这样就能够在太阳能开发利用领域建立起西藏的高新技术产业。

西藏发展高新技术产业的优先领域,是根据西藏的实际情况提出的。在这些领域内,或者拥有优越的资源环境条件,或者已具备一定的发展基础,或者是必然要优先发展的项目,因此体现了积极、稳妥的原则,是比较适宜的选择。此外,要想成功地培育、扶持高新技术产业的发展,还必须有效解决两大保障的前提条件,即人才保障与投入保障。在国内外,通常都是用"研究与开发费用密度"和"专业科技人员密度"两个指标来衡量高新技术产业发展水平和判定一个项目是否属于高新技术产业。因此要努力从各种渠道筹措资金和吸收、使用好高级人才,以满足高新技术产业发展高投入和技术高密集度的需求。切不可认为,引进一点技术,投入少许经费就可以发展高科技产业。

四、以旅游业为龙头,大力发展西藏服务业,取得"三产大发展"的重大突破

在进行民主改革以前,西藏处于封建农奴制社会,以庄园经济为核心的农业经济占据主导地位,除了少量的手工业和一些简单的季节性的商品交换活动外,西藏基本上没有什么工业制造业和真正意义上的第三产业。第三产业的比重1951年只有2.3%,到1955年也只有4.1%。1959年西藏开始进行民主改革,彻底废除了封建农奴制度和人身依附关系,社会生产力得到了极大的解放。在中央财政的直接支持下,西藏经济发展迅速,现代工业和现代商业服务业开始建立。特别是由于中央投入大量财力物力发展西藏的道路交通、邮政通讯、教育文化等社会公共事业,西藏的第三产业开始以惊人的速度增长,1960年增长率高达67.8%,带动西藏经济以45.8%的高速度增长。第三产业增加值占地区生产总值的比重也迅速提高到15%以上,到1965年提高到22.3%。但是,从20世纪60年代中期到80年代初,西藏第三产业的发展速度大大减缓,增长率在大多数年份都低于经济增长率,甚至在一些年份出现了负值。这一时期西藏第三产业发展缓慢的情况跟整个国家的发展情况相似,计划经济体制对商业活动的抑制等,都对第三产业乃至整个经济的发展造成了影响。1980年西藏第三产业的比重仅为21.3%,比1965年还低了1个百分点。

从20世纪80年代中期开始,西藏第三产业又开始迅速发展,1984年甚至出现高达138.4%的突增。特别是20世纪90年代以来,第三产业呈现加速增长的态势,1990

~2002年年均增速为19.5%,1995~2008年年均增速为24.2%,2001~2008年年均增速为16.2%(见表5)。除个别年份外,第三产业增加值的增长速度均超过GDP的增长速度。第三产业增加值占GDP的比重也不断提高,总体上呈现稳步上升的态势。1997年首次超过第一产业,上升到第一位。在此基础上,该比重继续稳步上升,2001年达到49.8%,2002年达到55%,开始占据半壁江山。

(一)第三产业在西藏地方经济中的重要地位

第三产业的迅速发展对整个西藏经济的发展起到了巨大的拉动作用。表5给出了20世纪80年代以来在不同阶段西藏GDP和第三产业增长速度的比较。可以看出,第三产业一直处于加速增长的状态,并带动西藏的GDP增长率也处于加速状态。加上第三产业增加值占GDP的比重不断提高,第三产业增长对GDP增长的贡献度也不断提高。据估算,20世纪90年代以后,GDP增长率一半以上是由第三产业的增长贡献的,多数年份第三产业增长对GDP增长的贡献度在60%以上。

表5　　　　　　　　不同阶段第三产业的增长速度的比较　　　　　　　　单位:%

平均增速	GDP	第三产业增加值	第三产业从业人员
1980~1990年	12.3	18.4	3.2
1991~2008年	15.1	19.5	5.4
1995~2008年	16.0	24.2	6.6
2001~2008年	13.8	16.2	9.8

资料来源:根据历年《西藏统计年鉴》计算整理得。

第三产业的迅速发展,更重要的是,带来第三产业就业的迅速增加,第三产业从业人数从1978年的11.22万人增加到2008年的57.00万人。从表5可以看出,伴随第三产业增长的加速,第三产业从业人数也处于加速增长状态。第三产业就业的增长速度20世纪80年代为3.2%,90年代提高到5%以上,1996年以来则达到6.6%以上。第三产业从业人数占全部从业人员的比重由1978年的12.1%提高到2008年的34.9%。与之相比较,第一产业从业人员的比重则从20世纪80年代初期的最高82.2%下降到2008年的54.6%;而第二产业从业人员的比重变化不大,1978年为5.9%,经过20世纪80年代到90年代中期的不断萎缩和调整之后,在90年代中后期又出现缓慢增长,该比重到2000年恢复到1978年的水平,2008年为10.5%(见图7)。

图 7　　　　　　　　西藏三次产业从业结构的变动

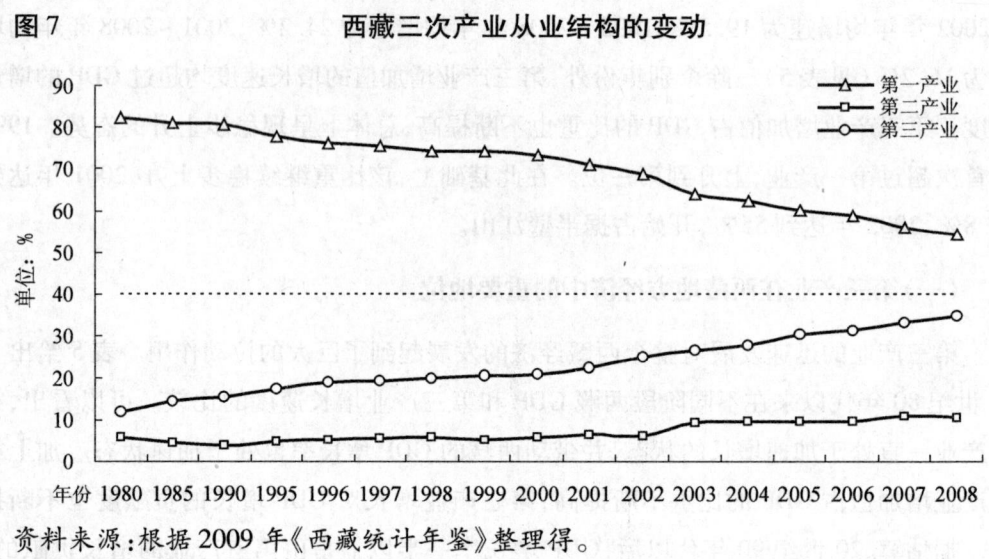

资料来源：根据2009年《西藏统计年鉴》整理得。

尽管第一产业从业人员的比重不断下降，但西藏第一产业的从业人员在20世纪80年代到90年代基本上处于缓慢增加的状态，20世纪90年代中期以后基本稳定在90万人左右，但进入新世纪第一产业的从业人员处于先降后升的状态，最高不到90万人。这种情况也说明西藏农村劳动力转移的规模并不大。而第二产业的从业人员在20世纪90年代中期以前总体处于振荡调整的状态，从业人员略有下降，在90年代后期又增加到近7万人，进入新世纪从业人员处于增长的状态，但增长的绝对数不大。因此，从总体上说，近10多年来西藏的新增劳动力人口基本上被第三产业所吸纳，第三产业的发展在吸纳新增就业方面发挥了重要作用。但是，西藏第三产业的从业人员增长相对缓慢，大大低于其产值增长。相应地，西藏第三产业的就业比重也大大低于其增加值比重，2008年第三产业的就业比重为34.9%，而其增加值比重却占到55.5%。虽然第三产业的就业比重相对低于其增加值比重是一般现象（2008年全国的情况为31.6∶40.1），但西藏的这种差异数值明显偏大。

探究造成这种情况大致有这么几个方面的原因。第一，第三产业中存在兼业情况，在西藏从事第三产业的许多是农村劳动力而非城镇常住人口，他们往往是利用农闲或在旅游旺季进城从事旅游服务等工作，这些工作具有较强的季节性，许多人员并没有被统计到第三产业从业人员中去。第二，在西藏有大量的外来人口，他们大都从事第三产业活动，由于统计口径原因他们也没有完全被纳入当地的从业统计中，但他们所创造的产值和增加值却计入了当地的统计。第三，更重要的一个原因是，第三产业从业比重与其增加值比重的不相称是由第一产业从业比重与其增加值比重的不相称造成的，是由第一产业的劳动生产率极其低下造成的。西藏由于自然条件较差,农业内部结构尚待继续挖潜,农业的产出水平大大低于其他省区,加上西藏大部分农村地区都是农、牧、采集等生产活动并存的情况,这种"小而全"的农村家庭经济结构需要更多的劳动力来支撑,加之部分农业劳动力向其它产业转移面临着诸多门槛,从而导致第一产业的从业人员比重很高、但产值比重较低的情况。"小而全"的经济结构对劳动力的束缚也是近20多年来西藏农村劳动力对外转移不多的主要原因之一。

总之,无论是从对经济增长的贡献还是从吸纳就业的能力来看,第三产业在西藏的经济发展中都居于举足轻重的地位。第三产业是未来西藏经济发展的最主要增长点和最重要支撑力,也是就业增加和劳动力转移的主要方向。

(二)对当前第三产业发展水平的评价

西藏的产业结构自20世纪90年代起就呈现出明显的"V"型特征,即第一、第三产业的比重明显高于第二产业。到新世纪初,西藏的产业结构又呈现出新的变化特征,特别是第三产业一枝独秀的特征开始显现,产业结构由"V"型转向明显的"J"型。这种第三产业比重居首的"三一二"结构是非常独特的,从世界经济发展的一般经验看,第三产业的发展应当是建立在第一、第二产业发展的基础上的,特别是建立在第二产业发展的基础上。产业结构变动的一般规律应当是从"一二三"到"二一三"再到"二三一",最后到"三二一",而西藏却是从"一二三"到"一三二"再到"三一二",从2003年起西藏的产业结构调整为"三二一"产业格局并有长期保持发展态势,然而这种自2003年以来形成的产业结构变化有非典型的异质因素。

西藏这种独特的产业结构特征和结构变动特征很早就引起学者的注意,对此也有不同的看法和评论。有人认为产业结构的"V"型特征是一种典型的经济落后地区的产业结构,突出表现了西藏仍是典型农业经济的特征,是极度不合理的、不发达的、畸形的经济结构的表现形式。针对第三产业增长迅速、一枝独秀的状况,也有学者担心这种第三产业增长过快而又是畸形成长的状况可能扰乱产业发展序列,对西藏经济的健康、长远发展不利。因此,有学者主张要打破制约西藏经济发展的这种"V"型产业结构,并且必须把发展第二产业作为切入点,在第二产业中寻求突破口,促进西藏产业结构的升级。还有观点认为,第三产业的突出地位表明,西藏第三产业的发展水平已经很高,已经过于发达。

由此,需要对西藏第三产业的发展水平和现状做出两个基本的判断:西藏第三产业的超常发展和在产业结构中的突出地位是否是一种畸形的状态?西藏的第三产业是否真的已经很发达？答案是否定的。

首先，西藏的产业结构无论是20世纪90年代的"V"型特征还是2002年的"J"型特征，从一般经验看，都是不合理的，但对于西藏来说，却有其形成和存在的合理性，是由西藏独特的自然条件、地域特征及其独特的经济发展模式共同决定的。西藏自然条件相对恶劣，农业可耕地少，土质差，牧场范围虽然广大，但草场质量相对较差，长期以来农牧业发展受到很大约束。近年来在政府不断加大资金投入和科技投入的情况下，农牧业也取得一定程度的发展，产出和收益水平都有一定程度的提高。但是，农业劳动生产率低下、产出收益差的情况并未得到根本改善，除非在农业科技方面取得突破性的进展，农牧业在未来很难有大的发展，更不可能在农牧民增收和拉动西藏经济发展方面有大的作为。西藏的工业也不可能有大的发展，一方面是受自然条件、地域条件和自身基础的限制无法发展重工业，只能以轻工业为主；另一方面从保护西藏的生态环境和实现可持续发展的角度出发，也不应该发展重化工业和其他可能对环境造成污染破坏的工业企业。西藏应当大力发展轻工业，但轻工业的发展不足以支撑起一个强大的第二产业。因此，西藏的经济发展客观地选择了以第三产业的发展作为主要支撑力，而西藏优美的自然风光及其独特的人文景观恰恰又为旅游业等第三产业部门的发展提供了禀赋基础。再加上中央和其他省市近些年来在西藏基础设施建设方面提供的支持和投入，西藏第三产业的超常发展也就是合乎情理、自然而然的事情。

第三产业的快速发展，西藏经济的"V"型结构和"J"型结构不是典型的畸形结构。相反，这种经济结构和发展模式客观上适应了科学发展观的要求，为保护西藏的自然环境和文化特色，这种结构仍将在西藏未来的经济增长和发展过程中保持并进一步强化。当然，也不能说这种产业结构完全正常，不存在什么问题，更不是说不必努力发展第一、第二产业。笔者不赞同的是那种试图通过所谓结构升级改变当前结构特征的做法，不顾西藏的特殊情况而只根据一般较为典型的经验来确定西藏的发展模式是有害的。第一、第二产业也应当发展，但必须是在科学发展观的指导下，在确保西藏自然生态和环境不被破坏的前提下发展。同时也要看到，与第三产业发展建立在第一、第二产业发展基础上的一般模式不同，西藏第三产业特别是旅游业的发展反过来会带动第一、第二产业的发展。农牧区剩余劳动力向第三产业转移会带来农牧业劳动生产率的提高，而旅游业发展对民族特色工艺品和旅游纪念品等商品的需求也同样会带动第二产业的发展。目前，西藏经济结构上的一个明显不足就是三次产业之间的关联度差，各产业之间没有形成较强的相互需求与支撑的关系，这个问题需要在今后的经济发展中求得解决。

其次，西藏第三产业发展速度快、比重高，并不等于说西藏的第三产业已经很发达，相反,西藏第三产业发展的绝对水平还很低,与服务业发达的省区相比还有很大的差距。2002年西藏第三产业增加值仅为89.56亿元,排在全国最末位,不到排名第一的广东省的2%,与内蒙古、新疆等省区相比也有很大的差距。近些年虽然产业结构调整取得实质性成效,从2003年起"三二一"产业格局并保持长期发展态势,但2008年第三产业增加值只有219.64亿元,与其他省(市、自治区)相比仍然有很大的差距。西藏的交通运输、邮电、教育、文化、卫生等事业还不发达。截至2008年底,未通公路的县还有1个,未通公路的乡镇有33个,占乡镇总数的4.8%;未通公路的行政村有1252个,占行政村总数的23.8%;未通电的行政村还有40%;未通光缆的县有10个,占县(市)总数的13.33%;未开通电话的行政村还有23%。2008年西藏的初中入学率仅为92.2%,高中入学率只有51.2%。这些都说明,导致西藏第三产业的发展水平还比较落后,其在产业结构中相对突出的地位是由第一、第二产业不发达所造成的。

第三产业发展的绝对水平的落后其实也正蕴含着其进一步发展的潜力,第三产业的发展无疑将是未来西藏经济发展的主要动力,也将是劳动力转移和劳动力就业的主要方向。

(三)第三产业进一步发展面临的主要问题

在过去的10多年中,第三产业的发展无疑已经成为西藏经济发展的最主要支撑力和动力来源,也成为农牧区劳动力转移和劳动力就业的最主要方向和渠道。但是,也应当看到,尽管第三产业在过去10多年间已经有了很大的发展,发展速度很快,但是第三产业的绝对水平仍然较低;尽管第三产业的内部结构已经有了很大的转变和提升,但其结构仍然很不合理,还存在着一些突出的问题。这些问题的解决,结构的进一步转变和提升,也正蕴含着第三产业进一步发展的潜力。

1. 尽管公共事业部门占第三产业的比重居高不下,但其绝对水平仍然很低,仍有很大的发展空间

西藏的道路交通、教育、卫生、科技、广播电视以及社会福利等事业仍然比较落后,以至于党政机关和社会团体无论从增加值结构还是从就业结构看,都仍然在公共事业部门中占据最主要的地位。尤其值得注意的是,从从业人数上看,西藏的卫生体育社会福利业和科研技术服务业是两个出现绝对萎缩的部门。这两个部门的从业人数本来就很少,近10年中还在进一步减少,而它们恰恰是衡量社会发展和社会进步的两个重要的指标性部门。由于西藏自身经济基础差、发展水平低、财政力量薄弱,西藏公共事业的进一步发展仍需要中央政府和兄弟省市的大量支持和援助。中央已经确定了在"十二五"期间和未来若干年继续加大对西藏基础设施建设和公共事业发展的投资力度的政策,应该说,未来几年西藏公共事业将有大发展的前景是非常明朗的,这对第三产业内部结构的优化,尤其是改善卫生体育社会福利和科研技术服务业的状况,制止其萎缩具有很大政策支撑力。

2. 市场化部门的层次和水平也有待于进一步提高

市场化部门中发展最快的是零售餐饮业和社会服务业,而这两个部门本来就是以劳动力密集、技术含量不高的行业为主,其中大量是个体工商户,经营规模小,服务水平较低,虽然有助于吸纳就业,但相对来说收益不高。而一些技术含量高的现代服务行业如金融、保险、证券、信息咨询、律师、会计师等则总量不大,发展缓慢。这在一定程度上会随着第三产业的进一步发展而逐步得到改善,但更重要的还是,要在改革开放政策上有大的举措才能有真正的改观。例如,在文化体制改革的趋势中,报纸媒体、互联网等处于第三产业高端的版块,应当在文化大繁荣大发展之中得到快速增长,依靠科技创新、企业化运作等方式,西藏的第三产业中应该产生新型的报媒集团,网络公司,增加第三产业的现代化含量,改善第三产业产值结构。所有这些要有相应的配套政策为支撑。特别是西藏开放边贸的问题应当及早提到议事日程。笔者通过实地调研了解到,西藏边贸的发展潜力巨大,并且对外贸易交流对外技术投资的进一步活跃会带动商业、交通运输邮电业以及金融服务业等产业部门的发展。

3. 作为支柱产业的西藏旅游业的潜力还没有充分挖掘发挥出来

首先是旅游资源的开发。吸引世界各地游客的不仅是西藏神奇瑰丽的自然风光和雄伟庄严的寺院,更重要的是其独特的民族风情和宗教文化。目前西藏旅游的重点还只是"观景",旅游的文化资源还没有很好地挖掘出来,各地区缺少能反映和表现西藏民族历史、民族文化、民族风格的有特色的博物馆、美术馆、民俗展览馆等,而作为"红色旅游"景观资源的开发才刚刚起步,缺乏厚重的内涵,这在很大程度上影响了西藏旅游业的发展和旅游企业效益的提高。其次是旅游服务的提升。旅游不仅仅是吃、住、行的问题,游客往往还需要购物、娱乐、通讯、金融、医疗等全方位的服务,这些虽然不属于旅游的基本消费,却是旅游收入的重要来源,是旅游业发展水平和服务水准的重要标志。一个地区旅游业越成熟、越发达,从游客的购物、娱乐等消费中所获得的收入占旅游业产值的份额越大。从实际情况来看,除了在拉萨、日喀则等大城市外,西藏许多地方的旅游接待条件都很差,不仅购物、娱乐、金融、医疗等服务缺失,起码的吃、住条件都难以令人满意。一些景点的可进入性也比较差,有的连安全都不能得到保证,更谈不上便捷和舒适了。"十二五"期间,需要从总体规划到具体环节得到不断改观,加快旅游业的发展。

4. 第三产业发展与第一、第二产业的关联性不强,还没有形成三次产业相互促进、相互协调、相得益彰的良性循环

西藏自然条件恶劣,第一产业发展水平还很低,越是这样越需要对农牧业生产提供更多的生产服务,如科技服务、防疫防灾服务等。目前西藏在这些方面还很欠缺,为第一产业服务和为农牧民服务的机构和网点都还比较少,不仅第一产业的潜力得不到深入挖掘,第三产业在这方面的发展潜力也没有充分挖掘出来。西藏的第二产业相对弱小,可发展的空间有限。第三产业特别是旅游业的发展也给第二产业的发展带来了一些机遇,如对民族手工艺品、食品饮料以及各种土特产的大量需求,特别是手工艺品和土特产品,游客看重的就是当地特色、当地风味、当地原产,但这种需求很难得到满足,因为西藏市场上充斥着大量的舶来品。据统计,西藏自治区的企业和个体户生产的旅游纪念品占不到西藏旅游产品市场份额的20%,而50%的旅游产品是印度、尼泊尔借用西藏的工艺和民族风格或特色生产并在西藏市场上销售的,另外还有30%来自云南、四川、青海以及江浙等地纪念品制造商,有的宝石来自于湖北、江西等地。在这种情况下,不仅游客的需求没有得到真正满足,旅游收入也缺少了一大块,第二产业也丢失了进一步发展的机会。

以上是第三产业发展中的一些问题,而这些问题的解决恰恰是第三产业进一步发展的潜力所在。从这些问题看,西藏第三产业进一步发展的空间还是很广阔的,发展的潜力也是巨大的,其中蕴含的吸纳就业的潜力也是巨大的。

(四)以旅游业为龙头,带动实现"三产大发展"

中央第五次西藏工作座谈会提出,要把西藏打造成"重要的世界旅游目的地"。西藏第三产业的发展,从历史上说应该主要归因于中央财政支持的公共事业的发展,公共事业部门的发展曾是西藏第三产业发展乃至整个经济发展的最重要动力。但近些年来这种情况正在发生变化,市场化部门发展很快,特别是在吸纳新增劳动力和劳动力转移方面表现格外突出,大大超过了公共事业部门。西藏第三产业的发展已经由过去政府投入的单动力转变为政府和市场、公共事业部门和市场化部门的双动力。并且,这两种动力正处于此消彼长的过程中,市场化部门的发展越来越成为西藏第三产业乃至整个经济增长的最主要动力。

1. 进一步促进旅游业加快发展

旅游业在西藏第三产业中的地位十分重要,其对整体服务业的带动作用十分巨大。旅游是现代社会中人们生活方式的一项基本内容,旅游需求只会随着经济社会的发展而不断增长,只要人类存在,旅游的需求就不会消失。因此,旅游业是一个永不衰落的朝阳产业,是一种在当前和长远都有市场保证的产业。旅游所带来的需求增加会刺激和促进其它相关行业的发展。

据研究,旅游业完成每一次供给,直接涉及十几个行业,间接涉及70个行业左右。围绕旅游业行、游、住、食、购、娱六大要素,旅游业可直接扩大这些相关行业的需求、质量和服务水平,有一业兴、百业旺的功能。旅游业有较高的乘数效应,据测算,旅游业每直接收入1元,相关行业的收入就增加4.3元,而且发展中地区的乘数效应一般会更高一些。可见发展旅游业对西藏国民经济相关部门有很大的促进作用,旅游业是带动西藏经济全面增长的龙头产业。旅游业吸纳劳动就业的能力很强,可以比其他行业提供更多的就业机会,因此发展旅游业还非常有利于解决西藏的劳动就业问题,为转移农牧区剩余劳动力提供了一个好的出路。一个国家的不同地区,其经济发展水平是不平衡的,随着旅游业的发展,可以实现财富从发达地区向不达地区的转移,即从收入高的地区注入到经济水平较低的地区,旅游地区的人们也可以从旅游的直接收入中得到益处。因此,西藏积极发展旅游业,既可以强区,也可以富民,特别是在扶贫开发方面能发挥积极的作用。可以说,旅游经济是富民经济,对做好西藏农牧民增收工作是一条好的途径。除了上述这些积极作用,发展旅游业还有利于优化西藏的经济结构,扩大外汇收入以及促进对外开放等。

现阶段的西藏旅游业发展,要充分发挥政府主导的作用。旅游产业本身是一个产业群体,它涉及许多行业和部门,需要政府来协调发展和理顺关系。旅游活动是跨地域的,旅游经营自然也是跨区域的,要求有一体化的市场和充分的空间,这客观上需要政府积极协调,培育市场,以适应经营和发展的需要。良好旅游市场秩序的建立涉及城建、价格、工商、税务、治安等诸方面的配合与协调,这也要求政府加大宏观调控力度。旅游交通、通讯、旅游景区(点)、电力等旅游基础设施的建设涉及面广,资金需求量大,需要政府在财政、资金、规划等方面的大力支持。此外,政府在旅游环保、旅游产业结构调整、旅游企业集团的建立、区域整体旅游形象的宣传等方面,也有着不可替代的作用。综上所述,对于处于起步阶段的西藏旅游产业,要提高产业素质,增强其在国内外旅游市场上的竞争力,就必须要实施政府主导型的发展战略。但是,政府主导决不等于政府包办旅游业。西藏各级地方和有关部门决不能以"政府主导"的名义,直接插手属于企业行为的旅游开发经营活动。实施政府主导型发展战略,还必须与市场机制结合起来,政府是主体,市场是基础。也就是说,政府主导作用的发挥需要通过市场机制来进行。只有通过市场机制,才能充分发挥财政资金的使用效率,提高政府投入的诱导作用,使政府主导作用产生倍增的效果。从西藏实际出发,政府主导旅游发展的要点是:

(1)制定旅游产业政策。 科学的旅游产业政策是加强宏观调控,有效调整旅游产业结构,促进旅游产业持续、健康发展的重要手段。西藏制定旅游产业政策,应符合旅游产业发展规律,要考虑到西藏旅游产业发展还处于初级阶段的现实需要。要避免把旅游产业政策搞成一些空洞的教条,要能够针对西藏旅游产业发展进程中存在的具体问题及旅游产业发展趋势,设计出一套能够解决问题,并能引导旅游产业发展方向的科学的政策体系。

(2)发展旅游基础设施建设。 在西藏目前的旅游业发展阶段,旅游交通条件改善、兴建旅游接待设施、开发旅游景区景点等方面,需要政府大力支持,加大财政资金的投入,以改善落后的旅游基础设施,增强旅游吸引力。开展这方面的工作,关键是要进行高水平的科学规划,强化项目前期工作,以争取中央财力的支持。

(3)做好区域旅游发展规划。 科学的高水平的旅游发展规划,对于旅游产业的发展有着至关重要的作用,而且这不是任何企业所能胜任的工作任务。西藏各级政府要加强在旅游发展规划工作中主导作用的发挥,不仅区域旅游发展规划要政府来组织进行,具体景区景点的开发规划,政府也要充分参与进去。只有这样,才能保障地区旅游产业健康有序地发展,才能有效地防止旅游开发中低层次重复建设的盲目行为、急功近利的短期行为、破坏旅游资源与生态环境的行为。

(4)整体旅游形象的宣传促销。 旅游市场促销,特别是区域整体旅游形象在国际国内市场上的宣传,光靠个别旅游企业是不行的,必须由政府出面,形成政府主导、企业参与的旅游形象宣传格局。从国内外旅游业的发展经验来看,西藏各级政府尚需大大提高对宣传促销的投入水平,否则难以产生影响客源流向的招徕效果。区内各级外宣、外事、文化、新闻、影视等有关部门要与旅游部门密切配合,运用影视、歌曲、广告、互联网以及旅游节庆活动等多种宣传促销形式,努力提高宣传促销的影响力、覆盖面和科技含量,重点推出西藏的旅游名牌,增强旅游宣传促销的实效。

(5)加强以旅游法制建设为基础的优化旅游"软环境"的工作。 政府对旅游产业的宏观调控,应主要通过建立和完善旅游法制体系来实现,而西藏旅游法制建设非常滞后于旅游产业发展的需要。当前,西藏应抓紧制定、完善地方性旅游法规和政府规章,同时尽早组建专门的旅游执法机构和执法队伍,并努力提高其执法水平,切实推进西藏依法治旅的进程。依法治旅,是西藏优化旅游软环境的基础性工作。此外各级政府还要积极落实中央赋予西藏的优惠的扶持发展政策,真正把西藏的政策优势变为经济优势,促进开展广泛的招商合作。适应旅游业作为开放型、外向型经济的内在要求,努力扩大西藏对内对外开放。国家已明确赋予西藏的开放政策,一定要抓紧落实。坚决纠正行业不正之风,特别是要纠正有关方面乱设卡、乱收费的不合理行为,实施旅游畅通工程,营造一个良好的旅游大环境。

(6)开展旅游教育培训工作。人才奇缺,是目前制约西藏旅游业发展的主要原因之一。因此各级政府要大力开展旅游人才培养工作。重点抓好导游队伍的业务培训、服务人员的岗位培训、中高级经营管理人才的培养。应把旅游人才培养纳入到对口援藏工作的范围,依靠国家旅游局和兄弟省市的大力帮助,实现西藏旅游从业人员整体素质的较快提高。西藏各级政府开展旅游教育培训工作,非常重要地还要积极教育、引导广大农牧民群众积极参与旅游服务业,增强他们旅游脱贫、旅游致富的自觉意识,以实现西藏全社会共同参与旅游业的良好局面。

2. 促进服务业全面发展

第三产业的兴起既是工业化带来的客观要求,又反过来大大促进了社会工业化过程和产业结构的转换。展望我国经济的未来,服务业将取代制造工业而在经济中占据主导地位,从而使"工业经济"过渡到"服务经济"。必须认识到产业结构变化的趋势,更新观念,在重视物质生产发展的同时,改变过去那种认为服务活动不创造价值,非物质生产部门应处于从属地位的错误看法,真正重视第三产业的发展。为此,应当把第三产业的发展摆在重要位置,相应地制定促进第三产业发展的政策,在税收、贷款、市场进入、行业管理等方面给第三产业以优惠,鼓励和推动第三产业的发展。从当前来说,政府通过财政政策刺激需求,应该有计划地扩大对基础设施和其他一些第三产业的项目投资,扩大第三产业的对外开放。这样才能尽快地使第三产业的发展与先进地区接轨,使第三产业迅速发展起来。要坚持市场化、产业化和社会化方向,营造良好的体制环境,积极发展现代服务业,改造提升传统服务业。特别是要面向广大农牧区,拓宽服务领域,提高服务水平,不断满足人民群众生产生活需要。

(1)改造提升传统服务业。运用现代经营方式和服务技术,改造商贸、餐饮等传统服务业。规范发展旧货调剂回收、租赁、典当等行业。积极发展连锁经营、物流配送等流通组织形式和业态。开展劳动就业培训,加快发展劳动密集型服务业,继续发挥传统服务业吸纳劳动力就业的主渠道作用,促进社会化养老服务、社区服务、家政服务、商贸餐饮等行业加快发展。丰富和发展传统服务业内容,拓宽服务领域,改进服务方式,提高服务档次和水平,鼓励服务业向农牧区延伸。

要改变长期以来对第三产业存在的一些不当看法,例如把第三产业看作是"非生产部门",认为第三产业的活动不创造价值;把追求更高的生活质量当作是追求资产阶级生活方式,等等。甚至直到今天,还有人不同意把第三产业作为"产业"的提法。这些都使得第三产业的活动受到忽视和非难。这些观念正在给第三产业的发展造成不可忽略的障碍。因为既然第三产业是不重要的,也就不会得到管理者的重视,因而也就不会分配资源来发展这些活动。在实践中,第三产业部门的劳动条件较差,从业人员的社会地位低下(其获得的报酬往往也很少),使人们瞧不起第三产业劳动,以致不少人,特别是青年人,宁愿失业,也不愿从事服务性的工作。这也使第三产业得不到应有的发展。要促进传统服务业的进一步发展,就必须克服这些不当看法的影响。

(2)积极发展现代服务业。 现代服务业又称为"现代生产性服务业",指为生产、商务活动和政府管理而非直接为最终消费提供的服务,主要包括金融业、保险业、不动产业(即房地产业)、咨询业、信息服务、科技开发、商务服务、报媒网络、教育培训等行业。

西方发达国家经济发展的历程显示,第三产业的发展大致经历了三个阶段:第一阶段(资本主义工业化前期),商业和交通、通信业领先发展;第二阶段(19世纪末至20世纪初),金融、保险和商务服务业增强第二产业的服务功能;第三阶段,金融、保险和商务服务业、报媒网络、科学教育事业等现代服务业得到快速发展。在西方发达国家,现代服务业的增长速度超出了服务业的平均水平。1970~1986年,美国现代服务业的产值与就业分别增长了173.3%和200.8%,远远高于同期服务业91.0%和85.3%的增长速度,也远远高于国民经济的整体增长速度,这使得现代服务业在第三产业中的比重日趋上升,优化了服务业的内部结构。这也是发达国家服务业发展过程中出现的普遍现象。

在当前经济发展中,随着信息化程度的不断提高,服务业与制造业之间出现了相互融合的势头。这种融合更多地表现为服务业向制造业的渗透,特别是与生产过程相关的现代服务业直接作用于制造业的生产流程。尤其需要指出的是,随着专业化分工程度的深化和市场体系的完善,现代服务业在新型工业化中的作用将不断增强。从时间上计算,一个产品真正处于生产制造环节的时间只占少部分,大部分时间处在研发、采购、储存、运营、销售、售后服务等阶段,产业链条的运转更多依靠信息化程度越来越高的现代服务业。目前,许多企业的生产与服务功能已经融合在一起,作业管理也从制造领域延伸到了服务领域,模糊了两者之间的界限,许多企业的经济活动甚至已由以制造为中心转向以服务为中心。制造与服务相融合已经成为现代企业在激烈市场竞争中的致胜法宝。在美国许多著名的制造业企业中,服务含量在整个产值和增加值中所占的比重越来越高,很难判断它是制造业企业还是服务业企业。例如,美国通用电气公司把服务渗透到了自己的日常作业管理之中,使企业的制造功能向服务功能转化,极大地增强了核心竞争力。通用电气公司的服务业收入已经达到总收入的2/3以上。再例如,随着互联网的兴起,网络不仅起到了媒体信息的传播服务作用,进而又发展出为日常生活购物、出行、科研交流的功能,也延伸出了金融、证券、社会救助等用处,成为现代报媒集团必须关注并纳入旗下的产业性版块。

在经济全球化条件下的市场竞争,不仅是工业产品的竞争,同时也是现代服务业之间的竞争。如果西藏现代服务业的效率不能尽快提高,那么与区外的差距会越拉越大,对新型工业化将产生相当不利的影响。要通过一些途径,加快现代服务业的发展,优化区内服务业的结构层次,增强现代服务业对新型工业化的支持力度。当前,西藏要依托青藏铁路、干线公路、航空港、陆路口岸,组建以拉萨为中心的物流网络体系,宽领域、多层次地发展现代物流业,促进配送、运输、仓储和快递等各类流通业态的全面发展。高起点建设邮政通信、金融保险、中介服务、法律服务等现代服务业以及大力培育发展信息服务业。贯彻中央赋予西藏的特殊优惠金融政策,积极开展金融保险服务,支持农牧区生产生活条件改善、特色经济发展、经济结构调整、技术改造和非公有制经济发展等。发展和规范广告、代理、经纪、评估、拍卖、信托、证券、保险等中介服务。建设西藏会展中心,坚持国际化、专业化、市场化运作,发展会展经济,形成新的经济发展助推器。加快推进法律服务体系建设,满足法律服务需求。积极推动文化体制改革,为产生现代报媒集团、现代网络公司铺平路子。积极稳健地培育和发展房地产业,使房地产业成为新的经济增长点。引导房地产开发商按照"统一规划、统一建设、统一管理"的原则,开发具有规模效应的商品住宅,大力推行物业管理的社会化服务,规范物业管理行为。积极促进文化娱乐、教育培训、体育健身、卫生保健等服务业健康发展,满足群众消费需求。制定和完善政策措施,以增加就业和服务"三农"为重点,继续加大对农牧民跨地区就业服务、社会化养老服务力度。加快信用评价体系建设和制定服务标准,规范服务,诚信服务。制定优惠政策,在行政性收费、税收、用地、资金等方面,对事关群众切身利益的服务业企业予以支持。

五、深入学习实践科学发展观,积极推进西藏经济发展方式的转变

党的十七大报告在全面把握我国经济发展规律的基础上,从当前的发展实际出发,将党的十四届五中全会提出的"转变经济增长方式"改为"转变经济发展方式"。这两个字的改动,寓意深远,意义重大,针对性和指导性更强,反映了我们党对经济发展规律的认识更全面、更深刻。

(一)控制人口过快增长,大力提高劳动者素质,充分挖掘人力资源潜力

人口因素在社会经济发展中作用最大。人口是社会主体,是社会生产力构成的能动要素和生产关系的体现者。人们的经济活动渗透到社会生活的一切领域。一切历史事件的发展都与人,特别是人口质量因素有关。在社会生产领域,人口质量的作用则更为明显,有一定生产经验、劳动技能和管理水平的劳动者,成为社会生产的主导因素。劳动者的身体素质和智力状况对生产实践活动的社会效果关系极大,一般地说,高质量的社会人口对社会、经济发展起着促进作用,反之,则起着延缓甚至阻碍作用。人口作为消费者是全体,但作为生产者则仅是其中的一部分。人口膨胀的危机必然会带来一些严重的问题,从许多方面阻碍可持续发展,包括阻碍了生活资料、生产资料、技术资料、技术进步、经济结构等方面的可持续发展。可以说,人口问题既是可持续发展问题的重要体现,也是其它一系列可持续发展问题的终极根源。

虽然西藏拥有120多万平方公里的国土面积,居住有280多万人口,人均拥有约0.43平方公里,相当于人均拥有600多亩土地。从表面上看,占15.4%的国土面积所承载的国民总人口的量不足0.2%,国土资源的承载能力似乎还存在巨大的开发利用空间,人口增长似乎还可以不受限制。然而,西藏土地资源除去雪岭冰山和高山荒漠,可供利用的耕地和草场其实很有限。

1.人口发展和优生优育

西藏是我国唯一的少数民族人口占绝大多数的民族自治地区,绝大部分居民信仰藏传佛教,宗教对人的生育行为影响如何?农牧区的普通农牧民对人口发展的看法如何?他们的生育观又是怎样的呢?在西藏人口发展和优生优育的工作中必须要首先深刻认识这些问题。宗教在西藏特别是在西藏的农牧民中间有广泛的影响,而且这种影响将在今后一段时间内将长期存在下去。但宗教绝不像我们过去所想象的那样"左右

着人们的生育观",宗教并非是影响藏民族生育观的主要原因。

首先需要指出的是,绝大多数家庭和妇女对于堕胎是难以接受的。他们认为堕胎是一种断送生命的行为,违反了藏族的传统伦理和宗教教义,但是,当谈及采用避孕和绝育措施来达到节育目的时,广大农牧民群众不仅能够接受,而且许多家庭还有这方面的强烈愿望和迫切要求。谈及宗教与节育,不可回避的另一大问题是,西藏的宗教界是怎样看待计划生育的?总的来说,作为神职人员,他们毫不避讳地强调宗教戒律和禁忌的重要性,同时也非常清楚如果一方水土养不活一方人,那么这方的人民也就难以养活这方的寺院和僧侣,从老百姓和他们自己的切身利益出发,他们又对政府提倡的计划生育尤其是优生优育表示了充分的理解。当谈及如采取避孕措施算不算杀生此问题时,宗教界作出了大致相似的回答。格鲁派教义对人的生命的认同始于人体受精时的那一刻,此后对生命的人为干预便成为佛教戒律的禁忌。从这个意义上讲,笔者认为,以避孕为主的计划生育措施对于西藏农牧民群众中的绝大多数是可以接受的。宗教对于开展计划生育有阻力,但这种阻力绝没有想象的那样大。因此,大张旗鼓地宣传计划生育倡导优生优育不仅是迫切需要的,也是切实可行的。做好优生优育工作,关键是要帮助群众认识"越生越穷,越穷越生"的道理,帮助农牧户算资源账,通过贫富对比等方法使农牧民群众对计划生育的重要性形成较深刻的认识。

2. 建立健全优生优育服务体系

过去几十年西藏人口的自然增长超过资源和经济发展的承载能力,导致部分农牧民贫困的重要原因之一就是在广大的乡村严重缺乏计划生育的设施和手段。因交通不便、财力不足,特别是医疗卫生人员的极度匮乏而导致的服务不足,是过去西藏的计划生育工作不能适应当地经济发展的关键性原因。因此,结合西藏的实际建立健全基层技术指导和技术服务网络是加强农牧区优生优育工作、满足群众需求、提供安全有效服务的关键。要建立健全区、地(市)、县技术指导,技术服务组织机构、加强优生优育技术管理。要努力做到坚持优质服务,即政府通过各级医疗卫生部门向干部群众提供可选择的安全、有效、方便的避孕药具和节育技术服务。努力做到孕前服务,帮助群众避免不想要的妊娠发生,尽可能地避免采取孕后补救措施。要把计划生育服务与贯彻《母婴保健法》紧密相结合,保证母婴身体健康;坚持自愿选择就是要通过细致工作使群众获得计划生育、优生优育和避孕节育方面的科学知识,使所有夫妇能够在充分知情的条件下负责地按照政府倡导的生育子女数量,作出生育间隔和避孕方法的选择。

3. 努力提高人口素质

优生之后更重要的在于优育，特别是提高受教育的程度。人口素质的提高对促进可持续发展至少有两方面的意义：其一，可以有效地降低人口的增长速度；其二，可以更有效地利用资源，保护环境。提高人口素质，最重要的举措是大力发展教育事业。教育事业应该全方位推进，基础教育、中等教育、高等教育和职业教育四个轮子要一齐转，其中应着重加强基础教育。发展中国家的人力资源开发的经验表明，中等教育的收益高于高等教育，而初等教育的收益又高于中等教育。所以大多数国家都把普及基础教育放在教育发展的战略地位。

西藏发展教育事业必须坚持规模速度与质量效益相统一的发展方针，既要视需要继续扩大办学规模特别是基础教育规模，又要努力提高各级各类教育质量和办学效益，要把提高教育质量和办学效益摆在突出位置。九年制义务教育是提高民族素质的奠基工程，是整个教育事业发展的基础。西藏文盲率很高，扫除青壮年文盲对提高全区劳动者素质和普及推广科技知识，提高劳动生产率有重要意义。因此，要重点加强基础教育，努力扫除青壮年文盲。还要特别注意改善妇女受教育的条件，增加她们受教育的机会。妇女的素质提高了，不仅可以增加她们工作的机会，有利于计划生育工作的开展，还有利于下一代的健康成长。

4. 调整区内人力资源布局，优化结构，充分发掘现有人力资源潜力

西藏区内人力资源分布总体上比较分散，畸重畸轻问题比较突出，因此从优化人力资源空间结构的角度来缓解人对资源环境的压力是具有重要现实意义的。第一，以区域经济综合开发为载体，有计划、有步骤地进行移民搬迁。西藏人口居住比较分散，许多地方人口聚居规模太小，不利于形成市场与生产的规模化发展；还有相当一部分人口由于传统习惯，散居在一些自然条件相当恶劣的地方，由于产出极有限，人们过着很贫困的生活，人力资源浪费也很严重。因此，有必要选择自然条件较为优越，具有一定交通和区位优势的区域，在科学规划的前提下有计划、有步骤地实行区内移民搬迁。把居住在环境恶劣地方的人们迁移出来，把居住相对分散的人口集中起来，通过人的相对聚集带动其它生产要素如资金、生产资料等的集中，促使生产专业化、规模化，并由于贸易、消费的相对集中而形成较大的统一市场，最终形成区域经济的规模效应发展。第二，在部门和地区不同层次之间调整优化人力资源结构，使区内各方面专业技术人员对经济建设发挥出应有的作用。总的说来，西藏是缺乏各种专用技术人才的，而现有的专业技术人员分布结构不合理，加剧了经济发展需要与人才缺乏的矛盾。优化区内人力

资源结构,应当实行人力资源的三大转移:一是实行干部和专业技术人员从中、高层向基层转移。目前自治区和地(市)级各单位的人员膨胀严重,而基层组织人才缺乏问题又十分突出,从中、高层单位分流一部分人员到基层,能够有效缓解这一矛盾,有利于加强基层组织建设工作。二是实行干部和专业技术人员从机关向生产、科研、建设、管理第一线转移。西藏的干部和各类专业技术人员很集中地就业于机关部门,一方面使机关人浮于事、效率低下,另一方面又不能发挥出专业人员的专业技能。把一部分干部和专业技术人员分流到生产、建设、科研、管理第一线,能够直接促进经济建设和实现人尽其才、才尽其用的人力资源管理理想目标,也有助于减轻行政机构改革的压力,可谓一举三得。三是实行干部和专业技术人员向边远的贫困地区转移。西藏边远贫困地区之所以长期发展不起来,很重要的一个原因就是这些地方非常缺乏懂管理、懂技术的人才。因此,从经济、文化相对发达地区选派一些有经验的管理干部和专业技术人员到边远贫困地方,有助于改变这些地方严重缺乏人才的局面,更重要的是通过各种调整将有力地促进地区经济发展。

5.排除外来干扰,依法保障区内外之间人口的自由、合理流动

随着西藏改革开放的不断深入和西藏社会主义建设的需要,西藏的人口自然增加的同时,人口的机械变化频率在以从未有过的速度增加,有越来越多的其他民族的人员进入西藏经商、兴办企业或是承包工程。与此同时也有越来越多的藏族到内地或沿海地区学习、进修、经商或是工作。近几年来,国外的分裂势力又在此问题上大做文章,说什么"中国政府在大规模、有组织的向西藏移民,西藏的藏族已成为少数民族"。西藏人口的机械变化在加剧是客观事实,我们不应该回避。需要着重指出的是:在中华人民共和国境内,每一位中国公民都有自由旅行、迁移、出外谋生的权利,藏族可以到内地学习、工作和生活,我国其他民族的人也可以前往我国的西藏自治区生活和工作。如果这种权利不能在我国各民族中间平等体现,那才叫没有人权。我们应理直气壮正视和回答这一问题。汉族等其他民族进入西藏是西藏社会主义建设的客观需要,改革开放的政策和社会主义市场经济的确立,正在逐步打破西藏传统而又封闭的自然经济。商品的大流通,人员的大流动是市场经济的必然。此外,党和政府长期以来十分关注西藏的建设事业,随着我国国力的不断增强,中央政府和其它省区加强了对西藏的投入和援助,"43"项工程、"62"项工程以及"180"项目的先后上马,"一江两河"的开发,"对口援藏"工作的深入,揭开了西藏社会主义建设新的篇章。如果仅仅依靠西藏的力量,要在短时间内完成这些工程和开发项目是不可能的。总之,应排除外来干扰,独立自主地制定西藏的人口发展政策。只要政策有利于西藏的改革开放,有利于西藏的经济发展,有利于西藏的社会稳定,有利于西藏各族人民生活水平的改善,就应该将这样的政策坚决贯彻和实施。

(二)以实现共同富裕、社会和谐为目标,努力消除贫困问题

在近些年的经济生活中,贫富差距扩大是一个突出问题。转变经济发展方式的重要目标之一,就是要解决好这个问题,逐步实现全体社会居民的共同富裕,这其中非常关键地的就是要努力消除贫困现象。另外,对于贫困地区来说,消除贫困和可持续发展是统一的整体或一个问题的两个方面。不消除贫困就难以持续发展,不有效改善贫困地区的基础设施条件,提高人的素质,改善生态环境和可持续开发利用资源,也不可能从根本上消除贫困。这是因为,贫困问题除了其本身的经济含义之外,往往带有一系列的社会、环境特征,如文化教育落后、医疗卫生状况差、人口寿命较短、死亡率和疾病发病率较高、生存环境和生活环境恶劣、生态退化且破坏严重、人口增长较快等。所以,贫困地区也往往陷入"贫困—人口增长—资源环境破坏—加剧贫困"的恶性循环之中。所以,要实现可持续发展,必须消除贫困。同样,要消除贫困,采取单一措施是难以奏效的,必须在可持续发展战略指导下,从经济、社会、生态环境等方面着手,采取综合配套措施,特别是从根本上改变贫困地区的生态环境,实现生态环境与人口增长、资源开发和经济发展之间的协调,才能取得成效,实现稳定的脱贫致富,走上可持续发展道路。就西藏的具体区情而言,贫困问题十分突出,贫困与可持续发展在当前更显著地体现为贫困制约可持续发展,因此,西藏需要在国家的大力支持下,采取多种措施,把消除贫困作为实现可持续发展的前提和最优先解决的问题。

1.加强基础设施建设,努力改善贫困地区的生产生活条件

必要的基础设施建设是解决贫困问题的基本条件,有利于增强贫困地区的造血机能和自我发展能力。同时,适宜的基础设施建设也是加强生态环境保护,促进可持续发展的重要举措。西藏的各级政府和扶贫开发部门应从宏观和长远着眼,从水利设施、农田、草场基本建设,县乡交通能源建设等方面,加快贫困地区的基础设施建设,大力改善基本生产生活条件,为群众脱贫致富打好基础。由于贫困地区都是边远欠发达地区,自然条件差,建设难度大,投资效益低。因此,在进行贫困地区基础设施建设投资时,不能按常规办事,应把社会效益放在首位,实行倾斜政策。

2.扶贫搬迁,异地脱贫

实施扶贫搬迁,是扶贫工作的重要举措,实践证明是比较有效的解决贫困问题的方法。扶贫搬迁,就是把贫困群众从资源环境负荷过重、不能提供起码的衣食之源的局部地方搬迁出来,重新妥善安置,使之脱贫致富。事实上,需要搬出的贫困地点往往就是那些十分典型的生态脆弱区,扶贫搬迁与生态移民也往往具有很强重叠性,实施扶贫搬迁不仅是脱贫的需要,也直接促进了地区的可持续发展。通过扶贫搬迁,使生存条件极差地区的贫困农牧民异地脱贫,对加强社会主义民族大家庭的凝聚力有重大意义。实施扶贫搬迁一定要做到科学规划,坚持高标准、高质量建设移民搬迁点,要引导迁入的贫困人口树立对生态环境的保护意识,自觉按照可持续性的原则要求从事生产和生活,切实防止搬迁过后又造成新的资源环境的破坏。

3. 全方位地实行多项优惠政策

因地制宜地实行优惠政策,对于消除贫困,调动贫困群众生产经营的积极性,有很大的促进作用。改革开放以来,特别是中央四次召开西藏工作座谈会,制定了一系列特殊优惠政策和灵活措施,保证了西藏的全面进步和发展。实施"国家八七扶贫攻坚计划"以来,中央和自治区又先后出台了许多新的政策,全力解决贫困人口的温饱问题。这些优惠政策,在"十二五"期间或今后相当长一段时间都应继续执行。此外还应根据新情况,出台一些新的优惠政策:第一,灵活引导群众使用有偿资金。中央和自治区每年安排一定数额的信贷资金,在贫困地区选择扶持效益好,有偿还能力的项目。但是,部分地区没有把这笔资金利用起来,说是:"怕还账,背包袱",实际上是依靠政府的无偿扶贫资金,缺乏市场化反贫困的斗争精神。小额信贷从贫困地区的实际出发,贷款条件较宽,有一定的灵活性,利率也较低,贷款期限根据开发项目性质可长可短,乡镇企业和一些短、平、快的开发项目,应该充分予以利用。第二,实行对贫困群众的生产资料政策性补贴。西藏由于社会发育层次较低,经济落后,群众购买生产资料的能力有限,和平解放后的很长一个时期,贫困群众发展生产所需的农具、钢材、木材、水泥、种子、化肥、农药等,都是政府无偿供给。20世纪80年代以来,随着社会经济的发展和群众生活水平的提高,国家对西藏基本生产资料和农用物资的供应采取有偿和无偿相结合的办法,只收成本,不加收运费,对发展生产起了积极作用。对于广大贫困地区来说,家底薄,目前的经济实力仍很差,贫困户往往为购买生产资料和农用物资缺少资金发愁。为了加快发展生产,稳定解决贫困群众的温饱,有必要继续对农业生产资料和农用物资实行政策性补贴。第三,对贫困地区兴办的乡镇企业、手工业、建筑业、运输业等实行轻税或减免税政策。西藏由于群众手中资金短缺,兴办第三产业本小利微、发展非常不易。为了减轻农牧民对生产资料放价和粮油提价而增加的负担,自治区实行了补贴政策。

对贫困地区实行了比其它地区更为优惠的税收政策和征后返还政策。为了鼓励农牧区贫困群众积极兴办乡镇企业、手工业、建筑业、运输业和服务业,建议政府实行更优惠的轻税和减免税政策。

(三)强化资源环境管理,加快生态屏障建设步伐

中央第五次西藏工作座谈会指出,要在西藏建设国家生态安全屏障。资源与环境是自然系统中两个最基本的要素,它们为人类的生存发展提供了全部的物质基础和环境空间。人类认识到,开发自然资源和环境的能力可以不断增强,但是地球表层的资源基础、环境容量不可能在短期内增加,这正是构成可持续发展理论的现实基础,必须尊重自然、珍惜资源、保护环境。经济学家认为,环境恶化的原因可以概括为成本和收益、稀缺和价格、权利和义务、行为和结果的脱节或背离。这种脱节或背离是由于市场失灵或政府失灵或两者的结合。在现行的市场构架和政府政策下,不论中外,许多资源没有被市场所涵盖,这些资源没有所有权,也没有价格。因此人们对这些资源的价值漠不关心、满不在乎,其结果是,人们不是通过更有效地利用资源,通过技术革新来增加盈利,而是通过过度使用不属于自己的资源,把本应自己支付的成本转嫁到别人身上来增加自己的盈利。这里的别人不仅包括我们的邻居,也包括我们自己的子孙后代。尽管西藏目前自然资源的开发利用程度总体上还比较低,工业污染和城市环境污染也不突出,许多地区仍然保持了自然生态的原始风貌。但在发展经济的迫切要求下,还是出现了不同程度的环境问题,不适宜的经济开发和建设严重破坏了一些地区的生态系统,加速了部分地区的植被退化和荒漠化。部分资源开发的利用率很低,浪费惊人。并且这些情况有进一步扩大和加剧的趋势。青藏高原是中华民族的一道重要生态屏障,西藏一定要借鉴国内外的经验教训,坚决防止走上先污染后治理、先破坏后补救的老路。

1. 对自然资源实行资产化管理

经济理论认为,能够带来收益的东西称为资产。按照资产能带来收益和财富的概念和自然资源的开发与利用能给我们带来巨额的收益和财富的事实,自然资源是资产无疑。既然是资产,就应该作为资产来管理。所谓资源的资产化管理,就是遵循资源的自然规律,按照经济规律进行投入产出管理。对加入人工劳动的资源,把原来资源业生产和再生产的事业型转变为经营型;对天然资源,实行有偿开发利用,将其收益再投入于资源事业;建立起资源的核算制度、规划制度、补偿制度和监督制度,最后形成以资源养资源、发展资源业的良性循环,为社会提供更好的经济效益和良好的生态环境。为此,应在政府主导下由有关部门逐步开展自然资源核算工作:一是改造现有的自然资源平衡表,使自然资源平衡表成为国家资源性资产的实物账户;二是发展和完善资源资产价值理论,并依此建立资源性资产价格体系,解决资源性资产无价的问题,在此基础上建立起资源性资产的价值账户;三是在建立起的资源性资产实物账户和价值账户的基础上,按照所有权和经营权适当分离的原则,形成资源性资产负债表,资产方为政府,负债方为开发利用的企业,建立起以资源性资产产权为中心的管理和经营新体制。

2. 建立政府主导的自然资源开发利用的市场机制

这个机制的特点、功能和目标是:自然资源实行有偿使用,实行自然资源生产商品化,对自然资源工程费用实行"拨改贷",用自然资源有偿使用取得的资金建立起自然资源开发管理基金,用这项资金再开发新的自然资源成果,实现自然资源生产、再生产的良性循环,进而为财政提供充分的财富,为经济的发展提供资金。对自然资源的所有权实行企业化管理,同时应大力发展集体、个体等各种所有制主体对自然资源的经营、开发、利用等,使他们成为法人,给予平等竞争的地位,为完善市场机制创造条件。

3. 遏制环境污染与环境破坏的扩大化趋势

西藏自治区范围内没有严重污染环境的小造纸、小皮革、土法炼砷、土法炼铅锌等十五种企业("十五小")。"新五小"中又无小玻璃厂、小炼油厂、小火电机组等。但是工业污染问题仍在不断出现,隐患较为严重。为此应进一步采取有效措施:

一是,严格项目审批制度,凡属国家明令禁止的"十五小"、"新五小"项目和淘汰落后工艺、设备一律不得在西藏立项建设。

二是,严格按《建设项目环境保护管理条例》执行项目"环境影响评价制度",所有建设项目(包括新建、改建、扩建项目)都必须开展环境影响评价工作,明确环境保护措施,并严格组织实施,加强对采矿业的监督管理,对没有开展环境影响评价工作的矿点,一律要补办环保手续,并对采矿证重新核发。

国家西部大开发战略实施以来,国内外一些工艺落后、污染严重的投资项目,有可能向西部地区转移,以寻求新的生存空间。对于这类性质的投资项目,应严格执行国家环保总局和商务部的通知要求,严禁其在西藏境内落户。

4. 大规模实施生态环境建设

目前西藏人口正处于快速增长阶段,随着人口压力的进一步加大,人类活动将会进一步扩大。为了满足日益增长的人口对农畜产品的需求,特别是畜产品主要依靠扩大牲畜数量和增加放牧强度来实现。这必将导致草场放牧更加严重、草场质量进一步下降，草场退化、沙化进一步加剧。另外，人类经济活动对自然环境的破坏也越来越强烈。道路边坡开挖、森林植被面积减少、陡坡垦植等破坏山地自然生态环境现象将会逐渐加剧，进而会加剧崩塌、滑坡、泥石流的发生和发展，其范围也将逐渐扩大。中央第五次西藏工作座谈会指出，西藏是国家十分重要的生态安全屏障。因此，必须加大生态环境保护和建设力度，使生态环境向良性方向转变。

（1）对藏东南林地山谷地区。该区应以保护现有天然植被为主，停止砍伐天然林或有计划、合理的采伐，及时进行迹地更新，加快林业工人向营林管护转化；以"坡改梯"为重点，对坡度6~25度的坡耕地进行坡改梯，对大于25度的坡耕地有计划的退耕还牧还林；狠抓中低产田改造，大力推广农业科学技术，加强生态农业建设，建设一批稳定高产农田，提高粮食自给能力；加强水土流失综合治理，植树种草，加强荒山、荒沟、荒滩和荒丘绿化，控制水土流失面积；改良退化草场；建立比较完善的森林生态系统预防监测和保护体系。

（2）对藏南农牧交错地区。本区农牧业生产条件较好，通过50多年来的建设，使农业生产条件有了很大的改善。对本区的农业区，充分利用有利条件，大力改造中低产田；加强农田防护林建设，营造良好的农业生态环境，建设高标准的高产稳产田；大力植树造林，控制水土流失；加强农村能源建设，减轻对现有植被的破坏；科学合理的开发农业资源，建立较稳固的农产品生产基地。对牧区，则应以保护现有草原植被为主；大力开展人工种草和草场改良，加强草场水利设施配套建设和网围栏建设；防治草原鼠虫病害；禁止开垦草场，实行封育和分区轮牧制度；建设优质高产人工草地，改良牧畜品种，大力发展草畜产品加工配套，走畜牧养殖产业化道路。

（3）对藏北退化草场及高寒平原地区。综合运用生物措施、工程措施和草原实用技术治理草场退化。在自然条件相对较好的区域建设人工草场，改良草地，增强抵御自然灾害的能力；大力进行灭鼠、灭虫、灭毒草，改善和增加地表植被，提高草场的产草量；依靠科技进步，切实加强对草原资源的管理、保护；开展草场动态监测，调整载畜量，推行科学放牧制度；加大综合治理力度，重点建设对草原生态环境有重要影响的工程，加速退化草原向良性方向演替。在本区内应加强草原法制化管理，科学调整载畜量；加大草场围栏建设力度，因地制宜的发展"草库仑"建设；加强草场灭虫、灭鼠工作，同时应减少人类工程活动对草场造成的压力，保护草场资源及其再生能力，建立起比较完善的草原生态环境监测、保护系统和草原生态环境的良性循环体系，实现可持续发展。

(四)加大科技投入,提升科技水平,增强科技对经济发展的促进作用

西藏与其他省区特别是与东部地区在经济和社会发展水平上的差距,是由自然、社会与历史多种因素综合作用的结果,有其深刻而复杂的历史原因与现实背景,但根本的因素之一是在于科技能力上的差距。改革开放以来,密切科技与经济的关系是中国科技体制改革的一项重要内容。科技与经济一体化的程度较高,不仅促进了经济的发展,而且有利于经济反哺科技,推进科技事业自身的发展。西藏由于科技人员总量太少,科研与开发机构少,高校科研力量比较薄弱,科技产业化效率很低,科技与经济一体化程度低,始终难以实现经济发展方式的根本改变。

科学技术对提高资源利用率,寻找新的资源开发途径,促进在工业、农业和交通运输等各个领域减少资源消耗,正在发挥越来越重要的作用。在通往可持续发展的道路上,科学技术对节约不可再生资源和能源、开发新资源是必不可缺的。人类追求经济增长的目标是为了提高生活水平,但是过度的单纯追求经济增长导致对自然资源的掠夺性开采、全球性的环境污染和生态破坏日益严重。只有在科学技术的支持下,人类才能解决人口增长与资源短缺之间的矛盾,才能协调发展与环境保护之间的关系。对于建立科技支撑体系促进西藏发展方式的转变,有以下多项"当务之急"需要切实解决。

1. 深化科技体制改革,切实推动科技与经济的密切结合

改革开放以来,为了密切科技与经济的结合,我国已经做出了很大努力。如《中华人民共和国技术合同法》、《中华人民共和国科技进步法》等法律和国务院也制定了一系列法规,推动科技成果向经济和社会生活中推广与扩散。技术市场的开放和发展,更是极大地拓宽了科技与经济结合的渠道。西藏认真贯彻落实国家的这一系列政策措施,一定程度上取得了良好效果,但这并不意味着科技与经济的脱节问题已经完全解决。在今后相当长一段时间内,继续深化体制改革仍然是科技界面临的重要任务。西藏当前科技供需关系矛盾的主要方面是社会生产对科技的需求不足,因此科技体制改革的重点不应只是改善科技供给,也不能局限于科技界内部,应当针对科技供求关系中矛盾的主要方面,采取切实有效的措施,以主要力量促进社会生产对科技的需求,衔接科技供给与需求的制度创新、组织创新。同时,继续改善科技供给,组织科技界内的改革。只有这样,才能够全面准确地理解和执行党的科技体制改革方针和中国科技工作的基本方针,真正推进经济建设和科学技术的协调发展,以保障西藏的可持续发展。科技界、经济界以及企业界都在期待各级政府进一步加强对科技组织协同攻关,组织对重大引进技术的消化创新,并实行有利于科技进步和推广的财税和信贷制度,开创风险投资事业,制定保护国家高新技术事业发展的政府采购规则等。政府政策的正确引导和市场机制的充分发挥是实现科技与经济结合的两个相辅相成的推动力量,缺一不可。因此,必然要在两个方面同时继续努力。

2. 重视科技的基础研究,增加科技力量的储备

基础研究是人类文明进步的动力,是科技与经济发展的源泉,是新技术、新发明的先导和培养造就科技人才的摇篮。近代物理学、数学、化学、生物学、天文学等基础理论的进步和新发现有力地推动了经济的发展和社会进步。一个国家,一个民族,如果不能创立和吸取最新的科技成果,不能在现代科学成就的高度上观察和处理问题,就不可能实现国家的现代化。正是基于这一点,加强基础研究应该是我国新时期的一项特别重要的科技政策。西藏的科技人才很匮乏,如果对加强科学研究工作长期重视不够,直接导致可持续发展能力的低下。今后应当高度重视科研基础工作,采取灵活的人才使用政策,组织科研攻关,力争在具有高原特色的学科专业领域达到具有国内领先水平的地位。只有在增加科技力量储备的基础上,才能在各个行业更多地运用科技的手段以实现经济、资源、环境的协调发展。

3. 大力提高农业的科技水平

粗放经营的传统农牧业生产方式对西藏的自然环境产生巨大压力,用科技提高农牧业生产的集约化水平,保证西藏农业可持续发展,已是十分紧迫的任务。应把农牧业科技作为科技工作的重点,在项目和资金上优先安排。围绕发展高产优质高效农牧业,大力引进、推广先进实用技术,实施种子工程、农机化工程、畜种选育工程和人才培训工程,到"十二五"末农作物良种覆盖率达到90%以上,畜禽良种比重达到30%,重点推广优良品种、农牧结合的配套技术、节水灌溉和旱作农业技术、农畜和林副产品精加工及综合利用技术、干旱和风沙地区造林绿化技术。深化农牧业科技体制改革,逐步建立科技创新体系、推广服务体系和教育培训体系。加强县、乡两级农牧业科技推广工作,充实科技人员,改善工作条件,加大农牧业科技人才培养、引进力度,创造农牧业科技人员引得来、留得住、用得上的良好环境。切实加强农牧业科研、教学、推广等部门的协调合作,对重大项目实行联合攻关,力争在粮食、牲畜品种改良等方面取得突破性进展,搞好科技承包和科技宣传服务,巩固和加强基层科技队伍建设,抓好基层科技人员继续教育和对农牧民的适用科技培训,不断提高农牧业科技水平。

依靠科技进步,推动农业产业化。与其他省份相比,西藏自治区虽然占有较多的土地资源和畜牧业资源,但其农业生产的技术水平和经济效益很低。西藏的农业机械化

水平也远远落后于中东部省市,还停留在陈旧落后的农业耕种阶段。西藏的农业发展不能单纯走外延式扩张道路,而应该与环境保护、农牧民增收结合起来,依靠科技,推动农业产业化的发展。

延长产业链条,加强农业产后系统开发,特别是加强农产品加工业的发展,是发达地区农业发展的重要经验,也是他们在农业市场上的重要优势。农产品加工业的发展,既是提高农产品质量的重要途径,又是提高农业比较利益水平的重要方法。西藏目前的农产品加工业处于初级发展阶段,初加工占加工总量的80%以上,产品加工"链条"短,销售渠道窄、附加值低。传统加工产品加工增值仅为20%,远低于较发达地区的水平,因此需要大力加强。20世纪80年代以来,在农业新技术革命的孕育中,生物技术、信息技术、电子计算机和新材料、新工艺、机电一体化等工业技术及其他相关技术,对农产品加工业加速渗透、改造,不断推动农产品加工技术的新发展。尤其是生物技术中的酶工程、发酵工程方面,在农产品加工中的应用,取得了令人鼓舞的成果,并在生产中展示了广阔的应用前景。高新技术在农产品加工中广泛应用,将使农产品加工业成为国民经济发展中的新的产业生产点和增长点。西藏要加快技术成果转化应用,大力发展农产品加工业,这是西藏实现农业现代化的紧要任务。

4. 加大科技投入,依靠科技的力量强化环境资源保护与生态建设

要在社会生产的各个领域广泛应用可持续发展的相关技术。可持续发展的相关技术罗列起来包罗万象,概括地讲,凡是符合可持续发展思想,资源利用效率高、污染小的技术都可以认为是可持续发展技术。近些年来有关部门和国内一些学者对这个领域作过一些探索和讨论,《中国21世纪议程》中就提出我国要着力开发和引进并推广应用清洁生产、资源可持续利用、生物多样性保护、荒漠化防治、防灾减灾、大气层保护、气候监测、有害废物管理及资源化等方面的技术。本报告认为,对西藏有重要意义的可持续发展的相关技术主要包括:

(1) 地质灾害防治技术。 对西藏各类地质灾害的形成背景、激发条件、成因机制、分布规律、危害方式等进行研究,为地质灾害治理提供科学依据,提高对地质灾害的防治水平,从而有效地减少地质灾害所造成的损失,达到防灾、减灾的目的。

(2) 环境无害化技术。 环境无害化技术是减少污染,合理利用资源,节约能源,与环境兼容的技术总称。环境无害化技术包括生产过程技术和末端治理技术,它涵盖了技术诀窍、生产过程、产品和服务、装备以及组织与管理的整个过程,它以环境可接受方式最大限度地减少其废物排放和污染。采取措施严格限制和禁止能耗高、资源浪费大

和环境污染严重的产业和产品的发展,关、停、并、转了大量效益差、污染严重的中、小型企业。但这些强制措施只能暂时缓解却无法防止工业污染。要通过制定相关制度,规定革新生产工艺,开发引进环境无害化技术,实施清洁生产,才能逐步减少工业污染,使工厂企业走上良性循环的轨道,促进工业的健康和可持续发展。

(3)资源综合利用技术。资源综合利用主要包括:在矿产资源开采过程中对共生、伴生矿进行综合开发与合理利用;对生产过程中产生的废渣、废水(废液)、废气、余热、余压等进行回收和合理利用;对社会消费过程中产生的各种废旧物资进行回收和再生利用。西藏资源开发要逐步摆脱技术简单、工艺落后、设备简陋的状况,使资源的利用途径进一步拓宽,技术水平提高,重点开发一批大用量、低成本、高附加值、经济效益好的资源利用技术。

(4)工业生态技术。工业生态学是一种新的革新性的可持续工业战略。它涉及工业系统设计,从而最大限度减少废物和最大限度提高材料与能源的循环利用。生产系统要尽可能封闭,以防止能源或有用材料的流失。工业生态学概念与清洁生产概念有密切联系。这两种思想都涉及旨在保护环境和提高经济效率的污染预防。它们的不同之处在于清洁生产的焦点是废物削减,而工业生态学的重点是使不可避免地产生的废物循环利用,特别是在不同的公司之间进行。工业生态学是以对自然生态系统的直接类推为基础的,在这种情况下含有可供利用能源和有用材料的东西都不会被丢失。自然系统倾向于使废物的产生最小化;物质和能源不断地循环和转变;在不同的行动者之间既允许合作也允许竞争。工业生态学按照自然系统来塑造工业系统,在自然系统中一种生物的产出成为另一种生物的投入,并使每个过程的效益最大化。此外,对西藏可持续发展具有较大利用价值的科学技术还有节能技术、新能源技术、生物多样性保护技术、植保与生态系统恢复等技术。

(5)环境整治技术。根据不同生态区的环境特征和经济状况,研究开发生态保护、修复技术和治理模式,包括开发适合当地自然条件和社会条件的节水技术、荒漠化改造技术、恢复林草植被技术、治理水土流失技术、荒漠化利用技术,建立系统配套的可持续发展技术体系,使西藏自治区的生态恶化的趋势尽快得到制止;使已经恶化的生态地区得到良性修复。在退耕还林、退耕还草的总体规划下,组织研究和推广既适宜修复生态环境又具有经济价值的林草品种,以及林草深加工技术,将生态环境的修复与经济发展有机结合起来。

5. 依靠科技进步,提高工业技术水平,推动区内产业结构优化升级

西藏的工业化整体水平较低。首先,其工业规模较小;其次,西藏工业的结构不合理,初级加工业和重工业占的比重较大。第三,西藏工业的技术水平较低,工业技术设备陈旧,设备中待报废设备的比重大,直接影响到全要素生产率的提高。因此,应利用东部地区技术转移的机会,推动先进适用技术的引进、消化吸收与创新,从而推动区内产业结构的优化升级。要选择一批有市场潜力、有重大影响的先进适用技术,组织科技力量大力开展企业技术改造,开发新技术、新工艺、新材料、新装备,把促进企业技术进步和建立现代企业制度结合起来,建立健全企业技术创新机制,提高企业的技术创新、技术开发和成果转化能力。

最后,需要强调指出的是,从产业建设指导原则的角度来看,"一产上水平、二产抓重点、三产大发展"的总体要求本身就是转变西藏经济发展方式的一个重大战略。按照这个总体要求调整优化西藏经济结构,将极大地增强西藏地方经济的活力与自我发展能力;西藏经济发展的成果,也将因此更直接、更充分地惠及全区各族人民,使人民群众享有更高水平的物质文化生活。

(执笔:王代远 陈朴 肖小康 杨亚波)

下 篇

西藏"三农"问题的调研报告[*]

西藏社会的和谐,离不开广大农牧区的社会和谐。只有通过推进社会主义新农村建设,加快农村经济社会发展,更好地维护农牧民的权益,缓解农牧区的社会矛盾,减少农牧区不稳定因素,才能为构建社会主义和谐西藏打下坚实基础。从目前情况看,农牧业仍是制约西藏生产力发展的重要因素,仍然存在着农牧民增收困难、基础设施薄弱以及医疗文化事业落后等问题。这正是中央第五次西藏工作座谈会指出的当前西藏的社会主要矛盾,仍然是人民日益增长的物质文化需要同落后的社会生产力之间的矛盾。因此,中央第五次西藏工作座谈会强调:推进西藏跨越式发展,要更加注重改善农牧民生产生活条件;要千方百计增加各族群众特别是农牧民的收入,到2015年,农牧民人均收入与全国平均水平差距显著缩小;到2020年,农牧民人纯均收入接近全国平均水平。

西藏作为一个农牧区分散、农牧业人口多、农牧业相对落后的边疆少数民族省区。如何把中央、自治区党委和政府的方针政策与西藏的实际紧密结合起来,走出一条以社会主义新农村建设为核心内容的现代农牧区经济社会发展道路,是当前必须解决的一个重大课题。

一、当前西藏农牧区基本情况

农牧区是西藏与达赖集团进行反分裂斗争的主阵地之一,农牧区的稳定关乎全区发展稳定大局。自1984年西藏实行"政社分开,建立乡政府"基层组织建设以来,全区

---

[*] 系2008年西藏自治区社会科学院重大课题的子报告。

73个县(市、区)下辖542个乡(包括8个民族乡)、140个镇和5261个村民委员会。其中,乡村户数为44.09万户,乡村人口222.18万人,占总人口的77.4%。面对全区大部分人口生活在农牧区,在起点低、底子薄、基础差等情况下,带领全区农牧民群众维护祖国统一、加强民族团结、过上小康生活,这就需要把农牧区建设成为社会主义新农村。

(一)以安居乐业为突破口的新农村建设

2004年2月,中央发布了新世纪以来关于"三农"问题的第一个一号文件,指出要坚持"多予、少取、放活"的方针,尽快扭转城乡居民收入差距不断扩大的趋势。2005年的一号文件指出"要把加强农业基础设施建设,加快农业科技进步,提高农业综合生产能力,作为一项重大而紧迫的战略任务,切实抓紧抓好。"2006年2月发布的新世纪第三个一号文件,提出了"统筹城乡经济社会发展,扎实推进社会主义新农村建设"的中长期历史任务。2007年的一号文件进一步强调把解决好"三农"问题作为全党工作的重中之重,提出要"切实加大农业投入,积极推进现代农业建设,强化农村公共服务,深化农村综合改革"。2008年的一号文件再次把农民增收作为主题词,提出要"按照形成城乡经济社会发展一体化新格局的要求,突出加强农业基础建设,积极促进农业稳定发展、农民持续增收"。2009年的一号文件提出促进农业稳定发展农民持续增收的若干意见。2010年的一号文件再度锁定"三农问题",彰显"三农"问题的重要性。尽管7个一号文件每年的主题不同,但都贯穿着城乡统筹这条主线,基本思想在于解决城乡二元结构问题,缩小城乡差距,提高农民收入水平和农村经济社会发展水平。

进入新世纪以来,自治区在安排投资支持各项事业发展的同时,进一步强调向基层和农牧区倾斜,把改善农牧民生产生活条件作为首要任务来抓。2006年自治区第七次党代会提出把实现农牧民安居乐业放在"三农"工作的第一位,充分贯彻中央关于社会主义新农村建设的方针,以此为突破口,大力推进了西藏社会主义新农村建设。

1.安居工程的进展情况

在自治区党委和政府的统一部署安排下,各地区把安居工程作为当前农村工作的重中之重。各地区为了把各级干部和广大群众的认识和行动统一到自治区的决策上来,通过各种宣传引导形式,把党和政府的关怀和各项优惠政策、实施办法原原本本地传达给群众,使农牧民家喻户晓,赢得了广大群众的广泛参与和衷心拥护。各地区因地制宜、统筹规划、整体推进、分步实施,"十一五"期间全区安居工程建设顺利进行。以最边远的阿里地区为例,从2006年实施安居工程建设以来取得阶段性成果,2009年已完成8828户安居房建设,受益人口45689人,使该地区57%的农牧民提前两年住上了安全适用的新房子。从各个县的情况来看,实施安居工程建设以来,覆盖了所有乡镇的所有行政村。

一是农牧民对建设社会主义新农村新牧区政策的出台反响很高,给农牧民带来了切切实实的利益和实惠,特别是通过安居工程、扶贫点建设、牧民定居、"兴边富民"和民房改造等工作的试点及全面开展,广大农牧民的负担切实得以减轻,脱贫致富的积极性进一步增强。

二是农牧民外出务工的积极性空前高涨,安居工程建设不仅带动了全区石材加工业、建筑业和运输业的发展,而且为农牧民增收创造了就业机会。如江孜县大部分农牧民技术工(石匠、木匠、画匠)外出务工,人均增收效果明显,但该县因大量农牧民技工外出务工后,直接影响到当地安居工程的建设进度。

三是农牧区的基础设施条件有了较大改善。围绕安居工程,自治区加大对公路村村通、电话村村通、乡乡通邮、城乡电网等工程建设的投资力度。"十一五"前三年,年均解决 465 个行政村通公路问题,年均新增 18.9 万农牧民的用电问题,年均解决 30 万人的饮水安全问题,年均新增 815 个行政村通电话。随着农牧区基础设施的进一步改善,广大农牧民的发展基础和生产生活条件得到了显著提高。

2. 安居工程实施过程中存在的主要问题

一是尚未修建安居房的部分农牧民群众中,存在着资金来源渠道单一、补助金额低、自筹资金困难等问题,如按农牧民安居工程建设拟定的房屋建筑结构技术标准建设,除了来自国家的补助和银行的贷款外,自有资金有限,存在资金缺口,筹措困难。加之市场上建材价格的上涨幅度较大,无形中增加了部分农牧民的经济承受能力,从而影响了工程进度,尤其是一些偏远乡村的交通条件太差,增加了建材的运输费用。有的地方兑现农牧户建房补助资金均等化,没有很好的解决低收入家庭的资金投入问题。

二是各项配套工程相对滞后。在实地调研中了解到,个别县启动相对集中的水、电、路、广播、电视、电话等配套设施建设较慢。能源短缺问题日益突显,农区由于薪柴、牛羊粪等较丰富,加之太阳能灶普及程度高,用能紧张情况自感尚不明显;牧区能源短缺问题则非常突出。虽然实施了"万村千乡"工程,但是农牧民在利益链条中始终处于劣势状态。

三是认识上有待进一步提高,部分基层干部对新农村的理解不够深透和全面,认为安居工程仅仅是给农牧民群众修房子那么简单。少数基层干部存有严重的等靠要思想,认为建设新农村,上级部门就应该给予资金上的支持和物质上的扶持,否则新农村难以建成;还有少数干部认为新农村建设是上级领导的事,忽视了农牧民作为新农村建设中的主体,忽略了自己在新农村建设中的组织、引导作用。

(二)扶贫开发为农牧区发展注入新的动力

改革开放后,西藏经过30年的农村脱贫解困工作,成功的解决了全区80万农牧民的温饱问题。农牧区尚未解决温饱问题的贫困人口由1994年的48万人减少到2000年的7万人,农牧区贫困发生率降至5%以下,农村贫困标准也由1978年的人均100元提高到2001年的1300元。进入新时期以来,农牧区贫困人口由2001年的148万人减少到2008年的23.5万人,农村贫困发生率降至10.58%(见图1)。

图1　　　　　　　　1978~2008年西藏农村贫困发生率变化

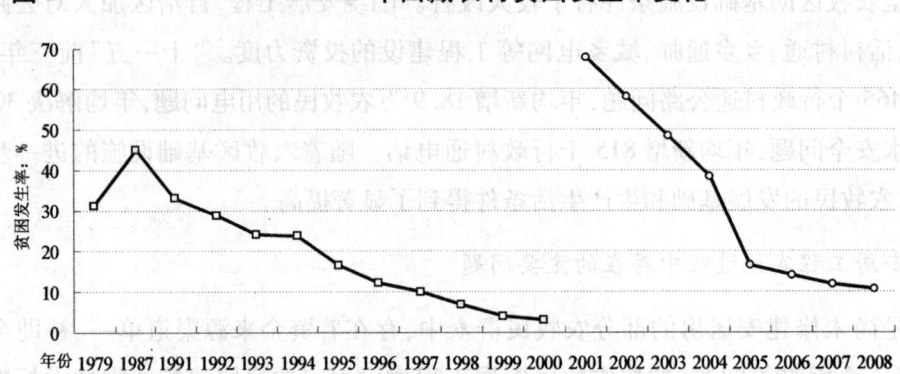

资料来源:根据相关出版物及历年《中国西藏发展报告》整理计算得。

按照中央"把西藏作为一个特殊的集中连片的贫困地区加以扶持"的政策,西藏为确定重点扶持对象测算出1300元的贫困标准,该标准是2001年全区农牧民人均纯收入的92.6%、国家农村贫困标准的2倍,把人均纯收入低于1300元的34个县、393个乡镇作为重点扶持区域,148万人口作为重点扶持对象。新的贫困标准客观地评估了农牧区现状。在扶贫开发过程中,坚持社会全面发展观和可持续发展观,坚持开发式扶贫方针,根据新形势和贫困地区发展实际,在坚持以往成功经验和做法基础上,加快扶贫开发工作的制度、技术和组织创新。按照工作到村、扶贫到户的原则,加大科技扶贫力度,积极开展群众参与式扶贫。扶贫开发围绕增加群众收入,开展建设基础设施、开发特色产品、培训农村劳动力和建设扶贫点等工作。扶贫开发使新农村建设实现两条腿走路,一条是以安居工程为突破口的新农村建设,一条是以扶贫开发为重要内容的农牧区协作发展。

1. 扶贫开发取得的主要成就

一是全区贫困状况进一步改善,重点扶持人口大幅度减少,贫困人口由 148 万人减少到 23.5 万人。

二是贫困地区的基础设施条件得到明显增强,农牧民生产生活条件得到明显改善,全区完成扶贫点建设和大骨节病区群众搬迁 2.5 万户、15 万人。

三是劳动力培训就业转移有所突破,自我发展能力不断增强,通过培训 4.3 万人次农牧民,约有 1 万人实现了转移就业。

四是特色产业扶贫的路子已经起步,结构调整取得初步成效,初步建成了山南藏鸡、白朗蔬菜、藏西北绒山羊、林芝中药材等特色产品基地。

五是贫困地区社会事业全面进步,全社会更加关心贫困群众、支持扶贫事业。扶贫开发加快了贫困地区的经济社会发展,逐步缩小了城乡间的差距。

2. 扶贫开发过程中存在的主要问题

一是提高贫困人口自我发展能力的工作做了多年,但不少农牧民脱贫的能力仍然偏低。全区每年因灾和因病致贫、返贫的比率还比较高,在剩余的贫困人口中,相当一部分属于难于脱贫的残疾、孤寡等弱势群体,是脱贫攻坚的难点,这部分人已不仅仅是扶贫手段所能解决的问题,而是需要有相应的社会保障手段跟进。

二是整乡推进已实施四年多时间,但缺乏合力。整乡推进必须依靠各个部门,整合力量、整合资金,实行捆绑使用。在实际操作中,部分整乡推进扶贫资金不能全部到位,给整乡推进后期的效益评估带来较多问题。每年都不同程度的建设一些基础设施,但覆盖率不高。据调查表明,基础设施建设对农牧民防灾抗灾有较大的帮助,在灾害面前,部分脱贫户因未被防抗灾基础设施所覆盖的会重新成为贫困户。

三是全区扶贫机构存在较大差异,一些基层扶贫开发部门缺乏技能型工作人员。以阿里地区为例,除地区有临时的办事机构以外,各县没有单独的办事机构。从人员情况来看,地区扶贫(农发)系统共 8 人,各县没有专门的扶贫农发办事人员,所需人员临时从县农牧局抽调。加之技术人员紧缺,影响了扶贫开发和农业综合开发效率质量。

(三)农牧区社会事业发展现状

农牧区的发展速度滞后于城镇,突出表现是事关农牧区社会事业发展的农牧区教育、医疗卫生和基层工作队伍相对滞后。尤其基层干部职工队伍和基础不足,已成为制约农牧区社会事业发展的重要因素。

1. 农牧区教育

从1985年开始,西藏对义务教育阶段的农牧民子女实行"包吃、包住、包学习费用"的"三包"政策。"十五"期间,国家为西藏农牧民子女拨付"三包"经费7.2亿元,免费教材补助1.45亿元。2007年自治区第六次提高"三包"标准,农牧区每名小学生、初中生每学年"三包"经费分别提高到1200元和1350元;边境县(乡)每名小学生、初中生每学年则相应提高到1300元和1450元。到2007年底,全区"三包"学生总人数达26.6万余人,享受"三包"及助学金补助的农牧民子女达到42万多人,占农牧区小学、初中、高中在校生总数的85%以上。据统计,2009年全区已全面完成了"普六"目标,63个县达到国家"两基"验收标准,初中生入学率达到90.7%。同时,脱盲县达到70个,扫除青壮年文盲43万人,15周岁以上人口平均受教育年限达到5.8年。对农牧民子女实行"三包"、"两免"政策,促进了农牧区义务教育的普及与发展,成为农牧区社会事业发展中的一大亮点。

在农牧区"普六、普九"工作中,农牧区小学"双语"教师缺乏数量、质量,其水平和能力相对不足,教学质量不高、校舍破旧紧张等问题制约着农牧区教育的全面发展。据有的乡村干部反映,在大中专毕业生不包分配制度实行后,许多学生家长产生了"读书不能再当国家干部"、"读书没有用"等不合时宜的就业观念;部分学生在学校没学到知识而是学了些"好吃懒做"等不良嗜好,既不会干农活,又不能学以致用。许多群众不情愿让自己的子女上学读书,甚至为子女开假证明以逃避义务教育阶段的学习。农牧区初中升学率低于全区平均水平,部分地区小学和初中辍学率高。农牧区教育事业滞后于经济社会发展,成为制约西藏经济社会发展的瓶颈之一。

2. 农牧区医疗卫生

在中央和自治区的高度重视下,西藏农牧区卫生服务体系日臻完善,一直实行医疗特殊优惠政策,全区人均预期寿命由1951年和平解放时的35.5岁提高到目前的67岁。进入新世纪,以免费医疗为基础的农牧区医疗制度在全区推行,覆盖了全区农牧民。基本解决了缺医少药的问题,实现了就近就医、小病小伤不出乡,常见、多发病不出县,大病转院机制基本建立的目标。1993年以来,国家、自治区用于农牧民的新型合作医疗经费达到7.3亿元。2008年农牧民新型合作医疗标准提高到140元/人,还大幅度提高了为农牧民报销补偿的比例及报销补偿限额,体现出农牧区医疗制度以免费医疗为基础、以政府投入为主导的鲜明特征,体现出党和政府对广大农牧民的深切关爱。

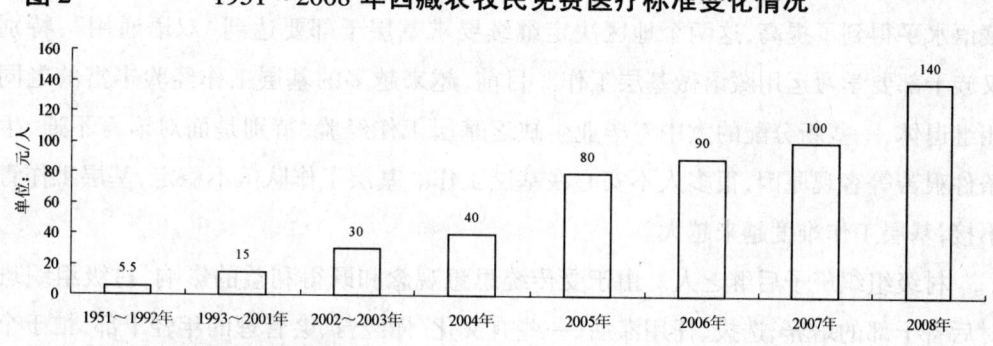

图2 1951～2008年西藏农牧民免费医疗标准变化情况

数据来源:根据相关资料整理。

随着以免费医疗为基础的农牧区新型合作医疗制度的建立,农牧民自身的医疗保健意识逐渐增强。从图2可以看到,自2004年以来,连续5年提高农牧民免费医疗标准,年人均免费医疗经费从1993年前的年人均5.5元,提高到2008年年人均140元的标准,全区纳入新型合作医疗保障的农牧民人数达到237万余人(含享受免费医疗政策的部分城镇居民)。2008年农牧民享受到免费医疗的费用相当于当年农牧民人均纯收入的4.4%。广大农牧民群众通过享有这一优惠政策,基本医疗和预防保健得到了较好保障,真切地体会和感受到了党的关怀和祖国的温暖。

但是,在部分边远和条件艰苦的农牧区,仍然存在着缺医少药现象,甚至一些县医院连简单的阑尾切除手术都无法实施。基层卫生员尤显紧缺,有的乡镇没有一名正式的卫生人员,农牧区医疗卫生条件亟待进一步改善。同时,危害人民健康的一些传染病、地方病、寄生虫病的流行趋势依然严峻,肺结核、病毒性肝炎、碘缺乏病、大骨节病等疾病预防控制的任务十分艰巨。农牧区卫生事业发展现状与建设社会主义新农牧区的要求相比,与实现全面小康、构建和谐社会的要求相比,与广大农牧民群众不断增长的健康需求相比,还存在许多亟待解决的问题。

3. 基层工作队伍

在实地调研中,据部分县级干部反映:一方面,专业技术人员奇缺,严重制约县域经济的发展和影响社会事业的进步;另一方面,目前自治区的大学生就业制度导致专业与职业不对口,不同程度的出现了学不致用现象,造成人才资源的浪费。同时,乡镇一级基层单位不同程度存在着干部缺编、工人满编或超编现象。在基层工作的部分汉族干部不会藏语,县和乡镇一级只有20~30%的汉族干部能听懂或会简单的藏语交流。以类乌齐县为例,8.33%的县一级汉族干部会藏语,而在乡镇一级只有5.88%的汉族干部会藏语。日喀则、阿里地区在乡镇干部中开展"双语双学"活动后,很多汉族干部的藏语水平得到了提高,这两个地区决定继续要求基层干部要达到"双语通用",特别是汉族干部要学习运用藏语做基层工作。目前,越来越多的基层工作经验丰富的老同志相继退休,一些新分配的大中专毕业生缺乏基层工作经验,特别是面对语言不通、生活条件艰苦等客观原因,很多人不安心在基层工作。基层工作队伍不稳定,基层工作青黄不接,基层工作难度越来越大。

村级组织班子后继乏人。由于受传统思想观念和既得利益的影响,村级组织班子对后备干部的培养、选拔、任用滞后,一些有文化、懂经营、会管理的年轻干部,忙于个人致富,不愿担任村干部、挑担子。一些人认为:"当干部吃亏,事务缠身,容易得罪人,影响个人家庭收入"。加之目前农牧区突出问题、热点难点问题较多,工作难度大,较低的待遇与其所承担的繁重的工作任务失衡,村级组织班子的岗位缺乏吸引力,在经济较发达的地区,出现了一些行政村无人愿当干部的现象。截止到2009年,"两委"干部误工补贴发放的平均标准为每年1300元,且每个村仅有3~5名村委会班子成员享受误工补贴,而专任村党支书记和党支部成员均没有任何补贴,一定程度影响了工作积极性、主动性和自觉性的发挥。"三老"人员每月生活补贴为100元,政策的激励效果不明显。

(四)农牧区生态环境的脆弱性

在全球气候变暖的大环境影响下,冰川融化、雪线上升,在局部地区已经给当地农牧民群众带来了洪涝灾害。近年来,高原湖泊面积大幅度扩展、水位上涨,淹没了大量湖泊沿岸的优质草场,导致区域内牧民受灾严重,所承包的草场损失殆尽。如何解决这部分受灾农牧民新的草场承包制成为棘手问题。同时,天气干旱,水分大量蒸发,加剧土壤干旱,风蚀现象普遍,植物水分涵养和内部调节、防风、固沙能力下降。鼠、虫害猖獗,成为破坏草原生态平衡的自然灾害之一,它们与牛羊争夺饲草资源,加剧了草畜矛盾。草原上的临时交通便道数量众多,是破坏草场的人为因素,据估算每年直接沙化的草场将上万亩。

一些地区进行的人工种草试点工作不顺利,导致多年生的草场退化。气候干燥、雨水量不充沛和大风天数多,人工草场土壤缺乏水分,草籽被风吹走,得不到循环发展。每年需要投入大量的人力和资金进行补种工作,效果并不理想,人工草场逐渐沙化,如何有效恢复人工草场的植被问题,须引起高度重视,并尽快攻关解决这一现实难题。

(五)农牧区存在的一些不和谐现象

改革开放以来,一些不法商人将不轨营销活动的手伸到了农牧区。他们利用农牧民纯朴、忠厚的天性,没见过世面,缺乏法律知识和自我保护意识,在农牧区进行不法经商。这些不法商人在农牧区销售假冒伪劣商品,在与农牧民交换过程中强买强卖,唆使农牧民干一些违法的事。例如,违法提供枪支偷猎,以低价收购偷猎物品等。同时,在部分县乡存在着不法商人放高利贷现象。在日土县一些外来商户所发放的实物贷款中,牟取相当于年息50~100%的超高暴利,严重损害了农牧民的利益。这既与农牧区市场和商品经济不发达有关,同时农牧民的法律维权意识有待进一步提高。

二、当前全区农牧业的基本情况

近年来,全区农牧业主要表现为:农牧业的产量、产值逐年增长,农作物单产、牲畜出栏率及商品率逐年提高,主要农畜产品人均占有量不断增加。家庭经营收入是农牧民收入的主要来源,农牧业总产值在全区生产总值中所占比重逐年下降。为保证农牧业在新农村建设中的产业支撑作用,自治区对大力发展农牧业提出了"一产上水平"具体要求。

(一)农牧业发展形势

改革开放以来,特别是中央召开历次西藏工作座谈会,西藏认真贯彻落实会议精神,在农牧区扎实推行以"三个长期不变"政策为主要内容的综合改革,围绕粮油肉基本自给的目标任务,主要农畜产品产量得到快速增长,实现了粮油肉"三个基本自给"的目标。

1. 农牧业经济发展及结构变化

农牧业经济发展和全区整体经济发展,呈现出鲜明的阶段性。在1965年之前,农牧业经济几乎代表了西藏经济的全部,随着整体经济发展和农业结构调整,农牧业经济在GDP中的比重逐年下降,演变为今天的"三二一"产业结构(见图3),但尚不能动摇农牧业经济的基础地位。

图3　　　　　　　1951~2008年西藏生产总值构成情况

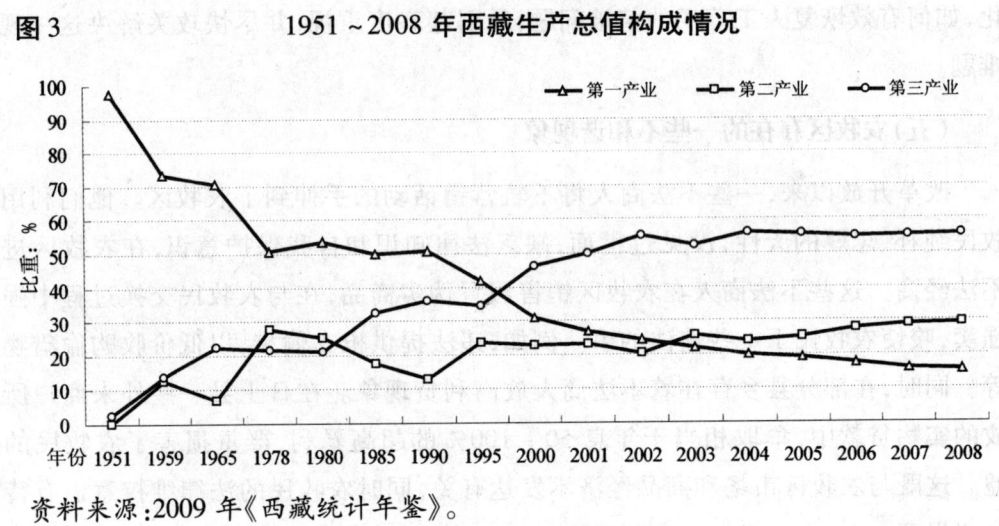

资料来源：2009年《西藏统计年鉴》。

表1　　　　　　　西藏农牧业在国民经济中的地位　　　　　　　单位：元、%

项目 年份	人均GDP	人均农业总产值	人均工业总产值	农业占GDP比重	农业人口比重	农业劳动者占社会劳动者比重
1978	375	221	84	50.7	85.5	82.0
1980	471	289	81	53.5	84.5	82.2
1985	894	550	107	49.9	87.1	81.0
1990	1276	899	171	50.9	86.3	80.7
1995	2358	1508	382	41.8	86.2	77.8
2000	4572	1988	710	30.9	86.0	73.3
2001	5324	2027	764	27.0	85.7	71.0
2002	6117	2108	816	24.5	85.5	68.8
2003	6893	2184	892	22.0	84.8	64.1
2004	8103	2307	1045	20.1	84.8	62.6
2005	9114	2460	1222	19.1	83.9	60.1
2006	10430	2526	1440	17.5	83.6	58.9
2007	12109	2825	1785	16.0	83.2	56.0
2008	13861	3097	2091	15.3	82.7	54.6

资料来源：2009年《西藏统计年鉴》。

表1清晰地反映出西藏农牧业在国民经济中的基础地位。自改革开放以来，全区以农业为主的第一产业产值在全区生产总值中的比重逐年下降，从1978年的50.7%下降到

2008年的15.3%。虽然在推进现代化建设的过程中,第一产业比重逐步下降是客观规律,但农业的地位和作用相对西藏82.7%的农业人口而言丝毫没有降低,反而更加重要。仅就安置的劳动力数量,农业基本上在50%以上,远远多于其他产业,这对于解决人民就业和社会安定有着重要的意义。

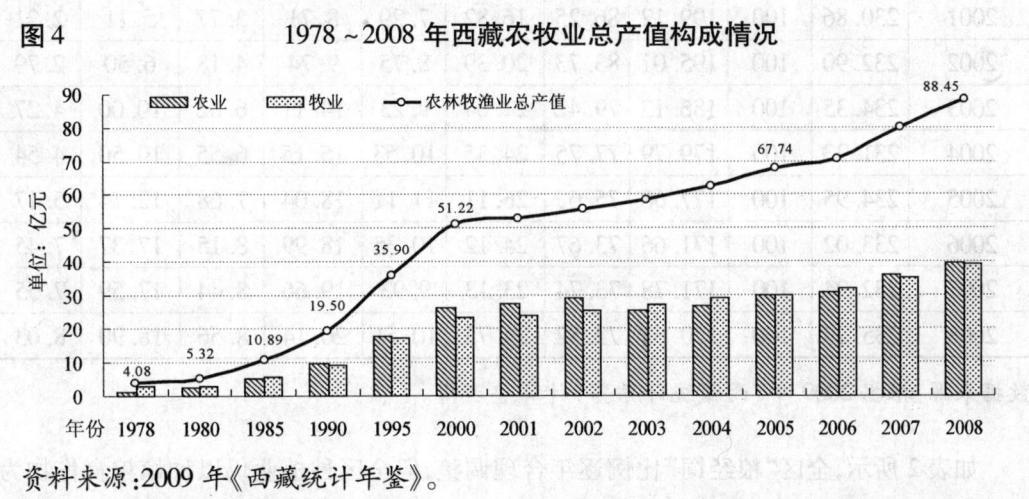

图4　　　　　　　　1978～2008年西藏农牧业总产值构成情况

资料来源:2009年《西藏统计年鉴》。

改革开放以前,西藏粮食生产能力十分低下,供求矛盾十分突出。1978年西藏粮食总产量仅为51.35万吨,油菜籽总产0.79万吨,粮食自给率仅为50%左右,油菜自给率不到25%。自治区每年都要组织相当多的运力、投入大量资金,从内地省(区)调运粮油,以满足西藏市场的供应。从农牧业内部结构看,1980年以前全区种植业和畜牧业产值占农牧业总产值的比例稳定在32%和68%;1997年后,连续6年种植业产值占农牧业总产值的比例超过了畜牧业产值,达到52%左右;2008年种植业产值又回落到44.9%,而当年畜牧业产值占农牧业总产值的比例达到44%。

(1)**种植业连续夺得丰收**。改革开放以来,面对到20世纪末实现粮油基本自给的艰巨任务,特别是中央第三次西藏工作座谈会召开后,西藏加强对粮食生产的领导,坚持走外延扩大再生产与内涵挖掘生产潜力相结合的路子,通过实施扶贫和农业综合开发,加强农田水利基础设施建设,改善种植业生产条件和推广农业实用科技,使粮食油料生产水平得到大幅度提高。自1988年以来,全区种植业连续多年夺得丰收,粮油供应短缺的问题得到有效缓解,实现了粮油总量的基本平衡。到2008年底,全区粮食作物种植面积达到170.63千公顷,其中:青稞面积117.85千公顷,小麦面积37.34千公顷,油菜籽面积24.65千公顷,蔬菜面积20.14千公顷。全年实现粮食总产量95.03万吨;油菜籽6.01万吨;蔬菜48.14万吨(见表2)。

表2　　　　　　　　近年农作物总播种面积及其构成　　　　　　　单位：千公顷、%

年份	总播种面积		粮食作物		油料		蔬菜		青饲料	
	面积	比重	面积	比重	面积	比重	面积	比重	面积	比重
2000	231.04	100	201.44	87.19	16.11	6.97	7.47	3.23	5.74	2.48
2001	230.86	100	199.12	86.25	16.82	7.29	8.71	3.77	5.11	2.21
2002	232.90	100	195.01	83.73	20.39	8.75	9.74	4.18	6.50	2.79
2003	234.35	100	186.12	79.42	21.64	9.23	14.11	6.02	10.00	4.27
2004	231.23	100	179.79	77.75	24.35	10.53	15.15	6.55	10.50	4.54
2005	234.95	100	177.68	75.62	26.11	11.11	18.04	7.68	12.14	5.17
2006	233.02	100	171.66	73.67	24.12	10.35	18.99	8.15	17.37	7.45
2007	232.94	100	171.78	73.74	23.19	9.93	19.66	8.44	17.59	7.55
2008	235.29	100	170.63	72.52	24.73	10.51	20.14	8.56	18.90	8.03

数据来源：根据2009年《西藏统计年鉴》计算整理得。

如表2所示，全区"粮经饲"比例逐年合理调整，但全区种植业仍以种植粮食作物为主，经济作物和其他农作物所占比重相对较低。全区粮食作物播种面积占农作物总播种面积比重从2000年的87.19%下降到2008年的72.52%，下降了14.67个百分点；经济作物占农作物总播种面积比重从2000年的10.7%增长到2008年的19.07%，提高了8.37个百分点。到2008年底，全区"粮经饲"比例调整为67：20：13，经济作物的比重较低是种植业整体效益提高缓慢的原因之一。

(2) 畜牧业生产稳步发展。根据畜牧业基本特点和加快发展的现实需要，西藏确立了"控制存栏、加大出栏、优化结构、提高效益"的总体方针和稳定发展草原畜牧业、大力发展农区畜牧业、加快发展城郊畜牧业的基本思路。在草原牧区广泛开展草场保护和建设，狠抓防抗灾基地、牲畜温饱工程、畜产品基地建设，切实加大了牲畜出栏力度；在农区和半农半牧区，实施农牧结合，大力推行了畜种改良、人工种草、牲畜短期异地育肥、秸秆微贮养畜等工作；在城镇郊区大力发展奶牛业、养猪业和养禽业，推行适度规模经营和专业化生产，使畜牧业整体效益得到有效提高。同时，坚持把畜牧业尤其是农区畜牧业发展作为农牧业结构调整的重点领域，调整优化畜种和品质结构，重点抓好牦牛、白绒山羊、藏猪、藏鸡、藏系绵羊、优质奶牛等品种的繁育推广，切实提高了畜牧业良种率。通过走"农牧结合、种养加并举"的道路，切实加大牲畜短期育肥、猪禽奶牛生产及加工等工作力度，大力培植发展家庭养殖专业户，积极推进畜牧业产业化经营，促进了农牧结合的日益紧密，农区、城郊畜牧业发展势头强劲，现代草原畜牧业生产方式呈现新的变化。到2008年底,全区牲畜存栏2405万头(只、匹),其中:牛645万头,羊1678万只。全年猪牛羊肉产量达到24.27万吨、奶类产量达到29.52万吨;牛、猪、羊的出栏率分别达到19.8%、57.20%、30.80%;出栏家禽187.3万只,禽肉产量达到0.22万吨,禽蛋产量达到0.22万吨,自给率和商品率明显提高。随着畜牧业的快速发展,丰富了畜产品市场,不仅改善了全区城乡居民的膳食结构,而且对促进农业产业化的发展起到了积极推动作用。

(3)"菜篮子"工程成效显著。改革开放以前,西藏几乎没有大面积的蔬菜种植,吃菜难的问题十分突出。土豆、萝卜、白菜作为主要种植的菜种,长期占据着餐桌并且供不应求,细菜全部靠从区外调运。以1981年的统计数据为例,西藏蔬菜总产量只有2.6万余吨,人均年占有量不足14公斤,平均每25天只能吃到1公斤蔬菜。从1990年起,自治区每年拨出专款用于"菜篮子"工程建设,大力扶持农牧民发展以蔬菜为主的"菜篮子"生产,重点在拉萨、日喀则、山南等地建立了规范化的"菜篮子"商品生产基地,有效的推动了全区经济社会发展和农牧民增收。通过坚持以引为主、引育结合,狠抓科技进步和创新,使"菜篮子"供给水平明显提高,基本解决了城镇及周边居民吃菜难的问题,成为西藏现代农业发展中的亮点之一。到2008年底,全区蔬菜种植面积达到30.7万亩,种植品种达到150余个,产量达到46万吨,比1981年增长16.7倍,年人均蔬菜占有量达到160公斤。拉萨、山南、日喀则、昌都、林芝等地(市)所在城镇及部分县城85%左右的蔬菜均可由当地生产和提供。随着蔬菜种植技术的不断普及提高,阿里地区通过大力实施"菜篮子"工程,使蔬菜生产户从20世纪90年代初期的1户2人,增加到70余户180余人,蔬菜种植品种由几个发展到30多个品种,蔬菜产量由几吨增加到3000余吨,产值由几万元增加到350多万元,开创了高寒地区发展蔬菜生产的新纪元。

目前,全区的蔬菜生产仍不能完全满足城镇消费市场对品种、质量和数量的需求。据拉萨蔬菜市场调查,本地生产的蔬菜约占市场份额的60~70%,其余部分尚需从区外市场调剂;蔬菜生产旺季(5~9月)的市场自给份额在80~90%左右,而淡季(9月~翌年4月)市场缺口约50%左右。昌都地区冬春季节和夏秋季节的蔬菜自给率分别只有30%和70%;山南地区冬春两季的蔬菜需求量60~70%要从外地调入;那曲和阿里地区的蔬菜需求量的调入量则更大。由于区内蔬菜供给产量低、数量少、品种少,不能完全满足市场对品种、质量和数量的消费需求,长期存在蔬菜供销不平衡局面。从区外调运,加大了营销成本,造成西藏蔬菜市场价格居高不下,淡季中的蔬菜价格比内地市场高出2~5倍。因此,大力提高全区的蔬菜自给率,大幅度增加蔬菜产量,有着巨大的消费市场潜力,特别是新、优蔬菜品种更有广阔的营销市场空间。

2. 农牧业发展中存在的主要问题

(1)农牧业发展中的制约因素还比较突出。 主要集中表现在：一是农牧业生产的外部条件较差，自然灾害尤其是雪灾、雹灾及地质灾害经常对农牧生产造成毁灭性损失。人工种草、草场灌溉、围栏、"三灭"等基础设施建设相对滞后，影响了农牧业生产的稳定性。二是工业基础薄弱、现代产业起点低，农牧业发展的产业环境质量不高，农业产业化经营管理水平还比较落后，农畜产品加工环节薄弱，产业链条短，农畜产品附加值增值有限。三是受传统观念影响，自给自足为基本目标，经营管理落后。家庭经营步入市场的程度及农村牧区商品流通体系的建设上仍处于较低的水平，商品交易市场发展起步晚，商品化程度较低，惜杀、惜售的思想普遍存在。四是科技含量低、科技推广运用的能力弱。全区农牧业科技贡献率仅达到30%左右，远未成为农牧业经济增长的支撑力量，与全国平均水平相比，大约要低20%。

(2)各地区农牧业发展水平不平衡。 不仅表现在西藏东部、中部地区与西部地区之间，同时，也表现在地区内部之间，如日喀则地区西部三县（昂仁、萨嘎、仲巴等县）与年楚河流域的三县（日喀则市、江孜县、白朗县）、那曲地区的东三县（那曲、比如等县）与西三县（申扎、班戈、尼玛等县）。发展的差异性主要表现在以下几个方面：一是自然环境的优劣状况不同；二是乡村基础设施建设的配套程度不同；三是脱贫致富的办法途径不同；四是农牧民增收的结构来源不同。

(3)对"一产上水平"的认识不统一。 在实地调研过程中了解到，各地市县对"一产上水平"的着力点在哪里还没有形成共识，即对"上水平"是指上规模、增产值、调结构、增加组织化程度，还是加大科技投入力度等没有统一的认识。以农业大地区日喀则地区为例，江孜县有的干部认为主要是通过提高产量、增加产值来上水平；萨嘎县有的干部认为上水平主要是调整结构的问题。一些基层干部在介绍当地农牧业发展情况时，认为当地农牧业发展潜力和空间已不大，然而农牧业仍是当地主要产业。笔者认为，传统农业已经没有多少潜力可挖，发展现代农业的前景却很广阔，而且大有文章可做，目前西藏只是起步晚，今后要走的路还很长。

(4)"两个长期不变"政策的边际效益递减。 在20世纪80年代初，西藏农牧区实行"土地归户使用，自主经营，长期不变；牲畜归户，私有私养，自主经营，长期不变"具有地方特色的家庭经营体制，有别于全国的家庭联产承包责任制。全区在基本完成草场承包责任制后，农牧民家庭自主经营成为农牧区经营体制的基本特点。广大农牧民衷心拥护党在农牧区的各项政策，但随着时间的推移，耕地归户使用后至今未作调整，有的家庭一人种二人份额的地，有的家庭五人种一人份额的地，出现了一部分无地可耕的农民。随着经济发展和人口增长的现实情况，原有的好政策需要充实完善，赋予新的政策内容，以适应时代的新形势。草场承包责任制到户后，一些牧户对管理草场、保护草场和建设草场的积极性有待进一步提高。虫草资源富集地区的草场承包，如相关配套政策措施跟不上，容易引发了新的资源分配矛盾与纠纷。

(二)农牧业特色产业

根据自治区党委、政府提出的农牧业特色产业总体发展思路，各地因地制宜，充分利用资源优势，将发展农牧业特色产业与"一产上水平"相结合。从2004年开始，按照资金来源渠道不变、使用性质不变、管理主体不变的原则，集中各涉农部门资金、技术力量，着手实施了农牧业特色产业开发项目。到2008年底，在全区安排实施了247个农牧特色产业建设项目，总投资达到16.32亿元，其中国家投资8.64亿元，群众投入6.8亿元(含劳务投入)，企业投资0.88亿元，分别占总投资的53%、42%和5%。通过农牧业特色产业项目的实施，2008年使项目区农牧民实现人均增收633元，开始探索出了符合西藏实际、可操作性的国家补贴、群众投入、企业参与和农牧民为生产经营主体、受益主体、投资主体的产业开发有效机制。

从实地调研来看，藏西北绒山羊、藏北牦牛、藏西绵羊、藏东南林下资源和藏药材、藏中优质粮油和城郊无公害蔬菜以及藏猪藏鸡开发等产业基地已初见雏形；各级政府集中人力、财力、物力动员和扶持农牧民参与，项目区群众收入增加明显。笔者对阿里地区日土县白绒山羊示范户进行了解，平均每个示范户每年增收可达5680元，养殖最多的一户，收入可达52600元。同时也发现一些问题，如那曲地区尼玛县在山羊绒出售时，大部分群众采取以物易物的方式进行交换，一些商贩利用群众不了解市场价格信息而故意压价收购，山羊绒每市斤有时只卖到20~30元，最高也只有50~60元，相当部分农牧民手中的山羊绒卖不出好价钱。各地生产的农牧业特色产品以初级产品为主，还处于出售初级产品阶段，缺乏更多的深加工企业。发达的农产品加工业，是现代农业的重要标志，也是增强农业竞争力的基本手段。农畜产品附加值不高，尚不足以支撑起农牧业发展和促进县域经济的发展。

(三)农牧民专业合作经济组织快速发展

近年来，随着农牧业经济结构调整、农牧业产业化经营和特色产业开发进程的不断加快，以农牧民专业合作社和专业协会为主要形式的新型农牧民专业合作经济组织有了较快发展。如那曲地区申扎县巴扎乡7村将本村的牲畜、草场等资源进行入股，统一集中定居、统一草场管理使用和建设、统一劳动力安排使用、统一畜产品购销；在利益分配上,把收入的 30% 作为村集体扩大再生产资金,15% 作为经营人员的工资,25% 用于改善村基础设施建设,剩余的 30% 分配给群众。尼玛县 6 个乡镇中有 9 个村实行了联营牧业,有联营户数 466 户 2302 人,2008 年底联营牧户的人均收入达 2316 元。目前,西藏农牧民专业合作经济组织还处于发展的初级阶段,还存在着许多困难和问题,需要加以引导和扶持。笔者在调研中发现,农牧民合作经济组织建设不规范,大部分合作经济组织内部运行机制不健全,还没有到工商、民政部门办理登记手续。尼玛县和申扎县的农牧民合作经济组织没有一家办理登记手续。部分合作经济组织的负责人缺少相应的经营管理能力,致富办法不多,习惯于采用单纯搞行政方式管理合作经济组织。目前的农牧民合作经济组织资金短缺,一定程度影响了群众参与农牧民合作经济组织的积极性,同时也较大影响了农牧民合作经济组织的未来发展。班戈县某镇的民族手工艺品加工合作经济组织,原来各家各户通过银行的铜卡、银卡和金卡的小额信贷方式累计贷款 30 万元,因经营周期长不能按时还款,现在该组织申请由政府来还贷。在合作经济组织发展中,一些干部本身对目前大力发展的合作经济组织知识知之甚少,在宣传和指导上乏力;相当一部分经纪人、农牧户的合作意识淡薄,参与合作的积极性不高;有的成员风险意识比较差,只能"利益共享",难以"风险共担"。此外,还存在组织化程度不高和带动能力不强等问题。

三、当前西藏农牧民生活水平基本情况

短短几十年,跨越上千年,是当代西藏社会发生历史剧变的真实写照。占全区总人口 80% 以上的农牧民享受到了党和政府给予的许许多多实惠,生活越来越好。

(一)农牧民生活水平明显改善

西藏农牧民生活水平最直观、最明显的变化之一就是一幢幢具有民族特色的安居房拔地而起。"安居工程"使农牧民居住条件得到了很大改观,不仅增加了居住面积,而且房屋结构也由原来的土木结构逐步转变为石木、砖木和钢筋混凝土结构。到 2008 年底,全区已有 20 多万户、近百万农牧民享受到了"安居工程"带来的宽敞、明亮、舒适的住房。在调研过程中随机走访了一些安居户,他们告诉调研组:"在人民政府的帮助下,通过安居工程建设,现在全家人住进了宽敞明亮的新房,日子一天比一天好!"

1. 农牧民收入来源以家庭经营和务工收入为主

改革开放以来,为减轻农牧民生产负担,大力提高农牧民生活水平,国家制定了一系列特殊优惠政策。1984年,中央第二次西藏工作座谈会决定,对西藏农牧民免除全部农牧业税收。近年来,国家相继出台了粮食直补、购置农机具补贴、良种补贴等多项支农惠农政策,使农牧民获得了多项政策性现金收入。截至2008年底,西藏农牧民从财政转移支付中获得的收入有30余项,农牧民不仅从财政转移支付中获得粮食直补、购置农机具补贴等直接性现金收入,而且还从财政对农牧民生产领域中的化肥等补贴中也享受间接收益。如图5所示,西藏农村居民家庭人均纯收入1978年的175元上升到2008年的3176元,2008年全区农牧民人均纯收入比上年增加388元,增长了14%,农牧民人均纯收入增加额也是2000年以来最多的一年。

图5　　　　　　　　1978~2008年西藏农牧民人均纯收入增长情况

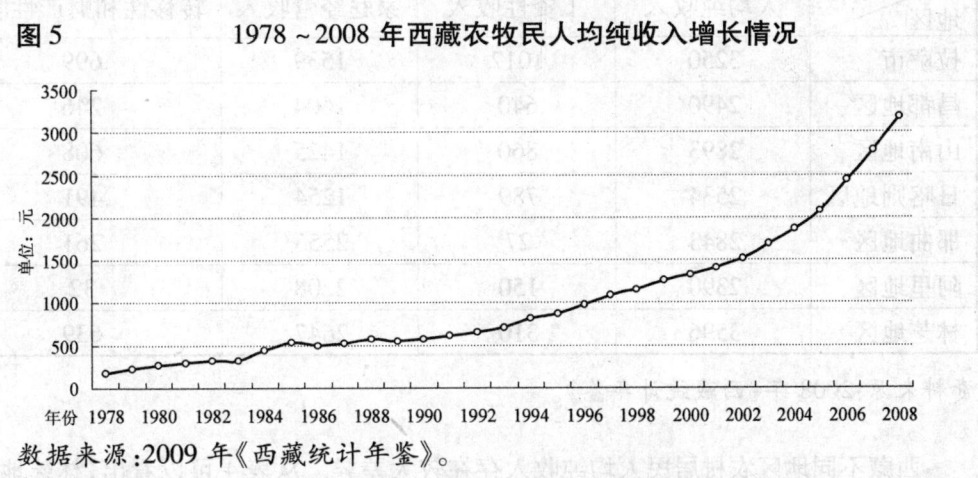

数据来源:2009年《西藏统计年鉴》。

表3　　　　　　　　西藏农牧民家庭平均每人总收入　　　　　　　　单位:元

项目＼年份	1990	1995	2000	2005	2006	2007	2008
家庭人均总收入	623	1501	1727	2813	3141	3598	4004
家庭经营收入	580	1313	1316	1992	2202	2538	2796
工资性收入	1	79	232	549	568	612	701
转移性和财产性收入	42	109	179	272	371	448	507

资料来源:2009年《西藏统计年鉴》。

从表3可以看出,西藏农牧民家庭总收入主要来源于家庭经营和劳务收入,其他收入来源所占比重较小。2008年全区农户家庭的平均每人总收入为4004元(见表3)。

农牧民家庭总收入主要来源于家庭经营收入和外出劳务收入,在人均家庭收入中所占的比重分别为69.8%和17.5%,两项收入合计占西藏农牧民家庭人均总收入的87.3%。

从收入来源结构看,1990~2008年,农牧区居民工资性收入从1元增加到701元,是农牧民收入中增长最快的部分,占家庭人均总收入的比重由0.2%增长到了17.5%;家庭经营纯收入由580元增加到2796元,是增长最慢的部分,占农牧区居民家庭人均总收入的比重由93.1%下降到了69.8%;财产性和转移性收入由42元增加到507元,占家庭人均总收入的比重由6.7%增长到了12.7%。

表4　　　　　　2007年西藏各地区农村居民人均纯收入构成情况　　　　　单位:元

项目 地区	人均纯收入	工资性收入	家庭经营收入	转移性和财产性收入
拉萨市	3250	1012	1539	699
昌都地区	2490	640	1604	246
山南地区	2893	860	1425	608
日喀则地区	2534	789	1254	491
那曲地区	2843	27	2555	261
阿里地区	2390	150	2208	32
林芝地区	3596	310	2647	639

资料来源:2008年《西藏统计年鉴》。

西藏不同地区农村居民人均纯收入存在较大差异。从表4可以看出,林芝地区的农牧民人均纯收入远远高于全区其它地区。2007年林芝地区农村居民家庭经营收入已经达到2647元,是日喀则地区的2.1倍。虽然在农村居民家庭的各项收入构成中,家庭经营收入均是各地区收入构成中最重要的一项,但在工资性收入方面,拉萨市明显要高于其他地区。可见,西藏各地的资源禀赋情况对当地农村居民的收入起到了关键性影响。

2. 农牧民生活消费支出简析

随着经济的发展、社会的进步和文化的交流,西藏农村居民的生活方式与消费习惯及消费结构都发生了很大的变化。农村居民家庭恩格尔系数持续下降,反映了农牧民生活水平在不断提高,标志着农牧民消费结构和生活质量的明显改善。同时,伴随着农牧民消费水平的提高,消费结构的进一步改善,在满足了自身基本生活消费后,逐步向享受型和发展型消费转变。

(1)**食品消费仍是生活消费支出的主要组成部分**。在我国农村,一般人均日摄取热量达到 2100 大卡就能解决温饱问题,而西藏农村居民对同等食物的需求量要比全国平均水平高出 700～1100 大卡。由于西藏地广人稀、高寒缺氧、运输线长,致使西藏的物价水平一直远高于全国平均水平,同等价值量的食品较全国平均水平少 35～40% 的实物量。西藏农村居民的食物消费存在着"吃的多、花的多"现象,从图 6 可以看到,西藏农牧区居民的恩格尔系数不仅高于全国水平,而且长期在 50% 以上。此外,农牧民住房消费支出在全部生活费支出中占据相当比重;农牧区文化娱乐设施少,服务行业不能满足农牧民日益增长的物质精神需要;加之农牧区交通不便、市场狭窄等原因,农牧区商业网点不足,货源少,也影响了农牧民的消费。这些因素直接或间接的导致了西藏农村居民恩格尔系数普遍偏高。

图 6　　　　　1991～2008 年西藏农牧区居民恩格尔系数

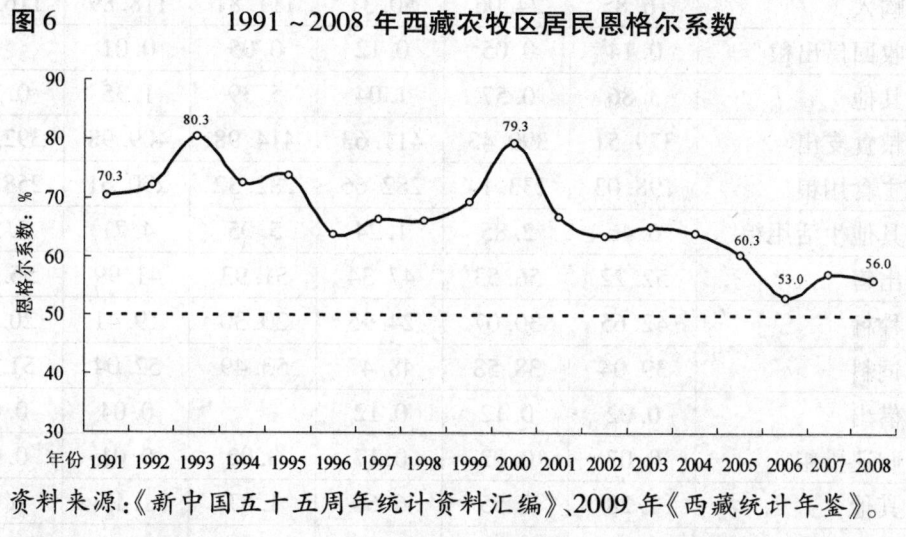

资料来源:《新中国五十五周年统计资料汇编》、2009 年《西藏统计年鉴》。

西藏农户家庭的粮食年内自食增加量主要来源于生产和购入两个部分,自行生产的粮食品种主要是小麦和青稞,市场购入的粮食品种主要是面粉和大米。西藏农户家庭年内人均消费粮食 514.77 千克,其中自产粮食 397.19 千克,占粮食来源的 77.2%;购入粮食 116.83 千克,占粮食来源的 22.7%。从表 5 可以看出,西藏粮食生产基本实现自给。在实地调研中了解到,无论是农区还是牧区,农牧民每年都要购入一定量的面粉和大米作为粮食的调剂和补充。同时,西藏农户有存粮习惯,存粮主要用于食用、种子和牲畜饲料。2008 年西藏农户人均年初存粮为 1003.97 千克,比 1990 年增加 386.28 千克,增长了 62.5%。对农牧区典型农户家庭调查,在一般家庭中,每年存粮除部分用于食用外,还有一部分存粮则是用于饲料和种子。2008 年西藏农户家庭年末人均存粮为1121.09 千克,其中用于口粮 263.9 千克,用于饲料 51.16 千克,用于种子 20.63 千克,分别占年内粮食支出量的 67.2%、13.0% 和 5.3%。农户每年有部分余粮对外销售,销售粮食 55.48 千克,占当年人均粮食产量 397.19 千克的 14.0%,占当年粮食总量 1518.74 千克的 3.7%。

表5　　　　　　　　　农村居民家庭人均粮食收支平衡情况　　　　　　　单位:千克

年份 项目	1990	1995	2000	2005	2007	2008
年初粮食结存	617.69	578.41	960.11	533.36	966.88	1003.97
年内粮食收入合计	516.45	553.82	680.36	454.82	503.13	514.77
家庭经营	495.59	528.95	628.89	337.43	382.88	397.19
购入	16.85	24.06	50.31	111.81	118.89	116.83
收回借出粮	0.14	0.05	0.12	0.05	0.01	
其他	3.86	0.57	1.04	5.39	1.35	0.74
年内粮食支出	379.51	390.43	411.63	414.98	409.98	392.55
主食用粮	198.03	233.14	282.66	282.32	290.61	258.58
其他生活用粮	6.46	2.85	1.24	5.05	4.71	5.32
出售	52.22	56.53	47.34	51.93	41.99	55.48
种籽	42.65	30.07	24.95	20.30	19.41	20.63
饲料	39.04	38.58	48.47	53.49	52.04	51.16
借出	0.02	0.12	0.12		0.04	0.04
归还借粮	0.07	0.02	0.17	0.02	0.01	0.04
其他	7.28	0.55	6.68	1.87	1.17	1.27
年末粮食结存	754.53	741.79	1228.84	555.63	987.58	1121.09

资料来源:2009 年《西藏统计年鉴》。

西藏农户每年的粮食支出,主要是用于食用和饲料,食用粮食仍以青稞为主。据相关部门介绍,西藏农牧民每年消费粮食 89689.1 万千克,其中自产粮食 78080.9 万千克,对外销售粮食 10877.5 万千克,市场购入粮食 23032.0 万千克,净购入粮食 12154.5 万千克。净购入粮食主要来自内地,以面粉和大米为主。从饮食消费情况来看,农牧民对肉、禽、蛋、食糖等副食品的消费量呈逐年增加趋势,在食品消费支出中的比重逐年上升。食物消费在全部消费支出中的比例有所下降,动物性食物及水果、蔬菜的消费有所增加,饮食消费呈现多元化。

(2)居住消费是生活消费支出的重要部分。宽敞舒适的住房一直是安居工程的建设目标,也是生活质量改善的重要标志。2006年以来,西藏农牧区最显著、最直观的变化之一就是广大农牧民的住房条件得到明显改善,房屋质量明显提高,在保持民族建筑风格的前提下,一系列配套设施逐步趋向现代化。2008年,全区农牧民人均住房面积达到22.83平方米,人均住房面积比1990年增加了近4平方米。在住房面积、房屋价值增加的同时,农牧民的居住环境和卫生设施也得到了进一步改善。另外,新建住房大多设施齐全,注重内部装修装饰,住房舒适洁净,布置优雅美观。

表6 农村居民家庭平均每百户主要耐用物品拥有量

项目 \ 年份	1990	1995	2000	2005	2007	2008
自行车(辆)	6.80	11.73	79.38	28.65	32.09	32.9
洗衣机(台)		0.13	2.29	7.03	8.58	9.12
摩托车(辆)		0.03	0.20	14.73	33.37	38.45
黑白电视机(台)	0.32	0.73	4.79	2.03	1.35	2.09
彩色电视机(台)	0.04	0.57	8.96	47.36	53.91	59.73
照相机(台)	0.04	0.03	0.83	1.55	0.68	1.08
电冰箱(台)			0.41	4.39	10.13	10.95
电话机(部)			0.20	13.04	44.66	58.38
影碟机(台)			0.41	21.08	29.59	34.79
电动自行车(辆/每百户)					0.08	0.54

资料来源:2009年《西藏统计年鉴》。

随着农户经济实力的增强和消费水平的不断提高,在安居工程的直接带动下,农牧民的消费结构发生了明显变化,传统的以吃穿住为主的温饱型消费和以生产资料为主的消费倾向得以改变,呈现出生活消费多样型和向享受与发展型变化的新趋势。农牧区家庭的居住消费支出已成为生活消费支出的第二大项内容。农牧区居民用于吃、穿的消费支出比重正在下降,用于居住和购买家庭设备用品的比重迅速上升,变化最为显著的是居住的条件及配套设施的改变。农牧区居民生活消费序列的这种变化,表明农牧民在吃穿住用方面得到极大改善。从实地调研中了解到,在农牧区电网改造、耐用消费品价格持续下降以及家电下乡的带动下,很多住上新房的农牧民对大件商品的消费量迅速增加。近年来,西藏农村居民家庭设备更新速度明显加快,拥有的现代家庭财产数量显著增加,如电冰箱、影碟机、移动电话、组合音响、摩托车等新潮耐用消费品大量进入农家,购买各种高档家用物品已成为农民生活水平显著提高的又一个重要标志。到2008年末,每百户农村居民家庭拥有彩色电视机59.73台,摩托车38.45辆,电话机58.38部。

总体而言,西藏农牧民生活消费主要表现为:生活消费水平还是偏低,其消费水平仅相当于城镇居民的四分之一;恩格尔系数过高,农牧民消费结构还不合理,食品以外的消费不足,消费升级较慢;消费是经济与社会多种因素交互作用的结果,受到市场的供给、人口的收入与消费欲望、基础设施等多种因素的影响,农牧民收入较低是决定农牧民消费水平较低的根本因素;居住消费是近年来农牧民生活消费的第一大亮点,也是生活消费八大项中增长最快的。随着农牧民经济活动的区域不断扩大,对交通和通讯的依赖程度正在迅速加深。

(二)农牧民持续稳定增收困难仍然突出

调研显示,随着党和政府各项惠农利民政策的相继出台,农牧民收入较以往已经有了明显增加,但也存在一些不容忽视的问题和困难,主要有以下几个方面:

(1)**相对单一的收入渠道,严重制约了农牧民持续稳定增收的步伐**。据调查显示,农牧民收入的主要来源是农牧业生产、外出打短工等渠道,源于农牧业生产性收入在农牧民收入构成中的比重呈下降趋势,劳务收入在不断增加。在一些基建项目上,当地政府要求施工方使用本地劳动力,这对当地富余劳动力进行转移很有效,是增加农牧民收入的渠道。日喀则地区2008年农牧民富余劳动力转移34.6万人次,务工收入约5.5亿元,有相当部分农民工在藏北地区从事建筑、鞣皮等工种。在虫草资源较丰富的那曲地区东三县,虫草收入是当地牧民收入的重要来源,特别是现金收入,虫草价格和市场交易不规范是影响牧民收入的重要因素。

(2)**广大农牧民因受文化程度、生产技能等条件制约,不仅阻碍了农牧业增效和农产品增收的步伐,并对农牧民拓宽收入渠道及来源构成障碍**。在调研中,笔者走访了几户游牧定居点的牧户,这些牧民面临的最大挑战是——由游牧到定居的转型。走访中了解到,"如何尽快适应定居生活"等问题,成为摆在当地政府和定居牧户面前的现实问题。这些牧户面临的主要困难是:自搬迁到定居点后,饮食起居等诸多日常生活习惯发生了重大变化,长期养成的生活习惯在短时间内无法改变;新的就业渠道有限,特别是牧民群众缺乏新的就业技能,新增收入来源至少在短时间内无从谈起。对于常年游牧的牧民群众来说,帮助他们实现从游牧到定居的转变,让他们熟悉定居生活是一项长期的工作任务。

(3)西藏主要农产品已由过去的总量绝对不足转变为总量基本平衡,告别了短缺时代。这说明农牧民已不可能像以往那样从增加农产品供给中获得更多的利益。粮食等大宗农畜产品,通过提价来增加农民收入的可能性已很小,农产品生产周期长且成本偏高,难以在市场竞争中获得优势。在藏北牧区的实地调研中发现,在部分畜牧业发达地区"以草定畜"、"短期育肥"等出栏过程中,因受制于交通运输、冷冻保存等客观条件,屠宰集中后大量生鲜肉销售困难,给农牧民造成一定的经济损失,影响了农牧民的积极性。此外,在藏北生态保护区还存在着保护野生动物与野生动物危害牲畜安全等问题。

从目前西藏农牧民持续稳定增收情况看,要实现中央第五次西藏工作座谈会提出的农牧民增收目标任务,差距还是相当大,还有很多工作要做。

(三)农牧区人口分散

西藏地广人稀且人口分布极不均匀,全区近一半的人口居住在雅鲁藏布江及其支流的河谷地带,广阔的藏北地区和阿里地区为全国人口密度最低的区域。尤其在广大边远牧区人口和经济更加分散。从图7可见,西藏的人口密度从1951年的0.93人/平方公里提高到2008年的2.33人/平方公里,但仍远远低于全国平均水平。

图7　　　　　1951~2008年西藏人口密度变化情况

资料来源:2009年《西藏统计年鉴》。

事实上,西藏西部县的一些行政村范围特别大,半径超过100公里,多数交通不便,农牧民分散居住,一个村干部要把上级精神和政策传达给全村农户至少需要20多天的时间。如果按传统的思路发展农牧区经济社会事业,这种分散性决定了西藏农牧区水、电、路、邮等基础设施建设和文教卫生等公用事业建设不仅建设任务量大,建设成本高,而且建成后的使用效率也不高。以中国电信阿里分公司为例，该公司在农牧区投资建设一个点需要花费数十万元，因用户少、话务量低，每月的收入仅几百元，甚至几十元；维护工作又十分艰难，最远的乡村距离狮泉河镇达1000公里，任何地方出现简单的故障，都需从地区所在地派人派车进行维护，维护成本居高不下。

与广大农牧区分散所不同的是，西藏有21个边境县，边境地区人口常年担负着守卫边防的任务，为保卫祖国领土完整做出了重要贡献。针对边境地区人口分散的特征，要着力改善边民的生产生活条件，解决住房差的问题；解决看病难的问题，建立巡回医疗点；给予边民子女就学优惠，解决上学难的问题；加强道路、电力、交通、广播电视等设施建设，在边民生活地配备必要的通讯和交通工具。对常年守卫在边防线，不能搬迁的贫困农牧民政府给予适当的生活补助。

四、主要对策建议

统筹城乡发展，着力改变城乡二元结构，加快西藏农牧区经济发展步伐，全面提高农牧民生活质量，不但是一个经济问题，也是一个政治问题，是摆在各级政府面前的一项长期而艰巨的任务。为此，必须大力推进农牧业结构调整，加大对农牧区的投入，创新发展机制，加快小城镇建设，加强农牧区基础教育，对农牧区的经济建设和农牧民生活质量的提高给予更多的倾斜与关注。

(一) 始终高度重视和做好调查研究工作

在农牧区经济社会发展过程中，必然会遇到许多新情况、新问题，不能以过去的思维方式和工作方式去解决，需要高度重视和加强调查研究。不能搞一刀切，各地区要结合当地经济发展实际状况，切实把握好改革创新的力度、步骤、节奏和建设重点。要在充分查明各地区生态和环境承载能力的基础上，合理规划农牧区的重点开发地区、限制开发地区和禁止开发地区，并结合城镇体系和交通、通讯、供电等基础设施建设布局，优化农牧区的布局。要配合生态移民、扶贫移民等项目，积极推进农牧区人口适当向重点开发区域集中。要改变过去单纯的村村通路、通电、通邮的建设方式，要配合农牧区规划调整，促进农牧民向交通沿线和城镇周围转移集中，充分利用现有的交通、通讯、电网等基础设施，通过适度的延伸扩容等措施改善农村牧区的基础设施条件，节省资金投入，提高设施利用率。农牧区公益设施以及文教卫生等社会事业的发展也要改变过去小而散的局面，要根据调整后的农牧区规划和人口适当集中情况进行重点建设。

针对农牧民安居工程建设当中存在的一些突出现实问题,有关部门应进一步深入调研,在此基础上,相对提高日喀则部分县市、昌都地区、阿里地区、那曲地区的农牧民安居工程的补助资金,使这一项深得民心的民生工程,真正做好,落到实处。同时,在干部配备、公务人员待遇、公共服务等方面,对条件艰苦和边远地区出台特殊政策。

(二)深入持久推进社会主义新农村建设

1. 继续加强农牧区基础设施建设,全面改善农牧民的生产生活条件

加强农业基础设施建设是西藏农牧业实现跨越式发展的重要基础条件之一。限于现有条件,不可能在短时期内把所有的基础设施建设都搞上去,以下几个方面的基础设施建设必须先行:

一是种植业方面,重点抓好现有农田水利工程设施的配套建设,依靠先进适用技术稳步提高土壤肥力,发挥水资源丰富优势,努力提高土地节约和集约利用水平。加强防抗灾体系建设,有效提高农牧业抵御自然灾害的能力与水平。

二是畜牧业方面,紧紧围绕草原生态环境面临的主要问题,遏制草原"三化",加强对草地资源的保护和管理;建立牧草种子基地,发展人工草场,草地围栏,改良草地,有条件的地方,发展灌溉草场。

三是在水热条件较好的沟谷地段和牧民定居点周围,大力营造多年生人工草地,进行草地补播、改良,提高冬春草场的饲草供给能力;同时,将部分超载牲畜及牧民转移出去,以实施大面积天然草地的围栏封育,实现草原植被的修复与重建。

四是加大对农村基础设施和社会事业的投资,特别是以农村能源、交通、人畜饮水工程、生态环境为主要内容的乡村"八个基本解决"基础设施建设,逐步把县以下的中小型基础设施和公益事业建设纳入政府投资的范围。改善农牧民群众生产条件和生活环境,缩小农牧区与城镇在发展"硬件"上的差距。

五是加大对农牧业的支持和保护力度。继续做好农作物良种、牲畜良种、农机具配置等补贴工作。支持植保工程和种养业良种工程建设,青稞已纳入国家良种补贴范围,未来应将牦牛良种、马铃薯原种也纳入国家良种补贴范围。支持建立健全动物防疫体系、农技推广和安全监理体系、草原监理体系、农畜产品质量安全检验检疫体系,以及自治区、地市、县(市、口岸)、乡镇四级农牧业技术推广服务体系。

2. 构建农牧民增收的长效机制,大力提高农牧民生活质量

提高农牧民的生活质量和消费水平,必须多管齐下、采取综合性措施。充分挖掘农

牧业内部的增收潜力,拓宽增收渠道,实现充分就业,千方百计缓解城乡居民之间的收入差距问题,努力克服单纯依靠农牧业生产经营传统单一方式,大力发展农村非农产业;着力建立农牧民增收的长效机制,是一项艰巨复杂的系统工作,最根本的是要统筹城乡经济社会发展,在各项社会工作中,切实关注农牧民增收这个中心、重心、核心任务,形成全社会共同关心支持的合力。

一是加强对农民外出务工经商的引导。从统计分析看,农民外出务工主要从事农牧业生产,而且外出的农牧民多集中在自治区内各县(市、镇),而到沿海及内地高收入地区务工人员较少,影响了外出务工劳动力收入的提高。区内商业流通从业人员,多来自青海、甘肃等地,农牧产品及其他生活必需品的商业利润多转移到区外。政府及相关部门应加强农民工技能培训,提高农民工就业、经营、管理能力,扩大就业范围,大幅度增加农牧民现金收入。

二是适度有效增加牲畜出栏率和商品率。畜牧业是西藏农牧民家庭收入的主要来源,但过低的出栏率、商品率会影响农牧民收入水平的提高。各级政府应有针对性的加强对提高出栏率水平的支持。支持可以考虑技术和流通两个方面,技术支持主要包括品种改良和舍饲圈养及补饲;流通支持主要包括政府用专项基金对农牧民饲养的牲畜及畜产品进行收购。

3. 加快农牧区社会事业发展,促进农牧区经济社会协调发展

西藏的城乡发展差距,突出地体现为城乡社会事业的发展差距,广大农牧区公共服务严重不足,农牧民生活质量较低。由于特殊的区情,西藏发展农牧区公共社会事业的成本较高,必须要加大这方面的投入。发展农牧区社会事业,既是建设社会主义新农村的重要内容,也是新农村建设持续深入推进的重要保障。目前,西藏农牧区最急需发展和改善的是教育和医疗卫生事业。

一是提高农牧民受教育水平,满足进城务工人员的素质要求。按照国家和自治区的总体部署,继续抓好"两基"达标巩固工作。根据农牧区人口过于分散、不便组织教学的特点,在县城适当增加寄宿制学校,实行统一规划、集中教学,提高教学质量。巩固"普六"成果和努力实现"普九"教育目标,进一步发展中高等教育。高度重视农牧民和城镇居民的职业教育和培训,建立政府就业、再就业培训中心,免费提供职业教育和培训。国家贫困地区义务教育工程继续向西藏倾斜,进一步加大对西藏义务教育和中小学危房改造的资金投入。援藏省市要更多地帮助农牧区加快发展教育事业。援藏省市所办的西藏中学和西藏班要大幅度提高农牧民子女的入学升学比例。全国各高校招生

对来自西藏农牧区的生源,要给予更优惠的政策并提高入学升造比例。

二是完善公共卫生服务体系建设,提高城镇的社会服务水平。继续完善城镇医疗卫生事业,为城镇化的快速推进和人口集聚创造条件。更加重视乡镇或乡村人口相对集中地区的中心卫生院和卫生服务设施的建设。实施农牧民适用的多种形式的健康保障制度。加快建立和完善公共卫生安全预警应急机制,以应对和防范突发的公共卫生安全事件。国家要支持西藏建立覆盖全区特别是农牧区的卫生服务体系,特别是常见病、多发病的免费医疗及卫生网点的建设,不断增加对卫生、计划生育基础设施、设备器械和人员培训的投入,并对西藏地方病防治给予资金支持。援藏省市要定期不定期派出医疗队到农牧区开展广泛的巡回医疗活动,为广大的农牧民看病治疗并培训当地医务人员做出应有贡献,帮助农牧区加快提高医疗水平。

(三)积极推进全区城镇化进程

西藏农牧区经济社会建设要同人口适当集中和产业集聚相结合,采取灵活多样的建设方式,积极推进城镇化建设,尽可能地转移农牧民。尤其要针对西藏地广人稀、农牧民居住分散的实际,通过人口适当集中和产业集聚相结合,实现城乡统筹协调发展。

1. **立足城镇建设,为农牧民向城镇转移提供空间载体**

目前,西藏的城镇体系也存在着小而散的问题,尤其是缺乏带动辐射能力强的中心城镇。因此,要通过小城镇的纽带作用,在城镇与农牧区之间,建立起技术、经济、文化、空间有机联系,由此构建新型的城乡联动互补关系。

一是在城镇化建设中,要突出加强特色经济支撑能力、城镇基础设施配套能力、社会综合服务能力和人力资源开发能力,走出一条适应跨越式发展要求的具有西藏特点的城镇化道路。西藏的城镇化发展,应在充分考虑自身自然条件、人口分布、平战结合、国防服务的基础上,有效利用基础设施建设带来的机遇,不失时机、合理规划城镇建设格局,构建以中心城市、小城市、重点小城镇和边贸城镇建设为重点的全区城镇体系。

二是促进人口适度集聚,降低行政管理成本。要摸清牧民转变为定居生活意愿的规模和地点,以便做出整体规划和设施条件配套。除边境地区外,对那些自然条件恶劣,不适于生产发展、生活提高或生态破坏严重地区的人口转移,按照积极稳妥和群众自愿的原则,科学规划、慎重决策、正确引导、扎实工作、有效推进。所需的城镇基础设施投入,应多渠道筹集建设资金,可探索设立专项资金,为人口向城镇适度集中创造条件。各级政府要充分发挥政策引导和保障支持作用,引领城镇化建设健康有序发展。

2. 扎实开展农牧民技能培训,促进富余劳动力转移就业

要开展农村富余劳动力转移就业培训,完善和规范就业中介服务体系,解决农民工利益保障等突出问题,确保农牧民能够进得来、留得下、能致富。从鼓励支持农牧民劳务输出到农牧区人口向城镇迁移的合理有序转变,实现非农就业的扩大与农牧区人口减少的有机结合。

一是由政府统一组织实施劳务输出。在区内,主要通过集中建设小城镇和重大工程建设所需大量劳务的方式,进行劳务输出。对区外的劳务输出,可以考虑对口支援省区市协助及横向联系的多种方式,加大区外劳务输出力度。同时,承担对口援藏任务的省市和企业也要协助受援地做好农牧民的劳务培训,使之掌握1~2门技术。

二是逐步建立和完善城乡统一的劳动力市场。建立统一规范的自治区、地(市)、县三级劳动力就业市场体系,加快农牧区富余劳动力就业信息网络的建设,形成城乡结合、统一、开放、规范、高效的劳动力市场网络格局;狠抓各项就业服务,如提供就业指导、职业培训等,做好劳务需求的动态监测管理工作,提高服务质量和时效,使农牧区富余劳动力的自发盲动为组织有序的市场流动。

3. 高度重视失地农民问题

土地是农民拥有的最重要的生产生活资料,在很大程度上,农民失去土地就等于失去了生存的基础。在城市化进程中,内地一些省区由于矛盾化解工作不力曾引发多起严重的群体性事件。西藏的城镇化进程起步较晚,目前随着这一进程的逐步加快,农民失地问题日益凸显,必须引起各级政府的高度重视,及时化解人民内部矛盾,采取切实可行的办法措施,坚决纠正侵害人民群众切身利益的事情。针对这一问题,目前采取的主要做法是,将失地农民纳入低保范围,保障其失地后的基本生活;开辟就业门路,引导失地农民充分就业,提供发展致富空间。日喀则市在解决这一问题中,充分借鉴内地一些地区失地农民通过利用土地补偿款参加农民养老保险的经验和做法,建立社会保障机制。本报告建议,自治区有关部门应重视在深入调研和全面掌握情况的基础上,结合本地实际,借鉴内地有益的成功经验,充分听取失地农民的意见建议,以人为本,科学论证,建立解决该问题的长效机制。

(四)完善和优化产业结构,建立农牧区产业支撑体系

农牧区建设的关键是要把农牧业和农牧区经济发展纳入全区国民经济发展的大框架下,建立起城乡互动的产业体系,实现经济推动、产业带动、城镇驱动的社会主义新农

村建设格局。

1. 形成合理的产业结构体系

西藏农牧业基本上还处在一种传统的、以自给自足为主的初级发展阶段,社会化、市场化、现代化程度不高,产业结构单一,农牧民长期从事比较收益低、附加值低的种植业生产和天然放牧,致使农牧区经济效益低下。要增加农牧民收入,广大农牧区必须因地制宜,充分发挥各地资源优势,大力发展具有比较优势和竞争力的特色产业,加大经济作物的比重。各级地方政府应积极引导并尽快形成合理的优良产业结构体系。

要从内在品质上,而不是表面上使西藏的三次产业结构合理优化。这就需要各级政府和其他外部力量要从"软件"能力方面扶持西藏特色产业经济的发展,使各产业真正具备自主发展的实力,通过共同努力、有效培植,尽快形成有特色、有规模、有市场的农牧区特色产业、主导产业。同时,要调整第一产业内部的不合理结构,大力发展畜牧业,提高林业、渔业在农林牧渔总产值中的比重,使各产业全面发展。继续大力推进农牧业结构调整,不断发展壮大区域特色经济,统筹城乡产业布局,形成合理的产业结构体系。

2. 坚持走有西藏特点的农业产业化道路

发展农牧业特色产业,将西藏特色资源优势转化为经济优势,必须根据西藏自身的特点,走具有西藏特点的农业产业化道路。现阶段,薄弱的农牧业基础设施和农牧民较落后的思想观念,增加了西藏农业产业化的快速形成难度。要紧紧抓住国家支持少数民族地区发展的机遇,努力增加农业产业化资金、人力、物力的投入,重点培育、扶持"龙头"企业和特色农牧产品生产基地建设,克服不利因素,大力推进农业产业化经营。

努力提升农牧业发展水平。鼓励发展特色农牧业,支持青稞、高原油菜、马铃薯、优质绒山羊、牦牛、藏系绵羊、藏猪、藏鸡及藏药材等优势农畜产品基地和产业带建设。结合农业、畜牧业、林业发展需求和地方优势,加强品种资源保护、品种改良和生物育种等生物产业项目建设。支持以高原核桃为主的木本油料基地建设和林下资源开发。加强饲草料基地和牲畜棚圈、贮草等设施建设。加大农业综合开发力度,以"一江两河"粮食主产区为重点,大力度改造中低产田、建设高标准设施农田,提高粮食生产供给和安全保障能力。

一是在产业化进程中,要以坚持延长产业链条、促进产业集聚为基本方向,围绕主导特色产业,大力发展配套服务业,提高整个产业的就业带动能力。尤其要围绕扩大就业容量,大力发展劳动密集型产业和服务业,支持中小企业和民营经济发展,创造更多的就业增收岗位。

二是要大力推进农牧业产业化经营,延长农牧业的产业链条,通过扶持优势龙头企业的快速成长壮大,促进农牧业资源开发和农畜产品转化增值,并通过完善利益机制,实现工业反哺农牧业和农牧民及城镇反哺农牧区。根据西藏的现实发展基础和富集资源特点,龙头企业应大、中、小型并举,每一地区重点扶持3~5个,每个县重点扶持1~3个龙头企业。通过扶持龙头企业的发展,带动特色农牧产品生产基地的建设,推动农业产业化的市场进程。

三是发展特色农牧业。畜牧业产业带的思路措施是:重点扶持藏东北牦牛产业带,藏西北绒山羊产业带,藏中奶牛产业带,藏中北草地型绵羊产业带,城郊猪、禽产业带。紧紧围绕"两绒一毛"、牛羊肉、奶、皮张和饲草、饲料的加工、储运、保鲜等产供销、种养加一条龙经营举措,培育龙头企业。特色种植业的扶持重点是:立足于藏中地区种植业基础,以青稞系列食品、蔬菜等绿色食品的精深加工为重点,培育龙头企业。特色林下资源立足于藏东南林下资源产业带,围绕藏药材、林下产品、果、茶、杂粮等精深加工,培育龙头企业。

四是加强质量监管,确保农畜产品供给质量安全。随着区内外农业化学品流通的增强与生产中施用量的加大及西藏果蔬农药残留和亚硝酸盐超标率呈上升的趋势,农畜产品食用安全性已不容忽视。应切实加强对农畜产品质量监督,加强质量安全监管体系建设,重点加强对区外农产品进藏的检验、检疫工作;加强对外来人员来藏从事种菜和养殖的监管,严格控制剧毒农药的流通和使用;加强对农牧民的技术培训。

3. 精选农牧产业发展项目,保障生态环境安全

生态环境保护和基础设施建设是西藏经济发展的前提和基础。按照国家西部大开发生态建设和环境保护的总体要求,在坚持生态环境保护与可持续发展前提下,搞好西藏农牧产业项目的选择。

一是针对西藏农牧区生态脆弱、环境承载能力低的实际,要逐步建立资源开发的利益补偿机制。在农村牧区进行资源性产业开发,要逐步提高占地补偿标准,建立资源补偿基金,在建设项目中,要规划环境保护和生态建设内容,并做好土地复垦和环境恢复等工作,提高资源开发对地方经济社会发展的带动能力。

二是采取换购补贴政策,建立健全对农牧业的支持和保护体系。针对冬春季节草地超载过牧严重、牲畜出栏率低且冷季掉膘严重的状况,切实解决过牧超载问题。建议各级政府扶持和鼓励企业在秋季深入藏北牧区(重点是铁路沿线),用资金、粮食、生活必需品等换购牧户手中的牲畜,通过铁路运到区外屠宰、加工或销售,以便切实减轻冷季草场压力;在夏秋季节的牲畜增重、畜群增加的情况下,合理进行出栏,增加牧民的收入,减少冬春季掉膘、死亡的损失。就此政策,组织专项调研,视情在典型地区开展试行,以便制订具体实施方案。

三是创新观念,拓宽思路,加快农区畜牧业的发展。西藏牧区受恶劣自然天气袭扰的频率很高,因此,建立和加强相应的防抗灾体系十分必要。在调研中发现,农区饲草料种植业的发展,对于防抗灾体系的建立能够发挥重要作用。本报告建议,政府有关部门应该发挥主导作用,引导扶持农区饲草料种植业的发展,建立饲草料种植基地。这不仅有利于调整种植业内部的结构,也有利于缓解牧区冬春草场不足的问题。

(五)创新农牧民专业合作经济组织,探索集体经济工作新机制

围绕农牧业特色优势产业和产品、旅游业和工程建设等,多形式多层次地加快发展农牧区专业合作经济组织和集体经济,提高农牧民组织化程度,使他们更好地融入市场经济,更有效地参与现代化发展。

一是积极培育专业合作社。当务之急是对广大基层干部和农牧民合作经济组织负责人、经纪人大户加强培训,解决他们不知如何去抓、抓些什么的问题,提高合作经济组织管理人员的业务素质,提高他们自主自理和自我规范合作组织的能力。开展辅导、培训和咨询试点工作,为专业合作组织的成立、登记、运行等提供辅导和咨询服务,做到长期培训与短期培训相结合;考察学习与取经研讨相结合,确保培训质量和效果。特别要加大对有一定文化知识、有一定经营头脑、有一定组织才能和带头作用人员的培训工作。通过树立典型,改变农牧民思想认识的误区,引导更多的农牧民进入合作经济组织,实现共同富裕。

二是积极探索集体经济的有效模式与典型经验。对于农牧区已存在和新出现的农村集体经济的典型,要进行密切关注并深入研究。从现阶段来看,"两个长期不变"政策是农牧区工作中要长期坚持的指导思想。本报告认为,这并不意味着我们在这个制度上不能有所完善和创新。党的十七届三中全会审议通过的《中共中央关于推进农村改革发展若干重大问题的决定》,为解决这个难题提供了依据,应当组织人力做进一步深入研究。

三是加快农村市场体系建设,重视农畜产品的流通。西藏农牧区市场的发育程度低,农畜产品价格涨、跌现象时有发生,这对提高农业生产效益和农产品商品率产生了严重影响。一方面各级政府部门要采取切实措施,完善农牧产品价格的宏观调控和管

理机制,使价格起到反映市场供求关系、引导农民生产的作用。另一方面各级政府要扶持、引导乡镇集贸市场建设,在农牧产品主产区和民族手工业产品主产区,积极引导各类专业市场建设;在边境开放地区,重视和加强边贸市场建设。引导和鼓励各类经济主体进入市场,参加平等公开的市场竞争,繁荣农村市场经济,通过市场的作用,促进农牧产品流通,促进农牧业生产,促进农牧民增收。

(六)瞄准贫困人口,加大帮扶力度

进入新时期后,西藏农村的贫困现状发生了很大变化,农牧区绝对贫困人口数量大幅减少,相对贫困人口也呈现出零星分散分布的特征。就全国比较而言,西藏仍将是集中连片贫困区域,国家继续给予了大力扶持。应在做好扶贫开发和农村最低生活保障制度有效衔接的同时,继续在增加农牧民收入和增强自我发展能力等方面加大支持力度。针对不同类型的贫困区域,帮助制定专项扶贫开发规划,完善配套政策,安排建设项目,加大投入力度,加快脱贫步伐,消除绝对贫困,降低相对贫困人口比例。特别要注重加大对兴边富民行动的扶持力度。

一是加强贫困地区的基础设施建设,缓解和改善贫困地区发展进程中的硬环境。加强对剩余贫困人口中难于脱贫人口的社会保障力度,提高民政救济标准。在这种背景下,瞄准那些真正的农村贫困人口,提高扶贫资金使用效率,使贫困户成为最终的受益者,有效的推动西藏农村反贫困进程。

二是加大对贫困农牧区的财政支农力度。农牧业是贫困农牧区的支柱产业,也是贫困农牧区的的经济基础,应提高对贫困农牧区的农牧业的投资比重;同时,建议完善国家援藏、特别是对口援藏的重点和方式,逐步实现援藏工作重点向贫困农牧区的倾斜。

三是增强对农牧区的金融支持。当前县域经济外流、金融发展滞后,成为制约发展的重要因素。加大信贷支农力度,支持发展农牧户小额信用贷款、农牧户联保贷款等适合县域的贷款方式,帮助化解部分县农行的风险。

四是广泛动员全社会力量帮扶解困。继续坚持部门对口定点扶贫、社会援助、家庭对户帮困、企业帮扶、设立贫困救济金专户解困等行之有效的做法,以外力激活贫困人口自身的内在动力,着力改变贫困面貌,最终达到共同富裕的目的。

(七)加大对农牧民的科技推广运用和培训力度

通过教育和培训,全面提高农牧民的思想道德素质和科学文化素质,提高就业能力、致富能力。继续推进农牧区经济结构调整,大力发展农牧产品加工、商贸旅游和交通运输业等非农产业和个体私营经济,扩大农牧民就业渠道,增加农牧民收入。

一是加强科技推广体系建设,提升农牧业科技含量。建立健全各级农牧业技术推广服务机构,引进农作物、养殖业优良品种与适合西藏实际情况的农牧业生产技术,加强对农牧民和基层干部的培训,通过培育示范户,辐射带动千家万户,实现科技与农牧民零距离接触,建立人、财、物直接进村入户的科技推广新机制,促进农牧业科技的推广应用,带动当地农户整体科技能力的提高。

二是注重培养既懂农业科学技术又善于经营管理的当地科技带头人。随着农业和农村经济的发展,农牧区对科学技术和科技人才的需求量越来越多、越来越高。农牧科技带头人的示范引领作用十分明显,具有见效快、投资少、周期短、收效大的特点,是提高农牧民科技素质的有效方式。

三是加大农牧民职业培训,提高农牧民就业技能。重点搞好农牧民中具有一定文化水平的劳动力科技和就业培训,增强广大农牧民的就业能力。加强技工培训,建议在财政预算中单列农牧区富余劳动力转移就业扶持资金,专项用于培训技工;或者在教育经费中单列技工培训基金。

(执笔:多 庆 徐伍达)

西藏社会主义新农村建设研究*

中共中央十六届五中全会通过了《中共中央关于制定国民经济和社会发展第十一个五年规划的建议》,其中"新农村建设"可谓点亮了新一轮农村发展的希望之火。这一提法着眼于统筹城乡经济社会发展的需要,旨在推进现代农业建设,全面深化农村改革,大力发展农村公共事业,千方百计增加农民收入。20个字的要求简明扼要地为新农村建设指明了方向,即"生产发展、生活宽裕、乡风文明、村容整洁、管理民主"。在"三农"问题的攻坚阶段,中共中央提出建设社会主义新农村的号召,对于改变农村地区的落后面貌、提高农民的生活水平、实现社会的可持续发展具有重要意义。

1. 社会主义新农村建设的背景

我国农村建设面临的社会背景是城乡发展的不协调以及现实巨大的城乡差距。在不断推进工业化与城市化多年后,"三农"仍然存在着令人担忧的状况:农业不发达,农民不富裕,农村不繁荣,是我国面临的突出矛盾和问题。农业的基础还不稳固,粮食增产、农民增收的长效机制尚未建立,阻碍农业发展的体制性障碍依然存在。城乡差别出现了:在生产力水平上,比较发达的工业生产力水平与比较低下的传统农业生产力水平之间的不和谐;在收入水平上,城市居民收入与农村居民收入水平差距拉大的不和谐;在生活方式上,以城市为主的工业文明与农村落后的农业文化的不和谐;在公共产品供给上,资源与服务在城市的相对富裕和在农村极度短缺的不和谐。这些阻碍国家整体可持续、和谐发展的弊端,都会严重影响全面小康社会的建设与现代化的发展进程。因此,实现全面建设小康社会目标的难点和关键在农村。

要从根本上遏制城乡社会经济发展差距继续扩大的趋势,就必须按照统筹城乡发展的要求,全国大部分地方贯彻"工业反哺农业、城市支持农村"的方针,加大各方面对农村发展的支持力度。在这样的背景下,中共中央提出了解决"城乡差序格局"的策略——建设社会主义新农村,以改变农村地区的落后面貌、提高农民生活水平、缩小城

---

* 系2010年西藏自治区"十二五"规划重大课题研究招标项目。该报告是在《西藏"三农"问题的调研报告》基础上形成的,使用了前文大量的图表,特此说明。

乡差距、实现社会可持续发展。

城乡二元结构体制矛盾条件下如何实现城乡统筹、如何实现城乡协调发展,已经变成国家战略。从2004年开始,中央明确强调"三农"问题是国家建设的重中之重,并且连续强调了六次①。党的十六届五中全会进一步提出建设社会主义新农村,这是一个综合的、统管全局的指导思想,恰恰符合了科学发展观的内在要求。本次社会主义新农村建设的提出与开展,是继1980年代实施的家庭联产承包责任制和2003年开始的农村税费改革后中国在城乡关系、工农关系上所进行的第三次重大调整。

从国家总体发展程度上看,2004年我国国内生产总值达13万亿元,财政收入2.6万亿元,人均GDP早已突破1000美元大关,已经初步具备了"工业反哺农业、城市支持农村"的经济实力。社会主义新农村建设提出之后,国家加大了支农力度,提出了一系列新思想、新论断、新要求,采取了一系列更直接、更有力、更有效的政策措施,粮食生产出现重要转机,农民收入实现较快增长,农村改革迈出重大步伐,农村社会事业取得新的进展,农村呈现良好的发展局面。我国开始进入工业反哺农业、城市支持农村的新的历史阶段,面临统筹城乡发展的难得机遇,未来经济社会发展对农业总体有利。

2. 社会主义新农村建设的意义

社会主义新农村建设体现了经济建设、政治建设、文化建设、社会建设四位一体的发展布局,是在一个新的历史起点上,统筹城乡发展,缩小城乡差距,改变农村面貌的新举措、新展望、新要求,对全局关系重大,对农村影响深远。

——**社会主义新农村建设是全面实现农村小康的根本举措。**全面建设小康社会重点难点在农村,关键在农民增收。改革开放以来,我们党实行了一系列富民政策,农民收入不断增加,农民生活总体改善。但是与经济社会发展程度相比,与城市居民生活相比,农民的收入水平还不高,农民的生活还不富裕,农民增收的长效机制还没有建立,持续增收的难度仍然很大。农民增收难是农村经济社会矛盾的集中反映,也是整个经济社会发展面临的突出问题。建设社会主义新农村,有利于系统采取扶持农业的政策措施,长期加大对农村的支持力度,建立农民增收的长效机制,统筹城乡经济社会发展,为从根本上解决好"三农"问题,加快全面小康进程创造条件。

---

① 从2004年到2009年,中央发布了新世纪以来关于"三农"问题的六个1号文件。尽管六个1号文件每年的主题不同,但都贯穿着城乡统筹这条主线,基本思想在于缩小城乡差距,提高农民收入水平和农村经济社会发展水平。

——社会主义新农村建设是推进农业现代化进程的强大动力。加快传统农业向现代农业转变,是我国农业发展的根本方向。农业资源约束增强,人均耕地1.41亩,仅为世界平均水平的40%左右,人均水资源仅为世界平均水平的1/4,随着工业化城镇化进程加快,人增地减、人增水减的矛盾不断加剧;农业科技含量不高,农业科技贡献率仅为45%,接受过系统职业技术教育的农民不足5%;农业基础设施建设薄弱,抗灾能力较低,一年的灾害损失达千亿元;农业劳动生产率低,仅相当于发达国家的1%左右,相当于国内第二产业劳动生产率的1/8和第三产业的1/4左右,特别是农民的组织化程度低,小规模分散经营的格局难有根本改变。推进社会主义新农村建设,有利于巩固和加强农业基础地位,加大农业基础设施建设力度,加快对传统农业的改造,是推进农业现代化建设的强大动力。

——社会主义新农村建设是实现国民经济平稳较快发展的重要支撑。我国经济发展面临着国内需求不足的矛盾和问题,制约了国民经济的平稳较快发展。近几年来,经济增长主要靠投资和出口,消费拉动经济增长的作用尚未充分发挥出来。据统计,投资和出口对国民经济增长的贡献率近60%左右,而消费仅占40%。国内需求不足、消费不旺,关键是农民消费能力太低,农村市场没有启动起来。占全国人口近70%的乡村人口,只占城乡居民储蓄总额的18%,仅消费了社会消费品零售额的36%。根本原因是农村经济发展相对落后,农民收入水平低,农村基础设施条件差。推进社会主义新农村建设,大力发展农村经济,有利于广开农民增收渠道,拓展农村消费市场,提高农民消费水平,启动和扩大国内消费需求;有利于加大农村基础设施建设,改善农村生产生活环境,创造更好的农村消费条件,为国家基础设施建设开辟新的投资领域,支撑国民经济平稳较快发展。

——社会主义新农村建设是构建社会主义和谐社会的必然要求。我国正处于体制转轨和社会转型的关键时期,社会结构、利益结构和组织结构不断转换,呈现多元化的趋势,是人民内部矛盾的多发期,构建社会主义和谐社会的任务十分艰巨。城乡差距扩大是影响社会和谐的重要因素。目前,城乡居民收入差距大,城乡居民受教育程度差距大,城乡居民享受医疗保障的差距大,城乡居民生活条件差距大。推进社会主义新农村建设,有利于实施工业反哺农业、城市支持农村的方针,加大国家对农业和农村的支持保护力度,逐步缩小城乡发展差距;有利于扩大村民自治,加强民主监督,推进基层民主法制建设,加强农村精神文明建设,培养有文化、懂技术、会经营的新型农民,促进农村社会和谐进步。

3. 社会主义新农村建设的内涵

作为国家"十一五"规划的重要组成部分，新农村建设的内涵是非常丰富的。党中央对新农村建设提出的要求是"生产发展、生活宽裕、乡风文明、村容整洁、管理民主"，建设目标包括"改善农村生产生活条件、提高农民素质、塑造农村新风尚、建设和谐农村"。其内涵涉及了农村物质文明、政治文明和精神文明建设等多个方面：从本质或者说政策理论层面上看，新农村建设是科学发展观、小康社会、和谐社会等国家发展理论政策的组成部分；新农村建设是解决"三农"问题的抓手和根本途径；新农村建设是推进国民经济持续稳定发展以及社会可持续协调发展的必由之路；社会主义新农村建设从根本上讲是农村社会和谐稳定的重要保障。

具体到实际的农村社会环境之中，新农村建设则应是"城乡统筹发展（基本前提和保障）、现代农业建设（重要内容和物质基础）、深化农村改革（动力支撑）、发展农村公共事业（重要组成部分）、增加农民收入（出发点和归宿）"等五个方面的总体指导思想下，以农村的综合发展为核心，着重从五个方面对其内涵加以阐释，这也是本次"新农村建设"的"新"之所在，即：按照城乡统筹的要求，促进城乡之间良性的互动和农村和谐社会的构建；重点落实基础设施的投入与公共事业的发展和完善；深化农村改革的重点是相关社会制度的配套与健全；通过经济支持与政府干预，继续保持农民收入的持续增长，同时规范农村消费市场；农村人文、社会以及自然环境的建设与保持将成为农村和谐社会建设的重要基础。

4. 社会主义新农村建设的方向

新农村建设的方向可以解释为：在当前政策指导下农村建设所亟待解决的问题，这些具体问题是在对农村现状进行深入细致考察的基础上总结出来的，其同时也反映了新农村建设内涵的具体要求。从根本上讲，新农村建设的首要任务和中心任务都是统筹城乡发展，即需要打破城乡二元结构，缩小城乡差别，以政府的正确角色加以引领和带动，通过城乡社会经济发展的统一规划、统一投资，建立农村发展的长效机制，在体制和政策上进一步减轻农民负担。需要明确的是，政府在推行具体的建设措施之前必须明确，本次新农村建设区别于以往的关键点就在于建设的关键和出发点是要"解决农民需要什么的问题，满足农民的生存和发展需要"，也就是说，建设要从农民最关心的事情做起，切实以农民为主体、为本位，思农民之所想，予农民之所需，行农民之所盼。

——**基础设施建设**。农村基础设施的陈旧与落后是制约农村进一步发展的首要障碍，传统的基础设施包括"路、水、电、气"，除此之外，在新的形势下，还应该包括校舍、圈舍、卫生所、厕所以及其他公共场所等方面的建设。此外,基础设施不足也是制约农村消费增长的一大原因。新农村建设就是要从广大农民最迫切需要改善的生产生活条件入手,以改善农村人居环境为重点,着力加强农村基础设施建设。

——**公共事业的健全与发展**。建设社会主义新农村,不仅仅是加快农村经济发展。新农村建设,要大力发展农村公共事业,在加快经济发展的同时,农村教育、文化、医疗、贫困救助、养老保险等社会事业,也将进入加速发展期。如何让公共服务更多地深入农村、惠及农民,弥合各项公共事业方面的城乡差距,使农民逐渐步入"低消费、高福利"的生活方式。建设社会主义新农村包括深化农村社会改革和健全公共事业。

——**农村组织建设与乡村治理**。以农村为本位、农民为主体的新农村建设需要建立和培养适当的农村组织来支撑与延续建设的过程并且巩固成果,这也是符合国家目前所推行的村民自治的基本要求的。通过村民自治组织、经济合作组织等组织形式的建立,不仅能够改变乡村的治理结构,解决公平问题,促进村庄的和谐,而且能最终解决发展效率的问题。通过实行民主的社区管理,有利于调动农民的积极性,更好地参与当地经济建设,从而促进区域经济的发展,带动全国经济的发展。

——**增加农民收入**。虽然近几年农村地区农民的实际收入呈现持续增长的趋势,但是随着城乡差距的拉大以及农民消费支出的增加,实际上农民的生活水平并没有因为收入的增加而发生本质上的改变。农民收入的来源主要有三块:一块来自产业,一块来自资产的升值,还有一块来自政府的补贴。因此,新农村建设延续以往农村工作的一个重点便是仍然要将促进农村经济、增加农民收入作为首要任务。

——**乡村文化建设**。在历史上的任何时期,乡村文化都始终发挥着重要的稳定基层与活跃乡村生活的作用。加强农村文化建设,是全面建设小康社会的内在要求,是树立和落实科学发展观、构建社会主义和谐社会的重要内容,是建设社会主义新农村、满足广大农民群众多层次、多方面精神文化需求的有效途径。按照《关于进一步加强农村文化建设的意见》所规定的内容,乡村文化建设的目标任务是按照建设社会主义新农村的要求,经过 5 年的努力,基本形成适应社会主义市场经济体制、符合社会主义精神文明建设规律的乡村文化建设新格局。具体包括:大力推进广播电视进村入户;积极发展农村电影放映;开展农村数字化文化信息服务;推动服务"三农"的出版物出版发行;加强乡村文化设施建设;加大文化资源向农村的倾斜。可以说以上措施是政府主导的、需要资金投入的文化建设。除此之外,必须充分尊重并弘扬传统的先进乡村文化,大力发展乡村民办文化,利用农闲、节日和集市,组织文艺演出、劳动技能比赛等活动活跃乡村生活。

总之,社会主义新农村建设目标的提出预示着我国农村将逐渐告别日益落后的现状,走向社会和自然环境令人耳目一新的"社会主义新农村"。"新农村建设"不仅是当前解决我国"三农"问题的重大战略决策,也是在全社会层面上统筹城乡良性互动与发展,实现社会、经济、政治、文化和谐与可持续发展的必然选择。

一、新时期的西藏社会主义新农村建设

西藏和平解放以来,在建设西藏的过程中,党中央根据西藏社会、历史的特殊情况,制定了一系列特殊的方针政策,经过50多年的时间,使西藏从一个落后、贫困的封建农奴社会,跃入一个崭新的团结、富裕、文明的社会主义社会,这是举世罕见的,也是有目共睹的。

1959年西藏实行民主改革到1960年12月,在全西藏63个县87万人口的农业区,有85万人口的地方完成民主改革,共没收和赎买农奴主所占有的耕地280万多克,分给了20多万户、85万农奴和奴隶。消灭了农奴主占有制,实现了农民的个体所有制。在28万人口的牧区,有25万人口的地方开展了"三反两利"运动,实现了牧民的个体所有制。在民主改革中,各区、乡建立了农牧民协会,为建立基层政权打下了良好的基础。到1960年底,全区已建立县派出的区一级机构283个,乡级政权1009个。1961年底,土改复查工作基本结束,并给百万翻身农奴颁发了土地证书。至此,一场轰轰烈烈埋葬西藏封建农奴制度、解放农奴和奴隶的伟大的民主改革运动基本胜利结束。实现了农牧民的个体所有制,农牧民有了当家作主的权利,极大地调动了百万翻身农奴的生产积极性。民主改革开创了西藏社会主义新农村的宏伟篇章,农牧区出现了生产发展、生活改善、人民安居乐业的新气象。

进入新世纪、新阶段,中央关于加快建设社会主义新农村的战略决策和关于进一步做好西藏发展稳定工作的意见,为新时期西藏的"三农"工作指明了方向。为深入贯彻中共中央、国务院《关于推进社会主义新农村建设的若干意见》,全面加强西藏"三农"工作,加快社会主义新农村建设,促进"十一五"时期农牧民增收、农牧业经济跨越式发展和农牧区社会长治久安,自治区党委、政府制定了《关于加强"十一五"时期"三农"工作建设社会主义新农村的意见》(以下简称《意见》),西藏开始了新时期的社会主义新农村建设。

(一)西藏社会主义新农村建设的意义

中央十六届五中全会在提出建设社会主义新农村的重大历史任务时,充分论述了建设社会主义新农村的重大意义,系统阐发了建设新农村必须认识和处理好的重大关系,对扎实推进新农村建设的主要任务、加强和改善领导提出了明确要求。这反映了中

国共产党作为执政党对农业、农村和农民问题的认识程度达到了前所未有的高度。西藏各级人民政府从推进现代化进程的历史任务、全面建设小康社会的战略高度，充分认识中共中央做出建设新农村的战略决策，成为指导新农村建设、实践新农村建设、完成新农村建设任务的前提。

1. 社会主义新农村建设是西藏贯彻落实科学发展观的重大举措

社会主义新农村建设是新阶段"三农"工作的总方向，是贯彻落实科学发展观的具体实践。西藏全面落实科学发展观，就是要保证占人口大多数的农牧民群众参与发展进程、共享发展成果。中央历来关注西藏农牧民群众的迫切愿望和切身利益，多次指示西藏经济工作的中心任务是做好"三农"工作。自治区党委、政府对农村经济社会发展长期滞后于内地的情况有着十分清醒的认识，强调贯彻落实科学发展观，促使全区经济社会的发展要全面协调可持续。建设新农村，是深刻认识新农村建设与落实科学发展观的内在联系，更加自觉、主动地加强西藏新农村建设，促进经济社会尽快进入科学发展的良性循环轨道的具体体现。在西藏，进行新农村建设与全面落实科学发展观是相互促进的关系，积极进行新农村建设是坚持与落实科学发展观的重大举措。

2. 社会主义新农村建设是确保西藏经济社会发展的客观要求

近年来，在中央的关怀下，西藏各级党政组织与广大干部群众艰苦奋斗，始终坚持以经济建设为中心，聚精会神搞建设，一心一意谋发展，保持了经济的持续快速协调健康发展，经济总量迈上了一个新台阶，但是与新时期新阶段的发展目标还有较大的差距。2005年中央专题研究新世纪新阶段西藏的发展稳定工作，进一步确立了西藏工作的指导思想、发展战略、目标任务和一系列政策措施。明确了坚持新世纪新阶段西藏工作的指导思想不动摇，牢固树立发展是解决西藏所有问题的基础和稳定压倒一切的思想，坚定不移地促进西藏跨越式发展和长治久安。中央确定："十一五"期间，继续保持"十五"期间西藏生产总值和农牧民人均纯收入较快增长的趋势，到2020年实现全面建设小康社会的目标，为在本世纪中叶同全国人民一道基本实现现代化打下坚实基础。

保持国民经济平稳较快发展是全区发展经济的长期战略方针和基本立足点。农牧区集中了西藏数量最多、潜力最大的消费群体，是全区经济增长最可靠、最持久的动力源泉之一。通过推进社会主义新农村建设，可以加快农牧区经济发展，增加农牧民收入，使百万农牧民的潜在购买意愿转化为巨大的现实消费需求，拉动全区整个经济的持续增长。通过农牧区道路、住房、能源、水利、通信等建设，既可以改善农牧民的生产生活条件和消费环境，又可以促进相关产业的发展。

3. 社会主义新农村建设是西藏小康和现代化建设的现实需要

正在建设的小康社会,是惠及290多万人口的更高水平的小康社会,其重点在农牧区,难点也在农牧区。和平解放以来,特别是改革开放30年以来,西藏城镇面貌发生了巨大变化,但大部分农牧区面貌变化相对较小,一些地方的农村还不通公路、群众看不起病、喝不上干净水。这种状况如果不能有效扭转,全面建设小康社会就会成为空话。因此,通过建设社会主义新农村,可以加快农牧区全面建设小康的进程。

当前,西藏同全国一样,也进入了城镇化建设快速发展阶段。实践证明,工农、城乡之间的协调发展,是现代化建设成功的重要前提。只有较好地处理工农、城乡之间关系,经济社会才能迅速发展,才能较快地迈进现代化行列。建设社会主义新农村,需要把实现农业和农村经济的可持续发展、城镇与农村的协调发展、逐步缩小城乡差距,作为新农村建设的切入点,把农村发展纳入整个现代化进程,一手抓市场化、城镇化建设,一手抓社会主义新农村建设,切实做到新农村与城镇化同步推进。逐步走一条具有西藏特色的城镇与农村共同繁荣的现代化道路,使全区各族人民共享新农村、小康和现代化建设的成果,这是西藏经济社会发展的客观需要,也是西藏各族人民谋发展、盼安康、建设自己幸福家园的现实需要。

4. 社会主义新农村建设是西藏加快农牧民增收的重大举措

西藏农牧民增收与新农村建设有着紧密的联系,新农村建设的首要任务就是农牧民增收,只有农牧民增收了,人民群众的生活水平和生活质量提高以及生活条件改善了,从根本上消除贫困,经济社会、文化生活等方面达到一定的水平,才能称得上真正达到新农村建设的目标。自治区党委、政府高度重视农牧民增收工作,提出了"三个中等"目标:到2010年,使西藏人均国民生产总值达到全国"中等"水平,即达到15100元;力争使农牧民人均纯收入进入全国"中等"行列,即实现约为3820元的目标;使国民生产总值单位能源消耗达到全国"中等"水平。其中,农牧民增收目标难度较大。在"十一五"末要实现这一目标,农牧民人均纯收入的平均增长速度必须保持在13%以上①,即每年的农牧民人均纯收入要平均增加约350元。千方百计让农牧民增收是西藏跨越式发展和新农村建设所要求的,也是落实和树立科学发展观在西藏的具体实践

---

① 发展速度和增长速度都是社会经济工作中经常用来表示某一时期内某动态指标发展变化状况的动态相对数。以2005年为基期,2010年为报告期,共5年。通过计算,得出:平均发展速度为 $r = (3820/2078)^{\frac{1}{5}} = 1.129493$,平均增长速度 $R = (1.129493 - 1) \times 100\% = 12.95\%$。从2006~2010年西藏农牧民人均纯收入分别为2347元、2651元、2994元、3382元、3820元,依次每年增长269元、304元、343元、388元、438元。

和探索。采取可行措施把新农村建设工作落到实处,全方位、多角度地为农牧民增收创造条件,拓宽农牧民增收渠道,并努力实现增收目标和按计划完成这项任务意义十分重大。

5. 社会主义新农村建设是改变西藏农牧区落后面貌的基础性工程

进入新世纪以来,西藏经济社会发展的步伐明显加快,但总体而言,西藏经济社会发展水平仍然滞后于全国平均水平,城乡收入差距很大,广大农牧民群众的整体生活水平与建设全面小康社会的目标还有较大差距。社会主义新农村建设过程中,加大对农牧区的投入,使农牧区的落后面貌得到根本性改观,广大农牧民群众的生产生活上一个新台阶。不仅是惠及广大人民群众生产生活的基础工程,更是西藏社会发展一项全局性的战略工程。"农业丰则基础强,农民富则国家盛,农村稳则社会安"。在西藏大力建设新农村,有利于党领导下各民族的大团结,有利于中国民族区域自治制度的巩固。在一个民族自治区,建设新农村被提到相当的高度,得到国家大力的支持,又一次体现了中央的特殊关怀,体现了民族自治地方在统一国家里得到的优惠政策,这对西藏社会稳定起着积极作用。

6. 社会主义新农村建设对巩固边防和维护祖国统一具有重大的现实意义

西藏自治区位于祖国西南边陲,内与新疆、青海、四川、云南等省区相邻,外与印度、尼泊尔、缅甸、不丹等国家和克什米尔地区接壤,国境线全长4000多公里,其中,边境县有21个。西藏作为西南边陲的重要门户,是我国与南亚次大陆联系的纽带,也是我国对外开放的西南大门,区域位置具有重要的战略意义。边境地区"三农"的深层次问题比较突出:农村基础设施薄弱,公共事业发展相对滞后;发展农村经济和增加农牧民收入任务艰巨,贫困人口多。边境地区推进社会主义新农村建设,形势紧迫,任务重大。根据边境线长、村落分散,交通、电力、教育、卫生等各项社会事业相对落后,自然资源和经济发展水平差异大等具体情况,结合"兴边富民行动",促进边境地区加速发展。改善边境地区的交通、能源、通信、水利、边防等基础设施和群众的生产生活条件,巩固边防提高管控能力,维护和树立国门形象。同时,通过社会主义新农村建设,改善农牧民生产生活条件、增加农牧民收入,是我们掌握与达赖集团斗争主动权的基础。因此,社会主义新农村建设对巩固边防和维护祖国统一具有重大的现实意义。

(二)西藏社会主义新农村建设的内容

西藏自治区党委、政府认真贯彻党的十六届五中全会精神,紧密结合西藏实际,将安居工程作为西藏社会主义新农村建设新阶段的突破口和工作重点。2006年,从广大农牧民最关心的问题入手,在全区范围内实施农牧民安居工程,将此作为西藏社会主义新农村建设的切入点,并制定了《西藏农牧民安居工程实施方案》,标志着以安居工程为内容的社会主义新农村建设全面启动。

1. 安居工程的简介

中国传统文化中素有"安居乐业"的提法,"安居"是"乐业"的前提。作为中华民族大家庭成员的藏族同样将安居视为"乐业"和"助业"的重要条件。多数藏族人没有自己的姓氏,但部分家庭有自己的房名,而且将房名作为自己名字的前缀世代相传,从一个方面说明藏族对于安居的向往和重视。然而,由于受自然地理环境和生产力水平的制约,牧区的牧民大都过着逐水草而居的游牧生活;农区农民虽然定居,但住房的防水、保暖、采光、排烟等条件较差,难以抵御高原地区严酷的寒冷和频发的自然灾害,农牧民中高山病、碘缺乏症、地方性氟中毒、大骨节病、风湿病、克山病、白内障等地方病的发病率远远高于我国的其他地区。实现安居和建设居住条件较好的民居是农牧民群众的普遍愿望。坚持以农牧民安居乐业为突破口,促进新农村建设,是对西藏社会主义新农村建设的科学把握。西藏广大农牧民群众最迫切需要解决的问题就是"安居乐业"。

"安居"的内涵,就是把房建好、把配套建设搞好,保证群众生活质量有新的提高。"安居"是对改善农牧民生产生活条件的简明概括,最基本的要求是让农牧民住上安全适用的房,喝上干净卫生的水,治好折磨人的病,走上宽敞平坦的路,用上方便充足的电,听到党中央的声音。这些要求是融房、水、路、电、讯、医以及教育、文化等方面于一体的综合目标。安居才能乐业,环境展现生活。只有解决好"安居"问题,才能从根本上提高群众生活质量。小房屋里有大政治,抓住了住房问题,就牵住了整个新农村建设的"牛鼻子",从而带动农牧区其他方面的建设和发展。住房只是"安居"的重点,但决不是"安居"的全部内容。如果群众只有住房,而其他配套设施建设没有跟上,水、电、路、讯都不通,那么房子盖得再高级,群众生活也不会称心如意。"安居"的内涵十分丰富,不是单纯的盖房子,关键是要使配套设施建设同步跟上、建设好农牧民家园,根本在于提高农牧民群众生活质量、让各族群众过上健康文明的新生活。

2. 安居工程的实施方案

《西藏农牧民安居工程实施方案》(以下简称《方案》)制定于2006年初,是西藏自治区人民政府出台的重要指导性法规。农牧民安居工程采取政府主导、民办公助的方式,"十一五"期间,自治区将筹措资金27.26亿元,确保完成21.98万户农牧民住房改造计划,使全区80%的农牧民住上安全、适用房。

(1)《方案》的指导思想:高举邓小平理论伟大旗帜,坚持以"三个代表"重要思想和科学发展观为指导,认真贯彻党的十六届五中全会精神,坚持以人为本,统筹城乡发展,积极落实各项支农惠农政策,把农牧民安居工程作为西藏"三农"工作的重点,积极筹措和整合资金,采取政府主导、民办公助的方式,分期、分批、有计划、有步骤地改善农牧民居住环境,推进社会主义新农村和小康社会建设。

(2)《方案》的具体要求是统筹规划、整体推进、分类指导、科学设计、综合配套、体现特色,并要做到"五个结合":一是与建设"生产发展、生活富裕、乡风文明、村容整洁、管理民主"的社会主义新农村的大目标和总体要求相结合;二是与小城镇建设、小康示范村建设的总体规划相结合;三是与民族特色、地域特色、时代特色相结合;四是与西藏农牧民的生活风俗和居住习惯相结合;五是与保护耕地、保护环境资源和适度集中的发展战略相结合。

《方案》的具体实施步骤分为5个阶段:2006年2月底前为动员部署阶段;3月10日前为规划、审批阶段;3月底前为资金落实阶段;2006年4月至2010年7月底为工程建设阶段;2010年下半年为工程验收、总结阶段。

(3)《方案》的实施内容:安居工程,包括农房改造工程、游牧民定居工程、扶贫建设工程、地方病重病区群众搬迁工程、边境县、乡"兴边富民"(包括人口较少民族聚居区民房改造)工程。

农牧民的政府补助资金标准:属于农房改造项目每户补助资金1万元;游牧民定居每户补助资金1.5万元;扶贫建设,绝对贫困户每户补助资金2.5万元,其他贫困户补助资金1.2万元;地方病重病区群众搬迁每户补助2.5万元;边境县、乡"兴边富民"(含人口较少民族聚居区民房改造),每户补助资金1.2万元。在自治区补助资金的基础上,政府扶一点、援藏助一点、银行贷一点、群众筹一点等多渠道的资金筹措方式。各地(市)、县也要根据实际情况,本着量力而行、尽力而为的原则,积极筹措资金,支持农牧民安居工程建设。

农牧民安居工程的资金来源,自治区将通过农房改造、扶贫搬迁、地方病重病区搬迁、"兴边富民"四个方面可筹集资金21.85亿元,游牧民定居向国家申请解决资金6.05亿元。其中,农房改造:"十一五"期间拟安排12.05万户,需求资金12.05亿元。自治区财政每年安排2亿元,5年安排资金10亿元,加上2005年度已安排的民房改造试点资金2亿元,共计安排资金12亿元。游牧民定居:"十一五"期间拟安排40359户,需求资金6.05亿元。资金来源为申请国家专项资金解决。扶贫建设:"十一五"期间拟安排3万户,需求资金5.16亿元。资金来源为每年从国家、自治区扶贫资金中整合1亿元,同时整合面上扶贫资金0.12亿元,5年整合资金5.6亿元。地方病重病区群众搬迁:"十一五"期间拟安排4000户,需求资金1亿元。资金来源为国家大骨节病搬迁专项资金1亿元。"兴边富民"(含人口较少民族聚居区民房改造):"十一五"期间拟安排2.5万户,需求资金3亿元。资金来源为每年从国家、自治区"兴边富民"(含人口较少民族发展资金)专项资金中整合0.65亿元,5年共整合资金3.25亿元。按照综合配套的要求,在实施农牧民安居工程的同时,实施方案要求还要充分考虑村级水、电、路和村委会建设综合配套问题,这部分资金来源为:从以工代赈资金中每年安排0.6亿元,五年共计安排资金3亿元。

为保证安居工程的顺利实施,西藏自治区建立了安居工程行政一把手亲自负责,分管领导具体负责,相关部门配合工作的领导体制。对工作机制、工作队伍、工作制度、工作措施、跟踪督办、实行联系点工作制度和把农牧民安居工程业绩与干部年度考核挂钩等提出了具体要求。为了促进农牧民安居工程全面、顺利实施,在信贷、建材、税费等方面采取优惠政策,其中包括各类金融机构提供农牧民安居工程优惠贷款,地(市)财政部门给予3年贴息;农牧民安居工程所需木材由政府安排计划内指标解决,资金由农牧户自筹解决;承揽农牧民安居工程的农牧民施工队享受相关税费减免政策。

3. 安居工程的进展情况

本报告在前期调研的基础上,对全区7个地市的30多个县进行了较为系统的实地调研,调研主要采取召开部门集中的座谈会、实地查看、走村入户等形式了解安居工程开展以来的情况。

2006年以前,西藏已实施的扶贫建设、灾害搬迁、天保工程搬迁、地方病搬迁、"兴边富民"搬迁、公路沿线民房改造工程和农牧民自建居住条件尚好不需改造的民房占全区农牧民总户数的30%。按照自治区党委、政府确定的按80%的任务目标计算,到"十一五"末需实施安居工程的农牧民户为21.98万户(总数为27.48万户)。2001~2008年牧区定居和农区的安居建设情况见表1。

表1　　　2001~2008年西藏农牧民定居、安居进展情况一览表　　　单位：万户

年份	完成定居、安居
2001~2005	9.86①
2006	5.61
2007	5.83
2008	5.78

西藏自治区各级政府对农牧民安居工程建设给予了充分的重视。各地建立了领导联系点制度，在地区、市、乡、村层层落实责任制，从人、财、物等方面加大对农牧民安居工程建设的支持力度。如日喀则地区2008年完成13325户的农牧民安居工程任务，其中：扶贫搬迁户1507户、牧民定居200户、兴边富民5442户、地方病搬迁43户、民房改造6133户。安居工程涉及168个乡镇，898个行政村、工程建筑完工面积为353.81万平方米、受益人口达54818人。共需完成投资11.16亿元，其中：国家补助13384.7万元、地区配套1344.42万元、援藏配套2340万元、群众自筹资金71955万元，银行贷款户数22590.3户。实施安居工程以来，全地区18县（市），累计完成34778户；占总建设任务的64.53%，工程累计涉及491个乡镇，2064个行政村，工程建筑完工面积达841.68万平方米、人均住房面积达47.67平方米，已搬进新居的受益人口达到176571人。完成村级组织活动场所建设507个（其中：边境村建设89个），占全地区行政村的31%。

2009年西藏共安排涉及5.97万户、33万人的农牧民新居建设，是西藏农牧民安居工程建设力度最大的一年，到2009年底，这项造福工程将累计使西藏120万名农牧民实现安居。西藏将提前一年完成21.98万户农牧民安居工程建设目标。同时，在拉萨、林芝、阿里等地（市）率先启动剩余20%农牧民安居工程。

4. 安居工程的效应

(1) 农牧民生活质量和健康水平得到提高。 西藏平均海拔4000米以上，一些农牧民长期生活在海拔5000米以上的地区。1959年前的西藏，因恶劣而又封闭的自然环境，再加之生产力水平的低下和缺乏基本的医疗卫生条件，农牧民的生活质量和健康水平处于非常低下的状态，人均期望寿命不足40岁。民主改革后，西藏的农牧民人居条

---

① 2001~2005年西藏安居工程尚未启动，所列98600户是政府为解决部分生活在条件过于恶劣地区的农牧民饮水和居住问题，采取移民搬迁的办法解决的户数。

件虽然有所变化,但是依然处于相对较低的水平。调研中发现,安居工程实施以后,已迁入新居的农牧民各类疾病的发病率明显低于尚未搬迁的农牧民。部分贫困户搬入安居新房后,因为新居光热条件的改善,健康条件也大为改善。

一些地区的安居房宽敞明亮,并统一配备了水、电、广播、电话、卫生、绿化、太阳能等配套设施,改变了以往农民人畜混居、没有厕所等比较落后的生活方式,居住条件和卫生环境得到了较大的改善,农牧民逐步过上了文明健康的生活。

(2)**农牧民生产水平和现金收入得到提高**。安居工程拓宽了农牧民的致富渠道。各地充分利用当地的资源优势和劳动力优势,通过农牧业结构调整、技术培训、特色产业开发、非农产业发展、劳务输出以及组建农牧民采石队、运输队、施工队、木工队、画匠队等措施,促进了农牧民增收。统计数据显示,拉萨市自安居工程建设以来,共组建农牧民建筑队340个,从业人员25716人;木匠、画匠队59个,从业人员1533人;培训农牧民5.67人次以上,提高了农牧民的劳动技能,增加了现金收入。昌都地区积极培育扶持以农牧民为主体的施工队87个,引导农牧民施工队参与或承揽安居建设工程项目,仅昌都县就组建农牧民施工队10个,劳务输出1500人,增加群众收入375万元;阿里地区积极组织富余劳动力参与安居工程建设,成立了农牧民施工队、运输组、劳务组,参加安居工程建设人数达12509人,创收2630.77万元;山南地区参与安居工程建设的农牧民施工队伍463支。

统计数据显示,2008年,全区农牧民人均现金收入3176元,同比增长13.9%;西藏农牧民劳务输出70多万人次,劳务总收入达11亿元,同比增长15.8%。2008年昌都地区在实施农牧民安居工程及综合配套建设中,共组织劳务输出104万人次,组建包括木工队、运输队在内的农牧民施工队177个,从业人员3600余人。农牧民群众在参与安居工程及配套建设中,全年共计创收14359万元。调查结果显示,这主要得益于政府对农牧区的投入。而且这种投入主要集中在农村安居工程、农牧民教育、农牧区最低生活保障等非生产性领域。因此,近年来,西藏农牧民的收入增长对于政府的依赖更加凸现。通过入户调查和对农户收入进一步的研究发现,在藏北那曲和藏东北地区,虫草仍然是拉动农村经济,尤其是农牧民增收的主要动力。而在拉萨市、特别是在日喀则的几个贫困县和阿里地区,安居工程对农牧民的增收受益率在50%以上,安居工程已成为近两年这些地区拉动农村经济和农牧民增收的主要动力。其中,政府的无偿补贴和农牧民群众通过参与建房得到的收入几乎占到了当地农牧民收入增量的60%以上。

(3)**农牧民劳动技能和商品意识得到提高**。在调查中,笔者感受到安居工程不仅改善了西藏农牧民生产生活水平,同时潜移默化地改变着农牧民的思想观念。安居工程实施以来,农牧民中新出现了专门从事藏式风格的装饰装修的画匠,此外还出现了泥瓦匠、木匠等以前未有的行业分工。在安居工程的带动下,农牧民的劳动技能水平进一步提高。在安居工程建设中,各地都涌现出了一批致富能手,他们致富不忘乡亲,帮助群众增收致富。他们一方面依托自身所办企业,吸纳了农牧民就业,增加了群众收入;另一方面教给农牧民劳动技能,增强了农牧民勤劳致富的意识和本领,带动了农牧区经济社会的全面发展。

(4)安居工程有利于农牧区公共设施建设和其作用的发挥。西藏自治区人口密度小,平均每平方公里只有2人。阿里、那曲地区每平方公里只有0.67人。鉴于地广人稀和公共服务设施相对不足的状况,将人口适当集中并提供必要的公共设施,不仅可以比较经济和持续地为民众提供公共产品,而且有助于公共产品使用效率和管理效率的提高。例如安居工程实施后,政府可以在农牧民定居点配套安排诸如建村委会、学校、卫生站、文化站等,实现对饮水、电、路等设施和农田、牧场等资源的有效管理和使用。

此外,通过政府大幅度的补贴,使其住房这种非公共产品的准公共化,而且通过将住房准公共化的优惠,将人口适当集中安置的做法,不仅充分考虑了西藏的实际,尤其是西藏的自然环境这个重要因素,而且是对关于公共产品的理论和实践的一种创新。可以使政府用有限的资金办更多和更有效率的事情,更好、更快地发展公共服务,惠利于广大农牧民群众。

(三)西藏社会主义新农村建设的方向①

以农牧民安居乐业为突破口的社会主义新农村建设,是一项长期艰巨的重大历史任务,是一项涉及面广、牵扯到千家万户的系统工程。安居以改善农牧民居住状况为重点,是改善生活条件方面的重要举措;乐业主要是发展生产、增加农牧民收入。把二者统一起来,既抓"安居",又抓"乐业",做到相互促进,相得益彰。在改善农牧民生产生活条件的同时,实现农牧民持续稳定增收,促进农牧区整体面貌的改变。因此,安居工程之后需要尽快在以下这些方面进行重点突破。

1. 大力加强农牧区基础设施建设,全面改善农牧民的生产生活条件

农牧区基础设施是指从事农牧业生产的全过程中所必需的物质条件和社会条件,是在农牧业生产完成的各个环节中所使用的劳动资料、劳动对象等生产要素的总和。

---

① 参考了中篇《关于实施"一产上水平、二产抓重点、三产大发展"经济战略》对西藏社会主义新农村建设的相关论述。

按其内容可分为物质基础设施和社会基础设施两大类型,只有这两大类型协调发展,有机统一,农牧区基础设施配置水平才能获得全面、有效提升,真正发挥出基础支撑的作用。加强农牧区基础设施建设,有利于农牧区经济发展,有利于扩大内需,有利于改善农牧区的生产生活条件,让农牧民充分享受现代文明,促进生活方式和思想观念的改变,对建设社会主义新农村具有示范和扩散效应。农牧区基础设施建设是建设社会主义新农村复杂系统工程中的一项基础性工作,是推动农牧区经济发展、促进农牧业和农牧区现代化的重要措施。

目前,西藏农牧区基础设施仍然较为滞后,严重影响了农牧业的进一步发展,也明显制约了社会主义新农村建设的持续进程。因此,西藏各级党委政府应切实突出农牧区基础设施建设这个重点,采取倾斜政策,加大农牧区基础设施建设的投资力度。

(1)要大力加强农田水利与草场基本建设。强化耕地、草场的保护与建设,对西藏保证粮食安全、生态安全,实现农牧业经济的可持续发展,具有不可替代的重要作用。对西藏耕地、草场的保护与建设,需要坚持"两手抓,两手都要硬",即一手抓数量,强化对耕地、草场利用的宏观调控,从时间和空间上对耕地、草场进行合理布局;一手抓质量,依靠科技进步,大力推广农牧业先进适用技术,稳步提高耕地、草场的土壤肥力。要严把土地"闸门"不动摇,严格保护耕地和认真落实耕地保护责任制,进一步规范土地市场,努力提高土地节约集约利用水平。农田草场水利基本建设对土地资源利用起着特别重大的作用,且其外部经济效益十分显著,西藏农牧业在一定意义上可以说是"收多收少在于水"。要通过基础设施建设,发挥出西藏水资源的优势,更好地为农牧业生产服务。

(2)要加强以农村能源、交通、人畜饮水工程、生态环境为主要内容的乡村基础设施建设。目前西藏县乡村的通电率还比较低,尚有约70万人的用电问题没有根本解决。要把解决农牧区、农牧业、农牧民的用电问题放到突出位置,力争到2010年基本消灭无电村镇。西藏农村公路网络正在形成,要积极落实农牧区公路建设投资,稳步推进农牧区公路养护管理,积极发展农牧区道路运输业。据统计,西藏农牧区目前还有20多万人和500多万头(只)牲畜饮水困难。由于农牧民居住分散,交通不便,改水难度大,建设农牧区安全饮水工程还需要加大投入和全社会的共同努力。西藏是全球生态环境十分脆弱的地区之一,大部分地区土地的土壤层薄、沙性大,目前全区受沙漠化危害的耕地已增至约50万亩,遭受风沙危害的草地已增至25482万亩。要切实提高全民环保意识,合理开发利用资源,完善以工补农制度,积极发展生态型农业。

2.推进西藏现代农牧业体系建设,实现"一产上水平"的发展目标

(1)发挥特色资源优势,是建立西藏现代农牧业体系的立足点和突破口。在开放的市场经济环境中,只有以特色介入交流,才能为市场所确认,获得市场准入并占有市场。发展特色农牧业,是西藏农牧业经济现代化发展的必由之路和战略选择。根据西藏区内的资源环境特征,可以选择以"一江两河"中部流域为基地,集中开发青稞产品;以藏北草原为基地,开发牦牛产品;以藏东南为基地,建立藏药材生产基地。此外,蔬菜、花卉的种植,林、果、茶产品的开发等,均可利用西藏独特的资源培育特色产品、特色品牌、特色产业,形成有竞争力和生命力的特色经济。当前,要按照发展特色农牧业的要求,以经济效益为中心,大力推进农牧业种养结构的调整,形成保障现代农牧业经济规模化生产需求的物质基础。

(2)立足资源优势,大力提高农牧业科技创新与转化的能力。多年来,依靠科技进步和创新,西藏农牧业的增长方式发生了积极的转变。在主要农畜产品产量不断提高的基础上,产品品质的改善与提升日益明显,农畜产品的加工增值水平也不断提高。提高农牧业的科技创新与转化能力,其本质就是要使高新技术扩散和渗透到传统农业当中去,使劳动对象不断扩大,劳动手段不断更新,劳动者素质不断提高,从而增强农业综合生产能力、夯实农业经济基础。进一步提高西藏农牧业科技创新与转化的能力,将会逐步打破传统经济与现代经济、夕阳产业与朝阳产业之间似乎不可逾越的分界线,使作为西藏传统产业的农牧业转变为"王牌"产业的梦想成为可能。科技创新支撑西藏现代农牧业经济体系建设,关键是要明确目标、突出重点,有所为、有所不为。在技术方面应以生物技术、有机技术领域为重点,在产业方面应以传统产业的产业化改造为重点,在区域方面应以西藏农业、牧业的主产区为重点。

(3)加快农牧业产业化经营步伐。现代农业要求把农产品的生产、加工、流通等环节有机连接起来,形成完整高效、相互促进的农业产业体系——农业产业化经营形式。在改革发展的历程中,西藏农牧业逐渐地从自给自足的封闭性农业经济向市场化、开放型的农业经济转变。在这种背景条件下,农牧业产业化经营就在西藏应运而生,并在区内一些地方进行了较长时间的试点和探索,总结出了一些有益的经验和做法,为持续、深入推进农牧业产业化经营奠定了良好的基础。但是,西藏农牧业产业化经营的水平还处于初期阶段,组织形式还主要是以松散型为主。龙头企业的规模小、实力弱,经营管理较为困难,在农牧业产业化经营中发挥的龙头带动作用十分有限。工业化是农业产业化经营的核心。成熟阶段的农业产业化经营结束了农业仅仅提供初级产品的历史,它把现代工业、商业乃至运输、金融、保险等产业同农业紧密结合,构建起了一种涉

及范围广泛、利益共享、风险共担的经营者共同体。西藏深入推进农牧业产业化经营,要在家庭承包经营的基础上实现农牧业生产经营的专业化、一体化和社会化,把农业的产前、产中、产后融为一体,并形成一套从生产初级产品到最终产品的营销管理体制和公平合理的利润分配制度。从而促进资源合理配置,有效开拓市场空间,提高资源的利用率和产出率。当前,关键是要培育扶持龙头企业的发展壮大,以及大力发展各种专业化合作组织。

3. 构建农牧民增收的长效机制,切实提高农牧民生活水平

提高农牧民的消费水平和生活质量,真正体现出农牧民生活宽裕,是建设社会主义新农村的主要目标之一。收入状况直接决定农牧民生活的改善程度,能否有效达成这个主要目标,关键就看农牧民收入能不能在较长时期内保持持续快速增长。西藏地势高亢,全区平均海拔4000米,农业资源条件总体上相对不利,而且农村人口与土地资源的矛盾日益突出。在农业生产中,农牧民人均占有生产性资源较少、农牧业生产效率低下、农牧民就业不充分等深层次问题也日益凸现。在这样的条件下促进农牧民增收,绝不是一件简单容易的事情,构建农牧民持续增收的长效机制必须多管齐下,采取综合性的措施与办法。

(1)充分挖掘农牧业内部的增收潜力。农牧业是农牧民从业的主体产业,较长时期内农牧业收入仍将是农牧民收入的主要来源。当前,西藏农牧业资源的开发利用仍很粗放,土地生产率和劳动生产率均较低,通过增加投入,改善生产条件,加大科技推广力度,提高肥料、饲料和灌溉的利用效率,可使农牧业单产水平和牲畜个体生产能力得到明显提高,进而提高农畜产品总量和品质,为农牧民增收创造条件。从发展潜力来看,西藏农牧业自然资源具有一定的比较优势,为增产增收提供了资源基础条件,既可以发展现代化的高新技术农牧业,又可继续发展传统的自然农牧业,收入来源将呈现农牧业内部的多样性特征。具体措施主要包括:实施优质粮食产业工程,促进种粮农民增加收入;适应市场需求,推进农牧业结构战略性调整,依靠调整优化农牧业生产结构和农牧区产业结构实现增收;加快发展农牧业产业化经营,让农牧民从农畜产品生产、加工、流通各环节中受益增收;加快农牧业科技创新,依靠科技的力量提升农牧业的生产经营水平和促进农牧民增收;拓宽流通渠道,提高生产经营的组织化程度,使农牧民在农畜产品的销售环节中实现增收。

(2)大力发展农牧区非农产业。目前,西藏农牧民收入的主要来源是第一产业,城镇居民收入的主要来源则是第二、三产业,区内城乡居民收入的差距实质上是第一产业

与第二、三产业效益的差别。虽然农牧业内部还有相当的增收潜力可挖，但要显著提高农牧民收入，缩小城乡居民收入的差距，单纯依靠农牧业生产经营是很不现实的。必须大力发展农村非农产业，调整农村产业结构，促进农村产业非农化。乡镇企业和多种经营是农村非农产业发展的有效载体。根据西藏的区情实际，应以农畜产品、矿产品、药材、林副产品和林下产品等具有较大市场潜力和增值能力的特色资源型产品为主导，充分发挥乡镇企业贴近农牧区、贴近农牧民的优势，在西藏农村大力发展资源开发型、劳动密集型、城乡互补性等非农产业。同时，进一步加大西藏农村多种经营的发展力度，引导农牧民广泛开展采集业、家庭副业以及庭院经济为主的多种经营。特别是要鼓励农牧民投入到服务业的发展中，重点开发农村旅游服务业。

（3）完善农牧民增收的政策性措施。 建立农牧民增收的长效机制，是一项艰巨复杂的社会系统工程，最根本的是要统筹城乡经济社会发展，贯彻落实中央赋予农牧民的各项扶持政策。要打破农民务农、工人务工，农民在农村谋生、居民在城镇就业的二元格局。既要从"三农"本身考虑问题、寻找出路，又要跳出"三农"，从经济社会发展全局思考问题，研究对策；既要大力挖掘农牧业和农牧区内部的增收潜力，又要寻求解决农牧民增收问题的治本之策；既要着眼于发展，培育新的增长点，又要加快改革步伐，解决深层次的矛盾和问题，使推动经济社会发展的各项工作形成合力，共同服务于农牧民增收这个中心任务。例如，劳动就业工作要高度重视农牧区剩余劳动力的转移，在促进全社会充分就业的同时，切实增加农牧民收入。发展教育事业要抓住塑造新型农牧民这个重点，通过提高农牧民素质来促进农牧民增收。开展扶贫开发工作，要致力于为贫困农牧民脱贫增收创造有利条件。小城镇的建设与发展工作，要高度重视在转移和减少农牧民的进程中，实现农牧民有效增收。总之，构建农牧民增收的长效机制不单是农业部门的事情，需要全社会各方面协调行动、共同努力。

4. 加快发展农牧区社会事业，推动农牧区经济社会全面协调发展

西藏的城乡发展差距，突出地体现为城乡社会事业的发展差距。长期以来，农村社会事业就一直是西藏经济与社会发展中最为薄弱的环节之一。与城镇相比，广大农牧区的教育、卫生、文化和社会保障等社会事业发展滞后，公共服务供给不足，农牧民的生活质量较低。这种状况不仅不符合科学发展观以人为本的基本要求，而且逐渐成为了广大农牧区促进发展、维护稳定工作面临严峻挑战的主要原因之一。近些年来，西藏自治区逐渐加大了农村社会事业的建设力度，采取了不少措施，投入了大量经费，成效明显。但是，由于西藏经济社会发展的基础差、底子薄、实力弱，农村社会事业的供需矛盾

依然十分突出。加之西藏农牧区基础条件差,发展社会事业的成本极高,使得农村社会事业的发展进步相对缓慢,目前还远不能满足广大农牧民群众的实际需求。按照中央关于建设社会主义新农村的总体要求,发展农村社会事业,既是建设社会主义新农村的重要内容,也是新农村建设的重要保证。

贯彻落实科学发展观,统筹城乡经济社会发展,必须加快西藏包括教育、医疗卫生、文化和社会保障等领域在内的各项社会事业建设。教育方面,要加快发展农村义务教育,完善农村教育体系,大规模开展农村劳动力技能培训,着力培养新型农牧民;医疗卫生方面,要在农牧民自愿的基础上,加快推进建立新型农村合作医疗制度,扩大新型合作医疗制度的覆盖范围,同时积极健全农村三级医疗卫生服务和医疗救助体系;文化方面,要加快构建农村公共文化服务体系的步伐,保护和弘扬民族优秀传统文化,构建和谐文化;社会保障方面,应进一步完善农村社会救助体系,稳步推进建立农村养老保险和最低生活保障制度。

要实现以上四个方面的重点突破,开创西藏社会主义新农村建设的崭新局面,就必须坚持社会主义市场经济的改革方向,不断推进体制机制创新。对此,中共中央十七届三中全会审议通过的《中共中央关于推进农村改革发展若干重大问题的决定》给西藏新农村建设指出了努力的方向,要大胆探索,加快改革步伐,建立和完善与西藏区情实际相适应、符合农村经济社会发展需要的体制与机制。总之,推进社会主义新农村建设,是当前和今后一个时期西藏经济和社会发展的重大任务,是着眼全局统筹谋划西藏经济社会发展的战略性布局,是新时期"三农"工作的重要目标。生产发展是新农村建设的首要任务,生活宽裕是新农村建设的根本要求,乡风文明、村容整洁、管理民主是新农村建设的重要内容。建设社会主义新农村的各个方面是辩证统一、有机联系的整体,符合科学发展观的精神实质,全面体现了新形势下西藏农村经济、政治、社会和文化发展的内在要求。只有抓紧推进社会主义新农村建设,促进西藏农村经济、政治、社会和文化的全面发展,才能加快农村全面小康社会的建设进程,构建起西藏农村和谐社会崭新局面。

二、西藏农村发展现状

(一)西藏的城乡关系

目前我国大部分省区开始积极实施城乡统筹发展战略,进入以工补农、以城带乡的转型新阶段,特别是经济基础好,发展能力强的发达地区,率先走在了建设和谐社会、实现城乡统筹的前列;相比之下,落后和欠发达地区城乡统筹的难度很大,那么这类地区需不需要城乡统筹?如何城乡统筹成为一个现实问题。西藏作为我国经济社会发展水平排名靠后、小康实现度最低、不平衡发展程度较高的地区,实现全面小康建设的任务尤为艰巨,"三农"问题更为突出。从西藏社会经济发展条件出发,21世纪前20年要实现西藏经济的跨越式发展,缩小城乡差距,逐步消除"二元经济结构",建设全面小康社会,统筹城乡社会经济发展是社会主义新农村建设的必由之路。

1. 城乡关系的二元结构

西藏是中国内地最后一个进入社会主义制度的省区。和平解放前的西藏没有现代工业,整个社会以农牧两大生产部门为主,自给自足的传统农牧业特性决定了社会经济缺乏交换和流动,使西藏城镇发育缓慢。和平解放后,西藏由于其特殊的地理位置和落后的经济基础,城乡发展不均衡。中央一直对西藏的工业化和城市化予以资金支持,将基建投资向城镇集中,城市建设得到了极大的发展,而农村面貌滞后于城镇建设的发展速度。改革开放前的城乡二元结构,可以看作是"行政主导的二元结构"。

改革开放以来,国家实行适度非均衡发展战略,经济政策由全局均衡式向梯度式转变,西藏也随之进入经济转型发展阶段。20世纪80年代召开的两次中央西藏工作座谈会,为西藏的改革开放,建立社会主义市场经济体制指明了方向。为了保持西藏社会经济稳定,出于政治和经济的全面考虑,随着综合国力的增强,中央不断加大对西藏的财政补贴,从1980年的6亿元上升到1994年28.8万元,15年间增长了3.78倍。20世纪80~90年代,中央还发动全国各省、有关部委承担43项重点援藏项目和62项援藏工程,"一江两河"流域的开发建设也应运而生,极大地促进了西藏城镇建设。随着西部大开发战略的实施,西藏的城镇化进入了快速发展阶段。

(1)农村小城镇的兴起和大量非农人口的增加,标志着城镇成为越来越多城乡居民新的居住地。 到2008年,全区城镇人口达到108.15万人,城镇基础设施也得到大幅度改善,已建立各城镇城市道路体系、公交体系及能源体系。西藏全区建制镇数量1999年底只有34个,2008年底上升为140个(见表2)。其中,拉萨有9个镇,日喀则有27个,阿里有7个;那曲到2001年底有2个,到2008年底增加到25个,山南地区增加也比较多,由1999年的4个增加到现在的24个,林芝地区也由1999年的2个增加到20个。

表2　　　　　　　1999~2008年西藏城镇、城镇人口变化表

项目 年份	建制镇（个）	比1999年增长（%）	城镇人口（万人）	比1999年增长（%）
1999	34		66.87	
2000	114	235.3	79.51	18.9
2001	115	238.2	81.3	21.6
2002	140	311.8	83.67	25.1
2003	142	317.6	98.43	47.2
2004	145	326.5	100.04	49.6
2005	145	326.5	100.78	50.7
2006	139	308.8	100.82	50.8
2007	142	317.6	104.75	56.6
2008	140	311.8	108.15	61.7

资料来源：2000~2009年《西藏统计年鉴》。

图1　　　　　　1999~2008年西藏城镇、城镇人口的变化图

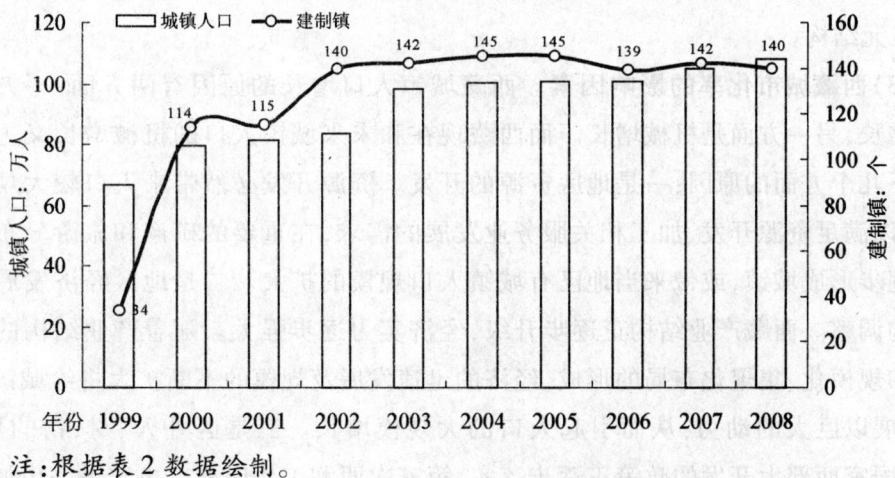

注：根据表2数据绘制。

从图1可以看出，西藏近年来的小城镇数量在迅速增加，人口也逐渐在由农村向城镇转移，标志着城市镇已经是西藏发展的一个必然趋势。

（2）**随着城镇规模的扩大，城镇人口数量和比例逐年增多，为更多的农牧民提供了在城镇就业、生活的空间**。城镇综合功能不断完善，城市道路、供水、治安、社区服务等已经形成完整的体系，基本满足了市民生活和城市经济自身发展的需要。拉萨作为西藏的政治、经济、文化中心，高楼林立，道路纵横，店铺鳞次栉比，城市防洪体系、给排水

体系,城市环卫设施已基本配套,城镇住宅发展较快,人们的居住水平有了较大提高,已成为世界屋脊上新兴的现代化城市。以日喀则市为中心的城镇建设速度大大加快,各地还结合藏族的风格特点,先后建成了一批标志性建筑,极大丰富了城镇景观。目前,以拉萨为中心、辐射各地的城镇发展群体已经在西藏形成。

随着改革开放的不断深入,市场经济逐步取代计划经济,受市场经济发展规律的驱动,区域经济增长速度开始拉开,全国城乡差距扩大的趋势逐步显现。这种变化在人们的日常生活中就有明显反映。另一方面也应看到,西藏同其他西部地区一样,在吸引外资方面面临着种种制约,如基础建设落后、交通运输不便、整体文化素质低、科技人才匮乏,造成投资环境差,抑制了城市化的进一步发展。可见,西藏与全国、城市和农村之间存在双重断裂,从本质上说,这种断裂内生于市场经济制度和由此造成的城乡二元结构,或许可以将其称之为"市场主导的二元结构"。

目前,经济仍处在较为明显的二元结构中,西藏的二元经济结构体现在地域和产业两方面。从地域来看,相对发达的西藏雅鲁藏布江谷地与落后的藏北高原并存。在所有区域都存在较发达的城市与较落后的农村并存的状况。从产业结构来看,目前既有机械、电子、化工等现代工业,同时传统的手工业及原始落后的农业仍然存在,形成产业上的二元结构。

(3)西藏城市化率的影响因素。西藏城镇人口增长的原因有两方面:一方面是自然增长,另一方面是机械增长。而西藏现在和未来城镇人口的机械增长又主要来自以下几个方面的原因:一是地区资源的开发。资源开发必然带来人口较大规模的聚集,以满足资源开发、加工相关服务业发展的需求,在重要的矿产和旅游分布地区就会逐步形成城镇,或带来当地已有城镇人口规模的扩大。二是地区经济发展及产业结构调整。西藏产业结构正逐步升级,经济实力逐步强大。随着产业结构的调整优化和规模化、集聚化布局的形成,经济的迅速发展及规模的不断扩大将给城镇的形成、扩展以巨大的动力,从而引起人口的大规模增长。三是区外人、财、物的聚集。目前,国家西部大开发的政策正逐步落实,第五次西藏工作座谈会决定进一步加大对西藏建设资金投入和实施优惠政策的力度,将有更多的人力、物力、财力从全国各地向西藏集聚。这些政策必将给西藏经济发展和城镇建设以很大的动力支持,更加有利于地区城镇化及城镇人口的增长。四是行政区划的调整。近几年行政区划的调整使西藏建制镇数量由 34 个增加到 140 个,城镇人口也随之增加。今后西藏的行政区划仍面临较大的调整,将有一批建制镇达到设市标准,城市数量、建制镇数量会有较大增长,城镇人口的刚性扩张仍有较大潜力。而且城镇建制的变化,将会在更大程度上促进城镇在区域经济发展中带动作用的发挥,有利于区域经济的空间聚集和人口的适当集中。

综合以上对各种因素和发展趋势的分析,结合西藏其他有关部门的相关人口预测,并运用定量分析方法,计算未来 2020 年西藏总人口将达到 350 万人左右。采用综合增长率法对西藏城镇总人口进行预测,2020 年西藏的城镇化水平为 40%。

2. 城乡关系的基本格局

城市化水平①是衡量区域社会经济发展的重要指标之一,自改革开放以来,西藏的城市化水平已迈上了一个新台阶,但西藏的城乡格局在整体上还滞后于经济发展水平,并且区域差距较大。

(1)从城镇规模的城市化水平看,西藏城镇以小为多。 西藏自治区总面积属我国第二大省区。20 世纪 90 年代末,在幅员面积达 122 万多平方千米的区域内,仅坐落着两座设市城市和 31 个建制镇,每个城镇的服务面积平均高达 3.7 万平方千米。而且按我国现行城镇等级划分标准,西藏的城镇全属小城镇,最大的城市拉萨的面积才 54 平方千米,第二大城市日喀则的面积仅 9 平方千米,许多建制镇的面积不到 1 平方千米。2000 年西藏已经有建制市两个(拉萨和日喀则),县、区 72 个,建制镇 112 个,城镇面积达到 147 平方千米。到 2008 年底,建制镇已增加到 140 个。

(2)就城镇功能而言,大多以行政职能为主,经济职能薄弱。 除拉萨、日喀则、八一等市镇外,其余城镇经济存量小,第二、三产业基础差,城镇之间、城乡之间经济联系少,城镇不但缺乏促进地区经济增长的积极作用,甚至连物资集散、商贸往来的流通作用也难以承担,可见西藏的城镇辐射功能远远不能与内地和沿海城镇的功能相比。进入 21 世纪以来,随着农牧区经济的发展,经济体制改革的深化,城乡经济交流加深,城乡商品流通日渐活跃,城乡市场也随之逐渐发育。城镇的经济功能呈增强趋势。

(3)从城乡收入差距来看,城乡收入差距仍居全国之首。 1990 年西藏城乡收入比为 2.8:1,2008 年扩大到 3.9:1,1990~2008 年间扩大了 0.9。其中,1995~2004 年,全区城乡居民收入比保持在 4.4~5.2 的高位状态。1990 年,全区农牧民人均纯收入只有 582 元,城镇居民可支配收入 1613 元;到了 2008 年,全区农牧民人均纯收入只有 3176 元,比上年增长 13.9%,而且其中的现金收入只占总收入的 40% 左右。目前,西

---

① 城市化水平,也称"城市化率"。目前,关于城市化水平的计算,常见的有两种方法,即城镇总人口占总人口的比重和城市市区非农业人口占总人口的比重。本报告采用的是前一种。

藏城乡货币收入差距约为5∶1,一直是全国最高的,城乡居民收入差距表现出高位缩小型的变化模式。世界上大多数国家是1.5∶1,我国江浙一带的城乡收入差距也非常小。这说明城乡差距是和经济发展水平紧密相连的。

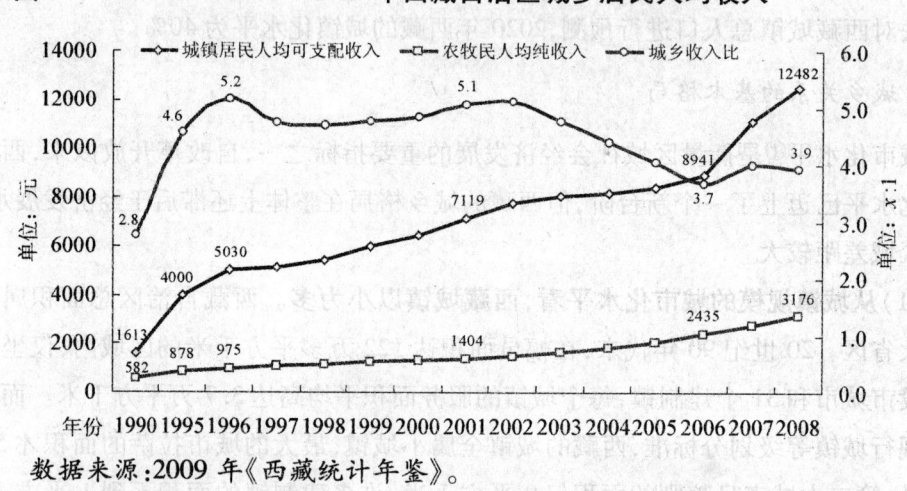

图2　1990~2008年西藏自治区城乡居民人均收入

数据来源:2009年《西藏统计年鉴》。

从图2可以看出:一方面西藏的城乡收入差距一直位居全国最高;另一方面,西藏的城乡收入差距从2002年开始,总体呈下降的趋势。

3. 城乡关系的发展特征

(1)西藏劳动力就业结构变化不大,农牧业发展仍然是就业的主渠道,农村剩余劳动力流动兼有内生和外生性的特点。 西藏农牧业人口多,1990年以前农牧业从业人员占总从业人员的比重基本在80%左右,自1990年开始呈下降趋势,2003年农牧业从业人员132.81万,占总从业人员的64.1%,但第一产业从业人员数量下降缓慢,以年均0.17%的速度下降。并在1990~2003年的14年间,有7年是呈增加趋势。绝对数量的减少从2000年开始,说明第一产业自1990~1999年是在不断地吸纳劳动力,自2000年开始释放劳动力,农牧业发展仍然是就业的主渠道(见表3)。

表3　1990~2008年第一产业从业人数　　　　　　　　　　单位:万人

年　份	1990	1993	1995	1997	2000	2003	2005	2007	2008
从业人员	87.08	88.14	89.51	92.19	90.98	85.14	86.39	88.63	89.41

资料来源:2009年《西藏统计年鉴》。

西藏农村剩余劳动力流动主要有两个方向：一个是向西藏工业、企业、商业活动比较多的城镇流动；一个是向区内异地流动。其流动的动因，表现出内生性和外生性兼有的特点。

从内生性上看，改革开放以来随着市场机制的引入，城郊农民越来越热衷于从事非农产业，部分地区超稳定的农村经济结构开始解体。由于农村非农产业提供的基本上是货币收入，而农牧产品大部分用于农村社会自身消费，所以非农收入不但促进了农村商品经济的发展，而且为农民消费结构的改变创造了最基本的条件，即农民有了消费农业产品以外的其他产品的条件——货币，而农民消费结构的改变，反过来又刺激了农民的生产积极性，从而带动整个农村社会经济的不断发展。

从外生性上看，在中央及地方的大力支援下，以投资拉动为机制，城镇的大量兴起和工业、企业的发展促使农村劳动力向城镇流动。自2001年始，中央投入农业和扶贫开发项目的资金每年达3亿元左右。这些投资的重点，是农村能源、农田水利、草场改良、乡村道路和人畜饮水等项目，农牧民不仅从参与项目中获得部分现金酬劳，而且还受益于项目完成后农牧业基础设施的改善。

(2)区内产业结构改善，但内在品质不高。 西藏由于地处青藏高原，受自然、交通、气候等因素的制约，加之传统生产方式及文化传统的影响，生产力发展水平长期处于极其落后的状态，产业形式单一、经营方式粗放、劳动力素质不高、劳动生产率低下是其主要表现。在20世纪50年代之前，西藏的区域经济结构基本上是农牧自然经济，除了一些掌握在三大领主手中畸形的商业和零星的工业外，根本就没有形成现代意义的产业结构和经济结构。20世纪中叶，经济发展仍主要以农牧业为主，辅之以比例很小的民族手工业和商业。因此，历史悠久的畜牧业在西藏经济中一直占有十分重要的地位，20世纪50年代初，牧业产值在农牧业总产值中占2/3。在1994年以前，牧业产值一直超过种植业产值；从1994年起，在西藏农牧业产值的构成中，牧业才退居农业之后。

西部大开发战略实施以来，第一产业比重以每年2%的速度递减，西藏的第三产业呈现出高速发展的状态，在国民经济中所占比重不仅超出了第一、二产业的总和，也远远高出了全国平均水平，但其内在品质和对国民经济的拉动作用与全国的第三产业相比，还存在较大差距。到2003年底第一产业在总产值中占的比重为22.0%，第二产业为25.7%，第二产业首次超过了第一产业，而第三产业为52.3%，成为"十五"以来西藏产业结构的拐点。2008年在西藏地区生产总值中，三次产业增加值比重分别为15.3%、29.2%、55.5%；第一产业所占比重比2003下降了6.7个百分点，第二、三产业分别提高了 3.5 和 3.2 个百分点(见图 3)。

图 3　　　　　　　　　　1951~2008 年西藏产业结构图

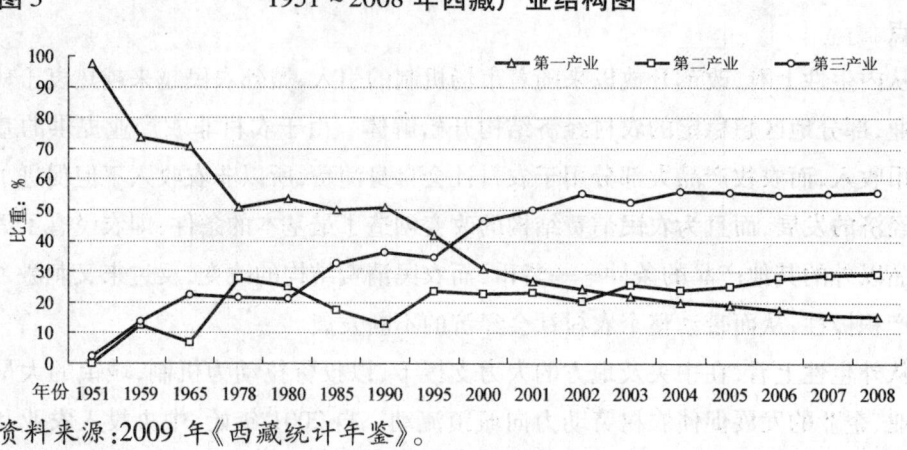

资料来源:2009 年《西藏统计年鉴》。

通过图 3 可以看出,第三产业产值在总产值中的比重在大幅度上升,已超过了第一、二产业产值总和,农业产值比重在减少。从表面上来看西藏的产业结构已经趋于"三二一"形态,从这种表面现象来看,西藏的产业结构层次已经接近了中等发达国家的水平。从表面上看这种产业结构逐渐趋于合理,但产业内在品质不高。西藏第三产业的产值大户是交通运输仓储及邮电通讯业、批发零售贸易及餐饮业、教育文化艺术及广播电影电视业、国家机关政党机关和社会团体等行业。根据前面的分析,西藏第三产业的大多数行业是在中央和自治区的特别扶持下发展起来的。因此,西藏第三产业的产值应该是"虚胖"的,这种靠政府投资强行拉动的外生发展模式至少在微观层面是非效率的。

第二产业结构不合理,工业体系不健全、不配套。特别是工业生产规模小、布局分散、效益低;投资体制改革不到位;工业技术水平和产品质量不高;西藏特色工业发展不够成熟。2008 年西藏全区工业总产值 59.71 亿元,其中,中型企业产值为 18.38 亿元,占工业总产值比重为 30.8%;小型企业产值为 41.33 亿元,占工业总产值比重为 69.2%。近几年由于国家扶持培育的个别国家重点龙头企业,如西藏高原之宝牦牛乳业股份有限公司等,与内地的龙头企业相比,不论在规模上还是效益上,还有很大的差距。可见,第二产业缺少大中型企业的带动,还多以小型企业作为主。由于历史和自然原因,传统工业发育很弱,发达地区所拥有的传统工业尚未建立,一些现代工业已经成长;第三产业的增长和提升大多为中央和发达省区的投资所拉动。

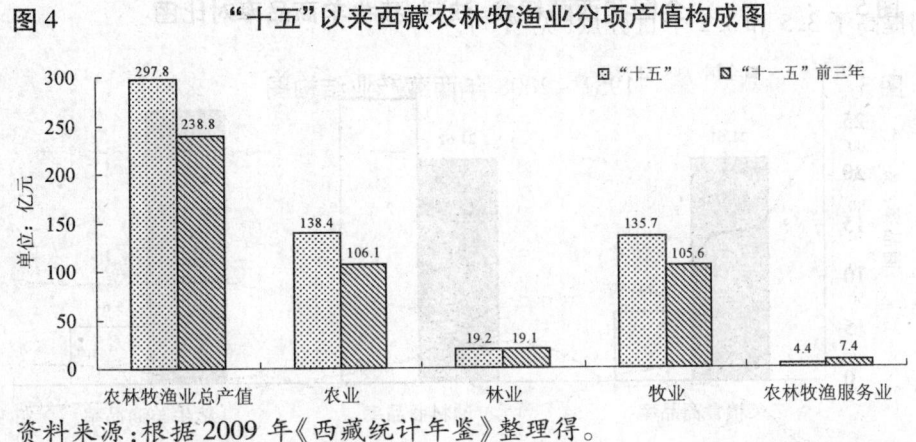

图4　"十五"以来西藏农林牧渔业分项产值构成图

资料来源:根据2009年《西藏统计年鉴》整理得。

农业内部产业结构发展不平衡。2008年,农林牧渔总产值88.45亿元,其中农业总产值为39.70亿元,占44.9%;林业总产值6.80亿元,占7.7%;畜牧业总产值38.96亿元,占44.0%;农林牧渔服务业总产值2.72亿元,占3.1%;而渔业仅占0.3%。从几大产业产值所占比重看,林业、农林牧渔服务业和渔业所占比重小,特别是渔业,仅占零点几个百分点,与全国相比,变化趋势相反。从图4可明显看出,西藏农业内部产业结构严重不合理,林业、农林牧渔服务业和渔业比重太小,这种资源环境与市场双重限制型的农业产业结构,使整个农业大而不强,主导产业弱,比较效益差,农副产品竞争能力弱,难以带动农牧民收入的提高。

农业商品率低,农产品流通体制不完善。西藏地方产品商品率低,工业生产提供的多是初级加工产品,产量也小。商品总体自给能力很差,日用工业品约有90%需从区外购进,经济的脆弱性和依赖性十分突出,商品市场的外扰动特征非常显著。

西藏畜产品资源虽然丰富,但牧业一直是靠天养畜为主,生产方式原始落后,商品率低下,资源的深加工和综合利用程度低,产品附加值不高;而另一方面,受地域自然条件和农业产业结构的影响,部分农副产品要靠内地供应,如城镇居民的奶类主要依靠内蒙古,大米也来自内地。近年来随着产业结构的调整,畜牧产业的商品率有所上升。可以看出同全国相比,西藏的大部分农产品商品率偏低,尤其是粮食商品率,而油料商品率西藏则偏高于全国平均水平(见图5)。

农产品流通体系不健全,机制不完善。一是农村市场发育不足,在西藏的多数县域,城镇分散,交通不便,与中心镇联系不紧,影响了农村市场发育程度。全区925个乡镇区中设立供销合作社机构的只有77%,相当一部分新建乡镇尚未建立供销社。二是搞流通的办法不多、渠道不畅、形式单一,还没有建立与市场经济相适应的农产品流通

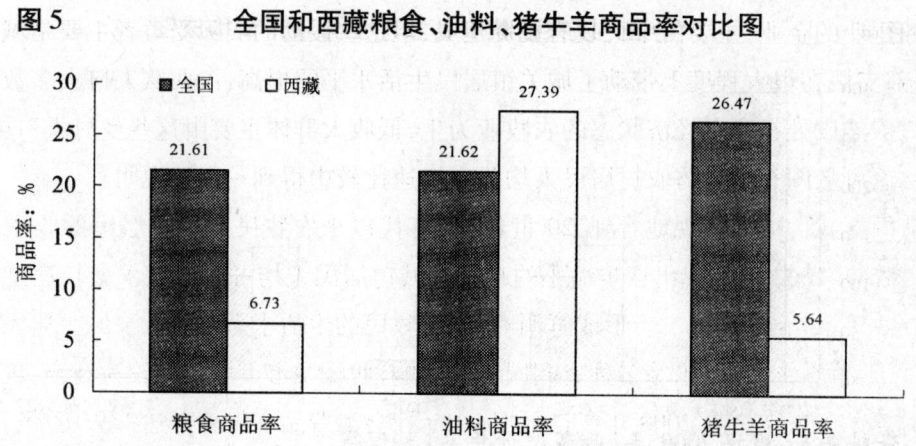

图5 全国和西藏粮食、油料、猪牛羊商品率对比图

体制。在乡村特别是在村一级无农产品营销公司,从事农产品流通的中介组织不多,农村经纪人少。商业企业均属中小型企业,自有流动资金匮乏,经营设施陈旧简陋,经营管理水平较低,经营效益不高等。三是西藏农牧民组织化程度很低,中介组织发育滞后,农牧民与市场的有效融合方面存在不少障碍,农牧民进入市场大多是无序、自主运销,难以形成规模优势和价格优势;农产品流通信息不灵,农工结合、农畜结合不紧密,产后服务不到位。这样造成农产品流通、销售存在很大问题。四是地域辽阔,运输线太长,基础设施不足。全区单位商品平均运距800公里以上,县以下支线公路运力奇缺,运费高昂,故商品在途时间长、环节多、损耗大、流通费用高。

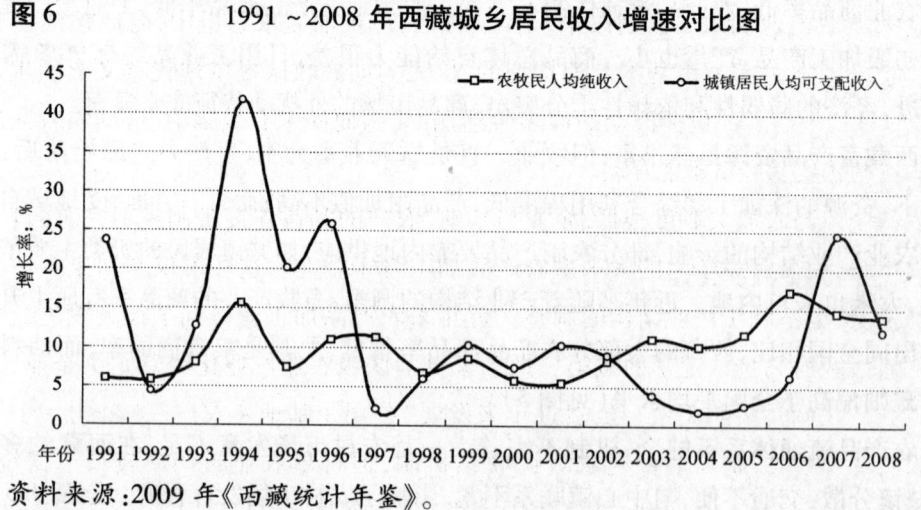

图6 1991~2008年西藏城乡居民收入增速对比图

资料来源:2009年《西藏统计年鉴》。

(3)城乡收入差距大,消费水平不对称,结构不合理。 由于多年来中央对西藏实施的援助,提供巨大财力人力物力支援其城镇建设,城市基础设施建设、大多数现代工商

和服务行业的企业,主要由中央政府投资建成,但这些援助的实际受益者主要是城镇居民,外部支援在很大程度上带动了城关镇居民生活水平的提高,占西藏人口大多数的乡村人口依然以处在生存经济状态的农牧业为生,低收入群体主要由这些乡村人口构成。这一结论可从图6城镇与农村居民人均收入增速比较中得到一定的说明。

从图6我们可以直观地看到,20世纪90年代以来农牧民和城镇居民的收入差距呈扩大趋势,2002才表现出逐步缩小的趋势。城镇居民人均可支配收入增长速度远远超过农牧民人均纯收入,二者形成鲜明对照,农牧民的生活水平明显低于城镇居民。得益于城市交通、能源、通讯等多种有利因素的影响,西藏城市市场体系较为健全,现代化商品流通十分成熟。据2008年统计数据,全区社会消费品零售总额达129.08亿元,其中60%是以中心城市消费的。此外,由于生活水平的限制和民族消费习惯的影响,加之群众用于宗教方面的非商品消费支出冲减了相当一部分购买力,因而商品市场容量小,商品品种、规格、供求数量及质量等无不受其制约,经营难度较大。

(4)城乡关联度低。西藏城乡经济活动关联度很低,城乡经济自成一体。这一点从城乡居民消费中得到反映。西藏的工业属"镶嵌"式工业,区域工业化没有经历以"剪刀差"形式从农业掠取原始积累的过程,西藏工业化所需技术和科技人才大多来自内地,农业基本上是自产自销。除国家工作人员外,甚至城镇居民生活日用品所需也大多来自内地,城镇对乡村依赖性弱。在计划经济时期,西藏的物资供应,粮食靠四川、陕西、河北、北京等省市,日用消费品靠上海、天津等城市。即便是现在,西藏市场上的工业品、生活消费品仍有90%靠内地调入。长期以来,全区城镇人口粮油需求总量中,内地粮油占到了90%以上。同时,西藏城市基本是消费型的,也无力向农牧区提供现代意义上的生活资料,农机、化肥、农药等,包括群众的许多生活用品,因而尚未有效辐射、带动农牧区的发展,城乡"两张皮",经济不能互动。

乡镇企业与农业关联度很低,企业与基地、农户的利益连接机制还不完善,自主带动能力不强,缺少有竞争力的大中型农产品加工骨干企业。这样不仅不利于乡镇企业自身的发展,也不利于产业结构的调整。近年来农产品加工业得到了很大发展。西藏自治区人民政府筛选认定了西藏第一批7家自治区级农业产业化经营龙头企业,多数企业和农户之间是买断关系。虽然近年来发展"公司+基地+农户","公司+中介组织+农户"、订单农业等多种与农牧民联结机制,但订单农业履约率较低。据统计,2009年西藏的13家自治区级(含3家国家级)龙头企业带动和辐射了2.13万农牧户,只占全区农牧户总数的5.38%左右,农牧民受益有限。

产业关联度低。产业发展水平总体上处于工业化初期,中小企业技术装备落后,产品科技含量低,资源综合利用程度不高,产业链短,产品附加值低,市场竞争力不强,基本属于资源输出型,资源优势远未转化为经济优势。农业的产业化程度不高。农工关联度低,农畜关联度也不紧密。产业比重本身表现了与居民经济生活的关联度,在交通不便、环境闭塞的条件下,经济生活倾向自给自足,区域经济呈现出整体的自然经济特征,第二产业在这种背景下正是最远离居民日常生活的,因而在产业结构中不是作为连接第一与第三产业的发展阶梯,而是孤立于第一、三产业之外,而第一、三产业却建立相对密切的关系。由于第二产业的严重缺陷,不仅未能为第一产业人力资源的流动提供渠道,未能为第一产业的技术改造和进步提供支持,而且也未能形成对能矿资源的动员、利用。目前,畜牧业产值与种植业持平,畜牧业虽然正在改变"靠天养畜"状态,但大部分地区还未能有效发挥、利用西藏牧区的资源与地理优势、特色产业,带动农业的能力还有限。畜牧业本身产业关联度高,尤其与第二、三产业,畜牧业的发展可极大地带动食品、饲料、毛纺、皮革等多个产业发展,从而带动整个农村第二、三产业的发展。

西藏城乡发展得益于外部援助,所有经济部门的运行都得到中央政府的补贴,特别是大多数现代工商和服务行业的企业,主要由中央政府投资建成,从而西藏城乡发展对外部援助产生依赖。其最大不足之处是,效率低下和在很大程度上依赖补贴生存与发展。正是由于地方行政部门、社会服务机构和国有经济单位依赖财政补贴运行,与此相联系的城市化进程也就与内地大不相同。它主要是中央财政转移的结果,而非工业化使然。依据西藏社会二元结构的特点可以推断,社会经济整合,将首先取决于中央财政转移资源分配结构的调整和使用效率的提高,而不是像内地发达省份那样从引入市场机制和发展乡村非农产业起步。在这样的发展机制下,西藏加快经济社会发展也面临诸多不可回避的矛盾,需要认真应对。

(二)农牧业经济发展水平

农牧业是西藏经济的支柱产业和农牧民增收的源泉。西藏是我国五大牧区之一,草地面积占全国天然草地总面积的1/5,占西藏土地总面积的2/3。全区有农业县35个,半农半牧县24个,两者占全自治区总县数的80%。农区、半农半牧区人口占全区总人口的65%。农业县、半农半牧县的天然草场占全区草地总面积的44%。农区畜牧业产值占农区农业总产值的1/3左右,半农半牧区占农业总产值的2/3左右。

1. 农牧业发展的基础条件

(1)海拔高,发展农牧业的自然条件相对较差。西藏自治区是青藏高原的主体,平均海拔4000米以上。地形大体可分为三个不同的自然区:北部藏北高原,面积占全区总面积的2/3,自然条件相对恶劣;藏南谷地,位于冈底斯山和喜马拉雅山之间,即雅鲁藏布江及其支流地区,自然条件相对较好;藏东高山峡谷区,为一系列由东西走向逐渐转为南北走向的高山深谷,是著名的横断山脉的一部分,立体农业气候明显。地貌基本上可分为极高山、高山、中山、低山、丘陵和平原等六种类型,此外,还有冰原地貌、岩溶地貌、风沙地貌、火山地貌等。高海拔的地形,气温低、气候多变,植物有效生育期短,动物生长发育缓慢,给农牧业发展带来不利的影响。

(2)独特的高原气候,光能资源丰富。复杂多样的地形地貌,形成了西藏独特的高原气候。除呈现西北严寒干燥,东南温暖湿润的总趋向外,还有多种多样的区域气候和明显的垂直气候带。空气稀薄,日照充足,气温较低,降水较少是全区气候的基本特点。西藏高原每立方米空气中氧气含量约150～170克,相当于低海拔平地的62～65%。太阳辐射能比同纬度的低海拔平地多1/3到1倍;日照时数也是全国的高值中心,拉萨市的年平均日照时数达3021小时。全区气温偏低,年温差小,但昼夜温差大。拉萨、日喀则的年平均气温和最热月气温比相似纬度的重庆、武汉、上海低10～15℃。全区各地降水分配不均,旱季和雨季分明,多夜雨。年降水量自东南低地的5000毫米,向西北递减到仅50毫米,相差近百倍。每年10月至翌年4月,降水量仅占全年的10～20%;雨量集中于5月至9月,一般占全年降水量的80～90%。无霜期一般在120～140天左右。主要农区终霜期平均在5月中旬,初霜期在9月中、下旬。藏北地区无明显的无霜期。

(3)丰富的动、植物资源。西藏是一个巨大的植物王国,有高等植物5000多种。藏西的吉隆、亚东、陈塘等地,藏东南的墨脱、察隅等地,是我国少有的天然植物博物馆。自然条件比较特殊的藏北地区,也有100多种植物。

西藏是我国最大的林区之一,保持着原始森林的完整性。北半球从热带到寒带的主要树种几乎都有。森林蓄积量20.8亿立方米。常见的树种有乔松、高山松、云南松、华山松、喜马拉雅云杉、喜马拉雅冷杉、急尖长苞冷杉、铁杉、大果红杉、西藏落叶松、西藏柏和圆柏等等。其中云杉、冷杉和铁杉组成的针叶林带分布最广,占西藏森林总面积的48%和总蓄积量的61%,主要分布于喜马拉雅山脉、念青唐古拉山脉和横断山脉的湿润亚高山地带。

西藏野生药用植物有1000多种,其中常用中草药400多种。著名的有冬虫夏草、贝母、胡黄连、大黄、天麻、三七、党参、秦艽、丹参、灵芝、鸡血藤等。在已鉴定出的200多种菌类中,松茸、猴头、獐子菌、香菇、黑木耳、银耳、黄木耳等都是有名的食用菌;还有茯苓、松橄榄、雷丸等药用菌。

全区有哺乳动物142种,鸟类473种,爬行类49种,两栖类44种,鱼类64种,昆虫类2300多种。野生动物中,藏羚羊、野牦牛、野驴、盘羊等系青藏高原特产珍稀动物,均受国家保护;白唇鹿为我国特有,是世界珍稀动物之一。鸟类中的黑颈鹤、藏马鸡等也是国家一级保护动物。

(4) **地域广阔,高质量的宜农、宜牧、宜林土地比重低**。西藏地域广阔,但宜农土地资源少,宜农地面积仅49.32万公顷,占西藏总土地面积的0.41%,是全国宜农地比例最小的省区之一。从地区分布看,日喀则宜农地面积最大,其面积占全区宜农地总面积的36.6%,其次是山南,占19.2%;昌都占18.2%,拉萨占13.7%。从宜农地质量看,一等宜农地仅占宜农地总面积的5.43%,二等宜农地占15.71%,三等占30.09%,四等占25.87%,五等占12.45%,六等占10.45%。

西藏宜林土地资源较多,宜林地面积1393.2万公顷,占西藏总土地面积的11.56%。从地区分布看,林芝宜林地面积最大,其面积占全区宜林地总面积的43.75%,其次是昌都,占27.41%;山南占22.25%。从宜林地类型看,宜经济林的林地资源十分有限,仅占全区宜林地总面积的0.02%,宜用材林的林地资源丰富,占宜林地总面积的56.65%,宜薪炭林的林地资源,占宜林地总面积的9.94%,用于防护林、水源涵养林的林地资源占宜林地总面积的33.39%。

西藏宜牧土地资源广阔,宜牧地面积6160.4万公顷,占西藏总土地面积的51.13%。从地区分布看,那曲宜牧地面积最大,其面积占全区宜牧地总面积的31.58%,其次是阿里,占29.27%;日喀则占19.66%。从宜牧地质量看,一等宜牧地仅占宜牧地总面积的2.43%,二等宜牧地占9.58%,三等占32.42%,四等占43.44%,五等占12.12%。

此外,在现代科技条件下,西藏还有暂不宜农林牧的土地面积4437.7万公顷,占西藏总土地面积的36.84%。主要分布在那曲和阿里地区。

(5) **水资源充沛**。境内流域面积大于1万平方千米的河流20多条,大于2000平方千米的河流有100条以上。主要河流有雅鲁藏布江、金沙江、怒江和澜沧江。西藏是我国国际河流分布最多的一个省区,亚洲著名的恒河、印度河、布拉马普特拉河、湄公河、萨尔温江、伊洛瓦底江等河流的上源都在西藏。河流水源主要由雨水、冰雪融水和地下水组成,流量丰富,含沙量小,水质好。境内有大小湖泊1500多个,多咸水湖,淡水湖少。湖泊面积超过1000平方千米的有纳木错、色林错和扎西南木错等3个;超过100平方千米的有47个。湖泊总面积24183平方千米,约占全国湖泊总面积的1/3。充沛的水能资源,为农业发展提供了有利条件。

(6) **丰富的多种类能源**。西藏的煤炭、石油和天然气发现较少,但水能、地热能、太阳能、风能蕴藏量丰富。西藏年平均天然水能蕴藏量约为2亿千瓦,约占全国总量的

30%;主要集中于藏东南地区,其水能蕴藏量约占全区的70%。全区可开发的水能资源约为5700万千瓦,占全国总量的15%。

西藏的地热蕴藏量居全国第一位。三江(怒江、金沙江、澜沧江)构造带、雅鲁藏布江断裂带和那曲至尼木断裂带均为地热活动的最有利地区,已发现温泉、沸泉、间歇喷泉、热水河、放热地面等各种形迹的地热显示区600多处,估算总热流量为每秒23亿焦耳,相当于约240万吨标准煤所释放的热量。拉萨市当雄县辖区内的羊八井热田是目前我国最大的高温湿蒸气热田。广布的多类型能源,特别是丰富的太阳能、风能资源,可供居住分散的农牧民开发利用。

2.农牧业经济发展及结构变化

农牧业经济发展与全区整体经济发展一样呈现出鲜明的阶段性,在1965年之前,农牧业经济几乎代表了西藏经济的全部,随着经济发展和产业结构的日趋合理,农牧业经济在GDP中的比重逐年下降,演变为今天的"三二一"产业结构(见图3),但尚不能动摇农牧业经济在西藏经济中的基础地位。

表4　　　　　　　　　　西藏农牧业在国民经济中的地位　　　　　　　单位:元、%

项目年份	人均GDP	人均农业总产值	人均工业总产值	农业占GDP比重	农业人口比重	农业劳动者占社会劳动者比重
1978	375	221	84	50.7	85.5	82.0
1980	471	289	81	53.5	84.5	82.2
1985	894	550	107	49.9	87.1	81.0
1990	1276	899	171	50.9	86.3	80.7
1995	2358	1508	382	41.8	86.2	77.8
2000	4572	1988	710	30.9	86.0	73.3
2001	5324	2027	764	27.0	85.7	71.0
2002	6117	2108	816	24.5	85.5	68.8
2003	6893	2184	892	22.0	84.8	64.1
2004	8103	2307	1045	20.1	84.8	62.6
2005	9114	2460	1222	19.1	83.9	60.1
2006	10430	2526	1440	17.5	83.9	58.9
2007	12109	2825	1785	16.0	83.2	56.0
2008	13861	3097	2091	15.3	82.7	54.6

资料来源:2009年《西藏统计年鉴》。

表4清晰地反映出西藏农牧业在国民经济中的基础地位。自改革开放以来,全区以农业为主的第一产业产值在全区生产总值中的比重逐年下降,从1978年的50.7%下降到2008年的15.3%。虽然在推进现代化建设的过程中,第一产业比重逐步下降是客观规律,但农业的地位和作用相对西藏82.7%的农业人口而言丝毫没有降低,反而更加重要。仅就安置的劳动力数量,农业基本上在50%以上,远远多于其他产业,这对于解决人民就业和社会安定有着重要的意义。

1979年以来,在1980年和1984年中央两次召开西藏工作座谈会,制定出台了以"土地归户使用,自主经营,长期不变"和"牲畜归户、私有私养、自主经营、长期不变"政策为主的农牧区各项基本政策。1994年和2001年中央召开第三、四次西藏工作座谈会,再次明确了关于农牧业和农牧区的六项政策,极大地促进了西藏农牧业的发展。自1988年以来种植业连续20年获得丰收,到2008年西藏农牧业总产值达到88.45亿元,比2000年增长了1.7倍,比1990年增长了4.5倍,比1980年增长了16.6倍。从农牧业内部结构来看,1980年以前种植业和畜牧业占农牧业总产值的比重稳定在32.7%和66.3%;1994~2002年,种植业占农牧业总产值的比例超过了畜牧业,达到52%左右;2004年至今,种植业和畜牧业占农牧业总产值的比重此消彼长,2008年种植业和畜牧业所占为44.9%和44.0%。

(1) 种植业连续夺得丰收。面对到20世纪末实现粮油基本自给的艰巨任务,西藏加强对粮食生产的领导,坚持走外延扩大再生产与内涵扩大再生产相结合的路子,通过

表5　　　　　2000~2008年农作物总播种面积及其构成　　　　单位:千公顷、%

年份	总播种面积		粮食作物		油料		蔬菜		青饲料	
	面积	比重	面积	比重	面积	比重	面积	比重	面积	比重
2000	231.04	100	201.44	87.19	16.11	6.97	7.47	3.23	5.74	2.48
2001	230.86	100	199.12	86.25	16.82	7.29	8.71	3.77	5.11	2.21
2002	232.90	100	195.01	83.73	20.39	8.75	9.74	4.18	6.50	2.79
2003	234.35	100	186.12	79.42	21.64	9.23	14.11	6.02	10.00	4.27
2004	231.23	100	179.79	77.75	24.35	10.53	15.15	6.55	10.50	4.54
2005	234.95	100	177.68	75.62	26.11	11.11	18.04	7.68	12.14	5.17
2006	233.02	100	171.66	73.67	24.12	10.35	18.99	8.15	17.37	7.45
2007	232.94	100	171.78	73.74	23.13	9.93	19.66	8.44	17.59	7.55
2008	235.29	100	170.63	72.52	24.73	10.51	20.14	8.56	18.90	8.03

数据来源:根据2009年《西藏统计年鉴》计算整理得。

实施农业综合开发,加强农田水利基础设施建设,改善种植业生产条件,大力推广农业实用科技,使种植业的生产水平得到大幅度提高。1988年以来,全区种植业连续多年夺得丰收,粮油供应短缺的问题得到有效缓解,实现了粮油总量基本平衡。到2008年,粮食作物种植面积达170.63千公顷。其中:青稞面积117.85千公顷,小麦面积37.34千公顷,油菜籽面积24.65千公顷,蔬菜面积20.14千公顷。全年实现粮食总产量95.03万吨;油菜籽6.01万吨;蔬菜48.14万吨。

如表5所示,近年来粮经饲比例逐年调整,但全区种植业仍以种植粮食作物为主,经济作物和其他农作物所占比重低。粮食作物播种面积占农作物总播种面积的比重从2000年的87.19%下降到2008年的72.52%,下降了14.67个百分点;经济作物占农作物总播种面积的比重从2000年的10.7%增长到2008年的19.07%,提高了8.37个百分点。经济作物的比重低,是种植业整体效益的提高缓慢的原因之一。

(2) 畜牧业生产稳步发展。西藏根据畜牧业基本特点和加快发展的现实需要,确立了"控制存栏、加大出栏、优化结构、提高效益"的总体方针和稳定发展草原畜牧业、大力发展农区畜牧业、加快发展城郊畜牧业的基本思路。在草原牧区广泛开展草场保护和建设,狠抓防抗灾基地、牲畜温饱工程、畜产品基地建设,切实加大了牲畜出栏力度;在农区和半农半牧区,实施农牧结合,大力推行了畜种改良、人工种草、牲畜短期异地育肥、秸秆微贮养畜等工作;在城镇郊区大力发展奶牛业、养猪业和养禽业,推行适度规模经营和专业化生产,使畜牧业整体素质和效益得到有效提高。同时,坚持把畜牧业尤其是农区畜牧业发展作为农牧业结构调整的重点领域,调整优化品种和品质结构,重点抓好牦牛、白绒山羊、藏猪、藏鸡、藏系绵羊、优质奶牛等品种的繁育推广,切实提高了畜牧业良种率。通过走"农牧结合、种养加并举"的道路,切实加大牲畜短期育肥、猪禽奶牛生产等工作力度,大力培植发展家庭养殖专业户,积极推进畜牧业产业化经营,促进了农牧结合日益紧密,农区、城郊畜牧业发展势头强劲,草原畜牧业生产方式呈现新的变化。到2008年,全区牲畜存栏2405万头(只、匹)。其中:牛645万头,羊1678万只。全年猪牛羊肉产量达24.27万吨、奶类产量29.52万吨;牛、猪、羊的出栏率分别达到了19.8%、57.20%、30.80%;出栏家禽187.3万只,禽肉产量达0.22万吨,禽蛋产量0.22万吨,自给率明显提高。畜牧业的快速发展,丰富了畜产品市场,改善了全区城乡居民的膳食结构,对促进农业产业化的发展起到了积极作用。

(3) "菜篮子"事业成效显著。从1990年起,自治区每年拨出500万元专款用于"菜篮子"建设,大力发展以蔬菜为主的"菜篮子"生产,建立"菜篮子"生产基地,坚持以引为主、引育结合,狠抓科技进步和创新,使"菜篮子"供给水平明显提高,初步缓解了群众吃菜难的问题。到 2008 年,全区蔬菜种植面积达 30.7 万亩,种植品种达 150 余个,产量达 46 万吨,比 1981 年增长 16.7 倍,年人均蔬菜占有量达到 160 公斤。拉萨、山南、日喀则、昌都、林芝等地(市)所在城镇及部分县城 85% 左右的蔬菜可由当地生产和提供。随着蔬菜种植技术的不断提高,阿里地区通过大力实施"菜篮子"工程,使蔬菜生产户从 20 世纪 90 年代初的 1 户 2 人,增加到 70 余户 180 余人,蔬菜种植品种由几个发展到 30 多个,蔬菜产量由几吨增加到 3000 余吨,产值由几万元增加到 350 多万元,开创了高寒地区蔬菜生产的新纪元。

目前,全区的蔬菜生产仍不能满足消费市场对品种、质量和数量的需求。据拉萨蔬菜市场调查,本地生产的蔬菜约占市场份额的 60~70%,其余部分依赖区外市场调剂;蔬菜生产旺季(5~9 月),市场自给份额在 80~90% 左右,而淡季(9 月~翌年 4 月)市场缺口约 50% 左右,蔬菜价格昂贵。昌都地区冬春季节和夏秋季节的蔬菜自给率分别只有 30% 和 70%,山南地区冬春两季的蔬菜有 60~70% 从外地调入,那曲和阿里地区的蔬菜调入量更大。由于当地蔬菜产量低、数量少、品种少,不能满足市场对品种、质量和数量的消费需求,长期蔬菜供销不平衡局面,造成西藏蔬菜市场价格居高不下,同品种蔬菜比内地市场高 2~5 倍。提高全区的蔬菜自给率,蔬菜生产有着巨大的市场潜力,特别是新、优蔬菜品种更有广阔的市场空间。

(4)农牧业特色产业。各地区根据自治区党委、政府提出的农牧业特色产业总体发展思路,因地制宜,充分挖掘各地资源优势,将发展农牧业特色产业与"一产上水平"相结合。从 2004 年开始,按照资金来源渠道不变、使用性质不变、管理主体不变的原则,集中各涉农部门资金、技术力量,着手实施了农牧业特色产业开发项目。到 2008 年底,在全区安排实施了 247 个建设项目。总投资 16.32 亿元,其中国家投资 8.64 亿元,群众投入 6.8 亿元(含劳务投入),企业投资 0.88 亿元,分别占总投资的 53%、42% 和 5%。2008 年,通过农牧业特色产业项目的实施,使项目区农牧民人均增收 633 元。探索出了符合西藏实际的国家补贴、群众投入、企业参与和农牧民为生产经营主体、受益主体、逐步成为投资主体的产业开发有效机制。

调研所到之处的农牧业特色产业建设项目以当地特色的种植业、畜牧业为主。藏西北绒山羊、藏北牦牛、藏西绵羊、藏东南林下资源和藏药材、藏中优质粮油和城郊无公害蔬菜以及藏猪藏鸡开发等几个产业带已初见雏形。在农牧业特色产业建设项目过程当中,政府集中人力、财力、物力动员和扶持农牧民参与,扶贫开发也动员贫困户参与。从目前的情况看,项目区群众收入明显增加。笔者对日土县白绒山羊示范户进行了解,平均每个示范户每年增收可达 5680 元,养殖最多的一户,收入可达到 52600 元。也发现一些问题,尼玛县在山羊绒出售时,大部分群众采取以物易物的方式进行交换,一些商贩利用群众不了解市场信息故意压低收购价格,山羊绒每斤有时只卖到20~30元,最高也只有50~60元,相当部分农牧民手中的山羊绒卖不到好价钱。各地生产的农牧业特色产品以初级产品为主,多数处于出售初级产品阶段,缺乏更多的深加工企业。发达的农产品加工业,是现代农业的重要标志,也是增强农业竞争力的基本手段。产品附加值不高,还不足以支撑起农牧业发展和促进县域经济发展。

3. 农牧业发展过程中存在的问题

(1)农牧业生产环境条件制约因素多,生产稳定性差。 自然灾害频繁,影响农牧业生产的稳定性。西藏是我国冰雹最多的地区,藏南农区平均年发生6~12次,给农作物带来毁灭性的灾害;干旱是西藏农业最常见的灾害,冬、春、初夏连续干旱长达156~228天,影响农作物的正常播种和生长;低温霜冻在海拔4100~4300米的半农半牧区时有发生,影响农作物的正常成熟;雪灾给牧区牲畜带来毁灭性的灾难;牧区高寒类型草地自然条件严酷,冬季漫长,牧草生长期仅3~5个月,枯草期长达7~9个月,草畜矛盾突出,严重影响畜牧业发展。

草场灌溉、围栏、"三灭"等草原基础建设严重滞后于畜牧业的发展,草场建设投入少。长期靠天养畜,草原生产力下降,草畜矛盾突出。草原生态系统整体退化是西藏草原生态环境面临的重要问题,因为草地资源退化将造成草地季节性生产与牲畜的均衡需求严重失衡。据有关部门测算,全区冷季草原超载近2000万个绵羊单位,冷季严重超载过牧,导致草原大面积退化、沙化,据初步调查退化草原面积,已占到草原总面积的14%,且退化仍在继续中。草原鼠、虫害猖獗,鼠、虫害破坏了原本脆弱的草地资源,招致毒草蔓延,进一步破坏草场。草地资源退化,给草原畜牧业、牧区经济和社会发展带来重大影响。

西藏农田有效灌溉面积占耕地总面积的65.4%,比重不低,但灌溉设施配套差,灌溉水有效利用系数低,旱涝保收面积只占耕地总面积的35.8%,占有效灌溉面积的54%;中、低产田比重大,改造任务重。

(2)农产品市场开拓制约因素多,农产品商品率没有得到有效提高。 传统的生活、生产观念严重制约市场发育。农牧民受长期传统观念的影响,商品意识淡薄,极度缺乏市场经济观念,惜杀、惜售,所带来的牧区特有的"多畜贫困户"现象并不鲜见。牧民思想上追求的是牲畜存栏头数,而不是出栏数量。

交通不便,严重制约了商品的流通。西藏地域广阔,人口居住分散,即便通公路到乡、村,连接到农户、牧户也十分困难。加上人口稀少,在乡村一级很难建设正规的农牧产品市场。在相对封闭、落后的农牧生产方式下,农牧民的生产以自给自足为基本目标,所能提供的农牧产品商品量有限,建设交易市场,农牧产品流通量也有限。

西藏2000年基本实现了粮油肉自给,农牧民的基本生活有了保障。但是,这只是一种解决了温饱的低水平的生活保障,农牧产品的商品率还相当低。据估算,目前西藏粮食的商品率在10%以下,牛、猪和羊的出栏率分别在20%、50%和30%左右,牲畜综合商品率只有10~15%,所有这些指标都大大低于全国平均水平,也明显低于与之相邻的青海省。过低的牲畜出栏率和商品率,不仅直接影响到牲畜业自身的发展,同时也本来脆弱的生态环境增加了压力。

(3)农业结构调整空间难以开拓,农业产业链短。青藏高原数千年来农牧区产业结构极其单一,农业主要体现在种植业和畜牧业发展上。在大农业内部,西藏已经形成了农林牧相结合的生产结构,这一结构符合生态学与经济学规律,为西藏农林牧业发展奠定了良好的结构基础。在西藏可能有纯粹的牧区,但没有纯粹的农区,一般农区都是种植业与畜牧业相结合。在有林的地区,又主要采取农林牧相结合的方式。高原耕地主要分布于河谷、山麓斜坡、冲积扇和湖泊平原地区,大部分耕地由草甸开垦而来,有机质含量低。即使有少数腐殖质较多的土地,也因气温低微生物繁殖慢、数量少、分解缓慢,而难以被农作物吸收。由于肥力不足,土壤质地差,大部分土地一年只能收获一季。高寒缺氧和无霜期短,对西藏农业发展构成了巨大的障碍,也决定了西藏种植业内部结构调整的空间很小。西藏畜牧主要为草原畜牧,牲畜以当地原有的畜种为主,以草食家畜为主。受草场和牲畜品种的局限,畜牧业内部结构的选择方向十分有限。

西藏现有农产品加工环节薄弱,多数农牧产品处于出售原料阶段。除部分藏药材得到深加工外,西藏的特色农牧产品如牦牛、羊毛、青稞等等,多未能进入深加工阶段。发达的农产品加工业,是现代农业的重要标志,也是增强农业竞争力的基本手段。现代农业的竞争不仅取决于初级农产品的质量,更取决于整个产业链条、整个生产体系的发达程度。没有农业产业链的延长以及产品在各个生产环节的多次增值,农业经济效益就难以从根本上提高。

(4)农业生产与交易成本居高难下,农业技术推广体系有待加强。西藏地域广阔,人口居住高度分散,交通不便,众多乡村不通公路,严重制约着农产品和农业生产资料的流通。加上人口稀少,在乡村甚至县城都很建设成正规的农牧产品和农业生产资料交易市场。而西藏本区的农业投入品生产加工能力十分薄弱,几乎全部需要从区外调入。这样,仅运输成本一项就使得西藏的农产品生产与交易成本格外的高,难以与区外市场进行有效竞争。

全区农技推广体系头重脚轻,基层薄弱。各级推广部门的状况差异明显,自上而下实力逐级减弱。整体看,少数地级农技推广部门条件差,多数县级农技推广部门条件更差。全区350个农业乡镇和85个半农半牧乡镇中,只有9个农技站(所)。地、县级各农业技术推广部门人员技术素质差,专业科技人员少,高学历高层次的技术人员更少。畜牧系统在基层工作的900多名赤脚兽医人员,至今没有落实待遇问题,基层畜牧兽医队伍在不断萎缩,严重青黄不接。

(三)农牧区居民生活状况

西藏农牧民生活水平最直观、最明显的变化之一就是一幢幢具有民族特色的安居房拔地而起。"安居工程"使农牧民居住条件得到了很大改观,不仅增加了居住面积,而且房屋结构也由原来的土木结构逐步转变为石木、砖木和钢筋混凝土结构。到2008年底,全区已有20多万户、近百万农牧民享受到了"安居工程"带来的宽敞、明亮、舒适的住房。

1. 农牧区居民的收入现状

改革开放以来,为减轻农牧民生产负担,提高农牧民生活水平,国家制定了一系列特殊优惠政策,1984年中央第二次西藏工作座谈会决定对西藏农牧民免除全部农牧业税收。近年来,国家出台了粮食直补、购置农机具补贴、良种补贴等多项支农惠农政策,使农牧民获得了多项政策性现金收入。目前,全区农牧民从财政转移性支出中获得收入的有30余项,农牧民不仅从财政转移性支出中粮食直补、购置农机具补贴等直接获得现金收入,而且从财政对农牧民生产领域中的化肥等补贴中享受间接收益。如图10所示,西藏农村居民家庭人均纯收入1978年的175元上升到2008年的3176元,2008

图7　　　1978~2008年西藏农牧民人均纯收入增长情况

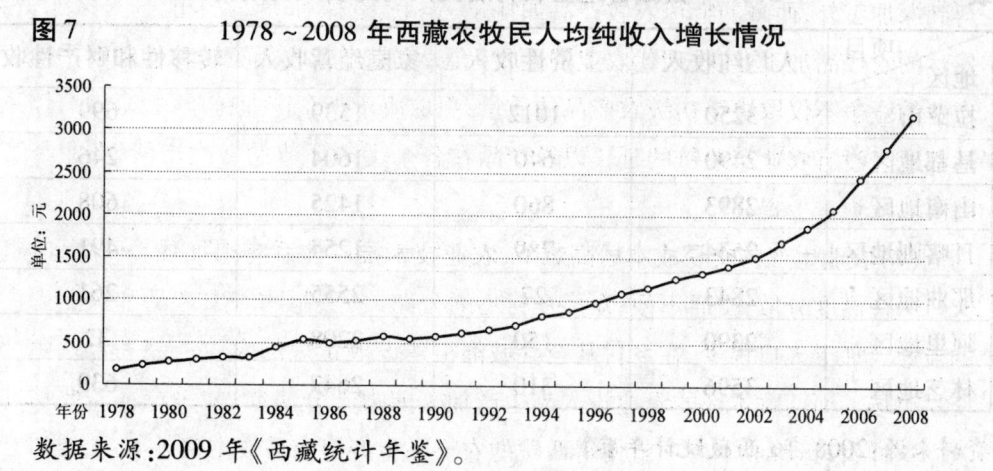

数据来源:2009年《西藏统计年鉴》。

年全区农牧民人均纯收入比上年增加 388 元,增长了 14%,农牧民人均纯收入增加额也是 2000 年以来最多的一年。

从表 6 可以看出,西藏农牧民家庭总收入主要来源于家庭经营和劳务收入,其他收入来源所占比重很小。2008 年农户家庭平均每人总收入为 4004 元,西藏农牧民家庭总收入主要来源于家庭经营收入和外出劳务收入,在人均家庭收入中所占的比重分别为 69.8% 和 17.5%,两项收入合计占西藏农牧民家庭人均总收入的 87.3%。

表6 　　　　　　　西藏农牧民家庭平均每人总收入　　　　　　　单位:元

年份 项目	1990	1995	2000	2005	2006	2007	2008
家庭人均总收入	623	1501	1727	2813	3141	3598	4004
家庭经营收入	580	1313	1316	1992	2202	2538	2796
工资性收入	1	79	232	549	568	612	701
转移性和财产性收入	42	109	179	272	371	448	507

资料来源:2009 年《西藏统计年鉴》。

从收入的来源结构看,1990~2008 年,农牧区居民工资性收入从 1 元增加到 701 元,是农牧民收入中增长最快的部分,占家庭人均总收入的比重由 0.2% 增长到了 17.5%;家庭经营纯收入由 580 元增加到 2796 元,是增长最慢的部分,占农牧区居民家庭人均总收入的比重由 93.1% 下降到了 69.8%;财产性和转移性收入由 42 元增加到 507 元,占家庭人均总收入的比重由 6.7% 增长到了 12.7%。

表7 　　　　　2007 年西藏各地区农村居民人均纯收入构成情况　　　　　单位:元

项目 地区	人均纯收入	工资性收入	家庭经营收入	转移性和财产性收入
拉萨市	3250	1012	1539	699
昌都地区	2490	640	1604	246
山南地区	2893	860	1425	608
日喀则地区	2534	789	1254	491
那曲地区	2843	27	2555	261
阿里地区	2390	150	2208	32
林芝地区	3596	310	2647	639

资料来源:2008 年《西藏统计年鉴》。

西藏不同地区农村居民人均纯收入存在较大差异。从表7可以看出,林芝地区的农牧民人均纯收入远远高出除拉萨市以外的其它地区。2007年林芝地区农村居民家庭经营收入已经达到2647元,是日喀则地区的2.1倍。虽然在构成农村居民家庭的各项收入中,家庭经营收入均是各地区收入构成中最重要的一项,但在工资性收入方面,拉萨市明显要高于其它地区。可见,西藏各地的资源禀赋对当地农村居民的收入起到关键性影响。

2. 农牧区居民的生活消费支出

随着经济的发展、社会的进步和文化的交流,西藏农村居民的生活方式与消费习惯和消费结构都发生了很大的变化。农村居民家庭恩格尔系数持续下降,反映了农牧民生活水平在不断提高,标志着农牧民消费结构和生活质量的改善。同时,伴随着农牧民消费水平的提高,消费结构进一步改善,在满足了基本生活消费后,逐步向享受型和发展型消费转变。

(1)食物消费仍是生活消费支出的主要组成部分。在我国农村,一般人均日摄取热量达到2100大卡就能解决温饱问题,而西藏农村居民对同等食物的需求量要比全国平均水平高出700～1100大卡。同时,西藏的物价水平一直远高于全国平均水平,同等价值量的食品较全国平均水平少35～40%的实物量。西藏农村居民的食物消费存在着"吃的多、花的多"现象,从图8可以看到,西藏农村居民的恩格尔系数不仅高于全国水平,而且长期在50%以上。此外,农牧民住房消费支出在全部生活费支出中占据相当比重;农牧区文化娱乐设施少,服务行业不能满足农牧民的需要;加之交通等原因,农

图8　　　　　1991～2008年西藏农牧区居民恩格尔系数

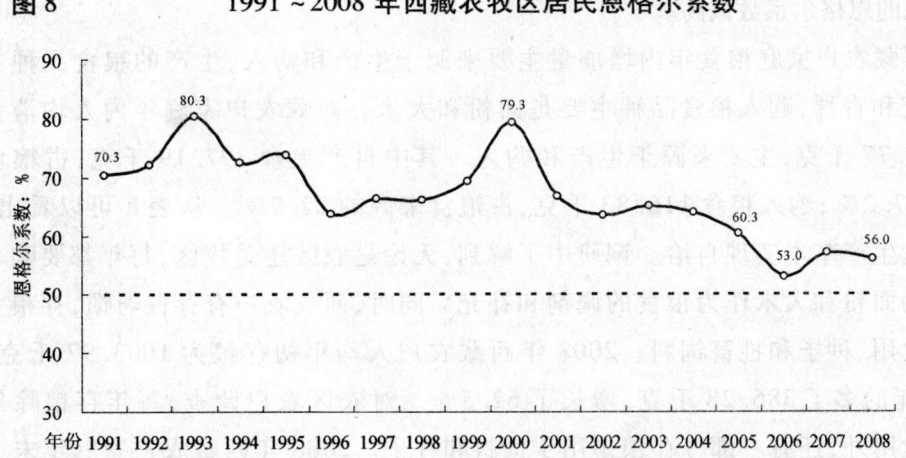

资料来源:《新中国五十五周年统计资料汇编》、2009年《西藏统计年鉴》。

表8   农村居民家庭人均粮食收支平衡情况　　　　　单位:千克

年份 项目	1990	1995	2000	2005	2007	2008
年初粮食结存	617.69	578.41	960.11	533.36	966.88	1003.97
年内粮食收入合计	516.45	553.82	680.36	454.82	503.13	514.77
家庭经营	495.59	528.95	628.89	337.43	382.88	397.19
购入	16.85	24.06	50.31	111.81	118.89	116.83
收回借出粮	0.14	0.05	0.12	0.05	0.01	
其他	3.86	0.57	1.04	5.39	1.35	0.74
年内粮食支出	379.51	390.43	411.63	414.98	409.98	392.55
主食用粮	198.03	233.14	282.66	282.32	290.61	258.58
其他生活用粮	6.46	2.85	1.24	5.05	4.71	5.32
出售	52.22	56.53	47.34	51.93	41.99	55.48
种籽	42.65	30.07	24.95	20.30	19.41	20.63
饲料	39.04	38.58	48.47	53.49	52.04	51.16
借出	0.02	0.12	0.12		0.04	0.04
归还借粮	0.07	0.02	0.17	0.02	0.01	0.04
其他	7.28	0.55	6.68	1.87	1.17	1.27
年末粮食结存	754.53	741.79	1228.84	555.63	987.58	1121.09

资料来源:2009年《西藏统计年鉴》。

牧区商业网点不足,货源少,影响了农牧民的消费。这些因素直接或间接导致了西藏农村居民的恩格尔系数偏高。

西藏农户家庭粮食年内增加量主要来源于生产和购入,生产的粮食品种主要是小麦和青稞,购入粮食品种主要是面粉和大米。西藏农户家庭年内人均消费粮食514.77千克,主要来源于生产和购入。其中自产粮食397.19千克,占粮食来源的77.2%;购入粮食116.83千克,占粮食来源的22.7%。从表8可以看出,我区粮食生产基本实现自给。调研中了解到,无论是农区还是牧区,每年都要购入一定量的面粉和大米作为粮食的调剂和补充。同时,西藏农户有存粮习惯,存粮主要用于食用、种子和牲畜饲料。2008年西藏农户人均年初存粮为1003.97千克,比1990年的多了386.28千克,增长了62.5%。对农区农户调查,每年存粮除部分用于食用外,还有一部分存粮是用于饲料和种子。2008年西藏农户家庭年末人均存粮1121.09千克,其中用于口粮的263.9千克,用于饲料51.16千克,用于种子

20.63千克,分别占年内粮食支出量的67.2%、13.0%和5.3%。农户每年有部分余粮销售,销售粮食55.48千克,占当年人均粮食产量397.19千克的14.0%,占当年粮食总量1518.74千克的3.7%。

西藏农户每年粮食支出主要是用于食用和饲料,食用粮食仍以青稞为主。据相关部门介绍,西藏农牧民每年消费粮食89689.1万千克,其中自产粮食78080.9万千克,销售粮食10877.5万千克,购入粮食23032万千克,净购入粮食12154.5万千克。净购入粮食主要来自内地,以面粉和大米为主。从饮食消费情况来看,肉、禽、蛋、食糖等副食品消费量逐年增加,在食品消费支出中的比重逐年上升。食物消费在全部消费支出中的比例有所下降,动物性食物及水果、蔬菜的消费有所增加,饮食消费呈现多元化。

(2)居住消费是生活消费支出的重要部分。宽敞舒适的住房一直是安居工程的建设目标,也是生活质量改善的重要标志。2006年以来,西藏农牧区最显著、最直观的变化之一就是广大农牧民的住房条件得到明显改善,房屋质量明显提高,一系列配套设施逐步趋向现代化。2008年全区农牧民人均住房面积达到22.83平方米,人均住房面积比1990年增加了近4平方米。在住房面积、房屋价值增加的同时,农牧民的居住环境和卫生设施也得到了进一步改善。另外,新建住房大多设施齐全,注重内部装修装饰,住房舒适洁净,布置优雅美观。

随着农户经济实力的增强和消费水平的不断提高,在安居工程的直接带动下,农牧民的消费结构发生了明显变化,传统的以吃穿住为主的温饱型消费和以生存资料为主的消费倾向得以改变,呈现出生活消费多样型和向享受与发展型变化的新趋势。农牧区家庭的居住消费支出成为生活消费支出的第二大项。农牧区居民用于吃、穿的消费支出比重下降,用于居住和购买家庭设备用品的比重上升,变化最为显著的是居住的迅速增加。农村居民生活消费序列的这种变化,表明农牧民在吃穿住用方面得到极大改善后。从实地调研中了解到,在农牧区电网改造、耐用消费品价格的持续下降以及家电下乡的带动下,很多住上新房的农牧民对大件商品的消费迅速增加。近年来,西藏农村居民家庭设备更新速度明显加快,拥有的家庭财产显著增加,电冰箱、影碟机、移动电话、组合音响、摩托车等新潮耐用消费品大量进入农家,购买各种高档家用物品已成为农民生活水平显著提高的又一个重要标志。到2008年末,每百户农村居民家庭拥有彩色电视机59.73台,摩托车38.45辆,电话机58.38部。

表9　　　　　农村居民家庭平均每百户主要耐用物品拥有量

年份 项目	1990	1995	2000	2005	2007	2008
自行车(辆)	6.80	11.73	79.38	28.65	32.09	32.9
洗衣机(台)		0.13	2.29	7.03	8.58	9.12
摩托车(辆)		0.03	0.20	14.73	33.37	38.45
黑白电视机(台)	0.32	0.73	4.79	2.03	1.35	2.09
彩色电视机(台)	0.04	0.57	8.96	47.36	53.91	59.73
照相机(台)	0.04	0.03	0.83	1.55	0.68	1.08
电冰箱(台)			0.41	4.39	10.13	10.95
电话机(部)			0.20	13.04	44.66	58.38
影碟机(台)			0.41	21.08	29.59	34.79
电动自行车(辆/每百户)					0.08	0.54

资料来源:2009年《西藏统计年鉴》。

总体而言,西藏农牧民生活消费表现为:生活消费水平严重偏低,农牧民的消费水平仅相当于城镇居民的四分之一,城乡居民消费差距逐步扩大的问题;恩格尔系数过高,农牧民消费结构还不合理,食品以外的消费不足,消费升级较慢;消费是经济与社会多种因素交互作用的结果,受到市场的供给、人口的收入与消费欲望、基础设施等多种因素的影响,但农民收入是决定农牧民消费的根本因素;居住消费是近年来农牧民生活消费的第一大亮点,也是生活消费八大项中增长最快的,农牧民经济活动的区域不断扩大,对交通和通讯的依赖程度加深。

3.农牧区居民的生活条件

随着政府投入,农业生产水平的提高,农牧民的绝对收入水平提高,农牧民的生活、医疗、教育、交通等条件也得以改善。

(1)居住。农牧区居民的居住条件得到改善,全区居民的人均居住面积和居住环境得以改观。根据西藏自治区第二次全国农业普查数据显示农牧民自有住房比例明显提高,2006年,农村居民平均每户拥有住宅面积172.6平方米,98.7%的住户拥有自己的住宅,农牧民生活条件趋好。

到2008年,农牧区居民人均居住面积已达22.83平方米(见表10),与1990年相比增长了20.5%。据统计,2008年全年实际完成投资35.35亿元,其中自治区补助资金6.58亿元,援藏投入0.73亿元,农牧民自筹29.58亿元。截至2008年底,解决了

5.78万户农牧民群众的安居问题,让31.2万名农牧民搬进了安全适用的住房。同时,安排4.36亿元,完成村级组织活动场所1342个,村级道路硬化253条。

表10　　　　　　　　主要年份西藏农牧区人均居住面积　　　　　单位:平方米

年　份	1990	1995	2000	2005	2006	2007	2008
人均居住面积	18.94	20.00	23.16	19.55	20.90	21.65	22.83

(2)**饮水、通电**。2008年解决农村饮水安全人口25.78万人,农牧民安居工程基本实现户户通水;农村用电覆盖范围不断扩大。同时,"送电到乡"建设任务基本完成,三期农网进展顺利,开始实施无电人口电力延伸工程,地区电力规划加快实施,全年新增和改善网外农牧区用电人口5万人,完成发电任务4.13亿千瓦时,达到了年初预定目标,10.39万人用上电。

(3)**道路、能源**。至2008年,全区682个乡镇、5261个建制村中有649个乡镇、4009个建制村通了公路,通达率分别达到95.2%和76.2%。农村公路建设持续推进。落实和安排农村公路建设资金14.05亿元,其中2007年60个续建项目投资1.78亿元,2007年下半年追加投资4.45亿元,安排项目86个,2008年投资7.82亿元,安排项目198个。至2008年,完成投资12.48亿元,项目完工316个,解决了32个乡镇、423个建制村的通公路问题。目前,还有28个县不通油路,33个乡镇、1252个建制村不通公路,公路建设还需进一步加快。

中央代表团赠送西藏的39.5万台太阳能灶正在逐步到位。全面推进农村沼气建设,大力推行了"一池三改一棚"技术模式,加快推行农村户用沼气建设。落实资金近1亿元,完成了3.4万户沼气建设和101个沼气服务网点建设。2008年完成1.8万户沼气建设,占任务的60%。剩余部分将在2009年8月份之前完成,农村沼气建设进度加快。

(4)**农牧区教育**。2008年,新增教育经费主要用于支持农村中小学教育事业发展,特别是义务教育发展,提高了义务教育保障水平。全区义务教育实行了免费教育,免收学杂费,免费提供教科书和定量作业本。对农村接受义务教育的农牧民子女住校生实行"三包"政策。2008年"三包"经费支出3.61亿元,惠及26.4万名农牧区住校生。2008年中小学"三包"经费标准为:小学年生均1200元,初中年生均1350元,边境县乡学生在此标准基础上年人均增加100元。"两免"、"三包"政策的实施,有力地调动了农牧民群众送子女上学的积极性,极大地促进了农村义务教育的普及。同时,对普通高中农牧民子女住校生和接受中等职业教育的农牧民子女实行助学金制度,普通高中学生助学金标准为年生均900元,中等职业学校学生助学金标准为年生均1500元。建立健全贫困学生资助政策和绿色通道,加大了对贫困学生就学的资助力度,使家庭经济困难学生都能上得起学、上得好学。

(5) 农牧区医疗卫生。 以免费医疗为基础的农牧区医疗制度已惠及全体农牧民,免费医疗标准提高到年人均140元。基金管理配套政策进一步完善,制度运行更加规范,管理水平不断提高,受益程度进一步深入,报销补偿办法更加便捷,农牧民群众得到更多实惠。2008年,全区参加个人筹资的农牧民总数为220.42万人,占全区农牧民总数的93.37%,大病统筹基金报销94762人次,补偿金额12299.3万元,家庭医疗账户基金报销补偿3474609人次,补偿金额9549.9万元。全面推进"十一五"农牧区卫生基础设施建设项目,进一步改善卫生基础设施条件。2008年自治区下达农牧区卫生基本建设项目190个,建设20个县藏医院,2个县卫生服务中心,5个县疾控中心,93个乡镇卫生院和改造70个县医院附属设施,总投资达1.38亿元。同时,公开招录乡镇医护人员513人,经过培训已充实到7地(市)的乡镇卫生院。选派自治区医疗卫生机构的52名专业技术人员到基层卫生机构开展工作。

4. 农牧民增收困难仍然突出

近年来,随着党和政府各项惠农政策的相继出台,农牧民收入较以往已经有了明显增加,但也存在一些问题和困难,主要有这么几方面:

(1)相对单一的收入渠道严重制约了农牧民增收的步伐。 调查显示,农牧民收入主要源自农牧业生产、外出打短工等渠道,源于农牧业生产的收入在农牧民收入构成中的比重呈下降趋势,劳务收入在不断增加。在一些基建项目上,当地政府要求施工方使用本地劳动力,对当地富余劳动力进行转移,增加农牧民收入的渠道。日喀则地区2008年农牧民富余劳动力转移34.6万人次,务工收入约5.5亿元,相当部分农民工在藏北地区从事建筑、鞣皮等工种。在虫草资源较丰富的那曲地区东三县,虫草收入基本就是牧民的收入重要来源,特别是现金收入,而虫草价格和市场交易不规范是影响牧民收入的重要因素。

(2)广大农牧民受文化程度、生产技能、生活习惯等条件制约,不仅严重阻碍了农牧业增效的步伐,而且对农牧民拓宽收入渠道、增加收入来源构成障碍。 在调研中我们走访了几户游牧定居点的牧户,这些牧民面临的最大挑战是——由游牧到定居的转型。走访中了解到,"如何尽快适应定居生活"等问题,成为摆在当地政府和定居牧户面前的重大难题。这些牧户面临的困难非常多、需要政府出面解决的事情非常多：搬到定居点后，饮食起居等诸多日常生活习惯发生了重大变化，长期养成的生活习惯在短时间内无法改变；新的就业渠道有限，特别是牧民群众缺乏新的就业技能，新增收入来源至少在短时间内无从谈起。对于长年游牧的牧民群众来说，帮助他们实现从游牧到定居的转变，让他们熟悉定居生活是一项长期的工作任务。

（3）西藏主要农产品已由过去的总量绝对不足转变为总量基本平衡，告别了短缺时代。这说明农牧民已不可能像以往那样从增加农产品供给中获得更多的利益。粮食等大宗农畜产品通过提价来增加农民收入的可能性已很小，农产品生产成本偏高，难以在市场竞争中取得优势。在调研中发现，在部分畜牧业发达地区"以草定畜"、"短期育肥"等出栏过程中，受制于交通运输、冷冻保存等客观条件，屠宰集中，大量生鲜肉销售困难，给农牧民造成一定的经济损失，影响了农牧民的积极性。在藏北生态保护区还存在着保护野生动物与野生动物危害牲畜安全等问题。

（四）农牧区工作的主要成就

1. 农牧业和农牧区基础条件明显改善

国家对西藏的农牧业基础设施建设给予了大力支持，全区坚持发扬自力更生、艰苦奋斗的优良传统，广泛组织动员农牧民开展群众性的农田水利基本建设活动。到目前，先后在30个县实施了商品粮基地建设，在29个县实施了畜产品基地、防抗灾基地和牲畜良种繁育基地建设，在15个县实施了牧区开发示范工程，在27个县实施了农业综合开发工程，在18个县实施了扶贫开发工程。第四次西藏工作座谈会后，在中央的关心和支持下，在19个县实施了牧区草原建设与游牧民定居工程，在30个县实施了天然草地保护与建设项目，在30个县实施了动物疫病防疫体系建设项目，在10个县实施了优质青稞基地建设项目，投资实施了日喀则市种猪场、西藏薯类脱毒中心等8个农业良种体系建设项目，实施了日喀则地区蝗虫应急中心、自治区农业中心综合项目等9个农业技术推广体系建设项目。实施自治区生物药品制造厂药品生产质量管理规范（GMP）技术改造项目，实施畜禽良种繁育体系建设，实施天然草地建设与保护（二期）工程。

农牧业和农牧区基础设施建设项目的实施，极大地改善了生产条件，增强了发展后劲，在农牧业增产增效中发挥了重大的作用。商品粮基地县建设项目，坚持以大面积的实用技术推广应用为重点，狠抓粮油生产能力的提高，使粮油平均单产高于全区平均水平近15个百分点，基地县粮油生产份额和增产份额分别占全区粮油生产总量和增产总量的75%，为顺利实现全区粮油基本自给目标做出了重要贡献。牧区开发示范工程的实施,极大地改善了项目区畜牧业生产条件,缓解了草畜矛盾,加快了畜牧业科技推广步伐,增强了畜牧业防灾抗灾和可持续发展能力,项目区农村经济总收入、牧民人均纯收入均比建设前提高了60%以上。藏西北白绒山羊基地建设的实施,促进了绒山羊这一特色优势产业的开发,项目区白绒山羊数量比建设前增长了近80%,农牧民人均纯收入中的80%来自于绒山羊产业。农业综合开发项目的实施,使项目区基本形成了"田成方、林成网、路相通、渠相连,各种交叉建筑物配套齐全"的新格局。

2. 农牧业科技发展迅速

西藏农牧业依靠科技从原始状态向现代生产经营方式迈进;小型农机具的推广使西藏农村原始的木犁等生产工具基本被取代;冬小麦的大面积推广,给西藏的种植业生产带来深刻的变化;农牧业综合技术推广应用的兴起,进一步推进了农牧业经济的发展。进入20世纪90年代以来,全区农牧业坚持以良种推广应用为龙头,突出实施了种子工程、农机化工程、沃土工程、肉食工程、乳品工程等农牧业科技项目,引导实用技术推广应用向深度和广度发展,高效日光温室种植蔬菜、地膜覆盖、旱作农业、种子精选包衣、复种套种、秸秆微贮、冻配改良等一批先进的农牧业科技成果在生产中得到应用,大面积推行了丰产方、模式化栽培等新的科技推广方式,各项技术措施的有机结合和综合配套应用水平不断提高,行政领导、科技人员和乡村干部三结合的科技承包活动应运而生,使科技的综合增产增效作用得到较好发挥。到2008年,全区农牧业科技贡献率达30%以上。

以加强种子"三田"(原种田、一级种子田、二级种子田)建设,提高种子"三率"(良种繁育率、精选包衣率、统一供种率)为核心的种子工程建设成效喜人,新的"125"良种繁育体系得到全面建立,种子生产的规范化、科学化水平不断提高。种子工程的实施,使全区粮食平均亩产增加20～30千克,以良种推广为龙头,各种实用技术在西藏农区广泛生根开花,有力地确保了全区种植业生产连年夺得丰收。

坚持走国家引导扶持、农民自主办机械化的路子,使农机化工程发展步伐明显加快,开始呈现从河谷农区向高寒农区发展、从农业机具向畜牧业及农畜产品加工机具发展的态势。农机化工程的实施,切实提高了种植业耕、播、收质量,起到良好的节本增效作用,同时,加快了传统农业向现代化农业的转变过程,促进了农牧区剩余劳动力的转移。

坚持以杂交改良与本品种选育并重,畜种改良和选育工作取得重大进展。以畜种改良成果为依托,畜牧业规模化经营水平提高,各种类型的养殖示范村、专业户、重点户不断涌现,全区各类养殖重点户(专业户、示范户)达4.8万余户。

动物疫病防治成效显著。坚持以"预防为主、防治结合"的防疫工作方针,成功消灭了牛瘟、牛肺疫、马鼻疽等疫病,牲畜布病防治全区达到了稳定控制区标准,牛出败、肉毒梭菌中毒症、牛气肿疽、破伤风等十多种动物烈性传染病疫情得到有效控制。动物检疫工作由原来的单纯运输检疫扩展到产地、屠宰、运输和农贸市场四大环节,防疫监督工作从无到有、从小到大迅速发展,有力地确保了畜牧业的持续、快速、健康发展。

农牧业科技服务体系日益健全,区、地、县三级农牧技术推广站得到全面建设,工作条件大大改善,一支以藏族为主体的科技干部队伍逐步发展壮大。农牧民科技文化素质普遍提高,全区年培训农牧民和基层干部、科技人员总数达30万人次以上,跨世纪青年农民科技培训工程、"绿色证书"工程、农牧民学历教育等实施力度加大,培训层次提高。农牧民培训工作开始实现从简单实用技术培训向系统技术培训深化、从种养技术培训向种养加工技术培训延伸、从单一生产技术培训向综合技能培训拓展,较好地提高了培训层次和生产效益。

3. 乡镇企业、多种经营蓬勃发展

全区在原来社队企业的基础上,坚持"合理规划,正确引导,大力支持,多种驱动"的方针和乡办、村办、联户办、户办四轮驱动的原则,大力发展乡镇企业,因地制宜,发挥资源优势,重点发展农畜特产品加工业、建材工业、支农工业和劳动密集型产业,积极发展第三产业,引导乡镇企业向能源有保证、交通便利、经济活跃的城镇集中,使乡镇企业的经济总量快速增长,经济效益、质量同步提高。全区乡镇企业以采集业、家庭副业、民族手工业、劳务输出为主要内容的多种经营加快发展,有效增加了群众收入。特别是中央实施西部大开发战略以来,全区各级党委和政府高度重视劳务输出工作,抓住基础设施建设力度加大的有利机遇,采取有效措施,提高劳务输出的组织化水平,增强基本建设吸纳农牧区剩余劳动力的能力,为群众劳务输出工作广开绿灯、提供方便,呈现出一批劳动大军走南闯北,投身建设,增收致富的可喜局面。到2008年,全区多种经营总收入达34亿元。劳务输出继续成为农牧民收入的主要增长点。全区劳务输出总人数达80万人次,劳务收入达11亿元,占多种经营总收入的32.4%左右。

4. 农牧区经济结构调整取得实质性进展

2000年以来,随着粮油肉基本自给目标的顺利实现,全区农牧业和农牧区工作步入了新的发展阶段。自治区党委、政府审时度势,及时把"三农"工作的重心由增产向增收转移,提出了经济结构战略性调整的新的工作目标和要求。几年来,一是在保护和稳定粮食生产能力的基础上,积极推进种植业结构调整,调减低产劣质品种种植面积,增加高产优质品种种植面积,加大经济作物和饲草料作物种植力度。2008年全区粮经饲作物种植比例由2000年的87：11：2调整到68：20：12。二是积极培植畜牧产业,狠抓白绒山羊、牦牛产业开发和猪禽奶牛生产、牲畜短期育肥等工作,已初步形成以阿里日土、那曲尼玛县为中心的白绒山羊经济带,以昌都、那曲为主的牦牛产业带,以"一江两河"地区为主的奶牛产业带,以城郊为主的猪禽产业带。三是坚持'谁有能力扶持谁、谁当龙头扶持谁、谁有愿望扶持谁'的原则,大力扶持培育农业产业化龙头企业。2008年,自治区级龙头企业产值12亿元,同比增长14.3%,各级龙头企业完成订单金额达1.36亿元,固定合同农户5000余户。四是调整农牧区产业结构,稳定发展第一产业,加快发展二三产业。农村社会总产值快速增长。五是调整农牧民就业结构,引导一部分劳动力从耕地、草场上转移出来,务工经商,开辟新的生产经营领域,从事二三产业,为从根本上解决农牧民增收问题奠定了良好的基础。全区农牧区劳动力中,从事工业、建筑业、运输业、贸易餐饮业及其他非农产业的人数占劳动力总数的17%左右。

5. 农牧民收入不断增加,生活水平日益改善

全区始终坚持把增加农牧民收入、提高农牧民生活水平作为农牧业、农牧区工作的根本出发点和落脚点,尤其是进入新世纪以后,自治区党委和人民政府明确提出,千方百计增加农牧民收入尤其是现金收入,是当前和今后一个时期农牧区工作的中心任务,有力地统一了各级、各部门和广大干部群众的思想,一切计划围绕增收制定,一切工作围绕增收展开,促进了农牧民收入的较快增长。农牧民现金收入所占的比例大幅度提高,多元化的增收渠道开始呈现。特别是农区畜牧业和特色产业的发展,农畜产品加工业的起步,商品率的提高,促进了农牧民家庭经营收入的增加;劳务输出力度的加大,基本建设动用当地民工数量的增加,促进了农牧民劳务收入的增加;虫草、松茸、中药材等林下资源采集量的增长和价格的稳定、销售的畅通,旅游业与农牧民增收之间联系的日益紧密,促进了群众采集业和旅游业收入的增加。

农牧民生活显著改善。摩托车、电视机、收录机、洗衣机、照相机、电话等高档现代家居用品开始走进农家牧户。农牧民住房条件不断改善,2008年全区农村平均每人住房面积达22.83平方米,农牧区长期存在的人畜混居问题得到有效解决,农区家庭住房普遍实现楼房化、玻璃化、园林化,牧区逐水草而居的传统游牧方式得到明显转变,全区牧民定居、半定居率达90%以上。

扶贫攻坚成效显著。西藏经过30年的农村反贫困工作,成功的解决了80万农牧

区居民的温饱问题。1994年农牧区尚未解决温饱问题的贫困人口由48万人减少到2000年的7万人,农村贫困发生率降至5%以下,农村贫困标准也由1978年的人均100元上升到2001年的1300元。进入新时期以来,贫困人口由2001年的148万人减少到2008年的23.5万人,农村贫困发生率降至10.58%(见图9)。

图9　　　　1978~2008年西藏农村贫困发生率变化

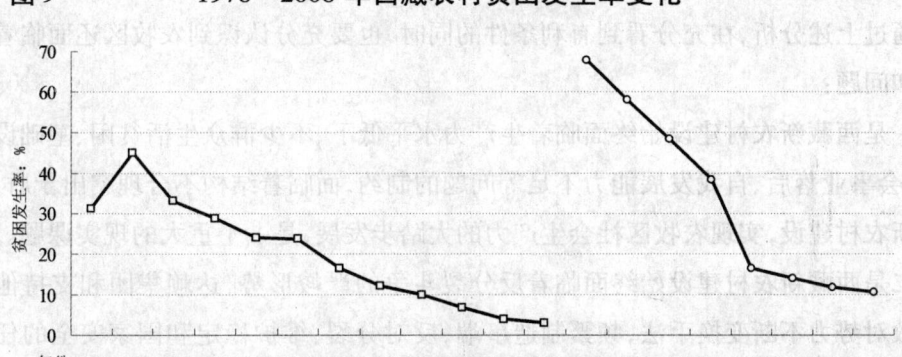

资料来源:根据相关出版物及历年《中国西藏发展报告》整理计算得。

按照中央"把西藏作为一个特殊的集中连片的贫困地区加以扶持"的政策,西藏为确定重点扶持对象测算出1300元的贫困标准,该标准是2001年全区农牧民人均纯收入的92.6%、国家贫困标准的2倍,把人均纯收入低于1300元的34个县、393个乡镇作为重点扶持区域,148万人口作为重点扶持对象。新的贫困标准客观地评估了西藏农牧区现状。在扶贫开发过程中,坚持社会全面发展观和可持续发展观,坚持开发式扶贫方针,根据新形势和贫困地区发展实际,在坚持以往成功经验和做法基础上,加快扶贫开发工作的制度、技术和组织创新。按照工作到村、扶贫到户的原则,加大科技扶贫力度,积极开展群众参与式扶贫。扶贫开发围绕增加群众收入,开展建设基础设施、开发特色产品、培训农村劳动力和建设扶贫点等工作。扶贫开发使西藏新农村建设实现两条腿走路,一条是以安居工程为突破口的新农牧区建设,一条是以扶贫开发为内容的农牧区协调发展。

6. 农牧区社会事业全面发展

自治区党委和人民政府始终坚持农牧区经济发展、社会进步和局势稳定统筹部署、统一安排,遵循"一个中心、两件大事、三个确保"的新时期西藏工作指导方针,在坚持以经济建设为中心不动摇的前提下,开创了农牧区社会事业发展的新局面。实施"科教兴藏"战略,农牧区教育事业快速发展。到2008年,小学学龄儿童入学率达到

98.2%,全区15周岁以上人口人均受教育年限达到6.3年。农牧区交通条件明显改善,95.2%的乡镇和76.2%的行政村通了公路。农牧区卫生事业取得长足进步,大多数农牧民得到了基本医疗保健服务。农牧区文化不断发展和繁荣,文化设施建设得到加强,广播人口和电视人口覆盖率分别达到88.81%和89.94%。科技、文化、卫生"三下乡"活动常抓不懈,有效丰富了农牧民群众的精神文化生活。

通过上述分析,在充分看到有利条件的同时,也要充分认识到农牧区还面临着许多困难和问题:

一是西藏新农村建设始终面临着生产力水平低下、不少群众生活贫困、基础设施薄弱、社会事业落后、自我发展能力不足等问题的制约,面临着结构不合理突出矛盾,如何通过新农村建设,实现农牧区社会生产力的大踏步发展,是一个重大的现实课题。

二是西藏新农村建设始终面临着反分裂斗争的严峻形势,达赖集团和支持他们的西方敌对势力不断变换手法,频繁制造事端,反对分裂、维护稳定和国家安全的任务艰巨而繁重,如何紧紧抓好农牧区发展和稳定两件大事,使农牧区的经济发展水平与社会稳定程度协调共进,是一项系统工程。

三是西藏新农村建设始终面临着传统生产生活方式根深蒂固的问题,宗教的消极影响还渗透在许多群众的日常生活中,如何提高农牧民群众的科学文化素质、生产生活方式,是一项需要加大力度而又长期的复杂工作。

四是西藏新农村建设始终面临着与全国发展水平有较大差距的压力,由于在社会历史、自然地理等方面的特殊性,西藏经济社会先天发育不足,属于全国欠发达地区。在全国绝大多数地方都实现了小康并向全面建设小康社会目标迈进时,西藏才在总体上解决了温饱问题,只有部分群众过上小康生活;在绝大多数地方都向新型工业化道路迈进时,西藏还在为改造传统农牧业、推进工业化的起步而奋斗。如何实现农牧民人均纯收入进入全国中等行列、2020年同全国一道实现全面建设小康社会的目标,西藏新农村建设的任务十分艰巨。

三、西藏社会主义新农村建设的基本要求

新农村建设的"二十字方针"——"生产发展、生活宽裕、乡风文明、村容整洁、管理民主"。它内涵丰富,涉及农村政治、经济、文化、社会管理各方面,这是中央关于建设社会主义新农村的总体目标规定。也就是说,全国各地的新农村建设的具体进程不论如何推进,最终的结果都是要实现这个总体目标,建设的成果要与这20个字的具体要

求相吻合。

显而易见的是,建设社会主义新农村的总体目标,不是可以用单一指标来衡量和检验的,准确地说这是一个目标系。"二十字方针"的这五句话,实际上就是构成总目标系的五个子系统。每一个目标子系有不同的内涵和不同的关注重点,同时它们相互之间又是一个有机联系的整体,评价新农村建设的具体成果时缺一不可。那么,我们就必须首先要对这五个方面具体要求的基本内涵有一个较为准确的理解和把握,只有理解和把握住了对全国各地新农村建设一致要求的发展目标的基本内涵,才能够具体结合西藏的区情实际、西藏农村发展的现实基础讨论西藏新农村建设的目标体系。

(一)西藏社会主义新农村建设的目标体系

1.农牧区经济发展的目标

建设社会主义新农村是我国现代化进程中的重大历史任务,是一项宏大的社会系统工程。在扎实推进西藏社会主义新农村建设过程中,必须坚持以发展农村经济为中心,进一步解放和发展农牧区生产力,才能实现农牧民人均纯收入进入全国中等水平这一目标。由于西藏仍处于工业化初期向工业化中期过渡阶段,工业反哺农业的能力较弱,新农村建设应以发展农村经济、增加农民收入为首要任务。发展农村经济既要讲投入,也要讲产出。投入是产出的必要条件,产出则是衡量投入的效果的指标。

(1)农牧区投入。农牧区投入主要从六个方面来体现:一是,科技是第一生产力,要壮大农村产业和增强农村经济实力,关键要靠科技,力求到2020年达到"每万人拥有农业科技人员数"40人,大幅度提高农业科技服务的能力和水平。二是,农业机械化是农业现代化的一个重要内容,用机械代替劳动,把农村劳动力从繁重的农业劳动解放出来是广大农牧民的根本愿望,通过新农村建设,要使"单位面积农机总动力数"达到20千瓦/公顷。三是,水利是农业的命脉,农业只有实现了水利化才可以抗击旱灾和保障产量,通过新农村建设,要使"有效灌溉率"达到60%以上。四是,尽管化肥的施用量不是越高越好,但目前化肥仍然是提高粮食单产的重要方法,因此要把"单位耕地面积有效化肥施用量"提高到一个比较科学的水平375千克/公顷。五是,由于传统的农业生产对淡水的消耗量非常大,把农业灌溉用水有效利用系数提高10%以上,因此力求把"万元农业GDP用水量"降到1500方以下。六是,由于小农户面对大市场的困难,为了反映农民的组织化程度和更好地适应市场,希望通过农牧民专业合作组织提高农牧民参与市场经济的组织化程度,力求到2020年"农牧民加入专业合作社比率"达到70%。

(2)农业产出。农业产出主要从三个方面来体现。具体地说,一是,要提高劳动力的第一产业生产效率和加强农牧区剩余动力转移,使"劳动生产率"达到16000元/人。二是,由于耕地的稀缺性,一定要提高土地的节约和集约利用的程度和加强粮食安全的保障能力,要使得"土地生产率"达到30000元/公顷。三是,生产发展的过程就是农业生产不断专业化、不断加工增值的过程,因此要提高"农产品加工转化率",达到50%以上。

2. 农牧民新生活

由于党和国家政府坚持科学发展观和"以人为本"的发展理念,农牧民生活水平的提高和改善是农牧区经济发展的根本目的。没有生活质量改善的农村经济发展不是真正的经济发展。但没有农村经济的发展,农牧民生活的改善将没有物质保障。从农牧民收入与农牧民生活质量两个方面来界定和衡量的农牧民生活的新改善。

(1)农牧民收入。农牧民收入方面包括三项内容:一是,大力提高"农牧民人均纯收入"水平。二是,由于提高农牧民收入的一个主要途径就是增加非农收入,因此要增加"非农收入比例",达到60%以上。三是,由于新农村建设的最显著特点就是工业反哺农业和城镇带动农村,因此新农村建设要不断缩小城乡收入差别,使得"城乡居民收入比"降到2以下。

(2)农牧民生活质量。"农牧民生活质量"的改善包括四项内容:一是,要提高食物消费和改善消费结构。根据恩格尔定律,恩格尔系数越低,人们的消费水平越高,因此,要降低"农村恩格尔系数"到0.4以下。二是,健康和长寿是人类不懈的追求,"农村人均预期寿命"不但可以衡量农牧区居民的总体健康水平,而且也是对农牧区居民营养、医疗卫生和生态环境等因素的综合反映,因此,要在2020年把农牧区人均预期寿命提高到70岁以上;三是,居住条件是人类最基本的生存条件,钢木结构住房指砖混结构和砖木结构住房,因此要把"人均钢木结构房屋面积"提高到40平方米。四是,农牧区电话既是生产物资又是生活物资,可以方便农牧民迅速地获取各种生产和生活信息,从而提高劳动生产率和生活质量,要使得农牧区电话普及率达到60%以上。

3. 村容村貌有新变化

社会主义新农村建设工作的最直观的体现就是改变农村脏乱差的落后面貌,扎实推进村庄建设和人居环境治理,加强基础设施建设,改善农牧民生产生活条件。逐步完善农牧区基础设施,主要从村庄基础设施和农牧区生态环境两个大的方面进行建设。

(1)村庄基础设施。村庄基础设施包括五项建设内容:全面进行村庄整治与规划,提高"村庄规划与整治率"到100%;建设乡村道路网络,使得"通硬化(水泥和柏油)公路行政村比率"达到30%,普通公路入社率达到50%以上;大力建设包括水电、太阳能和沼气等清洁能源,使得农户"清洁能源普及率"在60%以上;实施农村饮水工程,提高"农村饮用自来水人口比例"到80%以上。

(2)农牧区生态环境。农牧区生态环境包括三项建设内容:要不断提高"森林覆盖率"到30%以上的全面小康标准;卫生厕所比例达到80%以上;生活垃圾、农业废弃物集中和妥善处理,最终使得"农村社区环境(卫生)达标率"达75%以上。

4. 农牧区社会事业有新进步

与城镇相比,农牧区的主要差距在社会事业严重落后,大力发展社会事业,促进农牧区社会和谐。发展农牧区社会事业,主要通过农牧区文教卫体和农牧区社会保障两个方面来建设。

(1)农牧区社会事业。农牧区社会事业包括四项建设内容:一是,改善农牧民的日常文化生活、听到党和国家的声音和获取有用的农业生产信息,提高"村村通"到100%。二是,各村建立图书文化室和会议室,方便群众学习、锻炼和民主商谈,提高"建有图书文化室的村组比例"到80%以上。三是,在教育方面,既要提高普通教育水平又要提高非农职业技能培训率,分别用"高中阶段普及率"和"45岁以下非农技能培训率"来衡量,分别提高到95%和80%以上。四是,在农村卫生方面,要改善乡镇医院的基本条件,特别是要增加乡村医生人数,使"每千农业人口乡镇卫生人员数"达2人以上。

(2)农牧区社会保障。农牧区社会保障方面主要包括两项建设内容:最急需的是建立新型农村合作医疗保险和农牧区居民养老保险,使农牧区居民病有所医、防止因病致贫和因病返贫,也使农牧区居民老有所养和减轻计划生育工作的压力,提高"新型农村合作医疗保险覆盖率"和"农民养老保险覆盖率"分别达到100%。

5. 农牧区基层民主政治和文明程度有新提高

(1)农牧区基层民主政治有进展。加强农牧区民主政治建设,完善建设社会主义新农村的乡村治理机制,使得农牧区基层民主政治有新进展,主要包括三项建设内容:一是,建设好村组织村支部,使得村委会和村支部"五个好"达标率达到90%。二是,村民自治机制进一步完善,村务公开普遍推行,使得"村务公开满意度"达90%以上。三是,基层党组织建设得到加强,党员的先锋模范作用有效发挥,"村民对基层党组织满意度"达90%以上。

(2)农牧区文明程度有新提高。农牧区文明程度主要反映农村居民遵纪守法程度和道德风尚高低方面的建设成就。科学观念和法制意识逐步增强、爱国守法、勤勉自强、团结互助、孝悌和睦的文明风尚进一步树立。农牧区文明建设主要包括三项内容：一是，农牧区社会安全是农牧区精神文明建设的重要保障，由于万人刑事案件立案率没有区分农村和城市，用"农牧民对社会安全满意度"来衡量农牧区社会治安情况，力求达到90%以上。二是，除了刑事案件外，要尽量减少村民纠纷发生，保持农牧区安详和谐的邻里关系也是反映农牧区文明程度的一个重要方面，使"每年每千村民纠纷发生率"低于10次。三是，随着农牧区文化娱乐提供能力的增强，要尽量杜绝农牧民参加黄赌毒等非法活动，使"农牧民参加黄赌毒比率"低于1%。

党的十六大提出我国要在2020年完成全面小康社会建设。由于西藏农业人口占总人口的80%，并且二元经济结构特征明显，因此全面小康社会建设的重点和难点是农牧区全面小康社会建设，推进社会主义新农村建设与建设农村全面小康社会战略是一致的。因此，两者的建设期间也大体相当。综上所述，本报告认为2011～2020年是西藏社会主义新农村的建设的重要时期。

根据全区农牧民人均纯收入进入全国中等行列；农牧民安居工程取得突破性进展，农牧民生活条件明显改善；交通、能源、水利、通讯等基础设施条件取得重点突破，产业建设和发展的瓶颈制约基本消除；特色产业开发形成一定规模，龙头企业进一步壮大，一批具有西藏特色的名牌产品形成；教育、科技、卫生、文化等各项社会事业全面进步，农牧区经济社会协调发展；生态环境进一步改善，可持续发展能力不断提高；农牧区局势进一步稳定。同时，按照新农村建设的总体要求，立足当前西藏的经济社会发展水平，参考农村全面小康社会的建设标准，运用科学预测的方法，本报告界定西藏新农村建设内容和确定2020年的相应建设标准（详见表11）。

（二）"十二五"时期西藏新农村建设的目标与总体思路

1."十二五"时期西藏新农村建设的指导思想

"十二五"时期西藏新农村建设要全面贯彻党的十七大精神，高举中国特色社会主义伟大旗帜，以邓小平理论和"三个代表"重要思想为指导，深入贯彻落实科学发展观，把建设社会主义新农村作为战略任务，把走西藏特色农业现代化道路作为基本方向，把加快形成城乡经济社会发展一体化新格局作为根本要求，坚持工业支持农牧业、城市带动农牧区和多予少取放活方针，创新体制机制，加强农牧业基础，增加农牧民收入，保障农牧民权益，促进农村和谐，充分调动广大农牧民的积极性、主动性、创造性，推动农村经济社会又好又快发展。

2. "十二五"时期西藏新农村建设的基本原则

——必须巩固和加强农牧业基础地位,始终把解决好"三农"问题作为西藏稳定发展的头等大事。坚持中国特色、西藏特点的发展路子,大力发展特色农牧业,加大对农牧业支持保护力度,深入实施科教兴农战略,加快现代农牧业建设,实现农牧业全面稳定发展,为推动经济发展、促进社会和谐、维护国家安全奠定坚实基础。

——必须切实保障农牧民权益,始终把实现好、维护好、发展好广大农牧民根本利益作为农村一切工作的出发点和落脚点。坚持以人为本,尊重农牧民意愿,着力解决农牧民最关心最直接最现实的利益问题,保障农牧民政治、经济、文化、社会权益,提高农牧民综合素质,促进农牧民全面发展,充分发挥农牧民主体作用和首创精神,紧紧依靠广大农牧民建设社会主义新农村。

——必须不断解放和发展农村社会生产力,始终把改革创新作为农村发展的根本动力。坚持不懈推进农村改革和制度创新,提高改革决策的科学性,增强改革措施的协调性,充分发挥市场在资源配置中的基础性作用,加强和改善国家对农业农村发展的调控和引导,健全符合社会主义市场经济要求的农村经济体制,调整不适应农村社会生产力发展要求的生产关系和上层建筑,使农村经济社会发展充满活力。

——必须统筹城乡经济社会发展,始终把着力构建新型农牧民、城乡关系作为加快推进现代化的重大战略。统筹工业化、城镇化、农业现代化建设,加快建立健全以工促农、以城带乡长效机制,调整国民收入分配格局,巩固和完善强惠农政策,把国家基础设施建设和社会事业发展重点放在农村,推进城乡基本公共服务均等化,实现城乡、区域协调发展,使广大农牧民平等参与现代化进程、共享改革发展成果。

——必须坚持党管农村工作,始终把加强和改善党对农村工作的领导作为推进农村改革发展的政治保证。坚持一切从实际出发,坚持党在农村的基本政策,加强农村基层组织和基层政权建设,完善党管农村工作体制机制和方式方法,保持党同农牧民群众的血肉联系,巩固党在农村的执政基础,形成推进农村改革发展强大合力。

根据党的十七大提出的实现全面建设小康社会奋斗目标的新要求和建设生产发展、生活宽裕、乡风文明、村容整洁、管理民主的社会主义新农村要求,到2020年,农村改革发展基本目标任务是:农村经济体制更加健全。

3. "十二五"时期西藏新农村建设的目标

"生产发展、生活宽裕、乡村文明、村容整洁、管理民主"这五句话,是建设社会主义新农村的总体目标,也是社会主义新农村建设的基本内涵和基本要求。在未来5年的时间,使农村的整体面貌大为改观,城乡之间的差距明显缩小。具体目标应该是:努力发展农村生产力,促进农牧民收入持续增长;大力加强农村基础设施建设,显著改善农牧民的生产生活条件;加快发展农村教育、医疗卫生和文化等社会事业,形成家庭和睦、民风淳朴、互助合作、稳定和谐的良好社会氛围;加强农村环境卫生整治,明显改变村容村貌;推进农村民主政治建设,不断提高农牧民的民主法制意识。

在指导思想上,明确了一个基本认识,即新农村建设的中心任务是发展农村生产力,不能把新农村建设简单地理解为新村庄建设;强调必须坚持统筹城乡发展这个根本指导方针,在符合农牧民意愿、带给农牧民实惠、得到农牧民拥护的基础上扎实稳步地推进。在具体工作思路上,不仅注重改善农牧民的生产生活条件和居住环境,改变村容村貌,而且注重促进农村经济社会全面发展;不仅重视在经济上保障农牧民的物质利益,而且重视在政治上尊重农牧民的民主权利,强调继续推进农村基层民主建设;不仅强调立足于促进农业和农村自身的改革与发展,而且重视工业支持农业、城市带动农村;不仅强调政府的支持和引导,而且注重调动农牧民的积极性,提倡引导社会力量参与;不仅立足于解决当前的突出问题,而且谋划长远,提出了保障新农村建设持续进行的政策框架。

当前,加快西藏社会主义新农村建设,面临着大好的机遇,机不可失。在发展机遇方面:从外部环境分析,首先,进入新世纪,我国综合国力不断增强,国际地位不断提高,经济发展仍然保持着快速发展态势,国家经济不断发展壮大,非常有利于继续大力开展对西藏的援助建设,国家有能力支持西藏发展;第二,党和国家高度重视西藏的发展繁荣。在新世纪之初,中央及时召开的第四次西藏工作座谈会,为西藏在新世纪加快发展指明了方向。全国支援西藏将成为国家的既定方针。2005年中央专门就西藏的发展稳定问题进行研究,并及时下发了《中共中央关于进一步做好西藏发展稳定工作的意见》,就西藏的发展稳定工作进行了明确部署;第三,加入世贸组织,国际、国内市场的开放程度更加宽广,为西藏充分发挥资源优势,变资源优势为经济优势,积极参与国内、国际竞争创造了很好的机遇。从内部环境看,西藏社会局势稳定,政通人和,广大群众谋发展、盼富裕的积极性空前高涨。经过几十年的建设,西藏各项事业得到了全面发展,基础设施有了很大改善,瓶颈制约得到了一定的缓解,连接西藏内外的经济大动脉——青藏铁路正式通车已有几年,并为进一步加快西藏发展打下了基础。从资源潜力上看,西藏是世界屋脊,又是全世界受污染最小地区之一,蓝天白云、草原湖泊、高山密林等是发展旅游难得的自然资源。

但是,同全国发展的形势比较,西藏在经济社会的发展中,仍然面临着很大的挑战。西藏农村经济发展水平远远比不上内地农村经济的发展水平,农村发展和建设还受到以下方面的制约:一是农村基础设施建设落后,主要是农村公路交通设施的落后,严重地影响了农村人流、物流和信息流通。二是农村生产的机械化程度低,落后的生产耕作方式还未能得到改变,生产力水平得不到较快提高。三是封闭型自然经济占主导地位,农牧业生产单一,给农牧业结构调整带来难度,农牧业科技水平低,农牧业产业化上不去,增产、增效困难。四是农牧民群众收入低,对农牧业生产发展的投入不够,自我发展能力很弱。五是农牧区社会各项事业发展滞后,文化教育、医疗卫生不能满足农村社会发展的需要,农牧民受教育的程度低,接受新事物的能力差,致富的门路窄。六是农村经济体制改革还需要进一步深化。这些影响着西藏加快社会主义新农村建设步伐。

4. "十二五"时期西藏新农村建设的主要任务与重点

"十二五"时期是为建设社会主义新农村打下坚实基础的关键时期。必须集中解决农牧民生产生活中最迫切需要解决的实际问题,真正带给农牧民实惠就是重点。

以农牧民增收为核心,加快现代农牧业建设步伐和农村经济结构调整进程。稳定党在农村的各项基本政策,切实维护农牧民的权益。优化农牧业区域布局,优化农畜产品品种,充分发挥各地的比较优势,提高农牧业综合效益和竞争力。加大初级农畜产品的加工转化,积极发展农畜产品的现代流通方式,增加农畜产品的附加值。将农畜产品生产、加工、销售有机结合起来,推进农牧业产业化经营。创造有利于农牧民专业合作经济组织发展的政策和法律环境,提高农牧民进入市场的组织化程度。切实加强农村劳动力培训,大力发展农村职业教育,提高农民劳动技能,培育新型农民。

将国家基础设施建设重点转向农牧区。下决心调整国民收入分配格局,特别是调整国家建设资金的投向和结构,由以城市建设为主转向更多地支持农牧区中小基础设施建设,保证广大农牧民共享经济社会发展的成果。

推进城乡义务教育均衡发展。在实行农村免费义务教育的同时,不断改善农村学校的办学条件,提高其教育质量。加大自治区对义务教育的投入,把农村义务教育全面纳入公共财政保障范围,构建农村义务教育经费保障的新机制。

逐步提高农民的医疗保障水平。看病难、医疗费用高、医疗保障程度低,是当前农村最迫切需要解决的问题。新型农村合作医疗能够在一定程度上缓解大病户的医疗负担,但保障水平仍然偏低,不能从根本上解决农村居民因病致贫、因病返贫的问题。应进一步完善新型农村合作医疗的相关政策,逐步健全农村医疗卫生服务体系。

逐步建立适合农村实际的社会救助和保障体系。完善农村"五保户"和重病、重残人群的供养、救助制度,逐步提高供养、救助标准,完善救助方式。在具备条件的地区,建立农村最低生活保障制度。在养老保障方面,有条件的地区可以将家庭养老、土地保障和社会养老保险相结合,探索建立农村社会养老保险制度。

工业和城市带动农村发展。推进新农村建设,不是要把工业和农业、城市和乡村分割开来,更不是要把新农村建设与推进城镇化对立起来,而是要使工业和农业、城市和农村更加紧密地联系起来,把推进工业化、城镇化与解决"三农"问题更加紧密地结合起来。推进新农村建设,必须切实贯彻好工业支持农业、城市带动农村的方针,发挥好工业和城市对农村的带动作用。

为农牧民就业创造更多机会。按照统筹城乡发展的要求推进新农村建设,需要把解决农村的就业问题摆在更加突出的位置,给予其更多的关注和支持。应继续促进农牧民向城镇合理有序流动,依法维护农牧民的合法权益。

在鼓励农民跨地区流动、进城就业。同时,必须大力发展乡镇企业,不断壮大县域经济,促进农村富余劳动力就地、就近转移。在各级政府中,县级政府对推进新农村建设负有最直接的责任,应探索赋予县级政府更多的经济、行政管理权限。

积极将城市优质人力资源导入农牧区。除了在资金投入上向农牧区倾斜,还应通过机制创新,把城镇的人才、科技引入农牧区,以优质的人力资源支持农村发展。教育、卫生、科技等部门应制定对农村的人力资源对口支援政策。

表11　　　　　西藏社会主义新农村建设内容和2020年标准

类　别	新农村建设内容指标	单位	新农村2020年标准
农村经济新发展			
农牧区投入	每万人拥有的农业科技人员数	人	40
	单位耕地面积农机总动力	千瓦/公顷	20
	有效灌溉率	%	60
	单位耕地面积有效化肥施用量	千克/公顷	375
	万元农业GDP用水量	立方米	≤1500
	农牧民加入专业合作组织比例	%	70
农牧区产出	农业劳动生产率	元/人	16000
	土地生产率	元/公顷	30000
	农畜产品加工转化率	%	50

(续前表)

农民生活新改善			
农牧民收入	农牧民人均纯收入	元	6000
	非农收入比	%	60
	城乡居民收入比	-	≤2∶1
农牧民生活质量	农牧区居民恩格尔系数	-	≤0.4
	农牧区电话普及率	%	60
	人均预期寿命	岁	70
	人均钢木结构住房面积	平方米	40
农村社会事业新进步			
农村文化教育卫生	"村村通"电视入户率	%	100
	建有图书文化室的村组比例	%	80
	高中段普及率	%	95
	45岁以下非农技能培训率	%	80
	每千农业人口乡镇卫生人员数	人	2
农村社会保障	农村居民养老保险覆盖率	%	100
	农村合作医疗保险覆盖率	%	100
农村文明程度新提高			
	农民对社会安全满意度	%	90
	每千村民纠纷发生次数	次	≤10
	村民参加黄赌毒比率	%	≤1
村容村貌新变化			
村庄基础设施	村庄规划与整治率	%	100
	公路入社率	%	50
	硬路(柏油或水泥)通村率	%	30
	清洁能源普及率	%	60
	农村饮用自来水人口比重	%	80
农村生态环境	农村卫生厕所比例	%	80
	森林覆盖率	%	30
	农村社区环境(卫生)达标率	%	75
基层民主政治新进展			
	村委会村支部"五个好"达标率	%	90
	村民对村务公开满意度	%	90
	对基层党组织满意度	%	90

注:2020年新农村标准中的正指标,都应是大于或等于某个值,表中略掉了"≥"符号,但保留了逆指标的"≤"符号。

四、西藏社会主义新农村建设的政策建议

前面的分析已经提及,在"十二五"及未来相当长时期内,我国经济将继续快速、稳健增长,产业结构不断优化,经济质量不断提高,各项体制不断完善,对外开放不断深化,将大大提高我国的综合实力和国际竞争力,为西藏自治区的改革、开放、稳定创造良好环境。同时,在"中央关心西藏,全国支援西藏"的方针指引下,西藏的社会主义建设与发展取得了巨大成就,特别是近年来基础设施条件不断改善,经济结构和产业结构不断调整优化,有力改变了西藏高原长期以来交通不便、邮电通信落后、城镇市政设施差、农牧民生产生活条件差的状况,为社会主义新农村建设奠定了良好基础。

新农村建设的阶段性目标和政策取向应该是:以人为本,全面贯彻落实科学发展观,坚持因地制宜、分类指导,按照轻重缓急,本着需要与可能的原则量力而行,切忌一哄而上。继续把生产发展、农牧民增收作为农牧区工作的首要任务,通过调整产业结构,发展特色农牧业,推进农牧业产业化经营,加大劳务输出,逐步打破城乡二元体制的束缚,为全面推进新农村建设打好基础。同时,按照公共服务城乡均等化原则,加快农牧区水、电、路等基础设施和教育卫生等服务体系建设,提供发展条件和保障。

(一)西藏新农村建设中的安居乐业

1. "十二五"时期西藏新农村建设继续以安居乐业为突破口

(1)安居。在中央政府提出新农村建设政策后,《西藏自治区"十一五"时期国民经济和社会发展规划纲要》提出:要按照"生产发展、生活宽裕、乡风文明、村容整洁、管理民主"的新农村建设总体要求,把改善农牧民生产生活条件、增加农牧民收入作为西藏经济社会发展的首要任务。相对于其他省区的新农村建设而言,西藏社会主义新农村建设尤其具有划时代意义。西藏全面建设小康社会,实质上是全面建设农牧区;加快全面建设小康社会步伐,关键在加快农牧区建设步伐。中共中央、国务院《关于进一步做好西藏发展稳定工作的意见》明确指出:"西藏80%的人口在农牧区,改善农牧民生产生活条件,增加农牧民收入,是西藏经济社会发展的首要任务,是衡量西藏发展战略成功与否的重要标准,也是我们在与达赖集团斗争中掌握主动的根本条件和基础"。

建设西藏社会主义新农村是一项长期的任务,必须因地制宜,从实际出发,尊重农牧民意愿,注重实效,坚持以解决好农牧民群众最关心、最直接、最现实的利益问题为着力点。西藏自治区党委、政府通过大量实地调研发现,农牧民生产生活条件普

遍较差,农牧民最迫切需要解决的问题就是居住问题。安居才能乐业,乐业才能增加农牧民收入,进而有助于改善农牧民生产生活条件、展现农牧民的新时代生活。让西藏农牧民安居乐业的"安居工程"便是对改善农牧民生产生活条件、增加农牧民收入这个首要任务的简明表述和高度概括。2006年初,西藏自治区党委、政府决定,在"十一五"期间实施以"农房改造、游牧民定居和扶贫搬迁"为重点的农牧民安居工程,力争用5年时间使21.98万户农牧民、占全区农牧民总户数的80%的农牧民住上安全适用的新房。

西藏农牧民安居工程的实施,是一项具有划时代意义的重大工程,标志着以安居乐业为突破口的社会主义新农村建设开始在西藏自治区全面推进。从目前西藏自治区农牧民安居工程建设现状来看,以农牧民安居工程为突破口的社会主义新农村建设取得了显著成效,农牧民生产生活条件和农牧区整体面貌发生了新的变化:农牧民居住条件得到显著改善、农村基础配套设施建设取得重大进展、农牧民收入持续快速增长、农牧民展现出新的精神面貌,等等。经过近三年时间的农牧民安居工程建设实践表明,以安居乐业为突破口的西藏社会主义新农村建设卓有成效,以安居乐业为突破口的西藏社会主义新农村建设的伟大实践,干到了老百姓的心坎上,受到了广大农牧民群众的真心拥护,安居工程符合广大农牧民群众的心愿,是得民心、顺民意的"幸福工程",党的感召力、祖国的向心力、中华民族的凝聚力得到了实实在在的增强,是构建和谐西藏的基础。

(2)乐业。由"十一五"时期西藏自治区以安居工程为突破口的社会主义新农村建设实践成效来看,"十二五"时期是西藏自治区全面建设小康社会的关键时期,加大"乐业"力度,就是多栽"摇钱树",广开致富路,鼓足农牧民的钱袋子。增加农牧民收入是"三农"工作的中心任务,实施"一产上水平"战略,大力提高农牧业综合生产能力,是农牧民增收最重要、最可靠的渠道。要采取龙头带动和典型引路并举、政策促动和科技驱动结合、农牧业内部增收和非农产业增收互补的方式,坚持以市场为导向发展特色农牧业,在"一产上水平"中实现增收,在增收中探索"一产上水平"的新路。

一要龙头带动和典型引路并举,就是上抓龙头、下抓农户、中间抓好组织服务。要加快培育一批龙头企业,大力推广"公司+基地+农户"的生产经营模式,走出一条以产业化带动农牧业、富裕农牧民的路子。坚持典型引路,大力开展试点示范,建立一批科学种植、科学养殖的示范户,并充分发挥他们的引导、辐射、带动作用。要围绕服务于农牧业产前、产中、产后全过程,加快建立区域性专业合作经济组织或协会,及时有效地传递各类致富信息、拓展农畜产品销售渠道。

二要政策促动和科技驱动结合,就是一靠政策,二靠科技,为群众插上致富的"金翅膀"。要积极研究制定用好、用活中央给西藏支农惠农政策的具体措施,扩大补贴范围和规模,充分调动农牧民发展生产、增收致富的积极性。要下决心大力引进新品种,积极推广各种简易实用的"傻瓜技术",全面开展科技培训,使科技服务到户、到人、到田间地头,着力提高科技对农牧业生产的贡献率。

三要坚持农牧业内部增收和非农产业增收互补,就是狠抓内部挖潜、外部拓展,全方位多渠道促进增收。要稳定粮食特别是青稞产量,提高牲畜出栏率,加快结构调整步伐,尤其要加快高原绿色蔬菜、优质油料、特色花卉、饲草饲料、优质肉类等商品的生产,发展高产、优质、高效、安全农牧业。要组织农牧民参与工程建设、外出务工经商、参与旅游服务等,既增加收入,又转变观念、提高综合素质。

2."中国特色、西藏特点"发展路子下的西藏新农村建设

在选择西藏社会主义新农村建设道路时,既要尊重全国新农村建设的普遍规律,又要兼顾西藏地方特点,即要走出一条具有"中国特色、西藏特点"的社会主义新农村建设道路。体现"中国特色",意即选择西藏新农村建设道路时,要坚定不移地体现中国共产党的领导、坚持社会主义制度和民族区域自治制度;体现"西藏特点",意即建设西藏社会主义新农村,要尊重西藏经济社会自身独具的优势和特殊性,不能盲目照搬我国内地新农村建设的一般模式。由此可以看出,"中国特色"强调的是,西藏社会主义新农村建设,必须用马克思主义理论和建设有中国特色社会主义理论,特别是用科学发展观来指导,必须与我国新农村建设的整体步伐保持一致性。"西藏特点"强调的是,西藏社会主义新农村建设,必须充分认识自身,了解自身,寻找适合自身特点的具体建设路径,突出西藏自身的区域特点。西藏自治区的特殊性主要表现在:

(1)西藏地处"世界屋脊"的青藏高原,高寒缺氧,自然条件极为恶劣,生态环境极为脆弱。特殊的自然地理环境制约了西藏农牧区经济发展,加上农牧区基础设施建设依然薄弱,粮食综合生产能力还比较脆弱,极大地影响了西藏农牧业经济可持续发展。青藏高原还是我国乃至南亚、东南亚地区众多河流发源地,是生态、资源战略要地,对我国和南亚、东南亚国家有着重要作用。

(2)在西藏特殊的地理环境下,因青藏高原自然屏障的客观存在,区位相对边远封闭,阻隔了西藏农牧民与中华各民族交往由此导致交往的困难与发展的困难。西藏农牧区形成了一个相对封闭的经济运行圈,在这个运行圈内,仍采用传统的农牧业生产方式,基本上处于自给自足的自然经济状态。在中央和全国各地的援助下,西藏城镇形成

的现代经济运行圈也相对封闭,对农牧区经济发展缺乏有效的联动、连接和链接作用。西藏农牧民增收面临诸多困难,城乡收入差距仍在扩大。"十一五"期间,西藏自治区各级党委政府把农牧民增收作为重要任务来抓,并取得了一定的成效,但与全国和西部12个省区比较,西藏农牧民收入依然处在较低水平上。

(3)西藏脱胎于落后的封建农奴制社会,社会发育程度很低,旧社会意识的印迹难以抹去,群众对客观世界的科学认知能力较低,特别是农村富余劳动力的素质普遍偏低。大部分农牧民外出务工人员只有小学、初中文化水平,还有部分农牧民不识字或识字很少,缺少文化、不懂技术、没有特长,加大了农牧民进城就业的风险,劳动力转移任务艰巨,由此决定了西藏农牧民普遍缺乏抓住经济发展机会的能力。

(4)西藏是我国经济发展水平最低的省区之一,在社会主义市场经济日趋完善的条件下,也是我国区域竞争力最差的一个地区,很难依靠自身的力量求得较大发展。西藏经济实现高速增长,主要得益于外力推动作用,尤其是近年来西藏GDP连续六年实现10%以上的增长率,经济增长速度可以说是全国最高的省区之一。西藏经济发展对外来资金、人力的依赖性较强,高速增长的经济主要靠中央的投资拉动和全国的援助。经济发展的"输血机制"建立了,但"造血机制"的建立尚比较艰难。特别是西藏农村产业结构不合理,农牧业所占比重仍然较大,约占全区80%的人口仍从事农牧业生产,农牧民的收入和就业主要集中在农牧业。二、三产业发展相对滞后,农牧民增收缺乏现代产业支撑。西藏社会发展明显滞后,衡量社会发展的人类发展指数在全国属于倒数几位。尤其是农村社会保障事业发展滞后,农牧民"安全网"还很不健全;农牧区基层政权机构运行仍比较困难,实现"管理民主"的建设任务仍十分繁重,等等。

(5)西藏还是我国唯一的少数民族占压倒优势的地区,同一民族——藏族高度聚居,与其它民族自治区域相比,藏族人民拥有更强的民族心理和民族意识。西藏群众大部分笃信藏传佛教,达赖喇嘛在农牧民群众中普遍还有相当的声望。加上西藏地处祖国的边疆地区,有着漫长的边境线,一些地段还存在着主权争议,西藏农牧区由此成为反分裂斗争的前沿阵地。

2005年8月,中央政治局召开会议专题研究西藏工作,明确指出:"西藏要以中央关心、全国支援与西藏艰苦奋斗相结合,以科学发展观统领经济社会发展全局,走出一条符合西藏发展实际,具有区域特色的生产发展、生活改善、生态良好、资源节约、全面协调可持续的发展道路。"由此可以看出,西藏社会主义新农村建设应该符合农牧区发展实际,走出一条具有民族区域特色的新农村建设道路。

3. 安居乐业的目标

由目前西藏安居工程建设实践情况来看,到"十一五"末,西藏自治区政府完全能够实现在"十一五"初所提出的"力争用五年时间,使全区80%的农牧民住上安全、适用的住房"的总体目标。与此同时,农牧区基础配套设施建设也取得了重大进展,农牧民生产生活条件将得到进一步改善。

在充分肯定"十一五"期间西藏农牧民安居工程建设所取得成绩的同时,也应该看到西藏农牧民安居过程建设中一些亟待改善的问题。从目前西藏农牧区安居过程建设实施的情况来看,这些能够开工建房的农牧民群众,大多数都是家庭经济条件较好,在政府提供财政补贴与无息贷款等优惠政策帮助下,基本上能够依靠自身力量建设起安全适用的住房。而那些没有得到安居工程建设指标的农牧民群众,多半是家庭经济条件较差,即使在政府提供财政补贴与无息贷款的情况下,可能也不能建设起安全适用的住房。从农牧区实地调研情况来看,这些群众事实上才是西藏农牧民安居工程建设的主体,也是西藏农牧区当前最迫切需要解决住房问题的重点对象。

从总体上来讲,西藏还有相当数量的农牧民群众处于相对贫困状态,贫困面相对较大。农牧民由于自身经济基础差、筹措资金难度大、还贷能力弱等客观因素存在,而贷款期限较短,在安居工程建设完成后,农牧民因此背上了一些债务负担。特别是一些贫困户安居工程建设难度更大,一方面,西藏自治区对贫困户民房改造提供的政府补贴资金还不能满足贫困群众住房改造需要;另一方面,还有部分特困户没有任何还款能力,增加了贷款风险,因此贷款难度也较大。如山南地区的隆子县、曲松县等地便存在这种问题,这在一定程度上影响了安居工程的整体推进。从当前安居工程建设情况看,安居工程越往后推进,实施难度就越大,每户2.5万元的补助标准对于绝对贫困农牧民来说,仍然不能建设起一个像样的房屋。

部分地区在确定参加安居工程的80%农牧民户数时,方法过于简单,缺乏合理性。尽管在安居工程实施前各地也做了一些基础性工作,但调查研究和分析不够深入、细致,不能全面掌握各户的具体情况,而是借口各户情况差不多,采取抽签的方式确定,这样势必会出现将部分迫切需要安排的农牧户排除在外的现象,造成一些新的矛盾和问题。如墨竹工卡县扎雪乡、尼玛江热乡、门巴乡等地便有这种现象发生。

为了顺利推进安居工程建设,在建设前就必须科学、合理地调整和确定参加安居工程的农牧户数。2006年初,山南地区组织设计部门组成专门工作组,深入到各乡、镇、村,进行了深入细致的调查摸底,详细掌握了农牧民群众的住房情况、需要新建或整修农户的具体数量以及贫困户、特困户的具体情况。根据调查摸底的实际情况,合理确定了补助标准,对不同区域实行不同的补助标准,区别对待、灵活掌握,真正做到了宜改则改、宜建则建、宜迁则迁。拉萨市也分别组建市、县两级摸底调查工作组深入农牧区、深入农牧户,有针对性地对全市每户家庭的人数、劳动力、经济状况、建房能力等基本情况进行了详实调查,建立了农牧户档案和农牧民明白卡。做到了摸底实、底数清、现状明、目标清,做到实事求是,客观公正,充分保护和体现了群众的根本利益。

要让西藏农牧民真正在农牧区这片热土上实现"安居乐业"这一目标,"十二五"期间,必须在以下几个方面作出努力:

(1)**重点推进农牧区剩余的20%农牧民安居工程建设任务**。力争在"十二五"中期让西藏农牧区全部农牧民都住上安全适用的住房,同时配套建设好农牧区基础设施、社会公共事业等,让农牧民生产生活条件跃上一个新的台阶。

(2)**增加农牧民安居工程建设资金补贴,重点设施好农牧区贫困弱势群体的建房工作**。随着安居工程建设的深入推进,进一步带动了原材料价格的上涨,同时也带动了农牧区劳动力价格的上涨,等等,由此加重了农牧民建房成本,如果还仅仅保持"十一五"期间安居工程建设补贴标准,显然难以让贫困弱势群体真正实现住上安全适用住房的目标。

(3)**适当减免农牧民安居工程贷款,放宽农牧民安居工程贷款还贷条件**。从实地调研情况看来,绝大部分农牧民对安居工程这一"民心工程"表示衷心地感谢,农牧民在充满感激之情的同时,也明显地透露出他们目前生产生活中的压力与担忧。正如部分农牧民所言,尽管他们住上了新房,但也同时背上了一些债务负担,特别是随着还款期限的日益接近,他们深感还款压力较大。安居工程本来就是一项深受农牧民群众欢迎的"民心工程",为了让这一"民心工程"发挥持续效应,本报告认为,首先,政府应该协调银行适当放宽农牧民安居工程贷款的还款期限,让农牧民在保证家庭基本生活质量的前提条件下,有更加充裕的时间偿还银行贷款;其次,还拿出一部分财政资金,补贴银行贷款利息,减轻农牧民还款压力;再次,积极争取中央政府和内地省市的大力帮助,建立农牧民安居工程建设专项资金,用于补贴那些家庭经济条件确实困难的农牧民,适当帮助他们偿还部分银行贷款。

(4)**加快农牧区产业结构调整步伐,为农牧民增收创造新的致富源泉**。随着"十一五"期间西藏农牧民安居工程建设的深入推进,为农牧民增收创造了新的增收渠道。西藏农牧区不少农牧民通过外出务工参与安居工程建设,得到了大量现金收入;还有部分农牧民在当地通过开办建材厂、石材厂等,也增加了家庭收入;此外,还有部分农牧民通过参与工程建设,转变了生产生活观念,开始从事运输业等非农产业,更是大大增加了家庭现金收入。实地调查表明,农牧民通过参与安居工程建设所得到的现金收入,占到了农牧民人均纯收入三分之一。随着安居工程建设规模缩小乃至逐步结束,西藏农牧民增收又面临新的挑战。因此"十二五"期间,自治区必须加快农牧区产业结构调整步伐,大力推进农牧区非农产业的发展,特别是重点推进农牧区特色产业发展,为农牧民增收创造新的致富渠道,以解决安居工程增收的替代作用。

4. 安居乐业的产业支撑点

"十二五"期间,要继续全面落实西藏自治区党委、政府提出的"一产上水平、二产抓重点、三产大发展"的战略部署,继续紧紧围绕"改善农牧民生产生活条件、增加农牧民收入"这个首要任务,加快西藏农牧区产业结构调整步伐,努力培育与发展农牧区特色产业,为西藏农牧民实现"安居乐业"提供产业支撑,探索出一条适合西藏农牧区实际的特色产业发展道路。

(1)大力发展现代农业,努力增加农牧民收入。"十二五"期间,农牧业收入仍将是西藏农牧民收入的主要来源渠道。从"三农"本身考虑问题,寻找农牧民增收的出路,即要大力挖掘农牧区和农牧业内部增收潜力。要让农牧民群众真正实现"安居乐业",就要在"一产上水平"上下功夫。首先,要改变目前西藏农牧区单一的农牧业产业结构,以"大农业"的思维模式,大力发展现代农业,切实推进农牧业产业化建设。改变传统粗放的农业生产经营模式,在农牧区发展壮大一批优势产业群体。以优质粮油生产、良种奶牛养殖、无公害蔬菜生产、特色果蔬和花卉种植、优质饲草种植、畜群优质种源培育、短期育肥、家禽水产养殖为重点,建设特色优势农畜产品生产基地。其次,要在西藏农牧区培育一批特色种养专业村和专业大户,大力推进"一县一业",力争至少培植一个区域性主导产业,形成一个拳头产品,全面提升农牧业产业化、农产品标准化与品牌化生产,进而提高农牧业产品的市场核心竞争力。再次,要在农牧区扶持一批"农字号"的龙头企业,引进一批知名的农产品加工企业,扶持一个重点龙头企业,建立一个农牧业生产基地。在农牧产品精加工、深加工、提高附加值上下功夫,继续推广和完善"公司+基地+农户"的生产经营模式,健全和完善企业与农牧民的利益联接机制。加速推进农业产业化经营进程,走集约化、产业化的农牧业生产经营道路。最后,要努力提高农牧民组织化程度和市场化水平。

除了在"三农"自身范围内寻找农牧民增收的出路外,要跳出"三农"范围,从西藏经济社会发展全局来思考问题,即要在农牧区和农牧业外部寻求农牧民增收的途径,采取一切可以采取的措施,最大限度地增加西藏农牧民收入。

(2) 充分发挥民族手工业生产优势，大力发展民族手工业。长期以来，西藏农牧民在生产生活实践中，积累了大量的民族手工业生产经验，生产出了一大批具有民族特色的手工业产品，深受市场的青睐。随着西藏旅游市场的深入开放，游客对西藏民族手工业产品需求数量会显著增加。首先应充分发挥各地传统手工业生产技艺优势，坚持传统工艺与现代科技相结合，大力发展农牧民的民族传统手工技艺，努力提高民族手工业产品的科技含量与质量。应重点抓好藏毯、藏香、唐卡、金银铜器、民族服饰等民族特色旅游商品的生产与销售。其次，大力扶持改造重点民族手工业企业，努力培育农牧区经纪人队伍，依托有实力的公司，推行"公司＋手工作坊"模式，扩大生产经营规模。

(3) 充分发挥农牧区旅游资源优势，大力发展乡村旅游产业。西藏旅游业的发展，应以推动西藏农牧民脱贫致富、促进农牧区经济和社会全面发展、促进农牧区改革开放作为重要目的。在发展西藏旅游业的过程中，在政府的积极引导下，精心打造核心景区的前提下，大力发展乡村旅游。首先，鼓励重点景区周围的农牧民开办乡村家庭旅馆，这既可有效改善目前城市旅游设施缺乏的状况，又能切实增加农牧民收入，同时还能使游客更加深刻地体验藏族的生活。其次，还可以组织农牧民参加民族风情歌舞表演、藏戏表演，以及马术等传统体育项目表演等，这既可充分展示藏族独特的民族风情，又能充分传承独特的藏族文化。通过全方位地吸引西藏农牧民参加到旅游开发当中来，既可以积极促进西藏旅游业的快速发展，又能在一定程度上增加西藏农牧民家庭现金收入，实现旅游开发与农牧民增收的结合。

(4) 全面推进小城镇建设，大力发展农牧区非农产业。小城镇是城市体系中不可分割的重要组成部分，是农村经济、社会全面发展的重要载体，是连接城乡、带动农村经济发展的重要纽带。从各地城镇发展的普遍经验看来，小城镇是发展农村非农产业的重要载体。加快小城镇建设，有利于促进人流、物流在小城镇的聚集，有利于吸收中心城市的辐射效应，进而缩小城乡差别。同样，必须坚持把发展小城镇与发展非农产业有机结合起来，坚持以产业为支撑，以特色兴产业、赢市场、增活力，把小城镇建设成为农产品加工和销售的中心，农业产业化的信息和技术服务中心，进一步增强小城镇对周边农村地区的吸引力，带动农牧区经济和各项社会事业健康发展。通过小城镇建设与非农产业的健康发展，还可以有效地把西藏农牧民从土地上转移出来，促进农牧民持续稳定增收。

5. 维护西藏农牧区社会稳定与精神文明建设

"十二五"期间，西藏精神文明建设必须以实践科学发展观为主线，以提高农牧民的思想道德素质与科学文化素质为重点,以各项创建与评比活动为载体,以提升农牧区文明程度为目标,各项建设工作全面深入推进,从而为建设小康西藏、平安西藏、和谐西藏提供强大的精神动力与智力支持,营造一个良好的社会环境。

(1)要坚持把提高农牧民素质作为精神文明建设的根本任务。目前,在农牧区要继续全面推进"万千百工程"建设,通过大力普及现代科技文化知识,推广农牧业适用技术,培养农牧区科技明白人等方式,使农牧民在得到实惠、提升生活质量的过程中,思想素质也得到明显提高,生活观念发生深刻变化,带领农牧民逐渐过上健康卫生文明的现代生活。

(2)积极探索建立医疗卫生文化"三下乡"活动的长效机制。在西藏农牧区深入开展以文体、卫生、法律、科技为主要内容的"四进社区"活动,采取典型示范的方法,不断创新和丰富群众业余文化生活。积极开展丰富多彩的文化教育体育活动,通过活动吸引群众、陶冶群众,让农牧民在活动中受到教育,农牧民素质不断得到提高。

(3)深入推进农牧区文明乡镇(村)的创建活动。"十二五"期间,要继续结合创建文明乡镇(村)活动,广泛开展创评文明村镇、文明县和创建工作先进村镇、文明户活动。积极动员和组织西藏农牧民群众广泛参与各种创建活动,引导农牧民群众在参与中受到教育,乡风文明程度也得到显著提高。

(4)继续加大《公民道德建设实施纲要》实施力度。大力倡导"爱国守法、明礼诚信、团结友善、勤俭自强、敬业奉献"的基本道德规范,努力提高人的道德素质,促进人的全面发展。特别是在农牧区,要积极引导农牧民发扬爱国主义精神,提高民族自尊心、自信心和自豪感,以热爱祖国、报效人民为荣,以损害祖国利益、民族尊严为辱。

"十二五"期间,继续加强社会主义精神文明建设,积极开展乡风文明创建活动,用先进文化占领农牧区思想文化阵地,努力提高农牧民素质,引导农牧民解放思想,增强农牧民生产生活能力,使其成为一代有文化、懂技术、会经营的社会主义新型农牧民。随着农牧民素质逐渐提高,有助于建设社会主义新型农牧区,进而有助于促进农牧区社会基本稳定和实现西藏农牧区的长治久安。

6. 基层政权的建设

基层政权建设是关系到西藏农牧区改革与发展的稳定大局,关系到西藏农牧区小康社会的全面建设,关系到党在农牧区执政地位巩固的发展大计。"十二五"期间,必须大力加强农牧区基层政权建设。

(1)加大公共财政转移支付力度,充分保证乡村基层组织的正常运转。首先,应逐步加大乡村基层政权组织的基础设施建设投入,逐步解决乡村政权组织办公条件普遍较差、乡村干部职工住宿条件普遍较差这一现状,使他们能在农牧区基层安其居、乐其业。其次,还应逐步加大乡村办公经费投入力度,逐步添置计算机、打印机等一批现代办公设备,确保乡村政权组织的正常运转,并努力建设信息化、一站式服务的现代服务型政府。最后,还应大力提高乡镇干部基本工资,以及大幅度提高村干部的误工补贴,不仅标准要有所提高,而且经费也要得到有效保障,充分提高农牧区基层干部的工作积极性。让西藏农牧区村党支部和村民委员会的职能作用得到更好发挥,农牧区基层组织日趋活跃,促进农牧区社会基本稳定和基层政权巩固。

(2)**建立和完善以"一事一议"为主要内容的农牧民监督制约机制**。通过"一事一议"制度,把涉及到村里的重大事情,如村级范围内兴办水利、农田基本建设、修建村级道路和桥梁、救济款物的分配、村内土地开发、植树造林等集体生产、公益事业等所需资金和劳务用工,先由村"两委"会集体讨论,确定议题或提出初步意见后,再交给村民代表进行"一事一议",由村民代表讨论决定。"一事一议"制度的推行,可为西藏农牧民群众广泛参与村内社会事务管理、提高参政意识搭建一个良好平台,促进农牧民群众自我教育、自我管理、自我服务目标的实现,加快村民自治的步伐。

(3)**加强村级文化室、"村村通"工程和村教学点等文化基础设施建设,提高农牧民群众科学文化水平**。通过加强村级文化活动室建设,活跃了农牧民群众的基本文化生活,加大了农牧业科学技术知识普及力度;通过加强"村村通"工程建设,使农牧民群众能够及时听到党和政府的声音,巩固了舆论宣传阵地,加深了农牧民群众对党和政府的深厚感情;通过加强村教学点建设,特别是加大村级幼儿园建设,为祖国培养下一代合格的接班人奠定坚实基础。

(二)西藏新农村安居乐业的基础设施建设

1.农牧区水利建设

在西藏农牧区特殊的自然地理条件下,还有不少农牧区人畜饮水安全存在问题,长期困扰着部分农牧民,长途背水和饮用不卫生水严重影响农牧民生活和健康水平。还有部分农牧民一直饮用的是"不安全水",在西藏农牧区的饮水不安全人口中的90%属于取水困难,几乎每户都得有一个主要劳动力负责背水,每天需要投入大量劳动取水,特别是农牧区还有不少妇女不得不每天承担长距离背水的负荷,劳动强度较大,容易导致患骨骼和生殖器官等疾病。"十二五"期间,必须大力加强农牧区人畜安全饮水工程建设,解决西藏农牧民群众最关心、最直接、最现实的切身利益问题。

(1)进一步加大对农牧民定居的农村安全饮水工程建设的投资力度,确立自来水入户工程建设目标。"十二五"期间,自治区应在农牧区各地积极实施"自来水入户工程计划",争取用5年时间在西藏农牧区尚无自来水供应系统的行政村中,在每一个村建立一个水塔和与之配套的管道设施,所需资金主要来自于中央财政补贴。与此同时,还可采取农牧民投工投劳相结合的方式,也可以采取"以工代赈"方式进行。

(2)积极组织农牧民群众成立用水协会,让农牧民群众积极参与农村饮水工程的管理与维护工作。为确保农村供水工程长期、有效地运行,积极发动群众成立农村用水户协会,让农牧民群众积极参与农村饮水工程的管理与维护工作。不断创新农村供水设施管理模式,明晰农村供水设施产权,将已建好的农村供水设施移交给受益的乡(镇)、村或者由用水户协会管理。由水利部门帮助制定农村供水设施管理办法,并在群众自愿的基础上推行承包、租赁、股份制、拍卖等改革措施,实行"谁受益,谁所有,谁管理"的政策,充分调动农牧民群众参与农村公共供水设施的管理与维护的积极性。

(3)完善农村水利建设"一事一议"筹资筹劳制度。对政府给予补助资金重点支持的小型农田水利建设工程,坚持民主决策、群众自愿的原则,在切实加强民主决策和民主管理的前提下,实施"一事一议"制度。按照乡镇协调、村组议事、统一施工、分村管理资金和劳务、分村落实建设任务的程序和办法实施。制定与本地经济发展水平和生产生活水平相适应的"一事一议"筹资筹劳标准。加强资金和劳务的监管,对政府引导资金和通过"一事一议"筹集的资金和劳务,都要实行全程公开、民主管理,接受群众监督。此外,要严格区分农牧民自愿出资出劳与加重农牧民负担的政策界限,严禁以资代劳或变相加重农牧民负担。

2. 农牧区的电力能源建设

农村电力能源建设不仅是西藏农牧区经济发展的重要动力,而且还是农牧民迈向现代文明生活的重要标志。电力能源供给已经成为农牧民现代生活的必需品。解决好农牧区居民用电问题,是维护全体公民基本权益的需要。"十二五"期间,西藏需要重点解决农村电力设施等短缺基础设施,满足农牧民群众基本生活用电需要,让边远地区贫困农牧民也能够享受到质优价廉的电力能源供给服务。有助于促进农牧区经济社会全面发展,有效地减少农牧民贫困,进而缩小城乡差距,保持农牧区社会基本稳定。

(1)继续加大西藏农牧区电力能源等基础设施建设投资力度。特别是在现有的地(市)级主电网内,抓好城镇电网扩容,采用电网延伸方式,在"村村通电"的基础上,重点实施"户户通电"工程,尽量扩大电网覆盖面,提高农牧区用电人口覆盖率,让他们能够尽快享受到电力供给改善所带来的现代文明生活。

(2) **坚持因地制宜、多能互补的电力基础设施建设原则,加快主电网外分散电源建设,发展太阳能、风能等多种供电形式。** 如在那曲、阿里等地区重点推广普及小型太阳能用户系统,建设小型光伏电站和户用供电系统。在那曲等地还可以重点建设风力发电系统,解决偏远地区部分农牧民群众生产生活用电难问题。对此,政府不仅需要投入一定的研发资金,还需要对农牧民购买此类产品提供一定财政补贴。

(3) **农牧区电力基础设施建设要坚持"建管并重"的原则。** 特别是在使用太阳能户用系统的农牧区,要加大专业技术人员培训力度,加强太阳能户用系统的日常维护与管理。同时,政府还应对农牧民进行技术培训,提高农牧民的使用技能,进而提高太阳能户用系统使用效率。

(4) **农牧区电力能源建设要坚持以水电为主的原则。** 充分利用西藏丰富的水资源优势,重点发展大型水电基础设施建设,加快主电网电力建设,保障西藏农牧民能够用上"充足"的电。与此同时,还要加快第三期农网建设与改造步伐,通过电网延伸和建设小水电的形式为农牧民送电,让更多的农牧民能够用上较为"方便"的电。

3. 农牧区的教育设施建设

受独特的自然地理、宗教文化与社会历史等因素的影响与制约,农牧区经济社会发展相对落后,并不是因为缺乏自然资源,而是因为人力资源相对缺乏。农牧民素质低下已经成为制约农牧业经济增长方式转变的"软瓶颈",严重制约了农牧业结构的战略性调整和传统农牧业向现代农牧业的转变。西藏地处我国西南边疆地区,分裂与反分裂的斗争形势长期存在。农牧区劳动者素质的高低,从根本上决定了农村经济社会发展水平,是保持农村社会稳定的关键。提高西藏农牧民科技文化素质是保证西藏社会稳定与发展的需要。

加快发展农牧区基础教育,是促进西藏社会公平、减小城乡居民收入之间贫富差距的重要途径,对保持西藏农牧区安定团结具有重要意义,实现教育公平对实现西藏农村社会和谐发展也具有重要的现实意义。"十二五"期间,应大力加强农牧区教育基础设施建设。

(1) **明确各级政府的财权与事权,确保农牧区基础教育经费供给。** 全区财政自给能力较低,对农牧区基础教育发展投入还不够,农牧区基础教育发展难度大。首先,要强化中央在西藏农牧区基础教育发展中的主体供给责任,为此,中央财政要加大对西藏农牧区基础教育发展转移支付力度。其次,西藏要明确本级政府的财权与事权,建立财权与事权相匹配的教育经费投入机制,加大自治区内财政对下转移支付力度。按照"明确各级责任、中央地方共担、加大财政投入、提高保障水平、分步组织实施"的基本原则,逐步建立并完善"财力渠道不变、预算核定到校、支出统筹安排、经费集中管理"的农村中小学教育经费保障新机制。再次,要进一步明确西藏地方各级政府的责任,特别应增强地(市)、县级政府对发展农牧区基础教育事业的责任心,切实履行好各自的责任,各地(市)、县均要按照不得低于地方财政收入20%的比例投入教育发展。最后,还得积极推行"校财县管"的财务管理制度,将农牧区中小学教育经费全面纳入公共财政保障范围。结合部门预算稳步推行,逐步建立分级负担、分级管理的教育经费管理体制。在西藏农牧区逐步建立责任明确、保障有力的义务教育经费保障的长效机制,逐步完善西藏自治区农牧区基础教育"分级办学、分级管理、以地县为主"的管理体制,缓解基础教育财政的纵向不平衡问题。

(2)**加大农牧区基础教育经费投入、保持教育支出总量增长**。从目前全区生均教育经费与全国生均教育经费比较情况来看,西藏生均预算教育经费要高于全国生均预算教育经费,但这并不意味着西藏自治区的教学条件是全国最好的。因为有很大一部分教育经费要用于学生住校等食宿支出,西藏的教育成本是全国最高的。由于农牧区地域辽阔,农牧民居住分散,农牧区基础教育成本更高。农牧区基础教育经费不足依然是西藏教育发展中一个突出问题。"十二五"期间,必须进一步加大农牧区基础教育发展资金投入,一方面增加中央财政对西藏农牧区基础教育发展资金投入,另一方面也要加大社会资金对西农牧区基础教育发展资金投入,进一步落实好农牧区"两免一补"及"三包"政策,逐步提高农牧区中小学公用经费标准,建立和完善农牧区中小学校舍维修改造的长效机制,弥补农牧区基础教育财政缺口。

(3)**合理配置教育资源,提高现有教育资源使用效率**。"十二五"期间,应在所有实施基础教育的学校之间尽可能均等地分配教育资源,让所有学生都能够得到平等的教育机会,真正体现出义务教育的义务性与普及性。在坚持公平、公正的原则下,把新增教育资金首先用于改善农牧区条件较差的学校。坚持公共教育资源向农牧区倾斜,新增教育经费主要用于农牧区,逐步缩小城乡之间、区域之间教育发展差距。合理配置教育资源,不仅事关西藏发展的全局战略,有利于农牧区经济持续、快速、健康发展,还对农牧区社会稳定团结与和谐发展起重要的作用。农牧区教育公共资源分配的基本原则应该是效率与公平双管其下,实现二者之间的均衡发展。"十二五"期间,应重点新建、改扩建一批以农牧区初中为主的寄宿制学校,保障"两基"攻坚县扩大义务教育规模的需要,促进西藏农牧区义务教育均衡发展,加快实现城乡义务教育均等化。

(4) 改善农牧区基础教育供给结构,大力发展职业技术教育。"十二五"期间,应积极探索农牧区教育综合改革,确定以农牧区初中为重点,使农牧区学生在学习好文化基础课的同时,动员农牧区学生全面选修"农牧区实用技术+初三分流"的基础教育阶段的职业技术教育,使农牧区学生基本具备"升学有基础、就业有技能、回乡能致富"等条件。通过在农牧区积极推行职业技术教育,农牧区学生能够学到一定劳动技能,这不仅受到了农牧民家长的高度认可和评价,而且也得到了学生的普遍欢迎和积极参与。进而还有助于提高农牧民家长及子女对基础教育的需求和热情,整体推进农牧民素质的全面提高。

(5) 积极开展扫盲教育,提高农牧民科学文化素质和劳动技能。"十二五"期间,应充分利用农牧区现有的教育资源,在大力开办扫盲夜校的同时,长期系统地对青壮年农牧民传授现代农牧业科技知识,这对提高青壮年农牧民的科学文化知识、抵制封建迷信、增强从事商品经济的技能、推动农牧区的全面发展,将是一件事半功倍的工作。

4. 农牧区的医疗卫生设施建设

在西藏特殊的自然地理条件下,农牧民面临的健康风险要远远高于内地省市农民。在西藏新型农牧区医疗管理制度实施以前,大多数农牧民家庭贫困的主要原因是家庭劳动力缺乏,其中,家庭主要劳动力缺乏具体表现为,或者因病过早去世,或者因病丧失了基本劳动能力,农牧民群众因病致贫的现象还比较普遍。随着新型农牧区医疗管理制度在西藏农牧区全面实施,农牧区缺医少药状况得到了明显改变,广大农牧民的健康安全得到了有效保障,极大地减少了农牧民因病致贫现象的发生。

但受特殊的自然地理条件、传统宗教文化以及生活习俗等因素的影响与制约,西藏农牧民身体素质与内地省市农民相比,仍然存在较大差距。凡是在内地流行的疾病,几乎也在农牧区流行,如痢疾、肝炎、肺结核等在西藏农牧区属于常见病。除此之外,农牧民还面临着更多的健康风险与疾病威胁。"十二五"期间,应大力加强农牧区医疗卫生服务供给力度。

(1) 中央财政在继续加大农牧区三级医疗卫生服务机构建设投资力度的基础上,改变投资结构,提高投资使用效率。因西藏各级地方政府财力有限,无法独立承担农牧区公共医疗卫生服务机构的建设维护、人员培训等职责,鉴于此,需要中央政府进一步加大支持力度。以2007年为例,西藏农牧民享受国家免费医疗经费人均为100元,而西藏城镇机关事业单位职工人均公费医疗一般在1000元左右。尽管近年来中央财政也逐步加大了对农牧区免费医疗经费投入,但相对于城镇机关企事业单位职工的人均公费医疗而言,农牧民人均免费医疗经费仅及城镇机关事业单位职工的人均公费医疗经费的10%左右。"十二五"期间,中央进一步加大对西藏农牧区财政转移支付力度,改变目前西藏城乡医疗供给严重失衡的状况,确保农牧区人口也能真正享有基本的初级医疗卫生保健服务。

在继续加大农牧区三级医疗卫生服务机构建设投资力度的基础上,还应改变投资结构,将投资建设重点转向乡(镇)卫生院与村级卫生所,提高资金使用效率。首先,以现有的县级医疗卫生服务机构为基础,将县医院、卫生防疫站、妇幼保健院、藏医院等医疗机构合并,逐渐形成集藏西医医疗、卫生防疫、妇幼保健和计划生育四位一体的、多功能一体化的、综合性的县级医疗卫生服务中心。县级医疗卫生服务中心实行人财物的统一管理、卫生资源的统一配置和全县卫生工作的统一规划,提高资金使用效率。其次,要重点加强乡(镇)卫生院建设投资力度,合理确定农牧区各级公共医疗卫生服务机构的规模和布局,调整结构和功能,建设好农牧区乡(镇)公共医疗卫生服务机构,保证农牧区卫生服务的可及性与可得性。据西藏卫生统计资料表明,2007年,全区共有各级公共医疗卫生服务机构908个,其中,地(市)以上医疗机构19个,县级医疗机构71个,乡(镇)卫生院672个。据此计算,乡(镇)卫生院数量占全区公共医疗卫生服务机构总数74%左右。由此可以看出,乡(镇)卫生院在农牧民医疗卫生服务供给中的重要作用,中央财政与援藏资金投入重点应该从城市中心医疗机构逐渐转向农牧区基层医疗机构,特别是转向乡(镇)医疗卫生机构的建设上来。最后,中央与自治区财政应该安排专项资金用于每个行政村卫生室配备必要的、常用的医疗设备,并配备治疗农牧民常见病、多发病的各种药品。

(2)提高乡(镇)卫生院与村卫生所医疗卫生服务能力。加强农牧区三级卫生服务网络建设,把农牧区医疗工作重点放在乡(镇)卫生院与村卫生所的服务能力建设上来,保证农牧区人口居住点能够得到最需要的疾病预防和健康维护知识,在乡、村两级能够及时处理常见病、多发病等。在农牧区,乡(镇)卫生院提供公共医疗卫生服务功能,其服务质量是影响农牧民参加新型农牧区医疗管理制度意愿的重要因素。根据国家以往所作的卫生调查资料表明,农村居民最常使用的医疗服务是村级服务。基于农牧区地域辽阔、农牧民居住分散、农牧区交通不便这一事实,为了节省就医成本,农牧民更加倾向于使用村级医疗服务。然而,农牧区村级医疗机构卫生服务能力普遍比较薄弱,其服务质量低下也同样影响着农牧民参与新型农牧区医疗管理制度的意愿。要提高农牧民参与新型农牧区医疗管理制度的意愿,充分发挥农牧区医疗管理制度在农牧民健康安全保障中的重要作用,必须努力提高乡(镇)卫生院与村卫生所的服务能力。

在当前和今后一个时期,农牧区主要是如何确保乡村的医疗、防疫、保健等在现有基础上进一步完善,常见病、多发病如何得到有效控制,医疗卫生服务供给如何更深入、更持久。为了实现这些目标,除了加强硬件方面的基础设施建设外,更重要的是加强对乡村医务人员的多种形式业务培训。事实上,乡(镇)卫生院与村卫生所只有在改善服务质量和增强服务供给能力等方面去努力,一方面加大高层次医疗卫生技术人才引进力度,另一方面要制定各种政策,激励现有医疗技术人员外出学习、进修。特别要加强对乡村卫生人员进行医疗防疫和妇幼保健等专业技术培训,努力提高乡(镇)卫生院与村卫生所的整体服务供给能力。"十二五"期间,西藏自治区各级卫生行政部门可适当考虑为每个农牧村庄至少培养一名能够承担疾病预防和健康知识传播任务的兼职医疗卫生服务人员。

(3)制定各种优惠政策,充实乡(镇)卫生院与村级卫生所等医疗机构的医疗技术服务人员,逐步解决农牧区各级医疗卫生机构的"缺医"问题。近年来,随着西藏自治区取消大学毕业生包分配的政策后,一方面是大学生就业难问题越来越突出,特别是农牧区大学毕业生找工作越来越难,但农牧区人才普遍缺乏,特别是农牧区基层医务技术人才普遍缺乏,严重制约了农牧区基本医疗卫生事业的可持续发展。这一方面固然与农牧区工作环境相对较差有一定关系,但另一方面也与农牧区基层医疗卫生服务人员待遇普遍较低有直接联系,新毕业的大学生不愿意到农牧区基层医疗卫生机构工作,医学专业人员分配不下去。为了满足农牧民基本医疗服务需求,农牧区各级卫生行政部门只好临时聘用部分专业技术人员。目前,在全区乡(镇)卫生院医疗卫生服务人员中,聘用人员占全区医疗卫生服务人员总数的41.83%。乡(镇)卫生院聘用人员每月工资仅在100~450元之间,乡村医生每月误工补贴也仅在35~45元之间。由于工资待遇低,农牧区基层工作生活条件艰苦,加上交通不便,现有医疗服务人员留不住,现有聘用人员改行、转行越来越多,农牧区基层医疗卫生服务队伍极不稳定。"十二五"期间,各级卫生行政部门应制定一系列优惠政策,以解决农牧区医疗卫生人员短缺问题。首先,应采取一系列特殊政策留住现有医务技术人员,使用好与管理好现有人才;其次,将一批医学专业大中专毕业生充实到农牧区基层医疗卫生机构中去,逐步解决农牧区各级医疗卫生服务机构医务技术人员缺乏问题。

(4)鼓励卫生服务机构到农牧区基层开展流动医疗服务,改善医疗卫生服务供给方式,提高医疗卫生服务供给效率。受农牧区自然条件与生存资源等客观因素的制约,农牧民居住相对分散的现状在短时期内将难以改变。因此,必须根据农牧区实际情况,因地制宜,从有利于农牧民群众防病治病的角度出发,改变农牧区各级医疗机构坐诊看病的传统方式,加强到农牧区基层巡诊和出诊活动,派遣巡回医疗队,给农牧民群众送医送药。只有改变现有医疗服务供给模式,才有可能在提高公共医疗卫生机构使用效率的同时,改善对农牧民的基本医疗服务供给。增强农牧区三级医疗卫生服务机构的流动服务是西藏自治区一条值得选择的出路。

在农牧区,可以借鉴"眼科流动医院"的成功做法,为地级或县级医院装备必要的体检和手术车,使其发挥微型流动医院的作用,以满足边远村庄农牧民的体检和手术需要。为了实现这个目标,"十二五"期间,必须改变农牧区各级公共医疗卫生机构现有的激励与考评机制,进一步调整公共卫生支出结构。如区别不同医疗卫生及防疫保健机构所承担的业务量,合理确定财政定额补助标准,既要保证必要的农牧区公共卫生项目的开展,又要保证必要的对农牧民医疗救治能力的提高。根据农牧区各级医疗服务机构下乡服务的人数、所到边远村庄的数量和巡诊里程等指标,由自治区财政给予专项补助。当然,这需要中央和自治区财政进一步加大投入力度,除了加强必要医疗设备投资外,还需解决交通运输工具及交通费用等诸多问题。如果不解决好农牧区各级医疗卫生机构服务人员下乡开展医疗服务的交通、食宿等基本费用问题,这必将大大降低他们下乡开展流动医疗服务的积极性。"十二五"期间,西藏应进一步解决好农牧区各级医疗卫生机构下乡服务的后续问题,在农牧区开展流动医疗服务不仅是可能的,而且也是完全可行的。

(5)切实加强防疫保健系统建设,逐步改变农牧区"重医轻防"现象。从西农牧区公共医疗卫生机构建设情况来看,长期以来,中央与自治区财政比较注重对农牧区基层卫生机构发展的专项投入,如农牧区各级公共医疗卫生机构的基础设施建设和医疗设备购置等,并且已经取得了明显进步。在农牧区最漂亮的建筑就是医院和学校,农牧区各级公共医疗卫生机构的医疗设备配置也逐渐完善,这是不争的事实。然而,目前西藏农牧区更需要加强农村预防保健系统的建立与完善。农牧区基本医疗预防保健,带有社会福利和社会保障的性质,是政府必须承担的责任。在制度上把基层农牧区的医疗卫生、预防保健等作为一个系统安排,真正建立起农牧区初级医疗卫生保健、妇幼保健及疾病预防与控制体系,逐步改变"重医轻防"现象。在县以下卫生机构要一网多用,负责农牧区基层的医疗、预防、妇幼保健工作等。事实上,疾病预防和妇幼保健等基本医疗服务供给好比构筑江河堤坝,从节约医疗资源的角度来看,在这些卫生服务项目上的投资效益就能起到"四两拨千斤"的效果。从世界发达国家和地区的医疗卫生实践来看,将同样的资金投入到疾病预防领域可能要比投入到疾病治疗领域能够产生更大的效益。西藏农牧区是我国传染病发病率较高的地区之一,更应该加强农牧区疾病预防与控制体系建设。从改善人口健康状况的角度来看,这些服务也是人力资源投资的一种形式。因此,建立和完善农牧区防疫保健系统,对维护农牧民的健康安全而言,也是极其重要的。

"十二五"期间,西藏必须加大公共财政投入力度,构建农牧区公共卫生防治体系的资金保障。力争建立健全农牧区突发公共卫生事件应急机制、疾病预防控制体系和医疗救治体系。把预防保健作为农牧区公共卫生工作的重点,坚持预防为主,防治结合,加强对重点传染病、地方病等防治力度,努力改善农牧区基本医疗卫生状况,提高农牧民的医疗保健水平。

此外,农牧区公共卫生防疫保健体系的建设还离不开广大农牧民群众的积极参与。农牧区疾病预防与妇幼保健等公共医疗卫生体系建立最终还得靠农牧民的全民参与,尤其是传染病与地方病的防治更是如此。积极动员农牧民群众主动参与疾病预防活动,无论是对国家还是对个人,都是一种最有效地维护农牧区公共健康安全的方式。通过逐渐加强各种传染病知识的宣传,能够增进农牧民的自我保护意识。"十二五"期间,促进农牧民积极参与农牧区公共卫生防疫保健体系建设的主要方式有:积极推进农牧民实施改水、改厕、改厨等配套工程建设,推进农牧区公共卫生环境的整体改善;结合农牧民扫盲教育与各种技能培训等活动,加强农牧民健康知识教育,提高农牧民的健康安全意识;充分利用农牧区学校教育资源,加强农牧区中小学生健康知识教育,进而影响农牧民家庭健康安全意识。通过这些措施,进一步普及农牧民的疾病预防和卫生保健知识,提高农牧民的健康安全意识,进而促进农牧民参与农牧区公共卫生防疫保健体系建设。

5. 农牧区社会保障事业建设

1987年,西藏自治区养老保险制度正式启动,开始推行养老保险社会统筹,拉开了西藏社会保障制度改革的序幕,西藏开始建立企业职工基本养老保险和失业保险。不过,西藏自治区基本养老保险制度主要是针对城市居民与企业离、退休职工而言,并且长期以来这种养老保险格局也没有得到根本改变。经过20多年的发展,西藏自治区城市基本养老保险制度已日臻完善,在确保西藏广大参保人员老有所养,提高晚年生活质量等方面发挥了重要作用。直到2007年,西藏自治区农村养老保险制度才开始试点。与此同时,在1987年西藏自治区开始实行失业保险社会统筹,失业保险制度已在全区国有企业和事业单位中全面实施。

长期以来,西藏在农牧区主要实施的是特困群众生活救助制度。从2002年开始,西藏自治区开展了农村最低生活保障制度试点工作。2007年7月,农村居民最低生活保障制度开始在全区基本建立,将农牧区年人均纯收入低于800元的农牧区特困群众全部纳入了农村居民最低生活保障范围。

民主改革后,在农牧区,中央政府针对丧失劳动能力的孤、寡、老、弱、病、残者,实施了"保吃、保穿、保住、保医、保葬"的五保制度,并大力兴办敬老院,不断改善他们的生活条件。从1984年起,在中央政府的大力支持下,农牧区"五保户"供养方式实行了由集体供养向国家社会救济供养、提倡社会互助互济等方式转变,西藏自治区安排专项社会救济经费解决农牧区五保供养对象的生活,并不断加大投入。自治区各地市、县也因地制宜广泛组织动员社会力量参与五保供养对象的日常供养和管理。2001年以来,西藏对农牧区"五保户"供养标准进行了多次调整,从2001年的每人每年588元提高到2007年的每人每年1500元。随着农村最低生活保障制度在全区进入全面实施阶段,也基本建立起以农村居民最低生活保障制度为主体,以农牧区"五保户"供养、灾害救济等救助形式为补充的农村社会保障制度。"十二五"期间,应在原有发展基础上,进一步大力加强农牧民社会保障事业建设。

(1)**完善农村居民最低生活保障制度**。"十二五"期间,中央应逐步加大西藏农村居民最低生活保障资金投入,提高农村居民最低生活保障标准,保障农牧区困难群众的基本生活需要。目前,农牧区实施农村居民最低生活保障制度,主要由政府承担供给责任,资金来源也主要来自各级财政投入。中央财政成为了支持西藏自治区建立和完善农村居民最低生活保障制度的重要资金来源。完善西藏农村居民最低生活保障制度,还需要根据当地经济社会发展水平和财力状况,合理确定保障标准和保障范围,以保障那些生活有困难的农牧民群众得到最低生活保障经费,切身解决基本生活问题。完善西藏农村居民最低生活保障制度,应遵循以下原则:一是要保障农村居民的基本生活需要,不要因保障标准过低,使保障对象的生活仍出现困难。二是要保障标准与当地经济社会发展水平相适应,使西藏农村低保对象的生活水平不低于当地农牧民的平均生活水平。三是要政府保障与家庭赡养、社会帮扶相结合,在政府的大力支持下,还要充分发挥其它社会成员的帮扶作用。四是要统一标准,分类施保,动态管理。对那些生活困难的农牧区居民要切实纳入最低生活保障范围,对那些家庭经济条件已经明显好转的低保对象应逐步取消其最低生活保障待遇,充分发挥农村居民最低生活保障制度的救弱济困作用。五是要实现程序公开、公平、公正,对农村居民最低生活保障对象的认定要客观公正,并将农村低保对象在其生活辖区内张榜公布,自觉接受当地群众监督,充分体现农村居民最低生活保障制度的公平正义这一本质特征。西藏农村居民最低生活保障制度还应重点对那些无劳动能力、无收入来源、无依无靠的孤老、孤儿、孤残和意外事故、恶性重病或因自然灾害等造成生活水平低于最低生活保障标准的对象实施保障。

（2）完善农牧区"五保户"供养制度。首先，要把符合"五保户"供养条件的农牧民群众全部纳入保障范围，切实做到"应保尽保，按标施保"。其次，科学制定农牧区"五保户"供养标准。对农牧区"五保户"供养的实际标准，不应低于当地农牧民群众的一般生活水平，并且要逐步建立起农牧区"五保户"供养经费随机增长机制，确保农牧区"五保户"的基本生活需要。再次，要进一步加大农牧区"五保户"供养资金投入，多方筹集资金，在农牧区建设更多数量的养老院，尽量对农牧区"五保户"实行集中供养，以确保农牧区"五保户"的基本生活权益。对农牧区分散供养的"五保户"，要积极采取社会帮扶、邻里照顾等多种形式，做好服务管理工作，使他们的生活不低于当地群众平均生活水平。由于特殊的宗教文化等客观因素影响，农牧区"五保户"供养内容也应有其特定的内涵，即农牧区"五保户"供养除了满足基本的物质生活需要外，还需要进一步满足他们的精神文化生活需要。相对于一般农牧民而言，这部分人群更需要精神上的慰藉。因为他们同样对生活有着美好憧憬和希望，同样对社会交流等有着强烈需要，而这一点恰好是以往农牧区五保供养工作所忽略的。对此，必须进一步丰富农牧区五保供养内涵，在满足农牧区"五保户"基本物质生活需要的同时，还应尽量满足他们的基本精神生活需要。

（3）建立农牧民基本养老保险制度。随着西藏农牧区老龄化进程逐渐加快，应充分考虑农牧民的基本养老保障问题。"十二五"期间，西藏农村社会保障制度改革的重点应是建立和完善农村基本养老保障制度。基于西藏农牧民收入普遍偏低、还有不少农牧民生活还比较困难这一客观实际情况，在财政可以负担的情况下，将农牧区养老保险基金直接纳入国家财政预算，部分或全部费用由政府预算支出负责解决。这既可有效保障农牧区老年人口的基本生活权益，又是较好地预防农牧民贫困的一条重要战略措施。

西藏农村养老保险应按照"低水平、广覆盖、先试点、后推开"的原则，坚持低水平的保障标准，以西藏农牧民的基本生活为目的。在国家财政投入还相对有限的情况下，西藏农村养老保险首先应坚持建立个人帐户、互济为辅、储备积累的原则。建立个人帐户，是农牧区社会养老保险的基本形式，充分体现了保险者的权利和义务对等原则。农村养老保险资金的筹集，应坚持个人缴费为主、集体补助为辅、国家给予政策扶持的原则。农村养老保险在坚持自助为主的基础上，同时又要具备互助的功能。

还应逐步探索建立和完善农牧区社会养老保险与家庭养老相结合的农村养老保险

制度。对部分家庭经济条件较好的农牧民群众,可逐步推行自愿性社会养老保险和商业保险相结合的农村基本养老保险制度。初步建立由劳动者的基本养老保险、集体的补充养老保障、个人的储蓄和继续创造财富以及家庭的保障与照顾相结合的农村养老保险制度。

(4)建立和完善农村居民住房保障制度。"十二五"期间,要积极探索建立农村居民住房保障制度,并着手建立农牧区居民住房保障基金,将所有农牧区居民纳入住房保障范围并对其进行社会保障。在此基础上,要逐步完善农村居民住房补贴制度,对农牧区居民建房资金补贴,一方面固然要体现社会保障制度的公平性特征,另一方面更要体现社会保障制度的救弱济困特征,不能过于追求全民福利,应缩小住房保障覆盖面,把政府实施的住房保障范围集中,把住房保障的重点放在最困难的人和最需要解决的事情上,让更多的社会弱势群体得到更多的实惠,让社会最少受惠者的福利得到最大化。

(三)西藏新农村建设安居乐业的培训任务

1. 农牧民的素质教育

由于西藏在地理区位上的边缘分布特征,农牧区交通不便,信息闭塞,农牧民观念保守。长期生活在传统农牧业生产方式下的农牧民群众对先进的科学技术、知识信息及商品信息接受难度较大。加上受社会历史、宗教文化、传统观念、农牧民收入偏低等因素的影响与制约,农牧民受教育水平普遍较低,农牧民科学文化素质也普遍偏低。

(1)农牧民思想文化素质亟待加强。西藏是从"政教合一"的封建农奴制社会过渡而来的,旧制度下的宗教观念与封建迷信长期影响着整个民族的政治、经济、文化和社会生活的各个方面。而农牧民群众几乎是全民信仰宗教,传统文化中的封建农奴制残余思想和陈规陋习在很大程度上造成了农牧民保守、封闭、迷信和愚昧依然存在。农牧民观念普遍落后,"等靠要"思想严重,"重农轻商"的观念也还没有得到根本改变。特别是达赖分裂集团长期公开鼓吹"西藏独立",利用宗教从事民族分裂活动,不仅给西藏社会稳定和安定团结造成了消极的影响,而且也给农牧民思想文化素质提高带来了一定程度干扰和破坏。

(2)农牧民教育观念素质有待提高。旧西藏教育十分落后,没有一所近代意义上的学校,广大农牧民没有权利接受教育,适龄儿童入学率不到2%,青壮年文盲率高达95%以上。这是造成今天广大农牧民素质普遍偏低的主要历史原因,也在很大程度上影响了农牧民群众的教育观念。目前,农牧民群众深受传统观念的影响,全社会对教育的重视和认识还有待进一步提高,教育的外部环境仍需不断改善。特别是一些偏远落后地区的农牧民群众对其子女接受基础教育的意识不强,送子女上学的积极性不高,直接影响到农牧区基础教育的健康发展与农牧民素质的整体提高。

(3)农牧民科技文化素质有待提高。 长期以来,农牧民群众的教育文化水平普遍较低,对农牧业科技的接受能力不高,很难看懂或根本不看农牧业科技书籍,不能有效地掌握科学的种养殖技术和技能。由此造成了农牧民用科学的方法来认知世界和改造世界能力的缺乏,导致了农牧民群众普遍对现代科学生产技术和现代文明漠不关心,束缚了农牧民的思想与行为,降低了农牧民群众的积极性和创造性。目前,绝大部分农牧民群众在掌握农牧业科技知识的数量与质量,并将其运用于农牧业生产的实践能力都比较差。

(4)农牧民经营管理素质亟待加强。 由于农牧区市场发育比较缓慢,农牧民"买难卖难"的状况依然存在,农畜产品不能及时转化为货币收入,在一定程度上影响了农业产业化进程和农牧民生活质量的快速改善,从而导致了农牧民商品意识不强,商品观念淡薄,在一定程度上制约了农牧民素质的提高。

西藏与内地省市发展差距逐渐扩大,既不是政策方面的原因,也不是资金方面的原因,实质上是由于教育发展方面的差距,以及由此造成的知识差距、信息差距、观念差距,是人的综合素质差距的体现。农牧民素质的高低,尤其是思想道德素质与科学文化素质高低,从根本上决定了农牧区经济社会发展水平,是保持农村社会稳定的关键。由此看来,提高农牧民教育文化素质是保证西藏社会稳定与发展的需要,是实现西藏社会长治久安的需要。基于此,"十二五"期间,要坚持把提高农牧民素质作为根本任务。

(1)努力提高农牧民的政治思想文化素质。 "十二五"期间,继续坚持用中国特色社会主义理论体系教育农牧民群众,引导农牧民群众牢固树立爱国主义、集体主义、社会主义思想,唱响共产党好、社会主义好、民族区域自治制度好、改革开放好、民族团结好的主旋律。与此同时,还要努力提高农牧民群众的思想道德素质,大力开展社会主义荣辱观教育,积极培养农牧民群众的健康文明生活方式。

(2)深入推进农牧区基础教育健康发展,提高农牧民群众教育水平。 "十二五"期间,必须认真贯彻落实教育超前发展战略,把教育切实摆在优先发展的战略地位,全面普及九年义务教育,这是实现农牧民素质提高和人力资本积累的前提和基础。为此,必须进一步加大基础教育发展投资力度,逐渐提高基础教育经费在财政总支出的比重,大力提高义务教育阶段学生入学率,努力降低辍学率,为农牧区学生健康成才奠定坚实基础。

(3)深入开展科学技术普及活动,提高农牧民科学文化素质。 "十二五"期间,要继续抓好科普宣传活动,充分利用科普讲座、科教影视放映、科普展览、印发科技资料与科普读物等多种形式和方法,向农牧民进行科技宣传。同时,要充分利用电视、报纸、广播等宣传阵地,不断增加科普宣传内容,向农牧民群众传播科学方法和科学知识,努力在农牧区倡导并逐步形成"学科学、爱科学、讲科学、用科学"的良好社会风尚。

(4)培育与完善农牧区市场经济体系,努力农牧民群众现代经营管理素质。"十二五"期间,要大力培育与完善农牧区市场体系,逐步完善农牧区市场环境,吸引农牧民群众广泛参与,提高农牧民群众的市场参与能力,进而提高他们的现代经营管理素质。

2. 扫盲教育现状、差距对策与保障措施及方案

西藏和平解放之初,全区人口文盲率高达95%以上。西藏和平解放后,在中央的大力帮助与内地省市的无偿援助下,经过全区各族人民的共同努力,目前,全区已经建立起包括幼儿教育、中小学教育、特殊教育、职业教育、高等教育和成人教育在内的较为完善的现代民族教育体系。

特别是从2003年起,自治区要求全区9岁以下的、有学习能力的适龄儿童都要入学,严格控制义务教育阶段在校生辍学现象发生,杜绝新生文盲产生。对15周岁以下的文盲,在当地政府的组织与动员下,由当地学校负责进行补习教育,限期达到个人脱盲标准。对15~24周岁有学习能力的青年文盲,要保证有一个脱盲一个。为了实现这个目标,农区扫盲教学点以现有学校教学点和小学为依托,牧区新布设一批流动扫盲教学点,积极开展扫盲教育。西藏青壮年文盲率下降到2.4%,全区人均受教育年限达到6.3年。这为西藏人口素质的整体提高奠定了坚实基础。

在看到全区扫盲工作取得巨大成绩的同时,还必须清醒地认识到,西藏仍然是全国人口素质最低的省区之一,与全国人均受教育水平相比,仍有较大差距,特别是在农牧区还有一定数量的青壮年人口是文盲或者半文盲。同时,从扫盲实践来看,即使这些已经脱盲的人口,其素质依然没有得到大的提高。农牧民藏文脱盲标准是会读且能拼写藏文常用字词,能够阅读较通俗的藏文,会写常用的应用文,能够记简单的帐目;汉文脱盲标准是会认会写1500个以上的汉字,能够看懂浅显的报刊、文章,能够记简单的帐目和书写简单的应用文;凡是达到藏文脱盲和汉文脱盲标准中的其中一个,均视为脱盲。自治区制定的脱盲标准来看,目前的脱盲标准还比较低,远不能适应农牧区经济现代化发展的需要。从农牧区实地调查结果看来,即使是经过扫盲学习的农牧民群众,还不能有效地阅读和拼写藏文。

随着现代科学技术的日益发展,进入新世纪后,文盲的定义也发生了变化。2005

年,联合国将新世纪文盲分为三类,一类是不能读书识字的人,一类是不能识别现代社会符号的人,还有一类是不能使用计算机进行学习、交流和管理的人。如果用这个定义来界定全区文盲人数,那么扫盲教育依然任重而道远。绝对不能满足目前已经取得的成就。"十二五"期间,更应注重提高扫盲的实际成效,提高农牧民素质。

(1)**为了有效堵住新生文盲的产生,必须同步实施扫盲教育与普及义务教育**。"十二五"期间,应积极组织15岁以下未入学的适龄儿童到学校进行补偿教育。与此同时,加大义务教育发展资金投入,全面推进"三包"优惠政策,保证所有适龄儿童在义务教育阶段都有学可上、都能够上好学。

(2)**全面开展"农家书屋"工程建设,进一步提升农牧区公共文化服务水平,彻底解决农牧民群众"看书难"的问题**。通过"农家书屋"工程建设,在农牧区营造学科学、用科学的良好氛围,提升农牧民的文化和科技素养,保障农牧民的基本文化权益。与此同时,要大力推进广播电视村村通、文化信息资源共享、社区和乡镇综合文化站建设、农牧区电影放映、电视进万家等重点文化惠民工程,推动文化资源向农牧区倾斜,丰富农牧民文化生活。

(3)**深入推进科技、文化、卫生、政策、法律"五下乡"活动**。"十二五"期间,要积极探索建立"五下乡"活动长效机制,在"送、建、派、教、用"上下功夫。广泛开展形式多样、内容丰富、农牧民群众喜闻乐见的文化活动,引导农牧民崇尚科学,远离迷信。扎实开展政策宣传进农家、社会公德进农家、科技知识进农家、特色文化进农家、文明新风进农家活动,不断丰富农牧民群众的业余文化生活。

3. 农牧区的科学技术普及

在西藏特殊的自然地理条件下,农牧区自然环境十分恶劣,自然灾害发生频率高,灾害类型多,灾害损失大,西藏是中国西部遭受自然灾害最严重和发生频率最高的地区之一。而西藏农牧业基础设施建设异常薄弱,农牧业生产"靠天吃饭"的局面仍没有得到根本改变,农牧业生产由此面临更多风险。相对于内地省市农牧业生产而言,西藏农牧业更是一个弱质产业。在这种情况下,必须加大农牧业科学技术使用,如大力推广和使用良种,以增强耐干旱及抗霜冻能力,从而提高农牧业生产效益。

当前西藏农牧业科学技术发展存在以下问题:农牧民科学文化素质普遍偏低,对现代农牧业科学技术知之甚少,目前,绝大多数农牧民依然按照传统生产方式从事农牧业生产;各级政府对农牧业科技发展资金投入严重不足,农牧业科学技术推广举步维艰;从事农牧业技术工作的人数不仅数量严重不足,而且农牧业技术人员在各类专业技术人员中所占比例也较小；部分县（市）农牧科技推广部门往往是徒有虚名，机构存在而功能丧失，农牧业科技与良种推广服务体系尚不健全和完善；农牧科技结合不紧，农牧业科技推广手段与农牧民的科技文化素质不适应，推广教育发展缓慢，等等，严重制约了西藏农牧业的健康发展与农牧民增收。为了顺利推进西藏农牧业健康发展，促进农牧民持续增收，"十二五"期间，必须加大投入，采取一系列措施，大力推广现代农牧业科学技术，进一步加强农牧民劳动技能培训。

（1）**健全和完善农牧业科技服务体系**。"十二五"期间，应按照巩固完善自治区一级、充实加强地（市）一级、重点建设县一级、逐步辐射乡镇一级的原则，增加对农业技术推广服务体系建设的投入。把农业技术推广服务体系建设列入"十二五"重点建设项目，力争"十二五"期间健全和完善全区四级农技推广服务网络。

（2）**建立和完善农牧业科技培训体系**。要有效整合和充分利用各级农牧技术推广部门、各类大中专院校、农牧业科研部门等培训机构的资源，规范培训管理，搞好适合西藏农牧民的培训教材研发，加快建立一批布局合理、设施配套、师资合格、功能齐全的培训基地。

（3）**大力加强农牧业科技人才队伍建设**。首先，应深入推进科技特派员工作，启动乡镇一级农业、畜牧业、林业技术服务站建设，努力充实乡镇科技人员。其次，加强村级科技人员队伍建设，力争做到村村都有科技特派员，通过制定各种优惠政策，鼓励科技人员扎根农牧区基层、服务"三农"。再次，要积极推进"青年人才工程"建设，培养实用技术星火带头人、工商创业带头人以及青年经纪人等青年致富创业带头人。

（4）**全面启动"新型农牧民培训工程"**。建立农牧民培训信息资源库，做到"一乡一柜"、"一村一档"、"一人一卡"。通过举办培训班、发放宣传册、播放科教片、召开座谈会等方式，鼓励农民学科技、用科技，力争做到每户有1个科技明白人。进一步加强农牧民科学技术培训，普遍开展现代农业知识、经营管理、市场营销和生产技能技术培训，大力培养有知识、懂技术、会经营的新型农牧民。

（5）**创新农牧业科技培训方式**。"十二五"期间，在西藏电视台继续开办《高原科技》栏目，进一步丰富和完善西藏人民广播电台《科普园地》节目，大力充实西藏日报社《科普长廊》专栏，等等，使这些经常性科普宣传工作更加贴近广大农牧民群众，增强了科普宣传的针对性和实效性。充分发挥电影下乡在宣传农牧业种植技术、病虫害防治、科学养殖、农机维修等方面的作用。与此同时，还应积极探索农牧业科技培训方法，把培训课堂延伸到田间地头、牛棚、鸡（鸭）舍，实现理论与实践的有效结合。

4.农牧区剩余劳动力的转移

随着农牧区人口快速增长与农业机械化水平不断提高,农牧区出现了大量剩余劳动力。大量剩余劳动力滞留在农牧区,不仅造成劳动力资源闲置与浪费,而且还会形成社会不稳定的隐患,不利于当前构建西藏农村和谐社会。从西藏经济发展整体情况看来,农牧区经济发展相对滞后,农牧民自我发展能力还比较弱,如何有效转移农村剩余劳动力,一直是各级政府工作的重点。政府在农牧区投资的各种经济发展项目,为当地农牧民提供了就业机会,劳务输出逐渐成为农牧民家庭现金收入的重要来源,但随着市场化程度日益提高,农牧区剩余劳动力转移也面临严峻挑战。当然,市场机制在为当地农牧民带来机遇的同时,也在很大程度上排斥了当地没有竞争力的农牧民群众参与,必须尽快研究农牧区剩余劳动力转移的市场和机制问题。

西藏自治区经济总量偏小,工业经济与城镇经济发展滞后,对农牧区剩余劳动力的吸纳能力非常有限,由此决定了区内农牧民转移就业的空间十分狭小。西藏农牧区地广人稀,基层信息网络还处于空白状,就业服务指导体系尚不健全。目前,西藏还没有一个全区性劳动力市场,没有专门的机构和人员,农牧民转移就业带有很大自发性和盲目性。而且就业培训体制也急需理顺,当前,不仅劳动就业部门,还有农牧、农发、团委、妇联等许多部门都在开展农牧民培训,制度不统一,资金分散,存在片面追求培训数量的现象,而且培训质量考核标准还不完善,部分培训资金使用不高。

绝对大多数农牧民受教育水平较低,劳动技能匮乏,农牧民的就业空间大为缩小。目前,全区约有45万需转移的农牧民劳动力,其中60%以上属文盲半文盲和小学文化程度,90%以上农牧民没有专业技能。长期以来,缺乏技能成为制约农牧民劳动者就业的主要因素。加上大部分农牧民就业观念落后,普遍认为只有到国有单位、政府部门工作、只有在城市工作才算就业的观念,这也在很大程度上限制了农牧区剩余劳动力的转移。此外,随着青藏铁路通车运营后,每年将有大量区外劳动力进藏务工,这在一定程度上对区内农牧区剩余劳动力的转移带来压力和挑战。

"十二五"期间,力争让农牧民人均纯收入步入全国中等行列,这是中央制定的既定目标,也是西藏社会主义新农村建设的首要任务。因此,要想实现农牧民人均纯收入水平步入全国中等行列这一既定目标,必须在稳步提升传统种养业水平的基础上,大力推进农牧区剩余劳动力转移就业。

(1)建立健全农牧区劳动力就业服务体系。"十二五"期间,应建立一个专门负责农牧民转移就业培训的部门,并由这个部门统筹研究制定农牧民转移就业规划及政策,统筹协调解决农牧民转移就业中遇到的重大问题,统筹研究和分析农牧民转移就业面临的新情况,统筹安排和落实农牧民转移就业项目、资金及扶持措施,真正形成促进农牧民转移就业的强大合力,着力解决培训与就业脱节、输出与输入脱节、用工与权益保障脱节等问题。各类培训经费也由这个部门统一管理、集中使用,发挥资金的最大效益。应将就业信息服务体系建立到乡镇,并在每个乡镇设立一名就业联络员,及时搜集各类就业信息,提供给农牧民,组织农牧民有目的性外出务工。

(2)拓宽农牧民劳动技能培训渠道。"十二五"期间,要迅速提升农牧民的劳动技能和素质,首先应对现行的教育模式进行大胆改革,突破单一的以升学教育为主的办学模式。在巩固义务教育成果的同时,重点加强职业教育基础建设和师资队伍建设,着力解决重义务教育阶段轻职业教育的问题。积极鼓励和引导社会力量兴办各类职业技术学校,逐步形成渠道多样、方式灵活的农牧民培训就业渠道。加强农牧民劳动技能培训,政府与企业联合是主要模式,但同时也要创造出政府与企业、与学校联合办学的模式。充分发挥西藏各级科研院所的人才优势和龙头企业的转化能力,开展对农牧区富余劳动力职业技能培训和实施科技服务能力培训。

(3)突出农牧区劳动力转移就业重点。首先,应立足于农牧区实际,通过开发农牧业特色资源,引导农牧民发展特色种养殖业、采矿业、采沙石业等,促进农牧民就地就近转移就业。其次,通过发展乡村文化旅游产业,促进旅游业从单纯的游览式旅游向集旅游、文化、餐饮、商贸为一体的大旅游转变,促进更多的农牧民参与旅游服务,进而实现就地就近转移就业。再次,突出抓好农牧区各具特色的小城镇建设,积极引导农牧民进入商贸服务领域,注重培植城镇经济增长点,拓展就业空间,带动农牧民转移就业。

(4)大力发展乡镇企业,有效带动农牧民就业。"十二五"期间,应立足实际,尽快制定出台更加宽松、优惠的企业扶持政策。重点扶持以优势资源为依托的资源开发型企业、以地域特色为亮点的民族工业型企业、以第三产业发展为目标的服务型企业,进一步扩大农牧区社会就业、改善农牧民生活、促进农牧区经济增长。全面提升乡镇企业和龙头企业的整体素质,继续保持乡镇企业、农畜产品加工企业与劳务输出加快发展的良好势头,为农牧民就业增收发挥"龙头"作用。

(5)进一步增强农牧民就业培训实效性。"十二五"期间,要按照"实际、实用、实效"的培训原则,根据市场需求,缺什么就培训什么的原则,采取先招工、后培训就业的办法,大力开展建筑施工、汽车驾驶、餐饮服务、乡村旅游、民族手工业等方面的实用技术培训。根据农牧民的实际情况和市场需求调整培训项目,积极探索多种培训形式,尽快大力培养提高农牧民劳动技能。重点扶持现有的农牧民施工队,帮助有条件、有愿望的乡村组建新的农民施工队,加大对他们的培训力度,优先安排工程项目,进一步拓宽农牧民群众的增收渠道。总之,农牧区劳动力的转移就业,将直接关系到农牧民收入增加、农牧区经济结构调整以及社会主义新农村建设的成效,因此,"十二五"期间,必须坚定不移地大力推进农牧民劳动技能培训。

5.提高农牧业的生产率

从2005年西藏开始着手实施科技特派员试点工作以来,突出以农牧民增收为中心任务,以农牧业增产增效、特色产业开发等为重点,通过示范推广新品种、新技术、新工艺,为农牧业生产经营提供全过程、全方位的技术服务,成为农牧区经济发展强有力的支撑和技术保障。到2008年底,全区良种覆盖率达到80%以上,科技对农牧业经济增长贡献率达到36%。与此同时,全区粮油种植比例得到明显改善。2008年,西藏粮食和油菜总产量分别比1959年增长了4.2倍和21.8倍;全区肉、奶产量分别比1978年增长了3.86倍和2.1倍;通过大力发展蔬菜产业,有效缓解了农牧民群众吃菜难等问题。

然而,在看到西藏农牧业发展所取得的成就的同时,还必须清醒认识农牧业发展现状:迄今为止,农牧业生产仍然是广大农牧民最为重要的生存方式与收入来源。绝大多数农牧区仍处于传统的农牧业社会阶段,仍然是以相对独立的一家一户的"小而全"经济模式占据主导地位。虽然这种经济模式与当地生产力发展水平相适应,也可看作是西藏农牧民对农牧业生产中可能遇到的自然风险和市场风险的一种合理反映,但从总体上看,这种经济模式毕竟是一种落后的经济模式,极大地制约了农牧业劳动生产率的提高。农牧业生产仍以低层次平面垦植方式为主要特征,即低素质的生产劳动者凭借传统的、简单的农耕技术和经营方式,以人口数量的累积增加和大量的体力劳动为主,直观表现为以锄头、犁、耙和畜力为主的生产技术手段同自然界进行简单的能量交换过程,劳动生产率极低。而且农牧区生产结构是单纯追求粮食产量的单一种植业结构,农牧区以第一产业为主的单一产业结构没有明显改变。具体表现为农业以种植业为主体,而种植业又以粮食生产为主体,其它农村产业发展落后尤其是农产品加工业发展极度缓慢的格局。在这种经济模式下,阻碍了农牧区经济结构调整步伐与农牧区市场体系发育。

基于上述客观因素存在,"十二五"期间,必须加大农牧业生产发展投入力度,坚持以提高农牧业生产效率为核心,全面深入推进"一产上水平"。

(1)加大农牧区基础设施建设投入,为农牧业生产提供必要保障条件。长期以来,西藏与内地省市一样,基本形成了城乡基础设施"二元"供给体制。中央将基础设施建设投资重点放在了城市,然而,对农牧区基础设施建设投入却严重不足,农牧区基础设施建设长期滞后,农村基础设施建设形成了很大的历史欠账。同时,在农牧区基础设施建设投入还十分有限的情况下,对农牧区基础设施建设投资结构也不尽合理。从农牧区基础设施投资结构来看,长期仍偏重于大江大河的治理,直接用于改善农业生产条件和农民生活条件的基础设施的投资明显不足,农牧区基础设施供给能力严重滞后于农业现代化、农村可持续发展的需求。因此,"十二五"期间,必须加强农牧区基础设施建设投入力度,加强基本农田灌溉、人畜安全饮水工程建设等"六小工程"建设,确保农牧民基本生产生活条件得到有效保障。继续把农牧区基础设施建设放在重要位置上的同时,还应加大后续的管理工作力度,实行管理工作法人制,使巨大的投入资金能发挥永久性的效益。

(2)加大农机具等生产资料补贴,提高农牧业机械化水平。 中央财政的大量投资,使西藏农牧业、能源、交通、邮电通信等基础产业和基础设施得以健康发展。"十二五"期间,要继续加大农机具等生产资料补贴力度,通过财政补贴,减轻西藏农牧民群众的生产负担,进而促进农牧民大量购买拖拉机、播种机、收割机等现代农业生产机械设备,全面提高农牧区机械化水平。同时,也能推进西藏现代工业发展步伐,进而实现西藏农牧业与工业联动发展的良好局面。

(3)加强现代农牧业科技培训工作,努力提高农牧民劳动技能。 "十二五"期间,自治区涉农部门,应相互配合,整合力量,积极开展科技培训和技术推广,多渠道、多层次、多形式开展农牧民培训。全面实施"新型农民科技培训工程"、"绿色证书工程"等培训活动,增强农牧民的科技意识,提高劳动者的综合素质和生产技术能力,让西藏农牧民真正学到和掌握实用农业科技,增强自身"造血"功能,为农牧区发展注入新的活力,努力实现"科教兴农"、"科教兴藏"战略。

(4)加大农牧业科技推广力度,全面推进现代农业建设。 "十二五"期间,要狠抓农牧业科技推广工作,大力推进农牧区特色产品基地建设,特别是建立优质畜牧、粮食、藏药等重点产业基地,通过项目实施,培育龙头产业,抢占区外与国际市场,努力培植"一乡一业"、"一村一品"的主导产业,大力发展具有西藏特点的现代农牧业。

(四)促进农牧民稳定增收的建议

1. 西藏农牧民稳定增收的机遇与挑战

近年来,西藏农牧民人均纯收入快速增长,主要得益于中央和自治区空前加大政策

扶持和资金投入,农牧民能够实现稳定增收,主要得益于以下机遇:

(1)**中央财政的大量补贴**。转移性与财产性收入在农牧民人均纯收入中占有一定比重,这便是中央和自治区政策扶持和资金投入的结果。同样,农牧民劳务收入在很大程度上也是中央和自治区政策扶持和资金投入的结果,因为自治区每年在农牧区都要投资一些建设项目,在项目建设中对首先雇佣当地劳动力也作出了明确规定。农牧业经营收入作为农牧民家庭纯收入的主要部分,也同样离不开政府的政策扶持和资金投入,如政府对农机、化肥、农药等生产生活资料均给予一定价格补贴,这也在一定程度上增加了西藏农牧民家庭纯收入。

(2)**各种项目投资的拉动**。特别是第四次西藏工作座谈会后,中央将投资重点转向农牧区,这给农牧民增加了更多的外出务工与增加家庭现金收入的机会。随着农牧区劳务经济的迅猛发展,农牧民劳务收入也快速增加,家庭经营收入已不再是增加农牧民收入的唯一来源,劳务收入成为农牧民增收的一大亮点。如各地发展了102个特色农牧产业项目,项目区群众人均增收600多元,特色产业已成为农牧民新的收入增长点。

(3)**旅游业健康发展带来的增收**。自2006年7月1日青藏铁路通车以来,西藏农牧民也看好"火车商机",纷纷吃上了"旅游饭"。据西藏自治区旅游局统计,参与旅游经营的农牧民人数达34870人,人均收入6383元,是全区农牧民人均纯收入的2.29倍。

(4)**安居工程建设与农牧民增收**。实施农牧民安居工程以来,迅速带动了农牧区建筑建材业、交通运输业、劳务经济的发展,很多农牧民施工队、采砂队、运输队等活跃在安居工程现场,促进了农牧民增收。据初步统计,全区参与安居工程建设的农牧民约有421.7万人次,实现增收约2.3亿元,农牧民人均增收约545.4元。

此外,从城镇到农牧区都已初步建立起社会保障体系。2008年农牧区"五保户"的供养标准达到1600元。2006年,西藏将人均收入低于800元的农牧民全部纳入最低生活保障,在全国率先建立了农牧区最低生活保障制度,这也在很大程度上促进了农牧民增收。在看到农牧民增收面临的大好机遇时,还应清醒地认识到目前农牧民增收所面临的种种挑战:

(1)**农牧民文化素质普遍较低**。劳动技能较差,把握市场机会的能力还明显不足,农牧民转移就业还不充分。

(2)**农牧民创收能力不强、增收基础不牢固等问题并没有得到根本解决**。一旦政府的后续扶持政策跟不上、投入力度有所减弱,则农牧民收入极有可能再度陷入低增长的困境。

(3) 农牧业经营收入仍然是农牧民家庭的主要收入,农牧民收入渠道较为单一。 在农牧区,制约农牧民增收的深层次原因是农牧民人均占有生产性资源较少,农牧业生产效率低下。

(4) 农牧民人均纯收入总体偏低。 农牧民人均纯收入保持了较快的增长速度,但农牧民人均纯收入总体偏低。2008年,西藏农牧民人均纯收入为3176元,而全国农人均纯收入为4760.6元,农牧民人均纯收入仅为全国平均水平的66.3%,即仅为全国农民人均纯收入的三分之二。

(5) 城乡居民收入差距拉大。 2008年,城镇居民人均可支配收入是农牧民人均纯收入的3.93倍,远远高于全国平均水平。如果考虑到城镇居民人均可支配收入与农村居民人均纯收入中的现金收入比例,则农牧民与城镇居民的实际消费水平的差距就更大了。据调查,农牧民收入构成中的现金收入仅占40%左右,而城镇居民可支配收入中基本上都是现金收入,照此计算,城镇居民人均可支配收入是农牧民人均纯收入的10倍左右,城乡居民收入差距是全国最大的,等等。如果这些问题长期得不到有效解决,实现农牧民增收的任务依然十分艰巨。

2. 西藏农牧民稳定增收的长效机制建设

"十二五"期间,必须继续把"改善农牧民生产生活条件、增加农牧民收入"作为政府工作的首要任务,进一步探索建立农牧民持续稳定增收的长效机制,为农牧民人均纯收入在2020年接近全国平均水平奠定坚实基础。

(1) 夯实西藏农牧业发展基础,努力建设具有西藏特点的现代农牧业。 "十二五"期间,要实现农牧民持续稳定增收这一目标,首先就得立足于农牧区实际,立足于现有农牧业,充分利用农牧区独特的自然资源与气候资源,大力发展特色农牧产业。

(2) 大力推进农牧区小城镇建设,实现城乡统筹发展。 目前,西藏是我国城镇化率最低的地区,农牧区县一级特别是乡镇一级城镇经济发展相对滞后,城镇经济对农牧区经济发展的辐射带动功能作用不强。"十二五"期间,必须加快农牧区城镇化建设步伐,充分发挥城镇对农牧区资源的集聚与整合功能,带动农牧区经济快速发展,从而实现城乡统筹发展。

(3) 适度发展劳动密集型工业,促进农村劳动力向工业转移。 目前,西藏工业发展的典型特征是,数量少却重型化,大多属于资金和技术密集型,对农业劳动力的转移拉动作用不明显。"十二五"期间,必须适度发展劳动密集型工业,促进农村劳动力向工业部门有效转移。

(4)加强农牧民劳动技能培训,实现多渠道增收。因受自然地理、体制机制等因素的限制,农牧业人口进入城镇困难重重,这使得绝大多数农村剩余劳动力在农业之外又在农村之中寻找新的出路,显然,这与农牧民劳动技能不强、劳动素质不高有直接联系。"十二五"期间,必须加大农牧民劳动技能培训,努力提高农牧民劳动技能与素质,为农牧民既能够在农牧区、又能够在城镇实现就业和增收。

"十二五"期间,为了实现农牧民持续稳定增收这一目标,必须在以下政策方面作出一些调整:

(1)健全与完善社会主义市场经济体制,加强政府在经济发展中的宏观调控作用。当前西藏经济发展仍主要依靠中央与内地省市的帮助,政府在资源配置中仍起重要作用。但与此同时,也难以避免政府在经济发展过程中干预过多的现象。因此,"十二五"期间,必须坚持把市场作为资源配置主体、建立完善市场机制作为经济发展重点,同时辅之以政府的基础扶持、政策干预和引导,以吸引社会生产要素对农村系统的投入。

(2)改革与完善城乡户籍制度,促进农牧区人口合理流动。长期以来,西藏实行城乡户口分离制度,城乡不同的户籍管理制度在城市和农牧区之间构筑了一道制度屏障,人为地把城市和农牧区隔离开来,在客观上起到了限制农业人口转移的作用。因此,"十二五"期间,必须加大城乡户籍制度改革,促进农牧区人口合理流动,进而有助于实现西藏城乡统筹发展。

总之,"十二五"期间,西藏更应着眼农牧区经济发展的长期规划,营造更为公平合理的市场环境,逐步建立完善商品市场、资金市场、劳动力市场等,尽可能地吸引区内外私人投资,使个体私营经济与城镇经济得到更大发展,为健全与完善市场经济体制提供市场主体,从而推动农牧区经济健康发展,促进农牧民持续稳定增收。

(执笔:倪邦贵 徐伍达 多 庆)

附 篇

论文选编

西藏社会变迁中的经济发展考略*

西藏在50多年间的变化即是社会变迁的过程,这个过程很明显的呈现出伴随着社会结构大变动的经济发展态势。通过对1950年以及1959、1965年以来,尤其是对1994年以来的西藏经济社会发展的观察,①可以明显地看到发展经济学意义上的区域经济社会的变化,即符合经济学特指的发展(Development)是一个多项结构变动的运动,其目标不可能仅由少量纯经济指标所囊括。② 西藏尽管仍然是中国发展中的区域之一,但在中央政府、兄弟省市的关心、支援下,经过自身的努力奋斗,完全可以在发展的过程中奠定进一步发展的基础。对这样的一个历史过程,需要从理论研究的角度,清醒地予以认识和阐释。

一、当代西藏社会变迁中经济增长的观察

西藏社会变迁这个命题,其实就是西藏社会转型内涵的田野考察和理论研究的展现。当代西藏社会变迁,主要指20世纪50年代以来西藏社会的整体结构及其组成要素的运动、变化和发展。西藏在1959年民主改革之后,社会的变迁是显著的。但是,经历了很长时间之后,一个走向现代的西藏才逐渐被人们所认识。而这个认识,除了媒体

---

* 原文载于《西藏研究》2008年第5期。
① 本文中出现的1950、1959、1965年以及1989年和1994年都是研究西藏社会变迁的相关时点。
② 笔者在1991年的拙作《西藏:非典型二元结构下的发展改革》中,已经做过这个界定。

的介绍和一些学者的田野考察的结论外,主要还是通过对西藏经济增长的直观印象得来的。对理性的研究者来说,这个印象应当用数据予以证实。

1950年以前,西藏在政教合一的封建农奴制统治下,自然经济形态十分明显,经济运行主要依靠以庄园经济为主的简单再生产形式进行循环,没有现代工业,只有牧业和少量农业、手工业。1950年以后,在中央政府的帮助下,西藏地方经济社会开始发生变化,出现了一些带有现代色彩的工厂;1954年青藏、川藏公路通车,为西藏地方提供了打破封闭的契机。而真正意义的社会变迁,始于1959年的民主改革之后;1960~1964年,西藏的社会制度发生了根本性的变化;1965年西藏自治区的成立,建立社会主义制度,标志着西藏社会制度的彻底改变。至此,西藏社会整体结构及其组成要素的运动、变化和发展,构成了西藏社会变迁的依据。1978年中国实行改革开放以来,作为中国大系统之中的子系统,西藏的经济体制发生了重大变化。1994年以后,社会主义市场经济体系逐步形成,西藏各项事业取得了巨大成就,经济实力明显增强,经济建设的步伐越来越快,不仅建立了现代工业、交通、农牧业,现代服务业和社会事业也有了长足的发展。

西藏自治区的现代工业建设起步于20世纪50年代末,先后建立了电力、采矿、毛纺、食品、印刷、建材、机械加工等10多个行业;与此同时,西藏的交通也快速发展起来,形成了公路、航空、铁路、管道、水运的立体运输网络;近十多年来通信、金融、咨询、房地产等现代服务业也出现了高速增长的局面;现代意义的教育、科技、医疗卫生在40多年的时间里有了进一步的发展。从经济社会的多角度对西藏社会变迁的观察,最直接的还是经济统计数据:①

西藏民主改革初期的1959年,西藏生产总值(GDP)仅为1.74亿元,到2007年这一数据已变为342.19亿元。按可比价格计算,增长了59倍,年均增长8.9%。西藏每天创造的生产总值由1959年的48万元,扩大到2007年的9375万元。1994年中央召开第三次西藏工作座谈会以来,西藏生产总值每年都有两位数的增长,年均增长13%左右,高于全国同期年均增长速度3.2个百分点。统计表明,几十年来西藏的人均生产总值不断跃上新台阶:1959年西藏人均为142元,1989年人均首次突破1000元大关后,2001年跃上5000元台阶,2006年跃上10000元台阶,而2007年达到12109元,比1959年增加了11967元。按可比价格计算,年均增长7%,其中1994~2007年期间,年均增长11.4%。

对当代西藏社会变迁的观察,最直观的是经济增长的数据:1989年,人均GDP在

---

① 根据《西藏统计年鉴》(2006、2007年)以及2006、2007年西藏自治区国民经济和社会发展统计公报计算。

突破1000元后,便快速上升,其递增的速度达到了两位数,18年间的平均增速为12%。① 以此为基础,联动形成整个社会的进一步转型,现代化步伐不断加快,经济结构的传统因素不断下降,各项社会事业持续发展,居民生活质量显著改善,出现了人们称之为"西藏历史最好时期"的景象。18年来,西藏的产业结构也发生了巨大改变,2007年西藏实现生产总值342.19亿元,其中:第一产业增加值为55.33亿元,增长4.3%;第二产业增加值为96.57亿元,增长15.9%;第三产业增加值为190.29亿元,增长16.2%。人均GDP达到12109元,增长12.6%。与此同时,西藏已经连续保持了18年的社会稳定。通过分析,18年来西藏自治区经济增长最快的区间是在进入新世纪、中央召开第四次西藏工作座谈会以后(见图1、2):②

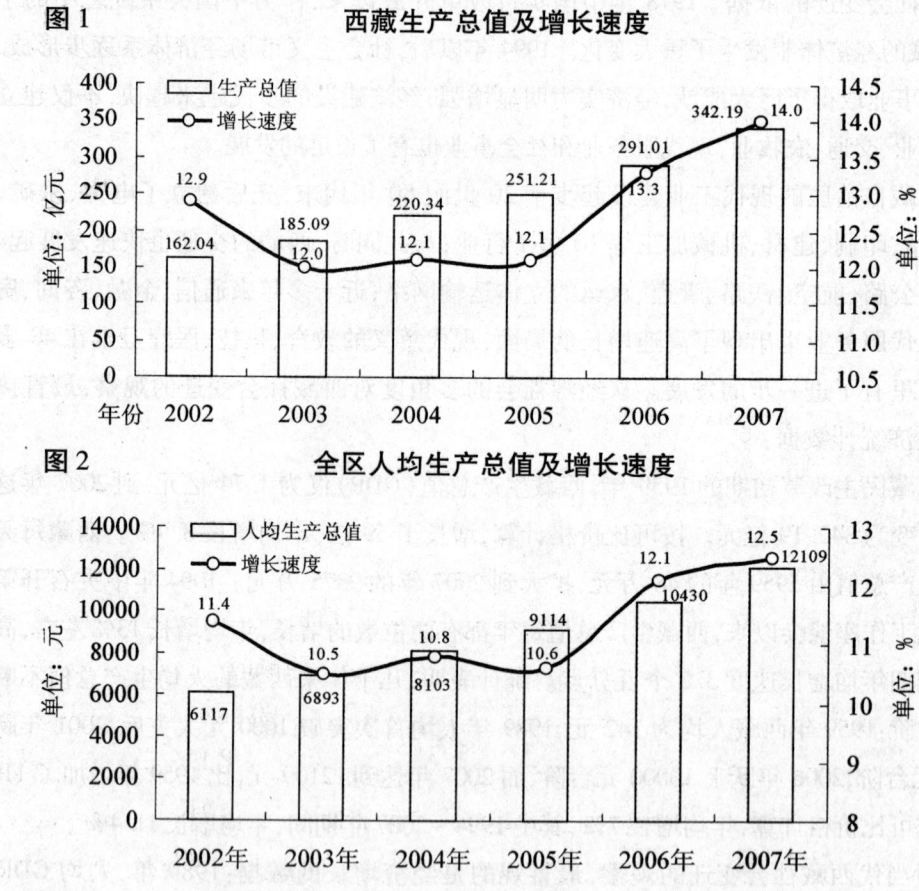

注:图1、图2根据2008年《西藏统计年鉴》重新绘制,与原图保持一致。

---

① 参考《西藏统计年鉴》(2007)。
② 引自2007年西藏自治区国民经济和社会发展统计公报。

当代西藏社会的变迁,在于通过努力建立社会主义经济制度,改变区域经济结构,初步建立起了一个包括现代工业在内的现代经济体系,西藏的经济增长成为社会变迁的一种必然。

二、西藏社会变迁中经济增长的内涵分析

在西藏社会变迁的命题中,现代化是近代以来西藏社会是否进步的一个根本问题。在西藏延续了几百年封建农奴制度,到近代已经成为与世界进步潮流背道而驰的极端腐朽没落的社会制度,这一制度严重扼杀了西藏社会生产力的发展,使西藏陷入极度贫穷落后的境地,处于非常封闭萎缩的状态,濒临全面崩溃的边缘。这一制度的核心是政教合一,当代西藏社会变迁的首要任务就是废除封建农奴制度。1959年之前,宗教和寺院在西藏社会政治结构中处于中心地位,是意识形态和政治、经济实体的载体。寺院在支配人们的精神文化生活的同时,还拥有庞大的势力和众多的政治、经济特权。西藏的上层僧侣既是地方主要的政治统治者,也是最大的农奴主之一。达赖作为藏传佛教格鲁派的领袖之一,兼任西藏地方政府的首脑,集政教大权于一身。原西藏地方政府实行僧俗官员双轨制,僧官大于俗官。据1959年统计,在全西藏330万克(此处的"克",是藏族使用的面积计量单位,15克相当于1公顷)耕地中,寺院和上层僧侣占有121.44万克,占总量的36.8%;贵族和由僧俗官员组成的官府则分别占24%和38.9%。哲蚌寺当时就拥有185座庄园、2万名农奴、300个牧场和1.6万牧民。在20世纪50年代,西藏共有2700多座寺院,12万僧人,占当时西藏总人口的12%,大约有五分之一的男子出家为僧。1952年拉萨3.7万城镇人口中,竟有1.6万僧人。遍布西藏各地的寺院、比例极高的僧人和众多的宗教活动,聚敛和消耗了西藏大量人力和绝大部分物质财富,严重阻碍了生产力的发展。美国藏学家梅·戈尔斯坦(Melvyn C. Goldstein)指出:宗教和寺院集团是"西藏社会进步的沉重桎梏"和"极端保守的势力";"正是由于全民族信教和宗教首领执掌政教大权这一因素,导致西藏丧失了适应不断变化的环境和形势的能力"。①

随着中国民族民主革命的胜利、中华人民共和国的成立,西藏经历和平解放、民主改革、成立自治区,开始了现代化发展的进程。由于西藏的相对落后,中央政府和全国其他省市区一直予以特别的关心和支持。上个世纪80年代,中国发生了令人鼓舞的社

---

① [美国]梅·戈尔斯坦. 西藏现代史(1913-1951)——喇嘛王国的覆灭[M]. 杜永彬译. 北京:时事出版社,1995:39,2.

会变迁,这就是几代人梦寐以求的现代化建设在改革开放中步入了快车道。在全国性的现代化进程中,西藏也不例外,跨进了社会变迁的新里程。

在经历了社会制度的变迁之后,西藏的现代化又成为一种根本性的社会变迁,其中包括从农业社会向工业社会、从工业社会向知识社会的转型,社会生产力的不断提高及整个社会人群生活质量的持续改善、生活方式及观念的深刻变化,还有居民文化及健康素质的大幅提高、社会福利与社会公平的根本改善等。① 在这几个方面,西藏的变迁十分显著,可以从以下数据中得到证实:②

(一)首先看"从农业社会向工业社会、从工业社会向知识社会的转型问题"

在统计数据上的反映如图 3(原图为图 3、图 4)所示:2007 年,在全区生产总值中,第一、二、三产业增加值比重分别为 16.0%、28.8%、55.2%,与上年相比,第一产业所占比重比上年下降 1.5 个百分点;第二产业提高 0.7 个百分点;第三产业提高 0.2 个百分点。

图 3　　　　　1951～2007 年西藏三次产业比重变化图

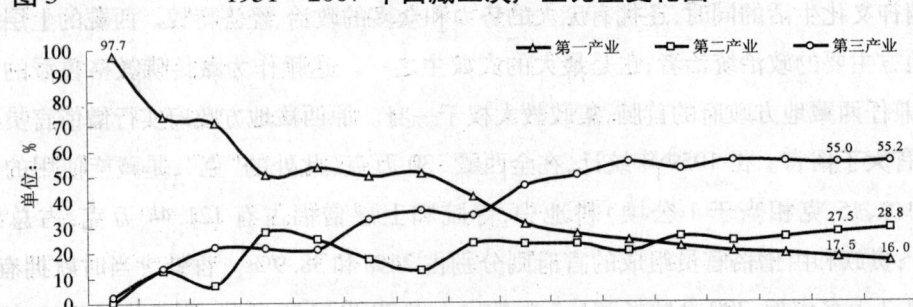

注:图 3 将原文中图 3、图 4 整合在一起,并根据 2008 年《西藏统计年鉴》绘制了 1951～2007 年西藏三次产业比重变化图。

2007 年,西藏工业实现增加值 25.71 亿元,比上年增长 17.1%,其中规模以上工业企业实现增加值 22.54 亿元,增长 17.6%。全区规模以上工业企业实现产值 41.36 亿元,比上年增长 18.4%。其中:轻工业实现产值 14.70 亿元,增长 18.7%;重工业实现产值 26.66 亿元,增长 18.2%。在规模以上工业中,国有及国有控股企业全年实现产值 21.60 亿元,比上年增长 12.6%。

2007 年,西藏自治区有普通高等教育院校 6 所,年内招生 8046 人,在校生 26767

---

① 这些观点主要来自中国科学院现代化研究课题小组的报告。
② 数据及图引自 2007 年西藏自治区国民经济和社会发展公报。

人,毕业生 5859 人;各类中等职业教育学校 7 所,年内招生 6654 人,在校生 18958 人,毕业生 10288 人;普通中学 117 所,其中高中年内招生 16307 人,在校生 44215 人,毕业生 12332 人;普通初中年内招生 50707 人,在校生 135995 人,毕业生 39463 人;普通小学 884 所,年内招生 51890 人,在校生 320589 人,毕业生 52238 人。年末幼儿园在园幼儿 11110 人,比上年增加 1961 人。全区小学学龄儿童入学率达 98.2%,比上年提高了 1.7 个百分点。

(二)其次看"居民文化及健康素质的大幅提高、社会福利与社会公平的根本改善问题"

2007 年末,全区共有卫生机构 1343 个,其中:医院、卫生院 763 个,疾病预防控制中心、卫生防治机构 80 个,妇幼保健院、所、站 55 个。实有病床床位 7469 张,其中医院 7091 张。卫生技术人员 9095 人,其中执业医师 4270 人。每千人病床数和卫生技术人员数分别达到了 2.64 张和 3.20 人。城乡医疗救助制度在西藏全面实施。至 2006 年,西藏自治区普遍建立了农牧区特困群众医疗救助制度,累计救助医疗对象达 5304 人次,发放救助金 395.8 万元。2007 年西藏参加基本养老保险的职工人数为 8.09 万人,领取养老保险金人数 3.05 人;参加失业保险人数为 7.50 万人,领取失业保险金的人数 9 人;参加基本医疗保险人数为 17.30 万人,以免费医疗为基础的农牧民医疗制度全面建立。全年发放低保救济金 6245 余万元,全区共有 3.60 余万人的城镇居民得到政府最低生活保障救济。年末全区各类收养性社会福利单位床位 3677 张,收养各类人员 3370 人。

(三)最后看"社会生产力的不断提高及整个社会人群生活质量的持续改善问题"

根据人口变动抽样调查资料推算,2007 年末,全区总人口为 284.15 万人,比上年净增加 3.15 万人。其中,城镇人口 56.55 万人,占总人口的 19.9%;乡村人口 227.6 万人,占总人口的 80.1%。人口出生率为 16.4‰,死亡率为 5.1‰,自然增长率为 11.3‰。当年全区城镇居民人均实现可支配收入 11131 元,比上年增长 24.5%;农牧民人均纯收入 2788 元,增长 14.5%。城乡居民家庭恩格尔系数分别为 50.9% 和 57.1%。年末城镇居民人均住房建筑面积为 32.7 平方米,农牧民人均居住面积达 21.7 平方米。2007 年自治区投入 6.20 亿元,地县配套 1.74 亿元,对口援藏省市配套 0.45 亿元,完成 5.83 万户农牧民的安居工程建设。到年末,已有 30.34 万农牧民住上了宽敞明亮的新居。

西藏 50 多年经济社会的变化,无不与社会制度的改变相联系——真正意义的社会变迁是全方位的,必然包括社会制度和社会经济形态的变迁。社会生活和社会结构变迁的前提,通常是社会制度和经济形态首先发生变化,但有的时候,社会生活和结构变化与社会制度和经济形态的变化基本同步。没有社会制度和经济形态的演变,就没有真正的社会变迁。在这个意义上,西藏社会变迁的社会学分析,应当以制度和经济变化为基础。例如,我们今天谈西藏经济问题的时候,已经没有封建农奴制这样的制度前提,也完全可以忽略寺院、庄园经济的历史影响。

值得注意的是,制度供给(各项政策的制定和调整)①成为中央政府对西藏社会变迁的一个主导因素。1959年以来,中央政府在制定政策的时候,既考虑全国政策的统一性,又考虑西藏情况的特殊性,赋予西藏一系列符合其实际和特点的政治、经济、文化政策,对促进西藏发展起到相当重要的作用。1980年改革开放以来,中央政府更加注意制定与西藏有关的各项政策帮助其发展,特别是1994、2001年的两次西藏工作座谈会,给予西藏地方特殊优惠政策,更是前所未有。② 中央政府从20世纪80、90年代以来,对西藏制定了一系列特殊的优惠政策,主要有:对西藏财政补贴,实行"核定基数,定额递增,专项扶持"的政策;在税收上实行"税制一致,适当变通,从轻从简"的政策;优惠的贷款利率和保险政策,西藏自治区的贷款规模由中国人民银行单独安排,货币、信贷实行指导性计划;对西藏经济社会发展项目不断加大投资力度,重点项目重点扶持;外贸上实行放宽、扩大开放、加快发展政策,并在国际援助方面对西藏实行倾斜;对农牧业继续实行"两个长期不变"(即农区实行"土地归户使用,自主经营,长期不变"的政策;牧区实行"牲畜归户,私有私养,自主经营,长期不变"的政策);2000年以前免征乡镇企业所得税的政策;西藏的区外联营企业在当地缴纳的所得税返还西藏财政;1984起免征农牧业税;给予西藏自治区免征乡镇企业所得税等优惠政策。

对西藏经济社会发展具有巨大推动作用的关键政策,是全国支援西藏的政策。在这个政策的指导下,20世纪80年代后有两项重大决策,即:1994年7月,中央召开第三次西藏工作座谈会,确定了"分片负责、对口支援、定期轮换"的援藏方式,作出了全国支援西藏和15个省市对口援助西藏的重大决策,由国家直接投资和动员全国支援西藏兴建62项工程。2001年6月,中央第四次西藏工作座谈会,把西藏作为西部大开发的

---

① 上个世纪70年代中期以来,以科斯为代表的"新制度经济学"(new institutional economics)强调制度演进背景下人们如何在现实世界中作出决定和这些决定又如何改变世界;林毅夫在《关于制度变迁的经济学理论:诱致性变迁与强制性变迁》(1994)中说,制度能提供有力的服务,制度选择及制度变迁可以用"需求——供给"这一经典的理论构架来进行分析。

② 据有关资料的不完全统计,1980年以来中央政府给予西藏的特殊优惠政策仅大项就有56个之多。

重点地区之一,将对口援藏工作在原定10年的基础上再延长10年;"十五"期间中央财政补助370亿元,由国家投资建设117个项目,总投资达312亿元;同时,确定各省市援藏建设项目70个,总投资10.6亿元,并加大对口援藏力度,扩大对口支援范围,新增3个省、27家中央直属企业对口支援西藏,使援藏范围覆盖到西藏所有地市和73个县市区。

除"直接式"的援藏之外,内地各省市地从1985年起积极通过开办西藏班(校)为西藏培养输送各类人才。据2007年3月在南昌举办的全国内地西藏班(校)校长会议披露,全国有20个省市办有西藏班(校),覆盖了从初中到大学所有办学层次,先后为西藏培养输送各类建设人才约1.43万人。

中央政府的制度供给在西藏社会变迁的过程中,形成了总体供给模式。① 这个总体供给模式除了前面指出的全国支援西藏外,中央财政的"大包干"是最突出的特点。自西藏和平解放以来,中央财政就不断增加对西藏的体制补助力度,逐步提高西藏财力水平。即使是在上个世纪50年代西藏地方政府噶厦统治时期,中央政府提供的财政支持也是可观的(见表1)。

表1　　　　　　　　1952~1958年中央财政补贴与西藏财政收支

年份	财政总收入GFI	中央财政补贴CFS	企业收入	税收收入TAX	其他财政收入	财政总支出GFE	CFS/CFI(%)	CFS/GFE(%)	财政自给率
1952	1304.8	1046.6	3.6	136.7	117.90	971.4	80.21	107.74	26.58
1953	1731.5	1430.2	22.5	170.2	108.60	2064.9	82.60	69.26	14.59
1954	2360.4	2048.5	8.7	214.6	88.60	1988.6	86.79	103.01	15.68
1955	3414.4	3110.9	25.6	176.6	101.30	2962.7	91.11	105.00	10.24
1956	13769.2	13136.8	20.3	214.6	397.50	14319.6	95.41	91.74	4.42
1957	12920.8	11529.6	25.3	237.2	1128.20	9426.9	89.23	122.31	14.76
1958	3788.5	3413.9	51.8	39.0	283.80	2701.3	90.11	126.38	13.87
合计	39289.6	35716.7	157.8	1189.2	2225.8	34435.2	90.91	103.72	10.35

数据来源:西藏自治区统计局《西藏统计年鉴》(1994),中国统计出版社。

在西藏社会变迁的进程中,经济和社会事业的发展主要依靠中央长期稳定的财政补贴。西藏自治区成立之后,这种方式固定为一种模式,一直延续至今。

上世纪90年代后,在财税政策方面,中央财政对西藏实施了"收入全留、补助

---

① 孙勇.西藏:非典型二元结构下的发展改革[M].北京:中国藏学出版社,1991.

递增、专项扶持"的财政政策。2007年,中央补助西藏283.21亿元,是2002年的2.16倍。西藏地方财政支出达到275.37亿元,是2002年的2倍。2007年中央补助收入是当年西藏财政支出的102.8%,为全国最高。2007年西藏地方财政一般预算收入突破20亿元,比上年增加5.4亿元。不光是财政,在金融方面,总体供给模式也得以体现,仅仅从1995~2000年,中央财政对农行西藏分行给予的利差补贴达20多亿元;从2001~2007年,中央财政对西藏各金融机构利差补贴和特殊费用补贴达51亿多元。①

三、西藏社会变迁中的经济结构改建问题

西藏经济社会的变迁中,存在着经济结构的改建问题,这个问题在上个世纪80年代开始凸现,即非典型二元结构下的发展和改革。自上世纪60年代以来,西藏的经济社会已经在总体上构建出极具特色的二元结构,既具有社会运行机制的二元性,又具有经济结构的二元性,这一特殊状况可谓双重二元结构。与全国及西部省区相比,西藏的双重二元结构的二元性又显然都是非典型的。这构成了发展与改革的现实基础,西藏的一切发展都要受其制约,受其影响。

按照诺贝尔经济学奖获得者刘易斯的二元经济理论,②现代工业与传统农业并存可使一个区域社会产生如下经济运动:现代部门的劳动生产率较高导致了工业和城镇人口的高收入,足以吸引农村剩余劳动力向城镇流动,壮大现代产业部门。当传统部门的剩余劳动力被现代部门吸引,并有大量工业品输入农村以后,可促使农业劳动生产率的提高,进而使工农业均衡发展到彼此生产率相差无几的程度。二元经济结构无一例外地在所有发展中国家和地区出现并形成经济运行方式,客观上是为了解决一个普遍的问题,就是要改变经济上的贫穷,必须进行包括经济结构变动在内的总体发展。这个发展过程的显现,就是从以农业为主的经济结构向以工业为主的经济结构的演进,即以落后的基础为依托,改变经济上混沌的一元结构。所以,经济发展以二元化形式推进成为所有落后地区的一个特征。西藏社会变迁中的经济要发展,舍此很难有其他什么经济之路能够走得通。

需要看到的是,西藏社会机制的二元性也是非典型的。在国家政治、经济一体化

---

① 此处系列数据的提供者为西藏自治区财政厅、中国农业银行西藏分行。
② 谭崇台.发展经济学[M].上海:上海人民出版社,1989。

的过程中,占主导地位的是社会主义国家的社会、文化、经济、民族、方针政策,其中相当部分又以法的形式确立、巩固下来。而原有社会机制即不能忽略的封建农奴制残余的影响,以及区域社会中旧意识形态的特殊性,即藏传佛教的广泛性以及由此所形成的文化特征和上层建筑的残余,在西藏社会通常是以非成文的、习惯风俗的形态运行的,带有很强的基础性与惯性。应当承认,非典型的二元社会机制经常作拉锯与冲撞,是西藏经济社会矛盾运动的一个重要原因。对这个问题,笔者在此不做赘述,今后将专门探讨。

现代工业的出现,使西藏的经济社会中形成了两种结构不同的经济部门,一个是生产技术相对先进、劳动生产率较高、人均产值比较可观的现代部门;一个是在这几个方面都落后于现代部门的传统农(牧)业部门。与全国绝大多数地方的经济结构相比,西藏社会经济形态大体上是同构的,亦即都是二元状态的。但西藏经济结构二元性却是非典型的。与我国西部各省区相比,结构上相同的一点是,经济结构由现代部门(modern sector)和传统部门(traditional sector)组成,西藏的这两个部门之间很少沟通,不仅二者涨落的相关性很小,而且对同一区域社会的贡献彼此分割,文化观念、生产方式等也相去较远。中国西部各省区从20世纪50年代以来,现代生产方式与传统生产方式并行不悖。西藏在此种共性中又表现出二元的非典型状态。在通常的二元结构下,现代部门与传统部门的增长前者大于后者,且前者的产值比重等于或大于后者,出现国民收入(National Income)的一半以上来自于城市的状况。这不仅在世界发展中国家或地区是这样的,而且在我国及我国西部、中部乃至东部地区也是这样的,一般视为二元经济的典型状态。唯独在西藏,长期以来二元经济结构中的现代部门与传统部门相比,后者产值比重占大头,国民收入的一半以上来自于农村。如果考虑到投入产出率的情况,经济的实质性增长也在传统部门,这些与二元经济的典型状态差异较大,经过多方面的努力,这种非典型二元结构多年来在演进,一直到2003年才出现了以三次产业结构变化而带来的变化。

1994年之后,①西藏经济在中央大规模投资的强力拉动下,年均增长在12%以上,二、三产业发展加速。2003年第二产业生产总值首次超过了第一产业生产总值,第三产业又超过了第二产业。笔者认为,对西藏产业结构这种刚刚形成"三、二、一"的排序状况,不能简单地类比为进入了中等发达阶区,可以与北京、上海比较。这种排序所反

---

① 1994年在本文的研究中是一个关键的起点,这一年7月,中央召开了第三次西藏工作座谈会,作出了一系列影响至今的重大决策。

映的是总体供给模式的催化效果,是非典型二元结构演进的特例。仅看比例大幅度提高的第三产业产值,主要集中在交通运输仓储及邮电通讯业、批发零售贸易及餐饮业、教育文化艺术及广播电影电视业、国家机关、政党机关及社会团体等行业,2003年这四类行业的增加值总和为70.23亿元,约占西藏第三产业生产总值的73.24%,说明非生产性的因素比例很高。2007年,在全区生产总值中,第一、二、三产业增加值比重分别为16.2%、28.2%、55.6%,与上年相比,第一产业所占比重比上年下降1.3个百分点,第二产业提高0.7个百分点,第三产业提高0.6个百分点。通过跟踪分析,可以发现,非生产性因素对于改变西藏产业比例起着关键性的作用:2003年以后,西藏GDP增长最快的领域,据三次产业统计,首先集中在交通运输仓储及邮电通讯业、批发零售贸易及餐饮业、教育文化艺术及广播电影电视业、国家机关、政党机关及社会团体等行业;其次才表现在交通能源建设等基础设施增加值的方面。这种状况一直延续了3年,并且还将延续下去;我们看到,与产业结构大幅度变化相悖的是,从事第三、第二产业的人口没有明显的增加,而从事第一产业的人口也没有下降的态势。这从侧面体现出西藏经济结构的改建不是内生型的,促使这种改建的源头,仍然是中央政府的制度供给以及在此之下的总体供给模式,这意味着外生变量依然是西藏经济结构改建的主动因。最近的数据表明:"十五"期间,不含国债和中央基建专款在内,中央财政对西藏一般转移支付、体制补助、定额补助、专项补助等各类补助财力累计达到475亿元,同口径比"九五"增长284亿元,增长1.48倍。"十五"期间,中央财政累计补助西藏的资金,占西藏财政总支出的比重高达92%以上。① 按照西藏自治区目前的宏观经济调控供给与需求的构成看,在"十一五"乃至"十二五"期间,西藏财政大部分依靠中央财政支持的局面不会发生改变。

从1950年开始,西藏产业结构"一、二、三"的排序,到2003年演变为"三、二、一",是几十年间中央财政扶持的结果,尤其是从1952~1994年,西藏产业结构在中央供给外生变量的诱致下奠定了决定性的基础。表2的数据在不同时间区间的变化可以揭示出一定的依据:

1994年以后西藏经济结构的加速改变,恰恰也是中央财政扶持——总体供给模式在加强的结果,2003~2007年西藏三次产业结构的状态,无非是西藏非典型二元结构在另一个层级上开始演进,其实质性的改变还有待时日。所谓的实质性改变可以以三点为标识:从事农牧业的人口下降到50%以下,城镇化率达到40%以上;第二产业的现

---

① 此处的系列数据提供者为西藏自治区财政厅。

代化程度提高,其比例在三产中占50%左右;接受现代教育和技能培训的人口达到90%以上,并且大部分成为西藏家庭谋划生计的户主。这三点将构成西藏经济内生变量的临界点,体现出从农业社会向工业社会、从工业社会向知识社会的转型。在西藏经济内生变量未达到临界点之前,非典型二元结构的改建仍然需要艰苦的努力。不会改变的是,中央政府对西藏的扶持将继续实行下去——因为当代西藏社会的变迁,主要是在中央政府的领导下,通过改变社会制度,不断提高生产力,已经踏上了走向现代化的道路,而这个趋势是不可逆转的。

(作者:孙 勇)

从制度理论角度解析中央西藏工作座谈会内涵*

西藏和平解放以来,中央在几十年间的一系列路线方针和政策,形成了对西藏经济社会系统的制度供给。正是靠着中央的这种系统制度的供给,西藏这样的边疆少数民族地区才形成了大致稳定和快速发展的态势。自20世纪80年代以后,中央召开了五次西藏工作座谈会,其中有三次被称之为具有"里程碑意义",①对一个时期的西藏工作大局有着巨大的推动作用。在对西藏经济社会发展的研究中,以制度学入手,从制度供给的角度对中央西藏工作座谈会的要旨进行解析,有助于更好更全面地理解中央的路线方针和政策。

一、制度研究的一般性定性和理性认识的规范

自近代因社会发展的需要,西方哲学社会科学学科对经济学、社会学做了很细致的分类之后,出现了不断综合的趋势,使得一些学科研究对象的概念,具有跨通研究的新阐释。"制度"在社会管理的定义是"要求成员共同遵守的规章或准则";作为社会学最初的概念,指"以规则或运作模式规范个体行为的一种社会结构"。随着社会的发展,制度的概念被广泛应用到社会学、政治学以及经济学的范畴之中,例如:经济制度、政治制度,等等,其中深刻影响经济发展的是产权制度、市场制度和国家制度。自经济学或其他学科开始对"制度"问题进行研究以来,流派众多,学说纷呈,在公认的古典经济学领域中,国内严肃认真的学者认可马克思对制度研究的开创性贡献。马克思在100多年前发表的多篇著作和未发表的手稿之中,特别注重经济社会的制度问题研究。"马克思的主要著作《资本论》就是专门研究现代社会即资本主义社会的经济制度的";"亚当·斯密和大卫·李嘉图研究经济制度的时候奠定了劳动价值论的基础。马克思继续了他们的事业。他严密地论证了并且透彻地发展了这个理论。"②马克思将经济范畴归

---

* 原文载于《西藏研究》2010年第2期。该文系中国社会科学院西南边疆历史与现状资助课题"西南边疆稳定与发展"(项目批准号:08&ZD051)的附属成果之一。

① 权威史志文件中以及官方媒体报道中,将中央第三、四、五次西藏工作座谈会称之为"里程碑"。

② 列宁选集(第二卷)(第2版)[M]. 北京:人民出版社,1972.

结为由生产发展的一定水平决定的物质内容与反映一定经济关系的社会形式组成的统一体,"它要求在分析任何一个经济范畴时,自始至终地区分开它的物质内容和社会形式。"①因而马克思主义认为经济制度即社会基本经济结构由三方面构成:生产资料的所有制形式;各种不同社会集团在生产中的地位以及它们的相互关系,包括相互交换其活动或产品的关系;产品的分配形式。在马克思主义经济学看来,经济制度从本质上讲是所有制的各种不同形式。进入20世纪,新古典经济学、制度经济学的兴起并不排斥马克思主义创始人的制度研究,而且认为制度经济学的一个重要源头来自于马克思主义。② 制度经济学的一个根本观点就是,人类社会从古到今的发展中,关键因素是制度性因素而不是技术性因素。在关于制度的定义上,新制度主义者认为制度有两层基本含义:其一,制度是行为规则,它决定着人们在经济发展过程中能够与不能够做什么事;其二,制度是人们结成的各种经济、社会、政治等组织或体制,它决定着一切经济发展活动和各种经济关系由此展开的框架。③ 从这个定义看,我们所说的制度,其主要目标是通过规则性和秩序性,提供必要的信息并维持这些信息的引导,在政治、经济、文化等资源的分配过程中降低总成本,以便于有效地维护一个执政主体和若干权益主体追求利益及其效能的诉求,特别是要维护国家执政主体及其所依靠的基本权益主体的最大利益。④

从西藏现代经济社会发展的过程看,尤其是对中央的一系列路线方针和政策对西藏工作的规范指导的实践活动进行考察,这些理论框架基本可以得到印证,我们可以从制度供给中找到西藏经济社会变迁的依据和轨迹,亦即中央对西藏工作政策的变化与政府制度供给出台的时间相吻合。因此,把制度作为一个重要的切入变量,引入对西藏现代经济社会发展问题的研究,用制度经济学的分析方法和区域制度供给理论来分析西藏当代经济社会发展的原因,可以深刻地认识到坚持中央既定的西藏工作指导思想

---

① 颜鹏飞.马克思主义经济学史[M].武汉:武汉大学出版社,1995:36.
② 康芒斯指出:"直到十九世纪中叶的非正统派的经济学家——例如马克思、普鲁东、凯雷、巴斯夏、麦克劳德——模糊地觉察得所有权和物质不是同样的东西,制度经济学才有了一些萌芽"。(康芒斯《制度经济学》上册,第11页)康芒斯认为,凡勃伦(Thorstein Vebten)采用了马克思创立的无形财产概念,才被称为制度经济学家的。康芒斯以及诺斯等人都承认马克思是制度经济学的先驱。
③ 邹薇.经济发展理论中的新古典政治经济学[M].武汉:武汉大学出版社,2000:3.
④ "在政治、经济、文化等资源的分配过程中降低总成本,以便于有效地维护一个执政主体和若干权益主体追求利益及其效能的诉求,特别是要维护国家执政主体及其所依靠的基本权益主体的最大利益。"这句制度经济学意义的学术语言解读成政治宣传话语,就是"充分发挥政府在西藏经济社会发展中的主导作用,实现公平、正义,促进又好又快地发展,维护好党和人民群众的根本利益。"

的丰富内涵。

二、中央对西藏的制度供给是通例之中的特例

中华人民共和国国家中央,在施政之中对各个地方是统筹兼顾的,这是建国之初就确定的一条原则,现在又成为科学发展观的一个根本方法。正因为"统筹兼顾",中央对西藏一直实行特殊的政策。从20世纪50年代的"进军西藏,不吃地方"、"维持现有地方社会制度不变"、"六年不改"等,到后来60、70年代的财政包干、物资特供、最早实行寺庙保护等,80年代的"两个长期不变"、"财政补贴递增"等,无不体现全局统筹兼顾之中的特殊政策。尤其是20世纪80年代之后的30年来,每逢关键时刻,中央召开西藏工作座谈会对西藏"特殊关怀"[①]已成为常例,这种常例是中国别的省市区所没有的。对半个多世纪中国的地方经济社会发展史作考察,中央的"特殊关怀"始终贯穿西藏的社会变迁之中。在社科理论界,研究人员在这种司空见惯的现象面前,尚未从史学和经济理论上予以阐释。其实,这正是可以在经济史研究的角度上对制度供给进行深刻理解的地方。亦即制度供给的目的是"以便于有效地维护一个执政主体和若干权益主体追求利益及其效能的诉求,特别是要维护国家执政主体及其所依靠的基本权益主体的最大利益。"这是历史赋予国家和地方的任务,即历史的规定性要求。

以马克思经济理论为源头的部分经济学家,十分注意将经济史学与经济理论密切地结合起来。一些学者注意到,马克思主义经济学本身既研究经济史上短期的事物、现象,更注意研究长期的事物、现象,考察经济发展的长期趋势,诸如整个人类经济发展的趋势,特别是马克思生活于其中的资本主义经济关系产生、发展的趋势。同时,马克思既研究经济史上微观的事物、现象,更注意研究宏观的事物、现象,着力于国民经济史和经济形态演变史。更重要的是,马克思以既有的经济理论去分析经济史上的事物、现象,更注意在研究经济史的基础上作出理论的概括,抽象出新的经济范畴与经济理论。[②] 恩格斯在马克思的经济学代表作《资本论》的英文版序言中指出:马克思"这个人的全部理论是他毕生研究英国的经济史和经济状况的结果。"[③]这告诉我们一个深刻的道理,对现有经济社会状况的理性认识,是从其历史变迁的考察之中得来的。

---

① "特殊关怀"一词广泛地出现在西藏地方官方文件和媒体述评之中,说明西藏对中央关心的一种特例的认识和感受。
② 赵德馨. 经济史学论文集[M]. 北京:中国财政经济出版社,2002.
③ 马克思恩格斯全集(第23卷)[Z]. 北京:人民出版社,1972.

中央对西藏的"特殊关怀",就是国家在一个历史阶段全国性制度供给基础上的差异化,是国家视情历史地对一个地区予以调整抑或经常性地视情予以制度供给的体现。西藏的发展有其较为特殊的情况,经济社会问题多年来受外生变量的影响较大,尤其是和平解放以来,西藏经济社会的每一个进步主要依靠中央的引导和扶持,可以视之为制度诱致型和政府主导型社会变迁的典型。而西藏经济社会的经济内生变量多年来的发育程度一直不高,这又印证出西藏社会原有内生因素的巨大作用。制度经济学家布坎南(Buchanan. J)指出:"人们用以检查市场经济的缺陷和不足的方法,原原本本地用来研究国家和公共经济的一切部门,即扩展到国家和政治领域中去"。[①] 人们看到,中央对西藏的制度供给其范围相当的宽泛,以近期召开的第五次西藏工作座谈会为例,将做好西藏工作事关全面建设小康社会全局,事关国家安全,事关中华民族根本利益和长远发展这个重大命题贯穿于整个会议之中,提出了当前和今后一个时期西藏工作的指导思想,即高举中国特色社会主义伟大旗帜,以邓小平理论和"三个代表"重要思想为指导,深入贯彻落实科学发展观,坚持中国共产党的领导,坚持社会主义制度,坚持民族区域自治制度,坚持走有中国特色、西藏特点的发展路子,以经济建设为中心,以民族团结为保障,以改善民生为出发点和落脚点,紧紧抓住发展和稳定两件大事,确保经济社会跨越式发展,确保国家安全和西藏长治久安,确保各族人民物质文化生活水平不断提高,确保生态环境良好,努力建设团结、民主、富裕、文明、和谐的社会主义新西藏。

三、中央对西藏制度供给的两个理性研判前提

无论是中国西部其他省区还是西藏,从经济社会的制度分析理论上讲,制度施行前的理性研判是十分重要的,这就是对这个区域社会矛盾的判定。经过理性研判后实施的制度供给,就具有把政治行为、政治制度内生化于经济发展过程之中的规定性。从中央第五次西藏工作座谈会的内容看,西藏及西部其他四省藏区都有着某种类同的问题需要解决,那么,把政治行为、政治制度内生化于经济发展过程之中的规定性就会表现出:

一是政治制度与经济发展的关系。如果从社会管理角度上看,人们已经习惯于使用某个大制度安排可以用于检验和分析不同政治组织与行政管理的方式,而事实上,不同的介入机制和监督机制都可以对经济社会的运动产生某种影响,甚至连传统的社会遗存习惯如宗教干预也会产生社会或经济的影响;二是高层决策始终限制西部省区社

[①] 布坎南. 公共选择论[M]. 北京:北京大学出版社,1985:17、18.

会正规和非正规组织的膨胀。其原因并不在于费用的增长，而在于各个组织本身具有各自行事的追求，即使在相同的社会目标下，社会各个主体的行为法则和制度约束并不是相同的；三是政府管理的失灵与市场失灵经常交替出现。囿于信息不对称和不确定性因素，政府部门与市场微观主体的失误不分伯仲，但由于地方政府具有超常的雄厚背景，对失误的承受能力远远大于微观经济主体，并且以纠错形式进行制度创新，调整出新的运行机制；四是在市场经济条件下，制度广泛性地蔓延在决策和执行的各个环节，但是非市场经济的因素起着很重要的作用。例如国家政治、民族心理、宗教干预等，已经把制度供给的内涵宽泛化了，在"看得见的手"之下，"看不见的手"与"看不见的脚"同时起着作用。如德鲁克（Deluke. P）所指出的那样："下一代经济学无疑地将还是政治经济学，它包括世界经济和微观经济的经济现实与民族国家的政治现实之间的关系。"①可以说，这四个现实的规定性框定了西藏的制度供给问题的前提。当我们认真学习并解析中央第五次西藏工作座谈会的内容时，完全可以看到这个前提，那就是："在我国全面建设小康社会进入关键时期、西藏跨越式发展进入关键阶段这样的一个新的历史起点上，具有新的里程碑意义的中央第五次西藏工作座谈会召开了，这是西藏社会政治生活中的一件大事，也是党和国家全局工作中的一件大事。"

在中央第五次西藏工作座谈会上，胡锦涛总书记指出，"经过民主改革50年特别是改革开放30多年来的不懈努力，西藏已经实现了基本小康，西藏发展已经站在新的历史起点上。同时，我们也要清醒地看到，西藏发展稳定仍然面临不少困难和挑战，也出现了许多新情况新问题。综合起来看，当前西藏的社会主要矛盾仍然是人民日益增长的物质文化需要同落后的社会生产之间的矛盾。同时，西藏还存在着各族人民同以达赖集团为代表的分裂势力之间的特殊矛盾。"

新西藏的经济社会建立在起点很低的层次上，国家为西藏经济社会的发展提供了大量的扶持。西藏在过去是一个自然经济广覆、社会层次极不发育的边疆少数民族地区，经过多年发展仍然还是很不发达，是一个非典型二元经济结构特征十分突出的区域；西藏又是一个人口稀少、农牧区人口占很大比重，丰裕的自然资源禀赋短期难以利用，环境承载能力本身就脆弱的高原区域；西藏还是一个经历过上千年封建农奴制，文明进步的基础极其薄弱，宗教文化传统十分浓厚的地区；西藏也是一个商品经济极不发达，安于自给但长期不能自足，由计划经济体制向市场经济转型，在实行改革开放以后

---

① 德鲁克. 走向下一代经济学[A]. 贝尔（Brll. D.）编. 经济理论的危机[C]. 上海：上海译文出版社，1985：27.

经济迅速发展的地区;更为重要的是,西藏同时是一个地处祖国边陲,长期面临境内外敌对势力、分裂主义分子的渗透破坏,固边稳边、反分裂斗争任务十分繁重的地区。可以说,在中国一个地区的发展中同时具备六大特征举国罕见。由于我国仍处于并将长期处于社会主义初级阶段的基本国情没有变,在这个国情之中的西藏也仍处于并将长期处于社会主义初级阶段。民主改革和成立自治区之后,西藏各族人民日益增长的物质文化需要同落后的社会生产之间的矛盾这一社会主要矛盾没有变,地广人稀、家底很薄、城乡区域发展不平衡、生产力不发达的状况仍然是西藏的最大实际,同时肩负建设边疆、巩固国防、维护祖国统一、防止分裂渗透、增强民族团结、做好统战民族宗教工作等艰巨任务,西藏在发展中遇到的矛盾和问题,其错综复杂的情况在全国都是少有的。西藏存在的社会主要矛盾和特殊矛盾决定了西藏工作的主题必须是推进跨越式发展和长治久安。这就要求做好西藏工作必须始终立足于社会主义初级阶段的基本区情,认清在西藏全面建设小康社会、基本实现现代化的长期性和艰巨性,提高全区各族人民走社会主义道路的自觉性;同时又要认识到在事关国家安全的重大问题上,必须针对国际敌对势力的种种图谋,针对境内外分裂主义势力的干扰破坏,做好维护国家统一、建立国家安全屏障的各项工作。这样,实现跨越式发展同促进实现长治久安,就必然是新世纪西藏的两大历史任务。

四、中央对西藏制度供给的历史与理论语境

中央第五次西藏工作座谈会内容十分丰富,涉及的面很多很广,会议所作出的通观全局、高屋建瓴的一系列重大决策,是当前和今后一个时期西藏工作的方向和原则。我们以发展经济学以及制度分析理论研究会议的丰富内涵,并置于西藏当代经济发展史的背景下之后,可以清晰地看到制度供给的体现,即从20世纪50年代以来中央对西藏的社会变迁就予以诱致乃至强制性引导,此为今天西藏制度供给的源头,由此西藏在50多年的时间里形成了全国独一无二的"总体供给模式"以及由这一模式形成的二元结构。几十年来中央对西藏的财政、基础设施建设、社会事业等方面实行了相当于大包干的做法,并形成了一套模式。这个模式被证明有利于西藏的发展和进步,是中央对西藏"特殊关怀"的具体体现。历史地看,这一模式对于解决西藏的双重二元结构问题起着决定性的作用。

西藏经济社会自上世纪60年代以来已经在总体上构建出极有特色的二元结构,既具有社会运行机制的二元性,又具有经济结构的二元性,这一特殊状况可谓双重二元结

构。与全国及西部其他省区相比,西藏的双重二元结构的二元性又显然都是非典型的,与全国的二元结构有着很大的不同,其中既有制度分析对象上不可或缺的社会文化和传统因素如宗教问题等,又有制度分析重点提倡的社会改进成本、不断提高收益的范畴如欠发达等。① 这些错综复杂的情况构成了西藏经济社会运行的基础,西藏的一切发展与改革都要受其制约,受其影响。从中央第三次西藏工作座谈会起,中央在西藏政策上的取向十分明显地形成一个主脉络,就是既要注重解决好西藏的经济发展问题,也要注重解决好西藏的社会稳定问题。其历史和理论语境就是中央第五次西藏工作座谈会之前的"一个转折点、两个里程碑"的历程。

1989年10月,针对当时西藏反分裂斗争和经济社会发展面临的严峻形势,江泽民主持召开中共中央政治局常委会议专门研究西藏问题,听取了时任区党委书记胡锦涛同志代表区党委所作的工作汇报,形成了关于西藏工作的十条意见,从根本上扭转了西藏的局势,成为新时期西藏工作的转折点,使西藏工作步入了正确轨道。1994年7月,在中央第三次西藏工作座谈会上,江泽民强调指出:"决不能让西藏从祖国分裂出去,也决不能让西藏长期处于落后状态",要求全党从战略全局的高度关心、重视和支持西藏工作。会议把1990年胡锦涛在自治区第四次党代会报告中提出的"一个中心、两件大事、三个确保"(以经济建设为中心,紧紧抓住发展经济和稳定局势两件大事,确保西藏经济的加快发展,确保社会的全面进步和长治久安,确保人民生活水平的不断提高)确定为新时期西藏工作的指导方针。同时,进一步明确了对达赖集团斗争的方针,作出了加快西藏发展、实施对口援藏的重大决策,出台了重大特殊优惠政策。这次会议成为新时期西藏工作的一个重要里程碑。进入新世纪,为了进一步研究解决关系西藏发展稳定的重大问题,2001年6月中央召开第四次西藏工作座谈会,科学分析了新世纪初西藏工作面临的新形势,提出了"一加强、两促进"(切实加强党的建设,促进西藏经济从加快发展到跨越式发展,促进西藏社会局势从基本稳定到长治久安)的历史任务,制定了相关政策措施,加大了对口援藏力度,确定了扶持西藏发展的投资、财政等政策和基础建设重点项目。特别是在西藏发展的问题上强调,在关系党和国家工作全局的战略地区和战略部门,通过国家和各地的支持,直接引进、吸收和应用先进技术和适用技术,集中力量推动跨越式发展,是我们必须采取的一种发展战略。对西藏这样的地区,就可以而且应该采取这样的战略。推动西藏实现跨越式发展,不仅是一个重大的经济问题,也是一个重大的政治问题。明确提出了跨越式发展的战略。这次会议是新时期

---

① 孙勇. 西藏:非典型二元结构下的发展改革[M]. 北京:中国藏学出版社,1991.

西藏工作的又一个重要里程碑。

通过对"一个转折点、两个里程碑"简要的历史回顾,我们可以加深对中央第五次西藏工作座谈会的理解。这个理解就在于制度供给在改建"二元结构"中起着决定性作用,特别是与国家的边疆制度与治藏方略的叠合。中央第五次西藏工作座谈会承前启后,在过去、现在和未来西南边疆的重点地区——西藏的制度供给具有主导性的决定作用。西藏在社会主义中国实行改革开放的大系统中发展,其子系统的任何特点都不足以成为内生成长的依据,无论是非典型的二元经济结构还是非典型的社会结构,在发展的命题下,都要依靠制度供给——这是西藏自治区40多年来所有发展基础的基础。中国全国甚至西部其他省区与西藏在改革开放的30年中,制度供给一直是主导因素。再往更长的时间段看,中华人民共和国建国60多年以及西藏和平解放近60年以来,制度因素在各个时期的发展中,亦即建立计划经济体制时期和建立市场经济体制时期都是非常关键的。通过研究分析,在理论的解读上,我们看到了一条与现实情况相当对应的路径——所有的制度供给与发展经济学和制度经济学的主流见解是相吻合的。

西藏当代经济社会发展中的制度供给具有很大中国特色,亦即中国共产党的西藏政策始终在制度供给中居于核心地位。认真考察中国共产党在西藏当代经济社会发展各个阶段中的政策和政策的实践,以及对政策与政治经济环境、历史演变条件、重大理论创新等方面的互动关系进行深入研究,进而发现规律、认识规律,并用之于实践,具有重要的历史和现实意义。

五、从制度理论角度解读中央西藏工作座谈会的意义

经过社会制度的革命和进一步的改革,中国在60多年的历史进程中尤其是在社会主义市场经济体制建设的过程中,国际国内的资本、技术、劳动力、信息等能在很大的范围自由流动时,为什么西藏与全国的差距不仅没有缩小反而在扩大?人们看到中央对西藏实行特殊优惠政策,财政供给和基本设施建设几乎由中央包干,西藏内外的技术可以转移,资本可以转移,劳动力也可以转移,却至今没有出现大规模的内生变量以支持经济社会产生实质性的变化。① 这其中的原因确实值得深入探讨。人们往往习惯于从技术、资本、劳动力、自然资源等有形因素去比较不同区域的发展差异,而忽视隐形制度、价值观、意识形态等无形因素对经济社会发展的影响,因而不容易看到主导型制度

---

① 这个"内生变量"就是人们经常说的"自我发展能力"。

供给的作用。即使有一定的认识,也是偏重于经济增长的保障性制度方面,这种情况很容易导致忽视那些非主导的由过去残余社会制度供给所发生的作用。中央第五次西藏工作座谈会所提出的指导思想和一系列重大举措,从制度供给的角度看,就是要全方位解决西藏与全国差距拉大的根本问题。

西藏的经济社会发展在1959年以后成效巨大,其中最值得研究的一个重要因素是制度供给。国内越来越多的论著在探讨中国共产党治藏方略时,都没有看到制度供给的作用,一直停留在探讨路线方针和政策正确与否的层面上,在这些论著中,"制度"的概念仅仅是社会性质的规定,或者是政治的规范。而一般的经济著述只是探讨经济体制或机制变化的变动趋势或者可操作性,认定西藏制度变迁发生在一个经济舞台上,是因为产业的创新或社会管理的需要才被提到议事日程,尚未看到制度供给对于西藏经济社会整体变迁的作用。在西藏,制度变迁确实是以促进社会变迁、提高经济效率为目的的,但制度供给的安排是多层次的,既有制度变迁换型中法的秩序等制度环境,成为具体制度供给的外生变量的诱致性因素,又存在着因某项制度安排而相对弱化制度环境的内生变量问题。对不同时期不同社会经济背景,制度安排诸层次的主次关系可能迥然不同,历史上众多例证表明,制度供给的社会收益在特定时期较之于技术和经济方式的优化更为重要。在今后一个时期,国家治理西藏的一个重要思路,就是要从历史经验中汲取制度供给的经验和教训,以调和国家安全目标与经济发展目标之间的冲突,并且调和国家经济与地方经济可持续发展的冲突。在此之中,以发展经济学和制度经济学的理论依据为入手,解析西藏发展理论面对的现实问题,可以把西藏的制度供给问题研究上升到一个新的高度。

中央第五次西藏工作座谈会把"走有中国特色、西藏特点的发展路子"写进指导思想之中,具有很强的指导性。笔者认为,西藏特点发展路子,第一具有稳边固本的内涵。中央早就指出:"西藏的发展、稳定和安全,事关西部大开发战略的实施,事关民族团结和社会稳定,事关祖国统一和安全,也事关我们的国家形象和国际斗争。"这次西藏工作座谈会在确定西藏发展重要目标的内容中第一位的就是:西藏要成为国家重要的安全屏障。西藏特点的发展路子,在中央"全面发展"的要求内容上看,"稳边固本"的政治内容在西藏特点上十分鲜明,这与中国特色发展路子的总要求完全符合。西藏特点发展路子,一直具有"民生为重"的内涵。从"十七条协议"开始,改善民生就成为我党推动西藏发展的重要内容。在西藏多年的发展中,体现了民生为重的特点,在经济发展的各个阶段,无论是建立社保体系还是减免税收,无论是安排财政支出还是援藏工作向基层倾斜,中央都倾注了特殊的关怀,很多改善民生的举措要早于兄弟省区若干年。进入新世纪,西藏发展的民生问题,不仅仅是解决温饱、实现小康,而且是不断改善生活质量,提高民生层次。西藏特点发展路子,还具有"地域特色",这本是西藏发展路子的题中之义。西藏特点发展路子的地域特色内涵中,始终存在着在构建新的区域经济结构和布局中实现西藏的现代化的命题。中央第五次西藏工作座谈会在确定的西藏发展重要目标中,把西藏要成为重要的高原特色农产品基地、重要的世界旅游目的地、重要的中华民族特色文化保护地等列于其中,说明了走西藏特点发展路子应当包含的"地域特色"内容。西藏特点发展路子的"可持续"内涵,是西藏发展在全国发展相同命题下所具有未来性一个必须具备的方面。这次西藏工作座谈会上,中央确定的西藏发展重要目标中,把西藏要成为重要的战略资源储备基地郑重地提出来,同时强调西藏要成为重要的生态安全屏障,都体现了可持续发展的内涵。中央第五次西藏工作座谈会确定的所有这些内容,为"走有中国特色、西藏特点的发展路子"提供了政策取向,亦即提出了"制度"在社会管理中的定义,就是"要求成员共同遵守的规章或准则"。

事实上,在进入新世纪之后,制度供给对西藏经济社会的影响不仅表现在 GDP 增长水平、现代化水平、市场化水平、社会发展总指数、固定资产投资规模和经济效益、吸引外资、资本市场等经济方面,而且表现在包括市场化体制、非国有制经济、地区开放度、政府行政效率、非正式制度、正式制度法、制度执行等制度方面,这些方面都会对制度供给产生需求。面对如此众多的需求,如果不能很好地解决西藏制度供给的迟滞问题,制度变迁的对应性程度将得不到提高,怎样促进西藏跨越式发展和长治久安的命题可能没有最优解,理论上帕累托改进的优化状态甚至次优也可能不会出现,[①]社会进步与试图停滞两种力量的拉锯在深层次上难以改变。认识到了这一点,也就理解了为什么说在我国全面建设小康社会进入关键时期、西藏跨越式发展进入关键阶段的新的历史起点上,中央第五次西藏工作座谈会具有新的里程碑意义。

(作者:孙 勇)

[①] 帕累托最优(Pareto Optimality)、帕累托改进(Pareto improvement),是博弈论中的重要概念,并且在经济学、工程学和社会科学中有着广泛的应用。帕累托最优是指资源分配的一种状态,在不使任何人境况变坏的情况下,不可能再使某些人的处境变好;帕累托改进是指一种变化在没有使任何人境况变坏的情况下,至少有一部分人的境况变得更好。

西藏"一江两河"流域近半个世纪的社会变迁*

20世纪50年代以来的半个多世纪,是西藏历史上发生翻天覆地变化、充满活力的岁月。这一切是以推翻阻滞社会发展的封建农奴制度,建立社会主义制度为基本条件的。本文以墨竹工卡县甲玛乡为个案,从社会制度及社会管理方式的变革,人民社会地位、生产方式、生活方式的变化,农村金融的变迁,农村社会管理的变化,以及教育、医疗事业的发展等多方面展示了西藏"一江两河流域"近半个世纪所发生的巨大变化。

以"一江两河"流域(雅鲁藏布江中部、拉萨河、年楚河)为主的西藏农牧区,1959年前,由广泛分布的豁卡(庄园)组成,这种经济形态构成了西藏旧式经济的基础。对这样的区域进行分类调查,通过比较分析,可以比较清楚地看出西藏在过去半个多世纪中所发生的深刻变化。2004年5月至今,我们在墨竹工卡县甲玛乡进行了为期1年的田野调查,现谨以此为例作一简要的对比说明。

一、基本情况

甲玛乡位于拉萨市东部、拉萨河中上游南岸河谷之中,平均海拔3900米;处于国道318线(即川藏公路)旁。距离拉萨近70公里,距离墨竹工卡县城8公里左右。

甲玛乡有孜孜荣、赤康、嫩达等3个行政村,分为14个村民小组,其中孜孜荣村有2个纯牧业小组。到2004年底,全乡人口3428人,564户;耕地面积7449亩。年末牲畜存栏23212头(只、匹)。农牧民人均纯收入2212.5元,其中现金收入663.74元,占30.0%。乡境内从事矿山开采(铜矿及铅锌矿)的企业5家,选矿厂5家。

在"一江两河"流域,喜马拉雅山脉和冈底斯山脉纵横交错的山体,将适合于人类居住并能开展农业生产的地带分隔成一条条河谷地带,河谷成了西藏农牧区最基本的地貌形态,人们世世代代就生活在这样的河谷之中。在某种程度上,可以将西藏的农区文化称为"河谷文化"。

甲玛乡即为这样的河谷地貌,它是一条完整的河谷,人们也常将之俗称为甲玛沟。

---

* 原文名为《西藏"一江两河"流域近半个世纪的社会变迁——以墨竹工卡县甲玛乡为例》,载于《中国藏学》2005年第3期。

三面环山,最南面的山体形成一道屏障,与山南地区相隔;东西两面山体的夹峙形成河谷,河谷主要为农业耕作区;北面临拉萨河,整条沟的地势南高北低,山水下泻汇集成小河,向北汇入拉萨河。

甲玛沟属于西藏开发最早的地区之一,部落联盟时期即得到了有效的开发。610年,囊日松赞消灭了势力较强的苏毗部落,并征服了甲玛周围的一些小部落,完全占据了拉萨河流域,其政治活动中心从雅砻地方迁到了甲玛沟一带。617年,松赞干布便出生在甲玛沟强巴明久林。松赞干布继位赞普三年(633年)之后,将治府从甲玛迁至逻些(拉萨),以此为主要标志,吐蕃王朝正式建立,甲玛地方作为吐蕃王朝建立的基地而显赫一时。

吐蕃王朝建立之后,甲玛地方仍属于吐蕃王朝统治的中心区域。十一二世纪,甲玛周围一带是藏传佛教当时最为庞大僧伽集团——噶当教派活动的重要地区。元朝时甲玛为十三万户之一。从此,甲玛地方作为一个万户府治所又一次闻名。所有万户中,也惟有此地仍保存了古老的地名"赤康"(万户府之意)。清朝初年,甲玛万户长被逐。1733年即雍正十二年,清廷授予霍康·饶登顿珠札萨克头等台吉头衔,在此前后,甲玛赤康成为西藏大贵族霍康家族的领地,由大小不同的四五个小豁卡和河谷牧场组成的甲玛赤康豁卡地方成为该家族的根基庄园,一直延续到1959年,甲玛赤康最后一代庄园主及西藏著名的文化人为霍康·索朗边巴先生(1919~1994年)。

甲玛地方也因为是霍康先生的表兄、西藏现代史上的风云人物、原全国政协副主席阿沛·阿旺晋美先生(1911~2009年)的出生地而闻名。

二、20世纪50年代以来社会制度变革及社会管理方式变革历程

1953年初,中共西藏工委在包括甲玛沟在内的墨竹工卡宗组织发放第二次银元农业贷款,解决了部分群众的生产生活困难,扩大了共产党在西藏农村的影响。

同年,西藏地方政府公布了债务减免办法。"减免债务办法的法令颁布后,甲马豁卡领主订出在甲马豁卡实行的办法,这一办法比噶厦的减免办法还更进一步。办法是:所欠债利一概免除,本钱的减免又区别五种情况:(1)凡借债做生意者,本需全部偿还;(2)是富户,但不愿偿还的,本减三分之一;(3)一般贫穷户本减二分之一;(4)是穷户,过去已交一些债利者,本减三分之二;(5)特别贫穷户,或者穷户为人当保,借债人逃跑后,由保人代还的;或者穷户的借债账目已不清者,债本一律不要。至于对各户的具体

减免,交由涅巴决定。"①

1959年3月西藏叛乱发生,7月27日,西藏自治区筹委会决定在西藏实行民主改革。1959年下半年,甲玛地方依据"三反双减"政策,实行农区的民主改革,对于农奴主及其代理人的土地和其他生产资料,分别实行没收与赎买政策,分配给解除了人身依附关系的农奴和朗生。随后,实行土地制度改革,废除农奴主所有制,实行土地等生产资料农民个体所有制;在牧区实行"三反两利"政策。甲玛的农村封建农奴制庄园经济走到了尽头,封建贵族领主也退出了历史舞台。

1959年9月10日,甲玛沟乡正式成立。1960年至1961年间,墨竹工卡县开展互助合作运动,甲玛地方兴办了常年、季节、临时三种类型的互助组。其间,进行了县乡两级选举工作。1965年9月1日,西藏自治区第一届人民代表大会召开,选举产生了西藏自治区人民委员会,宣告西藏自治区正式成立,民族区域自治制度在西藏最终确立下来。

随后,甲玛经历了文革、改革开放初期和"一个转折点两个里程碑"的新时期。建立过人民公社制度(1974年);80年代早期,实行了家庭联产承包责任制(即"两个长期不变"政策:土地归户使用,自主经营,长期不变;牲畜归户,私有私养,自主经营,长期不变);"对口支援,定期轮换"新型援藏方针实施(1995年),江苏省南京市对口支援墨竹工卡县;进入新世纪,甲玛进入到一个加速发展时期,社会面貌发生着深刻的变化。

三、人们社会地位的根本变化

在旧西藏,不存在公民这一概念,只有领主与属民的划分。主要按照社会地位而不是经济关系,旧西藏将社会各色人等具体划分为"三等九级"。五世达赖喇嘛时期(17世纪后期)制定的《十三法典》规定了不同等级人的命价,为人所熟知的是:上上等人的命价是等身黄金,下下等人的命价是一根草绳。

传统社会中,这种社会分层方式几乎是一次性的,主要由阶级出身和家庭背景决定,是一种严格的等级制度。大多数人在等级有序的阶层结构中,从出生就决定了他们在社会中的位置;这种分层差别具有继承性,其社会生活严格地受着分层的限制。这种社会地位的差别很难改变,与人的后天努力无关。农牧民一直居于社会的底层,而铁

---

① 西藏社会历史调查资料丛刊编辑组编. 藏族社会历史调查(一)[R]. 拉萨:西藏人民出版社,1987:153.

匠、屠夫等"贱业"从事者更是处于底层的底层。底层人员基本上被拒于社会升迁门槛之外，等级制度决定着社会结构，也在一定程度上决定着社会的道德状况。

甲玛赤康谿卡的差巴82户中，多为世代当差巴的，少数是堆穷和朗生上升而来。他们以支应外差为主，也支应部分内差。外差极为繁重，以差岗地"培"为单位支应，每20克地的人役差252人/日，畜役差313头/日，川藏公路通车后减少了1/3。

差巴户中又分为上中下三等户。甲玛谿卡的13户"孝折"是谿卡大差巴，是差巴户中的上等户，属于"农奴主代理人"阶层。他们占用的差地多，自己可以不用劳动，使用朗生、堆穷和少量雇工，朗生占有数有的甚至比领主家还多，比如曾担任过涅巴职务的达秀·格桑坚赞家，就有18名朗生、担任过强佐的国巴·益西赤列家有24名朗生。他们有资格担任谿卡的管理职务，每年有一段时间在拉萨领主家内当亲信和随从；社会地位在谿卡里仅次于领主。

差巴户的中等户主要出外差，内差很少；一般有比较多、较好的牲畜和农具，生产能力较强；欠债少；他们以自食其力为主，也雇临时工，不以剥削为主。

差巴中的下等户指庄园内的8户雪巴户和距离谿卡较远的其他差巴中类似雪巴的贫苦户。生活与堆穷差不多。雪差共计每户至少要出40日，一般负债累累。大体上，上等户占1/10，中等户占2/10，下等户占7/10。

甲玛谿卡的堆穷一般比差巴、玛岗户更苦，社会地位更低。住在矮小的房子里，通常好几人挤在一两间房屋里。分为两类，一类为人身依附于谿卡的，有76户；一类为寄居的，这类人经常流动，有20多户。谿卡堆穷差远比差巴差重，所种土地很少，难以养活一家人，却要为谿卡领主常年服劳役，很难有时间耕种差地。

1959年底甲玛地方进行土改时，领主6户12人，代理人14户102人；富裕农奴15户130人，中等农奴90户589人，贫苦农奴209户872人，奴隶87户216人；农奴主阶级户数、人口和农奴阶级户数、人口占总人口比例分别为5.9%、94.1%和4.8%、95.2%。

长期缺乏独立人格、以属民形式存在的广大的农牧民，经过民主改革，不再是依附性的存在，在政治上得到了翻身解放；这种解放所涵盖的范围不仅仅是广大的农奴与奴隶，而且也包括旧西藏的统治阶级在内，摆脱了政治制度对于包括领主在内的束缚，这种政治上的解放是全方位的。大多数社会成员的阶层位置发生了根本性的改变，社会依靠对象变成了贫苦农奴，领主阶层被消灭，农奴阶层成了社会的主人。社会阶层之间的差别在缩小，从此一直到20世纪80年代，社会阶级和阶层的变化不大。

但新的职业随着时代的发展而不断出现，到1976年，甲玛公社拿补助工资的人员有:8 名半脱产干部,5 名赤脚医生,3 名赤脚兽医,1 名乡邮递员,1 名乡信用人员,9 名教师。① 80 年代国家放宽对个体工商业的政策,农村社区出现一批个体工商户。一般人新的社会地位的获得越来越取决于受教育程度。改革开放以后,农村劳动力从种植业、养殖业逐渐向其他行业转移。在农村,社会阶层大体可以划分为农牧业劳动者阶层、亦工亦农阶层、农村知识分子阶层、个体劳动者和个体工商户阶层等。

现代经济的发展,促使社会流动大大加强,社会活力增强。这种流动主要是通过乡村劳动力进入非农牧产业部门,进入城市实现的。2004 年 7 月,对户口在甲玛的外出人员进行过一次不完全的统计:外出人员共 261 人,其中女性 173 人,占总人数的 66%;35 岁以下人数为 219 名,占总人数的 84%。分行政村情况是,嫩达村 73 人,其中女性 45 人;赤康村 137 人,其中女性 84 人;孜孜荣村 51 人,其中女性 44 人。

四、生产方式的变化

旧式农牧业经济的基本制度是"乌拉差役"制度。内差指农奴向庄园领主和代理人支付的各种劳役和实物,其中以耕种庄园自营地和在庄园内领主家里担负的各种劳役为主。外差分玛岗差和普通外差:玛岗差是指出兵差者自带吃穿用费向政府服的兵役;普通外差主要指按照政府开具的"乌拉牌票"向政府官兵、僧侣、商旅等支付的长短站运输的骑畜、驮畜、人役、食宿以及建筑、送信等各种各样的徭役。这是一种以耕种差地为基础的经济制度。

在封建农奴制度下,水利建设、交通建设等提高生产力和生产效率的方面,没有进入到旧体制关注的范围,水利设施、交通状况长期没有什么变化。其时土地的承租关系,决定了农业生产、农牧民居住地与土地的依附关系;而与土地联系在一起的是人身依附关系。

1959 年实行土地改革时,没收的土地 1447 克,赎买的土地为 7095 克,分别占总数的 16.9% 和 83.1%;没收的农具、耕畜和其他牛、骡马、山绵羊、房屋、马车、水磨等生产生活资料的比例大体与此相当。1959 年 4 月以后,经过改革,农牧民第一次拥有了属于自己的土地等生产资料,土地所有权由领主占有制转变为劳动人民个体所有制。

20 世纪 70 年代和 80 年代,甲玛地方又经历了个体所有制转变为集体所有制、家庭联产承包责任制两次大的转变。土地关系的变革释放出了巨大的生产动力,无论是个体生产经营还是集体生产经营,围绕提高农业生产能力均有一些重大的条件改善和

---

① 资料来源:墨竹工卡县档案馆藏全宗号 2 卷宗 26 号。

技术改进。最迟在70年代初期,甲玛开始出现机械农具用于农业生产。这个时期比较广泛地开展了兴修水利、进行农田基本建设、推广优良品种和机耕机播等促进生产的活动。水利设施的建设能够基本保证农田的灌溉,从根本上改变了"靠天吃饭"的局面;农作物田间管理在补种、插种、适时追肥、病虫害防治等方面经历了从无到有的过程。

到1976年,甲玛乡机械情况为:农用拖拉机2台,手扶拖拉机2台,柴油机12台,电动机10台,机动脱粒机17台,油榨机12台。1996年开始全县范围内大力推广使用机耕机播,到2004年7月,全乡则有拖拉机189台,卡车18辆,其他动力机械40台;目前甲玛人对于农业机械的需求大增,购买力一直保持在一个较高的幅度。传统的耕作方式正逐渐被现代机械耕作所取代。

牧业生产方式也经历了重大的变化。解放前,甲玛赤康豁卡有牧场8个,属于豁卡所有,有牛600头左右,由8户牧民管理和放牧。牧场交纳牧租:刚生的小牛,第一年交酥油4克,细奶渣2克;第二年交酥油2克,细奶渣1克;第三年依旧减半。

除了为霍康家族放牧的人员以及强佐、涅巴有一点牧业外,一般农家专事耕种业。民主改革之后,牧户和农户均分到了牲畜,甲玛沟的半农半牧局面可以说才真正形成,有了为自己劳动的纯牧业户。

民主改革前,牲畜饲料依靠的是天然草场和庄稼打场之后的麦草。民主改革之后,在加强天然草场管理的同时,开始重视饲料基地建设,1997年实施网围栏工程,以缓解草场季节性载畜矛盾,增强畜牧业抗御自然灾害的能力,降低成畜死亡率和增加牧民收入。根据墨竹工卡县1997~1999年草场网围栏建设情况表,期间甲玛乡围栏18800米,围栏面积5371.43亩。墨竹工卡县范围内的改良工作始于1974年,首先开展的是绵羊品种改良,随后开展了黄牛、牦牛选育。

交换关系的变化。基本生产资料和生活资料的交换上,过去因为牧场和牲畜为农奴主及其代理人所拥有,农牧交换只是单纯农奴主和代理人内部的行为;交换方式主要是"以物易物",上世纪50年代时,"(一)各种农产品无论青稞、豌豆、油菜,交换时均为1比1。……(二)最好的牦牛每头可换青稞20克,中等的可换14至16克;(三)两克青稞换一只绵羊"[①]。除了租赋,普通人家连温饱都难以维系,没有多少交换。

随着社会制度的变化,这一关系也发生了实质性变化:牧民对农民的单向交换色彩更浓;牧区直接与农区结合,牧区人所需的粮食,一般从邻近的农区购买,而且相当比例的购买发生在亲戚熟人之间。

---

① 拉萨市档案馆档案,A1-2-34号。

农牧业税收问题。随着封建农奴制度的推翻,实行了数百年的"乌拉差役"制度也随之被埋葬。西藏农业税征收始自 1960 年,农业税以交"爱国公粮"的实物形式来实现。1964 年开始征收"爱国牧业税",以当年牲畜数为基础征收。

除了税收,牵涉到农牧民负担的还有基层干部的误工补贴问题。人民公社时期,公社半脱产干部的误工补贴,全年最多不超过 120 个劳动日;公社其他干部,根据误工情况,分别给予适当定额工分补贴,最多不超过 30 个劳动日;生产队干部误工补贴最多不超过 50 个劳动日,生产队财会人员补贴最多不超过 60 个劳动日;赤脚医生和供销信用员全年可补贴 40~60 个劳动日;民办小学教师的劳动工分,包括交工资所记的工分及误工补贴的工分合计,不超过当地出勤最多的劳动力所得工分的标准。以上人员的误工补贴,由各生产队共同负担。社队干部和其他人员的工分补贴加在一起,不得超过全公社总工分的 2%。①

1980 年 5 月,中央宣布给予西藏的一系列优惠政策中就有:中央决定全部免去西藏群众的农牧业税。1980 年 6 月 20 日,自治区人民政府发布政策布告:免征 1980 年、1981 年两年的农牧业税,不再向社队下达农牧副产品的派购任务,废除一切形式的摊派任务。1982 年 4 月,自治区党委、政府决定:继续延长免征农牧工商税的期限。以后,农牧业税免征政策在年限上进行了延长,实际上一直持续到现在,西藏并未征收。随着国家实行的取消农牧业税改革政策的出台,西藏地区实际上在免征的基础上,一步到位地实行了对于农牧业税的取消。

1980 年开始,由群众负担的民办教师的工资待遇从 7 月 1 日起,全部改为由国家负担。据一份调查报告,目前西藏自治区农牧民负担为人均纯收入的 0.83%。②

五、生活方式的变化

西藏生活方式的变化以 20 世纪 50 年代为一个界标,此前,社会长期处于停滞状态中,人们的生活方式是数百年如一日,没有什么变化。处于下层的人们,以维持基本生活为主,而且是以沉重的高利贷负担为前提的,几无超出基本生活资料之外的消费;贵族阶层的生活方式是"闲适的",为了维持在当时条件下的奢侈性消费,他们只能加重对于下层的剥削。

---

① 自治区党委:《关于落实党在农村的经济政策若干问题的意见》,1978 年 6 月。
② 自治区纠风办:《西藏自治区减轻农牧民负担检查工作情况报告》,2003 年 8 月 22 日。

20世纪50年代以后的变化速度明显地要高过此前。其中以政治生活方式的变化最大，行政秩序在农村生活中的扩张，已经成为农牧民生活方式中的基本方面。"两个长期不变政策"的实行，使农牧民有了相对稳定的生产经营权，有了支配劳动力上的自主权，为走出单纯的农牧业而从事其他行业活动创造了条件，也为如何安排劳动时间形成了自主性空间。

90年代中期开始，甲玛乡牧业户在政府的扶持下，从游牧状态走向定居，现在2个牧业组共52户大多数已经有了自己的定居房。

和平解放前，西藏绝大部分地区的农牧民需要依靠人背畜驮的方式运水；饮水卫生条件差。通过实施人畜饮水解困工程，农牧民从繁重的背水劳动中解脱出来，生产力得到了解放，加快了农村经济的发展步伐；改善和提高了广大农牧民群众物质文化生活的水平。从90年代末至今，除了牧场外，绝大部分农区都有了人畜饮水工程。

人们生活方式的改变与交通状况的变化关系密切。过去，西藏最基本的物资运输方式是畜力驮运。交通变化对甲玛人而言，起自1954年川藏公路的通车。

目前，除了童安顶牧场，所有的自然村都有公路通达，2005年6月开工建设"甲玛乡嫩（达）赤（康）公路续建"项目，铺设黑色路面。现在，人们外出有了公共交通，乡域内部则主要以拖拉机为主。传统畜力交通工具逐渐淡出人们的生活。

1993年，农村电网开始进入到甲玛乡，2002年，甲玛乡农网得到改造，成为电视开始进入寻常百姓家的契机。2001年来，这条沟的电视机数量为85台，连续数年有了大幅度增长，广播电视覆盖率98％左右。2005年初，在中宣部、中央文明办、国家广电总局开展的"电视进万家"活动中，甲玛乡接受捐赠电视机452台，甲玛乡成为全区第一批挂牌的"电视乡"之一。

其他变化还表现在电话的普及等方面。2004年7月统计情况是，全乡有固定电话22部、移动电话3部。2004年8月，"好易通"机站在甲玛乡开通，到9月，仅孜孜荣村就从原有的1部村委会卫星电话发展到10部。

2004年7月，全乡拥有冰箱17台、录音机8台、牛奶分离器119个，其他家用电器132台。这方面的数据始终处于变化之中。牛奶分离器的迅速普及，除了牧业点，直接促成了酥油桶退出人们的生活舞台。

柴薪、牛粪、酥油等传统的主要燃料和照明原料，正逐渐被太阳能灶、燃气灶、电灯、太阳能灯等所替代。

人们的日常生活消费的质量有大幅度提高，对非基本必需品的占有和使用的程度逐年明显增加。

六、农村金融的变迁

在旧西藏,高利贷是一种基本的经济剥削和政治压迫方式,普遍存在于西藏各地;甲玛以寺庙为主要债主。主要放债的寺庙是甘丹寺的各扎仓和康村、墨竹工卡县噶采寺。仅噶采寺每年在甲玛谿卡放债就达600~700克青稞的量。

这种借贷每年都要进行,"谿卡发放高利贷的目的有三:第一是通过高利贷这一渠道,更多地剥削农奴;其次是抵制其他债主对自己的吞并和侵占。……第三是谿卡还想以放债来稳定农奴,否则农奴在生活无路,借贷无门时,就会外逃"。

寺庙放债的利息最重,1953年前为借四还五,1953年后为借五还六。借债人要有保人,要立约,或以物作抵押,抵押品要超过借债数。即使是在1953年所谓的改革之后,高利贷对于广大的人民依旧不堪重负;借高利贷是一种普遍现象,甲玛赤康谿卡居民中有89%的户欠有债务。它对于旧西藏低度勉强维持的经济体来说,是一种无法解脱的恶性循环。

虽然20世纪50年代进藏人员开展了发放无息农贷活动,但农村金融制度的根本性改变始于1960年,最初普遍开展的农村金融活动是通过建立"信用社"网络、发放农贷来实施的,彻底消除了农村长期存在的高利贷现象。

2001年开始,西藏推出了《农牧户贷款证管理办法》,实施了农牧户贷款证制度。根据农牧户的信用记录等情况,将农牧户分为不同的信用等级,分别发给金、银、铜卡贷款证。同时规定,凡人均收入在1300元以下的农牧户的贷款为扶贫贷款。目前,甲玛乡持有这三种信用贷款卡的农牧户占到总户数的一半以上。贷款主要用于购买"小四轮"拖拉机、从事商业活动等。

七、农村社会管理的变化

旧西藏,宗、谿行政管理职能主要是两项:税司和司法。社会管理的其他诸多内容,多内含于宗教体制和经济体制之中。

1941年前,甲玛赤康谿卡由领主直接管理,下设强佐、涅巴等谿卡内部管理人员。涅巴之下,甲玛谿卡有4名"列本"管理自营地。甲玛沟所属地域,因地多、庄园大,推选1名"竹扎",会同宗政府研究和处理宗内重大问题,在管理系统上属于向噶厦支差的头人系统。谿卡内设有2名根布,管理地方政府的外差,将外差分配给差民并监督完成。

西藏民主改革之后,社会生活的舞台从占人口5%左右的上层转向大多数人,1959年民主改革后,新式乡级基层政权建立,整合了农村社会的需求,包括乡村水利、医疗、救济和农业技术及教育等。

在旧式政权和制度下,乡村无政治,人身依附关系的存在也未给政治的基层延伸留下空间。民主改革之后,农牧民的政治主体地位,以法律和政策的形式固定下来;乡村动员方式的变化和强度的增加;村民自治活动得到了推进,村民委员会实现了民主选举。

上世纪50年代前,甲玛沟的宗教生活在很大程度上为世俗贵族的光辉所笼罩。这条沟内早在200多年前就已不存在有规模的寺院,只有几处拉康、日追。现在惟一的一所稍具规模的寺庙比拉寺建于1992年。宗教在这个地区的传统影响,寺院系统是通过当时普遍的高利贷剥削所做的渗透而体现出来的。

在取消了宗教封建特权之后,农村的宗教事务管理工作,经历了从依据政策规定管理到依照法律管理的过程。这种管理主要体现为对宗教活动场所的管理,主要内容有:1、场所登记;2、定编定员;3、入寺规定;4、场所管理中的重大宗教活动的报告制度。根据场所规模和影响大小,实行属地管理和分级管理的方式。1998年初,甲玛乡数处宗教活动点和活动场所进行了登记,颁发了"宗教活动场所登记证"。比拉寺设立了寺庙民主管理委员会。

八、教育、医疗事业的发展

教育是社会的一种基本设置。旧西藏教育职能主要由大型的宗教寺院承担,只有少量的世俗教育,而且是少数人的特权。1945年,霍康·索朗边巴在黔卡内办起了私塾,常年在校的学生为十多名到数十名,1956年时有学生37名,大多数是中上等差巴的孩子。

1959年土改工作组进驻甲玛沟后,11月办起了甲玛沟第一所民办小学,当时有学生81名。1960年78名,1961年91名,1962年78名,1963年79名,1964年90名。随后又开办了2所小学。

新旧制度下的教育制度,最大的区别在于人们受教育机会的差别和现代教育内容的设置。旧体制下,虽然在像霍康家族那样开明的贵族人士那里,没有限制什么人可以接受私塾教育,但他们无法改变大多数人难以享受到教育权利的状况。

上世纪80年代后,西藏现代教育进入新的发展阶段。1985年,西藏自治区对全区公办重点中小学实行"三包"(包吃、包住、包穿),随后分别于1988年、1994年、2005年,西藏自治区三次提高"三包"经费。

1990年甲玛乡开始实行小学六年制,1999年通过"普及六年制义务教育"验收。2004年,全县通过"普九"验收。目前,甲玛乡设1所希望小学、4个教学点,适龄儿童入学率98%,在校生巩固率99%;2004年7月统计,甲玛乡小学、中学和大学的在校生总数为709人。

医疗卫生事业的发展。旧时甲玛一带没有专门的医疗机构,没有医生;民主改革前,一般贵族家庭、寺庙有专门的藏医为上层人士提供医疗服务,广大的群众缺乏基本的医疗服务,当时全县只有1名医生、1名护士、1个听诊器。

互助组、人民公社时期甲玛地方有了3～5名赤脚医生。撤区并乡后至今,设有乡卫生所,长期有4名医生,基本满足了基层普通医疗的需要。

1999年以前农村实行免费医疗制度,国家按人头将经费划拨给乡卫生机构,保证基本医疗服务;1959年到1980年间,西藏农牧民人均医疗费每年约7元。1983年免费医疗经费提高到年人均15元,2001年提至30元,后来增加到40元。2005年起,中央再次提高西藏农牧民免费医疗经费,年人均80元。

1999年4月,西藏实施农村合作医疗制度,实行"农村合作医疗证书"制度。2003年7月《西藏自治区农牧区医疗管理暂行办法》颁布,推行和建立新型农村合作医疗制度。2004年1月,甲玛乡开始执行由自治区卫生厅制定的"西藏自治区农牧区家庭医疗基金"制度,合作医疗入资率99%。

20世纪50年代以来的半个多世纪,是西藏历史上发生翻天覆地变化、充满活力的岁月。这一切是以推翻阻滞社会发展的封建农奴制度,建立民族区域自治制度为基本条件的。西藏农牧区所发生的巨大变化,在很大程度上实现了一个美好前景的承诺。可以预期,一个人与自然和谐、城乡协调发展、人民安居乐业的西藏新农村将在不久的将来展现在世人面前。

(作者:郭克范)

西藏发展的认识问题*

新世纪开端的中国,大事、喜事不断,西藏更多几分欢庆之处:西藏和平解放50周年的庆典活动;青藏铁路格拉段的开工;中央第四次西藏工作座谈会的召开。这些重大的活动和事件,与整个国家在这个年份所表现出来的兴盛局面结合在一起,的确令人振奋,对于西藏前景的乐观主义声音成了一时的"最强音"。但是,这种声音掩盖着另一种倾向,有关西藏发展及其延伸性问题未能得到重视。

对于中国社会变革、发展、稳定若干重大问题,思想界进行广泛而深入的讨论的时候,西藏相关问题的讨论显得沉寂,原因有:一、有关西藏话语本身的敏感性,只有为数不多的自由职业者和生活在大陆外的人士有所论及,其有碍"政治正确"和所论的偏颇,使得它们难以进入公开的媒体(网络由于自身的特点是一个例外);二、为学科发展和知识积累着想,从事藏学研究的国内学者把主要精力放在了技术性层面上(这当然是必要的也是必需的);三、对于西藏认识上偏差,出现"二重话语的借用",而缺乏对待西藏的历史主义的态度。所谓"二重话语",一是指直接套用西方有关经济增长和社会发展的理论,未能引入西藏实践所提供的对这些理论修正的参照系,隐含着对于西藏经济和社会发展道路大异其趣的忽视,普遍主义的方法在起作用;另一重是套用内地发展起来的认识模式,未能看到西藏社会发展中的被动性和历史的沉重包袱,学术实践上就是直接沿用他者分析框架和模式(特别是经济方面),对西藏发展中显眼的问题习焉不察。

一、西藏发展的回顾性分析

回顾历史,既是为了以史为鉴,也是为了证明现在;通过追溯历史,来为未来走向提供认识价值。

中国古代中央王朝对边疆地区的统治,与对中原地区的统治相比,在出发点与方式上有较大的差别。而在"因俗而治"和"分而治之"政策下,包括西藏在内的边疆民族地区也出现了"治同内地"的一体化趋势。① 这里有两方面的含义,一方面是进入近代以

---

* 原文名为《曼陀罗:西藏发展的认识问题》,载于《西藏研究》2002年第3期。
① 参见苏德:《试论晚清边疆、内地一体化政策》,载《中国边疆史地研究》2001年第3期。

后,为了抵御外敌而改变旧的行政管理体制,希望通过采用行省制度,以制度变革的方式改变西藏与内地的交往关系;另一方面则是在长期的发展和交往过程中,逐渐形成的一体化趋势。

西藏的近代期从19世纪末20世纪初也就是英印两次发动侵藏战争时期开始。它对西藏社会带来的冲击和国家贫弱之际外交上的变数,随后发生的种种变化(如地方上层开始把眼光认真投向外部世界、对于军事近代化的努力、对于改革社会运作机制的活动等等),不论它们的复杂性有多大,也不论外国势力在其中出于利益的要求起了什么样的作用,一个主要的趋势是西藏打开了封闭之门。现代问题由是肇端,到50年代经历了半个多世纪的缓慢演变过程。它首先是对外部挑战的回应,最初回应的动力在这一整个时期都存在,并且依旧沿着殖民主义的模式在发展变化,在40年代末期,新的回应迅速占据了上风,最终导致了社会的大变迁。

西藏虽然也是在进入近代期(晚于内地)后开始现代化努力的,但到50年代前并未形成一次现代化运动,我将之界定为"西藏现代化的过渡时期"。① 发生在20年代西藏内部班禅与达赖两大政治集团之间的矛盾,最直接的原因是与扩充军备有关的费用分摊问题(当然还有其他原因),导致了九世班禅出走内地。这从一个侧面反映了西藏基本的农牧业产品收获量无力增长的特点,反映了它在外部世界前的封闭与边缘的地位,任何一点对于经济需要的异数,都能对整个经济结构产生动摇根基的影响,带来财政危机。其时,来自外部世界的物质剩余十分有限,而作为内部来源的贡赋维持在一个较低的水平上,这样一种相对稳定的经济结构下的社会是贫穷的,几乎看不到生产领域技术进步的累积,也就是说生产力发展水平处于相对停滞状态。"西藏现代化的过渡时期"并未对社会结构产生有效冲击,近代工业也只出现萌芽,现代价值观念只在少数分子中有所影响,没有扩展到社会中去。直到和平解放后,才在一种自觉的影响工作的促动下及于观念层次,与制度改革的目标前景因素结合在一起,人道、公正的生活成为直接的推动力。

第一次现代化在西藏的真正启动发生在和平解放以后,表现出来的主要特点是在不同时期的政策引导下的实践活动,与反现代性的现代性运动关系密切。② 20世纪50年代初的和平解放为其开端,50年代末60年代初民主改革运动以革命性社会变革来

---

① 参见拙文《本世纪上半叶西藏政事的现代性分析》,载《西藏研究》1999年第4期。
② 汪晖认为,"马克思主义是一种批判现代性的现代性方案,因为它也把自己建立在历史目的论的逻辑之上。""反现代性的现代性理论"是近代以来中国思想的主要特征之一,这一特征归因于传统因素和近现代中国历史社会危机的语境,参见汪晖:《当代中国的思想状况与现代性问题》,载《死火重温》,人民出版社2000年1月版。

实现西藏的现代化转型。社会制度的根本性改变,人身依附关系的打破,成为此次运动的基点,社会改革所打开的新生活之门也就是时下所认识的社会主义制度。由于认识上的差异,不同的时代确立了具有各自时代特色的社会认同指标,并在达到和完善这些指标的社会实践中经历了较长的时段。

西藏当时发生重大变迁的内源力应该是人类普遍共有的求发展、过上幸福生活的愿望,这种愿望的长期受压抑,成了人们的一种潜意识,共产党人所代表的那种生机勃勃的政治力量,正好与之相契合,将之激发出来了,成就了第一次现代化运动。另一重动力是随着社会开放度的增长,带来的观念、制度变革的压力所造成的应对心理。

西藏叛乱的发生、迅速平息以及伴随平叛斗争而开展的社会改革运动,意味着西藏发展的梗阻被冲破,一个历史上从来也没有也不可能有的充满活力的时代来临。

虽然当时不可能明确提出进行现代化建设的政治号召,但是摆脱西藏经济在生产、分配、消费结构上严重不合理的状态,调动人民的创造热情,发展社会生产力,提高人民生活水平,既是社会的要求,也是共产党人所代表的政治力量所开创的新社会所寻求的目标。在这一进程中,尽管对经济发展和社会进步关系的认识上出现了偏差,但现代化发展的框架始终没有受到根本性破坏。从这个意义上说,西藏现代化从50年代至今是一个延续性过程。

二、新的发展框架分析

1. 现代化问题

将发展冠之以现代化的名目,隐含着一种简单化的处理问题的思路。现代化面对的是一种目标,表达的是一种接近的过程,与文化一类概念类似,所指向的目标同样是模糊的。它是发展概念,具有经济目的论色彩,反映的是一种落后状态的心理焦虑。现代化是指社会的全面转型过程。[①] 在社会心理上,人们也许并不将现代化仅仅视为经济的增长,而在具体问题上并不然。西藏的发展是在"乡土西藏"、"宗教西藏"的基础上开始的,而"乡土西藏"、"宗教西藏"建立在相对原始的生产力水平下,与之相应的社会制度对秩序起着维护作用。西藏的现代化进程是直接或间接地在西方发展主义观念影响下被卷入的,20世纪50年代以后又加上了马克思主义政治思想的大前提。在这

---

① 在此,我基本上将现代化概念当作一个值得肯定的概念来对待。对于其中所蕴涵的西方中心主义色彩、概念的起源和发展中的复杂关系姑且淡化处理。

种紧张关系中,出现了很多问题(并非当时的问题,而是反思性问题)。

基于一种认识上的考虑,承续长达半个世纪的西藏第一次现代化运动时期,我将新世纪开端作为新一轮的起点,这种简约并非是要舍弃对这一时期内的丰富性和阶段性考察,也不同于一般的历史分期。第一次现代化运动时期所解决的问题是消除发展的制度性障碍,打破与外界交往的壁垒,而新起点所要求的则是建立自身发展的经济基础。如此近距离地进行历史认定。历史深处的复杂性难以"超脱"地梳理清楚,但我仍然希望尽量客观地分析这又一个"起点"所包含的意义;另一层考虑是,我以为现时对重大的认识问题的态度是模糊的,而认识的明晰化则直接关系到新一轮发展的走向。

旧西藏的社会结构模式主要是自上而下的线性结构而非网状结构。横向联系少,几乎不存在自下而上的互动关系。政治结构(也是一种经济结构)上呈现出鲜明的两极分化状态,不存在对缓和两极分化紧张关系起作用的中间阶层、地方精英,政治秩序的文化联系主要依靠宗教社会心理来维系。

长期以来,西藏处于一种不自觉的现代化运动之中,未被说出的"现代性力量"实际上存在着结构性缺陷,在时代政治的追求中更是走向扭曲之地,甚至可以认为,西藏至今的发展是在一个倾斜的航线上克服非现代性的过程。"一个相对缺乏现代性的或现代性不充分的体制……终究会使经济翻车。"[①]现代性因素、现代化目标,虽然始终存在着反思性批判,但至今无法逃脱资本主义话语体系的约束,自然也伴生着资本无遏制扩张的因子;汉文化思想中有一重要观念:天人合一;西藏作为一个环境相对脆弱的地域,其文化也有与"征服自然,改造自然"反其道而行之的思想。我想这些都能给人以借鉴和启发。

2. 援藏工作

援藏,在不同时代有不同的内涵和表现形式。新型援藏工作从上世纪50年代起即已展开,最重要的就是以川藏、青藏公路为主的交通建设。随后(举其大者),1980年中央召开的第一次西藏工作座谈会明确提出,"中央部门和各省市都要做好援藏工作";1984年中央第二次西藏工作座谈会确定9省市"四十三项援藏项目",后又启动"一江两河"工程。1994年的中央第三次西藏工作座谈会将援藏工作提到一个新的高度,明确提出"西藏的稳定,涉及国家的稳定;西藏的发展,涉及国家的发展;西藏的安全,涉及国家的安全"和"绝不能让西藏从祖国分裂出去,也绝不能让西藏长期处于落后状

---

① 尹保云. 什么是现代化——概念与范式的探讨[M]. 北京:人民出版社,2001:5.

态",把援藏工作与西藏的发展、与全国的发展联系起来,并提出了一个发展目标和确定实施"六十二项工程"。实施"分片负责,对口支援,定期轮换"的方针,中央国家机关和15个省市(最初为14个,后重庆成立直辖市从四川省分出去,而成15个)对口支援自治区直属机关、各地市、大部分县市,选派人员援藏(1995年至今先后有三批援藏人员1953人次,第三批到2004年结束),对口支援省市在对口支援地无偿援建了若干项目(在援助人员到位后陆续确定》。基本上可以认定,从1995年开始,国家有意识地加大了投资力度。

2001年6月召开的中央第四次西藏工作座谈会将这一援藏工作方式加以肯定和延续,提出"西藏的发展、稳定和安全,事关西部大开发的实施,事关民族团结和社会稳定,也事关我们国家的形象和国际斗争",加进了西部大开发等广阔的内涵,援助的力度和覆盖面进一步加大。实际上,演变至今,援藏工作已经形成了一种发展模式,延续多年的发展进入了一个新的阶段,国家援助西藏的政策实实在在地放到了全社会协调发展的大局之中,可以视为今后一个时期的主导操作模式。但其中也表现出了一种被动性,隐含着对创造性的抑制和对市场化取向的背离。

3. 以2001年为分析的考察点

现在西藏处于发展的新起点上,新起点的意义是两方面的,一是为发展所注入的力量的变化,一是反思性的,即改弦更张的可能性与必要性。

西藏2001年GDP为138.73亿元,比上年增长12.8%,全社会固定资产完成85.77亿元,增长29%,投资在经济增长中的贡献率达80%以上。三次产业的比重由上年的31:23:46调整为27:23:50。其他方面的增长(外贸进出口例外,下降将近20%)依然是顺延的发展而已,如中央第四次西藏工作座谈会确定的117个建设项目的续建、对口支援项目的建设,并未构成结构性的重大变化。交通建设在投资上大幅度增长(比上年增长70%);能源建设上的瓶颈制约和结构性矛盾有所缓解;社会保障事业和一些制度性改革在国家统一的政策范围内有所推进。考察该年度的经济和社会发展的主要指标,反映出来的主要是国家的力量和西藏本身的"随波逐流",应有的调整的努力没有出现。

三、初步认识

西藏经济发展自中央第三次西藏工作座谈会后进入快车道,连续多年保持两位数的增长,发展速度上超过全国平均水平。这里我们应注意它的基本前提:这种发展是在中央和内地省市在人力、物力、财力上的无偿支援的基础上实现的,亦即主要是由外部推动力来实现的。从全国范围来看,为加快经济一体化进程,努力消除东西部发展的差距和巨大的不平衡,以共同发展和协调发展为基础来打牢西藏乃至国家长治久安的基础,实施国家行为的西部大开发战略有着更长远的考虑。在这一过程中,西藏发展中的结构性问题没有得到较好的解决,"他们更关注经济基础是如何塑造社会的;但是他们根本没有意识到,一个社会是被它与另一个社会的关系塑造的,更没有意识到,所有的社会共同参与一个世界经济这一情况,也塑造着各个社会。"①存在着单纯发展的思想,没有将促进发展的各种因素放到一个更广阔的背景之中,没有看到这些因素对社会发展的负面影响。

2000年底,区党委全委会提出了以制度创新为根本的"三个创新",如果这一认识是从对社会状况中分析中得来的话,那么,提出的创新方案应该从社会中存在的不公正关系中寻找创新的力量,这种不公正关系溯源只能归结到经济活动的不公正。观念创新也要求,对于经济建设与社会制度层面的改造问题,对于西藏比较突出的稳定与建设的问题,以及对于在怎样的社会环境和条件下进行以怎样的方式促进发展等等,应认识得更全面一些。

新西藏的管理体制,从一开始实行的就是中央直接具体领导。随着时间的推移,这种管理方式有所变化,但没有根本的改变。在事关大局的问题(如对达赖集团的方针政策问题)上仍由中央直接掌握。其他经济社会发展问题,西藏自身具有相当的自主权,但由于西藏不具备自我发展建设的力量,旧的管理方式也只能延续下去。发展建设上主要由国家包下来的政策,也导致地方缺乏主动性和创造性;另一方面,对于经济社会发展的管理方式上,西藏是"全能性"的,工作绩效评价机制与做实事、提高经济效益、促进事业发展产生矛盾。

拥有宽而泛的国有经济,是实行计划经济的一个重要条件,宽而广的政府管理的存在也随之有了存在的必要性,而在向市场经济转型的过程中,加大了政府管理从直接管理转变到间接管理的难度。西藏不存在大型企业,虽然国有经济所占的份额不小,但经济总量并不大,历史包袱较轻,对一些不应由政府直接投资的领域,至少不用花费很大的精力来推动企业走向市场。从这方面而言,西藏国有经济的力量较弱,某种程度上也

---

① [德国]安德烈·贡德·弗兰克. 白银资本:重视经济全球化中的东方(A. G. Frank. Reorient: The Global Economy in the Asian Age)[M]. 刘北成译. 北京:中央编译出版社,2000:55.

能对发展创新带来一些方便之处。同时也因为如此,市场关系的扩展在西藏仍然很狭窄(就全国而言,市场关系对社会生活诸领域的全面渗透正是通过改革计划经济制度尤其是改造国有经济实现的),但随着经济体制改革的深入,这种扩展将只是时间问题。

在全球化的大趋势下,区域化是主流。在西藏讲区域化发展,讲扩大开放,有几层意思:一是小区域化,与国内周边藏区的联动发展。一个不容忽视的事实是,西藏与邻省藏区并不具有同等的扶持政策。没有其他藏区的同步发展,西藏发展的长期性与协调性会受到一定影响。二是与周边南亚邻国的互补性发展。这里的主要影响因素是政治性的,尤其以与印度的边界问题为最。三是与国内西部其他省份和全国大市场内的分工合作发展。现在还受到交通等因素的制约,随着交通条件的改善,一个动态的发展方向将会逐渐显现出来。

四、经济增长与内源性因素

西藏的发展主要是外力推动的结果,在内源性动力不足的情况下,发生着重大的偏离。

1. 政策的后果

西藏的发展在全国发展的整体格局中失衡。经济规模、发展水平的巨大差距是显而易见的,还有社会发育程度和经济结构上存在严重的不适应性。截止2000年底,西藏的发展状况是,在地域广大、人口稀少情况下的经济规模很小(全区国民生产总值为117.4亿元),缺乏真正体现自治区发展的支柱产业,几十年供给式的财政政策体制,未能激发出自身的创造力和活力,社会存在一种巨大的依赖和惰性心理。进入新时期,从实施"四十三项工程"到"六十二项工程",从一些技术性、文化性的领域实施对口支援到全面实施对口支援,成效很大,但与此同时,也在进一步强化供给型的体制。客观地分析,这种政策为改善西藏的面貌和打下初步的发展基础起到了决定性作用,如果依靠自身的力量是根本无法做到的;上世纪90年代以来,这一政策在加强西藏与内地的联系,对于促进国人更好地认识西藏,理解西藏,作用可谓巨大;同时这些努力只能是一定时期的必需,发展壮大自身的能力已成为一项十分紧迫的任务。

2. 产业相关性

西藏的发展现状存在着明显的弱关联性,也就是所谓城乡"两张皮"。增长的指数与发展的效果不成正相关关系,发展主要集中在城镇,收入分配不公,技术进步体现弱。从三次产业的构成看,2000年三次产业的GDP比例关系为30.9：23.2：45.9,就业结构为72.9：5.9：21.2,①90年代以来产业的变化没有改变这种大的趋势。很明显,产业间缺乏基本的关联,主要是依照国家投入的多少按各自的轨迹发展。而且在乡村内部,呈现自然经济或半自然经济状态。越是交通不便的地方,自然经济的生产生活方式越明显。

促使自给自足经济向货币经济过渡已成为一个突出问题。一般而言,在货币经济形态中,资本的技术性扩张对手工业的冲击最为明显,或者被工业生产替代而遭到破产,或者被彻底改造。而在当今的西藏,传统的家庭性、作坊性的手工业仍然遍及农牧区,且很难感受到生存的压力。说到底,这是一种政治安排下的结果。如果不能处理好关联度的问题,现代化发展就是一个与最广大群众无关或者说是以牺牲他们的利益为代价的发展；也就难以有效回应达赖集团的攻击和诬蔑,他们就还保有潜在的进行破坏的社会基础。

3. 城乡发展的脱节

城乡经济发展的失衡即城乡发展上的差距很大,反映的是在全局性收入分配依靠国家财力支持的前提下,内部收入的不平等。有这样一组数据,2000年农牧民人均纯收入1331元,城镇居民人均可支配收入达到6448元,城乡居民的收入比由1990年的(1685：649)2.60：1、1994年中央第三次西藏工作座谈会之前的(3576：1334)3.68：1增加到2000年的4.84：1,2001年则为5.07：1。即使考虑到统计中的干扰因素,还是可以看出城乡收入差距是十分明显的,"九五"期间农牧民收入年均增长幅度为8.5%,城镇居民收入增长幅度为11.6%；西藏近年来的发展速度不低,但这种城乡差距过大的格局不但没有随之缩小,反而在不断拉大,这是反映在统计数据上的情况；在直观感受上,农牧区与城镇之间的"文明"反差就更突出。上世纪80年代以来全国支援西藏,至少在初期,重点在实施"形象工程",重点在城镇建设方面,也变相地拉大了城乡发展的差距。而且,"肤浅的、表面的'现代事物',并没有在不发达地区传播现代性,而只是增加了社会中高消费阶层与贫困人口的反差。"②公共服务方面,农村更是无法与城镇相比,在一些领域如医疗上虽然对贫困农牧民有一定免费医疗的政策,但是相关设施水平的低下,使政策作用的发挥大打折扣,更遑论交通、教育和现代文化服务等

---

① 本文所涉及的2000年数据主要来自西藏自治区统计局编《西藏统计年鉴(2001)》,中国统计出版社2001年7月版。

② 尹保云. 什么是现代化——概念与范式的探讨[M]. 北京：人民出版社,2001：232。

方面的差距。在评价"九五"成就时,有这样的基本估计,农村"绝大多数群众的温饱问题得到基本解决,部分群众生活达到小康水平","城乡居民的衣食住行条件明显改善,物质文化需求层次、生活质量和健康水平有所提高"(2001年9月区党代会报告)。由于城乡之间和乡村内部巨大差距的存在,上面的这一基本评价意义不大。

农业科技发展主要表现为试验性和面上发展的低度化,未能对传统农业模式带来突破,农村的经济结构单一,农村的流通基本上是封闭性的。目前,农牧区所面对的市场问题,可以说是农牧民与市场的关系并不大。① 比如,日常生活衣食住行之"衣"的方面,是西藏手工业的一个重要方面,其市场问题几十年没有发生带根本性的变化,生产规模主要限于家庭,包括原料的提供更多的并不是商品行为。

4. 差距的社会后果

严重的社会不平等体制具有天然的不合理性。西藏社会的单极繁荣,对地域和人口规模更大的方面(农牧区、农村人口)而言,是严重的内需不足,社会缺乏促进经济发展的购买力。② 这样的社会要实现全面的现代化发展就是一个难以企及的梦想。

当政府的经济管理行为、当社会改革所涉人群无需承担改革的成本和社会为之提供财力支持的情况下,社会不平等的产生和持续扩大,也就只涉及个人先天禀赋的差别以及后天个人的努力,收益的不均与社会再分配基本无关,所以西藏并没有出现像内地那样的分配性冲突。比较受损一方对安全、社会稳定的需求与他们所行使的经济权利、生活方式和生产方式没有产生对立性因素。而且,与内地不同之处还有,并不是或并不主要是市场扩张过程造成贫富分化、社会不公、腐败等现象,而是在市场扩张的大环境下,西藏独有的发展模式造成的。

---

① "至少农村土地这个中国现在最大的资产还没有条件私有化,只能稳定集体所有制。试验证明,政府不可能对九亿农村人口提供社会保障,所以农村耕地承担了农民的生存保障功能,而国家向村社集体让渡土地所有权的条件是由集体承担对农民的基本保障。中国农民人口众多,人均耕地资源少,农户家庭经营的农业除了满足自己的生存需要,能作为剩余投入市场的数量按人计算就很有限。因此,小农作为这样一种自给自足、半自给自足的行为主体,并不完全被市场左右。世界上没有任何一个政府有能力为大量的、分散的、自给自足的小农建立社会保障。而农业生产又是一个自然性很强的过程,农民有限的剩余又必须用来防天灾人祸,连保险公司搞农业保险也不合算。农民要自我积累,要积粮备荒,可以进入市场的部分就愈益有限,除非有一天政府能像对城里人那样,把农民的医疗、就业、保险、教育等问题解决了,那么农业也就可以完全商品化,土地也就可以私有化了。"见温铁军:《中国的人民的现代化》,载《天涯》2000年第3期。

② 就经济大国的情况看,其经济形态一般都是内需主导型的,美国2000年外贸依存度为20.7%,日本为20.1%,我国同期为44%左右。经济学家刘国光先生认为,其中有高估的可能,与我国特定的出口结构有关,也有其合理性,但经济的回旋余地、对外部经济的依赖、对抵御国际经济风险都带来了一定的风险,这也是国家努力扩大内需的一个重要原因。

西藏城乡居民收入的构成情况呈现互不影响的局面,农村处于一种与城市经济不相干的水平上,国家对他们基本没有负担要求;农村居民收入问题中还有一个与内地不同的地方,在一些群众中一方面现金收入的很少,同时又拥有较多的粮食,牲畜。这不完全是一个"惜售"、"惜杀"的问题。对他们来说,可能是适宜的生存方式的选择,解决这一问题的途径重点放在转变农牧民观念而没有必要的辅助措施,是徒劳的。其次,区域内一体化程度不高也起了一点防范作用,低水平下的经济平衡,以家庭或以小而封闭的小区域为单位的自足经济还比较普遍;精神生活上,遍布全区的宗教场所,职业的非职业的宗教活动人员,也可满足需要。

因为群众与政府只存在单方面受益性的经济关系,义务承担严重不成比例,对政府的认同感会丧失很多,政府将面临失去群众基础的可能,外因的涉入便可能动摇基础,这是第一。第二,各个地域和人群间的收入差距到了一定程度,政权的"道德基础就将发生动摇",社会中便会产生经济不安全情绪。[①] 第三,市场萎缩和市场"两分",现代经济所必需的需求动力会大大受损,经济发展及开拓创新都将难以为继。

谈到农村发展的症结,还有市场发育程度和农牧民群众对进入现代化的生活状态的理解问题,历史和自然的原因也就是我们常讲西藏的特殊性问题,比如生存环境相对恶劣,人口密度小,交通不便利,解放后逐渐形成的供给式的财政体制,文化商业运作中的无端神秘性的渲染培养出的社会惰性(包括思维、观念上的惰性),等等,都在加深着经济社会发展和转型的困难。

对外开放程度低下也是影响西藏发展的一个重要原因,这点在进出口总额上可以看出(2000年对外贸易总额1.30亿元,其中进口1.13亿元,出口为0.17亿元)。西藏的对外开放主要是在政策主导下的开放,未能走入法律框架下可预见的开放,西藏在很多方面还笼罩着虚幻的神秘性光环,开放的领域和深度的不够,给外界一种难以把握的印象。而且在西藏,非贸易性生产、消费的特征依旧鲜明,这也是一重结构性影响因素。

五、社会运行机制、文化认识问题

在"西藏一九五九"时期,以制度变革为主的社会大转型的合法性基础,在于造福于民的承诺与实践,这一点在现在依然没有变化。服务理念(权自民出)和公开合理地

[①] 参见王绍光:《收入不平等的政治影响》,载《改革内参》第18期,中国经济体制改革研究会主管,中国改革杂志社2000年9月20日版。

按规操作则是仍有待于完成的将来式。西藏社会浓厚的行政主导的特点,使得社会许多方面的运作缺乏一定的透明度,在做事情上交际费用较大。社会资源按计划进行集中分配,个人的报酬与其努力程度没有很明显的相关性。这种意识有两个基本来源:一是随着改革开放由内地带来的封建特权思想、等级观念所造就的形式主义、官僚主义;一是西藏社会所自有的封建观念在社会各阶层中有着深远的影响,在表现上却以前者为严重。社会有明显的两极分化特点,其地方特色很难用通行的社会学理论恰当地画出社会结构图,社会有机性主要体现在局部而不是整体上,传统与现代同时存在而又不是相互融合,整体上的联系是机械的。从这个意义上说,西藏更多地表现出的是"共同体"而非"社会"的特征。

我不止一次听人直观地谈论过旧时西藏官僚机构和人员规模的简单化,并感叹现在机构庞大而作用发挥之有限。而且,实际上在西藏近代期官员人数最多时也不过400～500人。① 在庄园制经济下,庄园领主承担着一个个小型政治实体的作用,地方政府并未将许多职能承担起来。但是,这种议论没有联系社会结构的分化、细化和社会分工所带来的社会复杂程度所需要的管理成本的扩张(包括机构和人员)。同时,党务、行政系统的最初建立,更多的是体现国家政治生活一体化的内在要求,具体地说,就是一种机构设置的对应关系,诚然在人员规模上有变化,而这种变化并不是主要由社会经济发展状况的需要所决定,是由相对单一的用人渠道所决定,并通过膨胀而形成。事后分析,如果社会情形允许,当时未尝不可由此推动社会管理制度的创新,但这种假设不可能得到当时社会政治意识形态的允许。

亨廷顿在《变革社会中的政治秩序》中,对发展中国家提出了"稳定压倒一切"的主张,表明在外源性现代化社会中的当下,有了更多更"美好"的参照系的存在,如果没有经济果实加以平衡,社会分子中"被遗弃"感增强,就容易导致社会不稳定。而"稳定压倒一切"的口号在西藏是"深入人心"的,但它有时也会成为掩饰失误的借口;不管是否有着必然的联系,有时也出现对稳定的考虑、对民族关系的考虑优于对于通行规则的考虑。诚然西藏最大的政治性困扰莫过于境外存在一个分裂主义政治集团,它的影响也许比我们认为的要大得多。我们所说的达赖问题,并不是一个静态的问题,自20世纪50年代至今一直存在着。如果说一直到20世纪80年代初达赖问题还显得有些单一,经过了80年代以来的政治变动和流亡集团内部结构、神权观的变化,已随之发生了变化,达赖问题的复杂性大为增加,更由于有一个始终未超脱政治化的宗教集团的或明或

---

① 参见[美]梅·戈尔斯坦《喇嘛王国的覆灭》第6页的分析,杜永彬译. 北京:时事出版社,1994.

隐的影响,这一问题将长期伴随社会环境而发生互动。我们提出要努力消除分裂势力存在的社会基础,宣传教育、加强基层政权建设,从小处看都不失为可行的方子,但最根本的可能还在于,如何营造出发展上的群众性休戚相关感和经济的高关联度,从义利层面上让一般人产生对于稳定的依赖性。

交往实践条块分割和封闭条件下的政治参与只是形式上的参与,公民对公共服务、公共政策和公共管理的理解是被动的,公民的参与也就缺乏实质性意义;个人利益多元化空间狭窄,政治参与的社会基础和主动性、与实际生活的联系脆弱。为人所称道的"草根民主"建设(村民自治活动)、民众的政治参与问题,乐观的认定中包含了以理论来框套现实的削足适履的作法,比如分析手段中的技术问题(选点数量与样本数量)和理论适用问题,至少对于后者应追究其源,需要引入区域特点、区域内部的地区差异,更重要的是民族意识(历史形成的特异背景下)问题,这里是应该讲特殊性的。将顺从参与视为自觉参与,陷入技术性的数字陷阱中,是其中一个根本的误区。

文化发展上,破旧的工作可谓卓有成效,立新的工作相对滞后。现代文明的大众文化在市场力量驱使下,在城镇发展得较为迅速,其中一些"沦丧"性的方面甚至有如火如荼之感,本土文化中的"精英文化"如服饰文化等方面也有了较大的发展,而在惠及广大群众的本土文化上仍在原有的民间文化的基底上缺乏创新,也就没有形成一种与时代变化相匹配的鼓舞人心的发展。

把现代性归结为一种把自己与时代、与未来关联起来的态度,是福柯(Michel Foueault)在《什么是启蒙?》中表达的观点。应该看到这种态度在西藏的增长,也更应该看到这种态度并没有成为"主流"。与时代的关联,不过是按部就班地过日子,与未来的关联是死后、来生,不是活着的人的延续性未来,说到底是为己而不是为众的幸福观,人生的意义取向没有从神学体系中改变过来,社会的变革只能是被动的,没有现实性的未来可言,社会变革的成就镶嵌进一个荒谬的框架中,而有可能成为社会发展中的四不象。藏传佛教作为被权势异化了的宗教,对它所覆盖的人群的蒙蔽作用,并没有社会等级之分和阶层之别,同样都是一副锁链。宗教被打上太多非宗教的色彩后,其道德教条便是扭曲的,说教与实践之间是背离的,不会指向人的本性。弘扬民族优秀传统文化也好,引导宗教与社会主义社会相适应也好,需要从这种关系的改造中获得两相其宜的效果。

改变农牧业的内部封闭状况,改造传统产业,对劳动者的文化素质的要求有一个通行的标准,那就是:小学以上文化程度的劳动人口占总人口的比例在5%以上。到2000年,西藏地区的适龄儿童入学率85.8%,已经不低;但是小学学龄儿童入学率还是在1997年以后才达到80%,小学以上阶段学生的在校生比例不高(2001年在有所增长的情况下,初中入学率39%,高中阶段入学率16%),接受初中以上学校教育后返回农牧区的人员更少,本来学校教育就有巨大历史欠帐的情况下,西藏农牧区劳动力的平均受教育年限很低。这给提高劳动者素质,推广普及科学文化知识,增加了相当的难度。重视学校教育在扩大惠及面和程度上任重道远,这是提高民族整体文化素质的大事,现代化发展的主要基础条件之一。

中央政府的区域倾斜政策和财政支持必不可少,这种支持在可以预期的时间内仍将继续,力度还会增大,问题在于这种倾斜政策需要建立在西部开发产生内在的动力和形成良性循环的条件上,投入产出率也应引起重视,一个沉重的现代化是大家都不愿看到的。我们还可以换一个角度看待国家对西藏的援助(文中不需要特别说明的地方,均把各省市区对西藏的援助特别是90年代中期以来的援助统称为国家援助,这是一种国家政策推动的结果,对援助方而言获得的更多的是政治意义,也许在西藏经济达到某种程度后会改变这种状况),这就是全国性市场的角度。虽然西藏在1994年就提出,要在建设社会主义市场经济的进程中,与全国"框架一致,体制衔接",但远未达到预期的目标,还存在着种种人为的和自然的限制性因素,但与全国性市场之间不存在根本性壁垒,可以将援助视为国家对不发达地区的税收调节分配(不仅仅是国家财政的转移支付,现在这还是小头),直接承担着水利、电力、交通、电信、生态环境等公共建设和教育、行政、卫生、扶贫等支出。

六、西藏跨越式发展目标的分析

新一轮发展,西藏提出了现代化的政府性目标,这一目标在2001年6月下旬中央召开的第四次西藏工作座谈会上被规范、统一表述为"两个跨越",即促进西藏经济从加快发展到跨越式发展,促进西藏社会局势从基本稳定到长治久安。跨越式发展的经济指标在2001年区党代会上确定为:"十五"期间,力争国民生产总值年均增长12%以上,到2005年力争人均国民生产总值进入西部地区前列;到2010年,力争人均国民生产总值达到全国中等水平,为使西藏与全国一道进入现代化打好基础。严格地说这是实现现代化的基础性目标,对于其经济指标,还没有实在的意义分析。它所强调的是经济总量的增长,人均占有水平的增长,但它在社会发展上的意义究竟是什么呢?这其实主要是指经济的现代化,而现代化是现代性在物质的、制度的、观念的三个层面的增加和扩展,物质层面只是其中之一。

跨越式发展在字面上也就是指现代社会的转型。这种转型在不同的国家、社会中动力源并不一致,可以是经济增长所积累的变革力量来推动,也可以是外在政治变革力量起第一推动力。随着经济的增长,社会结构的分化,关于西藏的新起点的问题,需要追问的是,为可能的发展创造了什么条件?

实际上到2000年,西部10个省市区的人均国民生产总值为4606元,西藏为4559元,处于中游水平,远远超过贵州省和甘肃省,与四川省、云南省、陕西省、宁夏回族自治区在同一水平线上。西藏要走上现代化道路,仅仅体现在人均数字上没有多大意义,关键在于经济发展的数字所反映的产业化结构、消费结构和采取什么方式上面。从西藏近几年来的发展实践看,经济的快速增长主要得益于投资拉动,2001年更是达到80%以上,也就是说,西藏经济发展主要是由计划经济方式推动的,市场配置资源的作用十分有限。在所有投资中,政策性资金(中央和全国的无偿援助下的工程投资、无偿支援,说到底,还是属于计划经济体制下的拨款性质的投资)的支撑,资金的投向又主要在基础设施建设方面,投向具有提高区域经济竞争力的方面很少。2000年西藏地区的财政收入不过5.38亿元,财政自给率不足9%。如果按照"既定"的模式发展下去,"不论人均生产达到何种水平,都不可能转变为自主中心和自我推动的增长。"①跨越式发展从小处看,是为了避免出现"他者"在发展过程中的不必要弯路,从大处看,则是国家协调平衡发展的需要。经济发展是现代化运动中的重要目标,但没有人文的同步发展,没有社会的进步,经济发展不可能是可持续的和良性的发展。

增加农村居民的收入,缩小城乡差别,已经越来越显示出重要性,也是新一轮发展的题中之义。第四次西藏工作座谈会要求:"要把国家对西藏的巨大投入同实现各族群众的根本利益结合起来,把项目建设同农牧民的增产增收结合起来,在实践中走出一条随着国家援藏力度不断加大,农牧民收入不断增加的新路子。"提出了在投资拉动发展中增加农牧民收入的问题,作为一种增强发展关联度的重要尝试,方向值得肯定。2001年年底全区经济工作会议提出把增加农牧民收入作为经济工作的首要任务。② 在

---

① [埃及]萨米尔·阿明.不平等的发展——论外围资本主义的社会形态(Samir Amin. Unequal Development, An Eassy on the Social Formations of Peripheral Capitalism)[M]. 北京:商务印书馆,2000:169.

② 提出的主要政策措施有:要以搞活流通,完善基础设施,增强服务功能,加快农牧区市场体系建设来引导农牧民进入市场;以发展特色农牧业,提高农畜产品质量和市场竞争力来调整农牧业结构,特别注重畜牧业的发展;建设一批具有规模优势和区域品牌特色的农畜产品基地,培育一批带动农户能力强、科技开发能力强和市场开拓能力强的龙头企业。以发展农牧业产业化经营和组织农牧民向二三产业转移;加快发展非农产业和劳务输出,转移剩余劳动力,如建立农牧区的建筑施工队伍、劳务公司等,使之进入市场,只要农牧民能够承担、参与、服务的工程项目,在保证工程质量的前提下都要使用农牧区劳动力;稳定农牧区基本政策,加强基础设施建设。但如果没有实质性的制度安排,任何措施都难以进行下去。

改造传统产业链、缩小差距方面,政府性的、研究性的方案可谓多多,不外乎两方面:一是体制维护心态下的改良,一是进行体制创新的改革。引导农牧民,为其进入市场创造条件,提供通道,是能较快见效的举措,但根本的是需要走出这种狭窄的思维模式,从经济发展的未来和社会公正的全局上作出制度上的安排。制度创新不能包治百病,但它能提供一个有效的框架,这点确实值得我们认真对待。加入 WTO,对于政府经济管理的透明度、统计工作的规范与公开性提出了要求,建立在自由贸易基础上的现代资本体系,它所具有的无遏制的扩张力,不会"温良恭俭让"地等待我们慢慢地做工作,被动应对只能导致步步被动。

收入分配的不公正、社会经济上的不平等,主要是外因在起作用(在某种程度上,已经成为制度化的内因性结构因素),解决这一问题也应该从这个基础上着手。一、加强产业创新,增强政府的财政汲取能力,降低经济增长的援助依赖度,也增强政府调节再分配的实力。二、缩小收入差距,自然不宜采取经济上的平均主义措施,否则不过是进一步增强整个社会的依赖心理而已,应把重点放在改变基础设施和基础生活条件上来,把对农牧区休养生息政策从偏重于"休养"转向"生息"的条件创造上;对分配差距扩大的纠偏,并不是要导向追求收入分配平等这样一种平均主义的后果,如何促进竞争合作性体制的出现才是合适的目标追求。三、开征农牧业税等基本税收(这与加大对农牧业的投入并不矛盾),作为增强社会凝聚力的辅助条件之一。四、通过产业结构调整增强内部发展的关联度,保障经济安全,促进合作精神的成长,努力消除"大多数民众在经济和社会体系中的被排斥"感受。[①] 非自主性地发展或曰顺波逐流式的发展,必然会对社会结构不同方面的发展产生强化和弱化的影响,并形成一种难以回头的社会后果,寄希望于未来"恰当的时候"统筹解决的想法是不现实的。

交通状况的改善和可以预见的根本性改观,是我们在这个新世纪可以明确看到和意识到的最激动人心的变革,对它的意义的估价,只要对西藏有所了解的人士都能深刻感受到。路网(区内路网和与区外联系的路网)的扩展,受到冲击的首先是生活方式,人们常常有一种矛盾的心态来面对这一点。这个过程将会很漫长,对于广大农村牧区而言,现代生活方式毕竟一时难以与他们的习惯相吻合。我更关心的问题是,一旦新的消费观形成后,农村牧区将在现代经济大社会中扮演什么样的角色。韩少功对购买力将向经济核心区集中,广大的处于被动地位的农村将沦为纯粹的原料供应方表示了忧

---

① 参见王绍光:《开放性、分配性冲突和社会保障——中国加入 WTO 的社会政治意义》,载李陀、陈燕谷主编《视界》第 3 辑. 石家庄:河北教育出版社,2001.

虑,"只要消费力仅局限于都市富裕人家而与大面积的农民无关,与都市里贫困人家也无缘,那么这个市场就太小,高附加值农产品就太容易过剩滞销","沿着公路而抵达乡村的经济市场化、自由化以及一体化"的另一面是"各种资源的流动和集中,将加剧地区贫富差距"。①

从内部方面考虑,需要再提城镇化建设问题:让更多的农牧民退出传统农牧业,才能有效地提高农牧业劳动者的收入水平;城镇化使人口相对集中,对于改善基础设施和农牧民群众的生活质量的成本也会大大降低,城镇化的发展本身就能够创造出相当大的就业需求,特别是服务业方面,一种人道的生活方式(便利的交通、通讯、水电、住宅、公共服务)才能有效地接近处于不公正的社会群体。家庭副业在西藏可以说是个大有潜力的传统产业,现在我们所认为的"乡镇企业"相当部分其实不过是一些家庭副业而已,使之走向产业化应该是一种不错的出路,而且在这方面已经有了小型规模的启动。促进农畜初级产品的转化,增加附加值(农区畜牧业在粮食基本自给的前提下加快粮食转化,改变牧业区的经营方式,提高牲畜的出栏率、商品率),也是促进农村产业化发展、增强产业关联度的重要途径。

将旅游当作支柱产业,作为实现跨越式发展的重要方面,是谈论最多也是各方面取得"共识"的方面。这一观点,实际上是基于分工经济中的"比较优势说",如果它能被社会大多数接受并能参与进去,以及能惠及西藏良性发展的话,这种共识未尝不可,但实际情况又是怎样的呢?一般地谈论发展旅游业无所谓对与错,一旦在实际上形成了旅游主义,就将掩盖两种关系,一是依赖性的发展关系,二是产业孤立化道路。其背后隐藏的是不平等的贸易关系、不平等的发展模式。

有学者从发达国家的经验提出,西藏没有农业的现代化就没有工业的现代化。看到了内源性现代性因素生长和扩张的作用,也看到了农村地区隔离于现代化进程外的不切实际,但对西藏发展倚轻倚重的后果形成的结构性困难看得太不够。既不能单纯地执行"增长战略",也需要完整地考虑实行农牧结合发展战略的现实可能性,考虑生态环保产业对西藏经济贡献的大小;在内源性发展的基础上农牧区可能还是要"组织起来",走产业化发展的路子。一些学者曾经指出,重点放在走工业化道路上将会有不少弊端,最集中的一点是面对脆弱的生态环境,工业化可能造成的破坏性影响。但工业化与环境保护并不总是一对水火不相容的矛盾,西藏必须有选择地走工业化的路子,因为没有可靠经济增长的经济是脆弱的经济,参与大市场的分工协作需要以一定的实力

---

① 韩少功. 全球税及其它[EB/OL]. http://www.pen123.net. 2001-01-19.

为基础。农牧业、旅游业以及通过对外开放促进商业发展等,均不能支撑起西藏发展的大厦,国家的扶持与支援也不可能一直保持这一水平,西藏经济也不能在依赖性的路子上越陷越深。总结起来,可以这样说,农牧业需要走工业化的路子,也就是利用工业化的技术改造传统产业,工业需要走知识经济的路子,服务业需要走产业升级的路子(虽然西藏的第三产业占全区 GDP 的比重达到了 45.9%,在西部 10 省市区中为最高,但是这个数据不能从根本上反映问题,这是在整个经济状况低下的情况下的比较,无法用需求结构的发展和生产率的发展来解释,包括行政开支在内的过度膨胀而产生的财政危机实际上是国家在一力承担)。技术变迁的速度往往决定了一个地区社会发展的潜力和可能,在西藏这样一个缺乏足够的技术、人才储备的地区,技术的引用消化都成问题,技术创新和变迁也就更难。在方兴未艾的援藏大潮中,引入这一关键性因素对于西藏的持续快速发展至关重要。

西藏提出了扩大开放特别是扩大对内地开放的政策,西南地区省市区间的经济协作早已有之;在做好这种区域化发展文章的同时,扩大藏区内部的交流与合作,缩小发展上的差距,西藏的发展进步才会走上良性的轨道。开放带来市场的扩大,会在潜移默化中调整社会关系。这是一个全球化的时代,至于"化"到什么地方去,如何"化",可谓见仁见智,但作为一个趋势,描绘了现代性的不可阻挡的力量。全球化也包含有对多样性的强调,多样性是一切事物的天赋秉性,人类文明的发展是不同文明交流、借鉴和融合的结果;文明具有层次性,有普适性的方面,也有特性的以及介于二者之间的方面(宗教信仰、价值观、思维模式)。从这点看待西藏现代化发展中文化特性的保护问题,除了在该作为的地方努力而为外,没有必要将之看得过分严重;历史上出现过的文明间的冲突,不论表现形式怎样,实质是物质利益的争夺,而非源于文明间的差异。这里应该注意的是如何引导农村走向现代化,防止出现在农村现代化发展的同时,与传统文化和生活方式过分脱节而造成社会的动荡。

七、结语

一切政策的制定、措施的实施,如果不能对自主发展能力起促进作用,所有的努力都将是白费,甚至带来更多的负面作用。经济与政治的关系问题永远都是一个社会发展变迁的根本问题,这个过程中的所有不平等关系的内在演变与此密不可分。对于西藏,供给型经济体制的转变仍然漫长,依附性的经济关系正在成为一种可能和危险。2002 年 3 月召开的世界筹资大会所提出的问题,比如非慈善性、创造发展的基础、改善基础设施等，大多可以用来反映西藏现实。解决社会结构的失衡问题，要求发展的正当性与合理性，改变其中几成积重难返之势的结构性问题，应该成为新发展的首要之举。

　　在藏传佛教密宗里，曼陀罗是一个十分重要的概念。按我的个人理解，它首先是一种形式的存在，具有两个重要的特征：一是讲求对称性，这种对称不一定是严格物理意义上的对称，更是内在对称。二是注重内在的统一与协调性，在大型彩砂曼陀罗中这点可以看得很清楚，表面上各个小单元自成一体，能够以单元的形式表达一种结构并体现一个完整的功能；而在整体上却有着不可分割的内在亲合性，能够发挥出即使是将所有单元和单元结构物"堆放"在一起也无法体现出的更为重要和深刻的意义。应该说曼陀罗作为形式繁复且种类众多的存在，在长期的历史发展中，无论是在形体特征还是在象征意义上，已经渗透到藏文化的各个方面，构成了藏文化的隐性结构之一。也应说，这种影响，因为是从藏传佛教密宗当中开出的，至今依然附着着宗教的神秘光环，与世俗文化的联系停留在表层上，这里有一个结合的问题。我所理解的西藏现代化也是应该具备曼陀罗特征的现代化，即它是有机的、可持续的、城乡协调发展的现代化，是开放的现代化，既有经济上的持续快速发展，能够激发社会的活力，有在富有生机的文化机制下的社会演进，也有绝大多数社会成员对于发展和稳定的高度认同感。

（作者：郭克范）

西藏可持续发展与相关政策问题[*]

"可持续发展"是近几十年来人类以各种教训为代价换来的新名词,又是当今世界十分时髦的新词汇,追求可持续发展已成为国内外社会的一种潮流。西藏自治区占据青藏高原的主体,其特殊的自然地理条件造就的脆弱生态环境以及区内十分薄弱的经济基础,使得选择可持续发展道路对本地区具有尤为重要的意义。西藏自治区在"六五"计划时期就已提出环境保护、资源节约和综合利用等反映可持续发展理念的政策思路,从"七五"计划开始政府还将促进社会、人口、资源、环境和经济协调发展的国土规划作为计划的重要组成部分。1992年自治区按中央要求,正式将环境保护纳入国民经济和社会发展年度计划,环保工作得到各级政府的重视。"九五"时期,西藏正式确立概念含义较为完整的可持续发展战略,明确提出积极推进经济增长方式由粗放经营为主向以集约经营为主的根本转变,提高资源利用率,注重生态环境保护等指导思想,并在此基础上形成了一些方案和文件。但是,截止到目前,大量事实表明,西藏的可持续发展战略缺乏实质性的进展。主要表现为:缺乏明确的目标,主要是指更为具体的、能够指导和评价工作进程的技术性目标;笼统的可持续发展目标在时间上也没有明确的限定,从而不能引起各级政府和有关职能部门的紧迫意识,更难以使可持续性原则成为实际发展中的硬约束;当前战略没有规定在减少人均资源消耗和环境破坏的前提下,怎样为全区居民提供工作、收入和较为体面标准的生活;可持续发展战略的核心只是定位于环境保护,对社会发展方面的内容关注不够,缺乏一个能够使人民群众和有关职能方面准确理解的经济与可持续发展相关联的分析框架,从而不能较好地处理当前和未来的资源利用模式和消费模式的选择与规范问题;另外,很关键的是还缺乏一个对可持续发展战略实施监督的系统,自治区环保部门作为半地级的专业管理机关不足以担负此重任;等等。

正是由于西藏自治区的可持续发展战略缺乏实质性的进展,使得西藏经济社会实际发展过程中种种不可持续的现象越来越严重地显现出来。例如藏北牧区脆弱的高寒草场生态区不堪牲畜超载和人为的乱挖滥采,已有大量草地退化、沙化;又如藏东南地区沿交通线一带,大量林木被不合理采伐,造成日趋严重的水土流失、山体滑坡、泥石流

---

[*] 原文载于《西藏研究》2001年第4期。

等自然灾害,对工程设施和居民人身财产安全形成较大威胁。如此种种,难以一一列举。本文认为,西藏实施可持续发展战略进展缓慢,以及实际发展中诸多不可持续性现象难以被及时、有效地遏制,根源就在于没有解决好可持续发展的理念、原则及战略指导思想与具体社会经济政策的结合问题。我们也可以把这种现象称为制度失灵,包含制度缺失和制度失效两层含义。要解决西藏可持续发展的制度失灵问题,就必须首先弄清楚这种制度失灵的主要表现形式及原因。初步考察分析,西藏可持续发展制度失灵的主要表现形式及原因起码包括以下这些方面:

第一、缺乏部门之间的协商与合作制度。

当前我国还是处于改革转轨时期,这个时期的有些决策建立在部门利益、地方利益及其他利益群体各自的利益基础之上。西藏自治区也不例外,一些行业部门、各级政府、各利益群体总是倾向于以实现自己的利益最大化为决策目标,这些决策目标在总体上是相互矛盾的,甚至是冲突的。在向市场经济转变的过程中,它们往往会以牺牲环境和社会目标来实现经济目标。

第二、缺乏强有力的综合协调部门。

由于没有强有力的综合协调部门,现行的行政体制不适合经济管理各部门把可持续性因素考虑到自己的政策中去,同时也难以把相对明确的环境项目纳入各级政府各个部门的项目中去。目前西藏正在实施的为数不多的几个环保项目,均是由国家直接投资和组织实施的。

第三、缺乏对经济政策、决策的可持续性评估。

20世纪70年代,世界上一些发达国家开始对经济活动和经济政策可能造成的环境损失进行评估,并提出预防措施。由此建立的环保评估方法构成了环境保护与经济发展之间的重要关系纽带。随着人们实践与认识的深入发展,单一化的环境影响评估逐步发展成为对经济政策的综合性的可持续性评估。目前,许多国家已把可持续性评估作为推进发展项目的一个必不可少的程序,并起到了巨大的积极作用。而我国经济政策、决策的可持续性评估工作才刚起步,还未建立相关的强有力法规,西藏在国内的落后地位使得区内发展决策的可持续性评估几乎不存在。

第四、缺乏完善的公众参与制度。

可持续发展客观上要求通过政府立法和各部门的综合决策来协调市场难以调节的各利益群体的冲突,使其在可持续发展的框架中得到统一;同时通过政府和民间的运作,使可持续发展意识深入到广大群众的内心。可持续发展的成功很大程度上取决于公众参与度,所以必须有一个完善的公众参与制度,才能有力推进可持续发展战略。或许是国家还没有明确的要求,西藏有关方面只是在宣传可持续发展的重要性,还根本没有着手建立一个必要的公众参与制度。

第五、缺乏必要的市场手段。

借鉴国内外经验,在把可持续发展战略纳入经济政策的过程中,应采取一些必要的经济手段,如排污许可证制度和排污权交易、补贴和收费、鼓励金制度等。然而,西藏可持续发展的实际工作中,这些必要的经济措施在全区上下至今还是未经尝试的新鲜事物。

如果深入调查研究,也许还能发现其他阻碍西藏可持续发展战略与社会经济政策良好结合的具体方面。本文认为,针对上面这些提到的问题,要实现西藏可持续发展战略与社会经济政策的较好结合,推动可持续发展战略的实质性进展,至少要从以下方面着手改良工作:

1. 建立综合的决策机制

综合决策必须建立在对可持续发展观念的接受和深入理解的基础之上。综合决策既是一个探索的过程,又是一个参与的过程。所谓探索是指在决策之前,决策者应当会同专家对决策的目标和实际状况进行研究和评估,提出发展目标和具体的运作手段,并随着政策的实施进行监督和修正;所谓参与过程是指实施政策的地区和产业的各利益群体和个人应当参与政策的讨论和制定,并参与政策的实施,这些参与者或者在实施政策的过程中获得一部分利益,或者在政策的实施中失去一部分利益,综合决策就是在对各种利益群体冲突目标的协调中达到可持续发展的总目标。按以上要求,西藏可持续发展的综合决策必将是一个不断调适的、周期性的,包含公众参与机制,起到广泛沟通作用并提出和推行规划的行动过程。在目前,可以考虑逐步建立一批目标明显的可持续发展示范区,通过示范推广,最终形成全区的综合决策机制。

2. 建立社会影响评估制度

建立社会影响评估制度,是对重大项目和经济行为作出计划执行和实施活动的决策之前,就确定和估价它可能产生的影响。建立社会影响评估制度的目的,在于它可以提高各种社会问题在经济政策和经济计划中的地位,帮助推动可持续发展的执行。如果这一思想意识得到自治区决策层的认同,下一步就可以联系西藏实际深入研究社会影响评估工具和评估技术,从而真正发挥社会影响评估机制的作用。

3. 建立可持续发展战略的资金支持

把可持续发展战略付诸实施,并有机地纳入社会经济政策体系,资金支持是其重要保障。本文认为,通过建立某种基金和适当创新金融工具,推进可持续发展战略与社会经济政策的结合,是最为现实的选择。

以上所提及的工作中应采取的种种努力,旨在沟通可持续发展战略与广泛的社会经济政策之间的结合渠道,从而构筑起可持续发展战略政策化的"硬件基础"。而要真正实现可持续发展战略政策化,还必须深入研究和确定这种政策化的具体内涵。可持续发展在世界上有普遍一致的基本原则和宗旨,但不同地区具有各自特殊的环境基础和发展特征,因而政策调整的重点、方式也必然会有较大差异。联系西藏实际,本文认为应重点在以下四个方面研究确定西藏可持续发展战略政策化的具体内涵:

1. 人口方面

从可持续发展来看,在经济增长率一定的条件下,人口增长率越低,人民福利改善的幅度就越大,人口对环境的压力就越小,经济发展的可持续性就越大;反之则相反。目前,西藏总人口已达260多万,相对于全区120多万平方公里的土地总面积,人口密度固然很小,但是西藏高原平均海拔在4500米以上,绝大部分地区严重缺氧,气候条件十分恶劣,不具备人类生产生活的基本条件。自古以来,西藏人口都相对集中地分布于少数几个自然环境条件较好但面积十分有限的河谷地带。基于落后的社会生产水平,西藏目前的人口规模对可供利用的土地与资源环境已经形成了一定的压力,如果保持现有的人口增长率不变,这种压力会越来越大。西藏社会科学院1998年调查全区劳动就业状况时就已发现,农牧区越来越多的剩余劳动力难寻出路已日趋积累成为不可忽视的社会问题。

现在,实行计划生育,控制人口数量增长速度,是促进西藏走可持续发展道路的关键。为此,必须建立和推行适当的人口政策体系:第一、在全区大力宣传计划生育,使广大人民群众真正认识到计划生育不仅是国家的基本国策,也是西藏发展和尽快改善全区人民生活福利的迫切需要。第二、有选择地借鉴内地经验,修订出台更为严格的计划生育法规,并在各个地区实行首长负责制的人口计划管理措施。第三、建立健全计划生育服务体系。美国学者戈尔斯坦教授1998年前后在西藏地区调研农村人口、家庭状况时发现,有相当部分的农村群众实际上有少生育的愿望,但由于缺乏必要的技术服务措施,造成实际生育率很高。可见建立健全计划生育服务体系,对降低西藏人口出生率具有重大积极意义。第四、尽快建立健全社会基本保障网络。西藏经济落后,而且越是落后的地区,养老、失业、就医等问题越是严重,相应地群众尽可能多生子女的愿望就越强烈。因此,国家应大力支持西藏的社会保障制度建设,尽快把社会基本保障网络扩展到农牧区,以切实解决农牧民的后顾之忧。第五、结合扶贫开发贯彻落实计划生育政策。通常贫困地区的人口经济存在"越穷越生,越生越穷"的恶性循环,西藏还有大量集中连片的贫困区域,因此需要结合扶贫开发,通过发展农村经济和提高农牧民生活水平来控制人口过快增长,否则将很难收到预期的效果。

2. 资源方面

西藏蕴藏有丰富的自然资源,从优势的角度来看,这些资源种类多、数量大,且目前的开发利用程度还很低,是未来西藏经济增长的希望之所在。但是资源性产品在市场价格体系中处于十分不利的地位,如何开发利用西藏资源将是一个复杂而颇具挑战性的课题。

从可持续发展来看,自然资源的开发利用能给我们带来收益和财富,因而应把自然资源作为资产,在遵循自然规律的前提下按照经济规律进行投入产出管理。这样,有利于纠正资源分配中不适当的行政干预和培育资源市场。具体就西藏而言,应推行政府主导下的自然资源资产化管理。这方面的政策体系包括:第一、要明确国有自然资源是国家资产,将其纳入国有资产管理体系,由政府资源主管部门和国有资产主管部门共同制定有关国有资源资产化的政策和法规。这些政策法规起码应当包含资源的核算制度、规划制度、补偿制度和监督制度。第二、在建立起资源性资产实物帐户和价值帐户的基础上,按照所有权和经营权适当分离的原则,形成以资源性资产产权为中心的管理体制。第三、对自然资源的所有权实行企业化经营管理的同时,要加快建立自然资源开发利用的市场机制。特别是区内的各种非公有制主体对自然资源的开发经营,应给予平等竞争的法人地位。第四、西藏高原生态环境相对脆弱,在自然资源资产化管理的政策体系中,保护自然资源与环境的机制、措施应是其重要的组成内容。应当确保在开发利用中十分注意保护人类与动植物的生存环境,重视生态平衡,防止对资源的破坏和浪费。第五、资源管理决策有很强的综合性,应建立有效的自然资源政策分析机制以及决策信息支持,尤其是跨部门的政策分析和信息共享,从而能够较好地避免部门间政策目标相互摩擦的不利影响。

3. 产业发展方面

西藏经济近十年来保持了高速增长的势头,随着人口和收入的增加,经济活动规模的扩大,经济对资源环境产生的压力趋于增加。现在,西藏经济社会要满足可持续发展原则的要求,就必须重视改善产出结构,提高投入产出效率,减少单位投入对环境的污染。换句话说,调整经济结构,改善产业结构状况和技术结构状况,可以减少经济规模扩大对环境的压力,从而更有利于实现西藏经济社会的可持续发展。在这当中,制定适宜的产业政策,将发挥至关重要的作用。同时,还要注重产业政策与其他政策的结合,特别是应积极地把产业政策和环境政策、技术政策结合起来,使产业政策促进采用清洁生产技术,从源头减少废物的产生,提高资源的利用率,从而更有利于实现可持续发展的目标。

根据西藏目前的实际情况,积极发挥产业政策的作用:

首先,要促进制造业生产技术和工艺的进步,特别是要大力推行清洁生产技术。清洁生产的成本往往要比治理污染的成本低,生产技术的进步可以减少单位产值的自然资源消耗和污染物排放量,对于落后的生产技术和陈旧的工艺,要以政策的形式予以淘汰。

其次,可以促进一些轻污染产业的发展,如食品加工、纺织、制药等。

再次,要加快对重污染产业的改造,减少自然资源消耗和污染排放量。重污染的产业一般都在原材料和能源生产领域,根据区内自然资源的状况,对于某些西藏稀缺的并且开发生产成本较高的资源,应该考虑以引进或区外合作开发外部资源来代替区内生产。历来这一策略的实现受到交通不便的极大限制,西藏区内有时不得不安排一些高成本的原材料行业的生产,以解决区内建设的急需。现在,青藏铁路已经开工,数年后一条钢铁动脉将深入到西藏高原,应及时根据这一新情况,明智地调整一些行业生产,逐步压缩高成本、重污染的产业,如水泥、冶炼等行业。

还应当及时研究如何促进环保产业的发展。环保产业是一项新兴的产业,有着广阔的发展前景。在发达国家,环境保护专业已经发展到了相当的规模。考虑到在国内和区内环境保护领域的巨大要求,环保产业有可能成为西藏经济的一个新的增长点。可以这样讲,积极发展环保产业既是西藏实现可持续发展的客观要求,又是西藏经济实现跨越式发展的一种良好机遇。

第三产业总体上看具有自然资源消耗和环境污染排放相对较少的特点,因此西藏坚持发展第三产业的政策不仅与区域经济特征相适应,而且是符合可持续发展要求的正确选择。但同时,第三产业中部分行业对环境的影响也不可忽视,例如这几年西藏发展迅速的交通运输业,交通运输工具排放的大量废气和有害物质已逐渐发展成为一些城镇的重要污染源。又如当前西藏发展并受到政府全力支持的旅游业,旅游者抛弃的大量白色垃圾以及有些地方对旅游点的盲目开发,也对自然环境造成了损害。所以西藏鼓励发展第三产业的同时,还必须有相应的加强环境管理的规范性政策。

4. 科教方面

科学技术和教育事业是一种经济上不能完全自立的社会建制，但是二者却是解决"社会化的人与自然"关系，推进可持续发展的关键因素，是构筑可持续发展庞大系统的重要组成部分。尤其是人类历史即将迈入信息社会、知识经济的时期，科学技术和教育对"经济、资源、环境、人口、社会"这一巨大系统的演进过程发挥着越来越大的作用。和平解放以来，在中央的特殊关怀下，西藏的现代科技与教育从无到有，迅速发展壮大，但是毕竟西藏和内地总体社会发展水平的差异太大，西藏的科技与教育仍显得十分落后，远远不能满足合理开发利用资源，保护生态环境，实现经济与人口、社会的协调发展和持续发展的客观需要。目前，推进西藏可持续发展，应当结合西藏现有的实际发展水平和当前急需解决的问题，来合理设置有关具体的科技教育决策。

科技工作方面：首先要重视解决科技投入问题。最近一个年度西藏科技经费为6000多万元，约占全区 GDP 的 0.6%，而同期全国科技经费投入占 GDP 的比重为 2.09%。可见西藏对科技事业的投入水平是非常低的，表明自治区有关方面对发展科技并没有予以足够的重视。这些就造成科研条件不能及时得到改善，科研人员的工资待遇普遍偏低，进而使科技队伍不稳定，人才流失严重。投入不足，还严重影响了高质量人才的培养和引进，科技队伍中能判断科学前沿战略的科学家、能够组织完成重大科研开发的帅才和有发展潜力的青年科技人才极其缺乏。近几年，西藏科研成果的数量有所减少，水平提高也十分缓慢，所以急需有关的决策管理层以战略家的眼光和气度，出台有关优先发展科技的政策措施，切实解决投入制约问题。

第二、提高农业科技水平，推动农业可持续发展，是西藏科技工作的重中之重。目前，农业不仅是西藏的基础产业，还是重要的支柱产业。全区80%以上的劳动力人口直接从事农牧业生产，农业与广大人民群众的日常生活息息相关，农业产值仍占到全区工农业总值产的70%以上。考虑到这种现实局面，不可能设想短时期(5~10年)内有其他任何产业能替代农业的地位，所以必须依靠农业科技促使西藏农业获得持续、健康发展。西藏农业科技的重点应放在新品种选育、杂交优势的利用、新耕作方式的引进推广、防抗灾技术等方面。条件较好的地区还应重点攻关高效农业试验推广，为探索有西藏特色的农业产业化道路作贡献。

第三、着力提高资源开发利用的技术含量。西藏跨越式发展战略的成败很大程度上取决于开发优势资源和发展特色经济的成效。当前，资源优势并不必然意味着经济优势，西藏毗邻省份新疆自治区的发展经验表明，开发优势资源必须走"资源+技术资本运作"的道路。简单地开发、出卖初级资源性产品，不仅不会有多大的经济效益，还会造成资源的破坏、浪费。当今世界崇尚技术的潮流,使得任何稀缺资源都必须附加较高的技术含量,才可博得市场的青睐。因此,深化科技体制改革,促进科技与经济密切结合,也应是西藏科技政策的重点取向。

教育发展方面:西藏应当确立以普遍提高人口素质为目标,以基础教育为战略重点的政策方针。人口素质的提高对西藏可持续发展至少有三方面的意义:其一、可以有效降低当前的人口增长速度;其二、可以更有效地利用资源,保护环境;其三、能够有效推动区内经济结构的优化,从而提高区内人口容纳密度,这样可以保证西藏人口,特别是藏民族人口持续发展。比较而言,西藏人口素质普遍偏低,青壮年文盲率还相当高,所以普遍提高人口素质是最重点的目标。基础教育、中等教育、高等教育和职业教育,都是西藏教育事业不可缺少的组成部分,但是落后地区的人力资源开发经验表明,中等教育的收益率高于高等教育,而初等教育的收益率又高于中等教育,所以大多数落后地区都把普及基础教育放在教育发展的战略重点地位,西藏尤其应当如此。

除了以上四个方面以外,适当的财政金融政策对推进西藏社会可持续发展也能起到较大的积极作用。西藏自治区财政尽管是中央补贴型的"吃饭财政",对社会宏观经济的调控能力很弱,但是:第一、可以通过减少与保护资源环境等可持续发展目标不相符合的财政补贴,推动合理价格体系的形成,从而能够有效改变经济生活中商品高价、资源和原材料低价或无价的不合理状况,最终抑制资源需求过度膨胀;第二、税收政策能对产业发展产生推动或制约作用,进而能影响环境的改善或恶化,因此可以制定有利于可持续发展的税收政策。如以税收减免鼓励发展环保产业,或以加重课税限制资源密集型产业盲目扩张。当前我国金融体制和金融货币政策都正处于改革调整时期,在这种形势下,西藏可以在不违背国家基本金融政策的前提下,主动借鉴一些国外的先进经验,"绿化"金融业务,如要求投资者遵守生态政策,从事生态投资等。

(作者:王代远)

西藏人口结构现状的描述性研究*

人口学界对人口结构的划分,依据的标准不同,分类也不一样。本文主要采用胡伟略在《人口社会学》中阐述的分类方法:将人口结构分成性别结构、年龄结构、地域结构、经济结构以及社会结构四种类型。这种分类的依据是:人口结构是社会的人口的结构;或者说,它是从人口学角度看的一种社会结构。人口结构与社会结构一样,既是人口与社会直接的历史发展的现实,又是思维逻辑用以把握现实的抽象。那么,人口结构种类的划分,既是历史生成发展的结果,又是逻辑分析规定的结果。所以,应当从历史的和逻辑的统一上来划分人口结构。①

本文采取的是描述性的研究类型,侧重点在于通过对西藏人口调查资料和结果的系统而全面描述,向读者展示西藏人口的基本状况和主要特点。因此,本文在分析资料的选取上,以《西藏自治区2000年人口普查资料》(西藏自治区人口普查办公室编,中国统计出版社2002年第1版)以及《西藏统计年鉴2004》(西藏自治区统计局编,中国统计出版社2004年第1版)所列数据表为基础,并进行相关计算。2000年完成的西藏自治区第5次人口普查,是迄今为止对西藏人口所作的最全面翔实的调查,《西藏自治区2000年人口普查资料》也是分析目前西藏人口结构的最合适资料。《西藏统计年鉴》则侧重于收录经济和社会发展等方面的统计数据,能很好地反映出西藏人口的经济结构(第3部分)方面的内容。

一、西藏人口的性别结构及年龄结构

(一)性别结构

性别结构是指包括出生婴儿性别比、死亡人口性别比、婚龄性别比、劳动力性别比、老年性别比以及总人口性别比等指标。出生婴儿性别比是全体人口性别比的基础,由于各年龄阶段的男女死亡率不同,使各年龄组性别比同出生婴儿性别比也有所不同。

---

* 原文载于《西藏研究》2006年第1期。
① 胡伟略. 人口社会学[M]. 北京:中国社会科学出版社,2002:249.

一般认为,全体人口性别比在96~106范围间都属正常或均衡,出生婴儿性别比在103~107范围内属正常。

本文对西藏人口的性别比分析,主要根据年龄阶段分类,其中,少年儿童性别比指的是0~14岁年龄阶段人口的性别比,劳动力性别比指的是15~64岁阶段人口的性别比,老年人口性别比指的是65岁以上人口的性别比。

表1

类别 地区	总体人口性别比	出生婴儿性别比	少年儿童性别比	劳动力性别比	老年人口性别比
合 计	102.67	102.73	102.43	105.28	74.04
拉 萨	104.48	108.14	102.58	107.17	74.35
昌 都	102.84	102.15	103.72	105.77	70.51
山 南	99.66	105.63	102.09	100.49	77.29
日喀则	102.97	102.50	103.50	104.89	76.79
那 曲	100.03	98.25	99.04	103.72	70.19
阿 里	105.39	96.28	102.90	109.38	77.35
林 芝	106.50	104.67	102.34	110.49	80.08

从表1可以看出,总体人口性别比中,除林芝地区稍偏高外,西藏各地区均显正常。出生婴儿性别比中,除山南、林芝外,其他地区均显偏高或偏低;特别是阿里地区,出生婴儿性别比低出正常范围6.72个百分点,而此后的各年龄组性别比均显逐渐增高的趋势,可见,阿里地区女婴死亡率颇高。劳动力性别比一栏显示,拉萨、林芝和阿里性别比偏高。那么这三地区的高劳动力性别比是如何形成的呢?从表2三地区的劳动年龄内各年龄组的性别比,我们就可以清楚地回答这个问题。

表2

年龄 地区	15~19	20~24	25~29	30~34	35~39	40~44	45~49	50~54	55~59	60~64
拉 萨	101.18	114.59	105.23	105.53	110.15	113.47	117.74	107.17	98.12	92.03
林 芝	102.52	111.36	113.40	112.61	118.52	113.33	113.07	105.62	105.25	93.64
阿 里	101.66	111.71	117.78	113.69	117.65	110.23	107.75	99.28	102.26	91.81

拉萨市劳动力性别比的高位处于20~24岁及40~49岁之间,林芝地区劳动力性别比的高位处于25~49岁之间,阿里地区劳动力性别比的高位处于25~39岁之间。由此可见,拉萨、林芝、阿里三地市的婚龄性别比是失调的。例如阿里地区的25~29岁年龄组的性别比为117.78,这意味着17.78%的婚龄男性(每10人中将近有2人)没有对等的同龄女性可供婚配。性别比失调产生了婚姻挤压的社会问题。当然通过婚配年龄的差距挑选可以适当地调节婚姻挤压,我们将婚配调节限度设在10岁之内,阿里的15~19岁年龄组的性别比(101.66),这相对于117.78的高性别比,是属于收缩型的,所以即使通过婚配年龄的差距调节,阿里地区的婚姻挤压现状仍不可能得到很好的改变。

老年人口性别比偏低是一个全球性问题,年龄越大越突出,这是因为老年阶段的男性死亡率高于女性。西藏各地区的老年人口性别比基本上处于70~80的水平上,这是正常的。社会的高龄问题基本上是高龄妇女问题,这也是西藏及整个中国的普遍现象。

(二)年龄结构

人口年龄结构是指一定地点、一定地区各年龄组人口在全体人口中的比重,它是过去几十年、甚至上百年人口自然增长和人口迁移变动综合作用的结果,也是今后人口再生产变动的基础和起点,它不仅对未来人口发展的类型、速度和趋势等有重大影响,而且对今后的社会经济发展也将产生一定的作用。① 人口年龄结构类型一般划分为3种:年轻型(增长)、成年型(中间、稳定)、老年型(缩减)。这样的划分主要用于如下年龄结构方面的指标:少年儿童系数、老年人口系数、老少比以及年龄中位数。各指标数值组合构成的人口年龄结构类型标准如下表3:

表3

	老年系数	少年儿童系数	老少比	年龄中位数
年轻型	4%以下	40%以上	15%以下	20岁以下
成年型	4~7%	30~40%	15~30%	20~30岁
老年型	7%以上	30%以下	30%以上	30岁以上

目前,中国的人口年龄结构属于成年型,但农村人口增长势头不小,少数城市地区开始向老年型转变。西藏各地区年龄结构方面的指标如下表4:

---

① 中国大百科全书·社会学[M]. 北京:中国大百科全书出版社,1991:238.

表4

指标 地区	老年系数(%)	少年儿童系数(%)	老少比(%)	年龄中位数(岁)
全 区	4.75	31.19	15.23	20.71
拉 萨	4.03	24.66	16.34	26.74
昌 都	5.40	32.56	16.57	17.18
山 南	4.92	28.68	17.15	21.85
日喀则	4.52	33.13	13.65	19.41
那 曲	5.02	36.56	13.72	17.22
阿 里	4.71	34.14	13.80	19.32
林 芝	4.50	29.07	15.48	26.02

表5　　　　　　　　　西藏各地区年龄结构各指标所属区间如下表

老年系数	少年儿童系数	老少比	年龄中位数
年轻型		日喀则、那曲、阿里	昌都、日喀则、那曲、阿里
成年型	全区、拉萨、昌都、山南、日喀则、那曲、阿里、林芝	全区、昌都、日喀则、那曲、阿里	全区、拉萨、昌都、山南、林芝	全区、拉萨、山南、林芝
老年型			拉萨、山南、林芝	

从表5显示,西藏全区及拉萨、昌都、山南、林芝人口年龄结构基本上处于成年型,其中拉萨、山南、林芝稍微趋向老年型,即三地区的人口呈缓慢缩减趋势;日喀则、那曲、阿里处于年轻型向成年型过渡的阶段。这可以从老年抚养比及少年儿童抚养比的数据中进一步得到证实(见表6)。

表6

项目 地区	合计	拉萨	昌都	山南	日喀则	那曲	阿里	林芝
老年抚养比(%)	7.42	5.65	8.70	7.41	7.25	8.59	7.71	6.77
少年儿童抚养比(%)	48.68	34.57	52.47	43.18	53.14	62.59	55.84	43.75

由表6可见,日喀则、那曲、阿里三地区的少年儿童抚养比在各地区中处于最高水平,特别是那曲高达62.59%,这意味着那曲人口中每10个劳动年龄人口约要抚养6

个少年儿童,加之,那曲的老年抚养比较高,为8.59%,所以,那曲的抚养比(负担系数)是全区最高的,为71.18%,即那曲地区每10个劳动年龄人口约要负担7个非劳动年龄人口。在国民收入增长一定的条件下,被抚养人口比重太大,就会降低人民的生活水平;少年儿童人口比重过大,对社会生活的影响更大。就以少年儿童关系最密切的教育来说,那曲地区所需的基础教育是庞大的,而且届时将出现升中学高峰、考大学高峰。出生率是决定少年儿童比重的关键性因素,只有降低出生率才能减少少年儿童比重大对社会生活造成的压力。然而1999~2000年的西藏各地区出生率比较中,那曲地区的出生率仍居榜首(见表7)。

表7

	合计	拉萨	昌都	山南	日喀则	那曲	阿里	林芝
出生率(%)	1.98	1.57	2.26	1.86	1.74	2.47	2.25	2.13

昌都地区的少年儿童抚养比52.47%,虽然在全区处于较高行列,但是我们还是将昌都地区归类于成年型,这主要是因为,昌都地区的老年抚养比为全区第一,为8.70%;昌都地区的老年系数为全区第一,为5.40%。综合分析,昌都应该属于成年型的年龄结构。

二、西藏人口的地域结构

人口的地域结构一般分成人口自然地域结构、人口行政地域结构以及人口城乡地域结构三类。从一个国家内部看,人口的自然地域结构主要是水平面分布结构和垂直分布结构,划分的依据有地形、地貌、气候、水源、矿藏、物种等。前人关于西藏人口的自然地域结构未曾作过详细的统计分析,人口普查资料也很难反映这方面的内容。一些概括性的表述如下:"受高原条件制约,农牧区人口密度差异显著……西藏'一江两河'流域农业区,人口密度超过10人/平方公里。而牧业区的那曲地区仅0.8人/平方公里,阿里地区低到0.2人/平方公里。"[1]"西藏的地势是西北高、东南低,全区按海拔可分成三个区域,其人口数量和密度差异很大。北部羌塘高原海拔5000米以上,约占全区土地面积的40%,人口仅占全区人口的10%。中部湖盆区和喜马拉雅山地,平均海

---

[1] 孙怀阳、程贤敏.中国藏族人口与社会[M].北京:中国藏学出版社,1999:13.

拔 4000~5000 米,此区域约占全区面积近 40%,人口约占全区人口的 30%。雅鲁藏布江中下游河谷和藏东三江峡谷地带,海拔高度介于 3000~4000 米之间,土地面积不到全区的 25%,而居住着全区 60% 左右的人口。"①

黑格尔曾经表述过世界历史的地理基础:"在我们所成为问题的,并非要熟悉外部地方的土地,而是要精密地熟悉这样一种土地产生民族型与其性格之地方性的自然模型。"②一个地区的政治、教育、科学、宗教和艺术所采取的方针,所赖以维持的富源,发展效率的高低,都是依赖于地理基础的。因此,关于西藏人口的自然地域结构以及它所反映的社会的结构和功能,有待于作进一步统计分析。

人口的行政区域结构所说明的是按照行政管理区域划分的人口地域结构,由行政区域变动、人口变动或者两个因素同时变动决定。从现在的情况看,没有战争、民族冲突和宗教冲突引起的领土割让、租借或买卖,也没有重大工程建设或大自然灾害引起的行政区划改变,因此,西藏的行政区域结构人口变动主要是人口自然变动和机械变动,其现状基本上能够反映上述概括性表述的内容(见表 8):

表 8

	拉萨	昌都	山南	日喀则	那曲	阿里	林芝
人口数(万人)	47.45	58.62	31.81	63.50	36.67	7.73	15.86

人口的城乡地域结构从社会学角度分析,实际上是人口的城乡社区结构。人口社会学认为,社区是一个有着地域性、社会性的人口再生产共同体,一般可以划分为城市社区和乡村社区两大类。随着社会经济的发展,乡村社区逐渐减小而城市社区逐渐增多,人口的城乡地域结构的变化也是这样。一个地区的城乡地域结构反映的是社会经济的发展程度和水平。

中国的建市标准规定:地区行政专署驻地,即使非农业人口不足 10 万人,年国民生产总值不足 3 亿元,如确有必要,也可以撤县设市。像日喀则市,2000 年的人口普查显示非农业人口为 2.9778 万。因此,对于西藏人口的城乡地域结构分析应侧重于最基本的要素:非农业人口所占总人口的比重,而不是市镇的数量及规模。拉萨和日喀则两市的非农业人口总数约为 13.96 万,占两市总人口的 64.85%;西藏各镇的非农业人口合计约为 11.28 万,占各镇人口总数的 39.28%;西藏乡村中的非农业人口数约为 8.02

---

① 石硕. 西藏人口的地理特征及其发展趋势[J]. 人口与发展,1990(23).
② 转引自朱谦之《文化哲学》,北京:商务印书馆,1990:149.

万,占各乡村人口总数的 3.82%;西藏全区非农业人口数约为 33.26 万,占全区总人口的 12.78%。以上数据加之以西藏特殊的自然条件分析,我们认为,各市镇带着自身有限的发展水平而又要承担较大的辐射半径,这导致边远地区(特别是藏北牧区)难以受到市镇功能的影响,其经济文化的联系处于松散状态。

三、西藏人口的经济结构

(一)产权结构

人口的经济结构是指以人口的财产权利(产权)结构为基础的产业、职业、收入、消费等结构。西方的产权概念范围相当广泛,已经超出了经济学范畴,更像是一个社会学范畴,指的是对财产的所有权、使用权和相应的受益权。财产包括生产资料、技术、信息、知识等,因此人口的产权结构可以包括所有制结构、技术产权、知识产权、信息产权等结构,还有一些与经济有关的产权结构,如住宅产权等。中国正在建立社会主义市场经济体制,人口在各产权中的规模和比例,有着重要意义。人口社会学考察人口产权结构除了关注物质财富、货币资本方面外,还关注人力资本方面的产权结构。人力产权是因人的经济价值之不断增长而迫使社会额外设立的一些有利于人力因素的权利。人的生命不再廉价,人们对医疗服务和生命保险等方面的要求不断增加,对获得平等上学机会、工作机会等方面越来越重视。随着个人时间价值的增长,人们在分配时间上更具有了目的性。因此综合各个方面,人口社会学考察的人力本身的产权结构包括保险、就业、时间消耗等方面的结构。这些概念有着很好的指导意义,但是目前有关西藏的统计资料中还没有涉及到上述绝大部分的内容,就现有资料看,我们可以进行粗略概括的是西藏人口的所有制结构。

2003 年底,西藏全区从业人员共约为 132.81 万,占全区总人口的 51.24%。

表9

国民经济各行业	国有经济单位	集体经济单位	其他经济单位	城镇私营和个体	乡村从业
人数(万)	16.09	0.53	0.75	11.84	103.61
比重(%)	12.11	0.40	0.56	8.91	78.02

从表9可以看出,乡村从业人员的比重最高。私营和个体从业人员所占总从业人员比重仅为 8.91%,这可以反映出西藏在市场经济建设过程中存在一定的僵硬化。随

着社会经济的发展,规模经济的增多,大型私有、集体所有的产权组织将会增加。

(二)产业结构和职业结构

对西藏人口的经济结构考察的另外一个方面就是产业结构以及职业结构。以2003年数据为基础,其中职业结构选取具有代表性的几个职业作比较。

表10

产业类别	第一产业	第二产业	第三产业
人数(万)	85.14	12.36	35.31
比重(%)	64.1	9.3	26.6

表11

职业	农林牧渔业	制造业	信息传输、计算机软件业	科研、技术服务和地质勘察业	教育	卫生、社会保障和社会福利
人数(万)	85.14	1.56	0.31	0.53	2.88	1.15
比重(%)	64.11	1.18	0.23	0.40	2.17	0.86

西藏人口集中在农林牧渔等第一产业,相对来说,人口的产业结构不是十分合理。但从历史上看,西藏自治区第一产业从业人员比重从1980年的82.15%降到1995年的77.77%再次降到2003年的64.1%;第三产业从业人员从1980年的12%增加到1995年的17.3%再次增加到2003年的26.6%。这个成绩应该说是十分可喜的。这也反映了西藏人口的产业结构、职业结构正在逐步调整。

表12

项目 \ 年份	1990年	1992年	1994年	1996年	1998年	2000年	2003年
农民人均纯收入(元)	582	653	817	975	1158	1331	1691
指数(上年=100)	104.9	105.8	115.7	111.0	106.7	105.8	111.2
城镇居民人均可支配收入(元)	1613	2083	3330	5030	5439	6448	8058
指数(上年=100)	109.2	104.4	141.8	125.8	105.9	107.5	103.8

(三)收入结构和消费结构

人口的收入结构、消费结构也是受人口的产权结构影响的。人口的收入结构和消费结构是考察人口经济结构的重要方面。

表13

年份 项目	1990年	1992年	1994年	1996年	1998年	2000年	2003年
农民人均消费(元)	484	594	694	873	981	1144	1272
指数(上年=100)	117.5	107.2	117.4	114.6	100.6	111.0	93.2
城镇居民人均消费(元)	2329	2825	3700	4023	4169	4737	9112
指数(上年=100)	112.1	104.8	120.0	101.1	107.8	103.4	110.1

农民和城镇居民收入与消费进行比较,我们得出的总结论是:西藏人口的收入结构和消费结构呈明显的二元分化结构,城乡差别十分明显。具体来说,农民人均纯收入与城镇居民人均可支配收入的绝对值差距显著,而且呈逐年加大趋势,1990年,城镇居民人均可支配收入是当年农民人均纯收入的2.77倍,2003年,这个差距扩大到了4.78倍;人均消费水平也具有同样的特点,1990年城镇居民人均消费是当年农民人均消费的4.81倍,2003年的消费水平差距扩大到了7.16倍。西藏人口的收入结构和消费结构所反映的西藏城乡二元结构是值得关注的问题,而这种二元分化的扩大现象更是值得注意。

四、西藏人口的社会结构

人口的社会结构分类有很多,主要的有阶级阶层结构、民族结构、宗教结构、文化教育结构以及婚姻家庭结构。鉴于西藏的情况,我们主要讨论西藏人口的民族结构、文化教育结构。

(一)民族结构

在中国56个民族组成的大家庭中,研究民族人口结构及其发展,对处理民族关系、促进民族共同繁荣,是十分重要的。

表14

地区 项目	合计	拉萨	昌都	山南	日喀则	那曲	阿里	林芝
藏族人口(万人)	242.72	38.71	56.38	30.57	61.83	35.77	7.31	12.15
占该地区总人口比例(%)	92.77	81.59	96.19	96.10	97.37	97.54	94.64	76.55
汉族人口(万人)	15.86	8.06	1.97	1.10	1.25	0.75	0.35	2.38
占该地区总人口比例(%)	6.06	16.98	3.36	3.45	1.97	2.05	4.59	14.99

表 14 中有几个数字是比较突出的:第一是拉萨和林芝的汉族人口较之其他地区多出近 10 个百分点,这与拉萨和林芝的工商业较为集中,拉萨的党政机关、工业服务行业集中,以及援藏人口因职业关系在拉萨工作的较多有关。第二是林芝地区的汉族人口虽然比拉萨少近 2 个百分点,但是藏族人口却是各地区中最少的,这是因为林芝地区分布的其他少数民族比较多的缘故。

表 15

	侗族	怒族	门巴族	珞巴族	未识别民族
全区(人)	66	408	8481	2691	3817
林芝(人)	33	400	7737	2567	1463

(二)文化教育结构

人口的文化教育结构反映的是人口的文化科学素质,这是人口素质或人口质量的具体内容之一。现代社会,往往以一个人的学历和学位的高低作为衡量其文化科学素质的指标。例如,文盲率、每 10 万人口中各文化程度人口数、人口平均受教育年限,等等。分析一个地区的文化教育结构,我们不能忽视这样一个事实:个人可以通过自学或者实践而受到适当教育,获得文化科学知识;而在西藏这样一个具有自己独特文化以及文字的地区,也不能以汉语为测量标准的文盲率指标作为衡量西藏人口文化教育结构的独断指标。在此,对西藏人口的文化教育结构分析中,笔者选取 6 岁及 6 岁以上人口中各教育程度上人口比重作为分析文化教育结构的依据,并将截取小学教育、高等教育两截面,看看西藏人口文化教育结构中的男女差别是否存在。

表 16 单位:%

	未上过学	小学	初中	高中	中专	大学专科	大学本科及研究生
全区	46.51	34.47	7.18	1.84	2.18	1.01	0.44
拉萨	24.56	40.64	15.61	5.09	4.29	2.72	1.52
昌都	61.45	27.44	4.27	0.99	1.24	0.42	0.14
山南	34.62	47.08	7.38	1.23	2.36	0.81	0.24
日喀则	46.32	39.41	4.62	0.89	1.55	0.44	0.13
那曲	67.36	16.03	3.14	0.69	1.25	0.44	0.11
阿里	60.28	22.20	5.55	1.23	3.16	1.24	0.27
林芝	32.86	42.15	11.22	2.64	2.85	1.61	0.71

由表16可见,西藏全区总体情况是:未上过学的人口比重高,而且教育程度越高,所占人口比重越少;各地区发展不平衡,拉萨及林芝地区较之其他地区,未上过学人口比重较小;高等教育程度人口比重较高。但总体形势不容乐观。

下面选取小学和高等教育两个截面,考察的是6岁及6岁以上各年龄组受小学、高等教育人口所占比重,并以男女分类比较,以便考察西藏人口文化教育结构中的男女差别。

表17

年龄组(岁)	受小学教育人口比重(%)			受高等教育人口比重(%)		
	全区	男	女	全区	男	女
65+	9.92	18.7	3.41	0.23	0.45	0.07
60~64	13.94	23.99	4.94	0.42	0.73	0.14
55~59	18.62	29.82	7.88	0.54	0.88	0.22
50~54	25.86	36.85	14.76	0.82	1.3	0.33
45~49	29.54	39.53	18.93	1.69	2.55	0.78
40~44	29.68	38.66	20.21	1.98	2.75	1.16
35~39	34.39	42.13	25.87	2.4	3.28	1.42
30~34	33.62	40.44	26.37	2.54	3.16	1.89
25~29	27.79	34.1	20.99	3.39	4.08	2.65
20~24	27.97	34.48	20.84	2.95	3.32	2.55
15~19	34.77	41.63	27.66			
10~14	59.07	64.49	53.49			
6~9	52.39	54.8	49.91			

分别将上述数据转换成教育发展水平分析模型图(说明:系列1表示全区发展水平;系列2表示全区男性教育发展水平;系列3表示全区女性教育发展水平),如下:

全区小学教育发展水平及男女比较图

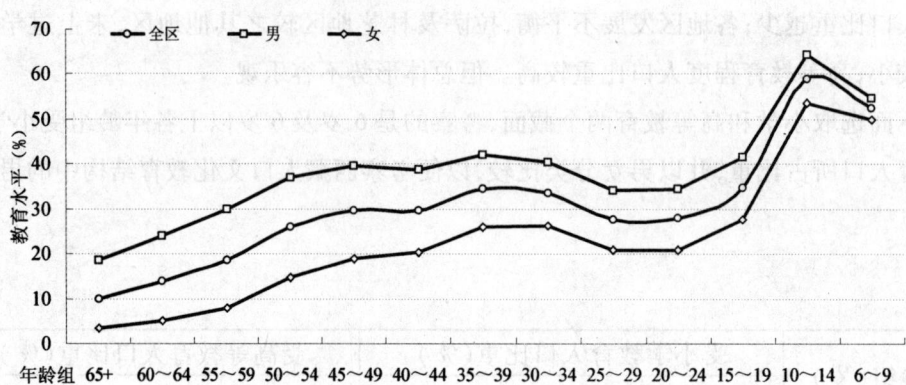

全区高等教育发展水平变化比较图

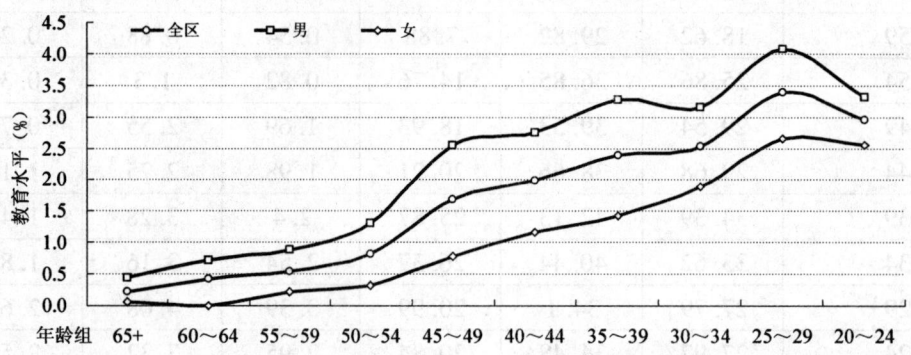

由以上小学教育及高等教育男女的发展水平比较模型图,我们可以清楚地看到西藏人口的文化教育结构中男女存在的差距。无论在发达国家还是在发展中国家,教育发展中都存在男女不平衡、不平等的问题。发展女性教育仍然是一项长期而艰巨的任务。

(作者:方晓玲)

全球气候变化对青藏高原水资源的影响*

气候①变化是指气候平均状态统计学意义上的巨大改变或者持续较长一段时间（典型的为10年或更长）内的变动。全球气候变化则是指,经过一段相当时间的观察,在自然气候变化之外,由人类活动直接或间接地改变全球大气组成所导致的气候改变。② 这个定义将由于人类活动而改变大气组成的"气候变化"与归因于自然原因的"气候变率"区分开来。

引起气候变化的原因,既有自然因素,也有人为因素。人为因素主要是由于工业革命以来人类活动特别是发达国家工业化过程的经济活动引起的。化石燃料燃烧和毁林、土地利用变化等人类活动所排放的温室气体,导致大气温室气体浓度大幅增加,温室效应增强,从而引起全球气候变暖。据美国橡树岭实验室研究报告,自1750年以来,全球累计排放1万多亿吨二氧化碳,其中发达国家排放约占80%。③

从全球范围来讲,气候变暖的主要影响包括气候带转移、海平面上升、臭氧层破损、动植物的消失、粮食减产、自然灾害频繁、缺水、土地沙化、降水量不确定以及威胁人类健康等等。全球变暖对于西藏和青藏高原而言,其影响除两极之外比全球任何地方都明显,这种影响首先表现在异常天气和气候方面,其次表现在生态环境和人类的生产生活方面。

一、西藏的水资源

水是人类和万物生存和发展的最基本的自然资源,缺水和水的污染已经成为干扰人类生存和发展的全球性环境问题。目前,世界上的大多数河流和湖泊受到了不同程度的破坏和污染,然而作为亚洲水塔的西藏不仅拥有庞大的水资源,而且这些高原的水

---

* 原文载于《西藏研究》2010年第4期。
① 气候不同于天气,天气是指在短时间（几分钟至几天）内发生的气象现象,例如,大风、雷雨、冰雹、台风等;气候是指相对长时间（月、季、年、数年至百年以上）内的气象要素（如降水、风、温度等）及天气过程的平均和统计状况,主要反映的是一个地区的基本特征,如冷、暖、干、湿等。
② 联合国气候变化框架公约(UNFCCC)[Z].
③ 李维. 2009,"什么是气候变化?"[N]. 中国环境报,2009 – 09 – 01.

基本没有受到人为的破坏,基本保持自然状态。

西藏水资源的主要组成部分包括河流、冰川、湖泊、湿地以及地下水。全区有350多条河流,其中流域面积超过1万平方公里的河流有20余条。西藏的河流分为内流河和外流河,内流河又分为藏南和藏北内流水系,其中藏南内流水系的流域总面积为26680平方公里,占西藏内流水系总面积的4.36%;藏北内流水系的流域总面积超过585500平方公里,占西藏内流水系总面积的95.64%。西藏外流河流也分为两大水系,即太平洋和印度洋水系,太平洋水系由金沙江和澜沧江组成,金沙江干流的主要支流包括玛曲、藏曲、热曲、宗曲和中岩;澜沧江干流的主要支流有热曲、昂曲、麦曲、色曲、各同培曲和登曲;印度洋水系的主要河流有雅鲁藏布江和怒江,其中雅鲁藏布江是西藏境内最大的河流,主要支流包括多雄藏布、年楚河、拉萨河、尼洋河和帕隆藏布,怒江的主要支流有卡曲、素曲、姐曲和伟曲4条,本水系中还有吉太曲、察隅曲、丹龙曲、西巴霞曲、鲍罗里河、达旺——娘江曲、洛扎曲、康曲、绒辖藏布、朋曲、波曲、吉隆藏布、马甲藏布、乌热渠——乌扎拉渠、甲扎岗嘎河、朗钦藏布、如许藏布、森格藏布等流域。这四大水系以及350多条河流是连接西藏高原和整个亚洲内陆的生命线,是连接高原冰川和大海的水通道,更是哺育水生生命的家园(见表1)。

表1　　　　　　　　　　来自青藏高原的亚洲十大水系

序号	中文名称	长度(km)	流经国家	流入
1	澜沧江	4500	中国、越南、老挝、柬埔寨、泰国	南海
2	怒江	2800	中国、缅甸、泰国	安达曼海
3	雅鲁藏布江	2900	中国、印度、孟加拉	孟加拉湾
4	黄河	5464	中国	黄海
5	长江	6380	中国	东海
6	孔雀河	1600	中国、尼泊尔、印度	孟加拉湾
7	象泉河	1450	中国、印度、巴基斯坦	安达曼海
8	狮泉河	3100	中国、印度、巴基斯坦	安达曼海
9	朋曲	1200	中国、尼泊尔、印度	孟加拉湾
10	洛扎曲	380	中国、不丹、印度、孟加拉	孟加拉湾

除两极之外,西藏拥有最多、最大的冰川,这些冰川主要分布在喜马拉雅、昆仑、念青唐古拉、喀喇昆仑等山脉以及羌塘地区。西藏冰川的面积超过3.6万平方公里,冰川容量达36530亿立方米。

如果忽略海拔、气候、生态等因素,仅仅从地形角度划分,西藏大致可以分为两个区域:东南山区和西北平原。东南山区的主要组成部分是高山林区和零星河谷农区,然而西北相对平坦,是西藏最大的高寒草场和牧业区。这片相对平整而开阔的地区为众多自然湖泊的形成奠定了地理基础,以羌塘为核心的藏北是西藏湖泊的主要分布区域,西藏80%以上的湖泊在羌塘地区。西藏有大小湖泊1500多个,面积达2.54万平方公里,约占全国湖泊总面积的三分之一。其中纳木错、玛旁雍错、羊卓雍错、巴松错、当惹雍错、班公湖等不仅具有重要的生态功能和优美的风光,而且是西藏佛教文化和苯教文化中的重要圣湖。

西藏大部分地区气候干寒,物理风化作用强烈,岩石裂隙发育,其基岩裂隙水也比较发育,西藏高原的很多地方常常可以见到泉水出露。西藏地下水资源总量达1107亿立方米,地下水资源的地区分布一般与降水量的地区分布一致。西藏丰富的地下水和冰川资源构成了众多河流的主要补给,河流从冰川脚下开始它们的生命之旅,而沿途地下水的补给是它们完成到达湖泊和大海的力量保障。

西藏湿地总面积约23.11万公顷,是我国湿地面积最大的省份。湿地是陆地生态系统与水生生态系统的过渡地带,主要由湖泊湿地、沼泽和沼泽化草甸湿地、河流湿地、冰川和库塘等类型组成。西藏的湿地不仅养育着高原上成千上万的人和其他动物,还对维系全球的生态平衡具有举足轻重的作用。西藏高原独特的自然环境和气候条件,造就了特有的、世界独一无二的高原湿地资源。高原湿地群落不仅保障了众多河流的健康和充沛流量,为下游提供着生存和生产空间,而且也影响着整个地区的气候。

二、全球气候变暖对高原冰川和冻土的影响

全球气候变暖对青藏高原水资源的直接影响包括冰川退缩、降水量的不确定、以及冻土退缩,从而导致水灾、湿地萎缩、河流干枯或流量异常、湖泊消涨、泥石流等自然灾害。这些变化直接威胁着动物和植物的生存条件。

西藏的年均气温大约每10年以0.16℃的速率升高,明显高于全国的0.05℃~0.08℃和全球的增温率,西藏的冬季平均气温每10年以0.32℃的速率升高,①2009年7月24日拉萨出现了有气象记录以来的最高气温30.4℃。由于气候变化,西藏的降水量整体上呈现增加趋势,但区域间的差异明显,近50年西藏年平均降水量每10年以

---

① 郑国光. 高度重视全球气候变化挑战,大力加强我国应对能力建设(内部报告)[Z].

10.9毫米增加,但在北部和西南部个别地区的降水量呈减少趋势。① 季节性冻土逐渐退化,而且冻期缩短;另外,气候变化加剧了泥石流、山体滑坡、冰湖溃决等地质灾害和极端气候事件的增多。

气候变暖的主要表现形式是气温的增高,气温的增高直接导致高海拔地区冰川和冻土的融化,因此,高海拔地区既是气候变化敏感地区,也是主要受影响地区。研究表明,近30年来,青藏高原冰川年均减少131.4平方公里,且呈加速消减趋势;②整个喜马拉雅地区的冰川在过去150年间不断消减,并且这种消减的速度在近20年里呈明显加速趋势。③ 在最近20年间,朋曲流域的冰川减少了9%,相当于整体冰川8.4%的消失,④导致许多冰湖的面积增加,严重威胁着当地和下游的生产设施和生命财产。⑤ 珠峰的绒布冰川在1966~1997年间退缩了200米以上,例如,中绒布冰川退缩270米,东绒布冰川退缩170米,远东绒布冰川退缩230米,而这种退缩的速率还在增加。⑥ 由于冰川的退缩和消融,最近接连发现登山遇难者的尸体,这些尸体以往完全掩埋在冰雪当中。普若岗日是羌塘地区最大的冰川,其面积为422.58平方公里,⑦小冰期(20世纪初)以来冰川不断消融,至少减少了24.2平方公里的冰川,相当于3.66立方公里的冰。⑧

高原冰川为当地和下游的饮水、灌溉、水电等生产和生活提供着不可替代的资源服务,冰川水又能确保河流和流域栖息地的健康。随着气候变化对冰川的影响越发突出,江河源的水资源开始成为科学家和民众所担忧的问题。青藏高原的冰川为亚洲七大水系(恒河、印度河、布拉马普特拉河(雅鲁藏布江)、怒江、澜沧江、长江和黄河)补给水源,这些江河为20多亿人提供水资源。然而,水源地的多数冰川正在以不同寻常的速度消融。例如,恒河的水流主要依赖于源头冰川补给,一旦缺少这些补给,恒河每年7~9月的流量将减少三分之二,这将导致5亿人和印度37%的田地面临缺水的问题。⑨

---

① 郑国光.高度重视全球气候变化挑战,大力加强我国应对能力建设(内部报告)[Z].
② 韩洁.中华水塔蓄水量下降[N].人民日报,2007-01-05(6).
③ 沈永平.冰川以及冰川萎缩对青藏高原的影响(世界自然基金会内部报告)[Z].
④ 晋锐等.基于遥感和GIS西藏朋曲流域冰川变化研究[J].冰川冻土,2004,(3).
⑤ 车涛等.近20年来西藏朋曲流域冰湖变化及潜在溃决冰湖分析[J].冰川冻土,2004,(4).
⑥ 蒲健辰等.近百年来青藏高原冰川的进退变化[J].冰川冻土,2004,(5).
⑦ 姚檀栋.青藏高原中部普若岗日冰原的发现及其科学意义[J].冰川冻土,2000,(1).
⑧ 蒲健辰等.普若岗日冰原及其小冰期以来的冰川变化[J].冰川冻土,2002,(1).
⑨ 简 C. K. (Jain C. K.). A Hydrochemical Study of a Mountainous Watershed: the Ganga, India [J]. 水资源研究(英文版),2002.

虽然冰川的退缩和融化是全球性问题,但是兴都库什——喜马拉雅地区冰川的消融速率明显高于其它地区,尤其是在大峡谷和相对矮小的山峰地带。由于融雪水为南亚和中亚提供着淡水和水电资源服务,因此凸显其在区域政策层面的重要性。另外,冰川的重要性也表现在克什米尔地区冲突、阿富汗安全局势以及尼泊尔动乱等社会矛盾和问题当中。兴都库什——喜马拉雅地区冰川快速消融必将导致该地区的严重缺水问题,并引发更激烈的水资源争夺战。①

根据科学家的推算,高原上有许多面积小于2平方公里的小块冰川,而这些独立的小冰川对气候变化显出更敏感的反应,并快速消融。高原冰川消融和退缩的融雪水高峰将会在本世纪初期出现。②

从总体上看,高原冰川变化在空间上呈现不同趋势。藏东南的冰川退缩和消融更明显,而中部和北部的消融相对缓慢,高原边缘冰川的消融比高原内陆冰川的消融更加强烈。这就说明,气候变化对高原不同地理区域产生不同影响和作用。研究发现,过去40年间中国冰川退缩率为6.3%,③如果按这个平均率来推算,在过去40年间青藏高原退缩的冰川总和为6606平方公里。

青藏高原的多年冻土面积约为150万平方公里,占全国多年冻土面积的70%左右,是全球中低纬地区分布面积最大的多年冻土区。含有冰的各种岩土在温度0℃以下形成冻土,其中随季节和温度而交替冻结和融化的是季节性冻土,冻结持续多年的是多年冻土。西藏的北部羌塘地区是多年冻土的主要分布区域,而雅鲁藏布江中游河谷地带等海拔相对较低的地方则是季节性冻土分布区。

青藏高原冻土形成已有万年的历史,多年冻土是高原整体生态系统的重要组成部分,更是连接地下水和地上植被的生态桥梁。多年冻土层的上限深度将直接影响草地植被的健康和生产能力。研究表明,当多年冻土融化并导致上限深度增加时,对其表面的高寒草甸和高寒沼泽草甸产生巨大影响,草甸植被覆盖度和生物生产量均呈现明显递减趋势。④ 因此,多年冻土不仅是防止沙化的重要生态环节,更是保障草原植被和牧

---

① 沈永平. An Overview of Glaciers, Retreating Glaciers and Their Impact in the Tibetan Plateau(内部报告)。

② Xie Zichu et al: A Modeling Study of the Variable Glaciers System – using the Southern Tibet as an Example. Journal of Claciology and Geocryology,24,(1).

③ 姚檀栋等. Recent Glacial Retreat in High Asia in China and its Impact on Water Resource in Northwest China[J]. 中国科学 D 辑(英文版),2004,(12).

④ 王根绪等. 西藏高冻土区冻土与植被的关系及其对高寒生态系统的影响[J]. 中国科学 D 辑,2006,(8).

业发展的基础。

由于全球气候变暖,直接导致青藏高原冻土退化或消失,而且其厚度受到气候变化的强烈影响,近20年来多年冻土层减薄6米左右,多年冻土总面积减少约10%。① 专家预测,随着气候变暖的趋势,青藏高原的冻土继续加速消失,在未来7年厚度小于10米的冻土将完全消失。②

青藏高原多年冻土的融化和消失,对生态和运输安全造成严重影响。目前,青藏铁路和青藏公路担负着西藏主要货运和旅游运输任务,是发展西藏的生命线。多年冻土的融化,必将影响铁路和公路的路基,冻土的变化和移动,导致桥梁和路面的错位和破坏,严重影响正常的交通运输。另外,冻土的融化开始影响草原生态,并促进沙化现象。全球气候变化及其作用下的冻土环境变化(融化)导致昆仑山——唐古拉山区域近15年间高寒沼泽草甸生态系统分布面积锐减28.11%,高寒草甸生态分布面积减少了7.98%。③

冰川融化和冻土消失直接影响高原、下游以及周边地区的生态健康和社会发展。主要的影响包括水资源供应、频繁的冰川湖洪水、泥石流危害、湿地萎缩、湖泊的溢出和干涸、不稳定的江河流量以及对动植物生存的威胁等等。

三、冰川和冻土消融造成的主要影响

高原冰川的快速消融和退缩不仅给当地的生态和社会带来严重影响,也为下游带来了巨大的负面影响。青藏高原北部和念青唐古拉山部分山脉的融雪水被澜沧江、怒江、黄河、长江等河流带入南海、安达曼海、黄海和东海;冈底斯山东部和念青唐古拉山脉西、南地区的融雪水经雅鲁藏布江流入孟加拉湾;冈底斯山的融雪水通过象泉河和狮泉河到达安达曼海;喜马拉雅南麓地区的融雪水被孔雀河、朋曲和洛扎曲带入孟加拉湾。藏北羌塘地区和喜马拉雅北麓的部分融雪水经过众多内陆河流流入高原湖泊中,如唐古拉、念青唐古拉以及羌塘中部冰川的融雪水流入色林错、纳木错、当惹雍错等湖泊;宁金岗桑的融雪水流入羊卓雍错等。

由于高原冰川的快速消融和退缩,融雪性洪灾已经成为高原和周边地区的主要自

---

① 王进东. 青藏高原冻土退化加速,多年冻土总面积减少约10% [EB/OL]. 新华网,2002 – 16 – 06.
② 王莉等. 长江源区多年冻土层退化[N]. 中国国土资源报,2009 – 02 – 26.
③ 简 C. K. (Jain C. K.). A Hydrochemical Study of a Mountainous Watershed: the Ganga, India [J]. 水资源研究(英文版),2002.

然灾害之一。研究表明,喜马拉雅南麓不丹地区的冰川以每年30米~40米的速度在消融和萎缩。① 融雪水形成堰塞湖,多数堰塞湖有冰碛支撑,当水量和压力达到一定程度时很容易溃坝。上世纪以来,在喜马拉雅地区冰川融化形成了诸多冰川湖(堰塞湖),尼泊尔的戈西盆地有159个冰湖,在阿伦地区有229个,其中24个具有潜在的高威胁。1935年以来在尼泊尔发生了16起冰湖溃坝引发的洪灾。1981年,樟木河突然暴涨,造成4人丧命、友谊桥等8座桥梁冲垮等严重损失。②

融雪水对羌塘等平原湖泊的影响包括湖泊溢出、冲淡盐湖、淹没湖中岛屿和草场等。色林错是羌塘中部地区最大湖泊之一,面积1640平方公里,湖面海拔4530米,最大水深超过33米。古色林错面积曾达1万平方公里,后因气候变干,湖泊退缩,从中分离出格仁错、错鄂、雅个冬错、班戈错、吴如错、恰规错、孜桂错、越恰错。现在,色林错与格仁错、错鄂、吴如错依然相连,并且扎加藏布(羌塘最大的内陆河)、卡日藏布、雍中藏布、准布藏布等河流汇入湖中。由于周边冰川的退缩和非寻常的融雪水的汇入,色林错水位在最近10年内不断增长,使得四周大片草场被淹没,严重影响了当地牧业发展。

申扎县马跃乡地处色林错南岸,这里地势相对低矮,土地湿润,因此这里有色林错地区最好的草场。马跃乡五村的几十户牧民长期以来在湖边放牧,过着相对传统的游牧生活,他们一直是马跃乡甚至是申扎县的富裕村。2001年之前,五村没有贫困户,而且提供牲畜来帮助其他村的贫困户。当时,五村有居民27户、196人,每人平均拥有牲畜近67个绵羊单位。③ 然而,自1998年以来,五村的情况逐渐被曾经养育他们的色林错的变化而改变,湖面不断增高,大片的草场逐年被湖水吞没。2001~2008年间,马跃乡五村和四村的27124公顷(271.24平方公里)草场被湖水淹没,其中14653公顷是五村的草地。

由于大量的草场被湖水吞没,现在五村的多数牧户无法实施季节性游牧,只能在有限的草地上固定放牧。更无奈的是,2001年落实了草场承包经营责任制,然而到2006年时有些牧户的大部分草场被水淹,无法继续实施草场承包经营责任制,大家共同使用

---

① Ageta, Y. and Iwata, S.:1999. The Assessment of Glaciers Lake Outburst Flood in Bhutan. Japan/Bhutan: Institute of Hydrospheric - At - moospheric Sciences of Nagoya University, Department of Geography of Tokyo Metropolitan University, and Geological Survey of Bhutan. Report of Japan - Bhutan Joint Research 1998.

② 简 C.K.(Jain C.K.). A Hydrochemical Study of a Mountainous Watershed: the Ganga, India[M]. 水资源研究(英文版),2002.

③ 一头牦牛为四个绵羊单位。

草场,只好打破草场界限。草场面积极度萎缩,牲畜总量逐年减少,牧户的生活越来越贫困。到 2009 年时,五村已经不再是富裕村,村里的 12 户牧民沦为贫困户,其中 5 户成了特困户,牲畜总数从原来的 13118 个绵羊单位减少到 10685 个绵羊单位,人平均牲畜只有 49.7 个绵羊单位(见表 2)。①

由于融雪水的不断涌入,色林错还在增长,草场继续被淹没,牧民的生产和生活举步维艰。为了解决该问题,申扎县、马跃乡以及五村几乎每年通过人大等渠道提交报告,寻求解决方案。

表 2　　　　西藏申扎县马跃乡五村 2001 年、2008 年基本情况统计②

年份	户数	人口	牦牛	绵羊	山羊	人平均牲畜(绵羊单位)
2001	27	196	475	8310	2908	66.9
2008	30	215	381	6767	2394	49.7

西藏羌塘地区里有上千个湖泊,其中有些湖泊缺少水源而开始干涸,而有些却在增长,据统计那曲中西部地区共有 117 个湖泊出现水位上涨。1990 年以来湖泊共淹没草场 158 万亩,有 1395 户、6610 人被迫搬迁,现在仍有 5000 多名牧民受到湖水上涨威胁,需要搬迁。③

融雪水的大量涌入,在一些地方改变了湖泊的原有特性。双湖特别区境内的许多盐湖被融雪水冲淡,出现了湖面比过去大,湖水比过去多,盐湖冬天结冰等现象。比如,雅根错、古根错、鄂亚错琼、库木库木盐湖等已经不再是盐湖,不仅没有了盐,冬天完全结冰,改变了湖的特性,出现了新景观。④

青藏高原的融雪水对高原峡谷山区造成的损失主要来自泥石流。1983 年 7 月 29 日,大量的融雪水以及多日的雨水流入陪龙河(帕隆藏布上游支流),形成巨大的泥石流,冲垮了桥梁和部分公路,造成巨大经济损失。在该地区同样的泥石流在 1983 年和 1984 年出现过多次。1985 年 6 月 18 日,发生了最大的泥石流,导致 17 人死亡,5 户被淹,79 辆汽车被毁,造成超过 500 万元的经济损失。统计显示,1993 年 ~ 2005 年,西藏共发生地质灾害 1604 起,伤亡 274 人,直接经济损失 6.7 亿元。⑤

---

① 相关资料由申扎县马跃乡政府和五村村长提供。
② 资料由马跃乡五村提供。
③ 王莉萍. 变暖的西藏带来洪患隐忧[N]. 科学时报,2008 - 11 - 04.
④ 2009 年野外调查资料。
⑤ 资料来源:hrtp://www.zszx.info/oblog/u/3970/1931.html.

四、气候变化对湿地的影响

气候变化对高原湿地的影响包括短时间内部分湿地的扩大或增加新的湿地和大片湿地的退化或消失。在冰川融化时,由于融雪水的急剧增加,对其下游和周围的湿地产生短期的积极影响,如流量增加,湿地扩大,甚至形成临时的新湿地等。可是,在远离冰川或没有受到融雪水影响的地区,情况完全相反,大片湿地的退化和干涸,加速了植被生物量的减少和沙化的蔓延。

全球气候变化是导致青藏高原湿地退化的重要气候背景,气候变化在高原上的迅速和显著的表现,使得高原生态系统承受着相对其它地区更为突出的压力。青藏高原拥有既脆弱又敏感的生态系统,高原气候和植被对全球气候变化能够做出迅速响应,微弱的气候变化对高原生态系统和气候产生立竿见影的作用,在这个意义上,青藏高原被称为全球"气象灶"和气候变化的"预警区"。研究表明,全球变暖导致高原西北部干旱草原带扩张的速度约为每年1.42公里,这种扩张导致扩张区域内植被盖度的降低,同时引起该区域地表生物总量的下降,进而影响当地牧业生产和气候条件。①

气候变暖、蒸发量增加以及降水量不断减少,是导致湖泊水位下降、湖面缩小的主要原因。近几十年来,西藏的诸多湖泊表现出明显的萎缩现象。根据卫星拍摄的航天遥感图像显示,青藏高原出现了明显的湖泊萎缩现象。许多高原湖泊湖面缩小,水位下降,水质矿化升高。湖泊按照萎缩程度,可分为干涸型湖泊(如雪环湖、纳克茶卡等)、半干涸型湖泊(如卡条错及其周围湖泊)、严重萎缩型湖泊(如洞错、浩波湖、马尔果茶卡等)、轻微萎缩型湖泊(如易贡错、然乌湖等)。②

近20年来,黄河源区水域面积减少9.03%,近20条河流干涸;湖泊面积减少5.28%,约有345个湖泊干涸。黄河源头先后于1960年、1979年和1998年发生3次断流,表明黄河源头水资源的严重贫乏。若尔盖湿地草原是黄河上游重要的水源地,也是我国最大的高原泥炭沼泽地。这里泥炭总储量达70亿立方米,蓄水总量近100亿立方米,被誉为"中国西部高原之肾"。1935年,红军右路军曾进入若尔盖草地。据资料记载,当时草地茫茫无边,很难辨别方向,草丛里河沟交错,积水泛滥。在广阔无边的沼泽中行军,红军战士稍不留神就会陷入泥潭。70多年过去了,沼泽已经难觅踪迹,草地中

---

① 湿地百科课题组. 全球变暖对高原湿地的冲击[EB/OL]. 湿地中国(网),2009 – 06 – 07.
② 湿地百科课题组. 全球变暖对高原湿地的冲击[EB/OL]. 湿地中国(网),2009 – 06 – 07.

的300多个湖泊干涸了200多个,湿地面积萎缩超过60%,草原沙化面积已达草原总面积的13%,而且还在以每年11.65%的速度递增。①

总之,青藏高原的冰川退缩和冻土萎缩比其它地区更突出,短期内可以增加局部地区的河流流量和湖水,但长期来看会导致区域水资源和植被生态的退化,引起气候环境恶化等连锁反应。

五、适应气候变化的几点建议

青藏高原,尤其是西藏地区是全球气候变暖的主要受影响地区,但该地区排放的温室气体相对较少,这样的特征应成为高原制定应对气候变化策略的基础和依据。目前,世界范围内,重工业地区把可再生能源和温室气体排放等作为策略和目标;农业地区把调整种植制度、选育抗逆品种以及开发生物技术等作为适应性措施。西藏作为青藏高原的核心地区,农业和工业的规模、比重很小,温室气体排放相对有限,减排的任务不算太重。西藏牧业产值虽然不高,但草场面积大、范围广,加之高原草地对气候极端敏感,因此应对气候变化的政策和策略必须把高原草场作为重点因素来考虑。另外,必须建立和完善泥石流等灾害监测预警应急机制。

第一,保护高原湿地,促进湿地生态健康。在建立自然保护区的基础上,必须确保高原整体湿地的完整性,严格落实《国务院办公厅关于加强湿地保护管理的通知》精神和《西藏自治区人民政府办公厅关于加强西藏湿地保护管理的通知》,杜绝开垦、侵占湿地现象。另外,通过西藏生态安全屏障建设、珠峰自然保护区湿地保护、拉鲁湿地保护等项目,完善湿地保护政策,制定湿地保护规划,促进重点湿地的保护。

第二,保护天然林,确保森林生态健康。森林不仅有碳汇功能,而且具有水源涵养、防洪、防泥石流等作用,健康的森林生态系统在抑制气候变暖以及适应气候变化方面具有突出贡献,因此保护森林生态系统尤为重要。继续开展天然林保护工程,严格限制商业砍伐,开展植树造林活动,进一步提高森林植被覆盖率。

第三,保护天然草地,抑制沙化。天然草场是西藏植被的主体,高原生态系统的健康在很大程度上取决于草场植被的状态。草场的保护主要通过建立自然保护区和草场管理政策来实现。近年来在藏北牧区实施了退牧还草和草场承包责任制,由于退牧还草工程的主要内容是建立围栏,目前羌塘出现了数不尽的围栏,草场划分给牧户,这样

---

① 赵亚辉. 若尔盖草场退化沙化加剧:何日再现草地美景[EB/OL]. 中国经济网,2007-08-23.

完全改变了草场使用模式和草原自然景观。更重要的是,围栏加速了局部草地的退化和自然恢复能力,进而草场对气候变化表现得更敏感。因此,保持天然草场的整体性是至关重要的,应尽力避免人为的干扰和破坏。

  第四,完善预警机制,减少灾害损失。提高应对极端气象灾害的综合监测预警能力、抵御能力和减灾能力。另外,提高全社会应对气候变化的意识,利用各种手段普及气候变化方面的相关知识,提高全社会的全球环境意识。

(作者:达瓦次仁)

西藏教育的深刻变革与转折*

旧西藏政教合一的封建农奴制度严重阻碍了西藏教育的发展,民主改革废除这一社会制度,解放了百万农奴,西藏人民获得了受教育的权利,西藏建立了现代教育制度和民族教育体系,设立现代教育内容,西藏教育迅速发展。民主改革推动西藏教育发生深刻变革,实现了由封建农奴制教育向社会主义教育转折、由贵族教育向平民教育转折、由传统教育向现代教育转折。

教育是开启人类智慧的钥匙,是人类走向文明的桥梁,是社会进步的标尺。然而,在上个世纪50年代前夕的我国西藏地区,教育依然十分的落后,大部分的人们愚昧无知,盲目生存,不能掌握自身的命运。就在那个世纪的50年代末,轰轰烈烈的民主改革摧毁了落后的政教合一的封建农奴制度,百万农奴获得了解放,旧有的教育制度发生了深刻的变革与转折,从此西藏人民改变了自身的命运,人们从愚昧走向了文明。

一、只有废除封建农奴制度才有现代教育的发展

教育是传承人类智慧的活动,我国西藏地区藏族先民很早就开始了教育活动,但在政教合一的封建农奴制度下,传统教育延续甚久,近代教育几乎没有发展,现代教育难以建立。

1. 传统教育发展缓慢

7世纪,藏族贤人创制了文字,随后开始了以藏文传授、推广为目的的教育活动。8世纪,佛教正式传入西藏,西藏第一所寺庙桑耶寺建成,随后,佛教经典的翻译、教义的传播逐渐广泛,由此寺院教育产生。朗达玛灭佛时寺院教育停止。10世纪,随着佛教再度兴起以及政教合一制度的形成,寺院教育成为西藏传统教育的主要形式。除此,西藏的传统教育还有私塾、藏医药教育、僧俗官员教育。旧西藏社会的人才均来自这些教育。寺院教育主要是培养佛经翻译人才和讲授佛经人才。私塾教育私创者以医学为主,官办以佛学为主。藏医药教育主要传授医学理论和经验。僧俗官员教育主要是培

---

* 原文载于《西藏教育》2010年第6期。

养僧人和贵族子弟学习佛教经文、藏文和一些简单的运算。这些教育都有具体的教育内容,有的有学制,有考试制度,教学内容都围绕佛教内容设置,就是藏语文和医药学中佛教内容也很多。在当时的社会条件下,能够接受教育的绝大多是僧人和贵族子弟,普通的生活在社会底层的广大人民没有受教育的权利、没有受教育的机会。旧西藏的教育是为政教合一的封建农奴制社会培养少数人才的,绝大多数人们不能接受教育,没有文化、愚昧无知,同时旧西藏地方政府通过各地寺庙对信仰佛教的群众进行潜移默化的思想教育,用宗教控制了人们的头脑。在旧西藏的传统教育中,佛教教育占据主要地位,虽然有医药学、天文历算等科技的内容,但几乎没有现代科技内容,就是少数人有一定的文化知识也没有科学思想,千余年来西藏传统教育一直停留在落后状态,严重影响了人与社会的发展与进步。

2. 近代教育昙花一现

清末百日维新期间,光绪帝下令各省、府、厅、州、县的大小寺院为学堂,筹设医学等专门学堂。张荫棠、联豫在西藏创办新式学堂,开始了西藏近代教育。这些学堂教授藏文、汉文、算学、兵式体操、兼学英语,主创者旨在"提高藏民的文化素质",但能够接受教育的人也极少。随着清王朝的灭亡,学校教育结束。十三世达赖喇嘛曾下令,西藏地方各宗必须设立藏文小学,规定无论出身贵贱,凡藏民之子皆可入校学习,想发展平民教育。然而,由于当时西藏地方封建农奴制度的落后和上层保守势力的阻挠,达赖喇嘛在西藏地方各宗都创办藏文学校的设想未能完全付之于实践,只有为数不多的几宗办起了藏文学校。1943年前后,英帝国主义先后在江孜和拉萨开办英语学校,1944年在江孜开办军官学校。这三所学校的学生大多来自贵族家庭。英国殖民者办学的目的是进行文化渗透,帮助西藏实现"独立",但在宗教势力的反对下,时经5个月的拉萨英语学校宣布停止。

3. 现代教育起步艰难

1951年5月23日"十七条协议"签订后,中央人民政府依据协议、结合西藏实际逐步发展西藏的民族语言、文字和学校教育,现代教育开始起步。1951年创立昌都小学,1952年在争取噶厦同意后创办拉萨小学,1956年又与噶厦商量创办拉萨中学,1958年全区公办小学13所,在校生2600人,各地还有不同规模的民办小学。① 与此同时,幼儿教育开始起步。除此,中共西藏工委在拉萨创办藏文干部培训班,在陕西咸阳创办西

---

① 西藏自治区地方志编纂委员会编.西藏自治区志·教育志[M].北京:中国藏学出版社,2005:2.

藏公学培养干部,还开办多种形式的群众业余文化学校开始扫盲教育。在两种制度、两个政权并存时期,发展教育受到旧政府的制约,当时的办学政策是:大多数学校设立董事会,允许聘请噶厦官员和喇嘛为教师,学校可以设立学经课。

到1959年前,旧西藏教育发展十分缓慢、十分艰难,其一个重要的原因就是落后的政教合一的封建农奴制度严重阻碍了西藏教育的发展,不废除这一制度西藏教育难以发展。

二、民主改革推动西藏教育的深刻变革

1959年3月28日,中央人民政府宣布解散西藏地方噶厦政府,西藏开始了波澜壮阔的民主改革。民主改革推翻了统治西藏千余年的政教合一的封建农奴制度,为西藏经济政治文化等各项事业的发展扫清了障碍,为西藏教育的发展提供了良好的社会条件,百万农奴获得解放,使西藏的教育发生了深刻的变革,西藏教育迅速发展。

1. 建立新的教育制度和现代民族教育体系

西藏民主改革结束了旧的教育制度与人民教育制度并存的局面,建立了新的教育制度,随之,现代民族教育体系逐步建立起来。

民主改革的进行,使西藏广大农奴在政治上解除了对农奴主的人身依附关系,经济上分得了土地和牲畜。生产方式的改变和生产力的解放,大大激发了群众受教育的积极性,两种政权并存时期的学校已不能满足形势发展的需要。自治区筹委会文教处为满足群众要求,一方面积极恢复了一批1957年停办的公办小学,一方面制定了"民办为主、公办为辅、民办公助"的办学方针,支持鼓励群众自己筹资办学。到1965年自治区成立时,自治区教育行政机构——文教厅成立,地(市)设文教局,县设文教卫生科,全区教育行政管理系统建立。全区公办小学发展到68所,民办小学发展到1485所,小学在校生达56110人;普通中学发展到5所,在校生1359人;①建立了全区第一所中等师范学校——拉萨师范学校;建立了全区第一所高等院校——西藏民族学院。创办保育园9所,在园儿童700余人。② 在"稳定发展"方针指导下,西藏教育事业取得了前所未有的成绩,出现了一个从学前教育、中小学教育、中等专业教育、高等教育到成人教育和干部培训的民族教育体系的雏形。

---

① 西藏自治区地方志编纂委员会编.西藏自治区志·教育志[M].北京:中国藏学出版社,2005:3.
② 同上。

当时,学校办学体制相当灵活,全日制、半日制、隔日制、农闲小学、冬学、晚学、巡回教学等多种形式并存,6至20岁都可入学。学校规模小、数量多,因地制宜,因陋就简。教师就地取材,能者为师。课程以藏文为主,有条件的开设算术、政治等。民办经费由群众自筹一点,勤工俭学收一点,国家补助一点。公办小学的贫困优等生可享受助学金,奖励面在10%左右。中学生的40%可享受助学金,边境区的农牧民子弟可全部享受助学金。中等师范学校实行"三包"(包吃、包穿、包住)。教育的高速发展,虽然适应了群众高涨的办学热情,但办学条件差,质量低。1962年,全区学校进行了一次调整,确立了今后一个时期"以提高现有学校质量为主,加强师资队伍建设、大力培养民族师资"的指导思想。1965年召开了全区第一次教育工作会议,进一步总结了办学经验,促进了全区教学质量的提高。①

经过民主改革,西藏已基本建立起以区内办学为主、区内外教育相结合,包括幼儿教育、中小学教育、特殊教育、职业教育、高等教育和成人教育在内的、较为完善的社会主义现代民族教育体系,人民受教育权利得到保障,人民受教育程度迅速提高。

2. 确立现代教育内容,全面培养新西藏建设人才

经过民主改革,新西藏百业待兴,需要各行各业的建设人才。西藏中小学规模不断发展,学校教学内容更加完善,实行全日制中小学教学计划,小学主要开设藏语文、汉语文、算术、政治、自然、地理、历史、音乐、美术、体育、劳动等课程;②初中主要开设政治、藏语文、汉语文、数学、物理、化学、地理、历史、生物、体育、音乐、美术、劳动技术等课程,高中主要开设政治、藏语文、汉语文、数学、物理、化学、生物、地理、历史、体育、劳动技术和选修课程等。③ 自民主改革后至20世纪70年代,西藏陆续建立了培养专门职业人才的多所中等职业学校,专业涉及警察、农牧、艺术、财经、卫生、体育、邮电等。1960年9月起筹建1961年正式建成拉萨市师范学校,创办了师范专业,到1975年底,全区有一所师范学院、五所中等师范学校,培养中小学教师。1965年在西藏公学的基础上西藏民族学院成立,西藏创办了现代高等教育,经过几十年的发展,建立了涵盖文、理、工、农、法等学科几十个专业的高等教育体系,培养专门高级人才。

从上述事实可看出,现代教育不仅是建立现代式学校,更是设置了现代教学内容,培养社会发展所需的各种现代人才。在现代学校教育下,西藏成长出一批批专门人才,

---

① 尚俊娥. 西藏教育今昔[M]. 北京:五洲传播出版社,1996.
② 西藏自治区地方志编纂委员会编. 西藏自治区志·教育志[M]. 北京:中国藏学出版社,2005:15.
③ 西藏自治区地方志编纂委员会编. 西藏自治区志·教育志[M]. 北京:中国藏学出版社,2005:48.

藏族博士、硕士、学士,科学家、教师、工程师、作家、医生、画家、农牧技师等脱颖而出,他们成为社会主义新西藏建设的生力军,彻底改变了旧西藏教育落后、人才严重匮乏的状况,西藏教育迎来了历史的春天。

三、西藏教育的转折

民主改革是西藏社会的转折,也是西藏教育的转折。民主改革是新旧西藏的分水岭,新西藏的教育实现了三个转折。

1. 由封建农奴制教育向社会主义教育转折

在政教合一的封建农奴制度下,旧西藏的教育大权长期被僧俗农奴主阶级所把持,教育目的带有鲜明的阶级性和浓烈的宗教色彩。学校以僧人、贵族、官员子弟为招生对象,以培养西藏地方政府所需的各级僧俗官员为目标。经过民主改革,西藏各族人民翻身当家作主,人民拥有了受教育权利,教育目的具有鲜明的人民性,招生对象是西藏广大人民也包括当时的贵族在内。教育逐步实现了与宗教的分离,尽管社会主义制度在西藏还未能一时建立起来,但在全国社会主义教育的影响下,学校教育中已有了社会主义的教育内容,社会主义的教育逐步建立起来。新西藏教育为管理新社会、建设新社会培养各级各类人才,这些人才参与了西藏社会事务的管理,成为新西藏的管理者和建设者。由封建农奴制教育向社会主义教育转折,主要体现了为谁培养人、培养什么人,是新旧西藏教育的分水岭。

2. 由贵族教育向平民教育转折

贵族教育是特权教育,反映着教育的极其不公平性。旧西藏政教合一的封建农奴制度下的教育就是少数人的贵族教育,这一社会制度剥夺了平民受教育的权利。虽然当时的教育十分简单而粗劣,但藏族广大劳动人民也是无权涉足的。政府明文规定,不准铁匠、屠户子女入校,平民子弟即使有幸陪读,也不得和贵族子弟坐在一起,毕业后也只能回家劳动。因此,解放前夕,全区儿童入学率不足2%,文盲率高达95%。[①] 新西藏开始了平民教育,这是大众化的教育,社会全体成员拥有受教育的权利,不剥夺任何人的权利。民主改革初期,国家和西藏地区的财力十分有限,但政府尽最大力量、创造条件,动员劳动人民的子女入学接受教育,到1972年前后,适龄儿童入学率达到40%,

---

① 韩晓悟. 民主改革开辟了西藏现代教育发展的新天地[J]. 西藏教育,2009,(3).

1979年底时为89.3%。① 由贵族教育向平民教育转折,主要体现了教育为谁服务的问题。

3. 由传统教育向现代教育转折

旧西藏一直坚持传统教育,学生学习课程除领主贵族的道德规范外,还要学一些做统治者必备的知识技能。如:藏语言文法、书法、应用公文及算学、梵文、宗教仪规禁忌等。近代自然科学如数学、物理、化学等和社会科学如政治、历史、地理等几乎是空白。学校既没有合格的教师,也没有统一的教材、专门的校舍。"僧侣即教师,经文即课本,经堂、卧室即课堂"。没有专门管理教育的机构,没有统一的学制,教学方法以读写为主,随遇而教,遇事而学。新西藏开始了现代教育,广大受教育者不仅学习语言学传承民族文化、开展民族间的广泛交流,而且学习自然科学知识和社会科学知识,增强了人们认识自然、社会的能力,提高了人的综合素质。尽管千余年来流传的藏传佛教影响到人们生活的方方面面,但现代教育广泛传播现代文明知识,帮助人们逐渐摆脱宗教唯心思想的愚弄,改变了对世界、对社会和对人自己本身的看法,人民掌握了认识世界和改造世界的知识,主宰了自己的命运。由传统教育向现代教育的转折主要解放了人的思想和精神,使人的主体性得到了体现。

废除政教合一的封建农奴制度,真正解放了百万农奴。没有封建农奴制度的废除、没有百万农奴的解放,就没有西藏教育的发展。只有百万农奴的解放才有了西藏教育的解放,只有西藏教育的变革才有了西藏人民追求文明的自由,只有西藏教育的转折才有了人的素质的提高和社会的发展与进步。百万农奴的解放是西藏社会的解放、教育的解放、人性的解放。值此西藏百万农奴解放纪念日设立一周年之际,仅从西藏教育深刻变革与转折的一角窥视,废除政教合一的封建农奴制度、解放百万农奴应予特书、再书。

(作者:王春焕)

---

① 西藏自治区地方志编纂委员会编. 西藏自治区志·教育志[M]. 北京:中国藏学出版社,2005:11.

构建西藏和四省藏区长治久安体制、机制的思考[*]

西藏和四省藏区在社会稳定方面相互影响,具有一些共性特征,面临一些共同的问题。为了实现西藏和四省藏区长治久安的目标,需要构建长治久安体制、机制,由中央相关部门组织、西藏和四省藏区联系与协调。建立国家统一协调的反分裂斗争机制,建立西藏和四省藏区维护社会稳定、经济社会发展、意识形态工作、民族宗教工作、民族教育工作、生态建设和社会矛盾纠纷解决方面的协调机制。

中央第五次西藏工作座谈会对推进西藏实现跨越式发展和长治久安作出了战略部署,同时还对加快四川、云南、甘肃、青海藏区经济社会发展进行了全面部署。从中央对西藏和四省藏区工作部署的情况看,西藏和四省藏区在若干工作方面具有共性特征,推进跨越式发展和长治久安是共同的任务和目标。由于历史的原因、现实的影响,西藏和四省藏区在构建社会长治久安方面面临共同的问题,建立长治久安体制和协调机制是解决这些问题的可取之策。

一、西藏和四省藏区在社会稳定方面相互影响

大约在隋唐时期,我国西南地区的多个部落、氏族在相互整合的基础上形成了藏民族。至今,藏族主要居住在青藏高原上。在历史上,藏族居住区分别归于不同的区域管理机构管理。中华人民共和国成立后,将藏族居住区划归西藏自治区和四川、云南、甘肃、青海四省管理。其中,西藏位于祖国的边疆地带,西藏特殊的地位决定,西藏和四省藏区在维护国家的统一与安全方面具有重要的意义。解放以来,西藏和四省藏区在社会稳定方面相互影响,对我国的统一、稳定与发展产生着较大的作用。

(一)民主改革中的叛乱从其他藏区蔓延到西藏

20世纪中叶,随着四省藏区和西藏的解放,巩固西南边疆国防和维护本地区社会稳定成为主要任务,中国人民解放军奉命担负这一任务,到达祖国的边防哨所,守卫祖

---

[*] 原文载于《西藏大学学报(社会科学版)》2010年第4期。该文系2008年度国家社科基金重大投标项目"维护西藏地区社会稳定对策研究"阶段性成果(项目号:08&ZD051)。

国的西南大门,维护四省藏区和西藏社会的稳定。从当时的社会情况看,四省藏区和西藏还处在政教合一的封建农奴制度统治之下,藏族人民还未获得真正的解放。要彻底解放藏族人民还必须继续进行革命,为了使藏族人民早日得到彻底解放,1956 年初四川和青海等省开始逐步实行民主改革。民主改革就要改变生产关系,即改变生产资料农奴主所有制。这一改革先从四川和青海等藏区开始,必然影响其他藏区,尤其是影响到西藏地方政府。尽管《十七条协议》中规定:"有关西藏的改革事宜,中央不加强迫。西藏地方政府应自动进行改革,人民提出改革要求时,得采取与西藏领导人员协商的办法解决之。"但是,西藏地方政府中的上层反动分子根本不愿意进行任何改革,解放农奴。1955 年 5 月,达赖喇嘛在结束内地参观返藏时,噶伦索康·旺钦格勒和达赖喇嘛的副经师赤江·罗桑益西借口进行佛事活动,坚持走南北两路,把班禅一行支走青藏线,他们走川藏线,并分别在甘孜藏族自治州的理塘、甘孜地区策动叛乱。伪"人民会议"分子阿乐群则从拉萨赶往四川藏区上书达赖喇嘛,要求恢复伪"人民会议",撤消对两司曹的处分,并在理塘召集甘孜南部地区 20 对各反动头人开会,确定在四川藏区搞武装叛乱,在拉萨搞政治斗争,相互配合争取"西藏独立"。1956 年初,甘孜地区进行民主改革时,理塘地区的理塘寺、巴塘寺和甘孜地区的大金寺首先叛乱。叛乱期间,西藏反动上层以商队名义给叛乱武装运送武器。叛乱给藏区人民生命财产造成极大的危害,成都军区派部队在当地人民群众的支持下迅速平息叛乱。后来,恩珠仓·公布扎西等组织的叛乱武装在西藏上层反动集团的支持下,西渡金沙江,把叛乱活动扩大到西藏昌都地区。

1957 年 2 月,西藏上层反动集团派出大批喇嘛到青海、甘南地区与当地反动头人勾结发动叛乱,并对到拉萨朝佛的青海上中层藏族人士煽动叛乱,还写信给青海等地的官员,策动发动叛乱,赶走共产党。在西藏地方政府反动上层的策动下,四川、云南、甘肃、青海四省的叛乱分子纷纷窜到西藏区内。在叛乱统一组织"四水六岗"的指挥下,武装叛乱进一步扩大。1959 年 3 月,拉萨发生公开的武装叛乱,其中有来自四省藏区几千人的叛乱分子参与。

可见,1959 年西藏叛乱是从与西藏相邻的四省藏区开始逐渐蔓延到西藏全境的。四省藏区和西藏的叛乱严重损害了人民的利益,破坏了藏区社会的安定团结,人民解放军奉中央之命迅速平定各地叛乱,恢复了社会秩序,稳定了四省藏区和西藏的局势。

(二)改革开放时期分裂骚乱从西藏波及其他藏区

从平定 1959 年叛乱以来,西藏和四省藏区一直保持了社会的基本稳定态势。1987

年3月,在拉萨发生了破坏国家统一的分裂活动,直至1989年连续三年时间,在西藏发生大小几十起骚乱事件,3月9日全国人大宣布戒严,西藏人民政府在各族人民的支持下迅速平息了骚乱,有力地维护了西藏社会的稳定。进入20世纪90年代,西藏的反分裂斗争形势依然尖锐复杂,维护社会稳定任务十分艰巨。西藏地区的维稳形势对相邻四省藏区也产生了一定的影响,使西藏和四省藏区处于国家反分裂斗争的前沿。在国际敌对势力的干预与支持下,2008年在我国举办奥运会之际,达赖集团精心策划了"3·14"事件。拉萨发生严重的打砸抢烧暴力犯罪事件,给各族人民群众生命与财产造成了严重的威胁,破坏了正常的社会秩序,极大地损害了各族人民的利益。而且,事件从西藏逐渐波及到四省藏区,在相近几天内,甘肃、青海、四川等藏区相继发生与西藏拉萨相似的暴力犯罪事件。同时,也波及到西藏和四省藏区在内地民族学院学习的高校学生和内地西藏班(校)学生,西藏和四省藏区社会稳定形势严峻。

1959年西藏叛乱与2008年拉萨骚乱两次事件都是西藏分裂势力策动制造的。1959年西藏地方政府上层反动分子先策动四省藏区叛乱,然后挑起西藏全区叛乱。2008年逃亡国外的所谓"流亡政府"的骨干分子先策动拉萨骚乱,然后波及四省藏区。近50年间,西藏和四省藏区两次发生规模较大、涉及面较广的叛乱和骚乱事件,分裂势力为总指挥没有改变,但他们针对不同的情形改变了策略,叛乱由四省藏区至西藏,骚乱由西藏及四省藏区,相互配合、相互影响,都威胁西藏和四省藏区的社会稳定和长治久安。这一情形给我们一种启示,如果不着力遏制分裂势力的势头,今后有可能在西藏和四省藏区藏区同时发生危害社会稳定的分裂事件。

二、影响西藏和四省藏区长治久安的主要因素

"长治久安"一词出自《汉书·贾谊传》中"建久安之势,成长治之业",形容国家长期安定和巩固。西藏和四省藏区长治久安是这一地区长期安定的状态。目前,这一地区还存在突出的问题,影响着长治久安。

(一)达赖集团分裂国家、图谋独立是影响西藏和四省藏区长治久安的根本原因

达赖集团从1959年叛逃国外以来,一直进行分裂国家的活动。50年来,他们已从进行边境骚扰转变为境外策划、境内制造骚乱、以暴力手段实现"西藏独立"。从2002年以来到目前为止,达赖方面派人回国与中央接谈已达9次,在国际舞台上,达赖不提"独立"二字,要求在中华人民共和国框架内实现藏族的"高度自治"和"大藏区",其实

质是想实现整个藏区即西藏和四省藏区的独立。达赖集团不顾历史的事实和西藏社会的真实情况,在国际敌对势力的支持下,把暴力美化为"人民起义",把独立装饰为"大藏区自治",常以"民族"、"宗教"和"人权"为幌子,不停地向西藏和四省藏区的民众进行"西藏独立"蛊惑,利用民众的民族、宗教感情与我争夺人心,已从青少年学生、干部扩展到普通市民、农牧民。如达赖集团煽动市民不穿新装、不过藏历年,煽动农民不播种耕地等,西藏和四省藏区相互影响。多年来,一方面他们进行思想动员,另一方面则组织"独立"活动,将思想与行动相结合,给西藏和四省藏区造成极大的危害,企图动摇我们反分裂斗争的思想基础、群众基础和社会基础,使我们在反分裂斗争方面面临严峻复杂的形势,威胁社会稳定和长治久安。

达赖集团图谋"西藏独立"甚至是"藏族独立"的政治目标,直接破坏着西藏和四省藏区的民族关系,他们的分裂言行企图离间我国藏民族与其他民族的关系,进而为他们实现"独立"目的奠定民族基础。他们离间民族关系的言论对西藏和四省藏区的民族关系影响恶劣,破坏着这一地区社会关系的融洽,导致不同民族成员之间相互不信任,甚至产生摩擦或矛盾,进而造成社会不稳定,影响长治久安的社会局面。

总之,只要达赖集团分裂破坏活动存在,西藏和四省藏区就不得安然,社会稳定和长治久安就会受到影响。

(二)国际敌对势力干预是影响西藏和四省藏区长治久安的重要原因

国际敌对势力尤其是西方反华势力一直把达赖集团作为他们"西化"、"分化"中国的先锋。从20世纪80年代以来,不仅从物质上大力支持达赖集团,而且为达赖集团提供国际舞台,纵容达赖集团的独立活动国际化,使达赖集团的独立活动取得了国内国外两个空间。同时,一些国家还以所谓"西藏问题"向我国施压,干预我国内政。国际敌对势力公开支持达赖集团助长了他们的分裂气焰,同时也刺激了西藏和四省藏区内民族分裂主义意识,使一些分裂主义分子产生依靠国际敌对势力支持实现"西藏独立"的幻想。30年来,分裂骚乱活动规模不断扩大与国际敌对势力的支持有密切关系。

从全球化条件下大国竞争趋势看,国际敌对势力不会放弃中国"西藏牌",他们会继续支持达赖集团的分裂活动。只要国际敌对势力支持达赖集团,西藏和四省藏区就不得安然,维护社会稳定、实现长治久安任务就依然繁重。

(三)区域发展不平衡影响着西藏和四省藏区的长治久安

西藏和四省藏区社会稳定问题不仅受达赖集团和国际敌对势力的影响,同时也有我们内部自身发展的原因。改革开放以来,我国逐渐实现了由计划经济向市场经济的转轨,在这一过程中,少数民族地区也逐渐与全国接轨。但由于各种条件的影响,到目前,少数民族地区经济社会发展仍然缓慢,与全国发达地区比较,属于落后地区。西藏和四省藏区都属于西部落后地区。经济发展缓慢、社会进步滞后,与全国发达地区甚至一般地区相比形成明显对比。经济社会发展不平衡不仅影响人民群众生活水平的提高,而且也影响民族的凝聚力和向心力。民族地区与其他地区发展差异的拉大,实际造成了民族之间的差异拉大,客观上会造成民族疏离感的增强,这给达赖集团和国际敌对势力造成可乘之机。

近年来,在经济社会发展中,西藏和四省藏区也不平衡,同是藏族居住地区、实行民族区域自治的地方,但发展参差不齐。加之。中央加大对西藏的投资力度、全国加大对西藏的支援力度。客观上出现的发展差距和主观上出现的政策差距。必然导致西藏和四省藏区民众产生不同的思想认识和一定的情绪,这使达赖集团鼓吹的"大藏区"思想渗透有了一定的基础。西藏和四省藏区与全国发展不平衡以及西藏和四省藏区内部发展不平衡,潜藏着社会不稳定的因素,威胁社会长治久安。

(四)相邻边界资源纠纷也是影响西藏和四省藏区社会安定的因素

西藏和四省藏区彼此相邻,牧民的草场相连,近年来因一些草场、虫草采挖甚至采矿等问题发生区域资源纠纷。一些资源纠纷的发生往往幕后有人煽动和操作,蛊惑群众对抗情绪,使群众中发生的一般矛盾纠纷引发为群体性事件,并迅速在国际上大肆炒作,以此制造事端,把人民内部矛盾转化为对抗性矛盾,置人民群众与各地政府于对抗中,加大了政府处理的难度,极大地影响西藏和四省藏区的社会安定。

三、对策建议

西藏和四省藏区在构建社会长治久安之势方面都面对达赖集团的分裂破坏、国际敌对势力的干预渗透以及自身发展中的问题。从达赖集团未来的走向和国际敌对势力的需求观察,今后西藏和四省藏区实现长治久安依然面临共同的问题。中央第五次西藏工作座谈会加强了西藏和四省藏区的工作力度以及区省之间的联系,实际上正在形成中央统一协调、西藏和四省藏区加强联系的体制、机制。贯彻落实五次座谈会精神,推进西藏和四省藏区长治久安,除了各区省制定相应的政策、采取适当的措施外,还应构建西藏和四省藏区长治久安体制和协调机制。这一体制、机制应由中央相关部门组织、西藏和四省藏区联系与协调。

(一)建立国家统一协调的反分裂斗争机制

经过"3·14"事件,达赖集团"西藏独立"的谋划又一次遭到失败,但是他们并未放弃"西藏独立"的目标,仍频繁活动于国际舞台,对内继续进行渗透。近一段时期以来,还通过藏传佛教向内地传播、在国外争取华人支持、达赖新年发表告汉族同胞书等手段,向汉族进行渗透,争取汉族支持"西藏独立";同时在国际国内大肆宣扬"大藏区"思想,继续向西藏和四省藏区民众进行思想文化渗透,分裂国家的活动仍在推进中。"后达赖时期"的分裂活动多样且不断变化手法。我们预计"达赖后时期"达赖集团的分裂活动会更加强烈,还可能向暴力发展,国际敌对势力也会大力支持。因此,西藏和四省藏区面临的反分裂斗争形势依然十分严峻。建议国家有关机构和安全部门尽早建立西藏和四省藏区反分裂斗争的统一协调机制,对未来西藏和四省藏区反分裂斗争作出安排,做到反分裂斗争有预见性、主动性,坚决防止任何形式的分裂活动的发生和蔓延。在应对反分裂斗争中,西藏和四省藏区应统一行动,不给分裂势力任何可乘之机,把可能发生较大规模的骚乱事件迅速消灭在萌芽状态中,确保西藏和四省藏区的安全与稳定,才能保持长治久安的局面。

(二)建立西藏和四省藏区维护社会稳定的协调机制

"3·14"事件以后,西藏和四省藏区都建立了维护稳定机构,加强了维稳工作。面对今后维稳形势,建议西藏和四省藏区在公安部、中央维护稳定办公室的领导下,建立维稳协调机制,尤其是区省维稳办建立信息沟通机制,及时向其他区省通报维稳中的问题与情况,做到各区省掌握维稳动向,及时制止影响本地区稳定事件的发生,确保西藏和四省藏区社会稳定。

(三)建立西藏和四省藏区经济社会发展协调机制

经济社会发展不平衡是影响西藏和四省藏区社会稳定和长治久安的内部因素,为此建议由各区省政府建立西藏和四省藏区经济社会发展协调机制,统筹西藏和四省藏区经济社会发展,尽可能做到各项政策基本一致,实现西藏和四省藏区平衡发展,缩小几个藏区经济社会发展的差距。这是西藏和四省藏区长治久安的经济基础和社会条件,务必高度重视。

(四)建立西藏和四省藏区意识形态工作协调机制

长期以来,达赖集团非常重视向西藏和四省藏区进行意识形态的渗透,这是他们得以在几个藏区策动骚乱的思想基础。为此建议西藏和四省藏区宣传文化部门建立意识形态工作协调机制,定期召开协调会议,研究面临的共同问题和解决方式,如共同查缴和制止反动宣传品的传播,共同清理网络渗透,不给达赖集团任何宣传渗透平台;在社会主义文化大发展大繁荣方面加强合作与交流。在对待民族传统文化和宗教文化方面统一态度与政策,克服过去松弛不一的情形,使意识形态工作在西藏和四省藏区协调一致,确保意识形态的安全。

(五)建立西藏和四省藏区民族宗教工作协调机制

民族宗教工作是西藏和四省藏区工作的重要内容,也是社会稳定和发展的基础,为此建议西藏和四省藏区民族宗教工作部门建立工作协调机制。主要要大力开展民族团结教育,建立民族关系调解机制,会同有关部门及时处理不同民族成员之间发生的矛盾纠纷,防止严重影响民族关系的事件发生,促进和谐民族关系的巩固。同时,共同探索宗教与社会主义社会相适应、依法管理宗教和寺庙的途径;加强对活佛转世工作的探讨;与边防公安联系,加强对出入境宗教信徒的管理工作;做到在民族工作、宗教工作方面执行国家政策的统一性,使民族宗教工作在维护社会稳定和经济社会发展中发挥好作用。

(六)建立西藏和四省藏区民族教育发展协调机制

民族教育是民族地区经济社会发展的基础,新中国成立以来,国家投入巨资在民族地区发展教育,取得了举世瞩目的成就,为民族地区经济社会发展与文明进步奠定了扎实的教育文化基础,在促进西藏和四省藏区与祖国其他地区的联系与交流、促进整个国家在政治、经济、文化一体化进程中发挥了重要的作用。但同时西藏和四省藏区民族教育与全国区省教育比较还存在差距,就是西藏和四省藏区之间民族教育也存在差距。为此建议西藏和四省藏区教育部门也应建立协调机制,统一促进民族教育发展的政策,探讨解决民族教育问题的途径,大力发展民族教育,在全面提高民族文化素质方面发挥重要作用。

(七)建立西藏和四省藏区生态建设协调机制

西藏和四省藏区位于青藏高原上,在生态基础方面有许多共性,物种丰富,资源多样,气候接近,人们的生态观念相同,生态建设关系着国家生态安全。为此建议西藏和四省藏区环保部门建立协调机制,探索解决青藏高原的生态问题,统一规划生态建设目标、步骤等事宜,共同维护国家的生态安全,有力抵制国际敌对势力和达赖集团对我国生态保护的诬蔑。

(八)建立西藏和四省藏区矛盾纠纷解决协调机制

西藏和四省藏区相邻,边界居民或流动人口之间发生矛盾纠纷在所难免,为了确保社会的安定,建议各区省边界地区或县乡建立矛盾纠纷解决机制,即相邻地区建立一定级别的矛盾纠纷协调机构,一旦群众之间发生矛盾纠纷及时能够跨区省协调解决,防止事态扩大,促进边界地带的社会安稳,形成相邻区省和谐的社会关系。

2010年8月18日至19日,公安部在西藏拉萨召开西藏和四省藏区公安工作会议,要求进一步统一思想、坚定信心,牢固树立政治意识、忧患意识、大局意识和责任意识,切实增强使命感、责任感、紧迫感,牢牢抓住贯彻落实中央第五次西藏工作座谈会精神这一历史机遇,加快推动西藏和四省藏区公安工作的发展进步,要紧紧围绕实现西藏跨越式发展和长治久安的要求,以反分裂斗争和确保藏区社会稳定为主线,以加强公安机关能力建设为重点,着力提高公安机关的执法能力和服务水平,更好地担负起新形势下反分裂斗争和维护稳定的重任。近期,中央西藏工作领导小组宣布将涉藏工作已涵盖藏青甘滇川范围。这些协调机制的建立已开启了西藏和四省藏区建立长治久安体制和协调机制的先例,为全面建立西藏和四省藏区长治久安协调机制作出了示范。为了保证西藏和四省藏区社会的长治久安,建议中央相关部门和各区省有关部门逐渐建立促进长治久安的体制、系统机制与机构,并良性运作,取得良好的结果。西藏和四省藏区长治久安体制、机制的建立与良好运作,必将有力地防控分裂活动的发生,打击达赖集团的嚣张气焰,维护几个藏区的社会稳定,保持长治久安的局面。

(作者:王春焕)

论农牧区妇女在西藏新农村建设中的角色和作用*

党的十六届五中全会提出要建设"生产发展、生活宽裕、乡风文明、村容整洁、管理民主"的社会主义新农村，这是党中央统揽全局、着眼长远做出的重大决策，也是各级领导和农民必须承担的重大历史任务。西藏自治区党委政府十分重视社会主义新农村建设工作。中央第五次西藏工作座谈会对西藏新农村建设提出了具体的目标要求：到2015年，农牧民人均纯收入与全国平均水平的差距显著缩小；到2020年，农牧民人均纯收入接近全国平均水平；着重解决他们迫切需要解决的问题特别是农牧区条件艰苦、农牧民增收困难等问题；继续推进以安居工程为突破口的社会主义新农村建设，加快农村水电路气房和通信等设施建设；完善和落实各项增收政策，千方百计增加各族群众特别是农牧民收入。西藏农牧区妇女是新农村建设的一支主力军，落实中央座谈会精神，建设社会主义新农村要充分发挥农牧区妇女的重要作用。

一、农牧区妇女在西藏新农村建设中承担的角色

近年来，随着农村改革的深入和剩余劳动力的转移，妇女已成为西藏农村经济社会发展的重要力量，对发展西藏农牧经济具有举足轻重的作用，在西藏新农村建设中承担着重要角色，既是新农村建设的直接实践者、推动者，又是受益者。

（一）西藏农牧区妇女是农牧区改革和经济建设的主力军

在西藏农牧区，妇女正逐渐从家庭角色向社会角色转变，不仅是家庭生活的主妇，也是农牧业生产的主力军，特别是以"家庭联产承包制"为主要内容的经济改革以及党的十一届三中全会以来，随着市场经济体制的建立和农牧区产业结构的调整，大批男劳动力向非农牧产业转移，突显了妇女在农牧区经济、社会生活中的重要地位和作用，农牧区妇女在农牧区建设中的主体地位日渐突出，"农业女性化"的趋势日渐明显。

农牧业是西藏经济的基础，在从事农牧业生产的人群中，妇女劳力占农牧区总劳力

---

* 该文是作者在2009年随西藏社会科学院"六大课题"调研组实地调研后撰写的工作论文。

的60％以上。主要原因,一是受历史传统延续的影响,多数妇女缺乏技术技能,只能从事体力劳动。二是改革开放后,男性外出打工的多,妇女留在农村成为农牧业生产的主力。据统计,2007年西藏农牧业生产总值是79.83亿元,其中妇女所创造的产值应不少于60％。农牧区妇女还积极参与增收致富、"双学双比"(学文化、学技术、比成绩、比贡献)等活动,涌现出许多"五好文明家庭"、"科技致富带头人"、"除陋习、树新风"先进个人和集体等。她们在社会主义新农村建设中,发挥了重要的、不可替代的作用。从这些数据可以看出,妇女是农牧区经济发展中一支不可忽略的力量,是最活跃的生产力要素,是农牧区最主要的人力资源。实践充分证明,广大的西藏农牧区妇女已成为推动农村生产发展、生活富裕、生态良好的主力军。

(二)西藏农牧区妇女是农村精神文明建设的直接推动者

全区广大农牧区妇女身体力行,积极践行社会公德、职业道德、家庭美德,努力树立正确的世界观、价值观、人生观,争做"四有"新女性,追求文明、健康、科学的生活方式,勇于奉献,积极参加扶贫帮困、拥军优属活动和各种有益的文体活动;广大农牧区妇女积极学文化、学技术,积极参与新农村建设,涌现出了一批致富带头人、种植养殖专业户、"美德在农家"先进等。广大农牧区妇女还积极维护祖国统一,维护民族团结,维护国家安全,为西藏社会局势的稳定和经济发展做出了贡献。实践证明,广大西藏农牧区妇女已逐渐成为农村良好社会风尚的主要倡导者、实践者和传播者。

(三)西藏农牧区妇女是农村民主管理的积极参与者

广大西藏农牧区妇女认真学法、用法,参政议政意识明显增强,参与基层民主政治的积极性有了进一步提高,主动参与民主政治生活和社会事务管理,一大批德才兼备的优秀女干部走上了各级领导岗位。

1959年民主改革后,西藏广大妇女翻身得到解放,成为社会主义新西藏的主人。她们以空前的政治热情,投身到热火朝天的民主改革运动中。当时西藏第一个"穷棒子互助组"的组长,就是一个出身农奴的普通妇女,后来她一直成长为自治区人大常委会副主任,类似的实例还有许多。

从20世纪60年代初,西藏实行第一次基层人民代表选举开始,在历次的换届选举中妇女参选比例均在90％以上,各村委会和居委会成员中,女性比例分别占15％左右。广大西藏农牧区妇女是推进农村民主政治建设、参与国家和社会事务管理不可或缺的力量。

二、西藏农牧区妇女在新农村建设中发挥作用面临的主要问题和障碍

建设新农村,对农牧区妇女来说是个双刃剑,既带来了前所未有的发展机遇,又面临着激烈、严峻的挑战。目前,农牧区妇女工作中还存在一系列问题,制约着妇女作用的正常发挥。

(一)西藏农牧区妇女整体素质低下,影响其作用的发挥

西藏新农村建设需要高素质的农牧民,但农牧区妇女综合素质普遍偏低,成为制约她们发挥作用的瓶颈。目前,西藏农牧区妇女的素质、思想和技能状况还不能适应社会主义新农村建设的需要。具体表现在:第一,农牧区妇女的文化科技素质与社会主义新农村建设需求不相适应。西藏总人口为280多万人,其中妇女占50.54%,农牧区妇女劳动力占农牧区劳动力总数的65%,农牧区妇女创造的农牧业产值占总产值的50%以上,是农牧区经济发展的主力军。近年来,在自治区党委、政府的坚强领导下,西藏自治区各级妇联组织始终抓住发展这条主线,紧紧围绕促进农牧民增收致富、推动妇女全面发展这个主题,加大了农牧区妇女的教育培训力度,开展了"巾帼扶贫行动"、"巾帼科技示范村"和"科技致富户"活动等,帮助妇女解决实际困难。但是由于农牧区妇女平均受教育年限低,文化素质不高,参与各类培训的积极性不高,竞争力弱,制约了农牧区妇女素质的提高。一些妇女接受培训后,因市场和生产发生变化而导致新的知识不够用;而一些新技术的培训和推广,又因受训人文化素质的影响和后期指导跟不上而成效不明显。农牧区妇女是农牧业科技成果的直接接受者、转化者,但众多的妇女由于受知识、经验、传统习惯和"风险意识"的制约,在接受科学技术时,往往徘徊犹豫。加之,农牧区教育、科技、文化、卫生等基本公共服务和社会管理职能极为有限,使农牧区妇女接受文化技能教育的渠道狭窄,制约着妇女实现自身发展和增收致富。第二,农牧区妇女获得平等参与经济活动的权利、资金不足,参与经济建设能力薄弱。随着市场经济的发展,农牧区"留守"妇女越来越多,她们家务、社会生产一肩挑,劳动强度高,很难有时间和精力提高素质。由于缺乏获得经济资源的权利和机会,包括无法平等享有技术培训和获得救助服务的机会,使农牧区妇女的参与和发展能力不足,特别是在牧区,由于男女在劳动中分工的不同,承担社会角色的不同,掌握社会资源和机会的不同,让妇女陷入贫困,并在一定程度上阻碍了农牧区妇女参与社会主义新农村建设。在有关部门的支持下,各级妇联组织实施了小额信贷项目和其他一些帮助农牧区妇女提高素质、脱贫致富的项目。但因资金额度少,覆盖面不广,远远满足不了广大农牧区妇女脱贫致富的

需要。有的虽有一定的资金扶持,但因受生产季节性强或资金到位时间晚、市场变化快等因素影响,实施项目成效不够明显。加之,语言沟通障碍、观念陈旧、缺少信息和服务平台等,农牧区妇女富余劳动力转移的数量和岗位种类低于男性,农牧区妇女走出去创业和发展的机会较少、步子迈得不大。

(二)西藏农牧区基层妇女组织建设薄弱,制约农牧区妇女的发展

随着社会主义时市场经济体制的不断完善,妇女群体和妇女需求呈现多样化的发展趋势,建设社会主义新农村的新形势和农牧区妇女的新变化,对基层妇女组织和妇联干部提出了新的更高的要求。

民主改革以后,中央政府和西藏各级人民政府十分重视对妇女干部的选拔和培养工作,特别把培养选拔妇女干部作为一项重要工作,力求抓紧办好。

进入20世纪80年代以来,为了尽快使西藏的妇女干部适应改革开放的新形势,提高其政治素质和业务能力,自治区各党校、行政学院和干部教育管理部门,把对妇女干部的培训工作摆上了重要的议事日程,采取集中脱产培训、业余培训和送进专业院校学习等形式,努力提高广大妇女的理论水平、专业技术素养、科学管理决策本领、参政意识和议政能力。有些妇女到北京的中央党校深造,有些被送到国外留学,在党的关怀和培养下,如今,广大妇女的政治觉悟和文化素质普遍提高。她们不但有强烈的参政意识,而且有了参政议政的能力,大批妇女走上了领导岗位,妇女干部队伍不断壮大,成为了西藏稳定和发展的重要力量。西藏自治区妇女干部数占全区干部总数的32.3%。现在,在全区各级立法机构中,妇女干部占干部总数的20%以上。西藏妇女中,已经出现了一批女法官、女检察官和女律师。虽然看起来西藏妇女的组织地位提高了,但是,总的看来:西藏妇女特别是农牧区妇女地位提高明显滞后。广大农牧区妇女基层组织建设还很薄弱。一些县乡有妇女机构,但人员配备不够,开展工作困难。到村一级,有些村没有妇女机构。特别是在广袤的牧区,组织妇女学习、参加培训更是困难。农牧区基层妇女组织建设薄弱影响了农奴区妇女的学习、提高以及作用的发挥。

三、充分发挥西藏农牧区妇女在新农村建设中的作用的对策

西藏农牧区妇女是社会主义新农村的建设者,也是直接受益者,她们的参与和受益程度决定了新农村建设的成效。要采取多种措施,充分调动和发挥西藏农牧区妇女群

众的独立性、自主性、能动性和创造性,在西藏的新农村建设中发挥应有的作用。

(一)进一步加强基层妇女组织建设,提高妇联服务效能

多年来,各级妇女组织重视妇女干部学习党的方针、路线和政策,在一定程度上提高了妇女干部的政治思想觉悟。同时也加强了业务培训,努力提高工作水平。但新形势下,社会主义新农村建设给基层妇联工作提出了更高的要求,因此,广大农牧区基层妇联组织要适应新形势,建立健全机构,培训提高队伍素质,建立一支适应西藏农奴区经济发展的基层妇女工作队伍,不断探索新时期农牧区妇联工作的特点和规律,抓住西藏农牧区发展的重点问题,进一步推动妇女作用的发挥;要根据现在广大农牧区发生的变化,增强做妇女工作的能力,有针对性地做好妇女工作,确实服务好农牧区的广大妇女,提高妇联工作的效能。

(二)营造良好环境,引领广大妇女全面参与社会主义新农村建设

各级妇联组织要深入广大农牧区,甚至进入农户、牧户,向妇女开展各种宣传工作,宣传党的各项政策,特别是中央第五次座谈会精神,提高妇女的政策理解能力,教育她们开阔视野,看到发展的机遇。向她们宣传社会主义新农村建设的政策、目的、手段等内容,提高她们参与意识。同时在各类培训中,培训她们如何参与社会主义新农村的建设,进一步调动妇女的积极性。

(三)实施项目为载体,帮助农牧区妇女提高综合素质

各级妇联组织要结合实际,因地制宜,加强与农林科技等相关部门的协调与配合,坚持求真务实和推进深化"双学双比"、"巾帼建功"等活动,创新"巾帼科技致富工程",依靠有关政策,联合有关部门,整合社会资源,因地制宜,培育和发展科技示范、信息服务、合作经济、扶贫救助,着力提高活动的综合质量和有效覆盖率,努力为培养社会主义新型女农牧民提供培训、科技、信息、政策、资金等方面的服务,及时总结推广先进经验,宣传先进典型,发挥典型的示范带动作用。

一是实施妇女发展项目,帮助农牧区妇女增加收入。通过争取国际组织项目、全国和各地的援藏项目,全国妇联协调的援助项目及自治区有关单位支持的项目资金,帮助推动农牧区妇女发展种养殖业及民族手工艺等,切实增加农牧区妇女收入。

二是加强农牧区妇女劳动力转移输出工作。坚持大力宣传,正确引导农牧区妇女更新择业观念,用服务搭建转移平台,用品牌打造输出强势,用协调整合社会资源,用维权促公平公正;着力培养农牧区妇女劳动力转移带头人和劳务经纪人两个方面的骨干人才。

三是实施巾帼社区文化项目,帮助农牧区妇女发展文化产业。西藏是一个民族文化底蕴丰富的省份。各级妇联要围绕自治区党委、政府有关建设民族文化的工作方针,努力组织妇女开发民族工艺,挖掘民间艺术,开发民俗旅游等,充分发挥妇女在新农牧区文化建设中的重要作用,进一步拓展就业渠道,提高妇女文化素质和技能,增加妇女收入。

(四)强化培训,整合资源,提高农牧区妇女的综合素质

进一步强化农牧区妇女的教育及技能培训工作,采取多种形式,提高农牧区妇女的科学文化素质。农牧区妇女受教育的程度,直接影响农牧区经济社会发展,而做好农牧区妇女教育培训工作,又是提高农牧区妇女素质的必由之路。

一是加强农牧区妇女的基础文化教育,普及农业科技知识,掌握农业新技术,宣传卫生健康知识。同时,采取多种形式对已走上社会实现就业的农牧区妇女加强继续教育,让广大妇女学会适应、学会生存、学会发展。

二是充分利用各类学校资源对妇女进行培训,在提高广大妇女文化水平的基础上,重点提高职业技能水平。通过农业技术、创业理念、市场经济知识、企业经营管理等各类技能培训,使她们成为各行各业的行家里手和业务骨干,增强竞争能力,提高她们适应市场经济的能力和创业致富的水平。

三是注意抓好高、精、尖妇女人才的再教育培训,重点加强对农牧区致富女能人的培训,使她们具有建设新农牧区应具有的素质和能力、合理而广博的知识结构,能够走在时代的前列,带动和影响整个农牧妇女群体素质的提高。使大批农牧区妇女都能求学有门,学艺有师,学有所得,生财有道。做到不仅能够提高妇女素质,还有利于女性人才的培养。

(五)构建妇女科技示范体系,切实提高农牧区妇女参与经济发展的能力

按照建设社会主义新农村的要求,围绕自治区确定的51个乡(镇)和14个行政村的小康示范工作,积极创建一批妇女示范基地。充分发挥妇女示范基地在科技培训、项目推广、创收服务中的作用,在面向市场、突出特色,大力发展粮食生产的前提下,优化农产品结构,进行标准化生产,提高农产品质量和效益,增强农产品的市场竞争力。形成"市场牵龙头、龙头带基地、基地带农户"的良性发展之路。

妇女参与经济是妇女获得独立经济地位的表现,也是提高妇女经济地位的具体体现。农牧区妇女共享经济资源和社会发展成果是培养社会主义新型妇女的基础条件。

一方面,在参与社会经济中,提高妇女参与经济决策的程度。在教育、就业、参政议政、招生、招工等竞争当中,农牧区妇女应享有平等的权力,努力提高农牧区妇女享有社会福利的水平。另一方面,加快建设农牧区基础设施建设,加强农牧区妇女的扶贫帮困工作,为妇女创造适宜的生活和工作环境。

(作者:张佳丽)

调研报告选编

西藏第三产业发展研究[*]

第三产业,是指传统农业、工业、建筑业以外的其他行业,其发展水平的高低,在经济结构中所占比重的大小,已经成为衡量一个国家或地区生产社会化程度和市场经济发展水平的重要标志。目前,第三产业在社会经济格局中的地位和作用越来越受到各国及各级政府的重视。

近年来,西藏第三产业一直保持稳定增长态势,促进了产业结构的调整和优化,缓解了在经济改革过程中产生的就业矛盾,在繁荣地方经济、扩大各地区交往、服务城乡居民生产生活等诸多方面发挥了积极的作用。第三产业中的新兴产业不断崛起和壮大,又为第三产业的结构升级和持续发展增添了动力和源泉。西藏第三产业的发展现状、存在的问题及今后的发展前景,在发展过程中存在的差距,一直是社会各界关心的问题,特别是自治区提出"一产上水平,二产抓重点,三产大发展"的经济发展战略。

本报告通过对比的方法和实证分析方法对西藏第三产业发展状况进行了分析,通过统计数据客观的给予阐述,通过与其他省(市)区进行比较分析,揭示了西藏第三产业的演变趋势,探讨了第三产业发展中的一系列重要问题,找出了第三产业发展过程中存在的问题和制约因素。本报告对推动西藏第三产业的发展提出了一些创新性见解和针对性较强的对策建议,为西藏今后发展第三产业的战略决策提供科学依据。

一、第三产业理论与西藏第三产业

世界经济发展的历史表明,作为一个产业,第三产业在三次产业中成型最晚。世界范围的产业发展格局由注重第一产业、第二产业向第三产业转变,第三产业逐步成为经济增长的主导力量。

---

[*] 本报告为2007年度西藏自治区社会科学院青年课题资助项目。

第三产业的快速发展,既是社会分工不断细化的结果,也是社会需求层次不断提高的必然要求。分工的专业化促成了第三产业从第一、第二产业领域中分离出来;社会需求层次的提高为第三产业的兴起提供了直接的利润支点和空间。第三产业的兴起和发展既有一般性的经济规律,又有自身的产业特点。要研究一个区域内的第三产业发展情况,有必要首先梳理第三产业的起源及其自身发展规律。目前,西藏经济快速发展,第三产业已经占据全区生产总值的一半。研究第三产业的发展演进的一般规律,在遵循经济规律的基础上,形成特色突出的产业格局,是当前谋求西藏第三产业大发展亟待解决的问题。

(一)第三产业理论综述

第三产业基本上是一种服务性行业。传统理论认为,第三产业的发展是在工业化后期,但也有不少经济学家在对经济史料发掘分析以后,认为第三产业的发展早于第二产业,这不仅表明在发达国家在工业化早期就已拥有了占经济体比重近50%的第三产业方面;而且也表现在现代发展中国家在低收入水平上也有高于第二产业比重的第三产业方面。如果从社会分工的角度来看,后者的观点是可靠的。众所周知,首先是商业等一些服务行业先从农业中分离出来,然后才是手工业的渐渐分离,从这个意义上讲,服务业的起源应该早于工业。若从第三产业在经济增长中的地位和作用来考察,前者的结论无疑是正确的,即第三产业的规模扩张以及其在国民经济中占有重要地位多是在工业化之后。几乎所有的发达国家在工业化后期,第三产业都取得了国民经济的主导产业部门地位。但是,我们同样不能忽略这样的事实,即发达国家在工业化早期或现代发展中国家在低收入水平上就已拥有了较高的服务业比重,尽管这时第三产业发展层次较低、门类少、实力差,还不能成为经济发展持续的或最主要的推动力量。今天,当我们审视西藏的第三产业时,它起源于社会分工,与工业同时发展于社会主义的新西藏,应当吸取世界各国特别是国内发达地区第三产业发展的经验。

1. 第三产业的概念界定与种类划分

第三产业(Tertiary Industry)作为产业划分的一个专有名词,是英国经济学家阿·格·费希尔(A·G·B·Fisher)于20世纪30年代首先提出来的。他在1935年出版的《安全与进步的冲突》一书中,首次提出了关于三次产业划分的概念与标准。费希尔认为,第一产业为人类提供满足最基本需要的食品,第二产业满足人类对其他物质产品更进一步的需要,第三产业满足人类除物质产品需要以外的更高级的需要,如生活中的便利、娱乐等各种精神上的需要。这样,所谓第三产业是各种服务的生产。

(1) 概念界定。 第三产业又称为广义服务业,是第一产业和第二产业以外其他各业的统称。第三产业发展水平的高低已经成为衡量一个国家或地区生产社会化程度和市场经济发展水平的重要标志。现代西方经济学中"服务业"已取代了"第三产业"。世界银行等国际组织也用农业、工业、服务业来表示三次产业的划分。国外正式使用服务业的论著以美国经济学家维克多·R·富克斯1968年所著的《服务经济学》为最早。我国长期以来一直沿用"第三产业"。国家从"七五"计划到"九五"计划,党的十四大、十五大报告等也使用"第三产业"这个术语。1992年中共中央、国务院专门发出了《关于加快发展第三产业的决定》。直到2000年十五届五中全会通过的"十五"计划建议中,才开始将第三产业改称"服务业",但在统计上仍在使用"第三产业"。本报告采用统计意义上三次产业划分的"第三产业"来贯穿课题始终,同时为反映经济的新发展时也采用"服务业"并行同义表示。

(2) 种类划分。 我国于1985年首次对1984年第三产业做出了统计,国务院并转发了国家统计局关于建立第三产业统计的报告。从2003年开始,我国开始采用新的方法重新划分三次产业。是根据社会生产活动历史发展的顺序对产业结构的划分,产品直接取自自然界的部门称为第一产业,对初级产品进行再加工的部门称为第二产业,为生产和消费提供各种服务的部门称为第三产业。① 我国的三次产业划分是:第一产业是指农、林、牧、渔业;第二产业是指采矿业,制造业,电力、煤气及水的生产和供应业,建筑业;第三产业是指除第一、二产业以外的其他行业。

第三产业包括:交通运输、仓储和邮政业,信息传输、计算机服务和软件业,批发和零售业,住宿和餐饮业,金融业,房地产业,租赁和商务服务业,科学研究、技术服务和地质勘查业,水利、环境和公共设施管理业,居民服务和其他服务业,教育,卫生、社会保障和社会福利业,文化、体育和娱乐业,公共管理和社会组织,国际组织等15个门类。新的划分规定是以《国民经济行业分类》国家标准为基础制定的,根据经济活动性质,将农、林牧、渔服务业由第三产业划入第一产业,不再对第三产业划分层次。通过这次划分方法的修订,第三产业作为服务业的特点更加突出了。

从服务业的发展阶段来看,可被划分为传统服务业和新兴服务业两大类。一般认为运输业、邮电业、商业、饮食服务业等属于传统服务业。新兴服务业,指那些在新技术革命推动下,已经或者正在形成和发展的、属于传统服务业范围以外的各种服务行业的总称。新兴服务业主要指信息服务业、咨询业、广告业、技术服务业、租赁业、旅游业、广

---

① 西藏自治区统计局. 西藏统计年鉴(2007)[M]. 北京:中国统计出版社,2007:339.

播电视业、民间体育业、家教业、新型娱乐业、物业管理业、人才交流业等。

2. 第三产业理论国外研究评述

(1)配第—克拉克定理。1940年,英国经济学家科林·克拉克在威廉·配第的研究成果的基础上,通过整理、分析若干国家大量的时间序列的资料,从就业的角度概括并提出了在经济发展的过程中关于劳动力分布关系的演变规律,即随着经济的发展和人均收入的提高,农业即第一产业劳动力比例下降,工业和服务业即第二、三产业的劳动力比例上升。当经济发展到更高水平,人均收入进一步提高时,劳动力又出现由第二产业向第三产业转移的趋势。人均收入水平越高的国家,农业劳动力在全部劳动力比重相对越小,而第二、三产业劳动力所占比重相对来说越大;反之,亦然。这是所有国家在经济进步过程中最具有一般性的规律。配第—克拉克定理后来被不少经济学家所证实,如钱纳里、库兹涅茨、富克斯。

表1 霍夫曼比例

阶段	霍夫曼比例	消费资料工业与资本资料工业发展情况
1	4~6	消费资料工业占有统治地位,资本资料工业是不发达的
2	1.5~3.5	消费资料工业的规模要比资本资料工业的规模大得多
3	0.5~1.5	消费资料工业和资本资料工业的规模达到大致相当的状况
4	1以下	资本资料工业的规模将大于消费资料工业的规模

(2)霍夫曼定理。1931年,德国经济学家霍夫曼出版的《工业化的阶段和类型》一书,对工业结构演变规律做出开拓性研究。他把产业划分为消费资料产业、资本资料产业和其他产业,根据近20个国家的时间序列数据,分析消费资料工业的净产值与资本资料工业的净产值的比例,并将其由大到小把工业划分为四个阶段(见表1)。他认为在第一阶段,消费资料工业的生产在制造业中占有统治地位,资本资料工业的生产是不发达的(霍夫曼比例为4~6);第二阶段,与消费资料工业相比资本资料工业获得了较快的发展,但消费资料工业的规模要比资本资料工业的规模大得多(霍夫曼比例为1.5~3.5);第三阶段,消费资料工业和资本资料工业的规模达到大致相当的状况(霍夫曼比例为0.5~1.5);在第四阶段,资本资料工业的规模将大于消费资料工业的规模(霍夫曼比例为1以下)。虽然霍夫曼的这一理论即霍夫曼比例、霍夫曼定律,对工业结构,特别是对工业结构中重工业化规律的研究做出了重要贡献,但也遭到梅泽尔斯、库兹涅茨等经济学家的批评。梅泽尔斯指出,霍夫曼比例仅从工业内部比例关系来分析

工业化过程是不全面的,它忽略了各国工业在发展中必然会存在的产业间的生产率的差异。库兹涅茨则对用霍夫曼比例来研究工业化持否定态度,因为根据库兹涅茨对于美国资料的研究,无法得到支持资本工业优先增长的证据。

(3)钱纳里的发展模型理论。20世纪中期,美国经济学家H·钱纳里等人从人均收入变动角度,利用第二次世界大战后发展中国家,特别是9个准工业化国家(地区)1960~1980年间的历史资料,提出了经济增长与经济结构演变的标准模式。他们调查发现任何国家随着人均国民收入的增加,生产部门的结构随之发生变化,农业部门向工业部门转化,工业部门和服务业部门的GDP比重不断上升。随着人均GDP的提高和工业产值比重的增加,社会的物质资本和人力资本也随之增加,社会的经济消费结构会发生很大变化:食品的消费需求逐渐减少,非食品消费需求会逐步增加,社会的主要消费需求转向非食品消费、政府消费、国内投资以及私人总消费的增加。人均收入与经济发展阶段的关系呈现出如下规律:

表2　　　　　　　　　　　　　钱纳里发展模型

阶段	人均收入变动范围(按1982年美元计算)	发展阶段
1	360~730	不发达经济阶段
2	730~1460	工业化阶段初期
3	1460~2910	工业化阶段中期
4	2910~5460	工业化阶段后期
5	5460~8740	成熟的工业经济
6	8740~13100	

(4)库茨涅茨产业结构演进理论。20世纪60~70年代,西蒙·库兹涅茨出版的《各国的经济增长》(1966)和《现代经济增长》(1971),从产业结构的角度,通过采用时序列和不同经济发展水平国家之间的横截面分析,对产业结构变动规律作了更为系统的阐述。其结论是:随着生产力的提升,农业部门实现的国民收入以及农业劳动力在整个国民收入中的比重以及在全部劳动力中的比重均将处于不断下降之中;工业部门国民收入在整个国民收入的比重大体上是上升的,然而,工业部门中劳动力的相对比重则是大体不变或略有上升;服务部门的劳动力比重,几乎在所有国家中都呈现上升趋势,但国民收入的相对比重,却并不必然地与劳动力的相对比重的同步上升,综合起来看是大体不变或略有上升。库兹涅茨的研究,将"配第—克拉克定理"在广度(产业结构)和深度(产业结构变动规律)上推进了一步。

目前,第三产业理论在继续发展和深化,各种流派观点林立纷呈。美国经济学家富克斯的《服务经济学》以及日本经济学家饭盛信南的《第三产业》等有关研究第三产业的专著和教材不断涌现,形成了当代第三产业理论体系。

3. 第三产业理论国内研究现状评述

随着国民经济增长,我国第三产业在 GDP 和就业结构中的比重逐步增大,在提高国民经济效率和居民生活质量方面发挥着越来越重要的作用,亟需进行系统的实证研究。然而,国内学术界长期偏重于对工农业的研究,对第三产业发展的实证研究不足;为数不多的对中国第三产业的实证研究偏重于从各服务部门来分析第三产业的状况,缺乏综合研究。

李江帆的《第三产业经济学》(1990)、《中国第三产业经济分析》(2004)和《中国第三产业发展研究》(2005)等著作中,对我国第三产业内部结构现状特点作了详细分析。主要分析了影响第三产业内部结构的因素:需求因素,包括中间需求、最终需求、投资、服务输出;供给因素,包括劳力、资本、技术、资源;其他因素,包括国民经济增长、工业化、城市化水平、制度(具体分为产权制度、宏观管理制度、微观企业制度)。

黄少军(2000)也对我国第三产业的内部结构作了简单分析。他认为,现阶段我国第三产业中传统服务业的比重占据最为重要的地位。郭克莎(2000)对我国第三产业结构变动特征与其他国家国际比较时呈现出的问题作了阐述。

关于我国第三产业发展的时代背景与第三产业对国民经济发展所具备的战略地位,中外学者作了研究。如刘伟、杨云龙(1992)认为工业化与市场化是中国第三产业发展的双重历史使命。

关于第三产业发展的研究,国内学者李江帆按照投入分析—产出分析—综合分析的主线,采用实证性、动态性、前瞻性的科学研究方法通过实证研究,提出了一系列有关中国第三产业发展的创新性见解和针对性强的对策建议,对完善我国第三产业的宏观经济管理具有重要实践意义。李江帆对中国第三产业的历史、现状与发展进行系统研究,克服了我国第三产业研究中偏重单一部门分析造成的"只见树木不见森林"的缺憾,有利于在定性分析与定量分析的科学基础上弄清我国第三产业的发展状况和发展趋势,促进我国第三产业的健康发展。

上述文献资料就研究思路与研究方法,包括经济发展阶段理论、就业变动理论、经济结构变动理论,主导产业选择理论,并对相关理论进行了评述。提供很好的借鉴,不少观点亦具有启发性,为本报告后续的深入研究打下了坚实的理论基础。

(二)西藏第三产业的发展历程

西藏的第三产业具有很久远的历史,早在吐蕃时期,商业即成为一个产业出现在历史的视野中。几经繁荣与衰败,和平解放前夕西藏的第三产业基本一片荒芜。20世纪50年代后,第三产业在封建农奴制社会的废墟上逐步发展起来,并初步建立起了体系完整、功能健全、蓬勃向上的现代第三产业。

与发达国家和地区的第三产业持续稳步增长的发展态势不同,西藏第三产业经历了由消极发展到低谷徘徊再到恢复成长的曲折历程。一方面与不同历史时期人们对服务业的认识有关,另一方面与国家产业导向政策息息相关,第三产业的发展具有浓厚的政策影响痕迹。

服务经济由短缺走向繁荣,既是人民生活水平不断提高的过程,也是市场经济体制改革不断深入、市场体系不断完善的过程。分析西藏第三产业的发展历程,有利于我们理清在总体经济布局中第三产业与外部整体经济结构的关系,探寻实现第三产业快速、协调发展的途径。

1. 和平解放前西藏的服务业发展概述

(1)起源与发展。 与其他民族一样,西藏历史上的交换关系可以追朔到远古社会,相传在藏族先民部落的集会上出现了部落之间的燃料和盐巴等物品的交换行为,如《西藏王统记》中有对藏族先民"从事商贾,贪求营利……"的记载。①

在吐蕃政权时期,商业阶层正式出现,实现了服务业社会大分工。吐蕃政权机构中专门设置了"商官"一职,主要是组织和监督商业活动,说明当时吐蕃的商业贸易已经十分普遍,并成为社会经济的重要组成部分。随着经济社会的发展,产业日益兴旺发达,人口迅速增多,商品需求量很大,商业活动频繁,形成了以拉萨为中心的多个商业城镇。吐蕃政权颁布"定衡量之法","升、斗、称"等度量工具的大量使用,金银等贵金属成为流通货币,使吐蕃境内的商业和贸易活动规范化。

吐蕃政权与唐朝的紧密联系促进了频繁的商贸经济活动。一方面是通过朝贡和馈送,实现了大批量的物资交流。唐朝的锦帛等物品输入西藏,西藏的马、牛、羊、金银手工艺品等进入唐地。另一方面是与唐朝频繁、经常性的"互市"贸易。河西走廊上的赤岭、陇州等地是当时较为重要的互市贸易集镇。大批吐蕃商人往来于藏地与唐地之间,用马、牛、羊、肉、酥油、麝香等土特产及手工艺品交换中原出产的丝绸、纸

---

① 转引自王沂暖译. 西藏王统记[M]. 北京:商务印书馆,1955:32.

张、墨、茶叶等商品,运往吐蕃各地进行销售。此外,吐蕃的进出口贸易和转口贸易也十分发达。在松赞干布时期,吐蕃与周边来往密切,通过河西走廊进出口贸易和转口贸易进一步发展。

吐蕃通过商业贸易活动增强了地区间的交流,弥补了境内资源的不足,引进和学习先进地区的经验和技术,进一步促进了产业的发展。

(2)崩溃与复苏。吐蕃政权时期服务业的发展,是以种植业、畜牧业和手工业的发达为基础的,在吐蕃政权瓦解以后,西藏长期陷于分裂割据局面。在动荡的社会中,经济生产受到极大影响,初步建立起来的社会分工几乎被消灭。为了维持生存需要,大量工商业劳动力转向农业。在这种情况之下,服务业处于崩溃的边缘。

进入宋代后,西藏分裂割据的形势慢慢被遏制,社会制度逐渐从奴隶制社会过渡到封建农奴制社会。经济生产开始艰难复苏,农业、牧业和手工业生产都有了进步和发展,生产的发展刺激了消费和贸易,地区间的产品交换也更加频繁。宋朝中央政府的商业机构在边沿各地"招募蕃商,广收良马",西藏的马匹和珠宝等特产输入内地,内地的茶叶、布帛等物大量运到西藏,茶马贸易是这时"互市"贸易的主要内容。伴随着社会的逐步稳定和农业、牧业和手工业的由衰渐盛,服务业也逐渐开始恢复。

"互市"贸易的繁荣,在一定程度上反映出产业发展的日益稳定,贸易的发展也促进了交通运输产业的形成与发展。1247年,西藏正式成为元朝中央政权下属的一个行政区域。在西藏先后设立了15个"甲姆"(驿站)和部分"马甲姆"(军站),并派军队驻扎在各战略要地,促进了西藏与祖国内地的经济文化联系。明朝建立后,由官府主持茶马交易,恢复了元朝已有的驿站,并不断设置新的驿站,加强交通联系,使西藏的交通较前朝更加发达。贸易、交通运输等产业的发展,为西藏的经济增长和服务业发展起到了积极的促进作用。

(3)衰退与停滞。16世纪中叶以后,西藏封建农奴制度日趋完备,"政教合一"的制度日益腐朽,严重地阻碍了西藏经济社会的发展,生产停留,人口下降,人民生活极端贫困,影响了西藏服务业的正常发展。

商业方面,西藏与内地及周边国家的商业贸易一直处于缓慢的发展中,商业主要被官家、贵族和寺院所控制,但贸易的发展也造就了一大批有影响的商家。虽然西藏的商业得到了一定的发展,这种发展也仅仅局限于商品的长途贩运这一范围内。商家们利用产销地域不同的差价,攫取了大量的利润,然而他们没有再向前迈进一步。他们没有完成"从原材料输出变成半成品输出或产品输出",即利用自己拥有的大量资金,引进先进的生产技术和设备,带动农业和工业的发展,从而推动西藏社会生产力的发展。①

鸦片战争后,英、俄等帝国主义垂涎西藏已久。1888年和1904年英国派遣远征军两次武装入侵西藏。帝国主义的入侵,使西藏服务业再次走向衰败。英国强迫清政府把亚东、江孜开放为商埠,大肆掠夺西藏的原料②,倾销商品。输入商品的种类从日用品到高级消费品充斥于各地市场,西藏各族商人渐渐被挤出商肆,市场受到极大破坏。到和平解放前,早已形成的相当规模的民间贸易市场寥寥无几,只有极少的贸易,市场规模很小,交通数量也极为有限。

帝国主义不仅在商业贸易上进行入侵,还侵入交通通信等方面。为了侵略西藏的需要,与清政府签订了一系列不平等条约,取得了在西藏修路、通信等特权。即使是英国远征军在亚东至江孜一线设战地邮局、架设电线、开办有线电报,以及清中央政府为巩固国防,抵制帝国主义的侵略、渗透,创办邮局等开创西藏"现代"服务业措施下,西藏的交通运输业和邮电通信业几乎是空白。到和平解放前夕,没有一条正式公路,运送邮件主要靠人力肩背步行,生产生活物资全靠人背畜驮。

2. 和平解放后西藏第三产业主要部门的发展简述

1951年西藏和平解放,开辟了历史新纪元和翻开了历史新篇章。在中央和全国各族人民的帮助下,修筑起川藏公路、青藏公路、贡嘎机场等交通设施,兴修水利,创办现代工厂、银行、贸易公司、邮局、学校和医院等,采取各种措施帮助农牧民发展生产,开展社会救济、救灾活动,免费为群众防疫治病,推动了西藏经济、社会、文化事业的发展,展示了前所未有的社会新气象,打破了西藏社会长期处于封闭、停滞的局面。

---

① 很多学者认为造成这种情况的根源在于政教合一的政治制度和封建庄园的经济制度。在封建农奴制下,农奴主占有很多生产资料,他们利用占有的农奴和奴隶从事运输活动,为己牟利,满足奢侈生活的需要。这在孙勇、马菁林、胡春华等著的《西藏经济社会发展简明史稿——文化进化个例探讨》(1993)和俞允贵、文德明、金巴杨培著的《西藏产业论》(1994)中进行了大量讨论。在政教合一的制度下,政治权力与经济权利相互联系使商业活动成为统治阶级对广大农奴和奴隶进行剥削的内容之一。在封建庄园制度下,庄园之间相互割据,相互独立,自给自足。由于人口稀疏,庄园之间距离较远,庄园主建立起封闭状的自给自足经济体系,多数生活资料都是由庄园内部自行生产,直接导致了市场的狭小,有效需求不足,无法促进第三产业的较快发展。封建庄园制度造成广大农奴和奴隶失去生产资料,不得不依附于领主和黠卡等才能勉强生存下来,这种强烈的人身依附关系和种类繁多的乌拉差役,使广大农奴和奴隶作为生产者体力和智力的发挥都得到遏制,失去生产的兴趣和动力,无法离开庄园去开拓新的产业。其中,代表先进生产力的铁匠及服务人民生活的屠夫等职业受到歧视。

② 据史料记载:当时英国在西藏收购西藏羊毛的价格只及国际市场的四分之一,皮张价格只及国际市场的十分之一。

(1) 交通运输业。 和平解放后,先后修通了川藏、青藏、新藏、滇藏、中尼等干线公路,同时还修建了拉亚、拉错、安狮、那昌、拉普、林邛等支线公路和大量的县乡公路、边防公路,到 2005 年全区公路通车里程达 43716 公里。已建成的这些西藏公路交通网,使现代化交通运输代替了西藏千百年来的栈道、溜索和人背畜驮的运输方式,促进了公路沿线经济社会的发展。

川藏、青藏公路通车后,西藏汽车运输业也随之发展起来。1955 年国家分别为川藏、青藏公路调给车辆 350 台和 200 台;1956 年国家又为西藏调给车辆 400 台,加之川藏、青藏公路已有的施工车辆,运输车辆达到 1000 多辆,同时国家从各省市调派干部职工 2000 多人,帮助西藏组建汽车运输队伍和汽车修配厂,开创了西藏汽车运输业。之后,西藏汽车运输业不断调整和发展壮大,到 2006 年全区已拥有营运车辆 41482 辆,客运量 444.8 万人次,完成货运量 346 万吨。

1956 年,人民空军突破"空中禁区",开辟了拉萨至北京航线。1965 年正式通航。其后,西藏航空事业不断发展。直至青藏铁路通车前,航空是仅次于通过公路交通方式进出西藏的主要选择,被誉为"西藏的生命线、保障线"。目前西藏运营的民用机场为拉萨贡嘎机场、昌都邦达机场、林芝机场。在旅客运输方面。拉萨通航初期,载客量很少。20 世纪 80 年代后,乘机旅客大幅增加。2006 年,民航运输旅客吞吐量为 122.91 万人次,旅客周转量 79891 万人公里,旅客结构为公务、商务、旅游等;货运量为 1.08 万吨,货物周转量 1300 万吨公里。

新中国成立后,中央政府高度重视进藏铁路的建设。1958 年青藏铁路一期工程西(宁)格(尔木)段开始施工,1979 年 9 月铺轨到格尔木,1984 年 5 月正式通车运营。2001 年 6 月,在中央的亲切关怀及国家有关部委大力支持和藏青两省区的密切配合下,青藏铁路二期工程格(尔木)拉(萨)段开工建设并于 2006 年 7 月 1 日正式建成通车,一举结束了西藏不通铁路的历史,在青藏高原上开辟了一条经济、快速的运输大通道,形成了西藏铁路、公路和航空的立体化交通体系。

(2) 邮政通信业。 1951 年,人民邮政在西藏创办,揭开了西藏邮政事业的新篇章。1959 年,西藏的地方邮政全部由人民邮政承担。经过多年的发展,西藏已建立一个网络规范、传递快捷、运行高效、服务优良、能满足社会多层次需要的现代邮政体系,促进西藏经济社会发展等方面发挥了重要作用。2006 年西藏有邮政局所 126 个,邮路总长度 15347 公里,邮政业务总量 11346 万元。

1951 年,人民电信开始在西藏创建。1989 年以来,电信行业已成为西藏自治区国民经济中发展最快、综合效益最好的部门之一,实现了超常规、跨越式发展。进入新世纪,西藏建成了集程控交换、卫星通信、光通信、数据通信、移动通信等于一体,能够提供语音、数据、多媒体等全方位服务的统一、安全、先进的通信网络。2005年,全区电信业务总量完成15.43亿元、电话用户总数99.5万户、电话普及率为每百人37部,分别是1965年的1280倍、1354倍、740倍。2005年全区长途交换机容量44768路端,局用交换机容量33.75万门,移动电话交换机容量较初始的1993年增加了147倍,达到66万户,移动用户46.93万户,全区所有的县均开通了GSM数字移动电话,固定电信网覆盖全区所有的县、乡,移动通信网覆盖至全区所有的县和发达的乡镇,全区除墨脱外所有的县都开通了光缆,光缆总长度已达2.27万公里。互联网用户由2001年的1634户增长到2005年的52446户,其中宽带上网用户由2001年的0户增长到2005年的19000户,拨号上网用户由2001年的16320户增长到2005年的33429户。

(3) **金融业**。1951年以前,西藏没有形成金融经营专门体系,也没有金融业的分离。1951年后,西藏的金融先后建立、分设了一些专业金融机构和非银行金融机构,金融体系逐步完善,形成了以中央银行为宏观调控和监管,中国银行、建设银行、农业银行为主体,国家开发银行、保险公司、邮政储蓄、信托投资公司、证券公司为补充的金融体系,为西藏经济社会发展做出了重要贡献。

(4) **商贸业**。和平解放前夕,西藏还停留在农牧结合的自给自足的自然经济状态,许多地区的商品交换还采用以物易物的方式进行,有限的市场被三大领主和外国人所控制。和平解放后,进藏人民解放军克服困难,通过设立后勤运输办事处、部队组织运输、从印度转口等办法,开展贸易。1952年,成立了西藏贸易总公司,随后,昌都、日喀则、江孜、亚东、那曲等地相继建立起商业分支机构和商业网点,到1963年底,各地(市)县先后建立贸易公司,西藏的商业体系开始逐步形成并迅速发展。1954年,川藏、青藏公路通车以后,祖国内地商品运进西藏,改变了西藏市场长期被英、印商品垄断的局面。1965年,全区共有供销合作社683个,其中乡供销社305个,分销店318个,代销店60个。经过50多年的发展,城乡商品流通日渐活跃,城乡市场逐渐发育,商业的发展为满足人民生活需要,丰富各族人民的生活发挥了重要作用。2006年,西藏社会消费品零售总额达到89.7亿元,其中批发和零售业71.6亿元,住宿和餐饮业14.7亿元。

西藏位于中国的西南边疆地区,与缅甸、印度、尼泊尔、不丹、克什米尔等国家和地区接壤。全区有21个边境县,与邻国接壤的陆地国界线长约4000多公里,边境线上有对外通道312条,其中常年性通道44条,季节性通道268条。独特的地缘优势,西藏地方开展边境贸易、边民互市贸易历史悠久。和平解放后,国家先后设立多个口岸,开展贸易。其中与尼泊尔的贸易往来最为频繁。2006年7月,中印边界的乃堆拉山口恢复开放,有利于扩大中国与印度的贸易往来。2006年,全区进出口贸易总额25.6亿元,其中边境进出口贸易总额13.7亿元。

(5)社会事业。在"政教合一"的旧西藏,落后的社会、政治、经济制度严重阻碍着社会事业的发展,人口发展几乎停滞;占人口绝大多数的农奴和奴隶被剥夺了受教育的权利;科学技术十分落后;社会保障一片空白;地方病和烈性传染病屡有发生,百姓生病既没钱也没地方看病治病;体育只有少量的竞技和表演;社会发展几乎停滞。西藏和平解放后,中央政府极力发展西藏地方的各项社会事业,使西藏的各项社会事业发生了根本的变化,逐渐从封闭、落后走向开放、先进,得到了迅速的发展。1965年西藏自治区人民政府成立后,加强了各项社会事业的建设。1978年改革开放后,西藏各项社会事业建设的步伐进一步加快,特别是1989年以来,随着中央援助力度的进一步加大,西藏的社会事业建设取得了突出进展。社会各界越来越关注社会事业的发展,各级政府逐步加强了对社会公共服务领域的建设,教育、科技、文化、体育事业蒸蒸日上;人民群众的综合素质显著提高;群众精神文明活动广泛开展;传统优秀文化在保护、继承的基础上发扬光大;公共卫生、劳动就业、救灾扶贫、社会保障和社会福利等得到新的发展。进入新世纪,西藏各项社会事业的建设,按照科学发展观和构建社会主义和谐社会的要求,更加重视以人为本和面向农牧区,呈现出全面、协调、快速发展的态势。

图1　　　　　　　　1980~2006年西藏旅游人数及旅游收入

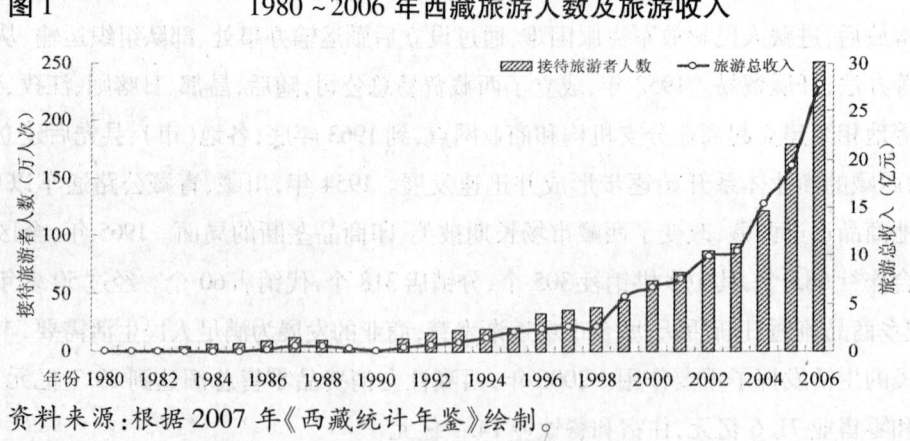

资料来源:根据2007年《西藏统计年鉴》绘制。

(6)旅游业。西藏拥有丰富多彩的旅游资源,无论是自然景观,还是人文景观,在品种类型上都极为丰富,在品质品位上堪称世界一流。自1980年以来,西藏开始打开大门,接待海外旅游者。到2005年,西藏旅游累计接待海内外旅游者908万人次,实现旅游直接收入68亿多元。2006年,旅游人次达到251.2万,旅游业总收入27.7亿元,占地区生产总值的9.6%。目前,西藏的旅游业已经初具规模(见图1)。

旅游产品开发取得突破性进展。西藏现已开发建设的国家AAAA级旅游区有8个、AAA级景区1个、AA级旅游区2个、A级景区1个；有国家级自然保护区6个、国家地质公园2个、国家级风景名胜区1个、中国优秀旅游城市1座、历史文化名城3座，可供旅游者游览的景区（点）220多处。为加大旅游资源的开发力度，增强了旅游产品的吸引力，满足游客不同层次的需求，已形成观光旅游为主体，体育、科考旅游等多种专项产品并存的多元化结构。西藏正在加快建设7大旅游区，4条旅游环线，2个旅游走廊，1个旅游经济带和1个联合开发旅游区。

旅游基础设施不断改善。旅游基础设施得到加强，尤其是旅游饭店、旅游交通条件有显著改善。以机场、公路等为重点的交通、通讯设施建设取得突破性进展。大部分国道、省道改造相继完成；贡嘎机场至拉萨的"两桥一隧"建成通车；青藏铁路建成通车；林芝机场建成通航；全国多家航空公司参与西藏航线的飞行等，基本上可以满足中外游客进得来、游得开、出得去的基本要求。至2005年，全区拥有旅行社44家，国内旅行社20家，国际旅行社24家。2006年，全区星级宾馆（饭店）达到75家，客房21075间。西藏现有旅游汽车公司11家，旅游定点车辆2401辆；旅游度假村30家，导游公司1家。在加强旅游业硬件建设的同时，也加强了软件方面的建设。旅游从业人员队伍不断发展壮大。至2006年，全区旅游业直接从业人员达2万人，间接从业人员12万人。全区拥有各类语种导游员1357人。

旅游业的发展为西藏带来客流、人才流、资金流、商品流和信息流的快速增长，使域外流入购买力扩大，带动了西藏餐饮业、旅馆业、商业的发展，促进了交通运输和通信设施的改善，提高了西藏各族人民的经济收入和社会福利水平，一定程度上改善了西藏地方的"输血型经济"模式，增强了西藏与国内外发达地区的联系与协作，促进了招商引资。

除了交通运输业、邮电通信业、金融业、商贸业、社会事业、旅游业以外，还有信息咨询、房地产、其他服务业等行业，在和平解放后从无到有，从小到大，迅速发展，为促进西藏各族人民物质、文化生活水平的不断提高，经济的快速发展，发挥了极为重要的作用。

3. 西藏第三产业发展历程

1951年以来，西藏逐渐形成了农牧业为主、工业特色明显和第三产业快速发展的现代产业结构。西藏产业结构的演进可以大致划分为四个阶段（见表3）。西藏经济发展尚处于传统农业社会向现代工业化社会过渡的转型期，产业结构还具有一定的特殊性：第一产业比重过大、产出效益低，传统农牧业为主的经济结构还没有得到根本改变；第二产业比重偏小，主要为规模小、科技含量低的中小型工业及建筑业，重工业以采掘业和非金属矿物制品业为主,轻工业中以传统藏药业、饮料食品业为支柱,现代工业极不发达;第三产业比重较高,但其中的主导行业层次甚低,内部结构不相协调。

表3　　　　　　　　1951～2006年西藏产业结构演进的四个阶段

发展阶段	时段	社会经济背景	主要产业演进状态
Ⅰ 和平解放至民主改革前	1951～1959	农奴主庄园制生产关系束缚	原始农牧业为主,农业演进不明显,1952～1959仅增长0.72%;伴随川藏、青藏公路通车第三产业中的商业和交通运输业增长最大。
Ⅱ 民主改革、社会主义改造和社会主义建设时期	1959～1978	高度集中计划经济体制下的经济结构变迁	工业化大趋势导致一产比重逐步下降;"填补空白"、"小三线"建设等使二产比重显著上升;三产比重变化不大,主要任务在稳步提高保障制度。
Ⅲ 改革开放到中央第三次西藏工作会议	1979～1993	以经济建设为中心	三产产业增加值的绝对值承上升趋势,一产比重出现短暂回升后继续下降;二产比重由于经济体制改革,工业战线收缩而下降;三产比重迅速提高。
Ⅳ 中央第三次西藏工作会议以后	1994～至今	经济社会跨越式发展	产业结构不断调整和优化,1997年产业结构由"一三二"变为"三一二",2003年又进一步调整为"三二一"

资料来源:刘刚、沈镭:《1951～2004年西藏产业结构的演进特征与机理》,载《地理学报》2007年第4期。

(1)改革开放前的西藏第三产业。改革开放前即1951～1978年,是西藏第三产业发展最不稳定的时期。在将近30年的时间里,西藏第三产业的发展受国家宏观经济政策影响较大,在第三产业增加值和速度变化等方面的发展都较为缓慢。

表4　　　　　西藏第三产业1951～1978年总体运行情况　　　　　单位:亿元、%

	1951年	1952年	1959年	1965年	1970年	1975年	1978年
第三产业增加值	0.03	0.035	0.24	0.73	0.87	1.22	1.44
第三产业发展速度	-	14.3	66.9	24.8	5.3	7.1	8.5
第三产业占GDP比重	2.3	2.3	13.8	22.3	23.6	23.8	21.6

数据来源:根据2007年《西藏统计年鉴》整理得。

改革开放前,西藏第三产业增加值(见图2)由1951年的0.03亿元发展到1978年的1.44亿元,增长了1.41亿元。但各年份的增长幅度不等,发展速度呈现较为频繁的波动特征(见表4),总体上处于低水平的缓慢增长状态。

图2　　　1951～1978年西藏第三产业增加值和所占比重的变化

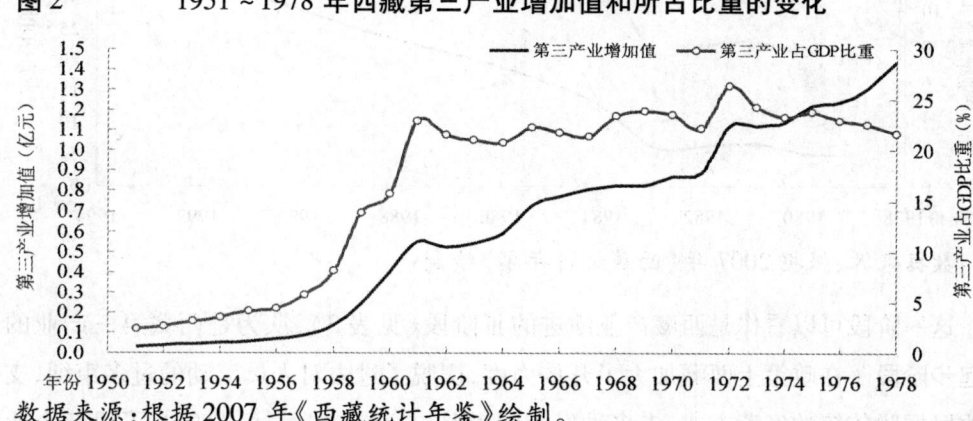

数据来源:根据2007年《西藏统计年鉴》绘制。

表3所示,改革开放前的第三产业在西藏产业演进的Ⅰ～Ⅱ阶段,发展相当缓慢。由于历史上西藏生产力落后,加之帝国主义的掠夺和1959年原西藏地方政府中的上层反动分子发动的武装叛乱的破坏,旧西藏留下的是一个贫穷落后的地区,第三产业基础相当脆弱。为维护祖国统一和民族团结,提高西藏各族人民生产生活水平,并由此促进了交通运输、邮电通讯业、卫生教育等第三产业的发展。此后,受政治、战备等客观因素的影响,以及指导思想上存在偏重工业、农业生产的倾向,在努力保持农业稳定的基础上,集中力量进行了工业化建设,对第三产业的生产要素投入很少。重工轻商、重积累轻消费的传统经济增长方式,抑制了社会对第三产业的正常需求。在传统的计划经济体制影响下,形成了各单位自我封闭的生产、服务和管理模式,束缚了第三产业的正常发展。1978年西藏第三产业从业人员仅占全部从业人员的12.1%。

(2)**改革开放至20世纪90年代中期的西藏第三产业**。以1978年为标志,我国经济跨入一个崭新的发展阶段,由于改革开放和实施正确的发展战略,国民经济获得了长足发展,西藏第三产业迅速起步发展。在改革开放的推动下,商业、饮食、物资、外贸、运输、邮电等流通部门发展很快,第三产业由封闭式内向型向开放式外向型转变,在过去较低的基数上迅速增长,第三产业增加值占GDP的比重业逐年提高(见图3)。

第三产业增加值由1979年的1.78亿元增加到1993年的13.63亿元,年均增长17.31%,超过同期地区生产总值年均增长8.13%的速度;第三产业占地区生产总值的比重由24.4%提高到36.4%。

图3   1979~1993年西藏第三产业增加值和所占比重的变化

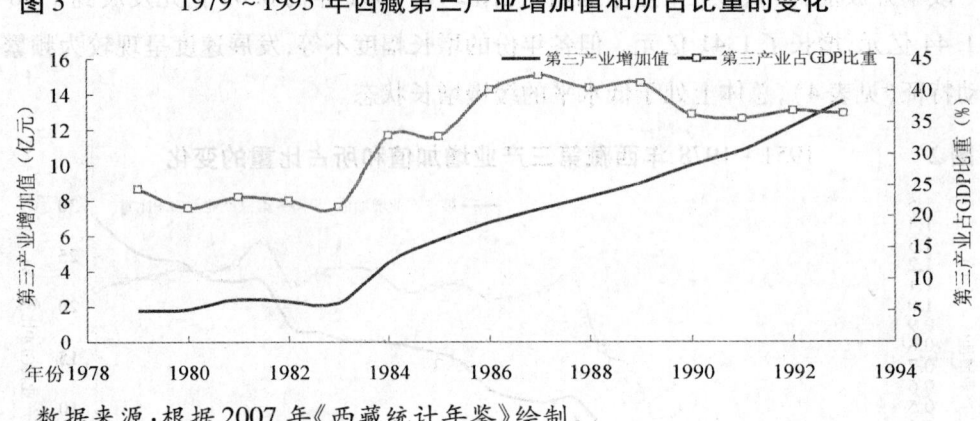

数据来源:根据2007年《西藏统计年鉴》绘制。

这一阶段可以看作是西藏产业演进的Ⅲ阶段(见表3),认为是西藏第三产业的迅速起步阶段。在政策上西藏加大了开放力度,摆脱了过去对人员流动的过多束缚,支持农牧民摆脱传统的经营方式,走多种经营的道路;另外一方面,西藏放宽了民营企业的限制,由否定逐步转变为肯定,在很大程度上推动了第三产业内民营企业的迅速发展;第三方面,中央召开第二次西藏工作座谈会,会上决定由北京、天津、上海等9个省市支援43项工程,主要包括能源、交通、建材、商业、文教、卫生、旅游、体育市政公用设施等,其中大部分投资直接或者间接地促进了西藏第三产业基础设施的发展,从而使西藏第三产业进入迅速起步阶段。

(3)20世纪90年代中期以后的西藏第三产业。前面已多次提到1951年、1959年、1978年、1984年、1994年等几个标志性时间点对西藏产业结构演进的影响。尤其1994年中央第三次西藏工作座谈会是西藏产业结构变动模式的转折点。例如,20世纪80年代初期西藏非农产业(第二产业和第三产业)的增加值加起来还不如第一产业的多,一直到1993年对GDP的贡献仍然才有51.0%,远低于全国80.1%的平均水平。但到2004年非农产业对GDP的贡献率达到79.51%,与全国的差距缩小到5.3个百分点,为历史最低。第三产业增加值由1994年的16.97亿元增加到2006年的160.01亿元,年均增长16.46%,超过同期地区生产总值年均增长12.96%的速度;第三产业占地区生产总值的比重由36.9%提高到55%(见图4)。这一阶段可以看作是西藏产业演进的Ⅳ阶段(见表3)。

在党的十四大以及中国中央、国务院《关于加快发展第三产业的决定》精神指引下,1996年自治区政府做出了《关于加快发展旅游业的决定》。西藏抓住机遇、深化改革、扩大开放,积极扶持和引导第三产业加快发展,改革开放步伐明显加快,使以批发零售贸易、餐饮业、交通运输、仓储及邮电业为代表的传统第三产业和以金融保险业、房地产业、旅游服务业为代表的新兴第三产业迅速崛起,蓬勃发展,而且在结构、水平和机制等方面发生了质的变化,从1997年起,跃居三次产业的主导地位,超越了产业结构演进的一般规律,成为推动国民经济发展的主导产业。

图4 1994~2006年西藏第三产业增加值和所占比重的变化

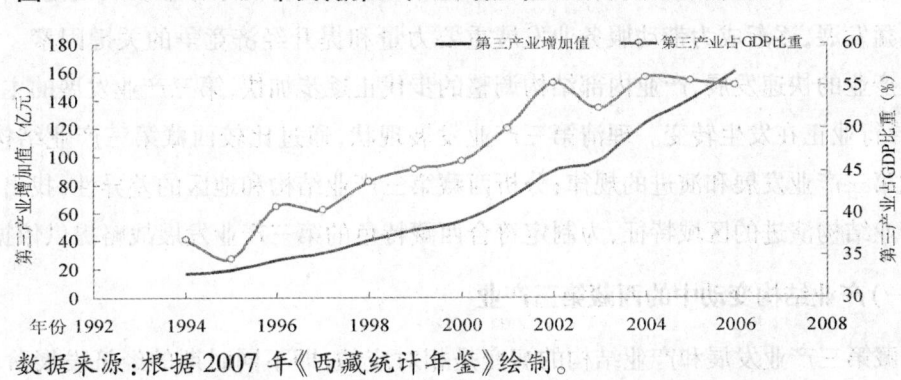

数据来源:根据2007年《西藏统计年鉴》绘制。

1994年,中央召开第三次西藏工作座谈会,会议又确定了援助西藏建设的62项工程,总投资23亿元,总投资之大、覆盖产业之多、涉及的地区之广等,都是前所未有的。项目共惠及能源、交通、邮电等基础设施和农业、文化教育等领域,其中第三产业的项目共计28个,总投资96579万元,占总投资的40.5%。62项工程的建设实施,明显改善了西藏基础设施落后的局面,增强了经济发展能力,营造了许多新的经济增长点,再一次有力地促进了西藏第三产业的加速发展。2001年6月,中央第四次西藏工作座谈会确定进一步加大对西藏的建设资金投入和实行优惠政策的力度,继续加强对口援藏。其中确定国家直接投资项目117个,总投资约312亿元(含青藏铁路格拉段120亿元),同时动员全国有关省市区为西藏援助建设项目70个,总投资10.6亿元。

在中央和各兄弟省市的支持和帮助下,西藏第三产业得到了较大进步,在较短时间内实现了总量的加速发展并且培育了一些优势行业,如旅游业等。但是总的来说,发展速度过快也对产业结构的现状造成了一些影响,尤其是在第一、第二产业不发达的基础之上,大批投资虽然为商品经济和信息的流通与服务等行业的发展奠定了一定的基础,却无法形成促进这些行业增长的现实动力。西藏产值结构与就业结构极不对称,就业结构未随产业结构的变化而相应变化。1951年以来就业结构变化很小,劳动力的产业间转移在1994年后才较显著,且主要向第三产业转移。三大产业产值结构与就业结构分别呈现"三二一"和"一三二"特点。同时,由于上游产业的不发达,劳动力转移受阻,依靠投入形成的产出增长无形中助长了结构偏离度的扩大。

二、西藏第三产业发展现状

进入21世纪,世界各国第三产业发展更为迅速,一些发达国家已经进入服务经济时代。我国第三产业也进入快速发展时期,目前一些GDP和人均收入较高的省市,第三产业已成为新的经济增长点。第三产业的发展呈现出:传统服务业发展缓慢,新兴服务业迅猛发展,逐渐成为带动服务业发展重要力量和提升经济竞争的关键因素。随着第三次产业的快速发展,产业内部结构调整的步伐正逐步加快,第三产业发展的主导领域、主导行业正在发生转变。理清第三产业发展现状,通过比较西藏第三产业结构,探究西藏第三产业发展和演进的规律;分析西藏第三产业结构和地区的差异性,找出西藏第三产业结构演进的区域特征,为制定符合西藏特色的第三产业发展战略提供依据。

(一)产业结构变动中的西藏第三产业

西藏第三产业发展和产业结构的演变是相对应的,即不同时期的经济发展阶段上三次产业结构不断变换,相对应地第三产业发展特征和水平也十分不同,并且这种变化呈现出一定的规律性和特殊性。三次产业结构的变化遵循由低级向高级发展的趋势,西藏也不例外,和平解放以来,产业结构经历了由低级化到高级化的历史演变,相对应的西藏第三产业呈现出由慢到快、由低到高的发展历程。

图5　　　　1951~2006年西藏三次增加值产业占生产总值比重图

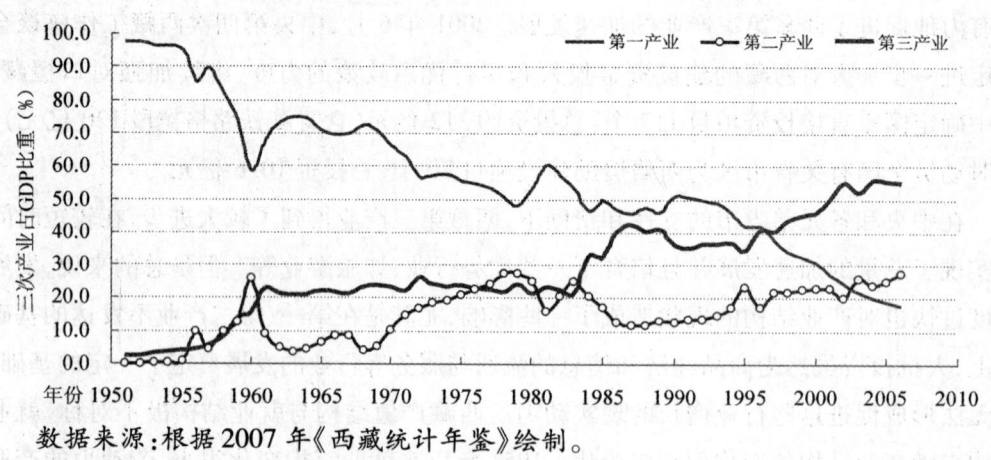

数据来源:根据2007年《西藏统计年鉴》绘制。

1. 西藏产业结构变动分析

(1)产业结构变动轨迹。1951~2006年西藏三次产业结构变动的基本轨迹如图5和表5所示。

表5　1951~2006年西藏主要年份人均GDP、国内生产总值及构成

年份	人均GDP(元)	国内生产总值（亿元）	国内生产总值构成(%)		
			第一产业	第二产业	第三产业
1951	114	1.29	97.7	…	2.3
1965	241	3.27	70.9	6.8	22.3
1970	247	3.69	66.1	10.3	23.6
1975	307	5.14	55.4	20.8	23.8
1978	375	6.65	50.7	27.7	21.6
1979	404	7.30	47.9	27.7	24.4
1980	471	8.67	53.5	25.2	21.3
1985	894	17.76	49.9	17.4	32.7
1990	1276	27.70	50.9	12.9	36.2
1995	2358	56.11	41.8	23.6	34.6
2000	4572	117.80	30.9	23.0	46.2
2001	5324	139.16	27.0	23.0	50.1
2002	6117	162.04	24.5	20.2	55.3
2003	6893	185.09	22.0	25.7	52.3
2004	8103	220.34	20.1	23.9	56.0
2005	9114	251.21	19.1	25.3	55.6
2006	10430	291.01	17.5	27.5	55.0

数据来源：根据2007年《西藏统计年鉴》整理得。

从表5中可以看出，和平解放以来主要年份西藏GDP、人均GDP和三次产业增加值占GDP的比重的变动情况，通过分析可以发现：西藏产业结构演进基本遵循产业结构演变的一般规律，不同发展阶段的三次产业发展速度、规模和趋势不同。

和平解放后到改革开放前，随着国民经济的发展，地区生产总值和人均生产总值逐步提高，三次产业发展呈现不同的发展变动趋势，其中二、三产业交错发展。1978年全区GDP比1951年增长了4.15倍，人均GDP比1951年增长了2.29倍。由此相对应，第一产业占GDP比重呈现不断下降态势，由1951年的97.7%下降到1978年的50.7%，下降了47个百分点；初步建立工业基础并迅速发展，所占比重持续上升，1959~1978年所占比重上升了15.1个百分点；第三产业所占比重稳步上升，由1951年的2.3%上升到1978年的21.6%，上升了19.3个百分点。三次产业发展态势如图5所示。

改革开放以来西藏在经济制度、经济结构和经济总量实现了跨越式发展,经济发展水平和增长速度均有很大的提高,三次产业发展呈现新的变动趋势,特别是第三产业发展呈现快速增长的态势。2006 年,全区 GDP 达到 291.01 亿元是 1978 年 6.65 亿元的 43.76 倍,人均 GDP 由 1978 年的 375 元增长到 2006 年的 10430 元。1979~2006 年,由于西藏农牧业生产率低、农牧业发展比较落后,第一产业所占比重继续下降,下降了 30.4 个百分点,2006 年增加值所占比重仅为 17.5%。第二产业在波动中稳定增长态势,所占比重基本保持在 20% 左右,2006 年上升到 27.5%,但第二产业在西藏三次产业发展和变动过程中处于非主导地位,其发展主要依靠建筑业和传统民族手工业,特别是加工工业始终未能成为西藏经济的主导产业,缺乏高速增长的过程。这一时期,第三产业蓬勃发展,1997 年第三产业占 GDP 的比重比 1979 年上升了 15.9 个百分点,首次超过第一产业所占的比重。截至 2006 年底,第三产业所占比重已达到 55%,比 1978 年提高了 23.4 个百分点,第三产业的迅速发展使其成为经济增长的主要力量。如图 5 和图 6 所示。

图 6   1980~2006 西藏地区生产总值和第三产业增加值变化图

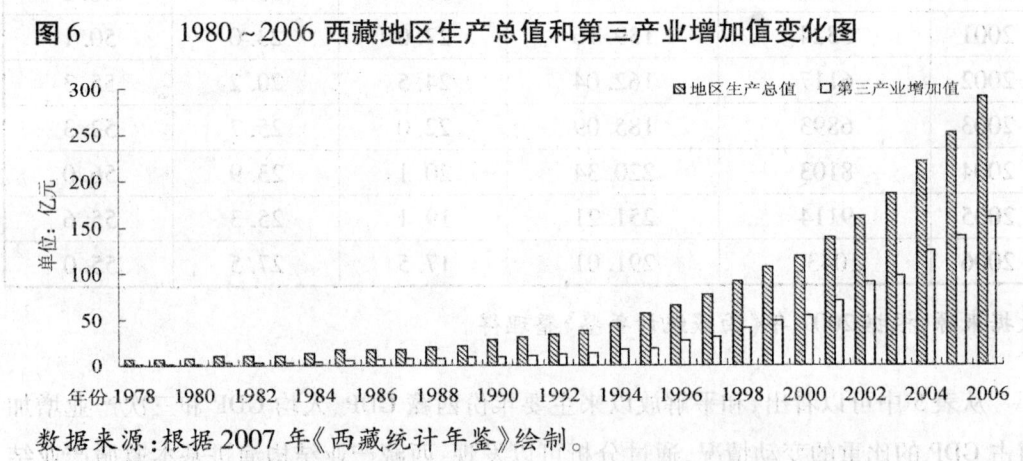

数据来源:根据 2007 年《西藏统计年鉴》绘制。

三次产业不同的增长态势在很大程度上反映了产业结构由低级向高级的转变过程。改革开放之前,西藏三次产业构成由 1965 年的 70.9:6.8:22.3 演变为 1978 年的 50.7:27.7:21.6,由此可以看出西藏产业结构以"农业占首要地位"和"工业优先发展"为主,第三产业发展速度相对缓慢。这一时期,在全国宏观经济的影响下处于农牧业和工业优先发展的阶段,产业结构由低层次向较高层次转变,"一二三"型的产业结构延续到 1983 年(见图 5)。

随着改革开放的深入,旅游业开始带动第三产业的发展。1984 年西藏三次产业结构为 46.6:20.5:32.9 的"一三二"型(见图 5),第三产业以 4.5 亿元的增加值超过第二产业 2.8 亿元的增加值;1997～2002 年西藏三次产业结构为"三一二"型,2003 年至今又演变"三二一"型(见图 5)。第三产业取代第一产业成为主导产业的基础上快速发展,第三产业增加值的绝对数量和增长速度,都是其他两个产业无法企及的。2001年第三产业增加值更是超过了第一和第二产业增加值的总和(见图 5),占当年西藏生产总值的份额的一半以上;撑起西藏经济发展的"半壁江山"。值得注意的是,第三产业也呈现出传统产业和新兴产业共同发展,对推动特色经济以及城镇化、信息化等方面的发展起到至关重要的促进作用,将会进一步促进产业结构的优化升级。

表6　　　　　西藏与相邻省区主要年份产业结构的比较　　　　　单位:%

省区	年份	1978	1990	1995	2000	2005
西藏	第一产业	50.7	50.9	41.8	30.9	19.1
	第二产业	27.7	12.9	23.6	23.2	25.3
	第三产业	21.6	36.2	34.6	45.9	55.6
四川	第一产业	44.5	36.1	27.1	23.6	20.1
	第二产业	35.5	35.1	40.1	42.4	41.5
	第三产业	20.0	28.8	32.7	34.0	38.4
云南	第一产业	37.2	37.2	25.3	22.3	19.3
	第二产业	34.9	34.9	44.5	43.1	41.2
	第三产业	27.9	27.9	30.2	34.6	39.5
青海	第一产业	23.6	25.3	14.6	19.7	12.0
	第二产业	49.6	38.4	43.3	44.7	48.7
	第三产业	26.8	36.3	42.1	35.6	39.3
新疆	第一产业	35.9	34.5	29.2	21.1	19.6
	第二产业	46.2	30.5	36.7	43.0	44.7
	第三产业	17.9	35.0	24.1	35.9	35.7

数据来源:根据西藏、四川、云南、青海、新疆等省区的历年统计年鉴整理得。

(2)产业结构变动趋势的比较。为了进一步分析西藏第三产业的发展水平,下面主要选取与西藏发展水平相近和相邻的省区进行比较,即第三产业增加值所占比重的省区比较,如表 6 所示。西藏第三产业增加值所占比重大大高于发展水平相近的相邻省区。长期以来西藏工业基础不及周边省区,产业结构发生变动后,只能向第三产业拓展。2005 年,西藏第三产业增加值所占比重为 55.6%,分别比四川、云南、青海和新疆

2005年的数据高16~20个百分点以上;第一产业增加值所占比重都同在20%内,而第二产业增加值所占比重为25.3%,比这四个省区分别低16~23个百分点。由此可见,与相邻省区相比时,尽管西藏第三产业和第一产业比重之和与四省区的水平相近,但第二产业比重与它们存在较大差距。第三产业的"核心动力"成为"一产上水平,二产抓重点,三产大发展"宏观政策的决策依据。

2.就业结构变动分析

(1)就业结构变动轨迹。以1978年为界,主要分析改革开放以来西藏三次产业就业结构的变动。改革开放之前,三次产业的就业结构变化不大,总体上是农业的从业人员保持较高比重,到1978年底,三次产业的劳动力构成为82.0:5.9:12.1。工业的强化发展并没有相应带动农业劳动力的转移,服务业的从业人员所占比重很低,与全国产业结构在同时期表现出来的结构主层次失衡现象基本一致。1978年后,西藏三次产业的就业结构发生重大变化,第三产业的从业人员增长较快,第二产业次之,第一产业是负增长趋势,这说明第三产业已成为吸纳劳动力的重要产业。

从图7可以看出,三次产业的就业构成由1978年的82.0:5.9:12.1演变为2006年的58.9:9.6:31.4,第一产业就业人员所占比重下降了23.1个百分点,而第二、第三产业则分别上升了约3.7个百分点和19.3个百分点。由此可见,尽管第二、第三产业不断强化发展,但并没有相应带动农业劳动力实现大规模转移,目前西藏从业人员所占比重最大的仍是农牧业。

图7　改革开放以来西藏主要年份从业人员构成及趋势线

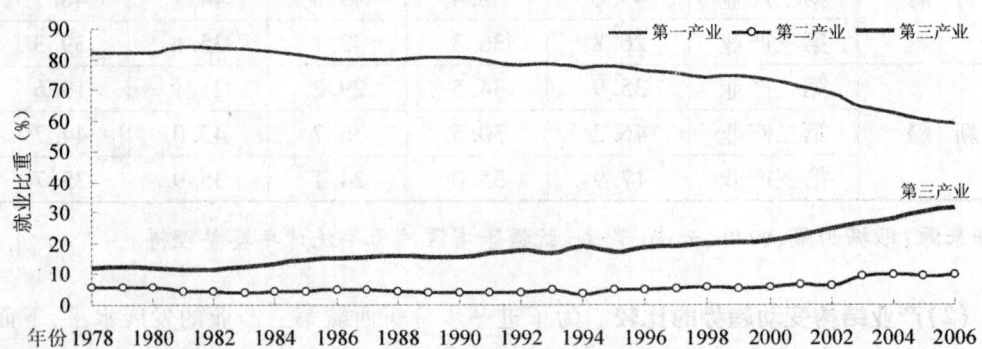

数据来源:根据2007年《西藏统计年鉴》绘制。

(2)就业变动趋势的比较。配第一克拉克定理表明,随着国民经济的发展,人均国民收入水平不断提高,劳动力首先由农业向工业和建筑业转移;当人均国民收入有

表7 1978年以来全国三次产业就业结构变动表 单位:%

年份	从业人员构成(以从业人员为100)			
	合计	第一产业	第二产业	第三产业
1978	100	70.5	17.3	12.2
1980	100	68.7	18.2	13.1
1985	100	62.4	20.8	16.8
1990	100	60.1	21.4	18.5
1995	100	52.2	23.0	24.8
2000	100	50.0	22.5	27.5
2001	100	50.0	22.3	27.7
2002	100	50.0	21.4	28.6
2003	100	49.1	21.6	29.3
2004	100	46.9	22.5	30.6
2005	100	44.8	23.8	31.4

数据来源:根据2006年《中国统计年鉴》绘制。

表8 1995~2005年西藏与相邻省区三次产业就业结构比较 单位:%

省区	年份	第一产业	第二产业	第三产业
西藏	1995	77.2	4.6	17.9
	2000	73.3	5.9	20.8
	2005	60.1	9.5	30.4
四川	1995	63.1	15.9	21.0
	2000	59.6	14.5	25.9
	2005	50.6	18.4	31.0
云南	1995	75.8	9.9	14.3
	2000	73.9	9.2	17.0
	2005	69.4	10.0	20.6
青海	1995	59.9	18.2	22.0
	2000	60.9	13.4	25.7
	2005	49.2	17.4	33.5
新疆	1995	56.9	18.8	24.3
	2000	57.7	13.8	28.5
	2005	53.3	13.3	33.4

数据来源:根据历年《中国统计年鉴》整理得。

了进一步提高时,劳动力便向服务业(即第三产业)转移。总之,劳动力在产业间的分布趋势是:农业将减少,工业、建筑业和服务业将增加,尤其是服务业的就业比重增加很快。

从表7以看到,1978~2005年,全国就业结构变动中第一产业下降了25.7个百分点,第二产业上升了6.5个百分点,第三产业上升了19.2百分点。西藏的就业结构变动趋势与全国基本一致:劳动力在三次产业之间发生合理转移,符合世界产业发展规律的一般趋势(见图7)。

从表8可以看到,1995~2005年西藏与周边相邻省区三次产业就业结构趋同化,究其原因这与西部地区产业结构高度相似分不开。我们还是发现:西藏第三产业就业结构在这一阶段增长最快,增长了12.5个百分点,缩小了与相邻省区第三产业转移剩余劳动力能力的差距。

(二)西藏第三产业内部结构演变分析

按国家统计局关于第三产业的划分,对20世纪90年代以来西藏第三产业内部结构的演变作纵向分析和横向分析,揭示了第三产业内部结构升级及其启示。

1. 第三产业内部结构变动分析

产业结构高级化[①]不仅表现在第三产业比重的增大中,而且表现在第三产业内部结构的演变中。第三产业内部产业结构变动的演变趋势和发展特征,可以通过其内部行业增加值的变动分析得出。

20世纪90年代以来,构成西藏第三产业支柱的行业呈现不同的发展趋势。1994年,交通运输仓储邮电通信业占西藏第三产业增加值的10.82%,商业占西藏第三产业增加值的30.44%[②]。1996年,交通运输仓储邮电通信业3.54亿元占西藏第三产业增加值的13.50%,批发和零售贸易餐饮业(在统计过程中,该指标名称代替"商业")7.82亿元占西藏第三产业增加值的29.82%[③]。

西藏第三产业内部不同部门发展速度各不相同。为生产和生活服务的赢利性部门发展速度最快,如交通运输仓储业和邮电通讯业、批发零售及餐饮业、社会服务业等部门。1997~2004年,交通运输仓储业和邮电通讯业占第三产业增加值的比重由13.26%上升到16.08%,上升了2.82个百分点。由此可见,随着市场需求的不断变化,第三产业内部

---

① 李江帆.中国第三产业发展研究[M].北京:人民出版社,2005:46.
② 数据来源于国家统计局网站,1994年西藏第三产业增加值为16.82亿元,其中交通运输仓储邮电通信业1.82亿元,商业5.12亿元,通过计算得到的该结果,http://www.stats.gov.cn/ndsj/information/zh1/b121a.
③ 数据来源于国家统计局网站,http://www.stats.gov.cn/ndsj/information/nj97/B111A. END.

各部门的发展要适应需求的变化而呈现不同的发展速度,传统服务业部门逐步减缓,甚至停滞和负增长,而滞后的某些服务部门的发展速度却逐步加快,甚至有些部门将成为未来第三产业的新增长点,逐步成为带动西藏第三产业发展的重要力量。

表9　　　　　1997~2003年西藏第三产业内部结构及其变动　　　　　单位:亿元

年份 项目	1997	2000	2001	2003
第三产业增加值	30.85	53.93	69.08	95.89
农林牧渔服务业	1.28	2.23	2.18	1.51
地质勘查业水利管理业	1.08	1.30	2.33	2.54
交通运输仓储及邮电通信业	4.09	2.12	4.79	19.21
批发零售贸易及餐饮业	9.21	14.15	16.59	20.41
金融、保险业	0.67	2.45	3.22	4.69
房地产业	0.19	2.18	2.55	4.35
社会服务业	1.23	3.96	4.28	6.77
卫生体育和社会福利业	2.10	3.46	4.67	4.34
教育、文化艺术及广播电影电视业	3.67	6.89	9.22	10.64
科学研究和综合技术服务事业	0.64	0.85	0.92	1.46
国家机关、政党机关和社会团体	6.64	14.29	18.23	19.97
其他行业	0.05	0.05	0.10	

数据来源:根据历年《西藏统计年鉴》整理得。

表10　　　　　2004~2005年西藏第三产业内部结构及其变动　　　　　单位:亿元

年份 项目	2004	年份 项目	2005
第三产业增加值	110.60	第三产业增加值	139.65
交通运输仓储及邮电通信业	17.78	交通运输、仓储和邮政业	11.10
批发零售贸易及餐饮业	22.31	批发和零售业	19.85
		住宿和餐饮业	10.96
金融业、保险业	15.62	金融业	6.70
房地产业	4.70	房地产业	9.93
其他服务业	50.19	其他服务业	81.11

数据来源:根据2005~2006年《中国统计年鉴》整理得。

2. 内部就业结构的变动分析

研究西藏第三产业结构内部特征的演变特征，除了通过第三产业内部行业增加值的变动分析得出，还可以通过第三产业内部就业的变动加以考察。

表11和表12列出了1985年以来西藏第三产业内部就业结构及其变动情况，主要特点如下：

表11   1985~2002年西藏第三产业内部就业结构及其变动   单位：万人

年　份	1985	1990	1995	2000	2001	2002
第三产业从业人员	15.26	16.67	19.96	25.85	28.52	32.45
地质勘查业水利管理业	0.35	0.27	0.30	0.23	0.24	0.25
交通运输仓储及邮电通信业	2.31	3.26	3.29	3.31	4.08	4.12
批发零售贸易及餐饮业	3.65	3.31	4.63	7.33	7.58	8.75
金融、保险业	0.35	0.34	0.57	0.62	0.62	0.52
房地产业	—	—	0.01	—	0.01	0.02
社会服务业	0.73	0.52	0.64	0.98	1.74	2.13
卫生体育和社会福利业	1.19	1.44	1.26	1.24	1.17	1.13
教育、文化艺术及广播电影电视业	1.97	2.19	2.65	3.24	3.02	3.13
科学研究和综合技术服务事业	0.29	0.25	0.26	0.21	0.23	0.21
国家机关、政党机关和社会团体	3.38	4.23	4.44	5.73	6.02	5.92
其他行业	1.04	0.86	1.91	2.96	3.81	6.27

数据来源：根据历年《西藏统计年鉴》整理得。

在第三产业内部就业结构中，构成第三产业的支柱行业主要在流通部门，其次是为社会公共需要服务的服务部门，再次是为提高人们素质和科学文化水平的部门，为生产和生活服务业的部门所占比重最小。具体分析如下：就业所占比重最大的行业是批发零售贸易和餐饮业，1985~2002年基本保持在24~27%；其次是党政机关和社会团体就业占第三产业就业比重的18~20%；再次是交通运输仓储和邮电通信业保持在12~15%；教育、文化艺术和广播电影电视业，基本保持在10~13%；而金融、保险业的就业比重较小，都没有达到3%；科学研究和综合技术服务事业就业所占比重更小。

第三产业内部部门就业比重的发展趋势不完全相同。其一，劳动密集型行业、赢利性服务业均保持不同程度的上升，如批发和零售业、住宿和餐饮业，文化、体育和娱乐业的劳动力有较快增长。尤其是进入20世纪90年代以后，批发和零售贸易和餐饮业就业比重增长较快。2003年以来,批发和零售业就业比重从20.54%提高到2006年的23.72%。其二,资金、技术密集型行业、非赢利性服务行业的就业比重增长缓慢,甚至负增长。如表12所示,2003～2006年,金融业就业比重从1.67%降至1.38%,科学研究和综合技术服务行业基本是下降趋势,由1.50%降至1.16%,公共管理和社会组织等行业同样呈下降趋势,由17.44%降至14.85%。

表12　　　　2003～2006年西藏第三产业内部就业结构及其变动　　　　单位:人

年份	2003	2004	2005	2006
第三产业从业人员	353063	381541	436170	466031
交通运输、仓储及邮政业	36365	38078	42984	44043
信息传输、计算机服务和软件业	3073	4047	4187	4554
批发和零售业	72523	77933	89068	110544
住宿和餐饮业	28141	33886	37360	34854
金融业	5911	6203	6092	6427
房地产业	313	1973	1978	2313
租赁和商务服务业	972	1607	2741	3462
科学研究、技术服务和地质勘查业	5298	5257	5360	5433
水利、环境和公共设施管理业	1314	1319	1841	1718
居民服务和其他服务业	87467	93215	113505	22190
教育	28755	30032	32228	33761
卫生、社会保障和社会福利业	11456	11976	13267	14230
文化、体育和娱乐业	9901	11343	12929	14095
公共管理和社会组织	61574	61863	67844	69215
国际组织	-	-	-	-
其他	-	2809	4786	99192

数据来源:根据历年《西藏统计年鉴》整理得。

通过比较可以看到西藏第三产业就业结构变动的一般趋势基本上是由其内部的各个行业一起拉动的。拉动西藏第三产业就业比重上升的主要是批发零售和住宿餐饮业,居民服务及其他服务业,其比重之和在50%以上。因此,第三产业就业比重的持续上升,大体上是由各个行业的比重上升一起拉动的。

在与发达省区相比较时,西藏第三产业就业结构尚不协调。在某种程度上发达省区的就业结构指明了西藏未来发展的一种趋势。一是国内发达省区就业结构变动的一般趋势是：商业、旅馆和饭店业，运输、仓储和通信业的比重趋于下降；而金融、保险、不动产和工商服务业，社会和个人服务的比重趋于上升。因此，发达省区第三产业就业比重的提高，主要是由后两类行业的比重变化拉动的，这与西藏的情况不完全一样。从发展趋势来看，西藏这些行业的发展趋势与国内发达省区并不一致。西藏的批发零售和餐饮业呈上升趋势，而国内的发达省区正好相反；对于金融等行业西藏的就业趋势下降的，而发达省区的金融业则上升速度很快。这种发展趋势是与增加值所占比重的发展趋势相适应的，说明西藏的金融、房地产、科研技术服务等所占比重相对较低，这种趋势是导致服务业内部结构不合理的原因之一。

（三）西藏第三产业在国民经济中的战略地位

第三产业在国民经济中的地位是由服务产品的消费功能决定的。一般来说，在第三产业形成之初的古代，服务消费的基本功能只是满足统治者和达官贵人穷奢极欲的享用需要，第三产业在社会再生产中处于无关紧要的地位。在第三产业蓬勃发展的当代，服务消费的基本功能不仅是满足社会成员结构不同的生存、发展和享受的需求，而且是构成社会再生产与发展的基本条件和决定性因素，第三产业在国民经济中占据不可忽视的重要地位，在经济发达国家中，服务消费功能进一步发展在质和量上都较之物品消费功能更重要，第三产业和服务经济就跃居国民经济的"首席地位"，成为现代社会的决定性产业，使"服务社会"成为用来概括经济发展水平高于工业社会的现代社会的概念。西藏第三产业在国民经济中的重要战略地位主要从 GDP 增长贡献份额、就业增长贡献份额等方面进行分析。

1. GDP 增长贡献率与产业地位

第三产业对 GDP 增长的贡献率随国民经济发展水平的提高而增大，使西藏第三产业已超越第一产业和第二产业成为国民经济增长的第一推动力。

统计分析表明，第三产业对国民经济的推动力与经济发展水平正相关。在不同经济发展阶段，或在不同经济发展水平的地区，国民经济发展的主要推动力并不一样。国民经济的增长，在贫困阶段，主要靠农业推动；在温饱阶段，主要靠农业和工业推动；在总体小康阶段，主要靠第二、三产业推动；在全面小康和现代化基本实现阶段，主要靠第三产业推动。因此，要区分初步小康社会、全面小康社会和现代化社会中国民经济主要推动力的差异，有针对性地采取新的发展思路。

改革开放初期（1979～1985年），对西藏 GDP 增长贡献份额最大是第二产业，贡献率达61.8%；第一产业的贡献率为19.8%，第三产业的贡献率接近第一产业为18.4%，在三次产业中份额最低。1988~2006年,三次产业的贡献份额分别为26.4%、24.7%和48.9%;1979~2006年(1986~1987年两年的数据存在较大误差,进行了剔除),三次产业的贡献份额分别为24.7%、34.7%和40.6%。可以看出,不同时期国民经济的动力结构是变化的。三次产业各年对GDP增长的贡献率,见表13。

表13　　　　1979~2006年西藏三次产业对GDP增长的贡献率　　　　单位:%

年份	第一产业	第二产业	第三产业	年份	第一产业	第二产业	第三产业
1979	20.0	27.7	52.3	1994	33.1	27.9	39.0
1980	83.2	11.7	5.1	1995	23.1	53.0	23.9
1981	96.0	-28.9	32.9	1996	41.9	-21.6	79.7
1982	252.6	-215.8	63.2	1997	16.6	45.3	38.1
1983	-400	625	-125	1998	15.0	22.9	62.1
1984	26.0	6.2	67.8	1999	19.9	25.7	54.4
1985	61.0	6.9	32.1	2000		27.0	55.0
1988	62.2	11.0	26.8	2001	5.4	23.1	71.5
1989	24.2	26.7	49.1	2002	9.7	3.3	87.0
1990	69.5	12.5	18.0	2003	4.1	64.7	31.2
1991	49.5	21.2	29.3	2004	10.2	14.5	75.3
1992	39.5	10.5	50.0	2005	12.1	34.9	53.0
1993	41.4	24.9	33.7	2006	7.2	41.6	51.2

数据来源:根据2007年《西藏统计年鉴》整理得。

注:对GDP增长贡献率=某产业计算期与基期相比的增加值增量与同期GDP增量之比[①]。

为正确认识西藏三次产业对国民经济增长的贡献率,本报告选取1990年以来的数据,主要考虑在剔除1986和1987年两年数据后经济增长的连贯性。从1990~2006年,第三产业对GDP增长的贡献份额最大,达50.1%;第二产业占第2位,达25.5%;第一产业与第二产业很接近,也在24.5%。这与近年来西藏产业结构的调整和深化呈正相关关系。李江帆(2003)认为:"就全国来说,在中西部欠发达地区,第二产业应是国民经济的第一推动力"。从上述比较,我们可以看出西藏的实际情况刚好与之相反。

---

① 该公式根据"产业贡献率指各产业增加值增量与GDP增量之比"整理得,来源于国家统计局网站,http://www.stats.gov.cn/tjsj/ndsj/yb2004-c/indexch.htm。

本报告认为:从西藏特殊的区情出发,未来第三产业对西藏 GDP 的增长的贡献率仍将继续保持在 50% 以上,成为国民经济增长的第一推动力。

图 8　　1990~2006 年西藏三次产业对 GDP 增长的贡献份额

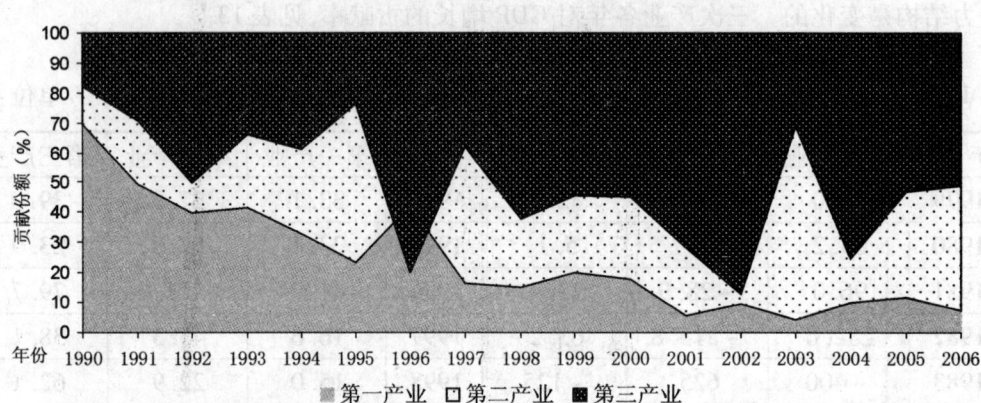

数据来源:根据表 13 数据绘制得。

2. 就业贡献率与产业地位

国内外资料显示:随着国民经济的发展,第一产业就业比重持续下降,第二产业就业比重先升后降,第三产业就业比重持续上升。第三产业对就业增长的贡献率随着工农业劳动生产率的提高和收入水平增长日趋增大,使第三产业成为国民经济中就业增长最快、吸纳劳动力最多的部门,逐步成为就业的重要渠道。

表 14　　1979~2006 年西藏三次产业对就业增长的贡献份额　　单位:%

年　份	第一产业	第二产业	第三产业
1979~1990	106.5	-20.6	14.1
1990~2006	31.1	32.7	36.2
1979~2006	53.7	18.5	27.8

数据来源:根据 2007 年《西藏统计年鉴》计算整理得。

注:就业增长贡献份额(贡献率)=某产业计算期与基期相比的就业增量与同期全社会就业增量之比。

统计分析表明,从 1991 年起,西藏第三产业对就业增长的贡献份额开始较稳定地持续超过第一产业和第二产业。1991~2006 年西藏第三产业对就业增长的贡献份额达 36.2%,高于第一产业的 31.1% 和第二产业的 32.7%(见表 14 和图 9)。

在全面建设小康社会和社会主义新农村建设进程中,各地将出现第三产业成为就业容量比较大的产业的前景。因此,正确认识第三产业在就业结构中的这种变化,把发展第三产业作为解决西藏"就业与再就业"问题的重点之一来抓,当前引导大中专毕业生到第三产业就业,将有助于第三产业的良性循环。特别是西藏在工业投资项目不多,工业企业发展不太景气,工业品明显供过于求的情况下,第三产业更是开辟就业门路的重要领域。

图9　　　　1979~2006年西藏三次产业对就业增长的贡献率

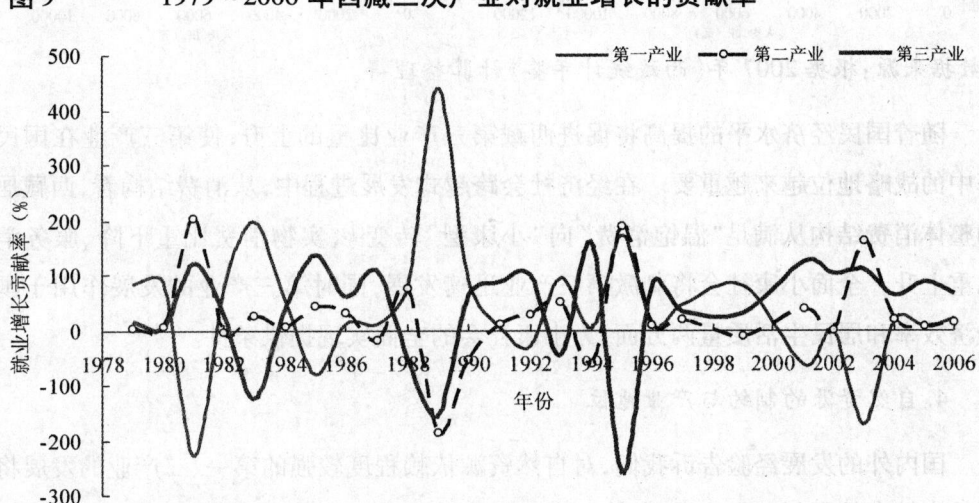

注:根据1979~2006年西藏三次产业对就业增长的贡献率绘制。

3. 产业发展趋势与产业地位

西藏第三产业的就业比重和产值比重随着人均GDP增大而日趋提高,使第三产业超过工农业,成为国民经济中吸纳劳动力和提供社会财富最多的第一大产业。统计表明,改革开放以来,西藏第三产业占GDP的比重在整体上逐年增加,从1978年的21.6%增大到2006年的55%。与此同时,第一产业产值比重持续下跌,第二产业产值比重先将后降(见图5和图6)。第三产业的就业比重则呈现非常明显的上升趋势,由1978年的12.1%增大到2006年的31.4%。同期,第一产业就业比重下降很多仍是全社会就业的主要产业,第二产业就业比重增幅不大。图10集中反映了西藏和平解放以来西藏人均GDP、第三产业占GDP比重和1978年以来第三产业就业率增长变化情况。

图 10　1951～2006 年西藏第三产业占 GDP 比重和就业率与人均 GDP 的关系

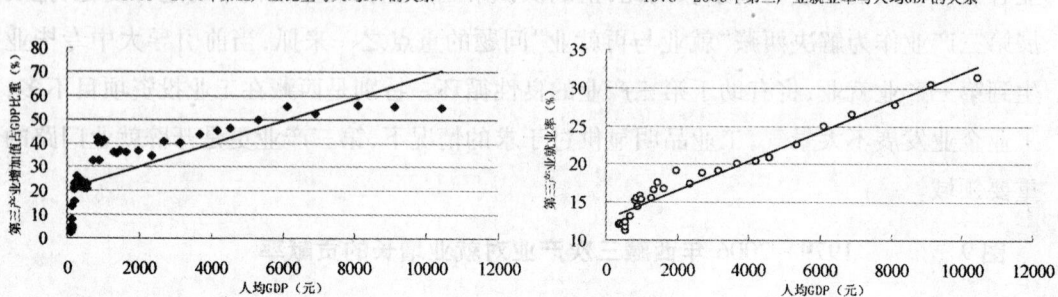

数据来源:根据 2007 年《西藏统计年鉴》计算整理得。

随着国民经济水平的提高将促进西藏第三产业比重的上升,使第三产业在国民经济中的战略地位越来越重要。在经济社会跨越式发展进程中,从消费结构看,西藏居民的整体消费结构从满足"温饱消费"向"小康型"转变①,实物消费比重下降、服务消费比重上升。全面小康社会将刺激第三产业迅速发展,同时第三产业的发展作用于国民经济效率和居民生活质量两方面,为小康社会的全面实现提供条件。

4. 自然资源的制约与产业地位

国内外的发展经验告诉我们,对自然资源依赖程度较强的第一、二产业的发展将受到越来越多的限制。相比之下,第三产业在推动国民经济发展中有更广阔的发展空间。

农牧业生产对土地和草场状态及其地理位置、日照、气候、温度、湿度、降雨量等自然条件有一定的要求,因此第一产业对自然资源的依赖程度最强;第二产业次之。服务业靠服务劳动提供与劳动过程密切结合在一起的、不能离开生产者独立存在的非实物产品。第一、二产业是自然资源密集型企业,第三产业则是人力资源密集型产业。相对自然资源来说,人力资源是一种再生性资源,并不存在随着对其开发而减少甚至枯竭的问题。对人力资源开发的越深入、越广泛,人力资源就越是得到更广泛、更全面的发展。2006 年,西藏三次产业从业人员 148.20 万人中一半是在农业部门就业的,在高原自然环境的约数下,大量农牧业剩余劳动力需要向非农产业转移,服务业对人力资源的开发利用有促进作用,比起发展第一、二产业有更广阔的空间。

西藏悠久的历史文化和独特的自然风光、人文景观,构成了得天独厚、丰富多彩的旅游资源。西藏旅游业起步于改革开放之后,得到了快速发展,培育出了一系列独具高

---

① 徐伍达. 西藏居民小康消费进程及其发展趋势研究[J]. 西藏研究,2005,(1).

原特色的旅游产品。旅游业是在充分整合和利用了西藏的自然资源的基础上发展起来的,除了取得自身经济效益外,综合经效益合社会效益也较明显。旅游业的兴起为经济发展带来动力,促进了文化和经贸交流,推动了西藏对外开放程度的提高和对外开放局面的形成。2005年西藏全年进藏游客达180万人次,旅游总收入达19.3亿元。以2005年为基数,进藏游客人数预计年均增长20%以上,到2010年进藏游客将达到447.9万人,旅游提供的直接收入可达49.27亿元,旅游业直接收入将大约占GDP比重的11.2%,间接收入将占GDP比重的50%左右。随着旅游业的大发展,对西藏餐饮、交通运输、娱乐、服务、通讯、商业、信息等服务行业的快速发展产生了积极的拉动效应。以旅游业为核心的西藏第三产业进一步巩固其在产业结构中的绝对地位。

三、西藏第三产业发展中存在的问题

改革开放以来,西藏第三产业发展迅速,极大地推动了国民经济的发展,促进了社会主义市场经济体制的不断完善,对整个社会经济发展起着协调、促进作用越来越明显。但是我们应看到,西藏的第三产业基础比较薄弱,与国内一些地区相比、与经济和社会发展的需求相比仍有很大差距。

(一)结构演进与调整中的问题

1. 第三产业发展处于较低水平

从上面的分析可以看出,西藏第三产业在地区生产总值中占有绝对地位而在总就业人口中所占比重偏低,这说明西藏第三产业与发达省区存在一定的差距,第三产业还有巨大的发展潜力需要进一步挖掘。从结构角度分析,发展水平不仅体现在产值、劳动力就业比重上,这两个指标反映的仅是第三产业发展的相对水平。研究西藏第三产业的结构水平,需要用比较劳动生产率这个绝对指标做修正。比较劳动生产率分析借鉴库兹涅茨的相对国民收入概念,用以衡量评价三次产业结构效益。这里所指的是三次产业增加值所占比重和就业所占比重之比,从另外一个角度也可看作是对增加值所占比重的增速与劳动力所占比重的增速进行比较。

改革开放以来,西藏第三产业增加值增长速度高于第三产业就业人数的增长速度(见图11),因此第三产业的比较劳动生产率较低。相对于产值构成而言,从业人员所占比例不高。一般来说,高额的第三产业增加值就意味着强有力的吸收劳动力的能力。而这种情况在西藏并不明显,相对较高的第三产业的产值,其吸收从业人数的能力显得较弱。具体情况:西藏的第三产业增加值和从业人数所占比重都呈现出较快的趋势;西藏的第三产业增加值所占比重大大高于从业人数所占比重,两种比例极为不协调,第三产业的从业人数显得不足。

图11　西藏第三产业增加值增长速度与就业人数增长速度的比较

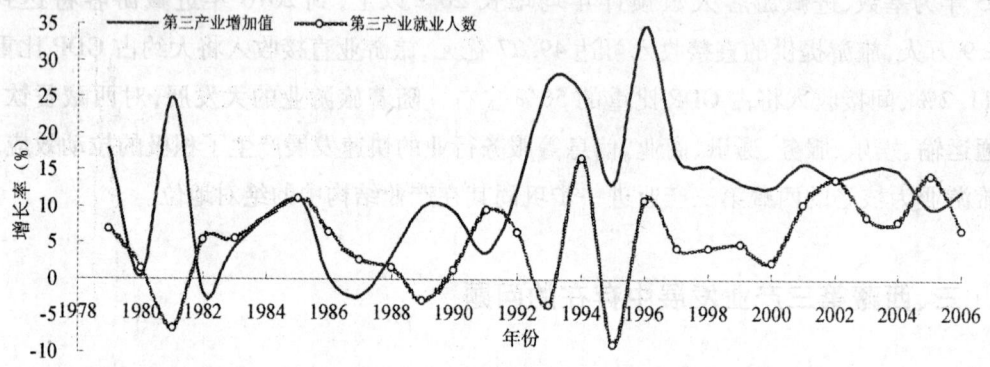

表15　　　　　　　　　西藏三次产业比较劳动生产率

年　份	第一产业	第二产业	第三产业
1978	0.62	4.69	1.79
1979	0.58	4.78	2.00
1980	0.65	4.34	1.78
1985	0.62	3.78	2.27
1990	0.63	3.39	2.34
1995	0.54	4.82	2.00
2000	0.42	3.90	2.22
2001	0.38	3.54	2.23
2002	0.36	3.26	2.21
2003	0.34	2.76	1.97
2004	0.32	2.49	2.01
2005	0.32	2.66	1.83
2006	0.30	2.86	1.75

数据来源:根据2007年《西藏统计年鉴》计算整理得。

不仅如此,随着国民经济和国民收入的提高,比较劳动生产率呈负增长趋势,由此导致整体产业结构不合理、效率不高,如表15所示。从表中可以看出:1978年西藏三次产业的比较劳动生产率构成为 0.62：4.69：1.79，第二产业的比较劳动生产率最高。到 2006 年，三次产业的比较劳动生产率构成演变为 0.30：2.86：1.75，即用占全区从业人员 1% 的人数，第二、第三产业可创造 GDP 的百分数分别下降了 1.83 和 0.04 个百分点。这与著名经济学家库兹涅茨提出的比较劳动生产力理论是相悖的。在某种意义上，目前的产业结构、结业结构存在较大的扭曲。①

2. 服务业内部结构发展不均衡

(1)服务业内部支柱行业或主导行业的选择缺乏创新。西藏第三产业的结构和西部其他地区一样表现为结构层次低、内部结构不合理的共性，而更为特殊的是，西藏的第三产业是在几乎空白的基础上发展起来的，其传统性服务业所占比重过大。西藏第三产业从建立之初开始到现在，第三产业内部就以传统性服务业为主。

西藏第三产业在支柱行业的选择上侧重本地区具有资源优势的行业，对具有竞争优势的新兴行业的培育重视不够。随着经济的快速发展、经济环境不断变化，西藏第三产业内部支柱行业和主导行业却没有完成新的转换。一直以来，西藏第三产业产业的支柱行业主要集中在传统服务行业，如批发和零售贸易服务业、交通运输和仓储业，尽管从当前来看，西藏这些行业对服务业发展支撑力强、对经济增长贡献大，但传统服务行业也存在劳动生产率低、经济效益的问题，发展后劲不足，如表 9 和表 10 所示。新兴服务行业发展滞后导致西藏第三产业呈现出非典型二元经济特征。目前的发展重点主要集中在需求旺盛的现代或新兴服务部门，如金融、保险、房地产和商业服务业，教育、卫生、社会服务及其他等，这些部门通过组织和技术创新使服务业整体效益迅速提高，并满足市场中人们不断变化的消费需求。

(2)第三产业内部支柱行业的增长乏力。从西藏第三产业内部的行业构成看，支柱行业的增长并没有形成比较优势，支柱行业的主导作用不明显。主要表现在支柱行业所占比重处于较低水平，并且有些行业呈现下降的趋势，因此对第三产业的整体拉动力不强。如表 9 和表 10 所示：1997 年，西藏第三产业支柱行业中的批发零售贸易及餐饮业、交通运输仓储业和邮电通讯业占第三产业增加值比重的 43.1%，教育、文化艺术及广播电影电视业和国家机关、政党机关和社会团体所占的比重是 33.4%，是西藏第三产业发展的主要带动力量；2003 年，批发零售贸易及餐饮业、交通运输仓储业和邮电通讯业所占比重下降到 41.3%，教育、文化艺术及广播电影电视业和国家机关、政党机

---

① 西藏社会科学院. 中国西藏发展报告(2006)[M]. 拉萨：西藏人民出版社，2006：11.

关和社会团体所占的比重是31.9%。在表10中,2005年,批发零售贸易及餐饮业、交通运输仓储业和邮电通讯业所占比重下降到30%,比1997年下降13.1个百分点,其他服务业(2005年)占第三产业增加值比重的58.1%。特殊的是,西藏第三产业内部的各行业中为生活服务部门的增加值远超过为生产服务的部门。为生产服务的部门呈现不发达的状态,而与之相比为生活服务的市场却呈现出较发达的状态。1997~2005年,金融(含保险业)和房地产业占第三产业增加值比重,从1997年的2.8%提高2005年的11.9%,提高了9.1个百分点,其所占份额逐步提高,但增幅缓慢,不是西藏第三产业的支柱行业;与之相比较的是,发达国家的支柱行业即金融、保险、房地产和商务服务业,教育、卫生、社会服务及其他,其发展趋势是不断上升的。

从推动第三产业发展的动力分析,呈现供给型或"输血型"特征。西藏的第三产业属于典型的"政府供给型"或财政推动型发展模式。由于西藏是全国典型的后发展地区,为了加速西藏的经济建设,实现各民族的共同繁荣,维护边疆稳定,中央财政对西藏一直实行扶持政策。特别是从1980~2001年,中央先后召开了四次西藏工作座谈会。先后出台了建设援藏专项工程,对口援藏等扶持政策,这成为西藏实现"一个转折点、两个里程碑"的原动力,尤其是中央第三次西藏工作座谈会召开以来,西藏经济实现稳定发展向快速发展转变,西藏的第三产业也在此期间发展壮大的。然而,20世纪90年代以来西藏第三产业的快速发展不完全是市场动力推动的结果,主要是政府投资推动的,呈现出典型的"政府供给型"模式。王韶泉(1995)指出,西藏第三产业增加值的60%左右来源于中央财政补贴,若将中央对西藏第三产业的财政补贴减少一半,则西藏第三产业增加值所占比重就只有35%左右,不存在偏高的问题。① 又如,在62项援藏工程中,交通、邮电通讯、民航项目7个,文教、卫生、广播项目12个,直接与西藏的第三产业相关的就占了19个。西藏第三产业的发展离不开中央和兄弟省市的大力援助。由此可见,正是由于西藏第三产业的支柱行业缺乏创新、增长缺乏,造成新兴服务业发展明显滞后。

(3)第三产业内部结构水平低、带动能力弱。单从表面现象来看,西藏的产业结构层次已经接近中等发达国家和地区的水平。具体来看,西藏第三产业的产值主要集中在交通运输仓储及邮电通讯、批发零售贸易及餐饮业等行业。从上面分析,西藏第三产业内部结构具有以下特征:一是劳动密集型行业发展快于资金、技术密集型行业。如社会服务业、房地产业等发展快于金融、保险业,房地产业产值从1997年的0.19亿元增

---

① 王韶泉. 西藏第三产业比重偏高的成因、影响及趋向[J]. 西藏统计通讯,1995,(3).

加到2005年的9.93亿元,而同期西藏建筑业产值从8.72亿元增加到58.39亿元。二是市场非赢利性行业发展快于非市场化行业。20世纪90年代中期,交通运输、仓储业和邮电业等发展速度快于教育、卫生和科学研究等行业,2000年以后教育、卫生和科学研究的发展速度快于交通运输、仓储业和邮电业。

以上分析,一方面反映出西藏第三产业内部各行业发展不均衡,另一方面说明西藏第三产业内部结构水平还较低,这种结构对第三产业发展和国民经济发展的带动力明显不足。西藏第三产业的超高速发展并不能说明西藏经济的现代化程度,因为它不是产业经济自然演进的结果,而是源于政策和投资的强力拉动,特别是中央财政直接补贴,表现为服务于消费的粗放经营特征,难以形成带动作用。

(二)西藏第三产业发展深层次原因分析

1. 西藏第三产业发展的制约因素分析

(1)第三产业发展水平仍较低,根基较为薄弱。 从历史上来看,第三产业的发展水平是现代化程度的一个标志,它是在第一产业和第二产业发展到一定程度上发展起来的。

产业结构的改变被称为经济成长过程,有其深刻道理。第三产业这个名称表达了它的后起性,在工业化国家,它占据主导位置的演进经历了100~300年。需要具备的条件和产业成长过程大致是:工业化使经济增长远快于人口增长,以人均收入持续提高为标志,完成农业国向工业国的转变;工业化伴随城市化,人口聚集效应、生产的中间投入增加、收入对服务需要的较大弹性,使服务业得以兴起,并逐步产业化;农业和工业劳动生产率大幅度提高,为就业人员进一步向劳动生产率相对较低的第三产业转移提供基础条件;科技革命给经济注入新动力,引发通信、金融、工业自动化革命,新行业集中在服务业,经济门类重构;同时,在新技术革命浪潮(信息社会)的推动下,信息产业等新兴的第三产业迅猛发展;居民消费结构收入增长和闲暇增多向非物质产片倾斜,以提高生活质量为取向的社会化服务对国民经济产生越来越大的影响。

西藏的第一产业还处于自然经济向商品经济的转化阶段,生产力不发达,向第三产业提供的基础物资和劳动力非常有限。西藏的工业化一度是优先重点发展,一直到改革开放前,资源配置都是向工业发展倾斜,同时政策也倾向于工业发展。西藏的第二产业是典型的"嵌入式"工业(孙勇,1991),生产力水平低下、辐射能力低,它也不能为第三产业提供所需的资金、设备、劳动力。可见,西藏的第三产业的发展存在先天发育不足。① 在这个大的经济环境下,第三产业发展受到一定的影响,造成西藏第三产业的基础非常薄弱。

在前面的产业结构分析中,西藏的产业结构演变具有自己的特点,第三产业在没有经过农业化、工业化的阶段,跃居三次产业主导地位,因而不具备上述工业化国家的成长条件。这种结构不合理即第三产业没有坚实的第一和第二产业作基础,以及第三产业的高新技术和高新技术产业发展不够,发展后劲不足,近几年来第三产业增长速度已显示出放慢的趋势。主要表现:一是,农业基础薄弱,农业现代化水平很低,农业"工业化"程度仍然过低,大量的农牧区劳动力积淀在有限的土地上,2006年按三产业划分的劳动力结构是58.9∶9.6∶31.4。二是,工业地位非常薄弱,既很少反哺农业,又不足以支撑第三产业兴起,2006年工业增加值80.1亿元,其中工业21.71亿元、建筑业58.39亿元,工业增加值占GDP的27.5%。三是,第三产业缺少城镇载体,至2006年底,市镇人口比重为37.5%,但若以非农业人口统计,城市人口仅占16.4%。四是,高新技术产业发展欠缺,产业高技术化和高新技术产业还很落后,特别是新兴的第三产业信息化发展缓慢。五是,传统服务业市场逐步饱和,城乡壁垒等制约逐步凸显。六是,分工和消费的驱动也不够。

(2) **农业人口比重大,城镇化水平低,抑制了对第三产业的需求**。2006年底,西藏人口为268.58万人,其中乡村人口比重62.5%,城镇人口只占37.5%,这与西藏农牧区人口数量大、城市容纳能力有限密切相关,也与农牧区非农产业发展密切相关。总的来说,西藏农牧业人口比重大,农牧区剩余劳动力转移较为缓慢,83.61%的农业人口守着占GDP的17.5%的农业增加值,农牧民人均收入自然要比城镇居民低得多。尽管农牧区再不是自给自足的自然经济,但农产品的商品率并不高,农牧民的实物消费有很大一部分由自己生产,而对劳务的消费和精神文化消费受到收入水平的制约,限制了第三产业在农牧区的发展。对大部分农牧民来说,餐饮、娱乐、服务、住房开发、旅游、卫生、体育等第三产业的消费很少甚至没有;还有一些未解决温饱的农牧民,农牧区脱贫任务不轻,形势不容乐观。广大农牧区只有在解决了本身的生存问题——首先是衣食住行之后,才有可能发展更高层次的物质需要。因此,在一个以农牧业为主的地区,一个城镇化水平相对较低的地区,将会抑制第三产业的扩张的需求。

在城乡方面,西藏第三产业发展中城乡差别大,目前农牧区第三产业非常薄弱,文

---

① 狄方耀. 西藏经济学导论[M]. 拉萨:西藏人民出版社,2002:221.

化、娱乐、医疗卫生匮乏、交通不便、信息不灵、教育滞后、社会化服务体系不健全,远远落后于城镇,城乡"二元"经济社会结构明显。同时,城镇化水平并没有相应的提高,"十五"时期西藏城镇化率仅提高了0.5个百分点,使拉萨市的全区中心城市地位、地区行署所在地的地方性中心城镇地位强于其他城镇。而第三产业发展与城镇化水平成正比,于是服务业发展因缺乏城镇载体受到相应制约。

(3)城乡收入差距制约第三产业整体水平的提高。对西藏经济增长贡献居其次的第二产业,其中又以建筑业为主,工业的贡献和份额偏小。建筑业对经济增长的推动主要取决于投资,在西藏自我积累低的状况下,并不能持久地支持经济的增长。需求结构分析表明西藏货物服务以净流入为主,反证了西藏的生产供给能力弱。

改革开放以来,西藏城乡居民实际收入水平迅速提高。但随着居民收入水平不断提高的同时,收入差距也有扩大的趋势,其中各阶层的差距和地区之间的差距最为明显。2006年,城镇居民最高收入户的人均可支配收入23493元,最低收入户城镇居民人均可支配收入2557元,相差20936元,最高收入户是最低收入户的9.19倍;林芝地区农牧民人均纯收入3149元,是阿里地区2104元的1.50倍。与城镇居民的超前消费趋势对应的是,农牧民收入较低,农村消费设施不完备,农村市场启而不动。

在差距已经存在的情况下,广大农牧区靠农业积累资金的希望不大,招商引资没有多少优势,加之资金有着向高回报率的行业和地区流动的特点,聚积资金比较困难。尤其是在市场经济体制不断完善、市场竞争日趋激烈的情况下,不同区域存在着资金、技术、人员素质等方面的劣势。近些年的非均衡发展在一定程度上扩大了地区差距,在一定程度上影响了产业结构升级,也影响了西藏第三产业的整体发展水平。

(4)第三产业内部结构不尽合理、各行业发展不甚理想。在经济类型方面,尽管西藏第三产业以形成"公有制经济为主题,多种经济成分并存"的格局,但各种经济类型的第三产业的发展势头并不一样,所占仍很悬殊。根据西藏第一次经济普查数据表明,第三产业活动单位17288个,第三产业个体经营户59620户。在地区分布方面,尽管各地都积极发展第三产业,但地区间的差别仍然很大、地区之间发展的不平衡仍很明显(见表16)。

服务业市场化程度低,服务业市场未完全放开,服务业中的许多行业存在着垄断现象。这一方面造成服务产品附加值降低或服务整体质量下降,缺乏市场竞争力,如金融市场上只有农业银行、建设银行和中国银行三家金融服务机构。另外,服务行业的效率和水平比较低,表现为服务性企业规模小、素质低,缺乏市场竞争力;服务产品质量低,不能完全满足社会需求。这是由于服务行业的生产服务方式改变很小,缺乏创新;技术水平不高,造成行业生产和服务能力较低;从微观上看企业组织形式比较落后,需要进一步改造。

表16　　　　　　　2005~2006年地区间生产总值构成表　　　　　单位:%

项目 地区	2005			2006		
	第一产业	第二产业	第三产业	第一产业	第二产业	第三产业
拉萨市	7.2	23.2	69.6	6.6	24.7	68.7
昌都地区	33.3	24.5	42.2	31.1	30.3	38.6
山南地区	12.0	32.2	55.7	10.8	37.4	51.8
日喀则地区	31.9	23.0	45.1	29.5	24.5	46.0
那曲地区	22.2	13.1	64.7	22.4	22.8	54.8
阿里地区	23.9	15.4	60.7	23.3	26.1	50.6
林芝地区	16.9	33.6	49.5	16.9	36.0	47.1

数据来源:根据2007年《西藏统计年鉴》整理得。

2. 西藏第三产业内部结构的深层原因

(1)**需求因素**。西藏第三产业内部结构没有随着消费需求结构变动而进行相应调整,制约了服务业内部结构向协调化方向发展。衡量第三产业内部结构是否协调、合理的一个重要指标,是第三产业及内部行业能否及时提供社会所需要的产品或服务,最大限度的满足社会需求。在需求正常变动的前提下,第三产业内部结构变动由人们的消费结构、收入水平引导。研究发现,西藏消费已经达到一定的水平,服务消费需求正走向多样性、高质量及个性化,但是西藏第三产业供给仍显单一,服务品种、质量均达不到需求。① 目前,西藏第三产业发展仍然偏重生产服务方式落后的传统行业,现代和新兴的服务业发展不足。这种低级的第三产业结构自然是适应性和应变能力较差,不能通过自身调整适应新的需求变动。

(2)**资源配置因素**。资源优化配置的过程就是第三产业结构合理化的过程,西藏第三产业资源配置不合理导致服务业内部结构低级化。协调的服务业内部结构应当是使有限的资源得到有效的利用,使第三产业内部各行业发挥各自的比较优势,并且某些行业的发展不是以削弱另一些行业的发展为代价,各行业之间相互服务和相互促进,形成良性的经济互动关系。目前,西藏的资源配置不尽合理,发展潜力巨大的新兴行业资

---

① 西藏社会科学院. 中国西藏发展报告(2006)[M]. 拉萨:西藏人民出版社,2006:8.

源缺乏。同时,技术资源在服务业中应用不足,这在一定程度上抑制了对传统行业的改造,抑制了新兴行业、特别是信息服务业的发展,由此导致第三产业内部结构不协调、产业结构的低级化。

(3)经济效益因素。西藏第三产业整体经济效益较低是服务业内部结构不协调的重要因素。最佳经济效益必须完全达到两个"统一":微观效益与宏观效益的统一,长期效益与短期效益的统一,并最终以长期效益和宏观效益为最主要的衡量标准。西藏第三产业发展较成熟的传统行业,如运输、邮电、批发零售等,由于回报率和收益预期的短期利益较高,资本和劳动力比较密集,而新兴服务业中如社会服务业、教育、公共卫生与福利等,尽管从长期看这些行业无论对社会还是对经济发展的有益作用显而易见,但由于回报率和预期受益较低,且部分行业投资周期较长,以致这些行业的资本和劳动力占有比较低。西藏正是由于在服务业发展中没有处理好各行业的发展关系,过分注重短期回报率高和预期收益高的行业,忽视了高的宏观效益、长期利益,于是造成第三产业整体经济效益下降,导致了第三产业内部结构的不协调和低级化。

四、西藏第三产业发展的战略选择

随着市场化进程的加快,市场竞争愈加激烈,竞争焦点不断转移。目前,企业竞争、区域竞争更多地体现在战略竞争、思路竞争上。成功的企业、崛起的区域,主要是制定了科学的发展战略。

面对世界科技迅猛发展、经济全球化速度不断加快、区域竞争日益激烈的环境,谋求服务业快速发展的关键是确定科学的产业发展战略。国内外的经验已经充分表明:一个成功的战略可以成就一个国家和区域的崛起,而战略的失误往往会贻误发展的大好时机。所以,要寻求西藏第三产业的快速发展,必须认真分析当前面临的环境、优势与劣势,探讨第三产业发展的阶段定位、功能定位和产业定位,在比较分析的基础上,确定未来服务业发展的战略目标、战略重点和总体原则,提出促进西藏第三产业实现跨越式高速发展的思路,继而形成集科学性与可操作性于一体的政策措施。

(一)西藏第三产业发展面临的环境

第三产业的发展有自身运动的规律,同时受到发展环境的影响。如果说在自给自足的原始社会可以忽略环境,在小生产的封建社会较少注意环境,在改革开放以前是一个相对封闭但稳定的环境的话,那么在现代信息社会要谋求快速发展,不得不将开放的环境作为发展的重要影响因素。特别是随着中国加入WTO和经济全球化速度的加快,以及信息技术与经济发展的相互融合,环境更加成为经济发展的重要制约因素。环境是发展的一个重要平台,虽然有时可以改变环境,但总体趋势是在环境的大框架下采取恰当的发展战略。所以,分析环境、特别是分析环境中的机遇与挑战,是谋求发展过程中的一个重要环节。对西藏第三产业发展面临的总体环境、任务环境等进行分析,在此基础上研究如何选择服务发展的战略与政策。

1. 国际发展环境

从全球范围来看,服务业已经进入一个发展势头猛、增长速度快的发展阶段,世界呈现一种服务化趋势(黄少军,2000)。这一趋势对不同的国家和地区有着不同的含义:对发达国家而言,这正是对外扩张、获取利益的大好时机;而对于中国这样的发展中国家而言,却意味着变化迅速、利弊参半的发展环境,既有机遇,但更多的是挑战。

(1) **全球服务业呈现不断加速发展之势**。经济发展理论表明,人类社会发展基本遵循传统社会(农业社会)→工业社会→后工业社会(服务社会)这样一个规律来演进的。自20世纪60年代以来,OECD主要国家的服务业在经济产出(增加值)所占的比重和就业比重方面均呈不断上升趋势。1995年与1960年相比,美国服务业增加值占GDP的比重从57.9%上升到72%,日本从42.7%上升到60%,德国从41%上升到65.8%,法国从50.4%上升到71.1%。从服务业就业占全社会就业比重来看,美国从56.2%上升到73.1%,日本从41.3%上升到60.7%,德国从39.1%上升到59.1%,法国从39.9%上升到68.9%。总体规律是:服务业增加值比重从20世纪60年代的45~55%稳定上升到1995年的65~75%;就业比重从35~50%上升到50~75%(黄少军,2000)。近几年的发展表明,世界范围内的服务业发展呈稳中有升的趋势。佩尔西·巴纳维克预言,到2010年服务经济将进入全盛时期,2010年将成为产业革命的转折点——服务业代替制造业成为推动经济增长的主要力量。世界服务业的发展趋势预示着我国的发展方向,目前西藏第三产业增加值占GDP比重仅为55%,第三产业的发展任重道远。

(2) **国外服务业大型跨国公司开始登陆中国市场**。加入WTO后,对中国冲击最大的是服务业。据联合国贸发会议的一项调查表明,目前《财富》500强公司中,近400家在中国投了2000个项目,2002年中国实际利用外商直接投资突破500亿美元,虽然多数为制造业,但服务业呈现出不断增长的趋势。从 20 世纪 90 年代开始,如家乐福、沃尔玛等服务业的大型跨国公司就进入中国服务业市场。这些大型跨国公司在本土需求下降,所以将获利的希望寄托在海外市场上,而中国是目前最被国外大型跨国公司看好的市场之一。国外企业凭借其先进的技术、设备、成熟的管理模式和网络化的营销体系,纷纷登陆中国市场,国内服务业的发展面临着国际跨国公司的强有力竞争。

但从另一个角度来看,外国服务企业在进入中国市场进程中,势必要加强与本土企业的合作以实现其本土化战略,这将有利于区内企业与国际大型跨国公司的对接。同时,国外企业也带来了当今发展服务业所需的先进技术和成功管理经验,有助于西藏第三产业实现低成本跨越发展。

(3)**服务贸易呈快速增长趋势**。发达国家服务业迅速发展壮大,国内服务市场日趋饱和,服务业的对外贸易、服务业的本土化在发达国家弥补国际收支、外汇、提供就业等方面起着重大作用,以美国为首的发达国家积极倡导在全球范围内实现服务贸易自由化。在这种趋势的推动下,关贸总协定在第八回合的多边贸易谈判中,将国际服务列入了多边谈判的内容,并达成了《服务贸易总协定》(GATS),规定了各国在服务贸易中应该遵守的义务和在有关领域逐步实现自由化的内容。这是自关贸总协定成立以来推动世界贸易自由化发展问题上的一个重大突破,为服务贸易进一步自由化奠定了基础。随着世界服务贸易自由化的发展,服务业的国际化必将出现新的增长势头,这将对西藏第三产业的发展产生重大影响。

(4)**新兴服务业的发展方兴未艾**。随着社会需求结构的变化和信息技术的发展,新的业态不断出现,形成了新兴服务业不断涌现、增长势头强劲的态势。在服务贸易中,通讯、保险、金融、计算机与信息、所有权收益、其他商业性服务及文化与体育服务等在内的其他服务,从 1990 年的 3250.7 亿美元增加到 1996 年的 5424.3 亿美元,占世界服务贸易的比重从 37.5% 增至 40.7%。1996 年全球运输服务业增长率为 2%,旅游业增长率为 6%,而金融服务、电信服务增长率则达到 7%。新兴服务业的兴起,对西藏第三产业发展将产生积极影响,特别是我国消费的超前性,可以使新兴服务业在短期内由潜在消费变成现实消费。

(5)**高新技术对服务业的优化升级有加速趋势**。世界范围内以信息技术为核心的高新技术的迅猛发展,对服务业的发展产生了重要影响。信息技术的飞速发展增强了服务活动及其过程的可贸易性,产生了大量新的服务贸易门类,刺激了整个世界服务贸易的发展,同时也使世界服务结构进一步朝着技术、知识密集型的方向发展,与信息高速公路及高新技术有关的服务业和以高新技术为手段的服务贸易得到了更为迅速的发展。更重要的是,信息技术还使信息密集型服务活动的生产与消费可以分别计价。典型的信息密集型服务活动包括研究与开发、计算、库存管理、质量管理、会计、审计、人事、文秘、市场营销、广告、零售与法律服务等,目前发展势头强劲,引领着世界服务业的快速发展。

2. 经济运行环境

第三产业的发展是同宏观经济形势紧密相关的。从目前来看,西藏的经济增长正处于重要转折时期,这对西藏第三产业的发展将有重要影响。经济增长主要体现在以下方面:

(1) **经济高位运行,增长潜力明显**。第一,从经济周期波动来看,"九五"时期西藏经济处于经济周期收缩阶段,从2001年进入新一轮经济周期的扩张阶段,而波谷年度2000年构成本次经济周期的历史起点。"九五"期间地区生产总值年均增长速度为10.7%,"十五"期间年均增长速度达到12.5%。"十五"中期经济增长较初期有所放缓,末期略有回升,经济出现小幅波动,但仍保持了12%以上的增长速度。"十五"期间经济波动幅度较小,波动趋于收敛,经济总体高位平稳运行,表明经济增长质量有所改善,调控能力增强。由此带来西藏GDP总量的绝对值持续上升,在2006年达到291.01亿元。在新的一轮经济周期中,第三产业仍将是西藏发展相对较快的产业,这对第三产业的发展是一个机遇。

图12　西藏GDP增长率的HP滤波分析

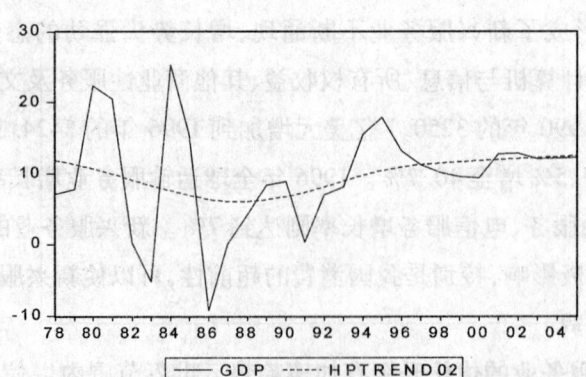

资料来源:引自《中国西藏发展报告(2006)》,第3页。

第二,从未来趋势看,西藏经济已经进入上升期,经济仍将呈现走势强劲的上升趋势,相应的周期波动将呈现出以下几个特点:一是由大起大落转向缓起缓落,波动轨迹向平滑化、微波化方向发展;二是周期波动将呈现出长波化,即周期延长,特别是上升期加长,衰退期缩短。这些都是经济增长质量提高、经济走向成熟的表现。周期波动的平稳化可为第三产业的发展创造一个均衡、稳定发展的外部环境。

(2)固定资产形成的拉动力量增大,居民消费贡献稳定。20世纪90年代以来,西藏经济增长主要是靠投资来推动的。但进入21世纪以后,贯彻中央第四次西藏工作座谈会精神继续实施积极的财政政策,投资对经济增长的拉动力逐步上升。从消费来看,最终消费中政府消费高于居民消费,而居民消费中城镇居民消费高于农村居民消费。这表明扩大政府购买、增加政府消费日益成为内需的重要力量,居民消费中城乡居民消费已启动,对经济的拉动力将持续十几年。而据发达国家的发展经验,这些消费需求的增长会对相关服务业产生较大的拉动增长。所以,总体来看经济增长的推动因素都呈现出较强的推动力量,这使得西藏经济增长的长期走势看好。

3. 国家政策环境

党中央、国务院一贯重视服务业的发展。1992年,中共中央、国务院做出了《关于加快发展第三产业的决定》。2000年,中共中央《关于制定国民经济和社会发展第十个五年计划的建议》中提出:"对经济结构进行战略性调整,必须加快发展服务业、扩大总量、优化结构、拓展服务领域、提高服务水平。要发展现代服务业、改组改造传统服务业、明显提高服务业增加值占国内生产总值的比重和从业人员占全社会从业人员的比重。"2001年,国务院办公厅批转了国家计委《"十五"期间加快发展服务业若干政策措施的意见》;1996年,西藏自治区人民政府制定《关于进一步加快发展旅游业的决定》;2007年,西藏自治区着手制定《关于进一步加快旅游业发展的决定》,这表明西藏自治区对第三产业发展的重视与支持。相对宽松的政策环境将成为西藏第三产业的发展的积极因素。

从区域发展看,为实现西藏经济社会的跨越式发展,继续坚持"六大战略":即基础设施先行战略、特色经济开发战略、开放带动战略、科教兴藏和人才强区战略、适度集中发展战略和可持续发展战略。大力发展现代物流、信息、金融、旅游等现代服务业。西藏经济发展战略的实施和经济快速增长,必将给现代服务业带来更多的投资机会和丰厚的投资回报。

从区域经济一体化来看,"大香格里拉"旅游圈的提出与运作,意味着以旅游业为核心经济圈的形成。此布局对其周边省区第三产业的带动作用强劲,具有不可替代的优势。"大香格里拉"规划的实施无疑为西藏第三产业发展带来了前所未有的历史性机遇,尤其有利于西藏现代服务业的发展。同时,也使西藏能够更便捷地加强与川滇的合作;通过建立现代服务网络,共同发展运输业、餐饮及住宿业等来促进西藏现代服务业的发展。可以充分利用、学习、借鉴川滇在人才资源、科研能力、设计规划及管理水平方面的优势,带动西藏第三产业在质量上得到提高,化地缘优势为资源优势,变资源优势为竞争优势。

4. 市场竞争环境

产业的发展与市场竞争环境是紧密联系在一起的。激烈的市场竞争环境能使产业得到健康发展,带动其规模的扩大和素质的提高,同时,也给产业的发展带来压力。竞争对手总是根据自己的优势利用市场规则,运用包括价格、质量、造型、服务、担保、广告、销售网络、创新等在内的各种手段,力图在市场上占据有利地位和争夺更多的消费者,对行业的发展造成很大的影响,给对手造成极大的威胁。就服务业来看,进入新的世纪,市场竞争环境正在发生着以下变化:

(1)**竞争对手的变化**。西藏第三产业的市场竞争对手既有来自国内的竞争者,也有来自国外的竞争者。对西藏的服务业企业而言,国内竞争者可以分出以下几个层面:一是川滇企业。西藏与川滇地区同处"大香格里拉"经济圈,一区两省的企业面对共同的市场、共同的消费者,三地的企业势必为争夺共同的市场而展开竞争。二是甘青企业。随着全国性服务网络体系的形成,与西藏地域相邻的青海等地,必然在市场和资源上展开竞争,特别是青海省与西藏自治区经济总量相差不大,发展的基础相当,在这些省服务业的发展过程中,势必为争夺市场和资源而与西藏形成竞争关系。三是其他地区的企业。特别是沿海发达等省市的企业,发展较快,起点也较高,他们正在发展全国性的网络,必然对西藏服务业的发展产生重要影响。

就国外竞争者而言,中国加入世界贸易组织后,国外企业将携先进的技术、成熟的管理经验和雄厚资本优势加快进入中国市场,与西藏的企业展开竞争。由于其高起点、高水平、高技术,所以对西藏第三产业的发展将产生较大的压力。但我们也应当看到,国外企业进入国内市场,不可能全部独资建立新的企业和网络,必然要与当地进行合作。所以,国外现代企业的进入,与西藏的企业可能是一种合作关系。在双方合作中,可以发挥各自优势,国外企业带来了先进技术和成功的管理经验,而西藏则靠本土化的市场与文化,不但有助于促进西藏第三产业的升级,而且能够顺利实现与国际接轨。

(2)**市场竞争焦点发生转移**。在短缺条件下,因为市场供不应求,只要生产出来就不愁销路,所以重点不在销售上,竞争的焦点是资源。这种资源既可以是自然资源(如矿产资源、森林资源等)企业性质资源、网络资源、专卖认证,也可以是资金、人际关系等。在供过于求、市场过剩成为一种常态的情况下,竞争的焦点发生了转移。由过去的资源、资金等变成了人才和技术。目前,网络技术正以超出一般产业6~7倍的速度向前发展。信息技术比传统技术具有更大的可追赶性和扩散性。据测算,如果农业经济对自然资源和能源的依赖程度为90%左右,工业经济就只有60%,而信息经济(从更广的意义上讲,信息经济实质上是服务经济)只有不到20%。据统计,电话从开始普及到超过5000万部花费了75年时间,而互联网从开始普及到5000万台电脑联网只用了4年时间。印度经过十几年的努力就发展成为仅次于美国的世界第二大软件出口大国。所以,以信息技术和人才为竞争焦点的时代,要求我们在发展服务业时思路要有一个大的转变——要由重视物转向重视人,由重视资源转向重视技术创新。

5. 市场消费环境

一般而言,随着人们收入水平的不断提高,需求的重点会逐步由低层次需求向高层次需求转移,即从人均收入较低水平上的必需品范围移向人均收入较高水平的高档品或奢侈品范围,这恰恰是经济服务化的一种表现。

从国际上看,对发达国家发展统计分析表明,需求结构演变一般经过三个阶段:一是低收入阶段:在人均产值300美元以下为低收入阶段,恩格尔系数较大,人们的消费需求主要集中在温饱问题上,即需求结构处于"生理性的需求占统治地位的阶段"。二是中等收入阶段:在人均产值300美元以上,温饱问题基本解决,需求的重点转向了非必需品,特别是耐用消费品,人们的消费需求进入追求便利和功能的阶段。三是高收入阶段:在人均收入高水平阶段,物质资料已相当丰富,人们对精神生活、生活质量和生活环境的要求大大提高,从而开始进入追求时尚与个性的需求阶段。人们需求的多样性和多变性更需要多品种、小批量的生产方式,需要更细致而深入的专业服务,从而促进了以信息咨询业等高科技产业为中心的现代服务业的大发展,使产业结构优化升级,第三产业占GDP的比重逐步增加,目前美国等发达国家第三产业占国内生产总值的比重已达70%左右。以上分析可以看出,收入水平越高,第三产业所占比重越高,其实质是对服务需求的递增。可见第三产业比重的上升从一个侧面反映出人们需求结构的变化。

就我国消费结构的演变来看,也符合上述趋势。目前消费结构正在发生重大变化,主要体现在:由单纯追求数量型消费转向质量型消费,比较突出的是人们开始注重名牌、崇尚名牌;消费需求由单一化向多元化方向发展,在传统消费基础上,服务性消费和文化性消费成为新的消费热点,教育、住房、旅游、医疗、文化娱乐消费支出不断增加,投资行为也成为家庭主要理财方式之一,居民用于国债、股市、保险等投资的比例逐步增大;消费需求由趋同向求异、体现个性转变,收入水平的提高使消费者分离出不同消费群体,而每个消费群体的消费结构、主流消费品也各异;出现即期消费向资产积累型和储备型消费转变趋势,主要是投资于股市、购买保险、置业和举办实业等消费比重逐步增大;消费热点不断转变,高档次消费品正在更新换代,高科技产品在许多家庭中已屡见不鲜,家庭电脑、汽车拥有量不断增加,并呈现逐步增加趋势。这些转变暗示着第三产业快速发展的需求基础已经形成。

(二)西藏第三产业的发展定位

西藏第三产业发展环境的分析,重点是寻找发展的机遇与挑战,以抓住机遇、规避风险,实现第三产业发展与环境的良好配合;而实现与环境的协调还要对西藏第三产业发展的进行定位,形成特色突出的产业格局。在定位分析中找到自我发展优势,转换成市场竞争优势,将潜在的优势进一步扩展成发展优势。

1. 基本定位

(1)发展阶段定位。按照钱纳里的多国模型,三次产业之间的经济增长率有依次替代关系,即首先是工业增长率超过农业,接着服务业超过农业,最后服务业超过工业。按收入划分经济增长阶段,其中:时期0为人均收入低于140美元,时期1为人均收入140~280美元,时期2为人均收入280~560美元,时期3为人均收入560~1120美元,时期4为人均收入1120~2100美元,时期5为人均收入2100~3360美元,时期6为人均收入3360~5040美元(以上均为1970年美元)。

西藏目前所处的发展阶段大约相当于表中的第四个阶段,这一阶段的第三产业增长率与工业增长率基本相同。在此时期之后,将是第三产业超过第二产业增长率、步入服务社会阶段。基于此判断,西藏第三产业将进入快速发展时期。

(2)功能定位。在西藏区域经济发展历程中,逐步形成了"一江两河"和"三个经济区"的布局。从经济发展规律的客观角度对西藏第三产业发展进行粗略定位,总体构想是:将全区布局为"一点三线三区",由点到线到面,点线面结合,重点发展拉萨、日喀则、山南、林芝等主要城镇和周边河谷地带,在此区域内对西藏的相关区域进行功能定位。根据这个设想,西藏相应的服务业功能定位是:"一点",即以拉萨市为中心,建成商贸、旅游一体的核心区,发挥其辐射作用,带动其他区域的快速发展。"三线",即对沿边(边境口岸、城镇)、沿路(青藏、川藏、新藏、滇藏和中尼公路)、沿江("一江两河"

中部流域、尼洋河流域、昌都"三江"流域)地带进行重点开发建设,形成沿边的开放型经济轴线,沿路的商贸流通型经济轴线,沿线的农业、矿业开发轴线,各轴线向两侧延伸,逐步形成几条产业带。充分发挥阿里、日喀则西部地区毗邻边境区位优势,商贸兴边,以樟木、普兰、吉隆、亚东等口岸窗口,发展同周边国家和地区的边贸和旅游业。"三区",即以拉萨、日喀则、山南、林芝、那曲五地市为主的藏中经济区;以昌都为主的承东启西、沟通成都与拉萨纽带的藏东经济区;阿里地处偏远,因交通条件的限制,与腹心地区经济联系不紧密,一直以来就是一个相对独立的经济区域,也就是藏西经济区。西藏"十一五"时期规划指出:藏中经济区,充分发挥特色农牧业的支撑作用,上连陕甘青下通南亚的对外开放带动作用,推动产业建设的骨干作用,科教文卫的引领保障作用和实现经济增长方式转变的示范作用;藏东经济区,充分发挥"朝西靠东、接轨东南"的纽带作用,积极融入成渝经济圈,加强与藏中经济区的联系,密切与周边省份的联系与合作,共同打造"大香格里拉"品牌;藏西经济区,发挥连接新疆、构建西部战略通道以及边贸优势,开发特有的旅游业。

(3)**产业定位**。西藏第三产业发展的产业定位主要集中在三个方面:新兴行业发展壮大、传统行业改造升级、地域性产业的拓展。

一是新兴行业的发展。新兴行业的发展包括很多部门,其中重点是信息产业和旅游业。信息产业,包括计算机工业、网络经济(包括电子商务、电子政务等)、软件业和通信业以及与此相关的现代物流业。这是我们必须发展的,一方面,用信息技术改造传统产业是我们必须要做的,否则西藏第三产业的传统行业也将没有发展前途;另一方面,信息产业在一定程度上已经构成发展环境和产业基础,我们必须做好这些工作才能谈得上进一步发展;信息产业中的小产业也有成为西藏第三产业支柱产业的可能性,因为信息产业具有很强的可追赶性,西藏在这方面有一定的基础,只要抢抓机遇,少而精地发展某一方面的小产业是有希望实现突破发展的。

旅游业,这是西藏能建立起竞争优势的产业。西藏具有独一无二的旅游资源优势,通过深度开发可以形成有竞争力的支柱产业。并且旅游业有不可替代性,在这方面进行重点投入,是西藏的必然选择。

新产业的发展总体上要遵循少而精的原则,主要是在选择战略准确的前提下,将产业做强,提高西藏产业的结构优化度。

二是传统服务业改造升级。传统行业继续发展,有的是由新产业带动的,有的是传统产业仍有市场潜力的。就第三产业的发展而言,重点是针对未来市场变化、改造升级。传统产业的进一步发展,主要是针对西藏的重点传统产业,充分利用高新技术与现代管理模式对其进行改造,使其提高技术水平、科技含量和现代管理水平,增强产业竞争力。目标是通过改造在全国形成明显竞争优势。

三是地域性产业的拓展。因为服务的特点之一是区域性。有一些产业本身就属于为区域服务的,特别是一些为居民和生产服务的行业。主要有房地产及室内装饰业、中介服务业,包括会计、法律、审计、技术服务等;保健美容业,这是未来发展成长性较强的产业;基础设施,这是应根据市场需求提高供给的产业;某些以区域服务、居民服务为主的服务业,这是西藏应下大力量开发的。

区域自我循环产业的市场在西藏内部,主要战略是研究分析区域内需求的发展趋势,以提高供给能力为目标,在满足区域需求的基础上,实现新产业的发展壮大。

2. 战略目标

(1) 指导思想。加快产业建设,提高自我发展能力按照"一产上水平、二产抓重点、三产大发展"的产业建设指导原则,坚持特色与规模并重,以市场为导向、科技为支撑、企业为主体,强化政府引导、服务职能,创新特色产业建设模式,重点开发优势资源,着力打造高原特色品牌,实现特色、规模与效益的有机统一,走出一条符合西藏实际的现代产业发展道路。

(2) 战略目标。服务业是现代产业建设的一个重要方面,关系到西藏跨越式发展和人民群众生活水平的提高。要坚持市场化、产业化和社会化方向,特别是要面向广大农牧区,积极发展服务业,促进经济发展,满足人民生活需要,提高服务水平和服务业在国民经济中的比重。

——积极发展现代服务业。依托青藏铁路、干线公路、航空运输,以拉萨为中心,宽领域、多层次地发展现代物流业。积极发展文化娱乐、卫生保健、体育健身、社区服务等社会服务业。大力发展邮政通信、金融、法律服务等现代服务业。规范发展代理、经纪、拍卖、评估、担保等商品市场中介服务,稳步发展信托、证券、保险、房地产、广告、劳动力等要素市场中介服务。

——改造提升传统服务业。运用现代经营理念、管理方式和服务技术,改造商贸、餐饮等传统服务业,赋予传统服务业以新的内涵。积极发展连锁经营、物流配送等流通组织形式。积极开展劳动就业培训,加快发展劳动密集型服务业。促进就业空间大、市场需求大的行业加快发展,继续发挥传统服务业吸纳劳动力就业的作用。拓宽服务领域,改进服务方式,推进服务业质量体系认证,提高服务档次和水平。加强城乡社区服务设施建设,完善社区服务功能。

3. 发展原则

(1) 坚持充分发掘内部资源与广泛利用外部资源相结合。在战略明确的前提下，西藏第三产业的发展关键是看拥有、利用资源的多少。就全区发展来看，突出问题是高层次资源短缺，而低层次资源过剩。缺少的是资金、技术、人才、信息，而过剩的是大量整体素质不高的劳动力，这是西藏的基本区情。在这种条件下，西藏第三产业发展既要通过观念更新和体制创新，充分发掘服务业发展的潜力，使存量资源成为经济社会发展的重要动力；更要利用好旅游资源，因为旅游业是西藏最大的产业优势，第三产业的发展如果借助旅游、利用旅游，就能获得快速发展，也只有充分利用了旅游资源，西藏的存量资源才能发挥更大的效率，才能快速优化升级。今后，要多渠道、多途径、多方式利用旅游资源，依托旅游业，形成第三产业与旅游资源互动、优化配置的资源流动机制。

(2) 坚持市场配置资源与政府推动相结合。坚持市场对资源的基础性配置作用，充分发挥市场对经济运行的自动调整，按照市场规则、采取灵活的方式整合发展资源，使西藏潜在的发展资源成为现实的生产力。目前仍有许多产业还都按照计划的方式或是按照事业单位的办法来管理，造成了效率效益低下、发展后劲不足。要改变多年来第三产业发展中政府意愿较浓的状况，改变得越早越好。当前重点是推进第三产业的市场化进程，只要能用市场办法解决的事情、能在市场中解决的事情，都放开让市场来配置和优化资源，政府不要过多的干预。同时，在转轨时期又要充分发挥政府的积极作用，特别是完善政府的服务功能，利用政策引导资源合理流动与优化配置，利用政府支持政策发展新兴产业和使传统的产业升级改造。

(3) 坚持重点突破与全面推进相结合。西藏的财力与高级人力资源不能满足现实需要，这是基本区情。所以，坚持政府重点支持与全社会共同发展相结合的原则，以较少的政府资源取得较高的带动全社会发展服务的整体效果。政府主要是利用产业政策，重点支持优势产业和重点企业，尽快形成特色突出、结构优化、技术支撑的第三产业经济格局。同时，要激活社会资源，利用政府引导资金、政策吸引社会资金发展服务业，形成政府引导、共同发展的格局。在区域发展上，要重点支持条件较好的区域，在这些区域服务业发展提高基础上带动其他区域，形成重点带动、雁型推进的区域发展格局。

(4) 坚持优化存量与扩大增量相结合。西藏第三产业已经到一定的发展水平，具有相当的基础。目前第三产业增加值占地区生产总值的比重达到55%，这是发展的重要基础。要根据第三产业内部不同产业的特点，有针对性地整合存量资源，提高产业整体竞争力。同时，根据西藏发展资源不足、竞争力较低的现状，重点加大新的投入。政府首先要加大对第三产业支持力度，整体水平应高在全国发达省区的平均水平之上。

重点是创造多渠道、多形式对第三产业投入的机制,形成发展的合力。

(5)坚持循序渐进与跨越式发展相结合。按照国际服务业演进的一般规律,到后工业化社会发展阶段,服务业占国内生产总值的比重将达到70%左右。2006年,西藏第三产业增加值占地区生产总值的比重为55%,还有很大的发展空间。按照国际服务业演进的一般规律,后发国家和地区有加速发展趋势。"各个准工业国战后在增长和结构转变方面的经验,展示了各种不同的发展道路。所有这些国家都实现了工业化,并且,一般说来,工业化的速度比根据发达国家历史所预期的速度要快得多"(钱纳里,1995)。所以,在西藏第三产业发展中,要瞄准发达国家的服务业演进的一般规律,在重点技术、管理领域可以大胆跨越,以尽快缩小与发达省区的差距。同时,要循序渐进,避免盲目,力争在整体上协调发展。

(三)西藏第三产业发展的政策思路

1. 按产业成长规律实施产业政策

新产业成长一般经过四个阶段,每个阶段的突出特征与实施的相应政策也不相同。促进西藏第三产业的发展,应根据各行业所经历的成长阶段制订针对性政策。

(1)萌芽或形成期阶段。一个产业是否处于萌芽状态的主要标志是:一是有全新的产品或服务出现,而这种产品或服务又具有广阔的发展前景和庞大的市场潜力;二是有独立从事此种产品或服务的厂家。产业处于萌芽阶段,厂家较少,成本较高而收益较低,对原来所依附的产业依赖性较高,没有形成独立的生产和营销体系,产品或服务的知名度较低,消费者对此还不认同等。在这一阶段需要的政策是:产业优惠政策,使其能得到产业的平均利润率水平,促进其发展。主要是在资金信贷方面给予优惠政策,建立新产业扶持基金等。

(2)成长期阶段。实质上是产业的扩张阶段。产业扩张特点为:其一,新的产业从不完善、不成熟走向成熟。其二,产业的成长也是一种选择过程,这是一个产业是否能由萌芽发展到扩张的重要阶段。其中部分产业由于不符合社会需要或条件不成熟等在发展竞争中被淘汰,但大多数竞争产业在此阶段能够成长起来。其三,在产业成长期,有大批企业可能进入该行业,大批投资者的进入使此产业的规模迅速膨胀,在量上呈加速发展之势。一个产业是否进入成长期的主要标志是有无能够相互协作、相互补充、配套生产的厂家群出现,分工协作能否配套并形成独立的生产体系,关键是技术能否过关等,该产业骨干企业的建成则标志成长期的结束。在成长期产业政策的重点是:创造平等竞争的市场环境,促进其健康发展。

(3) 繁荣期阶段。在此时期产业的特点是：其一，产业扩张规模逐步趋于停止，整个产业再生产开始在原有规模上重复进行；二是主要产品在市场上相当普及，部分产品已开始更新换代，需求市场开始饱和，产品销售开始出现困难；三是由繁荣产业衍生出的或新孕育的新兴产业开始出现。这时政府一般应在产业政策上提供未来产业发展的目录，指导企业超前向新产业转换，为产业升级提供相关技术指导。

(4) 衰退期阶段。产业的发展一旦充分成熟，就步入衰退期。这时政府为了促进其退出该产业，一般实施产业援助政策，通过政府补贴使其转换到新的产业。

服务业门类多、特点不同，在同一时期，多个产业阶段并存，所以，要分析其所处阶段，有针对性地采取不同的产业政策。如信息服务业、咨询业、家政服务业等，正处在形成期，主要政策重点是资金、信贷方面支持；房地产业、连锁教育等已进入成长期，政策重点是创造平等竞争环境，规范市场秩序；餐饮业、旅店业等是始终处于成熟期的产业，政策重点是对该产业发展趋势进行指导，促其不断提升竞争力。传统零售业、邮政业等已经由繁荣期步入缓慢衰退期，政策重点是支持其创新业态，实现转换。

2. 对产业政策运行的各环节实行全过程监控

在目前阶段，西藏第三产业的发展既要进行产业扩张，又要进行结构优化，并且产业结构的优化难度要大的多。政府制定的产业结构调整政策就是促进结构优化的重要措施。产业政策制定与实施包括多个环节：产业调整方向的确定—产业政策的制定—产业政策实施—追踪反馈。一个完整的产业调整政策应是上述环节的系统实施。西藏几次大的产业结构调整政策的制定与实施，往往是产业调整的方向确定较为详细，产业政策的制定也较为及时和合理，但具体到实施过程中手段还很缺乏。所以，应加强制定与实施促进西藏第三产业策，确保贯穿到产业政策运行的全过程；应根据产业所处的阶段出台相应的产业政策，明确产业政策支持的重点、方向、资金，同时，建立目标责任制和投资项目追踪反馈机制，使产业政策落实到实处。

3. 在发挥比较优势中创造竞争优势

第三产业发展的核心是创造竞争优势。产业竞争力是由比较优势和竞争优势两个方面决定的。比较优势更多地强调优势的潜在可能性，而竞争优势更多地强调各地区的现实态势。比较优势涉及的主要是各地区间不同产业、不同产品之间的区际交换关系，体现各个地区不同产业之间劳动生产率的比较和相对优势，主要强调的是地区间产业分工与产业互补的合理性。而竞争优势涉及的是各地区之间同一产业内的市场交换关系，体现的是各地区之间相同产业的绝对优势，主要强调了地区产业竞争和产业替代的因果关系。发挥比较优势意味着强调各区域的产业发展应该扬长避短,而增强竞争优势则意味着更强调各地区产业发展的现实道路是优胜劣汰。

由比较优势到竞争优势有一个转换过程,这一过程如转换得好,则能放大比较优势,充分发挥比较优势的作用;如果转换的不好,则可能虽有比较优势但却淹没在普通之中,失去比较优势。由比较优势到竞争优势的过程为:研究归纳比较优势→分析比较优势的具体体现(比较优势转换成竞争优势可能性)→由比较优势到区域经济定位→经济发展战略的选择→由比较优势到竞争优势的途径。

西藏第三产业建立竞争优势的主要工作是:其一,研究分析比较优势中构成竞争优势的核心要素,即分析比较优势能转换成竞争优势的主要方面,采取措施,将潜在的竞争优势变成现实市场竞争力。其二,制定西藏第三产业整体发展战略,这一战略能充分利用比较优势,利用政府的产业政策促进资源配置到科学的发展战略上。其三,加快服务业企业建立现代企业制度步伐,并且促进企业间的资源优化配置和进行战略联盟,特别是与国内外大型企业的战略联盟,使市场主体强壮起来。

对西藏而言,针对不同的竞争主体,要实施不同的策略:一是,因与川滇青等省区在同一经济区域内展开竞争,争夺共同的资源和市场,同时,"大香格里拉式"经济区的发展格局有利于西藏与川滇青等省区之间发挥各自优势,互为补充、共同发展,所以,双方关系定位为合作开发。二是,区内的企业处于同等发展水平、同等发展阶段,未来市场存在交叉,双方主要是竞争关系。三是,与国内其他地区的企业之间,由于发展阶段、发展环境、发展基础不同,双方主要是合作关系。四是,塑造有充分发挥比较优势的环境,其中包括税费、政策、法制、人文等环境。如果区位优势能形成成本优势,但因交易成本过高,可能比无区位优势的区域还高,则失去了优势。

4. 积极推进市场化、产业化、社会化

推进服务业的市场化、产业化、社会化,是加快服务业发展的主要途径,也是以少的投入取得大的产出的重要措施。西藏高层次发展资源相对较少,要加快推进市场化、产业化、社会化进程,使西藏第三产业发展迈上一个新台阶。

第一,按照市场主体资质和服务标准,建立公开透明、管理规范、行业统一的市场准入制度。加快电力、供水等行业的经营和管理体制改革,引入竞争机制。放宽公用事业、教育、文化、中介组织等准入条件。鼓励和允许外资进入的领域一律鼓励和允许内资以独资、合资、合作、联营、参股、特许经营等方式进入,参与交通、通信、公用事业、环保、房地产、旅游等领域。改革市场准入审批制度,清理有关规定和文件,大幅度减少行政性审批。

第二,坚持市场取向,加快改组改造,实现资源配置由政府主导转向市场主导。调整国有经济布局,鼓励非公有制经济参与国有企业的资产重组,支持对国有企业进行收购、兼并、租赁、承包等。对交通运输、商贸、餐饮等国有大中型服务企业进行规范的公司制改造,通过上市、合资、参股等形式,建立多元持股的股份制企业。采取多种形式搞活中小企业,建立健全信用担保、金融服务、管理咨询等服务体系,完善市场退出机制和社会投资机制,淘汰劣势企业。鼓励区内企业采取多种形式与国内外大企业联合发展。依托有实力的优势企业,实施名牌战略,促进集团化、网络化、品牌化经营,提高市场竞争力。

第三,坚持分类指导,推进适宜领域由政府为主转向企业为主。按照政企分开、政事分开、企事分开、赢利与非赢利性机构分开的原则,流通部门和为生产、生活服务的部门实行企业化经营和管理,自主经营、自负盈亏、依法纳税、鼓励竞争,逐步减少直至取消政府投资和事业经费。挂靠政府部门的赢利性机构都要与原部门脱钩。为提高科技文化水平和居民素质服务的部门,要逐步扩大产业化范围。可以实行产业化的,作为营利性行业,主要依靠社会资金;难以实现产业化的,作为公益性行业,在政策上予以支持,鼓励社会力量兴办。公益性行业在经营中也要引入市场机制,提高服务质量和效率。

第四,推进后勤服务由自我服务为主向社会服务为主转变。加快中介机构与机关、事业单位脱钩步伐,使之尽快成为独立的市场主体。学校、医院、企事业单位和党政机关等后勤服务机构改制为独立法人企业,并向社会开放。对后勤服务机构的国有资产进行清理和评估,以资本金的形式注入改制后的后勤服务机构。鼓励民间资本兴办面向机关和企事业单位的后勤服务。

5. 通过创造良好环境吸引多元投入

第一,抓住加入世界贸易组织带来的机遇,全面扩大服务业对外开放。要及早做好准备,按照国家统一部署,有步骤地开放商贸、旅游、文化、医疗、中介组织等领域。在国家政策允许范围内,实行更为开放的政策。以多种形式和灵活方式吸引外资,积极引进先进技术、管理经验和标准,提升整体竞争力。鼓励企业实施"走出去"战略,广泛开展对外设计咨询、工程技术承包、劳务合作、医疗保健、民间艺术等服务。

第二,切实改善非公有制经济的发展环境,在企业开办、土地使用、资金融通等方面实行国民待遇,鼓励非公有制经济,加大对服务业的投入,并在技术、管理、培训等方面提供必要帮助。建立和完善贷款担保体系,积极培育专业性投资服务机构,为非公有制经济提供规范的信贷服务和融资渠道,鼓励非公有制企业进入资本市场。

第三,合理发挥政府投资的引导和带动作用,吸引银行信贷和社会民间资本投入。设立全区发展第三产业专项引导资金,用于国家引导资金的地方配套、国家鼓励建设项目的贴息或补助、公益性项目和示范项目建设等。有条件的地区也要设立相应的引导资金。

6. 推行服务业的信息化、标准化

第一,加强第三产业业质量管理,全面贯彻服务质量国家标准和行业标准,规范服务业经营行为,提高服务业管理水平。鼓励采用国际标准和国外先进标准,开展质量管理、环保、职业安全、卫生等体系认证,为进入国内外市场创造条件。加强行业自律,发挥行业协会在制定技术标准、行业规划、协调服务、自律管理和社会监督等方面的作用。

第二,提高第三产业的科技含量,大力提高计算机和网络在服务业各行业、各领域的普及应用水平,推动信息技术与服务业的密切结合,促进服务业发展规模、服务质量和经济效益的显著提高,依靠科技进步拓展服务业的服务领域,实行经营方式和管理方式的变革。

第三,加快培养服务业所需的各类人才,特别是要加快培养熟悉信息、金融、保险、各类中介服务等方面的专业人才,有计划地在现有高校和职业技术学校中增设服务业专业,加强岗位职业培训,全面实施职业资格证书制度,积极吸引和聘用国内外高级人才。

7. 有针对性地优化消费环境

因为服务消费越来越呈享受化趋势,基本消费所占比重越来越低,所以,如何引导消费、刺激消费,是加快第三产业发展的一个重要方面。政府应该在这方面发挥重要作用。

第一,引导居民树立新的消费观念,转变消费模式,促进个人服务消费由自给型向社会型转变,消费方式由自我积累型向信用支持型转变,倡导健康、文明的消费方式。拓宽消费领域,积极扩大居民住房消费,促进潜在需求巨大的文化、体育健身、社区服务等消费。

第二,建立健全促进消费的政策和制度体系,形成有利于扩大消费的良好环境。积极发展消费信贷、拓宽范围、扩大规模、简便手续。建立健全个人资信评估体系和担保、抵押制度,发展分期付款和租赁服务等消费形式,增加即期消费。加强对产品质量的监督管理,提高消费安全性。加快农牧区供水、供电、道路等基础设施建设,改善农牧区消费环境。

第三,提高城乡居民的服务消费能力,在经济发展的同时,不断增加城乡居民、特别是农牧民和城镇低收入者的收入。将干部职工"休假"制度与服务业供给和需求特点进行有效结合。

8. 加快政府职能转变

新兴服务业的发展离不开政府财政和政策的支持,政府推动的过程中既要解决政府包揽过多、排斥市场机制现象的出现,同时又要在社会广泛需求的公共事业上发挥主导作用。

第一,缩减行政管理范围,减少不必要的行业管制。长期以来,我国政府树立的形象就是大政府、强政府、无所不包的政府。这样,导致了政府承担了过多不该做也做不好的具体事务,越位现象较为严重,既影响了政府其他管理职能的发挥,也抑制了各类新兴服务业的发展;一些过去的"垄断行业"不能及时地放开,市场竞争水平依旧偏低。这都需要政府加快职能转变,避免越位缺乏和错位行为的产生。

第二,发展公用事业,促进行业的规范化、标准化。在发展服务业的过程中,涉及公共利益行业的外部性,很多都是由政府承担的,如建设便民设施,改造市区环境,加强各类社会服务体系等,都需要政府部门出面进行协调与规划。政府部门在加快发展公共事业的同时,还应加大对社会团体的扶持力度,充分重视和挖掘这些非政府组织机构的功能与作用,形成多个方面、多个角度共同推动经济发展的良好格局。

第三,加强经济监控评价体系建设,尤其是服务业的测评体系建设。随着各类产业不断的细分以及新兴服务业的不断涌现,西藏经济发展的各种影响因素增多,决策变得越来越复杂。宏观测评机制的建立与完善就是通过各类量化指标的反馈,使政府及时了解省情,有的放矢地出台新的措施与政策,这对于正处于初步发展的新兴服务业尤为重要。

(执笔:徐伍达)

西藏自治区"十一五"回顾及"十二五"发展思路[*]

同全国一样,当前西藏社会的主要矛盾仍然是人民日益增长的物质文化需要同落后的社会生产之间的矛盾,同时,西藏还存在着各族人民同以达赖集团为代表的分裂势力之间的特殊矛盾。西藏的社会主要矛盾和特殊矛盾决定了西藏工作的主题必须是推进跨越式发展和长治久安。由于历史起点和发展基础的差异,到2020年西藏要同全国一道实现全面小康社会的目标,"十二五"将是发展的一个关键时期。2010年是完成"十一五"规划的最后一年,又是承接"十二五"规划的起始年。特别是2010年1月18日至20日召开的中央第五次西藏工作座谈会,使西藏又面临着一次更大的发展机遇,站到了新的历史起点上。毫无疑问,认真总结"十一五"以来经济社会发展的成就和经验,对于精心梳理"十二五"发展思路,切实走出一条"有中国特色、西藏特点"的发展路子,具有重要的现实和战略意义。

一、西藏自治区"十一五"规划执行情况简要回顾

2006年1月16日,西藏自治区八届人大五次会议批准《西藏自治区"十一五"时期国民经济和社会发展规划纲要》(以下简称《纲要》)以来,自治区党委、政府提出"一产上水平、二产抓重点、三产大发展"经济发展战略、走"中国特色、西藏特点"发展路子和"一贯彻、三坚持、两推进"总体要求,统领《纲要》实施。四年多来,在中央特殊关怀和全国人民无私援助下,自治区党委、政府克服宏观经济环境不断变化、反分裂斗争任务艰巨带来的不利因素和困难,团结带领全区各族人民,深入贯彻落实科学发展观,着力提高农牧民生活水平,提升自我发展能力。目前,从全区"十一五"规划实施情况看,《纲要》的战略性、宏观性、政策性指向明确,总体上较为科学地预测了"十一五"时期全区国民经济和社会发展的趋势,较为准确地把握了西藏独特优势,制定的目标符合跨越式发展的要求。《纲要》提出的指导思想、发展战略、各项目标和任务得到了较好的贯彻落实,经济保持了平稳较快增长,小康西藏、平安西藏、

---

[*] 本报告收录于《西部蓝皮书:中国西部经济发展报告(2010)》,社会科学文献出版社,2010年版。

和谐西藏建设取得新成就。

2007年1月国务院第167次常务会议原则同意《西藏自治区"十一五"规划项目方案》,确定"十一五"时期建设项目180个,计划投资778.8亿元。到2009年底,180项目除拉日铁路和藏中抽水蓄能水电站外,全部开工建设,125个项目投资已安排完毕,占总投资额的75%。重大投资项目的顺利进行,保证了西藏自治区"十一五"规划目标的完成进度。根据《纲要》确定,到2010年西藏自治区将要达到的发展目标具体有20个量化指标,如表1所示:

表1　　　　　　　　"十一五"期间经济社会发展的主要目标

指　标	2005年预计	2010年目标	年均增长	目标属性
地区生产总值(2005年价格,亿元)	250.4	440	12%	预期性
人均地区生产总值(2005年价格,元)	9070	15100	10.7%	预期性
地方财政一般预算收入(亿元)	12	24	15%	预期性
第二产业增加值占GDP比重(%)	24	30		预期性
城镇居民人均可支配收入(元)	8411	12000	7.5%	预期性
农牧民人均纯收入(元)	2075	3820	13%	预期性
县通沥青路率(%)	45	80		预期性
乡镇通公路率(%)	93	100		预期性
电力人口覆盖率(%)	60	90		预期性
乡镇通邮率(%)	70	95		预期性
初中适龄人口入学率(%)	75	95		约束性
人均受教育年限(年)	4.1	7		预期性
千人拥有卫生技术人员(人)	2.93	3.48		约束性
城镇登记失业率(%)	4.3	5		预期性
五年城镇新增就业(万人)	(6.4)	(8)		约束性
全区总人口(万人)	277	293	11‰	预期性
城镇化率(%)	19.8	25		预期性
耕地保有量(万公顷)	31	31		约束性
城镇垃圾处理率(%)	50	80		约束性
万元地区生产总值能耗(吨标煤)	1.48	1.29*		约束性

说明:括号内数字为五年累计数。*"1.29"为国家规划指标。

由于数据普查原因,2005年乡(镇)通公路率基数发生变更。2006年全区县乡村公路普查显示,截至2005年底,全区只有75.6%的乡(镇)达到通公路标准。这个数据成为国家有关部门之后安排西藏农村公路建设投资的一个重要依据,我们对"十一五"规划执行情况的评估以该数据为乡(镇)通公路率基数。四年来,《纲要》确定的主要目标和指标完成情况如下:

1. 增强综合经济实力方面

2009年西藏生产总值实现441.36亿元,按可比价格计算,比2008年增长12.4%。延续了自"十五"以来,除2008年受拉萨"3.14"事件的冲击,经济增速有所放缓外,全区GDP连续保持12%以上增速的良好势头;人均GDP达到15295元,比2008年增长11.2%。GDP和人均GDP均提前一年实现2010年预期目标。从表2可以看出,"十一五"以来,西藏除2008年外,其余年份GDP和人均GDP的增速均高于预期。

表2　　　　　　2005～2009年西藏GDP和人均GDP变化情况

年份	地区生产总值(亿元)	增长率(%)	人均地区生产总值(元)	增长率(%)
2005	251.21	12.1	9114	10.6
2006	291.01	13.3	10430	12.1
2007	342.19	14.0	12109	12.5
2008	395.91	10.1	13861	9.0
2009	441.36	12.4	15295	11.2

数据来源:2009年《西藏统计年鉴》、《2009年西藏自治区国民经济和社会发展统计公报》。

2. 财政保障方面

"十一五"以来,截止到2008年12月,三年间中央补助西藏自治区财力已达640亿元(不含基建、国债),比"十五"期间中央补助西藏的财力总量还多262亿元,年均递增16.15%,完成"十一五"测算数的82.46%。如表3所示,"十一五"以来,地方财政一般预算收入年均增长25.96%,增速比规划目标高出10.96个百分点。2008年全区完成地方财政一般预算收入24.88亿元,提前两年实现2010年规划目标。2009年全区完成地方财政收入30.37亿元,按同比口径计算,比上年增长6.2%。其中,一般预算收入30.09亿元,增长20.9%。

从2006年到2009年,地方财政一般预算支出累计完成1326.35亿元(包含基建、国债),年均递增26.81%。财政保障水平明显提高,各级财政不断加强对改善民生、扩大消费和维护稳定等各项事业的投入,为《纲要》实施发挥了积极作用。

表3　　　　2005~2009年西藏自治区地方财政收入和支出情况　　　单位:亿元

年份	地方财政一般预算收入	各项税收	增长率(%)	地方财政支出	一般预算支出	增长率(%)
2005	12.03	8.15		189.16	185.45	
2006	14.56	8.84	21.03	202.29	200.19	7.95
2007	20.14	11.68	38.32	279.36	275.37	37.55
2008	24.88	15.19	23.54	383.86	380.66	38.24
2009	30.09	18.48	20.94	470.56	470.13	23.50

数据来源:2009年《西藏统计年鉴》、《2009年西藏自治区国民经济和社会发展统计公报》。

3. 改善人民生活方面

城乡居民收入快速增长,如表4所示,2009年农牧民人均纯收入达到3532元,增长11.2%。四年来农牧民人均纯收入年均增长14.2%,比预期高出1.2个百分点,完成2010年规划指标3820元的92.5%。主要受公务员工资改革增资的影响,城镇居民人均可支配收入四年来年均增长12.85%,2008年即达到12482元,提前两年实现2010年规划目标。2009年城镇居民可支配收入达到13544元,比上年增长8.5%。

表4　　　　2005~2009西藏城乡居民家庭人均收入变化情况　　　单位:元

年份	农牧民人均纯收入	增长率(%)	城镇居民人均可支配收入	增长率(%)
2005	2078	11.7	8411	2.6
2006	2435	17.2	8941	6.3
2007	2788	14.5	11131	24.5
2008	3176	13.9	12482	12.1
2009	3532	11.2	13544	8.5

城乡居民消费能力增强,家用电器等耐用消费品逐渐进入农牧民家庭。"十一五"头两年社会消费品零售总额增速超过22%,2008年达到156.58亿元,比上年增长21.3%。受全国物价总水平上涨的影响,四年来全区物价水平总体呈上涨趋势,上涨幅度略低于全国平均值,控制在可承受范围之内。城镇登记失业率前始终控制在4.3%

以内,2009年城镇登记失业率3.95%。预计"十一五"期间不超出5%的规划目标。到2008年,全区新增就业累计7.4万人,完成2010年规划目标的92.5%。2006年、2007年分别设立了工伤保险和生育保险,各项社会保障制度进一步完善,覆盖面不断扩大。目前,西藏自治区是全国首个实现城镇职工基本医疗保险统筹的省区,失业保险、工伤保险、生育保险已实现了地市级统筹。

4. 完善基础设施方面

"十一五"以来,固定资产投资年均增长17.5%,如图1所示,特别是2009年随着扩大投资刺激消费各项政策措施的出台,全年全社会固定资产投资完成379.42亿元,比2008年增长22.4%。青藏铁路开通运营,3个机场通航,到2009底,全区公路总通车里程达53845公里,比2005年增加10129公里,其中有铺装路面总里程3279公里;乡镇通邮率达到80%,行政村通电话率达到85%。2008年底,县通沥青路率为61.6%,乡(镇)通公路率为96.5%,建制村通公路率为70.1%,分别与2010年规划目标比较,还有一定差距;全区电力装机容量达到71.6万千瓦,电力人口覆盖率71%,比2005年提高11个百分点,与2010年规划目标相差19个百分点。各项水利设施进一步增强。

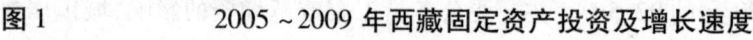

图1　　2005~2009年西藏固定资产投资及增长速度

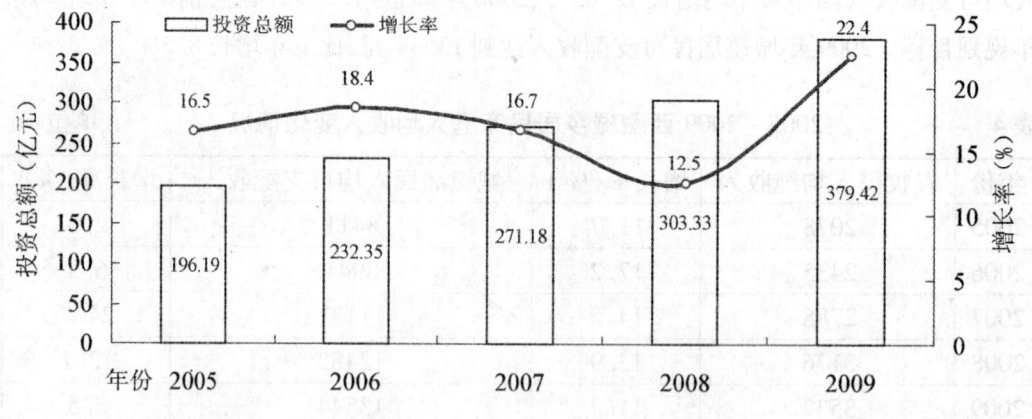

5. 推进产业建设方面

产业结构优化升级稳步推进,2009年,在全区生产总值中,第一产业增加值63.99亿元,增长3.3%;第二产业增加值136.19亿元,增长21.7%;第三产业增加值241.18亿元,增长10.3%。第一、二、三产业增加值所占比重分别为14.5:30.9:54.6。第二产业增加值占GDP的比重达到30.9%,提前完成2010年规划目标。从第二产业内部来看,产业布局也日趋合理,现已初步形成了以优势矿产业、建材业、民族手工业、藏医药业为支柱的包括电力、农畜产品加工业、食(饮)品加工制造等工业为主的富有西藏特点的工业生产体系,产品逐步进入国内市场。

6. 统筹城乡和区域协调发展方面

城镇基础设施建设加快,城镇综合服务功能稳步提高,城市辐射能力得到加强。截止到2009年底,全自治区共有2个设市城市、71个县城、140个建制镇,城镇建成区面积约190平方公里。全区城镇居住人口69.03万人,城镇化率为23.8%,比2005年提高了4个百分点。新农村建设成效显著,到2009年末,已解决了23万户、120万农牧民的安居问题,提前一年完成了"十一五"安居工程规划目标。中部、东部区和西部区发展各具特色,协调性进一步增强,地区间人民生活水平差距呈缩小趋势。

7. 全面促进社会事业发展方面

全区"两基"攻坚历史任务如期完成,城乡免费义务教育全面实现。到2009年,小学适龄儿童入学率达到98.8%,初中入学率达到96.4%,提前实现2010年规划目标。全区青壮年文盲率下降到1.8%。积极推进义务教育经费保障机制改革,全区45万多名义务教育阶段学生受惠。再次提高了"三包"经费标准,年生均达到1800元。积极发展普通高中教育。2009年高中在校生3.8万人,中职在校生2.1万人,高中阶段入学率达到56.5%。2008年人均受教育年限达到6.3年,比2005年提高2.2年,实现2010年规划目标的90%。农牧区医疗卫生基础设施进一步完善,到2009年,千人拥有卫生技术人员3.46人,千人拥有医院病床数2.95张,分别实现规划目标的99.4%和118%。广播电视综合覆盖率分别达到89.2%和90.36%。

8. 加快改革开放方面

投资、财税、价格和国有企业改革稳步推进,行政管理体制改革步伐加快,宏观经济管理体制和机制得到改善。农牧区"三个长期不变"基本政策不断完善,以乡镇机构、农村义务教育体制和健全农村公共服务体系等为主要内容的农村综合改革积极稳妥推进,草场承包经营责任制进一步落实,集体林权制度改革试点进展顺利。积极推进国有企业改革,出台了扶持企业发展激励办法和企业高级管理人员激励办法。雅砻藏药完成重组,奇正藏药顺利上市。非公有制经济发展迅速,呈现出极大的发展活力。积极为投资者营造良好的政策环境、法制环境和行政环境,出台了《关于进一步加强全区招商引资工作的意见》，对外开放环境进一步改善，开放水平不断提高。2009年全区招商引资到位资金59亿元，比上年增长23%，比2005年增长117%。受金融危机的影响，2009年实现进出口贸易总额4.5亿美元，虽然与2008年相比有较大幅度下降，但边民互市贸易实现了较快增长，边境贸易稳步发展。

9. 增强可持续发展能力方面

耕地保有量面积守住31万公顷红线。生态文明建设稳步推进，全面启动农村薪柴替代工程，截至2008年底，有4.3万户农牧民用上清洁能源。垃圾处理设施建设加快，预计可以完成2010年规划目标。环境保护和节能减排工作同步推进，水土流失治理取得成效，主要污染物减排目标进展顺利，万元地区生产总值能耗控制在规划指标内，城镇空气质量继续保持良好。

10. 推进平安西藏、和谐西藏建设方面

民族区域自治制度进一步完善，民族关系和谐发展。积极引导宗教与社会主义社会相适应。拉萨"3·14"事件发生后，各地（市）、各部门和社区安全保障工作进一步加强，反分裂斗争工作机制更加完备，各族人民更加紧密团结，建设平安西藏、和谐西藏的决心和信心更加坚定。

二、当前西藏自治区经济社会发展中存在的主要问题

总体上看，经过"十一五"前四年的发展，西藏经济社会都取得了巨大的成就，走"中国特色、西藏特点"发展路子的基础更加坚实。但深层次的问题和矛盾以及束缚经济发展的"瓶颈"还未根本解决，要在2010实现"十一五"规划目标和"十二五"期间切实转变经济发展方式、促进跨越式发展和长治久安仍然面严峻形势和繁重任务。梳理起来，当前西藏经济社会发展中存在的主要问题集中体现在以下五个方面：

1. 经济总量小，产业结构不合理，经济效益低下

2009年西藏生产总值为441.36亿元，仅占全国生产总值335353亿元的0.132%，从1999年至今西藏的生产总值占全国的比重均在0.2%以下。国民经济三次产业比例为14.5：30.9：54.6。表面上看，西藏的产业结构比较合理，但具体分析，我们可以发现产业结构存在"一产弱、二产散，三产带动不明显"的弱点。一产中传统生产方式

和自然经济还占有相当比重。二产中相互之间没有形成产业链,企业规模小,缺少具有核心竞争力的大企业、大集团,尤其是西藏的工业发展还处在起步阶段,增加值仅占GDP 的7.4%,比全国平均水平低35.5个百分点。三产看似比重很大,但从内容结构看,经营性行业还占不到60%,而吃财政饭、不创造税收和利润的非经营性部分却占到了40%以上,高出全国平均水平25个百分点。此外,由于西藏远距离运输、高成本运作,现在100元的投入,只能实现60~70元的产值,不到发达地区的1/3;而在工业企业中,100元总资产只能创造6.6元的利润,比全国平均水平少一半多,流动资金平均每年仅能周转0.7次,远低于全国平均2.6次的水平。

2. 农牧区基础薄弱,促进农牧民持续增收难度大

"十一五"以来,虽然自治区各级党委、政府把政策、资金、精力全方位向农牧区、农牧民倾斜,改善了农牧民生产生活条件,但是农牧区一些深层次的问题依然存在,随着收入基数的不断提高,农牧民增收的难度越来越大。农牧民文化水平和技能偏低、商品意识比较淡薄,培训工作亟待进一步加强;政策性增收、劳务输出等支撑农牧民收入增长的条件提升空间有限,在一定程度上制约了农牧民收入的持续较快增长;特色农牧业产业化水平不高,龙头企业规模小、档次低、带动作用弱,专业合作组织相对缺乏,影响了农牧民组织化程度的提高;生产生活方式比较落后,科技贡献率低,农业综合生产能力亟待提高;农牧区基础设施滞后和区域发展不平衡的问题依然存在,农牧民生活水平和生活质量的提高仍然受到较大制约。

3. 改善民生工作任务仍然繁重

"十一五"以来,西藏坚持统筹经济社会协调发展,加大社会事业投资力度,加强公共服务能力的建设,经济社会发展协调的矛盾虽然得到缓解,但由于历史欠账太多、相关设施不配套,加上专业人才缺乏,公共服务能力与人民群众日益增长的物质文化需求不相适应的矛盾依然存在。城乡之间、区域之间义务教育水平差距还比较大,寄宿制学校建设远远不能满足农牧区义务教育的需要。卫生事业发展与人民群众的医疗保健需求还不相适应,农牧区看病难、看电视难、听广播难等民生问题尚未得到根本解决。社会保障体制尚不健全,特别是农牧区社会保障体系建设滞后。社区服务基础设施薄弱。防抗灾体系不健全、基础设施建设不足。广播影视和文化事业设施建设滞后,与经济增长不相协调。解决大学生就业、零就业家庭和"3545"人员就业压力较大,农牧区剩余劳动力转移和脱贫攻坚任务艰巨。

4. 基础设施建设仍然相对落后

受资金、能源、技术等瓶颈制约,特色产业发展的支撑能力不强。虽然经过多年努力,西藏基础设施建设有了很大发展,但由于幅员广、面积大,各种设施欠账还比较多,特别是电的缺口大,成为制约经济社会发展的最大瓶颈。2009年西藏城镇化率只有23.8%,仅相当于全国平均水平的45.7%。"十一五"以来,尽管政府设立了较大规模的产业发展扶持资金,持续加大对产业发展的支持和引导力度,但是,内外部环境和条件仍然制约着西藏特色产业发展。自有资金不足、自身融资能力弱,企业做大做强缺乏稳定、可靠的资金保障;研发和创新能力弱,没有自己的核心技术,企业和产品难以上规模、上水平、上档次;管理和技术人才短缺,企业竞争力受交通、能源等外部基础设施还不完善的限制,无法满足产业快速发展的需要。

5. 反分裂斗争的复杂性、尖锐性和长期性

反分裂斗争的复杂性、尖锐性和长期性对西藏跨越式发展和长治久安带来严峻考验。面对西藏经济社会发展的良好态势,国际反华势力利用和制造所谓的"西藏问题"遏制中华民族崛起的良苦用心一直存在,达赖集团为了维护其所代表的农奴主阶级利益,甘愿充当国际反华势力的忠实走狗,利用境内外分裂分子制造破坏活动的企图一刻也没有停止,反分裂斗争是我们面临的一项长期的、艰巨的、压倒一切的政治任务,西藏人民必须以更大的精力,更多的人力、物力、财力来维护社会稳定,为跨越式发展奠定坚实的政治基础,这无疑加大了西藏的发展成本。

三、西藏自治区"十二五"发展思路研究

当前,西藏已进入"十一五"规划实施的尾声,全区及各地(市)的"十二五"发展思路研究也都早已提上议事日程。2010年1月18日至20日,党中央、国务院在北京召开了第五次西藏工作座谈会。会议指出,经过民主改革50年特别是改革开放30多年来的不懈努力,西藏已经实现了基本小康,站在了新的历史起点上。但我们也要清醒地看到,西藏的发展和稳定仍然面临不少困难和挑战,出现了许多新情况新问题。综合起来看,当前西藏的社会主要矛盾仍然是人民日益增长的物质文化需要同落后的社会生产之间的矛盾。同时,西藏还存在着各族人民同以达赖集团为代表的分裂势力之间的特殊矛盾。

同全国一样,到2020年西藏要实现全面建设小康社会的目标,不同的是西藏站在

更低的起点和相对恶劣的发展条件基础上。要实现这一宏伟目标，"十二五"时期将是西藏发展的一个关键时期，而西藏存在的社会主要矛盾和特殊矛盾决定了西藏工作的主题必须是推进跨越式发展和长治久安，必须以中央第五次西藏工作座谈会为契机，把中央关于加快西藏发展的决策部署同西藏实际紧密结合起来，转变发展观念、创新发展模式、提高发展质量，夯实建设社会主义新西藏的物质基础，使跨越式发展建立在科学发展的基础之上。

（一）西藏自治区"十二五"期间经济社会发展的指导思想和基本原则

1. 指导思想

中央第五次西藏工作座谈会进一步明确了新时期西藏工作的指导思想：高举中国特色社会主义伟大旗帜，以邓小平理论和"三个代表"重要思想为指导，深入贯彻落实科学发展观，坚持中国共产党领导，坚持社会主义制度，坚持民族区域自治制度，坚持走有中国特色、西藏特点的发展路子，以经济建设为中心，以民族团结为保障，以改善民生为出发点和落脚点，紧紧抓住发展和稳定两件大事，确保经济社会跨越式发展，确保国家安全和西藏长治久安，确保各族人民物质文化生活水平不断提高，确保生态环境良好，努力建设团结、民主、富裕、文明、和谐的社会主义新西藏。这也是"十二五"期间西藏经济社会发展的主要指导思想。

2. 基本原则

"十二五"期间要把科学发展观这个根本指针贯穿经济社会发展全局，把中央关心、全国支援和全区各族人民艰苦奋斗结合起来，用发展和改革的办法解决前进中的问题，把改善农牧民生产生活条件，增加农牧民收入作为经济社会发展的首要任务，发展中应坚持以下基本原则：

（1）基础设施先行原则。 从事关国家安全和推进跨越式发展的高度，加强统筹规划，保持必要的投资规模和力度，进一步推进交通、能源、水利、通信等基础设施和公共服务设施建设，为产业发展、社会进步、生活改善创造良好条件。

（2）坚持适度集中，着力打造高原特色品牌的经济发展原则。 从促进社会资源的优化配置，转变生产生活方式的高度，调整区域经济布局，降低行政和社会管理成本，建设以拉萨为中心的中部经济区和与其关联的东部、西部经济区，加快中心城镇功能建设和小城镇发展，转移农牧区富余劳动力，以集中定居和半定居促进分散的游牧民脱贫致富，促进人口等生产要素适度集聚。充分发挥西藏资源优势和潜力，打造西藏高原品牌,加快发展特色经济,形成一批有规模、有竞争力的优势产业,促进基础设施建设和产业发展的良性循环,促进资源优势转化为经济优势,提高经济和社会活动的效率和效益,增强自我发展能力。

(3)坚持开放带动原则。从事关国家战略全局和融入国内统一大市场的高度,加快市场化进程,大力改善投资环境,进一步加强与国内外市场的联系。加强与周边省区的合作,依托内地和对口支援,积极发展与南亚各国的经贸往来,提高对经济增长的拉动作用。

(4)坚持科教兴藏和人才强区。从事关为经济社会发展提供智力和人才支撑,促进社会文明进步的高度,优先发展教育,创新发展科技,加快人力资源开发和人力资本积累。加强基础教育、职业教育、高等教育和干部培训,培养适应跨越式发展的党政干部队伍、企业经营管理队伍、专业技术队伍和高素质劳动者队伍。建设技术推广、资源共享、研究开发三大科技平台,促进经济增长方式的转变。

(5)坚持可持续发展原则。从事关经济社会与人口、资源、环境协调发展的高度,提高人口资源管理水平,科学部署产业开发重点,适度开发与自然生态相适应的特色产业,大力发展循环经济,加强生态环境保护与建设,增强可持续发展能力,建设资源节约型和环境友好型社会,使西藏成为重要的国家安全屏障、重要的生态安全屏障和重要的资源储备基地。

(二)"十二五"时期西藏经济社会发展的主要目标

中央第五次西藏工作座谈会明确规定了西藏经济社会发展的主要目标:到2015年,保持经济社会跨越式发展势头,农牧民人均纯收入与全国平均水平的差距显著缩小,基本公共服务能力显著提高,生态环境进一步改善,基础设施建设取得重大进展,各民族团结和谐,社会持续稳定,全面建设小康社会的基础更加扎实;到2020年,农牧民人均纯收入接近全国平均水平,人民生活水平全面提升,基本公共服务能力接近全国平均水平,基础设施条件全面改善,生态安全屏障建设取得明显成效,自我发展能力明显增强,社会更加和谐稳定,确保实现全面建设小康社会的奋斗目标。走"有中国特色、西藏特点"的发展路子,就是要努力实现这一重大发展目标。

很显然,以上提出的目标任务是综合性的,涵盖了西藏社会的各个方面。为了使目标任务的设想更具有实践应用价值,以下从经济建设、生态建设、社会建设三个主要方面分别加以说明。

1. 经济建设目标

(1) **经济发展速度**。以2009年全区生产总值为基数,"十二五"时期GDP年均增长12%以上,预计到2015年GDP达到870亿元以上,这也是确保西藏到2020年与全国同步实现全面小康社会的约束条件。

(2) **经济结构调整优化**。到2015年,第一、二、三产业增加值占比重由2009年14.5：30.9：54.6,调整为12：32：56。从现有的数值上看,实现这个调整并不难,很快就可以达到。关键是西藏的特色优势产业要发展壮大起来,到2020年,旅游业要从全区的主导产业发展壮大成为全区的首要支柱产业；水电开发、矿产资源开发也要发展成为重要的支柱行业。

(3) **人民生活水平**。当前西藏的农牧民人均纯收入和城镇居民人均可支配收入两项指标均低于全国平均水平。到2015年,要力争使两项指标达到全国平均水平的80%左右。

(4) **城镇化发展水平**。根据联合国关于城市化的指标,人均GDP达到1000美元,城市人口占总人口比重应达到62%。我国目前人均GDP已达到1000美元,但城市化率远没达到这一标准所对应的指标。西藏的情况更为特殊,2009年城镇化率仅为23.8%,要达到目前全国的平均水平也存在极大的困难。"十二五"及以后发展时期,要利用交通基础设施加快发展、交通线路不断延展、能矿资源开发建设的有利条件,加快沿线及辐射区域城镇和依附能矿项目的新型小城镇的建设,进一步提高城镇化水平,力争到2015年时,西藏城镇化率达到30%。到2020年时,西藏城镇化率达到40%。

(5) **劳动就业**。西藏80%以上人口居住于农牧区,到2008年,54.6%的从业人员滞留于第一产业,隐性失业问题相当严重,不仅导致农牧民增收困难,对生态环境也产生极大压力,加快农牧区富余劳动力向非农产业、城镇转化已是当务之急。"十二五"及以后发展时期,必须把扩大就业、控制失业率放在西藏经济社会发展更加突出的位置,努力增加就业岗位,力争城镇新增就业和转移农牧区劳动力分别达到5万人和10万人,城镇登记失业率控制在5%以内。

2. 生态环境建设目标

2009年2月,国务院批准实施了《西藏生态安全屏障保护与建设规划》,将西藏生态安全屏障保护与建设工程确定为国家重点生态工程。西藏"十二五"及以后的发展必须建立在生态环境不断改善的基础上,具体任务主要包括：坚决控制住因人为因素而产生的新的水土流失和草地退化,全面遏制荒漠化的加剧;加大环境建设投入力度,使重点区域的水土流失和荒漠化治理初见成效。加快农村现代生活能源建设,逐步减少薪草燃料使用量;以江河整治为基础,以小流域治理和草场荒漠化治理为重点;实施"宜林则林,宜草则草"、"乔、灌、草"相结合的方式,大规模开展植树种草的植被恢复工作。

3. 社会发展目标

(1)**劳动力平均受教育年限**。2008 年,西藏劳动力平均受教育年限为 6.3 年,略高于 1990 年全国农村劳动力平均 6.01 年的受教育年限,落后全国平均近 20 年。"十二五"期间,应加大对教育尤其是农牧区基础教育的投入,努力实现"两基"达标巩固,力争到 2015 年,劳动力平均受教育年限超过 2000 年全国农村劳动力 7.33 年的平均受教育年限。到 2020 年时,力争达到 2000 年全国城市劳动力 10.2 年的平均受教育年限。

(2)**高中阶段入学率**。2009 年西藏高中阶段入学率为 56.5%,低于全国 2006 年 59.8% 的平均水平。"十二五"时期及至 2020 年,要切实把科技兴藏、优先发展教育放在突出地位,扩大高中教育设施建设,扩大高中教育规模,力争到 2015 年高中阶段入学率达到 70%,到 2020 年时达到 90%。

(3)**千人拥有职业医生数**。重点加强农牧区医疗卫生基础设施建设,提高千人执业医生拥有量,完善农牧民健康体系,消除农牧民就医难问题。力争 2015 年每千人拥有执业医生数由 2009 年的 3.46 人提高到 5 人以上。

(4)**社会保障**。2008 年全区社会保障覆盖率仅 78.5%。"十二五"期间,应在继续推进和完善城镇社会保障体系建设、做到应保尽保的基础上,加快农牧区社会保障体系的建设步伐,重点是农牧区医疗保险和贫困户"低保"体系建设。力争 2015 年全区社会保障覆盖率达到 85% 以上。

(三)"十二五"时期西藏产业发展的重点

"十二五"是推进西藏跨越式发展,实现全面建设小康社会目标的关键时期,应主要围绕转变经济发展方式,继续推进"一产上水平、二产抓重点、三产大发展"的经济发展战略。产业建设的重点是:

1. 持续深入推进社会主义新农村建设

西藏新农村建设是以"安居乐业"为突破口扎实推进的,"十二五"期间,要努力发展农村生产力,促进农牧民收入持续增长,真正实现"一产上水平"。

(1)**大力加强农牧区基础设施建设,全面改善农村居民的生产生活条件**。加强以农村能源、交通、人畜饮水工程、生态环境为主要内容的乡村基础设施建设,强化对耕地、草场利用的宏观调控,从时间和空间上对耕地、草场进行合理布局,努力提高土地节约集约利用水平。

(2)**推进有西藏高原特色的现代农牧业体系建设**。中央第五次西藏工作座谈会确定,要把西藏建设成为重要的高原特色农产品基地。根据西藏区内的资源环境特征,可以选择以"一江两河"中部流域为基地,集中开发青稞产品;以藏北草原为基地,开发牦牛产品;以藏东南为基地,建立藏药材生产基地。此外,蔬菜、花卉的种植,林、果、茶产品的开发等,均可利用西藏独特的资源培育特色品牌,形成有竞争力和生命力的特色经济。

2.建设完善有西藏特色的工业经济体系

按照新型工业化道路的基本要求,建设完善有西藏特色的工业经济体系,取得"二产抓重点"的重大突破。根据"走新型工业化道路"的基本要求,充分发挥西藏地区的文化与资源优势以及"后发展优势",建设有西藏特色的工业经济体系。

(1)**有选择地适度超前发展资金密集型基础工业**。长期以来,西藏产业结构存在的主要矛盾表现为基础产业一直短缺,严重制约了其它加工产业特别是高水平加工产业的发展。"十二五"期间,产业政策的重点应放在能源、原材料、交通运输、邮电通讯等基础产业上,以消除基础性产业对整个第二产业发展的制约。

(2)**大力发展具有突出优势的矿产资源开发业和藏医药业**。据有关研究论证,20世纪80年代以来,我国不可再生的矿产资源形势日趋严重,对国民经济和社会发展的保证程度较低,到2010年,45种主矿产中能够满足需要的仅有一半,其他则要依靠进口来弥补国内的需求缺口,前景堪忧。目前西藏区域内已探明的矿种有100多种,矿产点200余处,其中许多矿产的储量位居全国前列。中央第五次西藏工作座谈会提出,西藏要成为国家"重要的战略资源储备基地"。因此,西藏矿业开发能够较好地实现自身资源优势,并能贡献于整个国家经济的持续发展。

西藏具有自成体系的藏医药学和十分丰富的藏药材资源两大优势,"十二五"期间重点是加强藏医药基础研究,加强藏医药科研机构及队伍建设,在现有藏医药研究机构、人员基础上,加快扩建研究基地,改善装备、完善功能,充分发挥科技进步对藏医药发展的推动作用。与此同时,加强政策引导和扶持,合理配置藏医药资源,促进藏医药生产、经营和服务的集团化发展,真正把藏医药产业做大做强,使藏医药产业成为西藏经济社会发展的一个作用强劲的增长极。

(3) 有选择、有重点地培育发展高新技术产业。结合区情实际,有选择、有重点地发展高科技产业,是促进西藏跨越式发展实现现代化目标的重要标志,"十二五"期间西藏有望做大做强的高新技术产业具有以下几类:

生物资源开发。目前西藏自治区红景天等生物资源的研究、开发,为发展高新技术产业开了一个好头。红景天的开发利用已形成了产业规模,年产值已超过1亿元;雪莲花、乌头、菌类等资源的开发研究工作也正在进行之中;红豆杉是世界稀有树种,在西藏南部有大面积分布,科研人员已从中提取出抗癌活性物质——紫杉醇及其合成品,极具药用和经济价值;藏红花也已回到"故乡",在拉萨大面积人工栽培成功,形成了一个药用植物繁育基地。在此基础上,西藏生物资源开发利用具有巨大的潜力,"十二五"及相当长一段时期内,应大量利用现代生物技术的成果,以开发绿色食品、保健品、新特药品等为终端目标,促使其向规范化、标准化、系列化方向发展,形成具有西藏特色的高技术、高附加值的生物资源产业。

太阳能利用产业。当前太阳能开发利用的高新技术有三大类:一是太阳能光热转换的新技术,即通过各种集热部件把太阳辐射转换为热能后用于工业用热、制冷、空调、热发电、材料高温处理等,真空管集热器就是其代表性的产品。二是太阳能光电转换技术。这是基于光伏效应的一种新技术,各种类型的太阳能电池、砷化锌电池等,是其技术应用的主要产品。三是光化学转换技术。光化学是研究光和物质相互作用引起的化学反应的一个化学分支,利用其新技术可以生产出高效能的光化学电池。西藏具有丰富的太阳能资源优势,区内太阳能应用研究已有一定的基础,今后应当进一步加大研发投入并大量引进当前比较成熟的产品新技术,逐渐在太阳能开发利用领域建立起西藏的高新技术产业。

3. 大力发展西藏现代服务业

以旅游业为龙头,大力发展西藏现代服务业,实现"三产大发展"的重大突破。旅游业在西藏第三产业中的地位十分重要,对整体服务业的带动作用十分巨大。以旅游业为龙头,运用现代经营方式和服务技术,改造商贸、餐饮等传统服务业,积极发展现代服务业。依托青藏铁路、干线公路、航空港、陆路口岸等,组建以拉萨为中心的物流网络体系,宽领域、多层次地发展现代物流业,促进配送、运输、仓储和快递等各类流通业态的全面发展。积极稳健地培育和发展房地产业,使房地产业成为新的经济增长点。

四、"十二五"时期西藏经济社会发展的宏观政策保障

当前,西藏自治区的维稳方式已由非常态转变到常态,为全区经济社会发展创造了良好的社会环境,全区各族干部群众思稳定、盼富裕、谋跨越、奔小康的愿望日益强烈。随着中央第五次西藏工作座谈会的召开和相关文件的出台,中央进一步加大了对西藏经济社会发展的支持力度。"十二五"期间宏观调控政策制定的重点是在结合中央第五次西藏工作座谈会精神的基础上,根据形势的变化,着力提高政策的针对性和灵活性,促进西藏跨越式发展。

1. 坚持深入开展反分裂斗争,塑造稳定和谐的发展环境

坚决贯彻中央关于反分裂斗争的各项方针政策,继续深入开展反分裂斗争,严密防范和严厉打击各种形式的分裂活动,加强涉藏外事外宣工作,不断完善和健全反分裂斗争的工作机制,牢牢掌握反分裂斗争主动权,为跨越式发展创造良好的社会环境。

2. 加强制度创新研究,制定配套制度

抓住中央继续保持对西藏特殊优惠政策连续性和稳定性的有利时机,加强制度创新研究,制定配套制度。中央第五次西藏工作座谈会确定对西藏继续执行并完善"收入全留、补助递增、专项扶持"的财政政策,加大转移支付力度,对特殊民生问题实行特殊政策并加大支持;继续实行"税制一致、适当变通"的税收政策;加大金融支持力度,继续维持西藏金融机构优惠贷款利率和利差补贴等政策。分别于2010年2月和3月份出台的《中共中央国务院关于推进西藏跨越式发展和长治久安的意见》、《国务院办公厅关于印发支持西藏经济社会发展若干政策和重大项目意见的通知》是西藏"十二五"经济社会发展的指导性文件,我们要在吃透文件精神的基础上,从加快转变经济发展方式的战略高度着眼,加强制度创新研究,制定符合西藏实际的配套政策,切实用好用活中央对西藏的特殊优惠政策。

3. 着力抓好投资消费增长,确保发展步伐明显加快

切实抓好重点项目前期工作,积极争取中央投资。继续加大同国家有关部委的汇报衔接力度,争取早日批复西藏自治区"十一五"规划项目调整方案及"十二五"规划项目方案,为"十二五"发展奠定基础。积极引导消费预期,创新消费模式,不断扩大城镇消费,切实落实好财政补贴政策,努力挖掘农牧区消费潜力。

4. 应对经济全球化的机遇和挑战,全面提高对外开放水平

紧密结合西藏实际,全面提高对外开放水平,参与全球化进程。扩大利用外资规模,提高利用外资水平,更好地发挥外资的带动效应。结合国内产业结构调整升级,更多地引进先进技术、管理经验和高素质人才,注重引进技术的消化吸收和创新提高。鼓励外资公司在西藏设立分支经营机构;积极引进风险资本,完善创业投资机制,支持地区内企业特别是中小企业技术创新。强化西藏企业开拓国内外市场,技术创新和培育自主品牌的能力。提高输出商品档次和附加值,扩大名优特新和高技术产品和服务的输出,全面提高在国内外市场竞争力。

5. 加快转变政府职能,努力建设服务型政府

加快转变政府职能,努力建设服务型政府,为西藏跨越式发展提供更好的公共服务与管理。加快行政体制改革,转变政府职能,规范政府行为。严格依照法规、市场经济规则和客观经济规律办事,正确处理政府与企业、市场和社会中介组织的关系,真正把政府职能转到经济调节、市场监管、社会管理、公共服务上来,重点放在搞好服务、营造环境上。继续完善"一站式审批"服务,切实做到应在站内办结的审批事项,一定要在站内办结。科学设置和理顺各级政府与各部门的管理职权,防止交叉、多头管理,形成行为规范、运转协调、公正透明、廉洁高效的行政管理体制。

6. 加强生态环境保护与建设,增强可持续发展能力

坚持贯彻节约资源和保护环境的基本国策,以《西藏生态安全屏障保护与建设规划》为指导,落实好西藏生态补偿机制,大力实施薪柴替代工程和农牧区环境综合整治工程。依法落实基础建设和规划环评制度,严格环境执法监管。认真落实节能减排各项措施,进一步整顿和规范矿产资源开发秩序,抓好高耗能行业改造和建筑节能管理。

(执笔:何 纲)

西藏文化产业发展调研报告*

一、文化产业相关的几个概念

(一)文化的定义

从语源上来看,文化一词拉丁文为 cultus,意即"耕种出来的东西",它与"自然存在的东西"相对立。因此,文化即指通过人的活动对自然进行开发及其所得的成果①。在西方的语境当中,文化的概念一直蕴涵着这样一种文化辩证法,即"人造物与天然物,我们对世界所做的与世界对我们所做的事情之间的一种辩证法"。② 英国人类学家泰勒认为:文化,或文明,就其广泛的民族学意义来说,是包括全部的知识、艺术、道德、法律、风俗以及作为社会成员的人所掌握和接受的任何其他的才能和习惯的复合体。人类在历史的长河中用自己的双手和头脑创造的一切文化遗产都是文化。在我国,文化一词最早具有"文治和教化"的意思。在古汉语中,文化就是以伦理道德教导世人。随着社会的不断发展进步,文化的内涵和外延也不断地扩大。1982 年出版的《辞海》是这样定义文化的:"从广义来说,指人类社会历史实践过程中所创造的物质财富和精神财富的总和。从狭义来说,指社会的意识形态,以及与之相适应的制度和组织机构。"

通过对东西方文化一词的起源及定义的对比可以发现,尽管二者在词源角度具有一定的差异,但随着东西方社会的不断发展和交融,文化一词的内涵产生了一定的交集,并且这种交集有呈不断扩大的趋势。那么,从这个角度讲,对文化做一个十分明确的定义既不现实,也不科学。

在西藏,谈论文化,往往离不开宗教。对于不了解西藏的人而言,大多认为西藏的文化核心就是宗教,宗教构成了整个西藏文化的"魂"。事实上,这是对西藏文化的一种误解。不可否认,宗教,特别是藏传佛教在西藏的文化中占有重要地位,但它绝不能代表整个西藏文化。除了宗教,西藏的文化种类(文化资源)还十分丰富,如舞蹈、艺

---

* 本报告为 2010 年度西藏自治区社会科学院青年课题资助项目。
① [日]横山宁夫. 社会学概论[M]. 上海:上海译文出版社,1983:168 – 171.
② [英]特瑞·伊格尔顿,方杰译. 文化的观念[M]. 南京大学出版社,2003:3.

术、手工业、建筑、饮食、语言、藏医药、天文历算等等,并且由于西藏的地域宽广,各区域的文化表现形式具有一定的差异性,我们可以称为文化的多样性。

(二)产业的定义

我国的教科书通常认为"产业"是指具有某类共同特征的企业的集合。在杨公朴等主编的《产业经济学教程》中,认为"产业"的定义有两层含义,即在产业组织层面上,当我们分析同一产业的企业间的市场关系时,"产业"是指"生产同类或有密切替代关系产品、服务的企业集合"。而当要研究整体经济复杂运行中的企业间错综复杂的中间产品或最终产品的供给与需求关系,或者说当需要考察整个企业的状况,以及不同产业间的结构与关联时,所使用的"产业"定义则更为宽泛,"产业"可以界定为"具有使用相同原材料、相同工艺技术或生产产品用途相同的企业的集合"。从经济学的角度来看,产业经济学主要涉及产业组织、产业结构、产业关联、产业集群和产业布局、产业竞争力、产业安全等多方面的内容。产业一旦形成,其自身就具有了特定的生命周期。对任何一个产业,一般会经历新兴产业、成熟产业、衰退产业等三个阶段。

(三)文化产业的定义

文化产业的发展是本报告分析的重点,因此,在这里我们引入对文化产业的定义,作为后面部分分析的理论基础。从应用角度,联合国有关机构将文化产业定义为"按照工业标准生产、再生产、储存以及分配文化产品和服务的一系列活动"。从文化的角度讲,文化产业就是提供精神消费产品和服务的产业①。按照联合国教科文组织的归纳,文化产业包括文化商品和文化服务,具体的门类有影视业、音像业、广告业、咨询业、网络业、文化旅游业、文化娱乐业等。在我国,实践层面上,1998年8月,文化部文化产业司成立并制定工作规划;2000年10月11日,《中共中央关于制定国民经济和社会发展第十个五年计划的建议》,提出了"深化文化体制改革改革"、"完善文化产业政策"的任务,并首次在政府文件中使用"文化产业"概念。而我国对于文化产业概念的界定,直到2001年由全国政协与文化部组成的文化产业联合调查组才提出"文化产业是指从事文化产品生产和提供文化服务的经营性行业。文化产业是文化建设的重要组成部分,有关文化产业和公益事业共同构成了文化建设的内容。调查组对文化产业作了初步的划分,主要包括文化艺术、文化出版、广播电视、文化旅游四个领域。"2004年,国家统计局在与中宣部及国务院有关部门共同研究的基础上,第一次提出了文化产业的定

---

① 章建刚. 文化产业发展的几个基本逻辑[J]. 南方论丛,2003,(2).

义:"为社会公众提供文化、娱乐产品和服务的活动,以及与这些活动有关联的活动的集合。"从理论角度,我国学者对文化产业的定义有"就是应用复制技术完成文化传播的商业活动的总和"、"生产文化产品或提供文化服务以满足人们精神生活需要的各种行业门类的总称。"

与文化产业密切相关的概念是创意产业。事实上,在联合国教科文组织提出文化产业概念之后,英国最早响应并在国家层面创新性地提出了创意产业行动计划,成为20世纪末文化产业潮流的引领者。1998年,英国创意产业特别工作组首次对创意产业进行了定义,"源于个人创造力与技能及才华、通过知识产权的生成和取用、具有创造财富并增加就业潜力的产业。"①在我国,一些学者认为,文化产业就是一种以创意为核心的新兴产业,或者说文化产业在很大程度上就是创意产业。也有学者认为,创意产业不同于过去的传统文化产业,它是适应新的产业形态而出现的概念,是对文化产业新形态的概括。文化创意产业重点在原创环节,而不是制作环节。除了创意产业之外,与文化产业密切相关的概念还有内容产业、版权产业、文化经济、创意经济和体验经济等等,这些概念的内涵有交叉或大同小异。

二、西藏发展文化产业的特殊重要意义

国内外文化产业发展的经验证明,文化产业本身具有许多其他经济产业所不具备的重要特征:一是资源消耗低、环境污染小;二是需求潜力大、市场前景广;三是进入门槛低、吸纳劳动力强;四是经济回报高、受益时间长;五是能对内增强凝聚力、对外扩大影响力;六是具有逆势而上的特点、反向调节的功能。正是因为文化产业具有上述特征,世界很多国家都高度重视文化产业的发展。在产业发展的初期,一般都是由政府制定发展规划,在政策上进行倾斜、资金上给予支持,以推动其快速发展②。

在西藏,大力发展文化产业,除了具有上面提及的重要意义之外,还具有特殊重要的意义。

(一)大力发展文化产业,是全面落实科学发展观、构建社会主义和谐社会的内在要求

贯彻落实科学发展观,构建社会主义和谐社会,就是要坚持以人为本,从人民群众

---

① 周正兵. 文化产业导论[M]. 北京:经济科学出版社,2009:35.
② 欧阳坚. 开启文化产业发展新纪元[J]. 求是,2009,(24).

的根本利益出发谋发展、促发展,不断满足人民日益增长的物质文化生活需要,使各族人民共享改革发展的成果;就是要把文化建设同经济建设、政治建设、社会建设一并纳入发展全局,促进全面协调发展;就是要努力形成各民族文化各展所长、交相辉映的生动局面。文化和谐是民族和谐的重要基础,是社会和谐的重要保障,是人与自然和谐的重要体现。正是因为意识到文化产业的重大意义,《中共中央关于制定国民经济和社会发展第十二个五年规划的建议》中才将"推动文化大发展大繁荣,提升国家文化软实力"摆在更加突出的位置,并指出要"繁荣发展文化事业和文化产业"。

(二)大力发展文化产业,是提高我区文化竞争力,推动赋有西藏地域特色的文化"走出去"的迫切需要

当前,文化的价值日益被社会所认识,在综合实力竞争中,文化的定位和作用进一步凸显。西藏要加快跨越式发展步伐,不仅需要进一步壮大经济实力,而且需要进一步挖掘文化资源潜力,不断提高文化"软实力"。多姿多彩的西藏文化是中华文化走向世界的潜力所在,也是魅力所在。繁荣发展西藏文化,不仅能够提高我区的文化竞争力,而且也为我国文化的多样性作出重要贡献。

(三)大力发展文化产业,是抵御境外不良文化和腐朽文化渗透,维护国家文化安全的现实要求

在看到经济全球化给我们发展带来重大机遇的同时,也应看到,西方发达国家也在抓紧利用经济全球化为其文化的对外扩张和渗透服务。西藏由于其地位的特殊性,更是各种文化思潮和民族主义思潮交融、碰撞的敏感地区,是境外文化渗透的前沿地带。在经济全球化的浪潮下,西方敌对势力加紧利用各种形式进行文化渗透,企图将西藏作为"西化"、"分化"的突破口,这对我国的文化安全和边境稳定构成了威胁。因此,通过产业化运作方式进一步弘扬西藏优秀文化,对于有效抵御西方的不良文化和腐朽文化渗透,巩固和扩大社会主义先进文化阵地,维护文化安全和国家利益具有重要意义。

三、西藏文化产业发展呈现的主要特征

西藏拥有丰富的文化资源,为西藏发展文化产业提供了先决条件。其中最具有代表性的是宗教文化和民族文化。这些宗教文化和民族文化本身的丰富性使其具有多领域、多层次、全方位的开发利用价值。通过物质包装、信息化处理或媒体宣传,以书籍、

电影、电视、画报、录音、录像、时装、玩具、模型、歌舞、戏剧、展览、服装、服饰、工艺品、宗教用品为载体,制成各种文化商品或文化服务,其巨大的市场价值是难以估量的①。近年来,在政府相关部门的大力引导支持下,西藏的文化产业获得了快速发展,主要呈现以下特征:

(一)以新闻出版业为龙头的各类传统文化产业发展迅速,新兴文化产业初见端倪

整体而言,据统计,截至2009年底,全区有各类文化旅行社、艺术广告装潢社、画廊、度假村、休闲林卡等从事文化产业的企业和单位近3000家,从业人员2万余人,门类20余种,实现税收2000余万元②。其中,文化市场经营单位达到2407家,从业人员近2万人。

文化产业有传统和新兴之分,其中传统文化产业包括电影、演出、图书、音像、艺术品,新兴文化产业包括网络、游戏、动漫、流媒体③等。在西藏,现阶段文化产业发展主要以传统文化产业门类为主,新闻出版业扮演着"领头羊"的角色(见表1)。可以看出,"十一五"时期短短四年内,新闻出版业的总产值就由2006年的3.6亿元扩大到2009年的5.3亿元,增长了1.47倍,年均增长13.8%。与此同时,报纸、音像电子、印刷包装复制等传统文化产业门类均获得了快速发展。以印刷企业为例,2009年重点印刷企业基本实现了印前数字化、印中高效化、印后自动化的目标,全年实现印刷产量36万令纸、同比增长13.1%,工业总产值达到2.8亿元、同比增长13.5%④。需要特别指出的是,电影、电视广告市场创造的产值也不断增加。据有关部门统计反映,2009年拉萨电影城的单片票房创历史新高,全年票房收入达500多万元,这还不包括日喀则市、八一镇等新建电影城产生的票房收入。2009年电视广告收入实现7000万元,是2008年的两倍多。

在传统文化产业获得快速发展的同时,新兴文化产业发展初见端倪。作为文化产业的重要分支,动漫产业在西藏有所起步。2009年西藏动画片《小卓玛》以动画形式让人们感受了西藏,很多小朋友看过后都想进一步了解西藏文化。西藏赞巴拉创意文化传播公司也将在2012年推出精心制作的影视动漫《雪域传奇》。电影推出后,还将在

---

① 耿香玲. 从资源优势比较中看西藏地区文化产业的发展[J]. 西藏研究,2002,(2).
② 西藏社科院. 中国西藏发展报告(2010)[M]. 拉萨:西藏藏文古籍出版社,2010:278.
③ 流媒体简单来说就是应用流技术在网络上传输的多媒体文件,而流技术就是把连续的影像和声音信息经过压缩处理后放上网站服务器,让用户一边下载一边观看、收听,而不需要等整个压缩文件下载到自己机器后才可以观看的网络传输技术。
④ 同②,第348页。

原素材基础上开发动漫连续剧、音像制品、图书等,涉足动漫制作、动漫培训、动漫会展等更广阔领域,深度挖掘西藏文化宝藏,形成可持续发展的价值产业链。

表1　　　　　　　　"十一五"时期新闻出版业总产值增长变化表

年份 \ 指标	新闻出版业总产值(亿元)	占GDP比重(%)	增长速度(%)	从业人员(人)
2006	3.6	1.23	12.5	—
2007	3.8	1.2	5.6	5800
2008	4.3	1.2	13	8400
2009	5.3	1.2	23	8800

(二)大力实施重大文化产业项目,文化产业载体建设进展显著

投资项目、建设基地是推动产业发展的重要平台。"十一五"时期,在政府资金的大力扶持下,西藏大力实施重大文化产业项目,形成储备了一批具有地方特色的文化产业项目。在2009年第四届北京文化创意产业博览会上,西藏共推出了九大文化产业项目①,向与会的文化产业投资机构推介,以寻求投资合作。现场签约项目5个,签约总额达到7.45亿元,取得了历史性突破,显现出西藏文化的强大魅力。在文化产业项目的带动下,目前西藏已形成了8家自治区级文化产业示范基地,其中,拉萨岗地经贸发展有限公司被文化部命名为国家级文化产业示范基地。

(三)公益性文化事业发展迅速,公共文化服务能力显著提高

从前面部分对文化产业的定义可以看出,本质上,公益性文化事业属于文化产业发展的一个重要组成部分。当然,随着对文化产业研究的不断深入,理论上将通过市场化运作的文化形态称之为"文化产业",而由政府提供文化产品的活动称之为"公益性文化事业"。我们之所以要将公益性文化事业发展纳入文化产业发展的研究之中,是因为,从本质上而言,二者最终要实现的目的是相同,都是为了满足广大人民群众日益增长的文化需求。"十一五"时期,作为公益性文化产品供给主体的自治区政府,投入了

---

① 九大文化产业项目分别是:拉萨岗地经贸有限公司的吞米岭·藏艺文博园、西藏山南地区贡嘎县杰德秀围裙厂的雅砻民族传统手工艺品制作、西藏塞纳格桑文化艺术有限公司的"祥和西藏"生态文化产业公园、拉萨市娘热民俗风情园的西藏藏文书法艺术巡展、西藏赞巴拉创意文化传播有限公司西藏动漫电影《雪域传奇》、西藏自治区博物馆的西藏博物馆民俗文化苑、西藏珠穆朗玛文化传媒有限公司的大型藏族唐卡式歌舞诗《幸福在路上》、西藏自治区文物总店的西藏古玩城开发建设项目、西藏人民出版社的涉藏图书展销与版权合作项目。

大量的人力、物力、财力,不断提高公共文化服务供给的质量和水平。

1. 公共文化设施和文化信息共享工程建设步伐全面加快

从全区来看,目前公益性文化事业发展的载体包括4座公共图书馆,2座博物馆,在建的大型博物馆1座。其中图书馆年接待读者2万余人次,借阅图书近2.5万余册。2009年末全区共有各级群众艺术馆、文化馆(站)295个,各类专业文艺演出团体10个,民间艺术团19支。县、乡、村三级公共文化服务网络体系开始建立。绝大多数县实现了县有综合文化活动中心、乡镇有综合文化站、村有文化活动室的目标。经济发达地区对公共文化服务设施的投入力度不断加大,以林芝地区2009年为例,财政投入1200余万元,为500余个乡镇和行政村配备了广场音响、实用图书、书架等设备。西藏自治区文化信息资源共享工程县支中心建设稳步推进,全面启动了数字资源加工整理工作。

2. 广播影视公共服务体系初步建立

"户户通"工程进展顺利,截至2009年底,已解决了160多万农牧民用直播卫星接收设施收听收看广播电视节目。"农村电影放映工程"成果得到不断巩固。2009年全年公益性放映达13万场,观众人数达1405万人次。日喀则、林芝建立了农村数字电影院线和城市数字电影院。"西新工程"稳步推进,2009年丁青、察雅、南木林、工布江达4座中波台建成播出;2010年中央人民广播电台藏语广播开通运行。有线数字电视网络建设力度进一步加大。2009年拉萨市有线数字电视建设用户达7.9万多户。

3. 非物质文化遗产保护工作进一步加强

2009年,藏戏、格萨尔成功入选联合国人类非物质文化遗产代表作名录,填补了西藏没有世界级非物质文化遗产代表作的空白。22名传承人入选第三批国家级代表性传承人名录。新公布了101项第三批自治区级名录。完成了墨竹工卡县藏族天文历算达普天文观测点的维修工作。整理出版了《歌舞的海洋》等一批非物质文化遗产系列丛书和《八大藏戏经典唱腔》等一批音像制品。

(四)各地市文化部门积极开发演艺产品,打造文化品牌

2006年,拉萨市民族艺术团与旅游部门合作,创作了大型民族歌舞剧《五彩西藏》并投入市场,进行了16场商业性演出。新编大型历史剧京剧与藏戏《文成公主》在北京、广东、海南进行多场商业性演出。山南地区艺术团赴湖北20多个城市和企业进行"西藏风"大型歌舞有偿交流演出活动。山南地区投资200万元,组织创排的大型民俗歌舞《雅鲁藏布情》也已推向市场。日喀则地区积极推进文化体制改革,组建地区演艺公司并积极扶持业余文艺团体创新演出内容,将"堆谐"推向市场并初见成效。2009年自治区藏戏艺术中心创作的大型原生态歌舞诗《幸福在路上》、西藏首个大投入大制作的大型旅游文化常态演艺项目——大型西藏歌舞音画史诗《喜马拉雅》等演艺产品陆续投向市场,取得了良好的经济效益。

拉萨、山南、日喀则、林芝等地的部分民间艺术团努力适应文化旅游业发展需要,积极开展商业性演出活动,成效显著。据统计,2006年山南文化系统文化演艺产业纯收入达300余万元。

(五) 文化产业与旅游业的融合度不断加深

"十一五"时期,特别是青藏铁路建成通车后,西藏的旅游业呈现"井喷式"的发展态势。即使2008年受拉萨"3·14"事件的影响旅游业出现大幅下滑,2009、2010年亦出现了恢复性增长。从图1可以看出,2006年青藏铁路建成后,2007年西藏接待旅游者403万人次,增长了60%。2009年"3·14"事件的负面影响逐渐消除,西藏接待旅游者561万人次,大大超过了市场的预期水平。2010年保守估计将超过600万人次。伴随接待旅游人数的不断增多,旅游总收入增长明显,由2006年的27.7亿元扩大到2009年的56亿元,翻了两倍,年均增长26.4%,远远高于同期全区生产总值的增速。

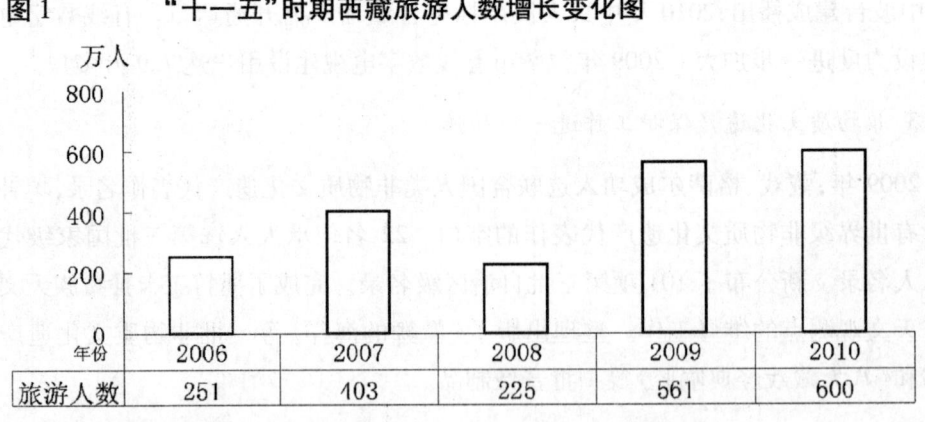

图1　　"十一五"时期西藏旅游人数增长变化图

旅游产业的快速发展,首先是扩大了市场对文化产品的需求。大量游客进入西藏,在体验自然风光的同时,对独具西藏特色的各类文化产品产生了浓厚的兴趣。当游客对藏族歌舞产生兴趣时,可以带动演艺业的发展;当游客对藏族题材的书籍产生兴趣时,可以带动图书出版业的发展;当游客对佛教文化产生兴趣时,可以带动唐卡制作业的发展。从理论上看,人的需求是多种类的,伴随着旅游业的发展,就产生了对多种文化产品的需求,而这种需求正好为发展文化产业提供了难得的契机。

其次,从西藏旅游业本身的发展来看,具有很深的文化旅游色彩。大量的游客无论是进入布达拉宫、大昭寺、扎什伦布寺,还是游览纳木错、冈仁波齐、玛旁雍错,都带有某种文化诉求。因此,也有人将西藏旅游称之为"文化之旅"、"心灵之旅"。从这个角度讲,没有对文化的追求,也就不会造就今天的西藏旅游业。

在看到西藏文化产业近年来呈现良好发展势头的同时,也应看到大力发展西藏文化产业还存在一些障碍和问题:一是整体而言,西藏文化产业尚处于起步阶段,市场化程度低,市场规模还很小。从前面的分析可以看出,新闻出版业在文化产业发展中占有很大比重,而该产业某种程度上还具有很大的"事业性",不属于纯市场的文化产业形态。演艺产品的推出、文化品牌的形成,政府投资占据主导地位,具有很大的公益性,市场化程度不高。二是文化产业发展缺乏本土人才的保障。与内地不同,如果当地缺乏支撑文化产业发展的专门人才,可以通过从其他地区引进而弥补,但由于西藏文化具有相对的独特性,只有依靠本土人才的培养才能确保文化产业发展有可持续的人才资源保障。三是资金与技术支持缺乏。资金方面,虽然自2008年开始自治区政府每年投入2500万元专项支持文化产业发展,但由于目前西藏文化产业发展处于起步阶段,在加之市场资金进入十分有限,这样的资金支持对于推动产业形成仍尚显不足。技术方面,由于西藏的工业发展整体落后,还不能为文化产业大发展提供有力的技术支持,而恰恰文化产品的生产与工业技术密切相关①。四是公益性文化事业急需政府加大投入力度,加快发展。纵向看,西藏的文化事业近年来获得了长足发展,横向比,西藏文化事业的发展水平、发展层次还很低,需要政府进一步加大投入,加快发展。从本质上看,以上问题的存在,与体制机制有很大关系。尽管西藏宣传文化系统的各文化经营实体已经在管办分离、政事分开、政企分开等方面作了很多的探索和努力,但在具体操作上仍然存在着很大的问题,致使现代企业制度迟迟无法建立,全区文化产业仍处于低水平的初级发展阶段。

四、西藏发展文化产业应处理好的几个关系

2009年7月22日,国务院常务会议原则通过了《文化产业振兴规划》,这是新中国

---

① 文化产业兴起除经济原因之外,需具备一定的技术条件,有研究指出需三种复制技术,分别为:印刷、广播(电视)、计算机技术。

成立60年来第一次有关文化产业的专项规划,也是2009年以来继纺织、钢铁等十大产业振兴规划之后,我国制定的第十一大产业振兴规划。

这个被称作中国文化产业里程碑的规划的制订,不仅表明社会主义中国对文化产业发展规律的认识达到了新的高度,更意味着我国政府已经坚定地把发展文化产业确定为一项重要的国家战略。

事实上,在这份具有宏观指导意义的规划出台之前,文化产业在我国已经取得了长足的发展。据有关部门测算,2007年我国文化产业增加值占GDP的比重为2.6%,据此推算,实现文化产业增加值大约是6412亿元,比2006年增长18.4%。2007年我国文化产业占GDP比重比上年提高了0.15个百分点,继续保持了快速增长的态势。2009年我国的文化产业增加值达到8400亿元,占GDP比重为2.5%左右。伴随我国文化产业的不断发展,西藏的文化产业亦在不断地成长发展。大力发展文化产业,对于像西藏这样的欠发达地区以科学发展观为指导,调整优化产业结构,实现经济发展方式的根本转变,具有十分重要的意义。通过调研思考,笔者认为,西藏大力发展文化产业,应注意处理好以下几个方面的关系。

(一)应正确认识西藏文化与中华文化的关系问题

文化是一个民族存在的根基,是一个民族发展的动力。每一个民族之所以作为民族而存在,一个重要的标志,就在于它有自己独特的文化。中华民族在漫长的历史发展中,逐步形成了中华文化。其中,各少数民族的优秀文化是中华文化的重要组成部分。

西藏是以藏族为主体的少数民族自治区域,千百年来,在历史的演进过程中,逐步形成了藏族文化。不了解西藏文化的人有这样一种误解,认为西藏文化以宗教文化为主体,有很强的独特性、神秘性等特征。从这样的认识角度出发,往往就造成这样的认识误区,认为西藏文化与中华文化是并行的两种文化类型。事实上,单从西藏文化包含的内容而言,也不仅仅只是宗教文化。况且,更为重要的是,西藏文化与中华文化是一种被包含与包含的关系。西藏文化的发展,推动了中华文化的形成和发展。在中华文化的形成和发展过程中,西藏民族作出了巨大贡献,促进了中华文化形成了统一性和多样性的鲜明特征。同时,正是因为有了中华文化对西藏文化影响的不断加深,西藏的优秀文化才有了更加旺盛的生命力。

(二)应处理好文化产业与公益性文化事业的关系

有人认为:在西藏,受特殊的区情所限,现阶段"不适宜大力发展文化产业",而应坚持政府主导的文化事业的大力发展。笔者思考认为,这样的观点有失偏颇,西藏的文化产业与公益性文化事业都应该得到快速发展,二者不能偏废。

有学者对文化产业做了这样的定义"文化产业就是应用复制技术完成文化传播的商业活动的总和。"这一定义明确地指出了文化产业需要通过商业化、市场化的手段才能实现。市场化是产业发展的重要手段和途径,文化产业发展也不例外。说到底,文化产业发展的根本任务,是满足人民群众多层次、多方面、多样化的精神文化需求,市场在文化资源的配置中发挥基础性作用。

然而,在文化领域,不能把一切东西都市场化、产业化。随着我国及西藏二元经济结构的形成,城乡文化基础设施的差距比收入水平的差距更大。面对这样的现实,政府应该有效发挥宏观调控职能,通过提供公益性的图书馆,免费的演出等公共服务,以使更多的农牧民得到文化生活的享受。文化领域存在的这类现象,我们在理论上称为公益性文化事业。公益性文化事业发展的目的,是要构建覆盖全社会的公共文化服务体系,为人民群众提供基本的公共文化服务,保障百姓的基本文化权益。这类文化事业的发展,要发挥政府的主导作用,政府需要持续投入。

总而言之,文化产业在不断发展的同时,不能忽视对公益性文化事业的关注。而需要指出的是,无论是文化产业的发展还是公益性文化事业的发展,深入推进文化体制机制改革是前提。

(三)应处理好文化产业与旅游业发展的关系

近年来,西藏的旅游业获得了快速发展。特别是青藏铁路的建成通车,为西藏旅游业实现迅猛发展插上了翅膀。有鉴于此,自治区已将旅游业列为"十一五"期间的支柱产业进行培育。从目前旅游业发展的现实看,"十二五"期间旅游产业将继续保持支柱产业的地位不动摇。与此同时,西藏的文化产业则处于刚刚起步阶段,呈现出产业化程度低、产品开发创新能力严重不足、经营水平较差等特征。面对这样的现状,笔者认为,可考虑以旅游产业的快速发展带动文化产业的发展。

文化产业有传统文化产业与新兴文化产业之分。传统文化产业包括了电影、演出、图书、音像、艺术品等文化产品形式,新兴文化产业包括了网络、游戏、动漫、流媒体等文化产品形式。从西藏特殊的区情出发,西藏在传统文化产业发展方面具有一定的优势和潜力,而在新兴文化产业发展方面并不具备优势。因此,大力发展传统文化产业将成为目前阶段西藏文化产业的重点。以此为前提,可以发现,传统文化产业中的许多文化产品与旅游业的发展紧密相关。以独具特色的西藏歌舞为例,近年来,通过发挥旅游业的桥梁纽带作用,借助于商业化的运作模式,已经取得了显著的产业经济效益。

因此，要摆脱那种将文化产业与旅游产业作为第三产业中不同的产业门类的错误认识，通过西藏旅游产业的大发展带动西藏文化产业不断发展壮大，实现旅游文化产业的一体化发展。同时，那种将文化产业列为第三产业范围的划分方法，是不正确的。事实上，在经济理论学界，西方经济学界已将文化经济学正式作为经济学一个新兴分支学科进行了定位。

五、大力发展西藏文化产业的对策建议

目前，西藏文化产业发展面临难得机遇。国家层面，《文化产业振兴规划》已经颁布，表明我国对文化产业发展规律的认识达到了新的高度，更意味着我国已坚定地把发展文化产业确定为一项重要的国家战略。自治区层面，《中共西藏自治区委员会关于制定"十二五"时期国民经济和社会发展规划的建议》中明确指出要"推动文化大发展大繁荣，提高各族人民思想道德素质"，并对"繁荣发展文化产业"提出了明确的目标要求。应该说，西藏文化产业发展已经具备了一个极为宽松的外部政策环境。但是需要指出的是，推动文化产业发展是一项系统工程。今后一个时期，相关部门应进一步加大工作力度，从自身工作职能出发，全方位、多角度出谋划策，共同"推动文化资源优势向文化产业优势的加速转变，推动文化资源大区向文化强区的战略转型"。

（一）尽快制定出台指导文化产业发展的专项规划

新世纪初的2002年，西藏自治区人民政府出台了《西藏自治区人民政府关于加快发展我区文化产业的若干意见》，通过分析可以看出，这样的一个文件，更加注重的是原则性、指导性。伴随着西藏文化产业的不断发展，这样的指导性文件已不能满足现实发展的需要。在调研中，我们了解到《西藏自治区文化产业发展规划》（2011~2020年）正在编制之中。我们认为，规划中应明确提出西藏文化产业发展的方针、战略、目标、任务和突破口，并纳入社会发展的总体规划，完善配套的政策和管理办法，在制定产业规划时，还必须与必要的政策导向、财政支持、法规管理、市场培育相结合。

（二）加快推进文化产业项目建设，实施项目带动战略

加快推进文化产业项目建设，既是优化文化产业结构的重要举措，也是培育和巩固消费增长点的关键环节。抓紧谋划推出关联度高、投资风险低、预期效益好的文化产业

项目,同时强化项目推介,扩大项目对投资的影响力和吸引力。积极推进项目落地,从土地、税收、配套设施等方面给予切实保障,为项目建设创造良好条件,确保项目成为吸引各方投入、聚集生产要素、打造文化品牌、推动文化产业发展的有效载体。当前,要规划建设好西藏民族文化产业发展基地、西藏文化传播基地、西藏影视动漫综合制作中心、雅江民族文化产业带等重点文化产业项目。

(三)探索建立适应文化产业投资发展的投融资体系,加大文化产业的投资规模

要研究探索通过建立"文化产业发展基金"、"文化产业创业投资基金"、"文化产业风险投资基金"等方式,吸引更多社会资本参与文化产业发展,逐步建立多元化、社会化、公共化的投融资服务体系。通过建立符合市场化要求的投融资体系,进一步培育市场主体,增强微观活力。要从推进国有经营性文化单位转企改制入手,培育一批充满生机活力、拥有自主创新能力、知名品牌、自主知识产权的文化企业与企业集团。

(四)统筹城乡文化发展,加快推进农村文化建设

文化建设包括两个方面的内容,一是文化产业发展,二是公益性文化事业发展。目前,西藏社会发展的总体特征表现为"非典型二元结构",城乡不仅在经济发展方面存在较大差距,文化建设方面更是由于种种因素制约而存在显著差距。具体表现为,在社会主义精神文明建设不断加强的同时,宗教对广大农牧民群众的影响依然存在。因此,统筹城乡文化发展,加快推进农村文化建设就成为文化产业发展的当务之急。在这里,需要明确的是,农村文化建设具有典型的公共产品的性质,属于公益性文化事业的范畴,因此,只能由政府进行有效供给,而不能一味的市场化。在这方面,政府相关部门已经积累了一定的经验。今后,统筹城乡文化发展,加快推进农村文化建设的主要任务包括:大力实施文化信息资源共享、文化科技卫生"三下乡"、农村电影放映、广播电视"村村通"、新农村书屋等文化惠民工程,大力推进农村文化的基本阵地、基本队伍、基本内容和基本活动方式的建设,加快形成纵向到底、横向到边、覆盖全社会的公共文化服务网络。

(五)要对文化产业发展进行必要的内容规制

所谓内容规制就是指政府基于文化产品的外部性,对文化产品的内容实施规制,通过许可或审查制度禁止不良内容的生产与传播[1]。内容规制属于文化产业社会规制的

---

[1] 周正兵.文化产业导论[M].北京:经济科学出版社,2009:254.

一个方面,除此之外,还包括质量规制①。对文化产业发展实行必要的内容规制,从学理层面而言,其原因主要体现在文化产品的外部性和公共产品调整以及市场失灵。在西藏,由于达赖集团的存在以及国际势力对"西藏问题"的高度关注,大量的充斥着政治意图的文化产品往往通过各种渠道进入西藏,成为国际敌对势力进行分裂渗透的重要工具。因此,对于图书、音像等文化产品进行内容规制就显得十分的必要。与此同时,对文化产品进行经济规制也是不可或缺的。

(执笔:杨亚波)

---

① 质量规制,就是指国家对文化产品的质量实施规制,以保证文化消费者的文化及其他合法权益。

加快藏东地区农村经济发展的调研报告*

2011年7月初,西藏自治区社会科学院再次组织调研组,深入那曲、昌都和林芝等地区的多个县乡,采取收集资料、召开座谈会和个别访谈等形式,对2009年东线调研情况进行回访,重点对藏东地区的农村经济发展情况进行调研。通过调研了解到,各地区及县在完成"十一五"目标进入"十二五"开局之年,认真贯彻落实党的十七届五中全会和中央第五次西藏工作座谈会精神,在中央关心、全国支援和自治区党委、政府坚强领导下,经过各族人民的艰苦努力,农村经济工作取得了突出成效,在以安居乐业为突破口的社会主义新农村建设的强力推进下,农牧区面貌发生了巨大变化。但那曲和昌都地区与兄弟地区相比还有一定差距,需加更进一步推动各项工作。

一、藏东地区农村经济建设取得的主要成绩

近年来,在自治区党委、政府的坚强领导下,各级党政部门高度重视农牧区经济社会的发展,认真落实自治区党委书记张庆黎在2007年提出的"一产上水平、二产抓重点、三产大发展"经济发展战略,藏东地区经济社会事业得到较快较好发展,农村经济取得了突出成效。在"十一五"期间,农牧业经济持续稳步发展,农牧业总产值持续增长,粮、经、饲种植结构逐步调整趋于合理;按照"优势区域、优势资源、优势产业、优先发展"的发展思路,大力发展特色农牧业,粮食连年稳定增产,畜牧业健康快速发展,各类经济合作组织开始萌发,拓宽群众收入渠道的作用逐渐显出;那曲、昌都和林芝地区的农牧民人均纯收入分别达到4080元、3662元和5410元,林芝地区农牧民人均纯收入位居全区之首;以安居工程为突破口的社会主义新农村建设取得了重大进展,大部分农牧民住进了安全适用的房屋,村级组织活动场所得到改善,村容村貌发生明显的变化;农牧业基础设施建设不断加强,农牧区综合生产能力和防抗灾能力逐步提高,贫困

---

* 根据2008年8月自治区党委书记张庆黎到自治区社科院考察指导工作时亲自交办的六大课题安排,在前期工作的基础上,自治区政协副主席、自治区社科院院长白玛朗杰于2011年7月初再次亲率社科院调研组,深入那曲、昌都和林芝等地区的多个县乡,对社科院2009年东线调研情况进行回访,重点对藏东地区的社会管理包括农村经济发展情况进行调研,形成了本调研报告。

人口逐年减少,有效缓解了藏东地区集中连片的贫困程度,农牧民生产生活条件进一步改善。但从长远看,藏东地区(以昌都为主的地区)农村经济受到农业基础设施薄弱、农牧民整体素质不高、稳定增收难、产业结构调整力度不够等因素制约,"十二五"时期藏东地区所面临的农村工作任务仍然十分艰巨。

二、当前制约藏东地区农村经济发展的主要因素

藏东地区农村经济目前在横向比较之中,特别是区域内的昌都与林芝地区比较,与全区经济社会发展需求相比,仍然存在不小的差距和诸多困难。制约农村经济发展的主要因素有以下几个:

(一)农牧区缺乏活力和动力,农牧民增收渠道不多。农牧民增收困难是当前藏东地区农牧业和农牧区工作面临的最突出的问题。除了林芝地区外,那曲和昌都地区的农牧民人均纯收入低于全区平均水平,那曲地区东部县和西部县之间的农牧民收入差距更大。一是自然条件和资源丰裕程度决定了农牧民之间的收入差距,从那曲、昌都到林芝存在一个资源丰裕程度的梯度,决定了农村经济收入的落差。二是拓宽农牧民增收渠道不多不广,尽管各地不断探索产业结构调整、助农增收的新方式、新举措,先后引导农牧民搞特色农牧业、劳务输出等,也取得一定成效,但总的看来,农牧民增收的渠道仍然比较狭窄。三是农产品流通渠道不畅,价格低迷,农牧民从种养业中得到的收入不高,而以虫草、松茸等特色资源的采集业受市场的影响,起伏不定的价格难以保证农牧民收入稳定增长。四是乡镇企业的数量和质量远不如藏中地区,依赖于剩余劳动力转移的农牧民工资性收入也很少,农牧民增收的难度明显增加。五是家庭经营性收入仍然是农牧民收入的主要来源,农牧民靠政策增收、靠"天"增收成份较大,农牧民增收的长效机制建立尚需要一个较长的过程。

(二)农牧业结构单一,产业结构调整较慢。一是结构调整的方向和重点还不够突出,品种结构和生产布局还没有大的变化,农牧业的质量和效益提高不大。"十一五"期间,在调整农牧业过程中过于强调粮经饲结构、畜群结构比例的改变,强调面积和数量的扩张,掩盖了提高农牧业质量,培育品牌,以及质量和效益的提高,对高原绿色食饮品等具有市场竞争能力的优质、特色农牧产品扶持开发不够,尚未形成规模经济。二是农牧民分散经营,难以形成规模。三个地区农牧业生产目前仍以一家一户的分散模式为主,生产分散,不能形成一定的规模,销售也以自产自销为主,形不成规模效益,也限制了农户收入。三是缺乏足够数量的合作经济组织,农牧民既是决策者,又是生产者、

管理者和销售者。由于在广大农牧区信息闭塞,农牧民既要掌握先进的生产管理技术,又要面对千变万化的市场信息,往往无法兼顾。四是农牧民随大流现象突出。农户普遍文化程度不高,获取信息能力弱,在产业发展之初,怕技术水平跟不上,又不能确定市场销路好坏,往往持观望态度。在虫草资源富集的县,随着虫草价格的逐年攀升,很多家庭靠虫草采集迅速富了起来,"不会生活"的吃光、花光现象也随之而来,互相攀比。而基层部门尚未开展引导农牧民建立合理的消费观念,如何将数额巨大的虫草收益转化到新农村建设中去并从政策和基础设施等方面进行配套,若地、县级党委、政府不组织研究,布置工作,这种情况还会延续下去。

(三)受自然条件的影响,农牧业产业化发展缓慢。林芝地区因资源条件较好,农牧业产业化发展水平要高于其他地区,在促进农牧业结构调整和增加农牧民收入、提高农村经济和社会发展水平等方面,发挥了一定的作用。而自然资源条件相对较差的地区,农牧业产业化发展缓慢。一是农牧业基础设施建设落后。由于大部分农牧区主要集中在高半山地区,山高坡陡,土壤贫瘠,肥力低下,灌溉困难。像昌都这样不在"一江两河"农业综合开发区内的地区,水利等基础设施严重不足,工程性缺水严重,粮食产量低,草场载畜能力弱,农牧业防抗灾能力差,粮食产量仅能基本维持自给,实现农牧业增产、高效的任务十分艰巨。二是农牧民群众的发展意识不强。受地理条件、文化水平的限制,"小富则安"、"等、靠、要"的惰性心态依然存在,缺乏开拓创新能力和敢闯、敢冒的精神,创新发展意识不强。三是分散经营阻碍产业化发展。藏东地区农牧业生产主要还是以分散的农户家庭经营为主体,现有的一些企业规模小,对农畜产品的加工停留在粗加工的层面上,精深加工比重很小,技术含量和科技附加值都比较低,一家一户的农牧业生产经营规模小、组织化程度低、商品量少、效益低下。四是农牧民组织化程度不高。基层基础设施建设滞后,乡村干部工作和生活条件艰苦,人才流失现象十分严重;村级组织的"两委"班子成员文化程度普遍偏低,带领群众致富增收的能力有待提高。加之农牧区实用人才缺乏,科技示范户和专业大户培育少,农牧民科技意识淡薄,接受新技术、新品种的能力弱,农畜产品的科技含量极低,基本上维持着传统农牧业的耕作和管理模式,很多好的发展设想难以实施。

(四)基础条件导致发展缓慢,统筹城乡协调发展难。一是农牧区教育水平已不能满足农牧民对优质教育资源的需求,突出表现在农牧区缺乏优质教育资源和优秀教师,教师资源配置失衡。二是农牧区医疗卫生低于全区平均水平,农牧区公共卫生体系建设滞后,农村疾病预防控制、妇幼保健、卫生服务、突发公共卫生事件应急体系尚不完善,每千人只有2.2名卫生专业技术人员,大骨节病、麻风病、碘缺乏病等地方病尤为突出。三是相当一部分乡镇没有综合文化活动场所,昌都地区还有一部分农牧民群众听不到广播和看不到电视。四是科技对农牧业生产的贡献率还相当低。五是农牧区社会保障制度有待于进一步完善。

在昌都地区,还有169个行政村没有通公路,黑色公路总里程仅为1261公里,黑色化率仅11.8%,严重影响了农牧区的对外交流和开发进程;电源点建设总量少、规模小,电网覆盖范围小,农牧区通电率低,尚有30万农牧民群众没有用上电;藏东地区的城镇化水平低于全区平均水平,虽然以昌都镇、芒康县嘎托镇、丁青镇为代表的现代城镇发展较快,但由于数量少,且城镇功能不完善、规模小,难以形成区域内的人口聚集效应,辐射、带动作用有限。另外,在对口援藏力度上地区差异特别大,如昌都类乌齐县自获得援藏资金以来,17年累计为7000万元,而林芝地区的一个县3年就达到4000万元。第五次西藏工作座谈会后,援藏省市加大了对口援藏力度,类乌齐县一年获得的援藏资金增加到3000万元,而同期林芝地区一个县获得的援藏资金将达到上亿元。

三、加快藏东地区农村经济发展的几点建议

统筹解决藏东地区制约农村经济的诸多问题,已经临近到了一个关键时点,即尽快缩小藏东与中部地区的差距有利于全区的平衡发展,有利于及早化解不平衡带来的矛盾和问题。

(一)加强农牧区基本制度建设,走制度保障之路。一是稳定和完善农牧区基本经营制度。在坚持以家庭承包经营为主的基础上,完善统分结合的双层经营体制,保持现有土地、草场承包关系稳定并长久不变,更应努力推进农牧业经营体制机制创新,加快农牧业经营方式转变。积极发展新型集体经济,大力培育新型合作组织,建立健全农牧业社会化服务体系,着力提高组织化程度,推动形成农户联合与合作,形成多元化、多层次、多形式经营服务体系。二是建立健全农牧区土地管理制度。按照产权明晰、用途管制、节约集约、严格管理的原则,进一步完善农村土地管理制度。三是积极探索新型合作社发展模式,引导发展各种类型的农牧民专业合作组织,鼓励和规范农牧民以转包、出租、互换、转让等形式流转土地承包经营权,推进农牧业经营向适度规模经营转变,同时积极稳妥推进农牧区土地整治,推进集体林权制度配套改革。加强农牧业技术、质量安全、农牧业机械、信息与物流等建设,增加投入,不断健全农牧业大社会化服务体系。四是建立现代农村金融服务制度。利用建设巩固"信用乡镇"为契机,加大对农牧区金融政策的支持力度,拓宽融资渠道,引导信贷资金和社会资金投向农村。从信贷总量、

担保、利率、期限、服务等方面对农牧业给予大力支持。

(二)**加快农牧区基础设施建设,走建设新农村之路**。藏东地区的项目建设应从农牧民最关心、要求最紧迫、受益最直接的"路、电、水"抓起,加大投资倾斜力度,整合资源,集中力量,连片推进,着力改善藏东地区农牧民生产生活条件。一是加快乡村道路建设的步伐,逐步消除农牧区经济社会发展"瓶颈"制约。抓住"十二五"期间国家和自治区完善藏东地区交通运输体系的机遇,实施农村通达公路建设项目,国道沿线乡镇道路基本实现黑色化,解决未通公路行政村的通达工程。二是解决农牧民的生产生活用电问题。藏东地区的大部分县城纳入到了藏中电网和藏东电网规划范围内,但还有相当一部分县和广大农牧区只能依靠县域内的电网解决,应积极争取国家投资和援藏资金,进一步加大农牧区小水电、光伏电站的建设,继续解决好地处偏远、海拔高、人口分散、自然条件相对较差的区域农牧民群众的生产生活用电问题。三是统筹农田水利设施和农村饮水安全工程建设。在现有灌区续建配套与节水改造基础上,加大重点灌区和节水增效工程、小型灌区配套改造力度,提高工程引水灌溉保障率,加强农田水利基本建设和草场灌溉设施建设,建设饲草料基地,提高草场载畜能力。继续实施农村饮水安全工程,适当提高建设标准,结合安居工程、生态移民,推进连片集中供水系统建设,加快乡(镇)行政中心所在地集中饮水工程,建立较为完善的农村饮水安全保障体系。此外,积极引导援藏资金投到社会主义新农村建设中,以加快实施"八到农家"工程,完善配套基础设施。

(三)**加快规模化经营步伐,走发展现代农业之路**。按照"统筹城乡经济、发展现代农业"的理念,积极创新土地流转机制,加速推进土地向规模经营集中。一是开展土地规模经营,有利于提高土地流转效益。通过土地流转,把零星的土地流转成连片集中种植,给防虫治病、机械操作带来方便,达到土地流转降低生产成本、提高土地效益的目的。二是以土地成片流转方式,提高农业机械化水平。使用大量农业机械进行大规模的集中连片作业,以机械化生产代替传统手工作业,大幅提高农业生产的劳动生产率,达到省工节本的效果。三是以农牧区土地流转方式促进农村劳动力转移,使农牧区富余劳动力可以投入到二、三产业中去,促进农牧民增收。

(四)**打造名优品牌,走品牌带动之路**。藏东地区农牧业与新农村建设进程中应市场需求,发展精品农业,提高单位效益,加快以这些特色农产品为原材料的农产品生产以及加工产品的标准化,通过品牌创建来整合生产基地、龙头企业和区内外市场之间的各种资源,为品牌农业发展提供良好的基础条件。按照"区域集中、规模做大、质量提升、效益提高"的原则,依托特色农畜产品加工、特色民族手工业、特色旅游业、特色藏医藏药业、以"名、特、优、新"目标,着力开发具有当地特色的地理标志性产品,建立具有规模优势和市场竞争力的特色产业,逐步形成地区特色经济体系。发展高产、优质、高效、生态、安全、设施农业,确保优势特色产业上品质、突特色、增效益,向规模化、科技化、标准化、产业化方向发展。

（五）**发展乡镇企业,走项目带动之路**。非均衡发展的实践,曾在我国东部创造过"乡镇企业"异军突起的经济效应,而近十几年的农村发展历程证明:西部省区什么时候乡镇企业发展快、效益好,什么时候的农村经济、农民收入也就提高快。因此,发展西藏农村经济的关键问题还是如何加快发展乡镇企业的问题。一是实施强乡富村工程,大力发展乡镇企业。要结合实际选择市场好、效益高、税收大的项目,充分发挥本地资源优势,实现资源的合理搭配,为企业的发展创造良好的环境,努力促成项目落户到乡镇。二是藏东地区应重视利用运输、建材、矿产等形式和资源,放手发展农牧区非公有制经济,积极探索"公司+农户"、"协会+农户"等专业合作组织的发展模式,着力扶持营销大户组建地区级龙头企业,使之成为带动农牧民持续稳定增收的观代农牧业经营合作组织,帮助农牧民销售农林牧产品和手工业制品。三是有关部门应加强指导,通过学习参观,引入能工巧匠,使本地产品突出地方特色和民族特色,不断改进民族手工业工艺和材质,在精细、美观上下功夫,努力打造具有地理标志的民族手工业特色产品品牌。

（六）**增加农牧业投入,走科技兴农之路**。一是加大对农业的投入力度,在粮食、经济作物、畜牧、林业、水产等方面选择一些花钱少、见效快、收益大的项目,如优良品种、栽培技术、科学施肥、合理用水、防治病虫、培肥土壤、作物布局等,大力加以推广。二是扶持典型户,通过示范引导,形成一乡（村）一品的格局,以拓宽农牧民增收的有效途径。三是最大限度的争取项目资金,积极引导援藏资金和社会资金投向农牧区,促进农牧业发展和农牧民增收。四是认真贯彻落实国家和自治区对农牧民的各项支农惠农政策,扩大补贴范围,完善补贴办法,切实把粮食直补、良种补贴、农机具购置补贴等优惠政策兑现给农牧民群众。五是切实做好扶贫开发工作,通过整乡推进、产业扶持等方式改善"两项制度"衔接后的农牧区扶贫对象的发展问题,大力实施地方病搬迁工作,并完善其基础设施。

（七）**推进农牧区公共事业建设,走和谐发展之路**。一是坚持把统筹城乡社会事业发展放在更加突出的位置,逐步扩大公共财政覆盖农牧区范围,加大投入,创新机制,建立健全地、县、乡三级科技推广服务体系。二是坚持走畜牧、水利、草场建设等方面综合办站的路子,逐步完善草原保护、饲草料生产加工、畜种改良、疫病防治和农畜产品集收购、加工、销售为一体的服务职能,提高社会化服务水平。三是努力推进城乡公共服务均等化,把广大农牧民"学有所教、劳有所得、病有所医、老有所养、住有所居"落实到位。到2012年前基本实现新型农村社会养老保险全覆盖,完善和落实被征地农民和退耕(牧)还林(草)农牧民的社会保障政策。

总之,在进入"十二五"时期之后,整体上看藏东地区,农牧业发展速度相对趋缓,由改革开放之初的强势产业渐渐沦为弱质产业,面临着自然和市场双重风险。"一产上水平"不仅是必要的,而且是紧迫的。发展农村经济,必须遵循突出特色、优质高效的原则,走农牧业主体组织化、农牧业经营产业化、农牧业模式现代化的发展之路。为此,需要促进农牧业基础建设,从资金技术上予以扶持,同时加强社会化服务工作,辅之以合理调节基地与龙头企业之间的利益关系的政策措施,在产业结构调整中对农牧业结构进行"优增劣减"的调整,同时,根据西藏实际,研究出台并确立新的乡镇企业政策,巩固提高龙头企业带动农牧业增效和农牧民增收,从而确保藏东地区农村经济又好又快的发展。

(执笔:徐伍达 多 庆)

后 记

　　2011年是中国共产党成立90周年和西藏和平解放60周年,在这两个重大纪念日来临之前,西藏自治区社会科学院党政班子与科研人员从本职工作的角度,在思索中国近百年来的沧桑历史对西藏的巨大影响。在这段历史之中,西藏和平解放以及和平解放以来的60年巨变,反映出的是在中国共产党领导下所谱写的人间正道得以实现的壮歌。而在新的历史起点上,西藏的未来也沿着60年所开拓的道路高歌猛进,奏响了崭新的乐章。

　　历经和平解放、民主改革、成立自治区、改革开放,特别是1989年以来"一个转折点、三个里程碑"的光辉实践,西藏的经济社会发生了举世瞩目的变化,这些变化雄辩地向世人昭示:"坚持中国共产党的领导、坚持社会主义道路、坚持民族区域自治、坚持'中国特色、西藏特点'的发展路子"是做好西藏工作的根本前提。党的十六大、十七大以来,在中央的正确领导和全国人民的大力支援下,西藏经济社会呈现出加速发展、跨越式发展的强劲势头。西藏各族人民意气风发、斗志昂扬,坚决维护祖国统一、反对分裂倒退、增进民族团结,不断地推进西藏的文明进步,不断地推进西藏的经济社会发展。所有这些,成为西藏哲学社会科学工作者视野中应当尽职尽责展开研究的范畴。

　　2008年8月,自治区党委书记张庆黎莅临自治区社科院考察指导工作,听取工作汇报,并就如何做好西藏哲学社会科学工作发表重要讲话,要求西藏哲学社会科学工作者,一定要充分认识哲学社会科学的重要地位和作用,进一步增强做好社科工作的责任感和紧迫感,紧密结合西藏实际,努力把西藏哲学社会科学研究提高到一个新水平。张庆黎书记要求西藏社科院社科人员,要紧密结合西藏实际,深入进行重点课题研究,真正当好自治区党委、政府的"思想库"和"服务部"。要坚持做到六个结合:一是坚持继承与发展相结合。必须始终坚持马克思主义的指导地位不动摇,把马克思主义的立场、观点和方法贯穿到哲学社会科学研究中,用马克思主义中国化的最新成果指导哲学社会科学工作,与时俱进,大胆创新;二是坚持理论与实践相结合。理论研究必须贴近实际,贴近生活,贴近群众。要紧紧围绕建设社会主义新西藏的伟大实践,结合西藏发展改革稳定的实际需要,着眼于中国特色社会主义的理论体系,着眼于对理论和实际问题的思考,着眼于新的实践和理论发展,研究最需要解决的实际问题,确保西藏跨越式发展和长治久安;三是坚持传统与现代相结合。要立足当代吸收优秀民族传统文化,立足西藏吸收全国乃至世界优秀文化成果,既开展基础性的研究,又开展应用对策研究;既开展对弘扬民族精神、传统文化的研究,又开展对经济发展、社会稳定问题的研究;既加强传统学科研究,又积极扶持现代学科、交叉学科研究,不断提高研究水平;四是坚持理论研究与宣传普及相结合。哲学社会科学研究工作者要学会用群众语言、群众喜闻乐见的方式,宣传普及哲学社会科学知识,帮助群众正确认识党的路线、方针、政策,提高思想理论水平;五是坚持专家与群众相结合。哲学社会科学研究要深入实际,深入群众,深入生活,从群众中、从社会实践中提炼出研究课题,汲取养分,与群众一起从生活中、实践中找出解决问题的办法,提出真知灼见;六是坚持出成果与出人才相结合,要通过出优秀人才出优秀成果,通过出优秀成果培养优秀人才。

张庆黎书记结合党委和政府中心工作,根据西藏经济社会发展实际,一再强调社科院要发挥好"思想库"、"服务部"的作用,并亲自给社科院哲学社会科学研究出题目,交办了六大调研任务。经过两年时间的调研,社科院班子成员与科研人员一道,行程近万公里,走遍全区七地市,先后与十多个综合部门进行座谈,完成了六大课题形成八个调研报告。其中,关于西藏经济社会发展的若干报告,提出了一些较新的观点,并有相当的学术价值。调研报告几经审改,在比较成熟之时,恰逢两大纪念日临近,经过我们的审慎研究,决定将这些报告及在此基础上形成的另一些调研报告,还有我们部分研究人员的研究论文一并收集整理集结成册,以纪念两个光辉的纪念日。

西藏自治区政协副主席、社科院院长白玛朗杰担任本书的主编,对编订工作提出了明确的要求,并在百忙中抽出时间对全书进行了全面的审改,为编辑工作提出原则性的修改意见。西藏社科院党委书记孙勇作为本书的主编之一,并负责执行主编的工作,既是《"中国特色、西藏特点"发展路子调研报告》和《大力实施"一产上水平、二产抓重点、三产大发展"经济发展战略的调研报告》的课题负责人,又是这两个课题的主持人,在带领本院经济战略所的科研人员完成课题的调研和撰写工作的同时,组织本书的编务人员仔细审读核对每一篇稿件;农村经济研究所的倪邦贵、多庆、张佳丽等科研人员前期参与了课题的调研工作,所撰写的两篇调研报告在收录到本书以后,孙勇又对其进行了综合审定。社科院党委副书记、常务副院长苟灵作为本书的执行副主编,又是《西藏"三农"问题的调研报告》的课题负责人,带领课题组成员完成山南、林芝、昌都等地农牧区的实地调研并指导课题组完成调研报告的撰写,同时参与全书的审定工作。自治区社科联主席、社科院副院长王学阳作为本书的执行副主编,对全书进行了审读,提出了相关的修改意见。保罗、徐伍达、杨亚波、刘红娟等人在完成本职工作之余,全面参与到本书的编辑、校对工作之中。

本书的若干重大课题调研报告,以西藏经济社会发展的实地调研为主,突出反映的是西藏经济社会在发展中的成绩和现实问题,并通过对这些现实问题的解析与提出的工作建议,反映出学者们的视角和观点;其中所收录的《西藏社会主义新农村建设研究》是在《西藏"三农"问题的调研报告》的基础上,由倪邦贵、徐伍达、多庆等人共同撰写完成的,是西藏自治区国民经济和社会发展"十二五"规划的背景材料之一,我们将其收录在本书对西藏的"三农"课题的专门研究部分,与前两部分的"中国特色、西藏特点"和"经济发展战略"相呼应,可丰富学者视野中的西藏经济社会发展的内涵。在本书的编辑过程中,我们还收录了部分研究人员近几年的论文和课题报告,这些论文和课题报告,从不同的角度展示了学者关注西藏经济社会研究的各类命题。

从资料性上讲,本书具有一定的参考价值,可供研究西藏经济社会发展的有关部门、学者,以及对西藏研究感兴趣的人们参阅。

由于我们的能力和水平有限,本书还存在诸多不足,敬请批评指正!

编 者

2011 年 7 月

图书在版目录(CIP)数据

学者视野下的西藏发展探讨/白玛朗杰主编. --拉萨:西藏藏文古籍出版社,2011.5
ISBN 978-7-80589-125-5

Ⅰ.①学… Ⅱ.①白… Ⅲ.①地区经济—经济发展—研究—西藏②社会发展—研究—西藏 Ⅳ.①F127.75

中国版本图书馆 CIP 数据核字(2011)第 037379 号

学者视野下的西藏发展探讨

主　　　编	白玛朗杰　孙　勇
执 行 主 编	孙　勇
执行副主编	苟　灵　王学阳
责 任 编 辑	德吉卓嘎
封 面 设 计	徐伍达
出 版 发 行	西藏藏文古籍出版社
印　　　刷	西藏新华印刷厂
开　　　本	787×1092　1/16
印　　　张	30
字　　　数	380 千
版　　　次	2011 年 7 月第 1 版
印　　　次	2011 年 7 月第 1 次印刷
印　　　数	01—1200 册
书　　　号	ISBN 978-7-80589-125-5
定　　　价	39.60 元

版权所有　翻印必究